U0710191

全本全注全译丛书

中华经典名著

李先耕◎译注

群书治要 四

中華書局

目录

第四册

卷三十一 ……………………………………… 2487

六韬 ……………………………………………… 2487

  序 ……………………………………………… 2488

  文韬 …………………………………………… 2489

  武韬 …………………………………………… 2506

  龙韬 …………………………………………… 2514

  虎韬 …………………………………………… 2525

  犬韬 …………………………………………… 2527

阴谋 ……………………………………………… 2530

鬻子 ……………………………………………… 2535

卷三十二 ……………………………………… 2541

管子 ……………………………………………… 2541

  牧民 …………………………………………… 2542

  形势 …………………………………………… 2547

  权修 …………………………………………… 2548

  立政 …………………………………………… 2552

  七法 …………………………………………… 2554

  五辅 …………………………………………… 2555

法法 …………………………………… 2558

中匡 …………………………………… 2564

小匡 …………………………………… 2565

霸形 …………………………………… 2569

霸言 …………………………………… 2570

戒 ……………………………………… 2571

君臣 …………………………………… 2572

小称 …………………………………… 2573

治国 …………………………………… 2577

桓公问 ………………………………… 2580

形势解 ………………………………… 2581

版法解 ………………………………… 2590

明法解 ………………………………… 2592

轻重 …………………………………… 2599

卷三十三 …………………………… 2603

晏子 …………………………………… 2603

谏上 …………………………………… 2604

谏下 …………………………………… 2617

问上 …………………………………… 2622

问下 …………………………………… 2637

杂上 …………………………………… 2643

杂下 …………………………………… 2653

司马法 ………………………………… 2657

孙子兵法 ……………………………… 2665

卷三十四 …………………………… 2674

老子 …………………………………… 2674

道经 ……………………………………… 2675

德经 ……………………………………… 2692

鹖冠子 …………………………………… 2721

博选 ……………………………………… 2722

著希 ……………………………………… 2724

世贤 ……………………………………… 2725

列子 ……………………………………… 2728

天瑞 ……………………………………… 2729

殷汤问 …………………………………… 2730

力命 ……………………………………… 2731

墨子 ……………………………………… 2738

所染 ……………………………………… 2739

法仪 ……………………………………… 2743

七患 ……………………………………… 2746

辞过 ……………………………………… 2747

尚贤 ……………………………………… 2754

非命 ……………………………………… 2759

贵义 ……………………………………… 2761

卷三十五 ………………………………… 2763

文子 ……………………………………… 2763

道原 ……………………………………… 2764

精诚 ……………………………………… 2765

九守 ……………………………………… 2769

符言 ……………………………………… 2771

道德 ……………………………………… 2772

上德 ……………………………………… 2775

微明　……………………………　2776

道自然　…………………………　2784

下德　……………………………　2792

上行　……………………………　2801

上义　……………………………　2808

上礼　……………………………　2820

曾子参　…………………………　2826

修身　……………………………　2827

立孝　……………………………　2830

制言　……………………………　2832

疾病　……………………………　2833

卷三十六　………………………　2837

吴子　……………………………　2837

图国　……………………………　2838

论将　……………………………　2840

治兵　……………………………　2842

励士　……………………………　2843

商君子　…………………………　2848

六法　……………………………　2849

修权　……………………………　2850

定分　……………………………　2856

尸子　……………………………　2859

劝学　……………………………　2860

贵言　……………………………　2866

四仪　……………………………　2871

明堂　……………………………　2873

分 ………………………… 2876

发蒙 ………………………… 2882

恕 ………………………… 2889

治天下 ………………………… 2891

仁意 ………………………… 2895

广泽 ………………………… 2896

绰子 ………………………… 2898

处道 ………………………… 2899

神明 ………………………… 2902

申子 ………………………… 2904

大体 ………………………… 2905

卷三十七 ………………………… 2910

孟子 ………………………… 2910

梁惠王 ………………………… 2911

公孙丑 ………………………… 2915

滕文公 ………………………… 2918

离娄 ………………………… 2920

告子 ………………………… 2924

尽心 ………………………… 2926

慎子 ………………………… 2927

威德 ………………………… 2927

因循 ………………………… 2935

民杂 ………………………… 2936

知忠 ………………………… 2940

德立 ………………………… 2943

君人 ………………………… 2944

　　君臣 ·· 2946

尹文子 ·· 2948

　　大道 ·· 2949

　　圣人 ·· 2956

庄子 ·· 2967

　　胠箧 ·· 2968

　　天地 ·· 2971

　　天道 ·· 2974

　　知北游 ·· 2981

　　徐无鬼 ·· 2983

尉缭子 ·· 2985

　　天官 ·· 2986

　　兵谈 ·· 2988

　　战威 ·· 2989

　　兵令 ·· 2995

卷三十八 ·· 2998

孙卿子 ·· 2998

卷三十九 ·· 3064

吕氏春秋 ·· 3064

卷四十 ·· 3147

韩子 ·· 3147

　　十过 ·· 3148

　　说难 ·· 3150

　　解老 ·· 3151

　　说林上 ·· 3153

　　观行 ·· 3154

用人 …………………………………… 3156

功名 …………………………………… 3157

大体 …………………………………… 3158

外储说左上 …………………………… 3160

外储说左下 …………………………… 3163

难势 …………………………………… 3165

六反 …………………………………… 3166

奸劫弑臣 ……………………………… 3167

三略 …………………………………… 3170

新语 …………………………………… 3185

贾子 …………………………………… 3209

六韬

【题解】

《六韬》又称《太公六韬》，是中国古代著名的兵书。《汉书·艺文志》在诸子略道家类著录："《太公》二百三十七篇。《谋》八十一篇，《言》七十一篇，《兵》八十五篇。"《隋书·经籍志》载为五卷并云梁时为六卷，"周文王师姜望撰"。

自宋代以来，就不断有人否定该书为吕望所作，认为是汉以后人伪托。特别是清代，更确定此书为伪书。但1972年山东临沂银雀山西汉墓出土了一大批竹简，其中有《六韬》残简五十四枚，说明《六韬》在西汉前已流传于世，绝非汉以后人伪托。《六韬》文风与战国时期的《吴子》《孙膑兵法》等相近。书中涉及骑兵作战的篇章很多，而骑兵诞生，当在赵武灵王"胡服骑射"之后。书中提到的一系列铁兵器、阴阳五行学说的形成都是战国时期的事。因此可大致断定《六韬》成书于战国时期。

全书有六卷，分别命名为《文韬》《武韬》《龙韬》《虎韬》《豹韬》《犬韬》，共六十篇。本书没有节录《豹韬》部分。书中通过周文王、武王与吕望对话的形式，论述治国、治军和指导战争的理论、原则，是一部具有重要价值的兵书，对后世产生了重大影响。北宋神宗元丰年间，《六韬》被列为"武经七书"之一，为武学必读之书。《六韬》在国外也有深远影响，十六世纪传入日本，十八世纪传入欧洲，如今已翻译成日、法、朝、越、英、俄等多种文字。本书辑录的《六韬》，保存了该书的佚文。

现存《六韬》重要版本有银雀山竹简本、唐代敦煌写本、《武经七书》本、《四库全书》本等。

本书辑录的内容，主要涉及君主如何修身治国、如何选将择吏等方面；没有节录有关军事战略战术的细节。从节录的序言可知，魏徵的目的，在于劝谏唐太宗倡行仁义，而不是用兵争霸。

序

文王田乎渭之阳①，见太公坐茅而钓②。问之曰："子乐得鱼耶③?"太公曰："夫钓以求得也，其情深④，可以观大矣。"文王曰："愿闻其情。"太公曰："夫鱼食其饵，乃牵于缗⑤；人食其禄，乃服于君。故以饵取鱼，鱼可杀；以禄取人，人可竭；以家取国⑥，国可拔；以国取天下，天下可毕也。天下者非一人之天下，天下之天下也。与天下同利者，则得天下；擅天下之利者，失天下。天有时⑦，地有财，能与人共之者，仁也。仁之所在，天下归之。免人之死，解人之难，救人之患，济人之急者，德也。德之所在，天下归之。与人同忧同乐，同好同恶者，义也。义之所在，天下归之。凡人恶死而乐生，好得而归利⑧。能生利者，道也。道之所在，天下归之。"

【注释】

①田：田猎，打猎。渭：水名。源出甘肃，流入陕西，会泾水入黄河。阳：山南水北为阳。

②太公：即太公望吕尚。

③乐：以……为乐，把……当做快乐。

④情：情理，事理。

⑤缗（mín）：鱼线，钓鱼的绳子。

⑥家：殷周时卿大夫的封邑。

⑦时：季节。

⑧归利：归趋利益。

【译文】

　　周文王在渭水北边田猎，看见太公坐在茅草上钓鱼。问他说："你把钓到鱼当做快乐吗？"太公说："钓鱼就是要追求得到，其中事理深厚，可以看出大的道理。"文王说："我想听听其中的道理。"太公说："鱼吃了饵食，就拉动了鱼线；人吃了俸禄，就服从君主。所以用饵食获取鱼，鱼可以捕杀；用俸禄获取人，人才都可以网罗来；用卿大夫的家来获取国，国就可以攻取；用国来获取天下，天下就可以完全获取。天下不是一个人的天下，是天下人的天下。跟天下人利益相同的人，那就得到天下；独揽天下利益的人，那就失去天下。天有四时，地产财物，能跟人民共同拥有它们的，这是仁。实施仁爱的人，天下归附他。免除人的死亡，解除人的危难，挽救人的祸患，救助人的急务，这是德。实施恩德的人，天下归附他。跟人民共同忧虑共同欢乐，共同喜好共同厌恶的，这是义。重义者，天下归附他。凡是人都厌恶死亡乐意活着，喜好获得归趋利益。能够产生利益的，这是道。有道者，天下归附他。"

文韬①

　　文王问太公曰："天下一乱一治②，其所以然者何？天时变化自有之乎③？"太公曰："君不肖则国危而民乱，君贤圣则国家安而天下治。祸福在君④，不在天时。"文王曰：

"古之贤君可得闻乎？"太公曰："昔帝尧，上世之所谓贤君也。尧王天下之时，金银珠玉弗服⑤，锦绣文绮弗衣⑥，奇怪异物弗视⑦，玩好之器弗宝⑧，淫佚之乐弗听⑨，宫垣室屋弗崇⑩，茅茨之盖不剪⑪，衣履不敝尽不更为，滋味重累不食⑫，不以役作之故，留耕种之时⑬，削心约志，从事乎无为⑭，其自奉也甚薄⑮，役赋也甚寡。故万民富乐⑯，而无饥寒之色。百姓戴其君如日月⑰，视其君如父母。"文王曰："大哉，贤君之德矣！"

【注释】

①文韬：本篇围绕治国之道展开，指出天下治乱，"祸福在君，不在天时"；治国之道在爱民，治国贵在"法令之必行"。君主的作为与天地相感应，以及人君的"六守""三宝"，能使国家安定昌盛。

②治：太平。

③天时：天道运行的规律，天命。

④在：在于，取决于。

⑤服：佩戴，使用。

⑥锦绣：精美鲜艳的丝织品。文绮：华丽的丝织物。衣：穿。

⑦奇怪：稀奇特异，不同一般。

⑧玩好：玩赏与爱好。宝：以……为宝，珍视，珍爱。

⑨淫佚：恣纵逸乐。

⑩宫垣：泛指房舍或其他建筑物的围墙。也指皇宫的围墙。

⑪茅茨：茅草盖的屋顶。亦指茅屋。

⑫滋味：美味。重累：指重复，重叠，相同的东西层层相积。形容多。

⑬留：拖延，搁置。

⑭无为：顺应自然，不求有目的的作为。

⑮自奉：指自身日常生活的供养。

⑯富乐：富裕而安乐。

⑰戴：推崇，遵奉，拥护。

【译文】

文王问太公说："天下有时混乱，有时太平，造成这种情形的原因是什么呢？是天命运行变化自然而有的吗？"太公说："君王不贤明那么国家危险民众混乱，君王贤明那么国家平安天下太平。祸患幸福取决于君王，不取决于天命。"文王说："古代贤明君王的情况能告诉我吗？"太公说："从前帝尧，是上古时代所认为的贤明君王。尧统治天下的时候，金子银子珍珠宝玉不使用，精美华丽的丝织品不穿戴，稀奇特异不一般的物品不观看，喜爱赏玩的东西不宝贵，恣纵逸乐的音乐不去听，皇宫的围墙房屋不高耸，不修剪茅草覆盖的屋顶，衣服鞋子不坏透了不更换，不食用过多的美味，不因为劳役的缘故，拖延耽误农时，抑制欲望，致力于无为而治，他自身的供养很菲薄，劳役赋税非常少。所以广大百姓富裕安乐，没有饥寒之色。百姓拥戴自己的君王如同太阳月亮，看待自己的君王如同父亲母亲。"文王说："伟大呀，贤明君王的德行！"

文王问太公曰："愿闻为国之道。"太公曰："爱民。"文王曰："爱民奈何？"太公曰："利而勿害，成而勿败，生而勿杀，与而勿夺，乐而勿苦，喜而勿怒。"文王曰："奈何？"太公曰："民不失其所务①，则利之也；农不失其时业②，则成之也；省刑罚，则生之也；薄赋敛，则与之也；无多宫室台池，则乐之也；吏清不苛，则喜之也；民失其务，则害之也；农失其时，则败之也；无罪而罚，则杀之也；重赋敛，则夺之也；多营宫室游观以疲民③，则苦之也；吏为苛扰④，则怒之也。故善为国者，御民如父母之爱子，如兄之慈弟也。见之饥寒，则为之哀；见之劳苦，则为之悲。"文王曰："善哉！"

【注释】

①所务：所从事的工作。

②时业：按农时季节做的农活。

③游观：供游览的楼台。疲民：使民穷困。

④苛扰：狠虐、骚扰。

【译文】

文王问太公说："希望能听到治国之道。"太公说："爱护民众。"文王说："爱护民众要怎么办？"太公说："让他们得利而不受伤害，成全他们而不毁坏，让他们生存而不杀害，让他们获得而不要剥夺，让他们快乐而不要痛苦，让他们欢喜而不要愤怒。"文王说："怎么做呢？"太公说："民众不失去所从事的工作，那就是让他们获得利益；不耽误农民按农时做农活，那就是成全；减损刑罚，那就让他们生存；少征收田赋税收，那就是给予他们恩惠；不要多修房屋高台池塘，那就是让他们快乐；官吏清廉不苛刻，那就是让他们喜欢；民众失去了所从事的工作，那就是危害他们；农民不能按农时做农活，那就是毁坏他们；没有罪过而用刑罚，那就是杀害他们；加重田赋税收，那就是剥夺他们；多营建豪华的房屋楼台使民众疲惫，那就是让他们痛苦；官吏苛刻骚扰，那就是让他们愤怒。所以善于治理国家的人，统治民众就如同父母疼爱子女，兄长爱护弟弟一样。见到他们饥饿寒冷，就为他们哀伤；见到他们劳累辛苦，就为他们悲痛。"文王说："好啊！"

文王问于太公曰："贤君治国何如？"对曰："贤君之治国，其政平，吏不苛；其赋敛节，其自奉薄；不以私善害公法①，赏赐不加于无功，刑罚不施于无罪；不因喜以赏，不因怒以诛；害民者有罪，进贤者有赏；后宫不荒^②，女谒不听^③；上无淫匿^④，下无阴害^⑤；不供宫室以费财，不多游观台池以罢民^⑥，不雕文刻镂以逞耳目^⑦；官无腐蠹之藏^⑧，国无流饿之民也。"文王曰："善哉！"

【注释】

①私善：私惠，不以法为标准而实行的恩惠。公法：国法。

②荒：荒唐。

③女谒：指通过宫中嬖宠的女子干求请托。

④淫匿（tè）：邪恶不正。匿，"慝"的古字。

⑤阴害：隐患。

⑥罢民：谓使民疲劳。罢，疲劳，衰弱。

⑦雕文刻镂：谓在器物上刻镂花纹图案，以为文饰。雕文，指用彩绘、花纹装饰。刻镂，雕刻。逞：快心，称愿，放纵。

⑧腐蠹：腐蚀，侵蚀。

【译文】

文王向太公问道："贤明的君王治理国家是怎样的？"回答说："贤明君主治理国家，他的政令公平，官吏不苛刻；他的田赋税收有节制，他自身日常生活的供养菲薄；不因私人的恩惠妨害国法，赏赐不施加给没有功劳的人，刑罚不施加给没有罪过的人；不因为喜欢而奖赏，不因为愤怒而诛罚；伤害民众的有罪责，举荐贤良的有奖赏；后宫不荒唐逸乐，宫中女子的请托不听从；上面没有邪恶，下面没有隐患；不供应宫室过多的钱财，不多建游览的高台池塘使民众疲惫，不雕刻花纹彩绘来让耳目放纵；官吏中没有腐败之人隐藏，国家没有流离饥饿的民众。"文王说："好啊！"

文王问师尚父曰^①："王人者^②，何上何下？何取何去？何禁何止？"尚父曰："上贤，下不肖；取诚信，去诈伪；禁暴乱，止奢侈。故王人者，有六贼、七害^③。六贼者，一曰大作宫殿台池游观，淫乐歌舞^④，伤王之德；二曰不事农桑，作业作势^⑤，游侠犯历法禁^⑥，不从吏教，伤王之化；三曰结连朋党，比周为权^⑦，以蔽贤智，伤王之权；四曰抗智高节^⑧，以为气势，伤王之威；五曰轻爵位，贱有司，羞为上犯难^⑨，伤功臣之劳；六曰强宗侵夺^⑩，凌侮贫弱，伤庶民矣。七害者，一曰无智略大谋，而以重赏尊爵之故，强勇轻战^⑪，侥幸于外，王者慎勿使将；二曰有名而无用，出入异言，扬美掩恶^⑫，进退为巧，王者慎勿与谋；三曰朴其身躬^⑬，恶其衣服^⑭，语无为以求名，言无欲以求得，此伪人也，王者慎勿近；四曰博文辨辞^⑮，高行论议^⑯，而非时俗，此奸人也，王者慎勿宠；五曰果敢轻死^⑰，苟以贪得尊爵重禄^⑱，不图大事，待利而动，王者慎勿使；六曰为雕文刻镂，技巧华饰，以伤农事，王者必禁之；七曰为方伎咒诅^⑲，作蛊道鬼神不验之物、不祥讹言^⑳，欺诈良民，王者必禁止之。故民不尽其力，非吾民；士不诚信而巧伪^㉑，非吾士；臣不忠谏，非吾臣；吏不平洁爱人^㉒，非吾吏；宰相不能富国强兵，调和阴阳^㉓，以安万乘之主，简练群臣^㉔，定名实，明赏罚，令百姓富乐，非吾宰相也。故王人之道，如龙之首，高居而远望^㉕，徐视而审听^㉖，神其形，散其精^㉗，若天之高不可极，若川之深不可测也。"

【注释】

①师尚父：齐太公吕望的尊称。

②王人：指为人之君。

③六贼：谓危害天下的六种贼人、恶人。

④淫乐：旧指不同于正统雅乐的俗乐。

⑤作业作势：一本作"任气作业"。

⑥游侠：古称轻生重义、勇于救人急难的人。犯历：违反。

⑦比周：结党营私。

⑧抗智：今本《六韬》作"抗志"，指高尚其志。高节：高尚的节操。

⑨犯难：冒险。

⑩强宗：豪门大族。

⑪轻战：指轻率出战。

⑫扬美掩恶：今本《六韬》作"掩善扬恶"。

⑬朴：不加修饰的，使……朴素。躬：身体。

⑭恶：丑恶，使……丑恶。

⑮博文：今本《六韬》作"博闻"。辨辞：把话说得迷人动听。辨，通
　　"辩"。

⑯论议：对人或事物的好坏、是非等表示意见。

⑰果敢：勇敢并有决断。

⑱贪得：指贪求财物或权益。

⑲方伎：也作"方技"，泛指医、卜、星、相等术。咒诅：咒语。

⑳蛊道：即蛊术，指祈祷鬼神、诅咒等厌魅邪术。不验：不切实际，不
　　能应验。

㉑巧伪：虚伪不实。

㉒平洁：公平廉洁。

㉓调和阴阳：使阴阳有序，风调雨顺。多指宰相处理政务。

㉔简练：简选训练。

㉕高居：处在高的地方。

㉖审听：细听。

㉗神其形，散其精：今本《六韬》作"示其形，隐其情"。

【译文】

文王问师尚父说："为人君王的，崇尚什么人，斥退什么人？取用什么人，摒弃什么人？严禁什么，防止什么？"尚父说："崇尚贤人，斥退不肖；取用诚信之人，摒弃诈伪之人；严禁暴乱，防止奢侈。所以为人君王的，有六贼、七害。所谓六贼，第一是大力兴作供游览的房屋高台池塘，俗歌艳舞，伤害君王的德行；第二是不从事农耕蚕桑，感情用事，仿效游侠违反法律禁令，不服从官吏教导，伤害君王的教化；第三是互相勾结，结党营私弄权，来抑制贤智，伤害君王的权力；第四是士人高扬志向节操，以此形成气焰权势，伤害君王的权威；第五是轻视君王授予的爵位，瞧不起主管官员，把为君上赴汤蹈火当成羞耻，伤害功臣的辛劳；第六是豪门大族恃强掠夺，欺负侮辱贫穷弱小，伤害平民利益。所谓七害，第一是没有聪明才智宏大谋略，而因为重赏和尊贵爵位的缘故，逞强恃勇轻率出战，希望能侥幸战胜外敌，君王千万要谨慎不可用他当将领；第二是有名声却没有实力，当面一套背后一套，遮掩别人的优点，夸大别人的缺点，前进后退全凭巧诈，君王千万要谨慎不可跟他谋划；第三是行为质朴，衣着粗恶，谈论无为来求得名声，说着无欲却图利，这是虚伪的人，君王千万要谨慎不可接近他；第四是见多识广，能言善辩，空谈高论，非议抨击世俗，这是奸邪之人，君王千万要谨慎不可宠信他；第五是鲁莽决断看轻死亡，只为贪求尊爵重禄，不图谋大事，等待利益而行动，君王千万要谨慎不可使用他；第六是制作雕刻讲究、工艺精巧的装饰物，却妨害农业生产，君王必须制止他；第七是使用方技邪术咒语，进行诅咒祈祷鬼神等不能应验之事，说不吉祥的谣言，来欺骗安分守己的民众，君王必须制止他们。所以民众不尽力，不是我的民众；士人不诚信而虚伪不实，不是我的士人；臣子不忠心规劝，不是我的臣子；官吏不公平廉洁爱护民众，不是我的官吏；宰相不能让国家富裕兵力强盛，使阴阳有序，风调雨顺，使天子平安，简选训练群臣，确定名实关系，明确奖赏惩罚，让百姓富裕安乐，就不是我的宰相啊。所以为人君主的道理，如同龙的头，处在高的地方望向远处，慢慢地看、细细地听，显示自己的形貌，隐藏自己的实情，像上天那样高而没有边际，像河川那样深而不可测量。"

　　文王问太公曰："君务举贤而不获其功①，世乱愈甚，以致危亡者，何也？"太公曰："举贤而不用，是有举贤之名也，无得贤之实也。"文王曰："其失安在？"太公曰："其失在好用世俗之所誉，不得其真贤。"文王曰："好用世俗之所誉者何也？"太公曰："好听世俗之所誉者，或以非贤为贤，或以非智为智，或以非忠为忠，或以非信为信。君以世俗之所誉者为贤智，以世俗之所毁者为不肖，则多党者进②，少党者退，是以群邪比周而蔽贤，忠臣死于无罪，邪臣以虚誉取爵位，是以世乱愈甚，故其国不免于危亡。"文王曰："举贤奈何？"太公曰："将相分职，而各以官举人，案名察实③，选才考能，令能当其名，名得其实，则得贤人之道。"文王曰："善哉！"

【注释】

①务：从事，致力于。

②多党：指多所比附，结党营私。

③案：依据，按照。

【译文】

　　文王问太公说："君王致力于举荐贤才而不能获得实效，世事越发混乱，甚至陷入危险，这是为什么呢？"太公说："举荐贤才却不能任用，这是有举荐贤才的名义，却没有使用贤才的实效啊。"文王说："其中的失误在哪里?"太公说:"其中的失误在喜好用世俗称誉的人,这样不能得到真正的贤才。"文王说:"喜好用世俗称誉的人是怎么样的?"太公说:"喜好听用世俗称誉的人,有的是把不是贤才的当做贤才,有的是把不是智者的当成智者,有的是把不对上忠诚的当成忠诚,有的是把不诚实的当成诚实。君王把世俗称誉的人当成贤才、智者,把世俗诋毁的人当成不成材,那么同党多的人就会被举荐做官,同党少的人就会被黜退,因此成群的奸邪结党营私埋没贤才,忠臣无罪而死,奸臣用虚假的声誉取得爵位,因此世事越发混乱,所以这样的国家不免灭亡。"文王说:"举荐贤才要怎么办?"太公说:"将相各司其职,各自按照官位职能选拔人才,依照岗位标准去考察工作情况,简选人才考核能力,让能力跟他的职位相符,官位与能力一致,这就是举荐贤才之道。"文王说:"说得好啊!"

　　文王问太公曰:"愿闻治国之所贵。"太公曰:"贵法令之必行,必行则治道通,通则民大利,大利则君德彰矣。君不法天地,而随世俗之所善以为法^①,故令出必乱,乱则复更为法。是以法令数变,则群邪成俗,而君沉于世^②,是以国不免危亡矣。"

【注释】

①善:喜好。法:效法。

②沉:沉溺,沉迷。

【译文】

　　文王问太公说:"希望能听到治理国家要重视的方面。"太公说:"要重视国家的法令必须能实施,能实施那么治理的方针措施就能通畅,通畅那么民众就有大的收益,民众有大的收益那么君王的德行就彰明了。君王不效法天地之德,却去追随世俗风气的喜好制订法令,所以命令一出必定造成混乱,出现混乱就再变更法令。因此法令屡次变更,那就使得奸邪的风气流行起来,而君王沉溺于世俗,因此国家就不免于危亡了。"

文王问太公曰:"愿闻为国之大失。"太公曰:"为国之大失,作而不法法①,国君不悟,是为大失。"文王曰:"愿闻不法法,国君不悟。"太公曰:"不法法,则令不行;令不行,则主威伤。不法法,则邪不止,邪不止,则祸乱起矣。不法法,则刑妄行;刑妄行,则赏无功。不法法,则国昏乱;国昏乱,则臣为变。不法法,则水旱发;水旱发,则万民病②。君不悟,则兵革起;兵革起,则失天下也。"

【注释】

①法法:指依照法律,守法。

②病:疲惫,贫困。

【译文】

文王问太公说:"希望听到关于治理国家最大的失误是什么。"太公说:"治理国家最大的失误,就是不依法行事,国君却不醒悟,这是最大的失误。"文王说:"希望听到不依照法令行事,国君不醒悟的情况。"太公说:"不依照法令行事,那么法令就不能执行;法令不能执行,那么君主的威慑力量就受到伤害。不依照法令行事,那么奸邪就不能制止;奸邪不能制止,那么祸害变乱就兴起了。不依照法令行事,那么刑罚就胡乱执行;刑罚胡乱执行,那么奖赏就没有功效。不依照法令行事,那么国家就黑暗混乱;国家黑暗混乱,那么臣子就会发动事变。不依照法令行事,那么水灾旱灾就会发生;水灾旱灾发生,那么广大民众就贫困疲惫。君主不醒悟,那么战争就兴起;战争兴起,那么就丧失天下了。"

　　文王问太公曰："人主动作举事①，善恶有福殃之应、鬼神之福无？"太公曰："有之。主动作举事，恶则天应之以刑，善则地应之以德；逆则人备之以力②，顺则神授之以职。故人主好重赋敛，大宫室，多游台，则民多病温③，霜露杀五谷，丝麻不成。人主好田猎毕弋④，不避时禁⑤，则岁多大风，禾谷不实⑥。人主好破坏名山，壅塞大川，决通名水，则岁多大水，伤民五谷不滋⑦。人主好武事，兵革不息，则日月薄蚀⑧，太白失行⑨。故人主动作举事，善则天应之以德，恶则人备之以力，神夺之以职，如响之应声，如影之随形。"文王曰："诚哉！"

【注释】

①动作：行为举动。举事：行事，办事。

②备：准备，防备，戒备。

③温：热病。

④毕弋：泛指打猎活动。毕，捕兽所用之网。弋，射鸟所用的系绳之箭。

⑤时禁：有关季节的禁令、忌讳。

⑥不实：不结籽粒。

⑦滋：滋生，生长。

⑧日月薄蚀：太阳和月亮互相掩食。薄，迫近。

⑨太白：即金星，又名启明、长庚。

【译文】

　　文王问太公说："君主举止行事，好坏有没有福祸的报应、鬼神的保佑？"太公说："有的。君主举止行事，如果坏那么上天用惩罚来报应，如果好那么大地用恩德来报应；逆天行事，那么人民会以武力抵抗，顺天行事，那么神灵授予职权。所以如果君主喜好加重田赋税收，大建房屋，多建游逛的高台,那么会使民不聊生,霜露会杀死各种谷物,丝与麻没有收成。君主喜好田猎活动,不避开季节禁令,那么这一年会有很多大风灾,谷物结不了籽粒。君主喜好破坏名山,阻塞大河,掘开大江大河,那么这一年就会多发大的水灾,伤害民众的谷物,使之不能生长。君主喜好打仗,战争不停,那么太阳和月亮就会互相掩食,太白金星也会偏离运行轨道。所以君主举止行事,如果好那么上天报之以德,如果坏那么人们会用武力抵抗,神灵夺去他的职权,就像回声应和原声、影子随从形体一样。"文王说:"真是这样啊!"

文王问太公曰:"君国主民者①,其所以失之者,何也?"太公曰:"不慎所与也②。人君有六守、三宝③。六守者,一曰仁、二曰义、三曰忠、四曰信、五曰勇、六曰谋,是谓六守。"文王曰:"慎择此六者,奈何?"太公曰:"富之而观其无犯、贵之而观其无骄、付之而观其无专、使之而观其无隐、危之而观其无恐、事之而观其无穷④。富之而不犯者,仁也;贵之而不骄者,义也;付之而不专者,忠也;使之而不隐者,信也;危之而不恐者,勇也;事之而不穷者,谋也。人君慎此六者以为君用。君无以三宝借人⑤。以三宝借人,则君将失其威。大农、大工、大商,谓之三宝。六守长则国昌,三宝完则国安。"

【注释】

①主民:掌管民众。

②不慎所与:用人不慎重。

③守:遵守,奉行。宝:珍视的,珍爱的。

④富:让……富裕。犯:侵犯,触犯。贵:使……尊贵。骄:傲慢对

待。付:交付,交给。专:专断,专擅。使:派遣。隐:隐瞒。危:
危害,使处于危险的境地。事:突发事务,特指战事。穷:无法可
想,无路可走。

⑤借:给予,托付。

【译文】

文王问太公说:"驾驭国家掌管民众的人,他之所以失去国家民众,
原因是什么?"太公说:"用人不慎的缘故啊。国君有应该奉行的六守、
值得珍爱的三宝。所谓六守,第一叫做仁,第二叫做义,第三叫做忠,第
四叫做信,第五叫做勇,第六叫做谋,这就是六守。"文王说:"谨慎地选
择出符合这六条标准的人才,该怎么做呢?"太公说:"让他富裕,看他会
不会触犯礼法;让他尊贵,看他会不会傲慢;交付他职权,看他会不会专
擅;派遣他做事,看他有没有隐瞒;让他处于危险境地,看他有没有恐惧;
让他处理突发事件,看他有没有办法。让他富裕而没有触犯礼法,这是
仁;让他尊贵而不傲慢,这是义;交付他职权而不专擅,这是忠;派遣他做
事而不隐瞒,这是信;让他处于危险而不恐惧,这是勇;让他处理突发事
件而总有办法,这是谋。国君慎重地选择这六种人来任用。国君不要把
三宝交给别人。把三宝交给别人,那么国君将失去自己的威力。大农、
大工、大商,叫做三宝。长久坚持六守的原则那么国家就会昌盛,三宝完
好那么国家就会安定。"

文王问太公曰:"先圣之道可得闻乎?"太公曰:"义胜
欲则昌,欲胜义则亡。敬胜怠则吉[①],怠胜敬则灭。故义胜
怠者王[②],怠胜敬者亡。"

【注释】

①敬:恭敬,认真,端肃。怠:懈怠,松弛,怠慢。

②王:称王,统一天下。

【译文】

文王问太公说："先代圣人之道能够告诉我吗？"太公说："道义胜过欲望那就昌盛，欲望胜过道义那就灭亡。恭敬严肃胜过懈怠松弛那就吉祥，懈怠松弛胜过恭敬严肃那就灭亡。所以道义胜过懈怠松弛的人那就称王统一天下，懈怠松弛胜过恭敬严肃的人就灭亡。"

武王问太公曰："桀、纣之时，独无忠臣良士乎①？"太公曰："忠臣良士，天地之所生，何为无有？"武王曰："为人臣而令其主残虐，为后世笑，可谓忠臣良士乎？"太公曰："是谏者不必听②，贤者不必用。"武王曰："谏不听，是不忠；贤而不用，是不贤也。"太公曰："不然。谏有六不听③，强谏有四必亡④，贤者有七不用。"武王曰："愿闻六不听，四必亡，七不用。"太公曰："主好作宫室台池，谏者不听；主好忿怒、妄诛杀人，谏者不听；主好所爱无功德而富贵者，谏者不听；主好财利、巧夺万民，谏者不听；主好珠玉奇怪异物，谏者不听，是谓六不听。四必亡：一曰强谏不可止，必亡；二曰强谏知而不肯用，必亡；三曰以寡正强正众邪，必亡；四曰以寡直强正众曲，必亡。七不用：一曰主弱亲强，贤者不用；二曰主不明，正者少，邪者众，贤者不用；三曰贼臣在外，奸臣在内，贤者不用；四曰法政阿宗族，贤者不用；五曰以欺为忠，贤者不用；六曰忠谏者死，贤者不用；七曰货财上流，贤者不用。"

【注释】

①独无：难道没有。

②不必：没有一定，未必。

③六不听：实际只有五种，怀疑有夺文。

④强谏：极力直谏。

【译文】

武王问太公说："桀、纣的时候，难道没有忠诚的臣子、贤良的士人吗？"太公说："忠诚的臣子、贤良的士人，是天地产生的，为什么没有呢？"武王说："作为君主的臣子，却让君主残暴狠毒，被后代耻笑，可以算得上忠诚的臣子贤良的士人吗？"太公说："这是劝谏不一定被听从，贤良不一定被任用。"武王说："劝谏不能让君主听从，这是不忠诚；贤良不能被任用，这是不贤良。"太公说："不是这样的。劝谏有六种情况不被听从，极力劝谏有四种情况必被杀害，贤者有七种情况不被任用。"武王说："我想听听这六种不被听从、四种必被杀害、七种不被任用的具体内容。"太公说："君主喜欢建造房屋高台池塘，不会听从劝谏；君主喜好发怒，胡乱诛杀别人，不会听从劝谏；君主喜爱那些没有功劳德行而富裕显贵的人，不会听从劝谏；君主喜好财物货利，巧取豪夺老百姓，不会听从劝谏；君主喜好珍珠宝玉稀奇古怪不一般的物品，不会听从劝谏，这就叫做六种不听从。四种情况必被杀害：第一种是极力劝谏却制止不了君主，必定死亡；第二是极力劝谏，君主知道却不肯采用，必定死亡；第三是用人少力弱的公正之士极力去纠正众多的奸邪之事，必定死亡；第四是用微小的正直极力去纠正众多的邪僻不公，必定死亡。七种不被任用：第一是君主软弱而亲族强大，贤良不被任用；第二是君主不明智，正直的臣子少，奸邪的臣子多，贤良不被任用；第三是作乱之臣在外，奸邪之臣在内，贤良不被任用；第四是法律政治偏袒迎合同宗同族的人，贤良不被任用；第五是把欺诈当成忠诚，贤良不被任用；第六是尽心尽力劝谏的死去，贤良不被任用；第七是财货归属权势豪门，贤良不被任用。"

武王伐殷，得二丈夫而问之曰①："殷之将亡，亦有妖乎②？"其一人对曰："有。殷国尝雨血③，雨灰，雨石，小者如椎④,大者如箕⑤,六月雨雪深尺余。"其一人曰:"是非国之大妖也。殷君喜以人喂虎,喜割人心,喜杀孕妇,喜杀人之父,孤人之子⑥。喜夺喜诬⑦,以信为欺,欺者为真,以忠为不忠,忠谏者死,阿谀者赏,以君子为下。急令暴取,好田猎,出入不时,喜治宫室修台池,日夜无已;喜为酒池肉林糟丘⑧,而牛饮者三千;饮人无长幼之序、贵贱之礼⑨;喜听谗用举,无功者赏,无德者富;所爱专制而擅令,无礼义,无忠信,无圣人,无贤士,无法度,无升斛,无尺丈,无称衡,此殷国之大妖也。"

【注释】

①丈夫:指成年男子。

②妖:古时称一切反常的东西或现象。

③雨:下雨。

④椎:敲打东西的器具,槌子。

⑤箕:用竹篾、柳条等制成的扬去糠麸或清除垃圾的器具,簸箕,畚箕。

⑥孤:使……成为孤儿。

⑦夺:强取。诬:用谎言欺骗。

⑧酒池肉林:古代传说,殷纣以酒为池,以肉为林,为长夜之饮。糟丘:积糟成丘。形容酿酒很多,沉湎之甚。糟,做酒剩下的渣子,酒糟。

⑨饮人:让人喝酒。

【译文】

周武王征伐殷商,遇到两位男子,问他们说:"殷国将要灭亡了,也发生过反常怪异的事情吗?"其中一个人回答说:"有。殷国天上曾经落下过血,落下过灰,落下过石头,小的如同槌子,大的如同簸箕,六月下雪深达一尺多。"另一人说:"这不是国家的大反常。殷君喜欢用人喂老虎,喜欢用刀割人心,喜欢杀孕妇,喜欢杀人家的父亲,让人家的儿子成为孤儿。喜欢抢夺,喜欢欺骗,把诚信当成欺骗,欺诈当成真诚,把忠诚当成不忠,忠心规劝的人被杀死,阿谀奉承的人受赏,让君子地位低下。政令苛急,暴取豪夺,喜好田猎,出入不按农时季节,喜欢建筑房屋,修建高台池塘,日夜没有休止;喜欢倒酒成池塘,悬挂肉成为树林,酒糟堆成山丘,像牛一样豪饮的有三千人;让人喝酒没有年长年幼的次序、高贵低贱的礼仪;喜欢听信谗言任用他们举荐的人,没有功劳的人受到赏赐,没有德行的人变得富足;所喜爱的人专制而且独揽政令,不讲礼法道义,不讲忠信,没有圣人,没有贤士,没有法度,没有统一标准的计量容积、长短、轻重的度量衡,这是殷国最大的反常了啊。"

武韬^①

文王在酆^②,召太公曰:"商王罪杀不辜^③,汝尚助余忧民,今我何如?"太公曰:"王其修身下贤惠民以观天道^④。天道无殃,不可以先唱^⑤;人道无灾^⑥,不可以先谋;必见天殃,又见人灾,乃可以谋。与民同利,同病相救,同情相成^⑦,同恶相助^⑧,同好相趣,无甲兵而胜,无冲机而攻^⑨,无渠堑而守^⑩。利人者天下启之,害人者天下闭之。天下非一人之天下也。取天下若逐野兽,得之而天下皆有分肉;若同舟而济,济则皆同其利,舟败皆同其害。然则皆有启之,无有闭之矣。无取于民者,取民者也;无取于国者,取国者也;无取于天下者,取天下者也。取民者民利之,取国者国利之,取天下者天下利之。故道在不可见,事在不可闻,胜在不可知，微哉微哉⑪！鸷鸟将击⑫，卑飞翕翼⑬；猛兽将击，弭耳俯伏⑭；圣人将动，必有愚色。唯文唯德，谁为之惑？弗观弗视，安知其极！今彼殷商，众口相惑。吾观其野，草茅胜谷；吾观其群，众曲胜直；吾观其吏，暴虐残贼⑮。败法乱刑而上下不觉，此亡国之时也。夫上好货⑯，群臣好得，而贤者逃伏，其乱至矣。"

【注释】

①武韬：在本篇中，太公为文王讲述顺应天道争取天下，必须以人为先，礼待贤士，"天下者非一人之天下，唯有道者得天下"。太公又向武王列举了为将者的"五才十过"以及选拔英雄的"八征"之法。

②酆：古地名。在今陕西西安。周文王灭崇后迁都于此，后为周武王之弟的封国。

③罪杀：虐杀。不辜：指无罪之人。

④下贤：屈己以尊贤。惠民：施恩惠于民，爱民。天道：天理，天意。

⑤先唱：率先倡导。

⑥人道：人间的道理、规范。

⑦同情相成：指有共同志趣、利害关系一致的人互相帮助把事情办好。同情，指同心志者。

⑧同恶相助：指对共同憎恶者，相互援助来对付。

⑨冲机：古战具，冲车和云梯，攻城之用。机，器械，云梯之类。

⑩渠堑：沟渠。这里指护城河。

⑪微：深奥，微妙。

⑫鸷鸟：凶猛的鸟，如鹰鹯之类。

⑬卑飞：低飞。翕（xī）翼：收拢翅膀。

⑭弭（mǐ）耳：等于说帖耳。形容动物搏杀前敛抑的样子。

⑮残贼：残忍暴虐。

⑯好货：贪爱财物。货，财物，金钱珠玉布帛的总称。

【译文】

周文王在酆，召见太公说："商王虐杀无罪的人，你还是要帮助我为民众操心，如今我该怎么办？"太公说："君王还是要修养自身德行、屈尊尊重贤人、施惠于民来观察天意。天意没有给殷商降下灾殃，就不可以率先倡导征伐；人事上没有出现祸患，就不可以率先谋划起事；必须既见到天灾，又见到人祸，才可以进行谋划。要跟民众共享利益，对民众的病痛感同身受就能相互救助，与民众情志相投就能相互成就，与民众的厌恶相同就能相互帮助，与民众有同样的喜好就能相互奔赴，没有盔甲兵器就能胜利，没有冲车云梯就能进攻城邑，没有护城河就能守住城邑。有利于人的人天下人会与他一起开创事业，伤害人的人天下人会阻塞他的事业。天下不是一个人的天下。取天下就像追逐野兽，得到它，天下人都要分肉吃；就像乘同一条船渡河，渡过去了，那就同样获得利益，船毁了，就都同样遇害。这样就会使天下人都与他一起开创事业，而不会加以阻塞。不掠夺民众利益的人，就可以取得民心；不掠取国家利益的人，就能获得国家；不掠取天下利益的人，就能获得天下。取得民心的人，民众让他得利；取得国家的人，国家让他得利；取得天下的人，天下让他得利。所以大道之高妙在于一般人看不到，大事之机密在于一般人听不到，获胜之机巧在于一般人不懂得，微妙呀，微妙呀！猛禽将要攻击，低飞收缩翅膀；猛兽将要攻击，俯身伏地帖耳；圣人将有举动，必然显出愚笨的表情。只有文教德化，谁会为之疑惑？不去浏览观看，哪里知道它最终的边际？如今那个殷商，众人议论纷纷，困惑不安。我看殷商的田野，茅草旺过谷物；我看殷商的人群，众多邪曲胜过正直；我看殷商的官吏，凶恶残忍暴虐。败坏法规扰乱刑罚而君臣上下没有察觉，这是亡国的时刻呀。君上喜好财货，群臣喜好贪得，贤良逃亡隐匿，大乱已经来到了。"

太公曰："天下之人如流水,鄣之则止^①,启之则行,动之则浊,静之则清。呜呼神哉! 圣人见其所始,则知其所终矣。"文王曰："静之奈何?"太公曰："夫天有常形,民有常生。与天下共其生,而天下静矣。"

【注释】

①鄣:同"障",阻挡。

【译文】

太公说:"天下人就像流水,阻碍他那就停止,开启他那就流淌,搅动他那就混浊,沉静他那就澄清。哎呀真是神奇啊! 圣人见到他的开始,那就知道他的终了了。"文王说:"怎样才能让他安定呢?"太公说:"天有恒常的形态,民众有恒常的生计。跟天下人共同遵循繁衍生息的准则,天下就安定了。"

文王在岐周^①,召太公曰:"争权于天下者,何先?"太公曰:"先人。人与地称,则万物备矣。今君之位尊矣,待天下之贤士,勿臣而友之,则君以得天下矣。"文王曰:"吾地小而民寡,将何以得之?"太公曰:"可。天下有地,贤者得之;天下有粟,贤者食之;天下有民,贤者收之。天下者非一人之天下也,莫常有之,唯贤者取之。夫以贤而为人下,何人不与^②? 以贵从人曲直,何人不得? 屈一人之下、则申万人之上者^③,唯圣人而后能为之。"文王曰:"善。请著之金板^④。"于是文王所就而见者六人^⑤,所求而见者七十人,所呼而友者千人。

【注释】

①岐周：岐山下的周代旧邑，地在今陕西岐山县境，周建国于此。

②与：赞同，亲附。

③申：伸展，伸直。

④著：记载。金板：天子祭告上帝镂刻告词的金属版，亦用以铭记大事，使不磨灭。

⑤就：走近。

【译文】

文王在岐周，召见太公说："在天下争夺权力，先做什么呢？"太公说："人为先。人跟地相称，有了人和土地那么万物就具备了。如今君王您的地位尊崇了，对待天下贤士，不要当做臣子而要当做友人，那么君王就可以得到天下了。"文王说："我国土很小民众很少，将要用什么来得到天下呢？"太公说："可以。天下有土地，贤良的人得到它；天下有粮食，贤良的人吃到它；天下有民众，贤良的人收拢他们。天下不是一个人的天下，没有人能恒常拥有它，只有贤良的人才能取得它。自身贤良而能居于他人之下，什么人不亲附他？自身尊贵而能跟从他人能屈能伸，什么人不能得到？委屈自己而被万人推崇的人，只有圣人才能做到。"文王说："好。把这话刻到金板上。"于是文王登门去见的有六个人，请求见访的有七十人，称为朋友的有一千人。

文王曰："何如而可以为天下？"太公对曰："大盖天下，然后能容天下；信盖天下，然后可约天下①；仁盖天下，然后可以求天下；恩盖天下，然后王天下；权盖天下，然后可以不失天下；事而不疑，然后天下恃。此六者备，然后可以为天下政。故利天下者，天下启之；害天下者，天下闭之。生天下者，天下德之；杀天下者，天下贼之。彻天下者②，天下通之；

穷天下者③,天下仇之。安天下者,天下恃之;危天下者,天下灾之。天下者非一人之天下,唯有道者得天下也。"

【注释】

①约:约束。

②彻:贯通。

③穷:走投无路,处境困窘。

【译文】

文王说:"怎样才可以治理天下呢?"太公回答说:"大度盖过天下,然后能够容纳天下;诚信盖过天下,然后能够约束天下;仁德盖过天下,然后能够怀服天下;恩德盖过天下,然后可以统治天下;权力盖过天下,然后可以不失去天下;遇事果断不疑惑,然后为天下依赖。这六种完备,然后可以治理天下的政事。所以有利于天下人的,天下人就会与他一起开创事业;伤害天下人的,天下人就会阻塞他的事业。生养天下人的,天下人感激他;杀害天下人的,天下人会毁灭他。顺应天下人意志的,天下人归顺他;使天下人生活困窘的,天下人仇恨他。使天下人生活安定的,天下人依赖他;危害天下人的,天下人伤害他。天下不是一个人的天下,只有有道德的人能得到天下。"

武王问太公曰:"论将之道奈何?"太公曰:"将有五才十过。所谓五才者,勇、智、仁、信、忠也。勇则不可犯,智则不可乱,仁则爱人,信则不欺人,忠则无二心。所谓十过者,将有勇而轻死者①,有急而心速者,有贪而喜利者,有仁而不忍于人者,有智而心怯者,有信而喜信于人者,有廉洁而不爱民者,有智而心缓者,有刚毅而自用者②,有懦心而喜用人者③。勇而轻死者,可暴也;急而心速者,可久也;贪而喜利者,可遗也④;仁而不忍于人者,可劳也;智而心怯者,可窘也;信而喜信于人者,可诳也;廉洁而不爱人者,可侮也;智而心缓者,可袭也;刚毅而自用者,可事也⑤;懦心而喜用人者,可欺也。故兵者国之大器⑥,存亡之事,命在于将也。先王之所重,故置将不可不审察也。"

【注释】

①轻死:轻视死去,不怕死。

②自用:自行其是,不接受别人的意见。

③懦:同"懦",胆小软弱。

④遗(wèi):赠送,贿赂。

⑤事:侍奉。这里是奉承的意思。

⑥大器:喻重要的事物。

【译文】

武王问太公说:"怎么样评论为将之道呢?"太公说:"将领有五种才德十种过错。所说的五种才德是,勇敢、智慧、仁爱、诚信、忠贞。勇敢那就不可侵犯,智慧那就不可扰乱,仁爱那就爱护士卒,诚信那就不欺骗别人,忠贞那就没有二心。所说的十种过错是,将领有勇敢而看轻死亡的,有急躁而心想速成的,有贪财而喜好利益的,有仁爱而对别人不忍心的,有智慧而内心怯弱的,有诚信而喜好相信别人的,有自身廉洁而不爱护士民的,有智慧而犹豫不决的,有刚强坚毅而不听意见自行其是的,有内心懦弱而喜好依靠别人的。勇敢而看轻死亡的,可以欺凌激怒他;急躁而心想速成的,可以用持久战拖垮他;贪财而喜好利益的,可以贿赂他;仁爱而对别人不忍心的,可以劳累他;智慧而内心怯弱的,可以窘迫他;诚信而喜好相信别人的,可以欺骗他;自身廉洁而不爱护士卒的,可以轻慢他;智慧而犹豫不决的,可以突袭他;刚强坚毅而自行其是的,可以奉承迷惑他；内心懦弱而依赖别人的，可以欺骗他。所以兵事，是国家重大事务，是涉及生死存亡的大事，命运掌握在将领手中。将领是先代君王所看重的，所以任命将领不可不仔细考察。"

武王问太公曰："王者举兵，欲简练英雄，知士之高下，为之奈何？"太公曰："知之有八征①：一曰微察问之，以观其辞②；二曰穷之以辞，以观其变；三曰与之间谍③，以观其诚；四曰明白显问④，以观其德；五曰使之以财，以观其贪；六曰试之以色，以观其贞；七曰告之以难，以观其勇；八曰醉之以酒，以观其态。八征皆备，则贤不肖别矣。"

【注释】

①征：方法，验证。

②微察问之，以观其辞：元和活字本、天明本作"微察问之以言观其辞"，此据镰仓本改。微察，侦视。

③间谍：指用来离间、搬弄是非的人员。间，离间，指用计使敌人内部不和。谍，《说文》："军中反间也。"

④显问：明白直接询问隐情。

【译文】

武王问太公说："君王起兵，想要选拔英雄，了解将士才能高低，要怎么去做呢？"太公说："知道这些有八种考验的方法：第一是问他一些问题，来观察他的答辞是否周密；第二是用言辞诘问，对他穷究到底，来观察他的应变能力；第三是给他派遣间谍挑拨，看他是否忠诚；第四是明白直接询问隐情，观察他有无不隐瞒事实的品德；第五是让他处理钱财，来观察他是否贪财；第六是用美色试探他，来观察他是否坚贞；第七是把危难告诉他，来观察他是否勇敢；第八是让他喝醉酒，来观察他是否失态。

八种方法都用过了,那么贤跟不贤就区别开来了。"

龙韬①

武王曰:"士高下岂有差乎?"太公曰:"有九差。"武王曰:"愿闻之。"太公曰:"人才参差大小,犹斗不以盛石②,满则弃矣,非其人而使之,安得不殆? 多言多语,恶口恶舌,终日言恶,寝卧不绝,为众所憎,为人所疾,此可使要问闾里③。察奸伺猾,权数好事④,夜卧早起,虽遽不悔⑤,此妻子将也。先语察事⑥,实长希言⑦,赋物平均,此十人之将也。切切截截⑧,不用谏言,数行刑戮,不避亲戚,此百人之将也。讼辨好胜,疾贼侵陵⑨,斥人以刑⑩,欲正一众⑪,此千人之将也。外貌咋咋⑫,言语切切⑬,知人饥饱,习人剧易⑭,此万人之将也。战战栗栗⑮,日慎一日,近贤进谋,使人以节,言语不慢,忠心诚必,此十万之将也。温良实长,用心无两,见贤进之,行法不枉,此百万之将也。动动纷纷,邻国皆闻,出入居处,百姓所亲,诚信缓大,明于领世,能教成事,又能救败,上知天文,下知地理,四海之内,皆如妻子,此英雄之率⑯,乃天下之主也。"

【注释】

①龙韬:本篇是论述军事指挥和兵力部署的。强调将领要和士兵"共寒暑,共饥饱勤苦",要抓住战机,要依靠人事和地利,而将领于作战时一味注重天道,则会受到九种束缚。

②斗:容量单位。十升等于一斗。石:古代容量计算单位,十斗为

一石。

③闾里：里巷，乡里。平民聚居处。

④权数：权术。

⑤遽：通"剧"，劳碌。

⑥察事：指为官府侦探民间情况。

⑦希言：少言，少说话。

⑧切切截截：繁言巧辩。

⑨疾：痛心，憎恨。贼：伤害。侵陵：侵犯欺凌。

⑩斥：斥退，黜免。

⑪正：匡正。

⑫咋咋（zhā zhā）：表示形体姿态剧烈运动，伴随大声说话，多为亢
　　奋情况。

⑬切切：敬重、恳切、勉励的样子。

⑭剧易：艰难。

⑮战战栗栗：因戒惧而小心谨慎的样子。

⑯率：模范，楷模，表率。

【译文】

　　武王说："士人才能的高低难道有差别吗？"太公说："有九种差别。"武王说："希望能把这些告诉我。"太公说："人的才能参差不齐有大有小，就像一斗不能用来盛一石，满了就得丢弃，使用不合适的人，怎么能够不危险？第一是多言多语，口舌恶毒，整天说坏话，睡眠休息时也不停止，被民众憎恶，被人们痛恨，这样的人可以让他在街头巷尾打探消息。第二是侦探察觉人的狡猾奸恶，掌握权术喜好多事，晚睡早起，虽劳碌却毫不后悔，这只是能管理妻子儿女的人。第三是在交谈前先观察情况，多办实事而少言寡语，分配平均，这是可以统领十个人的人。第四是繁言巧辩，不听从规劝，屡次实施刑法杀戮，不避亲戚，这是可以率领一百人的将领。第五是喜好争辩获胜，痛恨伤害欺凌，用刑罚来斥责人，想

要以此匡正统一众人,这是可以率领千人的将领。第六是外貌看起来亢奋,说起话来急切,知道人家的饥饱状况,熟悉人家的艰难处境,这是可以率领万人的将领。第七是敬畏戒惧,一天比一天慎重,能接近贤良听得进谋略,以礼待人,言语不轻慢,忠心耿耿说到做到,这是可以率领十万人的将领。第八是温和善良擅长做实事,用心专一,见到贤良就进用提拔,执法公正,这是可以率领百万人的将领。第九是一举一动,邻国也都知道,日常举止出入,都是百姓亲善拥戴的,诚信宽厚,能正确领导世人,能够教人成就大事,又能挽救危难失败,上知天文,下知地理,看待四海之内的人民,都如同妻子儿女一样,这是英雄的楷模,就是天下的君主。"

武王问太公曰:"立将之道奈何?"太公曰:"凡国有难,君避正殿,召将而诏之曰:'社稷安危,一在将军。'将军受命,乃斋于太庙①,择日授斧钺②。君入庙西面而立③,将军入北面立④。君亲操钺,持其首,授其柄,曰:'从此以往,上至于天,将军制之。'乃复操斧,持柄授将其刃,曰:'从此以下,至于泉,将军制之。'既受命曰:'臣闻国不可从外治,军不可从中御⑤;二心不可以事君,疑志不可以应敌。臣既受命,专斧钺之威,不敢还请,愿君亦垂一言之命于臣。君不许臣,臣不敢将⑥。'君许之,乃辞而行。军中之事,不可闻君命,皆由将出。临敌决战,无有二心。若此无天于上,无地于下,无敌于前,无主于后。是故智者为之虑,勇者为之斗,气厉青云,疾若驰鹜⑦,兵不接刃,而敌降服。"

【注释】

①斋:斋戒,在举行祭祀或典礼前整洁身心以示恭敬。太庙:帝王的

　　祖庙。

②斧钺：斧和钺（青铜制，像斧，比斧大，圆刃可砍劈，又有玉石制
　　的，供礼仪、殡葬用），本为古代军中的两种行刑兵器，后成为指挥
　　军队的权力象征。

③西面：面向西。古人宾主相对时，宾东向，主西向。

④北面：古代君见臣，面南而坐，故以北面指向人称臣。

⑤中：指朝廷。

⑥将：担任将领。

⑦驰骛：疾驰，奔腾。

【译文】

　　武王问太公说："设立将领的方法是怎么样的？"太公说："凡是国家有了危难，国君避开正中的主殿，在偏殿召见将军下诏说：'江山社稷的安危，全都在于将军了。'将军接受命令，于是在太庙举行整饬身心的斋戒，选择吉日授予指挥军队的斧钺。到了吉日国君进入太庙面向西站立，将军进入面向北站立。国君亲自拿着大钺，拿着钺的头部，授予将军钺的把柄，说：'从此往后，军中上至于天的事务都由将军掌管。'就又手持大斧，拿着把柄授予将军斧刃，说：'从此往后，军中直到泉下的事务都由将军掌管。'将军接受君命后说：'我听说国家不可以受外部干预，军队不可以由朝廷遥控；有二心的臣子不可以事奉君主，将帅犹豫怀疑不可以迎击敌人。我既然接受命令，专一指挥军队，不获得胜利就不敢回还，希望国君授全权之命于臣。国君不答应臣，臣不敢担任主将。'国君答应后，就告辞行军出征。军中的事务，不可以再听国君的命令，都要由主将发出。临敌决战，没有二心。像这样，主将上面不受天制约，下面不受地限制，前面没有敌人可以阻挡，后面没有君主牵制。因此智者都为他出谋划策，勇士都为他战斗，士气上激青云，迅疾有如快马奔驰，兵器的锋刃还没有接触，敌人就已经降服了。"

武王问太公曰:"将何以为威? 何以为明? 何以为禁止而令行?"太公曰:"以诛大为威,以赏小为明,以罚审为禁止而令行。故杀一人而三军振者^①,杀之;赏一人而万人悦者,赏之。故杀贵大,赏贵小。杀及贵重当路之臣^②,是刑上极也;赏及牛马厮养^③,是赏下通也。刑上极,赏下通,是将威之所行也。夫杀一人而三军不闻,杀一人而万民不知,杀一人而千万人不恐,虽多杀之,其将不重。封一人而三军不悦,爵一人而万人不劝,赏一人而万人不欣,是为赏无功、贵无能也^④。若此则三军不为使,是失众之纪也^⑤。"

【注释】

①三军:指所有军队。振:通"震",震惊,震动。

②当路:身居要职,掌握政权。

③牛马:喻指劳役或供役使的人。厮养:等于说厮役,干杂事劳役的奴隶。后泛指受人驱使的奴仆。

④功:功效。能:能耐。

⑤纪:纲领,法度。引申为事物的端绪。

【译文】

武王问太公说:"将领用什么来立威? 用什么来体现严明? 怎样才能做到令行禁止?"太公说:"用诛杀尊贵的来立威,用奖赏低贱的来体现严明,用惩罚周密严明来让令行禁止。所以杀掉一个人而能让三军震动的,就杀了他;赏赐一个人而能让上万人喜悦的,就赏赐他。所以诛杀重视尊贵的,奖赏重视低贱的。诛杀杀到身居要职的高贵重臣,说明刑罚能施行到最上层;赏赐赏到牛马一样打杂服役的奴仆,说明赏赐能达到最下层。最高层人士能受到惩罚,卑贱阶层能得到赏赐,这样将领就能立威了。诛杀一个人而三军不知,诛杀一个人而上万人都不知道,诛杀一个人而千万人不恐惧，即使诛杀再多，那将领也不被尊重。封赏一个人而三军不喜悦，封爵一个人而上万人不努力，赏赐一个人而上万人不欣喜，这是赏赐的人没有功劳，提拔的人没有能力呀。像这样，那么三军不会听从号令，这是失去众心的根源啊。"

　　武王问太公曰："吾欲令三军之众，亲其将如父母，攻城争先登，野战争先赴，闻金声而怒^①，闻鼓音而喜^②，为之奈何？"太公曰："将有三礼。冬日不服裘，夏日不操扇，天雨不张盖幕^③，名曰三礼也。将身不服礼^④，无以知士卒之寒暑。出隘塞，犯泥涂^⑤，将必下步，名曰力将。将身不服力^⑧，无以知士卒之劳苦。军皆定次^⑥，将乃就舍。炊者皆熟，将乃敢食。军不举火^⑦，将亦不火食，名曰止欲。将不身服止欲，无以知士卒之饥饱。故上将与士卒共寒暑^⑧，共饥饱勤苦。故三军之众，闻鼓音而喜，闻金声而怒矣。高城深池^⑨，矢石繁下^⑩，士争先登；白刃始合^⑪，士争先赴，非好死而乐伤，为其将念其寒苦之极，知其饥饱之审，而见其劳苦之明也。"

【注释】

①金声：指钲（一种古代乐器，形似钟而狭长，有柄，击之发声，用铜
　　制成；行军时用以节止步伐）声。

②鼓音：战鼓的声音，表示进攻。

③盖：车盖，古代车上遮雨蔽日的篷子，形圆如伞，下有柄。幕：帷
　　幕，用作遮挡的幕布、帷幔。

④服礼：遵行礼法。服，使用，从事，执行。

⑤犯：遭遇，冒着。泥涂：泥泞的道路。

⑥次：临时驻扎和住宿。

⑦举火：专指生火做饭。

⑧上将：主将，统帅。

⑨高城深池：高高的城墙，深深的护城河。城，城墙。池，护城河。

⑩矢石：箭和石。古时作战的武器。

⑪白刃：锋利的刀。合：交锋。

【译文】

武王问太公说："我想要让三军的兵众，亲近他们的将领如同父母，攻城先登上城墙，野战争先冲锋，听到停止进攻的钲声就愤怒，听到进攻的鼓音就喜悦，怎么办才能做到？"太公说："将领有三礼。冬天不穿着裘皮，夏天不拿着扇子，下雨天不张开车盖帷幕，命名叫做三礼。将领自身不遵行礼法，就没有办法知道士兵的寒冷暑热。走出狭窄险要的关塞，遭遇泥泞的道路，将领必定下车徒步，这就叫力将。将领自身不用力，就没有办法知道士兵的劳累辛苦。军队都停下来驻扎，将领才去住宿。生火做饭都熟了，将领才敢吃饭。军队没有生火做饭，将领也不吃加热的食物，这叫做制止欲望。将领自身不遵行礼法制止欲望，那将没办法知道士兵的饥饿饱足。所以主将要跟士兵共同承受寒暑，共同承受饥饱勤苦。这样，三军的士兵，听到进攻的鼓声就会喜悦，听到停止进攻的钲声就会愤怒了。高高的城墙、深深的护城河，箭和石块频繁落下，战士奋勇争先登城；锋利的兵刃刚开始交锋，战士争先奔赴，不是喜好死亡乐于受伤，为的是主将在清楚了解士卒冷暖、饥饱的同时，还能清楚了解士卒的劳苦。"

武王问太公曰："攻伐之道，奈何？"太公曰："资因敌家之动①，变生于两阵之间，奇正传于无穷之源②。故至事不语③，用兵不言④。其事之成者，其言不足听。兵之用者，其状不足见⑤。倏然而往⑥，忽然而来，能独专而不制者也⑦。善战者，不待张军⑧；善除患者，理其未生⑨；善胜敌者，胜于无形⑩；上战无与战矣。故争于白刃之前者，非良将也；备于已失之后者，非上圣也。智与众同，非国师也；伎与众同，非国工也⑪。事莫大于必克，用莫贵于玄眇⑫，动莫神于不意，胜莫大于不识。夫必胜者，先见弱于敌而后战者也，故事半而功自倍。兵之害，犹豫最大；兵之灾，莫大于狐疑。善者见利不失，遇时不疑⑬。失利后时⑭，反受其灾。智者从而不失，巧者一决而不犹豫，故疾雷不及掩耳，卒电不及瞬目⑮，赴之若惊，用之若狂，当之者破，近之者亡，孰能待之⑯？"武王曰："善！"

【注释】

①资：此指战争的态势。因：顺应。

②奇正：古时兵法术语。古代作战以对阵交锋为正，设伏掩袭等为奇。传：今本《六韬》作"发"。

③至事：最重要的事务。古代多指军国大事。

④用兵：使用武力，进行战争。

⑤状：情形。见：今作"现"，显露。

⑥倏然：很快的样子。

⑦独专：独擅。

⑧张军：陈兵。

⑨理：治理，管理。

⑩无形：不露形迹，未露形迹。

⑪国工：一国中技艺特别高超的人。

⑫玄眇：深奥，微妙。

⑬时：时机，机遇。

⑭后时：失时，不及时。

⑮卒：今作"猝"，突然。瞬目：眨眼。

⑯待：防备，抵御。

【译文】

　　武王问太公说："进攻征伐的原则，是什么呢？"太公说："作战的态势要根据敌情的变动而变动，变化产生于交战双方的阵势之间，奇正战法的运用来自将领无穷无尽的思想源泉。所以机要大事事先不能谈论，用兵作战事先不可外传。机要大事仅凭言语描述是不足听信的。用兵的手段，仅凭对一时状况的观察是不能完全掌握的。快速而去，突然而来，将领是能单独专断而不受别人控制的。善于作战的人，在陈兵列阵之前就已谋划好了克敌方略；善于除去患难的，在患难没有发生之前就已处理好了；善于战胜敌人的，胜在不露痕迹；最高级的作战，是不战而屈人之兵。所以用白刃殊死相搏才争胜的，不是好的将领；在已经战败之后设防的，不是德智超群的圣人。智力跟大众相同的，不能称为国师；技艺跟大众相同的，不能算是一国技艺最高的工匠。军中事务没有比克敌制胜更重要的了，用兵没有比神妙难测更可贵的了，行动没有比出其不意更神奇的了，谋略没有比不被识破更好的了。必定胜利的军队，是先向敌人示弱然后进行作战，所以事半功倍。军队的灾难，犹豫最大；用兵的灾难，没有比狐疑更大的了。善于作战的人见到有利战机不会让它丧失，遇到良机不会迟疑。丧失了有利时机再去行动，反而会受到灾祸。智慧的人能够顺应有利形势，绝不会放弃良机，机智的人能够坚定不移地做出决断毫不犹豫，所以对敌进攻要迅疾如雷声，使人来不及堵上耳朵，迅速如闪电，使人来不及闭上眼睛。军队奔赴战斗有如惊马奔驰，进行作战就像发疯一样拼命，阻挡的敌人被攻破，靠近的就被消灭，谁能抵御这样的军队？"武王说："好啊！"

　　武王问太公曰："凡用兵之极①，天道、地利、人事，三者孰先？"太公曰："天道难见，地利、人事易得。天道在上，地道在下，人事以饥饱劳逸文武也。故顺天道不必有吉②，违之不必有害。失地之利，则士卒迷惑；人事不和③，则不可以战矣。故战不必任天道④，饥饱劳逸文武最急，地利为宝。"王曰："天道鬼神，顺之者存，逆之者亡，何以独不贵天道？"太公曰："此圣人之所生也。欲以止后世，故作为谲书⑤。而寄胜于天道，无益于兵胜，而众将所拘者九。"王曰："敢问九者奈何？"太公曰："法令不行而任侵诛；无德厚而用日月之数；不顺敌之强弱，幸于天道；无智虑而候氛气⑥；少勇力而望天福；不知地形而归过；敌人怯弗敢击而待龟筮⑦；士卒不募而法鬼神；设伏不巧而任背向之道⑧。凡天道鬼神，视之不见，听之不闻，索之不得，不可以治胜败，不能制死生，故明将不法也。"

【注释】

①极：最高的境界。

②顺：遵循。

③不和：不调和，不和谐。

④任：凭依，依据。

⑤谲：奇，奇异，变化。

⑥候：观测，守望。氛气：凶邪之气。

⑦龟筮（shì）：占卦。古时占卜用龟，筮用蓍，视其象与数以定吉凶。

⑧设伏：布设伏兵。背向：背对和面向。

【译文】

武王问太公说："凡是用兵的最高境界,天道、地利、人事,这三样哪一样最为优先?"太公说："天道难以展现,地利、人事容易掌控。天道在上面,地利在下面,人事主要在于饥饿吃饱、劳苦安逸、文治武事。所以遵循天道不一定有吉祥,违逆天道也不一定有灾害。失去了地利,那么士兵就会感到迷惑;人事不和谐,那么就不可征战。所以征战不必依据天道,饥饿吃饱、劳苦安逸、文治武事最为急迫,地利也是宝贵的。"武王说："天道鬼神,顺应的生存,违逆的灭亡,为什么单单不重视天道呢?"太公说："这是圣人提出来的。圣人想要用来制止后代不要违逆天道,所以故意写成奇异玄妙的书籍。而把获胜的希望寄托在天道上,对用兵制胜没有益处,而众位将领也会受到九种因素的限制。"武王问："请问这九种限制是怎么样的?"太公说："法令不能执行,而任意欺凌诛杀;没有深厚的仁德,而采用日月的术数等待天时;不顺应敌人的强弱来应对,却希望侥幸于天道;没有智慧谋略,而依据预示吉凶的云气来行动;缺少勇力,而希望上天降福;不知道地形,而把过错归于他人;敌人怯弱却不敢攻击,而等待占卜;不招募训练士兵,而去相信依靠鬼神;设置伏兵不巧妙而任意背对或面向敌人。凡是天道鬼神,看又看不见,听又听不到,找又找不着,不可以决定胜利失败,不能够控制死亡生存,所以英明的将领不效法它。"

太公曰："天下有粟,圣人食之;天下有民,圣人收之;天下有物,圣人裁之①。利天下者取天下,安天下者有天下,爱天下者久天下,仁天下者化天下。"

【注释】

①裁:剪裁,裁制,节制。

【译文】

太公说："天下有粮食,圣人去分配食用;天下有民众,圣人去收容治理;天下有事物,圣人去裁处节制。给天下利益的取得天下,让天下安定的拥有天下,爱惜天下的长久留住天下,仁德施于天下的化育天下。"

虎韬①

武王胜殷,召太公问曰:"今殷民不安其处②,奈何使天下安乎?"太公曰:"夫民之所利,譬之如冬日之阳、夏日之阴。冬日之从阳,夏日之从阴,不召自来。故生民之道③,先定其所利,而民自至。民有三几④,不可数动,动之有凶。明赏则不足,不足则民怨生;明罚则民慑畏,民慑畏则变。故出明察则民扰⑤,民扰则不安其处,易以成变。故明王之民,不知所好,不知所恶,不知所从,不知所去⑥。使民各安其所生,而天下静矣⑦。乐哉,圣人与天下之人,皆安乐也。"武王曰:"为之奈何?"太公曰:"圣人守无穷之府⑧,用无穷之财,而天下仰之。天下仰之,而天下治矣。神农之禁⑨,春夏之所生,不伤不害,谨修地利,以成万物,无夺民之所利,而农顺其时矣。任贤使能,而官有材,而贤者归之矣。故赏在于成民之生,罚在于使人无罪。是以赏罚施民,而天下化矣。"

【注释】

①虎韬:本篇论述战争环境与战术。本段节录的是武王伐纣后,向太公请教如何安定天下,太公提出了先定"民之所利",君主应为

百姓谋利,以赏"成民之生",以罚"使人无罪",如此则"天下化矣"。

②安:安心,习惯于。

③生民:养民。

④几:关键,要点。

⑤明察:严明苛察。

⑥去:离开。

⑦静:平静,安定。

⑧府:储藏文书或财物的地方。

⑨神农:传说中的太古帝王名。始教民为耒耜,务农业,故称神农氏;又传他曾尝百草,发现药材,教人治病,也称炎帝。

【译文】

武王战胜了殷国,召见太公问他说:"如今殷国的民众不安心他们的处境,怎么样能让天下人都安心呢?"太公说:"民众的利益,打个比方就像冬天的阳光、夏天的阴凉。冬天追逐阳光,夏天追逐阴凉,不用召集自己就来。所以养民的道理,先确定给他们的利益,民众自己就会来到。治理民众有三个要点,不可以频繁变动,变动就有凶险。明令赏赐那就不能使人满足,不满足那么民众就产生怨恨;明令惩罚那么民众会畏惧,民众畏惧那就会引起变乱。所以出令严明苛察,那么民众就困扰,民众困扰,那么就不安心他们的处境,就容易形成变乱。所以英明君王的民众,不知道喜好什么,不知道厌恶什么,不知道跟从谁,不知道离开谁。使民众各自安于他们的生活,天下就平静安定了。快乐啊,圣人跟天下的人,都安宁快乐了。"武王说:"要怎么去做呢?"太公说:"圣人守护无穷的府库,运用无穷的财物于民,而天下人都敬仰他。天下敬仰他,天下就太平了。按照神农氏的禁令,春夏生长的万物,不损伤,不祸害,谨慎地整治有利于农业的土地条件,来生成万物,不掠夺百姓的利益,那么农业就顺应农事节令了。任贤用能,官员有才干,那么贤能的人就归附他了。所以奖赏的目的在于成就民众的生产,惩罚的目的在于让人没有罪过。因此奖赏惩罚施加给民众,而天下就受到教化了。"

犬韬①

武王至殷将战,纣之卒握炭流汤者十八人②,以牛为礼以朝者三千人,举百石重沙者二十四人,趋行五百里而矫矛杀百步之外者五千人③,介士亿有八万④。武王惧,曰:"夫天下以纣为大,以周为细;以纣为众,以周为寡;以周为弱,以纣为强;以周为危,以纣为安;以周为诸侯,以纣为天子。今日之事,以诸侯击天子,以细击大,以少击多,以弱击强,以危击安,以此五短击此五长,其可以济功成事乎?"太公曰:"审天子不可击⑤,审大不可击,审众不可击,审强不可击,审安不可击。"王大恐以惧。太公曰:"王无恐且惧。所谓大者,尽得天下之民;所谓众者,尽得天下之众;所谓强者,尽用天下之力;所谓安者,能得天下之所欲;所谓天子者,天下相爱如父子,此之谓天子。今日之事,为天下除残去贼也⑥。周虽细,曾残贼一人之不当乎?"王大喜曰:"何谓残贼?"太公曰:"所谓残者,收天下珠玉美女金钱彩帛狗马谷粟,藏之不休,此谓残也。所谓贼者,收暴虐之吏⑦,杀天下之民,无贵无贱,非以法度,此谓贼也。"

【注释】

①犬韬:本篇论及军队的指挥训练。主要说明大、众、强、安和天子、贼、残等概念的含义,以及君主如何做到"进必斩敌,退必克全"。

②握炭流汤：形容不畏危难，敢于赴汤蹈火。汤，热水，开水。

③趋（qū）行：急行。趋，同"趋"。矫：举起，抬高。

④介士：武士。亿：古代或以十万为亿，或以万万为亿。此当指十万。

⑤审：确实，果真。

⑥残：残暴为害的人，祸害。贼：伤害善良、危害人民的人。

⑦收：收拢，聚集。

【译文】

武王到了殷地将要作战，看到纣王的士兵敢于赴汤蹈火的十八个人，用牛作为礼物来朝见的三千人，举起一百石重的沙子的二十四个人，急行军五百里举起长矛杀死一百步以外的敌人的五千人，武士十八万人。武王恐惧，说："天下都认为纣王国土广大，认为周国国土小；认为纣王人多，认为周国人少；认为周国弱小，认为纣王强大；认为周国危险，认为纣王平安；认为周国是诸侯，认为纣王是天子。今天我们的事情，是以诸侯的身份攻击天子，用国土小攻击国土广大，用人少攻击人多，用弱小攻击强大，用危险攻击平安，用这五点短处攻击这五点长处，这还可以成就功业办成大事吗？"太公说："确实天子不可攻击，确实国土广大不可攻击，确实人多不可攻击，确实强大不可攻击，确实平安不可攻击。"武王大为惊恐惧怕。太公说："君王不要惊恐惧怕。所谓大，是得到全天下民众的拥护；所谓众，是得到全天下的民众的支持；所谓强，是指全天下的人都愿意为他效力；所谓安，是能满足全天下人的愿望；所谓天子，是跟天下人相爱如同父子，这才叫做天子。今日之事，是为天下消除残暴剿灭逆贼。周国虽然小，曾经发生过残贼一人的不当之事吗？"武王大喜说："什么叫做残贼？"太公说："所谓残，是收来天下的珍珠、宝玉、美女、金钱、彩色丝绸、狗马、粮食，搜刮囤积没有停止，这叫做残。所谓贼，是聚集凶恶残暴的官吏，杀死天下的民众，不管高贵、低贱，不遵循法度，这就叫做贼。"

武王问太公曰：“欲与兵深谋，进必斩敌，退必克全^①，其略云何？”太公曰：“主以礼使将，将以忠受命^②。国有难，君召将而诏曰：‘见其虚则进，见其实则避；勿以三军为贵而轻敌，勿以授命为重而苟进^③；勿以贵而贱人，勿以独见而违众，勿以辩士为必然；勿以谋简于人^④，勿以谋后于人；士未坐勿坐，士未食勿食；寒暑必同，敌可胜也。’”

【注释】

①克：能够。

②受命：特指受君主之命。

③苟进：随便进攻。苟，随便，马虎，不审慎。

④简：怠慢。

【译文】

武王问太公说：“我想在作战时有深远周密的谋略，进攻必能杀敌，后退能够保全，那样的谋略是什么？”太公说：“君主用礼来使用将领，将领用忠来接受君命。国家有了危难，君主召见将领下诏说：‘见到敌人虚弱那就进攻，见到敌人强大那就避开；不要把三军看得可贵就忽视敌人，不要把接受君命看得重要就随便进攻；不要因为地位尊贵而轻贱别人，不要因为一己之见而违背众人，不要以为能言善辩人的话都正确；不要自认有谋略而怠慢别人，不要因别人善谋而甘心落后；士卒没落座休息自己别坐，士卒没吃饭自己别吃；寒冷暑热必须同甘共苦，敌人就可以战胜了。’”

阴谋

【题解】

《阴谋》,《汉书·艺文志》道家类曾有著录曰:"《太公》二百三十七篇。《谋》八十一篇,《言》七十一篇,《兵》八十五篇。"《隋书·经籍志》载为一卷并云梁时为六卷,"梁又有《太公阴谋》三卷,魏武帝解"。余嘉锡《四库提要辨证》认为,《阴谋》与《六韬》《金匮》等"皆《兵》八十五篇中之子目"。河北定县四十号汉墓出土有《太公》竹简,其简文有的标明出自《阴谋》,证明余说极是。亦见《阴谋》是《太公》之一篇,乃为汉初流传的先秦典籍。

本书辑录《阴谋》的文字不多,内容主要为贤君治国教民之法,比如"不以私害公;赏不加于无功,罚不加于无罪,法不废于仇雠,不避于所爱;不因怒以诛,不因喜以赏;不高台深池以役下,不雕文刻画以害农,不极耳目之欲以乱政"。另外还讲明了贤君的赏罚之道以及五帝之戒。这些都是要告诫太宗君臣要谨慎终始,不可骄慢。

武王问太公曰:"贤君治国教民,其法何如?"太公对曰:"贤君治国,不以私害公;赏不加于无功,罚不加于无罪,法不废于仇雠①,不避于所爱;不因怒以诛,不因喜以赏;不高台深池以役下，不雕文刻画以害农，不极耳目之欲以乱政；是贤君之治国也。不好生而好杀，不好成而好败，不好利而好害，不好与而好夺，不好赏而好罚；妾孕为政[②]，使内外相疑、君臣不和；拓人田宅以为台观，发人丘墓以为苑囿，仆媵衣文绣[③]，禽兽犬马与人同食，而万民糟糠不厌、裋褐不完[④]；其上不知而重敛，夺民财物藏之府库；贤人逃隐于山林，小人任大职，无功而爵，无德而贵；专恣倡乐，男女昏乱，不恤万民，违阴阳之气；忠谏不听，信用邪佞；此亡国之君治国也。"

【注释】

①仇雠：仇人，冤家对头。

②妾孕：疑当作"妾媵"。古代诸侯贵族女子出嫁，从嫁的妹妹或侄女称媵，后通称侍妾为妾媵。

③仆媵（yìng）：姬妾婢女。衣：穿。文绣：刺绣华美的丝织品或衣服。

④糟糠：酒滓、谷皮等粗劣食物。不厌：不满足，不饱。裋褐：粗陋衣服。

【译文】

武王问太公说："贤明的君主治理国家教化人民，他的方法是怎么样的呢？"太公回答说："贤明的君主治理国家，不会因私害公；赏赐不施加给没有功劳的人，惩罚不施加给没有罪责的人，法令不会对于仇家就作废，不会避开所爱之人；不会因为愤怒而诛杀，不会因为喜悦而赏赐；不会因为增高高台挖深池塘而役使下民，不会为雕绘刻画文采而妨害农时，不穷尽视听的欲望而扰乱国政；这是贤明君主的治理国家。不喜好生命而喜好杀戮，不喜好成功而喜好失败，不喜好有利而喜好有害，不喜好给予而喜好夺取，不喜好赏赐而喜好惩罚；妻妾干预国政，使朝廷内外互相猜疑、君主跟臣子不和睦;侵占别人的田地宅院建成自己的楼台馆阁,发掘人家的坟墓作为自己畜养禽兽的园林,婢妾穿着华美的刺绣衣服,自己的禽兽狗马跟人吃同样的食物,而民众糟糠都吃不饱,粗陋衣服都不完整;君主不知情反而加重征税,夺取民众的财物收藏到君上的仓库;贤人逃跑隐藏到山林之中,卑贱低下的小人担任重要职务,没有战功却分封爵位,没有德行却地位尊贵;专横放肆让倡优歌舞表演,男女淫乱,不体恤民众,违反阴阳二气运行规律;忠心劝谏不听取,相信任用奸邪小人;这是亡国君主的治理国家。"

　　武王问太公曰:"吾欲轻罚而重威,少其赏而劝善多①,简其令而众皆化,为之何如?"太公曰:"杀一人千人惧者,杀之;杀二人而万人惧者,杀之;杀三人三军振者,杀之。赏一人而千人喜者,赏之;赏二人而万人喜者,赏之;赏三人三军喜者,赏之。令一人千人得者②,令之;禁二人而万人止者,禁之;教三人而三军正者③,教之。杀一以惩万,赏一而劝众,此明君之威福也④。"

【注释】

①劝善:勉励为善,勉力为善。

②得:得意,满足。

③正:端正。

④威福:指统治者的赏罚之权。

【译文】

　　武王问太公说:"我想要减轻刑罚而增加威严,减少奖赏而多勉励人们为善,简约命令而民众都受教化,应该怎样去做?"太公说:"杀一个人而使一千人惧怕的,杀他;杀两个人而使一万人惧怕的,杀他;杀三个人而使三军惊恐的,杀他。赏一个人而让一千人喜悦的,赏他;赏两个人而让一万人喜悦的,赏他;赏三个人而让三军喜悦的,赏他。命令一个人而使一千人满足,命令他;禁止两个人而使一万人停止,禁止他;教导三个人而使三军端正,教导他。杀一人来惩戒万人,赏一人而勉励众人,这是英明君主的赏罚之权啊。”

武王问太公曰:“吾欲以一言与身相终,再言与天地相永①,三言为诸侯雄②,四言为海内宗③,五言传之天下无穷,可得闻乎?”太公曰:“一言与身相终者,内宽而外仁也;再言与天地相永者,是言行相副,若天地无私也;三言为诸侯雄者,是敬贤用谏,谦下于士也;四言为海内宗者,敬接不肖,无贫富,无贵贱,无善恶,无憎爱也;五言传之天下无穷者,通于否泰④,顺时容养也。”

【注释】

①再言:第二句话。永:泛指长。兼指时间和空间。

②雄:指为首者,居前列者,强有力者。

③宗:宗主,众所景仰归依者,某一方面的代表与权威。

④否(pǐ)泰:本为《周易》里两个卦名:天地交而万物通,叫泰;天地不交万物不通,叫否。用来指世道盛衰、人事通塞、运气好坏等。

【译文】

武王问太公说:“我希望能有一句话让我终身铭记,第二句话能跟天地相永长,第三句话成为诸侯的杰出者,第四句话成为海内宗主,第五句话可以将天下代代相传没有穷尽,能够告诉我吗?”太公说:“一句话让自己终身铭记的,是对内宽恕对外仁德;第二句话能跟天地相永长的,是言语跟行动相符,像天地那样无私;第三句话成为诸侯的杰出者,是尊敬贤人采纳劝谏,对士人谦逊;第四句话成为海内宗主的,是恭敬地交接不成材的人,不分贫富、贵贱、好坏、爱憎;第五句话可以使天下代代相传没有穷尽的,是通晓命运的好坏,顺应时宜包容供养。”

　　武王问尚父曰:“五帝之戒可闻乎?”尚父曰:“黄帝之时戒曰:吾之居民上也,摇摇恐夕不至朝①。尧之居民上,振振如临深川②。舜之居民上,兢兢如履薄冰③。禹之居民上,栗栗恐不满日④。汤之居民上,战战恐不见旦⑤。”王曰:“寡人今新并殷,居民上,翼翼惧不敢怠⑥。”

【注释】
①摇摇:心神不定的样子。
②振振:战栗。
③兢兢:小心谨慎的样子。履:践踏。
④栗栗:戒备、畏惧的样子。
⑤战战:戒慎、畏惧的样子。
⑥翼翼:恭敬谨慎的样子。
【译文】
　　武王问尚父说:“五帝的训诫能够告诉我吗?”尚父说:“黄帝之时,告诫自己说:我处在民众之上,心神不定唯恐晚上到不了早上。尧处在民众之上,战栗着如同面临深渊。舜处在民众之上,小心谨慎如同踩在薄薄的冰层之上。夏禹处在民众之上,畏惧戒备恐怕满不了一天。商汤处在民众之上,戒慎畏惧恐怕见不到早晨的太阳。”武王说:“我如今新吞并殷国,处在民众之上,恭谨惧怕不敢松懈怠慢。”

鬻子

【题解】

《鬻子》一书，旧本题周鬻熊撰，一卷。《汉书·艺文志》诸子略道家类著录《鬻子》二十二篇，小说家类著录《鬻子说》十九篇。可见当时本来有二书。前人考证《列子》引《鬻子》共三条，都是黄老清静之说，跟今本不相似，怀疑就是道家二十二篇之文。今本所载与贾谊《新书》所引六条文风相似，怀疑就是小说家的《鬻子说》。《崇文总目》作十四篇，高似孙《子略》作十二篇，陈振孙《书录解题》称陆佃所校十五篇。《四库全书》录《鬻子》一卷，列"子部·杂家类"；《守山阁丛书·子部》录《鬻子》一卷，并有唐逢行珪注及清人钱熙祚校勘记等。今本《正统道藏》有《鬻子》二卷，凡十四篇，亦有逢行珪注及序。

杜预《左传注》称，鬻熊为祝融十二世孙。《史记》载鬻熊子事文王，早卒。《汉书》载魏相奏记霍光，称文王见鬻子，年九十余。虽所说稍有不同，但是鬻子大约是周文、武时人。但今本有昔者鲁周公，又有昔者鲁周公使康叔往守于殷等话语，而贾谊《新书》也引其成王问答共五条，时代颇不相及。据刘勰《文心雕龙》说，鬻熊知道，文王咨询，遗文余事录为《鬻子》。可见哀辑成编不出鬻熊自身，当是后人流传附益，或者加以虚构，所以《汉志》列入小说家。

本书节录《鬻子》篇幅不大，多为治国之道。指出要施行仁政王道，弘道济世。唐人逢行珪序云："鬻子博怀道德，善谋政事。""王者览之，可以理国；吏者遵之，可以从政。足使贤者励志，不肖者涤心。"魏徵所辑，是在告诫唐太宗要修法治身，励志治国，以仁为本，知善而行，才能治理好国家。

君子不与人之谋则已矣，若与人谋之，则非道无由也①。故君子之谋，能必用道，而不能必见受也；能必忠，而不能必入也；能必信，而不能必见信也。君子非仁者②，不出之于辞，而施之于行，故非非者行是③，而恶恶者行善④，而道谕矣⑤。

【注释】

①道：正道，常理。指最高的治世原则。由：途径，办法。

②非：非议，否定。仁：另本作"人"。

③非非：指否定应该否定的事物。

④恶恶：憎恨邪恶。

⑤谕：表明，显示。

【译文】

君子不给人谋划就罢了，倘若给人谋划，那么不遵循正道常理就没有途径。所以君子的谋划，必定能够做到遵从道义，而不一定能被采纳；必定能够忠诚，而不一定能被接受；必定能够诚信，而不一定能够被信任。君子责备别人，不是用言辞，而是体现于行动，所以非议应该非议的，就是施行正确的；而厌恶邪恶的，就是行善，这样大道就清楚明白了。

文王问于鬻子曰："敢问人有大忌乎？"对曰："有。"文王曰："敢问大忌奈何？"鬻子对曰："大忌知身之恶而不改也，以贼其身，乃丧其躯，有行如此，之谓大忌也。昔之帝王其所以为明者，以其吏也①；昔之君子其所以为功者，以其民也。力生于民，而功最于吏②，福归于君。民者至庳也③，而使之取吏焉，必取所爱。故十人爱之，则十人之吏也；百人爱之，则百人之吏也；千人爱之，则千人之吏也；万人爱之，则万人之吏也。

【注释】

①吏：官吏。春秋以前大小官员都可以称为吏，战国以后一般指下级的小官员或吏卒。

②最：聚合。

③庳（bì）：低下。

【译文】

文王向鹖子问道："请问人有大的忌讳吗？"回答说："有。"文王说："请问大的忌讳是什么样的？"鹖子回答说："大忌讳是知道自身的恶行而不改悔，以至于伤害自身，丧失生命，有这样的行为，就称为大忌。从前帝王之所以圣明，是因为他的官吏；从前的君子之所以能建功立业，是因为他的民众。力量产生在民众那里，功绩聚集在官吏身上，福气归属在君王那里。民众是最低下的，而让他们选取官吏，必定选取他们所喜爱的。所以十个人喜爱他，那就是十个人的官吏；一百人喜爱他，那就是一百人的官吏；一千人喜爱他，那就是一千人的官吏；一万人喜爱他，那就是一万人的官吏。

"周公曰：吾闻之于政也，知善不行者，则谓之狂；知恶不改者，则谓之惑。夫狂与惑者，圣人之戒也①。不肖者不自谓不肖，而不肖见于行；不肖者虽自谓贤，人犹皆谓之不肖也。愚者不自谓愚,而愚见于言;愚者虽自谓智,人犹皆谓之愚也。禹之治天下也,以五声听,门悬钟鼓铎磬^②,而置鞀以待四海之士^③,为铭于笋簴曰^④:'教寡人以道者击鼓,教寡人以义者击钟,教寡人以事者振铎,告寡人以忧者击磬,语寡人以讼狱者挥鞀。'此之谓五声。是以禹尝据一馈而七起^⑤,日中而不暇饱食,曰:'吾不恐四海之士留于道路,吾恐其留吾门廷也^⑥。'是以四海之士皆至,是以禹朝廷间可以罗雀者。"

【注释】

①戒:警戒之事,禁戒。

②铎(duó):古乐器,形如大铃,振舌发声。铁舌叫金铎,传达军令时用;木舌叫木铎,宣布政令时用。磬(qìng):古代的一种打击乐器,多用石或玉制成,状如曲尺。

③鞀(táo):形制为鼓穿在木柄上,鼓框左右用绳系着两个珠状物,手摇木柄,珠状物来回敲击鼓面而发声。

④铭:刻写在器物上的文辞。笋簴(jù):古代悬挂钟磬的架子。横架为笋,直架为簴。

⑤馈:进食。

⑥门廷:即门庭,门前的空地。

【译文】

"周公说:对于国政我听到这样的话,知道美善而不实行的,那就叫做狂;知道丑恶而不改正的,那就叫做惑。狂跟惑,是圣人都要警戒的事。不贤的人不认为自己不贤,而不贤表现在行动上;不贤的人即使自己认为是贤,别人还是都认为他不贤。愚蠢的人不认为自己愚蠢,而愚蠢表现在言语上;愚蠢的人即使自己认为智慧,别人还是都认为他愚蠢。

夏禹治理天下的时候，听五种声乐，门上悬挂钟、鼓、铎、磬，还设置鼗来接待天下的士人，在悬挂钟磬的架子上刻写铭文说：'用道教导我的请击鼓，用义教导我的请击钟，用文武事务教导我的请摇动铎，告知我忧患之事的请击磬，跟我谈论狱讼的请挥动鼗。'这就是所谓的五声。因此夏禹曾经在一次进食时就起身七次，太阳到正午了还不曾吃饱饭，禹说道：'我不担忧天下的士人滞留在道路上，我担忧他们滞留在我的门口庭院。'因此天下的士人都来投奔，因此夏禹的朝廷寂静得可以张网捕捉鸟雀。"

夫卿相无世^①，贤者有之；国无因治^②，智者理之。智者非一日之志也，治者非一日之谋也。治志治谋^③，在于帝王，然后民知所保，而知所避。发政施令^④，为天下福者谓之道，上下相亲谓之和，民不求而得所欲谓之信，除天下之害谓之仁。仁与信，和与道，帝王之器也^⑤。凡万物皆有器，故欲有为而不行其器者^⑥，不成也。欲王者亦然，不用帝王之器者，亦不成也。

【注释】

①卿相：执政的大臣。世：父子相继为一世。

②因：沿袭，承袭。治：太平。指政治清明，社会安定。

④治志：治理国家、天下的志向。治谋：治理国家、治理天下的谋略。

⑤发政：发布政令，施行政治措施。

⑤器：器物。这里指法宝、利器。

⑥有为：有作为。行：运行，从事，行使。

【译文】

执政的卿相没有父子相继的，只有贤德的人才能得到这个位置；国家没有因袭不变的太平，只有智慧的人才能治理。智慧的人凭借的不是短时的志向,治理国家的人凭借的不是短时的谋略。治国的志向和治国的谋略,在于帝王,然后民众知道保全什么,而且也知道避免什么。发布实施政令,为天下造福的叫做道,君上臣下互相亲近的叫做和,民众不必寻求就能得到他所想要的叫做信,除去天下的祸害叫做仁。仁跟信,和跟道,是帝王治国的利器。天下万物都有自己的利器,所以想要有所作为却不使用利器,是不能成功的。想要称王统一天下的也这样,不使用帝王的利器,也是不能成功的。

　　昔者鲁周公使卫康叔往守于殷①,戒之曰:"与杀不辜,宁失有罪②;无有无罪而见诛,无有有功而不赏。戒之,封、诛、赏之慎焉③!"

【注释】

①卫康叔:姬姓卫氏,名封。周文王姬昌之子,周武王姬发与周公的同母弟,因获封畿内之地康国(今河南禹州),故称康叔或康叔封。成王时,周公旦平定武庚叛乱后,徙封康叔于卫(今河南淇县),建立卫国,是卫国第一代国君。守:治理,管理。殷:古都邑名。在今河南安阳。商代君王盘庚迁都于此。

②失:错过,放过。

③封:帝王以爵位、土地、名号等赐人。

【译文】

　　从前,鲁周公派卫康叔前往治理殷地,告诫他说:"与其杀死没有罪的人,宁可纵失有罪的人;没有无罪而被杀的,没有有功劳却不赏赐的。要警戒啊,分封、诛杀、赏赐要谨慎啊!"

管子

【题解】

《管子》是先秦时期各学派的言论汇编,内容宏博,包括政治、法律、经济、军事、哲学、伦理、历史及自然科学等方面。传说是春秋时期管仲的著作。今人认为,《管子》大约成书于战国时代,或至秦汉时期,基本是稷下道家推尊管仲之作的集结。西汉刘向在校定群书时,原有《管子》书三百八十九篇及其他有关管子篇文一百七十五篇,除其重复,定著为八十六篇。其后散失十篇,现只有七十六篇,其余十篇仅存目录。内容分为八类:"经言"九篇,"外言"八篇,"内言"七篇,"短语"十七篇,"区言"五篇,"杂篇"十篇,"解"四篇,"轻重"十六篇。

《汉书·艺文志》将其列入道家类,《隋书·经籍志》列入法家类,《四库全书》将其列入法家类。在刘向编定之前,韩非、贾谊、司马迁等人都认为它有一个中心思想,即主张法治的同时也提倡用道德教化来进行统治,对礼和法是并重的。有人推测这是齐国学者结合本国特点,托名管仲编撰的。其中《牧民》《形势》《权修》《乘马》等篇有管仲遗说;《大匡》《中匡》《小匡》等篇述管仲遗事;《轻重》等篇阐述经济理论,在生产、分配、交易、消费和财政等方面均有所论述;《心述》《白心》《内业》等篇,保存了一部分道家关于"气"的学说;《水地》篇提出了以"水"为万物根源的思想;《度地》篇专论水利;《地员》篇专论土壤。也许是刘向或其他人把各派的著作编进了《管子》,本书在保存先秦史料方面做出了很大贡献,具有很高的史学价值。

《新唐书·艺文志》著录尹知章注《管子》三十卷。《四库全书》收录明刘绩的《管子补注》。清戴望所著《管子校正》很有参考价值,郭沫若、闻一多等人的《管子集校》把前人研究成果汇集一书,学习、使用都很方便。

管仲,姬姓,管氏,名夷吾,字仲,是春秋时期法家代表人物。初事齐公子纠。襄公乱政,管仲帮助公子纠同公子小白(齐桓公)争夺君位失败。经鲍叔牙力荐,被桓公重用为相,帮助齐桓公改革内政。任职期间,分国都为十五士乡和六工商乡,分鄙野为五属,设各级官吏管理。以士乡的乡里组织为军事编制,建立选拔人才制度。实行按土地好坏分等收税,大力发展渔盐事业。并用官府力量铸造、管理货币,通货积财,因而国富兵强。辅佐齐桓公以"尊王攘夷"相号召,北伐山戎,南伐荆楚。九合诸侯,成为春秋五霸之首。后世尊称为管子。

本书从《管子》一书的《牧民》《形势》《权修》《立政》等二十篇中节录了部分章节。贞观时期的一些行政措施,就借鉴于《管子》,如"均田制"借鉴于"均田分力"。唐太宗李世民的"国以民为本,人以食为命。若禾黍不登,则兆庶非国家所有"(见《贞观政要》),"家给人足,本借于农。纵使瓦砾尽作隋珠,沙石皆为和璧,珍宝满目,何解饥寒"(见《册府元龟》)等话语也是从《管子》中来的。

牧民①

凡有地牧民者,务在四时②,守在仓廪③。仓廪实则知礼节④,衣食足则知荣辱。上服度则六亲固⑤,四维张则君令行⑥。四维不张,国乃灭亡。国有四维。一维绝则倾,二维绝则危,三维绝则覆,四维绝则灭。倾可正也,危可安也,覆可起也,灭不可复错也⑦。

【注释】

①牧民:治民。此篇讲的是治国大纲。强调礼、义、廉、耻这"四维"的重要性。认为"一维绝则倾,二维绝则危,三维绝则覆,四维绝则灭"。

②四时:指一年四季的农时。

③仓廪:贮藏米谷的仓库。

④礼节:礼仪规矩。

⑤服度:遵守礼法。六亲:六种亲属,其说法不一,较早的一种说法是指父、母、兄、弟、妻、子。泛指亲属。

⑥四维:指自古提倡的礼、义、廉、耻四种道德准则,以前认为是治国之纲。

⑦错:通"措",放置,安置。

【译文】

凡是拥有土地治理民众的君主,必须致力于督课依照一年四季的农时进行农业生产,掌管好粮库储备。粮库充实那人民就知道遵守礼仪规矩,衣食丰足那人民就知道光荣耻辱。君上遵守礼法则亲属关系牢固,礼、义、廉、耻这四条治国大纲伸张实施,那么君上的命令就能施行。这四条大纲不能伸张实施,国家就会灭亡。国家有四条治国大纲。一条大纲断绝则国家会倾侧,两条大纲断绝则国家有危险,三条大纲断绝则国家会翻覆,四条大纲断绝则国家会灭亡。倾斜可以矫正,危险可以安定,翻覆可以扶起,灭亡了就不再有什么办法了。

四维:一曰礼,二曰义,三曰廉,四曰耻。政之所行,在顺民心;政之所废,在逆民心。民恶忧劳,我逸乐之;民恶贫贱,我富贵之;民恶危坠,我存安之;民恶灭绝,我生育之。

能逸乐之,则民为之忧劳;能富贵之,则民为之贫贱;能存安之,则民为之危坠;能生育之,则民为之灭绝。故刑罚不足以恐其意,杀戮不足以服其心。故刑罚繁而意不恐,则令不行矣;杀戮众而心不服,则上位危矣。故从其四欲^①,则远者自亲;行其四恶^②,则近者叛之。故知与之为取者,政之宝也。

【注释】

①四欲:指前文的逸乐、富贵、存安、生育。

②四恶:指前文的忧劳、贫贱、危坠、灭绝。

【译文】

四条治国大纲:第一叫做礼,第二叫做义,第三叫做廉,第四叫做耻。政事能够推行,在于顺应民心;政事被废弃,在于背逆民心。民众厌恶忧患劳苦,我就让他们悠闲安乐;民众厌恶贫苦低贱,我就让他们富裕尊贵;民众厌恶危难,我就让他们生存平安;民众厌恶死亡绝后,我就让他们生养繁育。能让民众悠闲安乐,那么民众就能为他忧患劳苦;能让民众富裕尊贵,那么民众就能为他忍受贫苦低贱;能让民众生存平安,那么民众就能为他担当危难;能让民众生养繁育,那么民众就能为他甘于牺牲。所以刑罚不能使民众感到恐惧,杀戮不能使民众心悦诚服。所以刑罚繁多而民众反而不知所惧,那么政令就不能推行了;杀戮太多而人民不服从,那么君上的地位就危险了。所以顺从民众的四种欲望,那么疏远的人自会亲近;推行四种使民众厌恶的政令,那么亲近的人也会背叛。所以知道给予民众就是取得民众,这是治理政事的法宝。

措国于不倾之地^①,积于不涸之仓,藏于不竭之府,下令于流水之原,使民于不争之官^②,明必死之路,开必得之门。不为不可成,不求不可得,不处不可久,不行不可复。

【注释】

①措：放置，安置。

②官：这里指职位、岗位。

【译文】

建立国家在稳固的基础上，把粮食储存在取之不尽的粮仓里，把财物储藏在用之不竭的库房里，政令下达在顺应民心的源头上，让百姓相安于其所擅长之处不争长短，让民众明白什么是必定死亡的道路，为民众打开必然获得奖赏的门户。不去做不可能成功的事情，不寻求不可以得到的东西，不停留在不可持久的地方，不去做不可再做的事情。

　　措国于不倾之地，授有德也①。积于不涸之仓，务五谷也。藏于不竭之府，养桑麻、育六畜也②。下令于流水之原，令顺民心也。使民于不争之官，使民各为其所长也③。明必死之路，严刑罚也。开必得之门，信庆赏也④。不为不可成，量民力也。不求不可得，不强民以其所恶也。不处不可久，不偷取一世也⑤。不行不可复，不欺其民也。

【注释】

①有德：指有德行的人。

②桑麻：桑和麻。种植桑树饲蚕取茧和种麻纺绩织布，绸缎富贵者用，麻布平民所服。六畜：指猪、牛、羊、马、鸡、狗。也泛指各种家畜、家禽。

③为其所长：从事他们各自擅长的。

④信：这里指兑现。庆赏：赏赐。

⑤偷：苟且，得过且过。一世：一代。

【译文】

建立国家在稳固的基础上,就是把政权交给有德行的人。把粮食储存在取之不尽的粮仓里,是致力于生产粮食。将财物储藏在用之不竭的库房里,是要种植桑麻,养育六畜。政令下达在顺应民心的源头上,是让政令顺应民心。让百姓相安于其所擅长之处不争长短,是让民众各自从事他们所擅长的。让他们明白什么是必定死亡的道路,是严肃执行刑罚措施。为他们打开必然获得奖赏的门户,是约定的赏赐必定履行。不去做不可能成功的事情,是衡量民众的能力不过分强求。不寻求不可以得到的东西,是不强迫民众去做他厌恶的事。不停留在不可以持久的地方,是不图一时侥幸而贸然进取,不顾将来。不去做不可再做的事情,是不欺骗自己的民众。

如地如天,何私何亲?如月如日,维君之节①。御人之嬖,在上之所贵;导民之门,在上之所先。召民之路,在上之所好恶。故君求之则臣得之,君嗜之则臣食之,君好之则臣服之②。无蔽汝恶,无异汝度,贤者将不汝助。言室满室③,言堂满堂④,是谓圣王。城郭沟渠不足以固守⑤,兵甲勇力不足以应敌,博地多财不足以有众,唯有道者能备患于未形也。天下不患无臣,患无君以使人;天下不患无财,患无人以分之。故知时者可立以为长⑥,无私者可置以为政⑦。审于时而察于用而能备官者⑧,可奉以为君也。缓者后于事,吝于财者失所亲,信小人者失士。

【注释】

①节:气节,度量。

②服:实行。

③室：内室。

④堂：正屋。古代房屋阶上室外叫堂，堂后叫室。

⑤城郭：城墙。城指内城的墙，郭指外城的墙。沟渠：这里指护城河。

⑥时：时事，时势，时运。立：设置，设立。长：指长官。

⑦为政：治理国家，执掌国政，处理政事。

⑧备官：设官。

【译文】

　　君主要像大地、上天般覆载万物，没有偏私，不分亲疏；要像太阳、月亮般光明磊落，恩德遍及一切，这就是君上的气度。驾驭民众的缰绳，在于君上重视什么；引导民众的法门，要看君上提倡什么。引导民众走什么样的道路，在于君上的喜好厌恶。所以君上寻求的，那么臣子就要获得它；君上嗜好吃的，那么臣子就要去吃；君上喜好做的，那么臣子就要去实践。不要隐藏你的错误，不要变动你的法度，否则，贤者将不会帮助你。在内室讲话，话声满室人都能听到；在堂上讲话，话声满堂人都能听到，这就叫做圣明的君王。内外城墙护城河，不够用来坚固防守；强大的武力装备，不够用来应对敌人；广阔的土地众多的钱财，不够用来拥有民众；只有有道的人，才能做到防患于未然。天下不担忧没有良臣，只担忧没有明君来任用他们；天下不担忧没有财物，只担忧没有贤人来分配财物。所以知道时势的人，可以设立他成为官长；没有偏私的人，可以设置他来处理政务。清楚了解天下时势、明白财货用途、能设置官员的，可以尊奉他成为君王。处事迟钝的人，落后于事态；吝惜钱财的人，会失去亲信；相信小人的人，会失去贤士。

形势①

　　言而不可复者，君不言也。行而不可再者，君不行也。凡言而不可复，行而不可再者，有国者之大禁也②。

【注释】

①形势：这里隐喻为社会力量的情况，政治权力的局面。此篇讲的
　　也是治国理民之道。

②大禁：指在法令、习俗或道德上最禁忌、最避讳之事。

【译文】

　　出言一次而不可第二次说的，国君就不说。做一次而不可再次做
的，国君就不做。凡是不可重复说的话，不可再次做的事，都是君王的大
禁忌。

权修①

　　万乘之国，兵不可以无主。土地博大，野不可以无吏。
百姓殷众，官不可以无长。操民命，朝不可以无政②。地博
而国贫者，野不辟也③。民众而兵弱者，民无取也④。故末
产不禁则野不辟⑤，赏罚不信则民无取。野不辟，民无取，外
不可以应敌，内不可以固守。地辟而国贫者，舟舆饰、台榭
广也。赏罚信而兵弱者，轻用众⑥，使民劳也。民劳则力竭，
赋敛厚则下怨上，民力竭则令不行。下怨上，令不行，而求
敌勿谋己，不可得也。欲为天下者，必重用其国⑦；欲为其国
者，必重用其民；欲为其民者，必重尽其力。无以畜之，则往
而不可止也；无以牧之，则处而不可使也。远人至而不去，
则有以畜之也；民众而可壹，则有以牧之也。见其可也，喜
之有征⑧；见其不可也，恶之有刑。赏罚信于其所见，虽其所
不见，其敢为之乎？见其可也，喜之无征；见其不可也，恶之无
刑；赏罚不信于其所见，而求其所不见之为之化，不可得也。

【注释】

①权修：即修治权柄，意为以权治国之道。此篇是讲在上者必须了解事情的轻重缓急，然后慎重运用权力。国君、官吏应惜民力、教化百姓。

②政：指法令制度。

③辟：开辟，开垦。

④取：读为"趣"，督促。

⑤末产：指手工业、商业。

⑥轻：轻易，不慎重。

⑦重：珍惜，珍重。

⑧征：征验，验证。此指实际的奖赏。

【译文】

有一万辆兵车的大国，军队不可以没有主帅。土地宽广，田野不可以没有官吏。百姓众多，官员不可以没有领袖。掌握民众的命运，朝廷不可以没有法令制度。土地宽广而国家贫穷的，是田野没有开垦。民众很多而军力薄弱的，是民众没有人被激励。所以工商业不被限制，那么田野不能开垦；奖赏惩罚不兑现承诺，那么民众得不到督促。田野没有开垦，民众得不到督促，在外不可以迎击来敌，在内不可以坚守。土地开垦而国家贫穷的，是因为装饰车船、扩大楼台等建筑。奖赏惩罚能兑现承诺而军力薄弱的，是轻易役使民众，让民众劳苦。民众劳苦则民力衰竭，田赋税收沉重则下面就怨恨上面，民力衰竭则命令就不能执行。下面怨恨上面，命令不能执行，而要求敌人别谋划自己，那是不可能的。想要治理天下的，必须珍惜运用国力；想要治理国家的，必须珍惜运用民众；想要治理民众的，必须珍惜运用民力。没有赡养民众的方法，那么民众一离开就不能阻止；没有像样的统治方法，那么民众即使留下来也不可使用。远方的人来了而不离开，那就是有赡养他们的方法；民众很多而可以齐心协力统一号令，那就是有管理统治的方法。看见民众行为好,感到欣喜而有奖赏;看见民众行为不好,感到厌恶就有刑罚。对看得见的行为严明赏罚守信不变,那么,即使君主见不到,他们难道还敢为非作歹吗? 看见他行为好,喜爱却没有奖赏;看见他行为不好,感到厌恶却没有惩罚;对看得见的都赏罚不明,而希望那些看不见的人受到教化,那是不可能的。

地之生财有时^①,民之用力有倦,而人君之欲无穷。以有时与有倦,养无穷之君,而度量不生于其间^②,则上下相疾矣。故取于民有度,用之有正^③,国虽小必安;取于民无度,用之无正,国虽大必危。

【注释】

①有时:有天时、季节。

②度量:限度,限量。

③有正:有正当理由。正,《管子》传世诸本均作"止"。译文仍按"正"处理。

【译文】

土地生产财物是有季节时限的,民众使用力量是会疲倦的,而君主的欲望是无穷尽的。用有季节时限的土地和会疲倦的民众,来供养欲望无穷尽的国君,而这中间又没有限度,那么上面、下面就会互相怨恨了。所以从民众获取要有限度,役使民众要有正当理由,国家即使小也必定平安;从民众获取没有限度,役使民众没有正当理由,国家即使大也必定危险。

身者,治之本也。故上不好本事则末产不禁^①,末产不禁则民缓于时事而轻地利^②,轻地利而求田野之辟、仓廪之实,不可得也。商贾在朝则货财上流,妇言人事则赏罚不信③,男女无别则民无廉耻,而求百姓之安、兵士之死节④,不可得也。

【注释】

①本事:指农业。

②时事:指按农时季节进行的农事活动。

③妇言人事:当为"妇人言事"。

④安:今本《管子》作"安难"。译文仍按"安"处理。

【译文】

自身,是治理的根本。所以君上不喜好农业,那么工商业就不会被禁止,不禁止工商业,那么民众就会怠慢农事而且轻视土地之利,轻视土地之利而要希求田野的开垦、粮库的充实,那是不可能的。商人在朝廷,那么货物财产就会向朝廷上流动;宫廷妇人议论政事,那么赏赐惩罚就不会守信兑现;男女没有区别,那么民众就没有廉洁耻辱感,而这样去寻求百姓的平安、士兵为保全名节而死战,那是不可能的。

朝廷不肃,贵贱不明,长幼不分,度量不审①,衣服无等②,下贱侵节③,而求百姓之尊主政令,不可得也。上好诈谋间欺④,臣下赋敛竞得,使民偷壹⑤,则百姓疾怨,而求下之亲上,不可得也。有地不务本事,君国不能壹民,而求宗庙社稷之无危,不可得也。一年之计,莫如树谷;十年之计,莫如树木;终身之计,莫如树人。

【注释】

①度量:法度。审:明白,清楚。

②无等:没有等级差别。

③下贱侵节:今本《管子》作"上下凌节"。凌节,指超越规范,逾越
　　法度。

④间欺:暗地里欺骗。间,间隔,隔阂。

⑤偷壹:指苟且偷取一时的快慰,不从长远去打算。

【译文】

　　朝廷不整肃,高贵低贱不分明,年长年幼没区分,法令制度不明确,衣服没有等级差别,上下逾越法度,而要求百姓遵从君上的政令,那是不可能的。君上喜好搞阴谋欺诈,臣下就会横征暴敛,役使百姓贪图一时之快,百姓就会怨恨,而希望百姓亲近君上,那是不可能的。有土地却不致力于农业生产,治理国家不能使民众步调一致,而希望宗庙国家没有危险,那是不可能的。一年之计,没有什么能比得上种植谷物的;十年之计,没有什么能比得上栽培树木的;终身之计,没有什么能比得上栽培人才的。

立政①

　　君之所审者三②:一曰德不当其位③,二曰功不当其禄,三曰能不当其官。此三本者,治乱之原也。故国有德义未明于朝者,则不可加于尊位;功力未见于国者④,则不可与重禄;临事不信于民者,则不可使任大官。故德厚而位卑者谓之过⑤,德薄而位尊者谓之失。宁过于君子,而无失于小人。过于君子,其为怨浅矣⑥;失于小人,其为祸深矣。

【注释】

①立政:镰仓本、元和活字本、天明本作"立君",但镰仓本旁批及天

明本书眉改"君"为"政",与通行本同。立,通"莅",莅政即君主
统领治理国家。此篇讲国君执政要注意的问题。本书节录部分
是讲三审、四慎等治国之道。

②审:慎重。

③不当:不合,抵不上。

④功力:功劳和能力。见:今作"现"。

⑤厚:深广,深厚。

⑥为怨:招致怨恨。

【译文】

君主所应慎重处理的问题有三个:一是大臣的德行抵不上他的地
位,二是功绩与他的俸禄不相称,三是才能与他的官职不相称。这三个
根本问题,是国家太平或混乱的根源。所以对国家来讲,如果有人道德
信义没能在朝廷上明确显现的,那么就不能授予尊贵的位置;功劳能力
没有在国家展现的,那么就不能给予丰厚的俸禄;处理政事不被民众信
任的,那么就不能让他当大官。所以德行深厚而地位卑微的叫做用人不
当,德行浅薄而地位尊贵的叫做用人错误。宁肯对君子失当,也不要对
小人失误。对君子有失当,招致的怨恨较浅;对小人有失误,带来的灾祸
很深。

君之所慎者四:一曰大位不至仁①,不可授国柄②;二曰
见贤不能让,不可与尊位;三曰罚避亲贵,不可使主兵③;四
曰不好本事,不务地利,而轻赋敛,不可与都邑④。此四务
者,安危之本也。故曰:卿相不得众,国之危也;大臣不和
同⑤,国之危也;兵主不足畏,国之危也;民不怀其产,国之
危也。故大德至仁,则操国得众;见贤能让,则大臣和同;罚
不避亲贵,则威行于邻敌;好本事务地利,则民怀其产矣。

【注释】

①大位：今本《管子》作"大德"。

②国柄：国家权柄。

③主兵：主持兵权，统率部队。

④都邑：城市。这里指封邑。

⑤和同：和睦同心。

【译文】

君王应该谨慎对待的问题有四个：第一是对于提倡道德而不能真正做到仁爱的人，不可以授予国家大权；第二是见到贤才不能让位的人，不可以给他尊贵的爵位；第三是执行刑罚却避开亲戚贵人的人，不可以让他统率军队；第四是不重视农业，不致力于开发地利，却轻易征收田赋税收，这样的人不可以给他封邑。这四条紧要事务，是决定国家平安危险的根本。所以说：执政的卿相得不到人心，是国家的危险；大臣不和睦同心，是国家的危险；军队的主帅不足以令人畏惧，是国家的危险；民众不安心农事爱惜自己的产业，是国家的危险。所以只有提倡道德而能真正做到仁爱的人，掌控国家就能得到人心；见到贤才能够让位，才能使大臣和睦同心；执行刑罚不避开亲戚贵人，才能使国家的威严广传而威震相邻的敌国；只有重视农业致力于开发地利的人，才能使民众安心农事爱惜自己的产业。

七法①

言是而不能立②，言非而不能废，有功而不能赏，有罪而不能诛，若是而能理民者，未之有也。是必立，非必废，有功必赏，有罪必诛，若是，治安矣③。

【注释】

①七法：指治国的七条大法，即则（寻求规律）、象（了解情况）、法（掌握标准）、化（施行教化）、决塞（善于权衡）、心术（把握思想）、计数（精于计算）。本书节录的是处理是非功罪的原则。

②是：对，正确。立：立身（于朝），登位。

③治安：指政治清明，社会安定。

【译文】

言论正确但不能立身于朝，言论错误但不能废弃罢黜，有功劳不赏赐，有罪责不诛罚，像这样却能治理民众的，从来不曾有过。正确的必须任用，错误的必须废弃，有功劳必须赏赐，有罪责必须诛罚，像这样就政治清明社会安定了。

五辅①

古之圣王所以取明名广誉②，厚功大业，显于天下，不忘于后世，非得人者，未之尝闻也。暴主之所以失国家，危社稷，覆宗庙，灭于天下，非失人者，未之尝闻也。今有土之君，皆处欲安③，动欲威，战欲胜，守欲固。大者欲王天下，小者欲霸诸侯，而不务得人④。是以小者兵挫而地削，大者身死而国亡。故曰：人不可不务也，此天下之极也⑤。

【注释】

①五辅：指执政治国五个方面的措施。包括德、义、礼、法、权这五方面。本书节录的即其总纲。

②明名：指盛名。广誉：广泛皆知的好名声。

③处：居住，停留，止息。

④务：致力于。

⑤极：此指最重要的准则。

【译文】

古代圣明的君王之所以取得大名盛誉，建立丰功伟业，在天下名声显扬，为后代所不忘，而不是因为得到人心，这是从来不曾听闻的。暴虐的君主之所以失去国家，危害江山社稷，倾覆祖庙，灭亡天下，而不是因为失去人心，这也是从来不曾听闻的。如今拥有土地的君主，都想居住要安稳，行动要威武，作战要胜利，防守要牢固。大国君主要称王天下，小国君主要称霸诸侯，却不致力于得到人心。因此祸小的军队挫败、土地削减，祸大的自身死去、国家灭亡。所以说：得到人心这件事是不能不竭尽全力去做的，这是天下最重要的治政准则。

曰：然则得人之道，莫如利之①。利之道，莫如教之。故善为政者，田畴垦而国邑实②，朝廷闲而官府治③，公法行而私曲止④，仓廪实而囹圄空⑤，贤人进而奸民退⑥。其君子上忠正而下谄谀⑦，其士民贵武勇而贱得利⑧，其庶人好耕农而恶饮食，于是财用足而食饮薪菜饶。是故上必宽裕而有解舍⑨，下必听从而不疾怨，上下和同而有礼义，故处安而动威，战胜而守固。不能为政者，田畴荒而国邑虚，朝廷凶而官府乱，公法废而私曲行，仓廪虚而囹圄实，贤人退而奸民进。其君子上谄谀而下忠正，其士民贵得利而贱武勇，其庶人好饮食而恶耕农，于是财用匮而食饮薪菜乏。上弥残苟而无解舍⑩，下愈覆鸷而不听从⑪，上下交引而不和同，故处不安而动不威，战不胜而守不固，是以小者兵挫而地削，大者身死而国亡。以此观之，则政不可不慎也。

【注释】

①利之：让他得利。

②国邑：城邑。

③治：治理得好，太平。

④私曲：指偏私阿曲，不公正。

⑤囹圄（líng yǔ）：监牢。

⑥进：出仕做官。退：离开朝廷，不再任职。

⑦上：通"尚"，崇尚。下：鄙视。

⑧士民：军民。贵：重视，尊崇。

⑨有：又。解舍：指宽免徭役。

⑩弥：更加。残：残暴。苟：苟且，不循礼法。

⑪覆鸷：固执凶狠。覆，通"愎"。

【译文】

说：既然如此，那么获得人心的方法，没有什么比得上给他利益的。给利益的方法，没有什么比得上教化他的。所以善于治理国家的人，田地开垦而城市殷实，朝廷清闲而官府太平，公正的法律实施而不公正的偏私被制止，粮库充满而监狱空旷，贤人出仕做官而奸邪被斥退。那些地位高尚的君子崇尚忠诚正直而瞧不起阿谀逢迎，那些军民重视威武勇猛而轻视获得利益，那些百姓热爱耕种而厌恶把钱花费在吃喝上，于是钱财用度充足，而吃的、喝的、薪柴、蔬菜都富裕。因此君上一定宽厚而又宽免徭役，臣下必定听从而不怨恨，君上臣下和睦同心而有礼义，所以居住安稳而行动威武，作战胜利而防守坚牢。不善于治理国家的，田地荒芜而城市空虚，朝廷凶险而官府混乱，公正的法律废弛而偏私不公横行，粮库空荡而监狱装满，贤人离开朝廷而奸邪出仕做官。那些地位高贵的人崇尚阿谀逢迎而瞧不起忠诚正直，那些军民重视获得利益而轻视威武勇猛，那些百姓喜好把钱花费在吃喝上而厌恶务农，于是钱财用度不足而吃的、喝的、薪柴、蔬菜缺乏。君上更加残暴苟且而不肯宽免徭役,臣下越发固执凶狠而不肯听从,君上臣下互相争利而不和睦同心,所以居住不安稳而行动不威武,作战不获胜而防守不坚牢,因此小则军队挫败土地削减,大则自身死去而国家灭亡。由此看来,治理国政不可以不谨慎啊。

法法①

闻贤而不举②,殆也;闻善而不索,殆也;见能而不使,殆也;亲仁而不固,殆也;同谋而离,殆也。人主不周密,则正言直行之士危③;正言直行之士危,则人主孤而无内④;人主孤而无内,则人臣党而成群。使人主孤而无内、人臣党而成群者,此非人臣之罪也,人主之过也。号令已出又易之,礼义已行又止之,度量已制又迁之,刑法已措又移之⑤,如是则赏庆虽重,民不劝也,杀戮虽繁,民不畏也。使贤者食于能,斗士食于功。贤者食于能,则上尊而民从;斗士食于功,则卒轻患而傲敌⑥。二者设于国,则天下治而主安矣。

【注释】

①法法:取法于法,依法办事。第一个"法"字为动词。本篇强调要尊重法令,不轻易变易,不随意赦免等等,即使"圣人能生法",也"不能废法而治国"。

②举:推用。

③正言:直言,说实话。直行:行正道,按照道义去做。

④无内:指没有亲信。

⑤措:设立,制订,运用。

⑥轻:看轻。

【译文】

知道有贤人而不举用，是危险的；听到美善而不索求，是危险的；见到能人而不使用，是危险的；亲近仁德而不牢固，是危险的；一同谋划而又背离，是危险的。君主不细致周到，那么言行正直端方的士人就危险了；言行正直端方的士人危险，那么君主就孤立而没有亲信了；君主孤立而没有亲信，那么臣子就成群结党。使得君主孤立而没有亲信、臣子成群结党，这不是臣子的罪责，是君主的过失啊。命令已经发布而又变易，礼仪已经推出施行而又废止，度量衡器已经制作规定而又变换，刑法已经制订而又改易，像这样，赏赐即使再重，民众也不会受到勉励，杀戮即使频繁，民众也不会畏惧。要让贤人靠才能吃饭，让战士靠功劳吃饭。贤人靠才能吃饭，那么君上尊贵而民众服从；战士靠功劳吃饭，那么士兵看轻祸患而傲视敌人。这两样在国家实施了，那就会天下太平而君主平安了。

　　凡赦者，小利而大害者也，故久而不胜其祸；无赦者，小害而大利者也，故久而不胜其福。故赦者，奔马之委辔也[①]；无赦者，痤疽之砭石也[②]。先王制轩冕[③]，足以著贵贱，不求其观也。使君子食于道，小人食于力。君子食于道，则上尊而民顺；小人食于力，则财厚而养足。

【注释】

①委：抛弃，放弃。

②痤疽（cuó jū）：指痈疽，发生于体表、四肢、内脏的急性化脓性疾患，是一种毒疮。砭（biān）石：古代用以治痈疽、除脓血的石针。

③轩冕：古时大夫以上官员的车乘和冕服。

【译文】

大凡施行赦免，总是利小而害处大，所以长久实施就祸患无穷；不施行赦免,是害处小而利大,所以长久实施就福气无穷。所以说施行赦免,就像驾驭奔跑的马而抛弃了操纵的缰绳必然倾覆;不施行赦免,就像毒疮用石针治疗能够痊愈。先代的君王制作大夫的轩车礼帽礼服,是用来明示身份的贵贱,而不是为了追求美观。让君子靠治国之道来谋生,百姓靠力气吃饭。君子靠治国之道谋生,那么君上就有尊严而民众顺服;百姓靠力气吃饭,那么就会财物丰厚而供养充足。

凡人君之所以为君者,势也①。势在下,则君制于臣;势在上,则臣制于君。故君臣之易位,势在下也。故曰:堂上远于百里,堂下远于千里,门廷远于万里②。今步者一日,百里之情通矣。堂上有事,十日而君不闻,此所谓远于百里也。步者十日,千里之情通矣。堂下有事,一月而君不闻,此所谓远于千里也。步者百日,万里之情通矣。门廷有事,期年而君不闻③,此所谓远于万里也。故请入而不出谓之灭④,出而不入谓之绝⑤,入而不至谓之侵⑥;出而道止谓之雍⑦。灭绝侵雍之君者,非杜其门而守其户也⑧,为政之有所不行也。

【注释】

①势:势力,权势。

②门廷:指宫廷。

③期(jī)年:一整年。

④请入而不出谓之灭:尹知章注:"臣有情告,既入而不出,此则左右不为通于下,其事遂消灭也。"

⑤出而不入谓之绝:尹知章注:"其事既出而不入,此则左右不为通于上,其事遂断绝也。"

⑥入而不至谓之侵：尹知章注："其事既入，不得至于君，此则左右侵
　　君事故也。"至，到达，指到达君王处。

⑦出而道止谓之壅：尹知章注："其事既出，中道而止，此则左右壅君
　　事故也。"道止，半道停止，半途而废。壅，堵塞，阻挡。

⑧杜：堵塞，封闭。

【译文】

　　大凡君王之所以能成为君王，是因为拥有权势。权势在下面，那么
君王被臣下控制；权势在上，那么臣子被君王控制。所以君王臣子地位
发生颠倒，是因为权势在下面。所以说：堂上可比一百里更远，堂下可比
一千里更远，宫廷可比一万里更远。如今步行的人走一天，一百里地内
的情况就通晓了。如果堂上有事情，十天君王还不知道，这就是所说的
堂上比一百里地更远。步行的人走十天，一千里地内的情况就通晓了。
堂下有事情，一个月君王还不知道，这就是所说的堂下比一千里地更远。
步行的人走一百天，一万里地内的情况就通晓了。宫廷有事情，一整年
而国君不知道，这就是所说的宫廷比一万里更远。所以事情禀入朝廷而
没有政令出来，这叫做湮灭；政令发出而执行的效果不能禀入朝廷，这叫
做断绝；禀入而到不了君王那里，这叫做侵权；政令发出了而半道中止，
这叫做堵塞君权。有湮灭、断绝、侵权、堵塞问题出现的君主，并不是有
人堵住了大门封锁了门户，是让政令不能施行。

　　政者，正也。圣人明正以治国①。故正者，所以止过而
逮不及也②。过与不及，皆非正也。非正则伤国一也。勇而
不义伤兵，仁而不法伤正。故军之败也，生于不义；法之侵
也，生于不正。故言有辩而非务者③，行有难而非善者。故
言必中务，不苟为辩④；行必思善，不苟为难。

【注释】

①明正：明辨正直，宣明公正。

②止：制止，停止。逮：及，赶上。不及：不足。

③辩：文辞华美、巧妙。尹知章注："言辩而浮诞，则非要务也。"务：要务。

④不苟：不随便，不故意。

【译文】

政，就是实现公正的事。圣人宣明公正来治理国家。所以公正，是用来防止过分而补充不足的。过分跟不足，都不是公正。不是公正那么伤害国家是一样的。勇敢而不合道义伤害士兵，仁德而违背法令伤害公正。所以军队失败产生于不合道义，法令被侵蚀产生于不公正。所以有的言论雄辩浮华而不是要务，有的行动虽艰难却并非好事。所以言论必须务实，不能故意作浮华雄辩之辞；行为必须考虑是否有好的实效，不故意去做难为之事。

规矩者①，方圜之正也。虽有巧目利手，不如拙规矩之正方圜也②。故巧者能生规矩，不能废规矩而正方圜；圣人能生法③，不能废法而治国。故虽有明智高行④，背法而治，是废规矩而正方圜也。

【注释】

①规矩：校正圆形、方形的两种工具。多用来比喻标准、法度。规，画圆形的工具。矩，直角尺，画直角或方形的工具。

②拙：笨拙，粗劣。正：端正，纠正，确定形成。

③生法：制定法令。

④明智：通达事理，有远见。高行：高尚的品行。

【译文】

规矩是校正方圆的工具。即使有锐利的眼睛灵巧的双手,也不如粗劣的规矩能够校正方圆。所以灵巧的人能制造出规矩,却不能够废弃规矩来校正方圆;圣人能够制定法令,却不能够废弃法令而治理国家。所以即使通达事理有高洁品行,背离法令而治理国家,这就是废弃规矩来校正方圆。

　　贤人不至,谓之蔽;忠臣不至,谓之塞;令之不行,谓之障;禁而不止,谓之逆。蔽、塞、障、逆之君者,不杜其门而守其户也,为贤者之不至,令之不行也。

【译文】

贤人不能来到朝廷,叫做蔽;忠臣不能来到朝廷,叫做塞;命令不能执行,叫做障;有禁令不能制止,叫做逆。朝中出现蔽、塞、障、逆问题的君王,并不是堵塞了自己的大门封锁了自己的门户,是因为贤人不能到来,命令不能执行。

　　凡民从上也,不从口之所言,从情之所好也。上好勇则民轻死,上好仁则人轻财。故上之所好,民必甚焉。是故明君知民之必以上为心也,故置法以自治,立义以自正也①。故上不行则民不从。是以有道之君,行法修制,公国壹民②,以听于世;忠臣直进,以论其能。明君不以禄爵私所爱,忠臣不诬能以干爵禄③。君不私国,臣不诬能,行此道者,虽未大治,正民之径也。

【注释】

①立义：确立观点，奉行大义。

②公国：以公治国。壹：一致，统一。

③诬能：指虚夸其才能。干：求。

【译文】

凡是民众跟从君上，不是跟从他口里说的话，而是跟从心意所爱好的。君上喜好勇敢，那么民众就看轻死亡；君上喜好仁德，那么民众就看轻钱财。所以君上有什么喜好，民众就必然更厉害。因此英明的君上知道民众必然是把君上的心意当做自己的心意，所以设置法令来自己约束自己，确立大义来自己匡正自己。所以君上不以身作则那么民众不跟从。因此有道的君上，施行法令、制定制度，以公治国统一民心，来服从天下公义；让忠臣以正直之道上进，获得能力上的公正评价。英明的君上不把俸禄爵位私自授给喜爱的人，忠臣不虚夸其才来求得爵位俸禄。君上不以私治国，臣下不虚夸才能，能按此道行事，即使达不到大治，也是合理治理民众的常规正道。

中匡①

管仲朝，公曰："寡人愿闻国君之信。"对曰："民爱之，邻国亲之，天下信之，此国君之信。"公曰："善。请问信安始而可②？"对曰："始于为身③，中于为国，成于为天下。"公曰："请问为身？"对曰："道血气以求长年、长心、长德④，此为身也。远举贤人，慈爱百姓，此为国也。法行而不苛，刑廉而不赦，此为天下也。"

【注释】

①匡：匡正，匡扶。本篇内容为管仲向齐桓公讲述修身、为国、为天下以及成就霸业之道。

②安始：从哪里开始。

③为身：治身，修身。

④道：今作"导"，引导，疏通。长年：延年。长心：耐心，恒心，谋虑深远。长德：恩德广施。

【译文】

管仲上朝，齐桓公说："我希望听到关于国君信用的话题。"回答说："民众爱戴他，邻国亲近他，天下信任他，这是国君的信用。"桓公说："好。请问信用从哪里开始做才可以有呢？"回答说："从修身开始，中间是治国，成功在治理天下。"桓公说："请问怎样修身？"回答说："疏通血气来求得延年益寿、谋虑深远、恩德广施，这是修身。充分地举荐贤人，慈爱百姓，这是治理国家。法令施行而不苛刻，刑罚精简而不妄赦，这就是治理天下了。"

小匡①

桓公自莒反于齐②，使鲍叔牙为宰③，辞曰："君有加惠于其臣，使臣不冻馁④，则是君之赐也；若必治国家，则非臣之所能也，其唯管夷吾乎！臣之所不如管夷吾者五：宽惠爱民，臣不如也；治国不失柄⑤，臣不如也；忠信可结于诸侯，臣不如也；制礼义可法于四方，臣不如也；介胄执枹⑥，立于军门，使百姓皆加勇，臣不如也。夫管子，民之父母也。将欲治其子，不可以弃其父母。"公曰："管夷吾亲射寡人，中钩殆于死⑦，今乃用之，可乎？"鲍叔曰："彼为其君也。君若宥而反之^⑧，其为君亦犹是也。"公使人请之。鲁囚管仲以与齐，桓公亲迎之郊，遂与归，礼之于庙，而问为政焉。

【注释】

①小匡：本书节录的是鲍叔牙推荐管仲为齐相。鲍叔讲了自己不如管仲的五点，以及管仲为相三月后推荐五人之事。说明了君主要能够任用贤能，为臣的要能够推举贤能，国家才能强盛。

②莒：春秋邑名。在今山东莒县。齐：指齐国都临淄。

③鲍叔牙：齐国大夫，少时跟管仲友善，后随公子小白奔莒，管仲则随公子纠奔鲁；襄公被杀后，小白与纠都回国争夺君位，小白先入即位，即齐桓公；桓公想任鲍叔牙国政，他辞让而举荐管仲执政，使齐国富强称霸。

④冻馁（něi）：指饥寒交迫。

⑤柄：权柄，统治权力。这里指纲纪。

⑥介胄：披甲戴盔。桴（fú）：通"枹"，鼓槌。

⑦管夷吾亲射寡人，中钩殆于死：齐襄公死，齐国内乱，公子纠与小白都急忙回国夺取国君的宝座。途中管仲射中小白衣带钩，小白装死倒下，骗过管仲，并兼程赶路，终于在公子纠之前回国即位。

⑧宥（yòu）：宽容，饶恕。反：同"返"。

【译文】

齐桓公从莒邑返回齐国国都临淄，任命鲍叔牙当宰臣，鲍叔牙推辞说："君王对臣子我施加恩惠，让我不至于饥寒交迫，这就是君王的恩赐；倘若一定要治理好国家，那就不是我所能做到的了，大概只有管夷吾可以了吧！我所不如管夷吾的有五条：宽厚慈惠爱护民众，我不如；治理国家不失去纲纪，我不如；忠诚信实可以交接诸侯，我不如；制定礼法道义可以让天下效法，我不如；戴盔披甲手持鼓槌，立在军营门前，让民众更加勇敢，我不如。管子，是民众的父母。您将要治理作为子女的民众，就不可以丢弃他们的父母。"桓公说:"管夷吾亲自用箭射我,射中衣带钩,我几乎一死,如今任用他,行吗?"鲍叔说:"他那是为了他的主君。您要是宽恕他让他回来,那么他也会忠于您的。"桓公派人去请他。鲁国囚禁管仲并交给了齐国,桓公亲自到郊外去迎接他,于是跟他一起回去,在宗庙举行典礼,而且向他询问治国大政。

　　管仲相三月,请论百官。公曰:"诺。"管仲曰:"升降揖让①,进退闲习②,臣不如隰朋③,请立以为大行④。辟土聚粟,尽地之利,臣不如甯戚⑤,请立以为司田⑥。平原广牧⑦,车不结辙⑧,士不旋踵⑨,鼓之而三军之士视死如归,臣不如王子城父⑩,请立以为大司马⑪。决狱折中⑫,不杀不辜⑬,不诬无罪,臣不如宾胥无⑭,请立以为大理⑮。犯君颜色⑯,进谏必忠,不避死亡,不挠贵富⑰,臣不如东郭牙⑱,请立以为大谏之官⑲。此五子者,夷吾一不如。然君若欲治国强兵,则五子者存⑳。若欲霸王,夷吾在此。"桓公曰:"善!"

【注释】

①揖让:古代客人与主人相见时礼节,互相作揖谦让。

②进退:应进而进,应退而退,泛指言语行动恰如其分。闲习:熟习。

③隰(xí)朋:春秋齐桓公时大夫,佐管仲治齐以成霸业,管仲病,桓公往问谁可继者,仲荐隰朋以代;是岁仲、朋皆卒。

④大行:掌接待宾客、朝拜礼仪等,春秋时齐国设此官。

⑤甯戚:春秋时卫国人,贫穷为商旅挽车至齐,待齐桓公夜出迎客,击牛角而悲歌,桓公闻而异之,与见;遂说桓公以治理天下之道,桓公大悦,任为大夫。

⑥司田:主农事,春秋战国齐置。

⑦牧：郊外，城邑的远郊。

⑧结辙：辙迹交错。指退车回驶。

⑨旋踵：转动脚跟。指后退。

⑩王子城父：春秋时齐国人，善将兵。

⑪大司马：春秋战国宋、楚、齐、邾等国掌管军政的高级官员，常省称司马。

⑫决狱：判决狱讼。折中：取正，用为判断事物的准则。

⑬不辜：指无罪之人。

⑭宾胥无：齐国大夫。

⑮大理：春秋战国齐置，掌刑狱。

⑯颜色：脸色。这里指尊严。

⑰不挠：不弯曲。形容刚正不屈。

⑱东郭牙：春秋时齐国人，不挠富贵，不避死亡，犯颜进谏，成为大谏之官。

⑲大谏：也作大谏臣，春秋齐国置，掌规劝训诫之事。

⑳存：指存在的价值。

【译文】

　　管仲任相国三个月后，请求评定百官。桓公说："行。"管仲说："升降台阶、作揖谦让，进退举止熟练恰如其分，我不如隰朋，请任命他为大行。开垦土地，蓄积粮食，用尽土地之力，我不如宁戚，请任命他为司田。在宽广的原野上，战车不后退，战士不后撤，敲起进军战鼓，而三军将士不怕牺牲视死如归，我不如王子城父，请任命他为大司马。判决案件公正，不杀没有罪的人，不诬陷无罪的人，我不如宾胥无，请任命他为大司理。冒犯国君的尊严，进谏必定忠诚，不躲避死亡，不为高贵富裕弯腰，我不如东郭牙，请任命他为大谏之官。这五个人，夷吾我一概不如。君王倘若只想要治国强兵，那么这五位就足够了。要是想称霸称王，夷吾我就在这里。"桓公说："好！"

霸形①

桓公在位,管仲、隰朋见。立有间,有贰鸿飞而过之。桓公叹曰:"今彼鸿鹄有时而南,有时而北,四方无远,所欲至焉。寡人之有仲父②,犹飞鸿之有羽翼也,若济大水有舟楫也。仲父不一言教寡人乎?"管子对曰:"君若将欲霸王举大事乎?则必从其本事矣③。"桓公曰:"敢问何谓其本?"管子对曰:"齐国百姓,公之本也。民甚忧饥,而税敛重;民甚惧死,而刑政险;民甚伤劳,而上举事不时④。轻其税敛,则民不忧饥;缓其刑政,则民不惧死;举事以时,则民不伤劳。"桓公曰:"寡人闻命矣。"

【注释】

①霸形:尹知章注云:"陈霸言之形容。"即成就霸业之应有的内外形势。本书节录有关民本的论述。

②仲父:齐桓公尊称管仲为仲父。

③本事:根本之事。

④不时:不合时,不适时。

【译文】

齐桓公在朝,管仲、隰朋朝见。站了一会儿,有两只鸿雁飞翔并经过他们。桓公感叹说:"如今那鸿鹄有时向南飞,有时向北飞,四方不管多远,只要想飞的就能飞到。我有仲父,就像大雁有翅膀一样,就像渡大河有船只一样。仲父不教导我一句话吗?"管子回答说:"您想要成就称王称霸这样的大事吗?那么必须从根本上去做了。"桓公说:"请问那个根本是什么?"管子回答说:"齐国的百姓,是桓公您的根本。民众非常忧虑饥饿,而田赋税收沉重;民众非常畏惧死亡,而刑法政令严酷;民众非常害怕劳苦，而君上不合时举大事。减轻田赋税收，那么民众就不忧虑饥饿；放宽刑法政令，那么民众就不畏惧死亡；进行征伐合时，那么民众就不害怕劳苦。"桓公说："我接受教导了。"

霸言①

　　夫明王之所轻者马与玉，其所重者政与军。然轻与人政，而重与人马；轻与人军，而重与人玉；重宫阙之劳，而轻四境之守，其所以削也。

【注释】

①霸言：尹知章注云："谓此言足以成霸道。"就是指谈论称王称霸的言论。本书节录部分叙述明王处事原则是：做好充分准备，以等待时机；恩德惠及百姓，就会威震天下。

【译文】

圣明的君王所看轻的是宝马跟美玉，所看重的是政权跟军队。但是轻易交给人政权，却看重给人宝马；轻易交给人军队，却看重给人玉石；看重建造宫殿，却看轻四方边境的守卫，那就是削弱的原因。

　　圣人能辅时，不能违时①。智者善谋，不如当时②。精时者③，日少而功多。夫谋无主则困，事无备则废。是以圣王务具其备④，而慎守其时，以备待时，以时兴事。德利百姓，威振天下，令行而不咈⑤，近无不服，远无不听。

【注释】

①圣人能辅时，不能违时：尹知章注："圣人能因时来辅成其事，不能

违时而立功。"辅时,指顺应时势。违时,指违背当时的形势或时代的趋势。

②当时:适时。

③精:精通,谙熟。

④具:具有,具备。

⑤咈(fú):违背,违逆。

【译文】

圣人能够顺应时势,不能违背时势。智慧的人善于谋划,不如适应时势。精通谙熟时势的人,费时少而功效多。谋划没有主见那么就会陷入困境,行事没有准备那么就会荒废。因此圣明的君王务求做好充足准备,而谨慎地守住时势,用充分的准备来等待时势,用时势来兴建事业。德行有利于百姓,威严振动天下,命令施行而不违背,近处没有不服从的,远处没有不听命的。

戒①

管仲复于桓公曰:"任之重者莫如身②,涂之畏者莫如口③,期之远者莫如年。以重任行畏涂至远期,唯君子为能及矣④。"

【注释】

①戒:尹知章注说:管仲"所以陈戒桓公"。就是告诫齐桓公。

②任之重者莫如身:尹知章注:"万事万行,非身不举,故曰重任。"

③涂之畏者莫如口:尹知章注:"枢机之发,荣辱之主,故可畏也。"

涂,道路。此指经历。畏,险恶。

④及:达到,赶上。

【译文】

管仲又对齐桓公说："负担再重的也比不上身躯沉重，经历再险的也比不上口舌之险，时间再长久也比不上年代久远。负担重大的责任，行走在令人畏惧的险途上，并长久坚持，这只有君子才能够做到。"

君臣①

国之所以乱者四：内有疑妻之妾②，此宫乱也。庶有疑嫡之子，此家乱也。朝有疑相之臣，此国乱也。任官无能，此众乱也③。四者无别，主失其体④。群官朋党，以怀其私，则失强矣⑤。故妻必定⑥，子必正⑦，相必直立以听⑧，官必忠信以敬。

【注释】

①君臣：指君道和臣道。本书节录自《君臣》下篇，节录了国乱的四个原因。

②疑：通"拟"，比拟，好似。

③众：指百官，群臣。

④体：体统，体制。

⑤强：强大。今本《管子》作"族"。族，同宗同族之人。译文仍按《群书治要》原文处理。

⑥妻：指正妻。

⑦子：指嫡长子。正：正位，主位。

⑧直立：立身正直。

【译文】

国家混乱的原因有四点：宫内有与正妻地位相当的宠妾，这是宫内之乱。庶子中有与嫡子地位相当的，这是家庭之乱。朝廷有与宰相地位相当的臣子，这是国家之乱。任命的官员没有能力，这是众官之乱。这四点不能辨别，君主就会失去体统。官员们结成朋党，都怀有私心，那么君王就会失去强大。所以正妻必须确定，嫡长子必须居于正位，宰相必须立身正直听从君主，官员必须忠诚守信、严肃慎重地对待政务。

小称①

管子曰："身不善之患，无患人莫己知②。民之观也察矣，不可遁逃。故我有善则立誉我③，我有过则立毁我。当人之毁誉也④，则莫归问于家矣。故明王有过则反之于身，有善则归之于民。有过而反之身则身惧⑤，有善而归之民则民喜。往喜民，来惧身⑥，此明王之所以治民也。今夫桀、纣则不然，有善则反之于身，有过则归之于民。有过而归之于民则民怒，有善而反之于身则身骄。往怒民，来骄身，此其所以失身也。可无慎乎？"

【注释】

①小称：尹知章注："称，举也。小举其过则当权而改之。"本书节录三段，第一段是管仲告诫桓公有过要归咎于自己。第二段是管仲临终告诫桓公不要任用易牙等人，而桓公不听，终至身死国衰。第三段是鲍叔希望桓公能居安思危。

②身不善之患，无患人莫己知：尹知章注："言但患身之不善耳，无患人不知己也。"

③立：立刻，马上。誉：称赞，赞美。

④当：面对。

⑤有过而反之身则身惧：尹知章注："过反于身，则惧而修德也。"身
　惧，自身畏惧。

⑥往喜民，来惧身：尹知章注："善往则人喜也，过来则惧身也。"

【译文】

　　管子说："做人当首先忧虑自身修养不完善，而不是忧虑人家不知道自己。民众的观察力是精准的，事情是不可能逃过他们的眼睛的。所以我有善举民众马上就赞誉我，我有过失民众马上就批评我。面对着众人的批评赞誉，那就没必要回家询问了。所以英明的君王有过失就把过失归于自身，有善举那就归功于民众。有过失归咎于己，那么自身会戒惧而加强修养，有善举归功于民众，那么民众会喜悦。善举归功于民众而让民众喜悦，过失归咎于己使自身戒惧而加强修养，这是英明君王治理民众的方法。如今夏桀、商纣就不这样，有善举就归功于己，有过失就归于民众。有过失就归于民众，那么民众就愤怒；有善举就归功于自身，那么自身就骄横。过失归于民众而民众愤怒，善举归功于自身而自身骄横，这就是他们丧失生命的原因。能够不谨慎吗？"

　　管仲有病，桓公往问之曰①："仲父之病病矣②！若不可讳③，将何以诏寡人④？"管仲对曰："臣愿君之远易牙、竖刁、堂巫、公子开方⑤。夫易牙以调味事公，公曰：'唯烝婴儿之未尝也⑥。'于是烝其首子而献之公⑦。人情非不爱其子也，于子之不爱，将何有于公⑧？公喜宫而妒⑨，竖刁自刑而为公治内。人情非不爱其身也，于身之不爱⑩，将何有于公？公子开方事公十五年，不归视其亲⑪。于亲之不爱，焉能有于公？"桓公曰："善。"管仲死，已葬，公召四子者废之⑫。逐堂巫而苛病起⑬，逐易牙而味不至，逐竖刁而宫中乱，逐公子开方而朝不治。桓公曰："嗟！圣人固有悖乎⑭？"乃复四子

者。处期年，四人作难，围公一室，十日不通。公曰："嗟！死者无知则已，若有知，吾何面目以见仲父于地下？"乃援素幭以裹首而绝⑮。死十一日，虫出于户，葬以扬门之扇⑯，以不终用贤也。

【注释】

①问：慰问，问候。

②病病：疾病沉重了。

③不可讳：死的婉辞。

④诏：告诉，告诫。

⑤易牙：名巫，任雍人（主烹割之官），为齐桓公近臣。长于调味，善逢迎；据称曾杀其子烹为羹以献桓公；管仲曾谏桓公远易牙，不听；桓公将卒，易牙、竖刁、卫开方等人，禁锢饿死桓公，齐乱。竖刁：春秋齐人，自宫为宦者，官为寺人，得宠于齐桓公。堂巫：名叫堂的巫师。当时巫师不仅祈祷、卜筮、星占，还用药物为人求福、却灾、治病。开方：本卫国公子，仕于齐国；管仲卒，桓公重用之，与竖刁、易牙等专权。

⑥烝：后作"蒸"。

⑦首子：长子。

⑧有：亲爱，相亲。

⑨喜宫：指好色。

⑩身：身体。古人有身体发肤受之父母不可毁伤的说法。

⑪亲：父母双亲。

⑫召：今本《管子》作"憎"。

⑬苦病：烦躁之病。

⑭悖：荒谬，昏惑，糊涂。

⑮援：持，拿，拉拽。素幭（miè）：古代盖在车前横木上的白绸。

⑯扬门：门名。扇：门扇。

【译文】

管仲有病，桓公前往问候，对他说："仲父的病沉重了！倘若不避讳您不能痊愈，有什么话要告诉我吗？"管仲回答说："我希望您能疏远易牙、竖刁、堂巫、公子开方。易牙用调和美味事奉国君您，您说：'只有蒸熟婴儿的味道没有尝过。'易牙于是蒸了他的大儿子献给您。人之常情不是不爱自己的儿子，连儿子都不爱，那对国君您还有什么爱呢？国君您喜欢后妃而她们互相嫉妒，竖刁就自己实施宫刑而给您管理后妃。人之常情没有不爱惜自己身体的，竖刁连自己身体都不爱惜，那对国君您还有什么爱呢？公子开方事奉国君您十五年，不回去探视父母双亲。连自己的父母都不爱，又哪里有对国君您的爱呢？"桓公说："好。"管仲去世，下葬后，桓公召见四人罢黜了他们。但是驱逐了堂巫，桓公就得了烦躁之病；驱逐易牙，食物就没有了味道；驱逐竖刁，后宫就混乱了；驱逐公子开方，朝政就不能治理了。桓公说："哎呀！管仲那样的圣人也糊涂吗？"于是就恢复了四人的职位。过了一年，四人叛乱，把桓公包围在一间屋子里，十天不让出去。桓公说："哎呀！死人没有知觉就算了，倘若有知觉，我有什么脸面在地下去见仲父呀？"于是拿起车前横木上的白绸子裹在头上死去。死了十一天，蛆虫爬出了门，就用扬门的门扇安葬了他，这都是因为他最终没能听从贤人的忠告啊。

桓公、管仲、鲍叔牙、甯戚四人饮①。饮酣，桓公谓叔牙曰："盍不起为寡人寿乎②？"叔牙奉杯而起曰："使公无忘出而在于莒，使管仲无忘束缚在于鲁也，使甯戚无忘饭牛车下也③。"桓公避席再拜曰④："寡人与二大夫，能无忘夫子之言，则国之社稷必不危矣。"

【注释】

①饮：饮酒。

②为……寿：席间向尊长敬酒或赠送礼物，并祝其长寿。

③饭牛：喂牛，饲养牛。《吕氏春秋·举难》："宁戚欲干齐桓公，穷困无以自进，于是为商旅将任车以至齐，暮宿于郭门之外。桓公郊迎客，夜开门，辟任车，爝火甚盛，从者甚众。宁戚饭牛居车下，望桓公而悲，击牛角疾歌。桓公闻之，抚其仆之手曰：'异哉！之歌者非常人也！'命后车载之。"

④避席：离开座位，表示尊敬。再拜：古代的一种礼节，拜了又拜，表示恭敬。

【译文】

齐桓公、管仲、鲍叔牙、宁戚四人喝酒。喝得畅快时，桓公对鲍叔牙说："为什么不给我祝酒并祝长寿呢？"叔牙捧起酒杯起身说："祝国君您别忘了出逃在莒的时候，祝管仲别忘了在鲁国被绑缚囚禁的时候，祝宁戚别忘了在车底下喂牛的时候。"桓公离开座席，再拜说："我跟两位大夫，能够不忘先生您的话，那么国家社稷必定没有危险了。"

治国①

凡治国之道，必先富民。民富则易治也，民贫必难治。奚以知其然也？民富则安乡重家②，安乡重家则敬上畏罪，敬上畏罪则易治也。民贫则危乡轻家③，危乡轻家则敢凌上犯禁，凌上犯禁则难治也。故曰：治国常富，而乱国必贫。是以善为国者，必先富民，然后治之。

【注释】

①治国：本篇主要论述民富国强的道理。节录部分强调富民必须重
　　视农业，粮食是国家的根本。

②安乡：安于乡里。

③危乡：不安于本土乡里。

【译文】

　　凡是治国之道，必须先要让民众富裕。民众富裕那就容易治理，民
众贫困必难以治理。怎么知道是这样的呢？民众富裕那就安于乡里重
视家庭，安于乡里重视家庭那就尊敬君上畏惧罪罚，尊敬君上畏惧罪罚
那就容易治理。民众贫困那就不安于乡里轻视家庭，不安于乡里轻视家
庭那就敢于冒犯君上违犯禁令，冒犯君上违犯禁令那就难以治理了。所
以说：太平国度常常是富裕的，而混乱国度必然是贫困的。因此善于治
理国家的，必须首先让民众富裕，然后再治理它。

　　昔者七十九代之君①，法制不壹，号令不同，然俱王天
下者，何也？必国富而粟多也。夫富国多粟生于农，故先王
贵之。凡为国之急者，必先禁末作文巧②。末作文巧禁，则
民无所游食③。民无所游食则必农，民事农则富。

【注释】

①七十九代：泛指前朝。

②末作：古代指工商业。文巧：华丽奇巧的制品。一般指奢侈品。

③游食：指居处不定，游荡无业，到处谋食。

【译文】

　　从前七十九代的国君，法治不一致，号令不相同，但是都能称王统一
天下，那是为什么呢？必定是国家富裕而粮食多。富裕国家粮食多来源
于农业，所以先代的君王看重它。治理国家最急迫的，必定是先禁止非

根本的工商业和奢侈品制作。工商业和奢侈品制作禁止了，那么民众就没办法游居求食。民众没办法游居求食，那么就必定从事农业，民众从事农业那么就能富裕了。

　　先王者，善为民除害兴利，故天下之民归之。所谓兴利者，利农事也。所谓除害者，禁害农事也。国富则安乡重家，安乡重家则虽变俗易习，驱众移民^①，至于杀之，而不怨也。民贫则轻家易去，轻家易去，则上令不能必行。上令不能必行，则禁不能必止。禁不能必止，则战不必胜，守不必固矣。夫令不必行，禁不必止，战不必胜，守不必固，命之曰"寄生之君"。此由不利农、少粟之害也。粟者，王者之本事也，人主之大务，治国之道也。

【注释】

　　①驱众：指让民众听从意旨。移民：指迁移民众。

【译文】

　　先代的君王，善于为民众兴办有利的除去有害的事，所以天下的民众都归附他。所说的兴办有利的，就是有利于农业生产。所说的除去有害的，就是禁止妨害农业生产。国家富裕，那么就安于乡里重视家庭，安于乡里重视家庭，那么即使变易风俗习惯，驱使民众听从意旨，让他们迁移，甚至于杀死，也不怨恨。民众贫困，那就轻视家庭容易离开，轻视家庭容易离开，那么君上的命令就不能坚决执行。君上的命令不能坚决执行，那么禁令就不能坚决落实。禁令不能坚决落实，那么作战就不能必胜，防守就不能牢固了。命令不能必行，禁令不能落实，作战不能必胜，防守不能牢固，就叫"寄生的君主"。这是不施行有利于农业的政策、粮食少的害处。粮食生产，是成就王业的根本，君主的重大事务，治国之道。

桓公问①

齐桓公问管子曰:"吾念有而勿失,得而勿忘②,为之有道乎?"对曰:"勿创勿作③,时至而随,无以私好恶害公正,察民所恶,以自为戒。黄帝立明台之议④,尧有衢室之问⑤,舜有告善之旌⑥,禹立谏鼓于朝⑦,汤有总街之庭⑧,以观民诽也。此古圣帝明王所以有而勿失、得而勿忘者也。"

【注释】

①桓公问:本篇是齐桓公问管仲得国之道,管仲回答要听取谏言,了解民意,以改进国策。

②忘:通"亡",遗失,丧失。

③创:开创,首创。作:兴起,创作。

④明台:传说是黄帝听政之所。

⑤衢室:相传唐尧征询民意的处所。

⑥告善之旌:据说是虞舜奖励人臣进谏而设的旗帜。

⑦谏鼓:设立在朝廷供进谏者敲击以闻的鼓。

⑧总街之庭:通衢大道旁的亭舍。据说是商汤听取民意之处。

【译文】

齐桓公问管子说:"我想拥有国家而不失去,得到权力而不丧失,做到这样有途径吗?"回答说:"不急于开创,时机到了就顺势而为,不要用自己的喜好厌恶妨害公平正直,查清楚民众所厌恶的,拿来给自己作为鉴戒。黄帝设立听取议论的明台,唐尧有征询民意的衢室,虞舜有奖励劝谏的旌旗,夏禹在朝廷设立进谏敲击的谏鼓,商汤有听取民意的街旁亭舍,这都是用来观察了解民众的议论指责的。这就是古代圣明的帝王用来拥有天下而不失去、得到权力而不丧失的途径啊。"

形势解^①

人主之所以令则行、禁则止者，必令于民之所好，而禁于民之所恶也。民之情莫不欲生而恶死，莫不欲利而恶害也。故上令于生利人则令行^②，禁于杀害人则禁止矣。令之所以行者，必民乐其政也，而令乃行。故曰："贵有以行令也。"

【注释】

①形势解：本篇是对《形势》篇的逐句讲解，有少部分内容亡佚。本书节录部分强调命令要顺应民众、要亲近爱护安定民众、效法先王等治国大道。

②生利：让人生存和得利。

【译文】

君主之所以能做到令行禁止，是因为命令必定是民众所喜好的，禁止的必定是民众所厌恶的。人之常情是没有人不是想要生存而厌恶死亡的，没有人不是想要利益而厌恶损害的。所以君上的命令能让人生存产生利益就能执行，禁止杀人害人那么禁令就能落实。命令之所以能被执行，是民众必定喜欢这样的政治，因而命令才能执行。所以说："可贵的是命令能够贯彻执行。"

人主之所以使下尽力而亲上者，必为天下致利除害也。故德泽加于天下，惠施厚于万物，父子得以安，群生得以育，故万民欢尽其力而乐为上用。入则务本疾作以实仓廪^①，出则尽节死敌以安社稷，虽劳苦卑辱而不敢告也。民利之则来，害之则去。民之从利也，如水之走下，于四旁无择也。故欲来民者，先起其利，虽不召而民自至。设其所恶，虽召之而民不可来也。莅民如父母^②,则民亲爱之。导民纯厚,遇之有实,虽不言曰"吾亲民",而民亲矣。莅民如仇雠^③,则民疏之。导之不厚,遇之无实,虽言曰"吾亲民",民不亲也。

【注释】

①务本:指务农。

②莅民:管理百姓。

③仇雠:仇人,仇敌。

【译文】

君主之所以能让臣下尽心尽力而亲近君上,一定是因为他给天下带来利益除去祸害。所以恩德施加给天下,恩惠多给予万物,父子能因而平安,众生能因而繁育,所以万民无不高兴地为君上尽力为君上所用。回家就努力耕种来充实粮库,出则尽节杀敌保卫社稷江山,即使劳累苦痛卑微屈辱而没有埋怨。民众,有利就到来,有害就离去。民众逐利就像水向下流,不分东西南北。所以想要招致民众的,先兴办对他们有利的事,即使不召请而民众自己就到来。如果是民众所厌恶的,即使召请他们也不会来。管理民众如同父母对待儿女,那么民众就亲近喜爱他。以纯厚的道德引导民众,给实际利益,即使不说"我亲近民众",而民众就亲近他了。管理民众如同仇敌,那么民众就疏远他。不以纯厚的道德引导民众,不给他们实际利益,即使说"我亲近民众",民众也不亲近他。

圣人择可言而后言,择可行而后行。偷得利而后有害,偷得乐而后有忧者,圣人不为也。故圣人择言必顾其累^①,择行必顾其忧。

【注释】

①累：过失，忧患。

【译文】

圣人选择可以言说的然后言说，选择可以行动的然后行动。只图眼前获得利益而后续有危害，只图眼前获得快乐而后续有忧愁，圣人是不会做的。所以圣人选择言说必会考虑后果，选择行动必会考虑后顾之忧。

圣人之求事也，先论其理义①，计其可否。故义则求之，不义则止；可则求之，不可则止。故其所得事者，常为身宝。小人求事也，不论其理义，不计其可否，不义亦求之，不可亦求之。故其所得事者，未尝为赖也。故曰："必得之事，不足赖也。"

【注释】

①论：研究，衡量，评定。理义：公理与正义。

【译文】

圣人做事的时候，先要评定它是否合乎公理正义，考虑事情是否可行。所以合乎正义就去做，不正义就停止；可行就去做，不行就停止。所以他所做成的事情，常常成为自身的宝贵财富。小人做事的时候，不评定它是否合乎公理正义，不考虑它可行还是不行，不合乎正义也去做，不可行也还去做。所以他所做成的事情，也未必成为他的依靠。所以说："必定能做到的事情，是不足以依靠的。"

人主者，温良宽厚则民爱之，整齐严庄则民畏之。故民爱之则亲，畏之则用①。夫民亲而为用，主之所急也。故曰：

“且怀且威，则君道备矣。”

【注释】

①用：效力。

【译文】

君主温和善良宽大厚道，那么民众就爱戴他，整齐庄严，那么民众就敬畏他。所以民众爱戴他就亲近他，敬畏他就效力于他。民众亲近而为他效力，是君上最需要的。所以说：“一边亲和臣民一边有威严，那为君之道就完备了。”

人主能安其民，则民事其主如事其父母。故主有忧则忧之，有难则死之。人主视民如土，则民不为用，主有忧则不忧，有难则不死。故曰：“莫乐之则莫哀之，莫生之则莫死之。”

【译文】

君主能够让民众安定，那么民众就事奉君主如同事奉他的父母。所以君主有忧虑民众就为他分忧，君主有危难民众就为他效死。君主看待民众如同土块，那么民众就不为他效力，君主有忧虑民众不为他分忧，君主有危难民众不为他效死。所以说：“君主不能使民众安乐，民众就不会为他分忧；不能养育民众，民众就不会为他效死。”

民之所以守战至死而不衰者①，上之所以加施于民者厚也。故上施厚，则民之报上亦厚；上施薄，则民之报上亦薄。故薄施而厚责，君不能得于臣，父不能得于子。

【注释】

①守战：防守与进攻。

【译文】

民众之所以防守攻战到死，斗志也不衰退的原因，是因为君上施加给民众的恩德丰厚啊。所以君上施加恩惠丰厚，那么民众回报君上也丰厚；君上施加恩惠微薄，那么民众回报君上也微薄。所以施加微薄而要丰厚的回报，国君不能从臣子那里得到，父亲也不能从儿子那里得到。

民之从有道也①，如饥之先食也，如寒之先衣也，如暑之先阴也。故有道则民归之，无道则民去之②。故道在身则言自顺，行自正，事君自忠，事父自孝，遇人自理③。天之道，满而不溢，盛而不衰。明主法象天道④，故贵而不骄，富而不奢，故能长守富贵、久有天下而不失也。故曰："持满者与天⑤。"

【注释】

①有道：指政治清明，有德政。

②无道：指政治纷乱，暴虐，没有德政。

③遇人：等于说待人。自理：自然合理。

④法象：效法，模仿。

⑤持满：持盈。与天：指凡合乎天道者，则得天助。

【译文】

民众跟从有德政的君王，如同饥饿的人要先吃饭，如同寒冷的人要先穿衣，如同暑热天要先找阴凉。所以有德政那么民众就归附他，没有德政民众就离开他。所以正道在身，那么言论自然和顺，做事自然顺当，事奉君主自然忠诚，事奉父亲自然孝顺，待人自然合理。上天之道，充满而不盈溢，盛大而不衰减。英明君主效法天道，所以尊贵而不骄傲，富裕而不奢侈,所以能够长久地保守富贵、长久地拥有天下而不失去。所以说:"能保持满而不溢者,则与天道相合,获得天助。"

明主救天下之祸,安天下之危者也,必待万民之为用也,而后能为之,故曰:"安危者与人①。"地大国富,民众兵强,此盛满之国也②。虽已盛满,无德厚以安之,无度数以治之③,则国非其国,而民非其民也,故曰:"失天之度,虽满必涸。"臣不亲其主,百姓不信其吏,上下离而不和,故虽自安,必且危之,故曰:"上下不和,虽安必危。"

【注释】

①与人:合乎民意取得人心。

②盛满:富足,殷实。

③度数:标准,规则,道理。

【译文】

英明君主是挽救天下祸患,安定天下危难的人,要救祸安危,必须依靠广大民众为他效力,然后才能去做,所以说:"安定危难的人,要得民心。"土地广大国家富裕,人口众多兵力强盛,这是富足殷实的国家。虽然已经富足殷实,没有丰厚的德泽来安定,没有法度来治理,那么国家就不是他的国家,民众就不是他的民众,所以说:"失去上天的法度,即使盈满也会干涸。"臣子不亲近他的君主,百姓不相信他的官吏,上下离心而不和睦,所以即使自以为安定,必然将会走向危亡,所以说:"上下不和睦,即使安定也必然走向危亡。"

古者三王、五伯①,皆人主之利天下者也,故身贵显,而子孙被其泽;桀、纣、幽、厉②,皆人主之害天下者也,故身困伤③,

而子孙蒙其祸。故曰："疑今者察之古,不知来者视之往。"

【注释】

①三王:指夏、商、周三代之君:夏禹、商汤、周文王、周武王。五伯:
即五霸,指夏昆吾、殷大彭、豕韦、周齐桓公、晋文公(一说指春秋
齐桓公、晋文公、宋襄公、楚庄公、秦缪公)。

②桀、纣、幽、厉:夏桀、商纣、周幽王、周厉王。

③困伤:困窘而毁败。

【译文】

古代三王五霸,都是君主当中有利于天下的人,所以自身居于高位
而显扬于世,而子孙蒙受恩泽;夏桀、商纣、周幽王、周厉王,都是君主中危
害天下的人,所以自身困窘衰败,而子孙蒙受灾祸。所以说:"对于如今有
怀疑的,可以去观察古代的情况;不知道将来的,可以去看以往的情况。"

古者,武王地方不过百里①,战卒之众不过万人,然能
战胜攻取,立为天子,而世谓之圣王者,知为之术也②。桀、
纣贵为天子,富有海内,地方甚大,战卒甚众,然而身死国
亡,为天下戮者③,不知为之术也。故能为之,则小可以为
大,贱可以为贵;不能为之,则虽为天子,人犹夺之。

【注释】

①方:方圆。

②为之:指治理天下。

③戮:羞辱,侮辱。

【译文】

古代,武王土地不过方圆一百里,战士的人数不过一万人,但是能够

战胜攻取，被立为天子，被世人称为圣王，是知道治理天下的方法啊。夏桀、商纣贵为天子，富有天下，土地方圆非常大，战士非常多，但是自身死亡，国家灭掉，被天下人羞辱，这是不知道治理天下的方法啊。所以，能够治理天下，那么小的可以成为大的，低贱的可以成为高贵的；不能治理天下，那么即使是高贵的天子，别人还是能够夺取。

明主度量人力之所能为，而后使焉。故令于人之所能为，则令行；使于人之所能为，则事成。乱主不量人力，令于人之所不能为，故其令废；使于人之所不能为，故其事败。夫令出而废，举事而败，此强不能之罪也。

【译文】

英明君主衡量人能力大小，然后使唤他们做事。所以命人办力所能及之事，那么命令就能被执行；使唤人做力所能及之事，那么事情就能办成。昏乱的君主不衡量人力，命人办力所不及之事，所以他的命令作废；使唤人做他做不到的事，所以失败。命令发出就作废，做事就失败，这是强迫人做不能做的事情的罪过啊。

明主不用其智而任圣人之智，不用其力而任众人之力。故以圣人之智思虑者，无不知也；以众人之力起事者，无不成也。能自去而因天下之智力起，则身逸而福多。乱主独用其智而不任圣人之智，独用其力而不任众人之力，故其身劳而祸多。故曰："独任之国，劳而多祸。"

【译文】

英明的君主不用自己的智慧而用圣人的智慧，不用自己的力量而使用众人的力量。所以用圣人的智慧思索考虑的,没有不明白的;用众人的力量办事的,没有办不成的。能够舍弃自己而凭借天下的智慧力量兴起,那么自身就安逸而福气多。昏乱的君主只用自己的智慧而不使用圣人的智慧,只用自己的力量而不使用众人的力量,所以自身劳苦而祸患多。所以说:"独断专行的国家,劳苦而祸患多。"

　　明主者,人未之见而皆有亲心焉者,有使民亲之之道也,故其位安而民往之。故曰:"未之见而亲焉,可以往矣。"

【译文】

　　英明的君主,人还没有看见他就对他有了亲近之心,因为他有让民众亲近他的方法,所以他的位置安定而民众到他那里去。所以说:"没有见到他就对他亲近,是可以投奔的。"

　　人主出言不逆于民心,不悖于理义,其所言足以安天下者也,人唯恐其不复言也。出言而离父子之亲,疏君臣之道,害天下之众,此言之不可复者也,故明君不言也。

【译文】

　　君主发言不背逆民心,不违背公理正义,他所说的话就足够用来安定天下,人们只怕他不再发表意见。发言离间父子亲情,疏远君主臣子的关系,危害天下民众,这样的话不可以再重复,所以英明的君主不会说。

　　人主身行方正^①,使人有理,遇人有礼,行发于身而为天下法式^②,人唯恐其不复行也。身行不正,使人暴虐,遇人不信,行发于身而为天下笑者,此不可复之行也。故曰:"行而不可再者,君不行也。"

【注释】

①身行:操行,品行。方正:指人行为、品性正直无邪。

②法式:标准的格式,法度,制度。

【译文】

君主自身品行端正,用人有道理,待人有礼义,自身的行动能成为天下的楷模,人们唯恐他不再行动。自身品行不端正,用人凶恶残酷,待人又不诚信,行动从自身出发而被天下耻笑,这是不可以再重复的行动。所以说:"行动不可以进行第二次的,君主不做。"

言之不可复者,其言不信也。行之不可再者,其行暴贼也。故言而不信,则民不附;行而暴贼,则天下怨。民不附,天下怨,此灭亡之所从生也,故明主禁之。故曰:"凡言行之不可复者,有国者之大禁也。"

【译文】

言论不可以重复的,那言论不可信。行动不可以有第二次的,那行动就是残暴的。所以出言不被信任,那么民众就不依附;行动残酷暴虐,那么天下怨恨。民众不依附,天下怨恨,这是灭亡发生的原因,所以英明的君主坚决不做。所以说:"凡是言论、行动不可以重复的,是拥有国家的君主的最大禁忌。"

版法解①

治国有三器,乱国有六攻。明君能胜六攻而立三器,故国治；不肖君不能胜六攻而立三器，故国不治。三器者何也？曰：号令也、斧钺也、禄赏也。六攻者何也？曰：亲也、贵也、货也、色也、巧佞也、玩好也。三器之用何也？曰：非号令无以使下，非斧钺无以威众，非禄赏无以劝民。六攻之败何也？曰：虽不听而可以得存，虽犯禁而可以得免，虽无功而可以得富。夫国有不听而可以得存者，则号令不足以使下；有犯禁而可以得免者，则斧钺不足以威众；有无功而可以得富者，则禄赏不足以劝民。号令不足以使下，斧钺不足以威众，禄赏不足以劝民，则人君无以自守也。

【注释】

①版法解：此篇是对《版法》篇的疏解。所谓版法，是刻在版上的治国大纲要法，是常法。本书节录有关六攻、三器的论述，强调君主能克服"六攻"（六种干扰），才能顺利地建立"三器"（号令、斧钺、禄赏）。

【译文】

太平国度有三器，混乱国度有六攻。英明君主能胜过六攻而树立三器，所以国家太平；不贤的君主不能战胜六攻并树立三器，所以国家不太平。三器是什么呢？就是号令、斧钺、俸禄奖赏。六攻是什么呢？是亲人、显贵、财货、美色、巧言谄媚、奇珍异宝等玩物。三器的作用是什么？就是不下号令没办法使用下级，没有斧钺没办法威慑民众，没有俸禄赏赐没办法勉励百姓。六攻的坏处是什么呢？就是即使不听从法令也可以得以存活，即使违反禁令也可以得到赦免，即使没有功劳也可以获得财富。国家要是有不听从法令而可以得以存活的，那么号令就不能够使唤下级；要是有违犯禁令而可以得到赦免的，那么斧钺的杀戮就不能够威慑民众；要是有没有功劳而可以得到财富的，那么俸禄赏赐就不能够勉励百姓。号令不能够使唤下级,斧钺不能够威慑民众,俸禄赏赐不能够勉励百姓,那么君主就没有办法自保了。

明法解①

明主者,审于法禁而不可犯也,察于分职而不可乱也②。故群臣不敢行其私,贵臣不得蔽贱,近者不得塞远,孤寡老弱不失其职③。此之谓治国。故曰:"所谓治国者,主道明也④。"

【注释】

①明法解:本篇是对《明法》篇的解释。本书节录部分主要说如何制定法令,执行法令的人应该如何去做。明法,严明法纪。

②分职:各司其职,各授其职。

③失职:失去常业,失所。职,常,正常。

④主道:君主治国之道。

【译文】

英明的君主,清楚了解刑法禁令而不可侵犯,明察上下职责而不容错乱。所以群臣不敢怀着私心办事,显贵的臣子不敢埋没卑贱者,亲近的不敢阻塞疏远的,孤儿寡妇老人弱者不失去日常生计。这就叫做太平国度。所以说:"所谓太平国度,就是君主明于治国之道。"

法度者,主之所以制天下而禁奸邪也。私意者,所以生乱长奸而害公正也。故法度行则国治,私意行则国乱。明主虽心之所爱,而无功者弗赏也;虽心之所憎,而无罪者弗罚也。案法式而验得失,非法度不留意焉①。故曰:"先王之治国也,不淫意于法之外②。"

【注释】

①留意:关心,注意。

②淫:过分,过度。

【译文】

法令制度,是君主用来控制天下禁止奸诈邪恶的。私心,是产生祸乱增长奸邪而妨害公正的。所以法令制度执行,那么国家太平;私心风行,那么国家混乱。英明君主即使是心中喜爱的人,没有功劳也不会奖赏;即使是心中憎恶的人,没有罪过也不会惩罚。依照法令制度来检验得失,与法令制度无关就不予以关心注意。所以说:"先代君王治理国家,不会在法令之外过度留意。"

明主之治国也,案赏罚行其正理①。其当赏者,群臣不得辞也;其当罚者,群臣弗敢避也。夫赏功诛罪者,所以为天下致利除害也。草茅弗去,则害禾谷;盗贼弗诛,则伤良民。夫舍公法而行私惠,则是利奸邪而长暴乱也;行私惠而赏无功,则是使民偷幸而望于上也②。行私惠而赦有罪,则是使民轻上而易为非也。夫舍公法用私惠,明主弗为也。故曰:"不为惠于法之内。"

【注释】

①案赏罚:今本《管子》作"案其当宜"。

②偷幸:苟且侥幸。

【译文】

英明君主治理国家,依据适当的原则,按照正确的道理行事。那些应当赏赐的,群臣不能推辞;那些应当惩罚的,群臣不能逃避。奖赏有功讨伐有罪,是为天下兴利除害的。杂草不除去,那就危害庄稼的生长;盗贼不惩治,那就伤害好的百姓。舍弃国法而实行私人的恩惠,那是有利于奸邪而增加社会的骚动变乱;施行私人的恩惠而且奖赏没有功劳的人,那是让民众苟且侥幸而讨好君主。施行私人的恩惠而宽赦有罪的人,那是让民众轻视君上而容易为非作歹。舍弃国法而实施私人的恩惠,英明的君主不会去做。所以说:"在法度之内不实施私人的恩惠。"

权衡者①,所以起轻重之数也。然而人弗事者,非心恶利也,权不能为之多少其数②,而衡不能为之轻重其量也。人知事权衡之无益,故弗事也。故明主在上位,则官不得枉法,吏不得为私。民知事吏之无益,故货财不行于吏。权衡平正而待物,故奸诈之人不得行其私。故曰:"有权衡之称者,不可欺以轻重也。"

【注释】

①权衡:原指秤锤和秤杆。引申为比较轻重,计算得失。

②多少:增多减少。

【译文】

权衡是用来明确轻重数量的。但是人们不去服侍它,不是心中厌恶利益,而是秤锤不能为人们增多减少数目,秤杆不能为人们减轻增加重量。人们知道服侍它没有好处,所以不服侍它。所以英明的君主在君位,那么官吏不能枉法,官吏不能徇私。民众知道服侍官吏没有好处,所以不用钱财向官吏行贿。权衡公平正直对待事物,所以奸诈的人不能行私。所以说:"有权衡称量,不可以在轻重上欺骗。"

尺寸寻丈者①,所以得短长之情也。故以尺寸量短长,则万举而万不失矣②。是故尺寸之度,虽富贵众强③,不为益长;虽卑辱贫贱,弗为损短。公平而无所偏,故奸诈之人弗能误也④。故曰:"有寻丈之数者,不可差以长短⑤。"

【注释】

①尺寸寻丈:都是古代的计量单位。寻,八尺为寻。

②举:举动,行为动作。

③众强:指人多势盛。

④误:使……失误,坑害。

⑤差:差错,错误。

【译文】

尺、寸、寻、丈,是用来测量长短的实际情况的。所以用尺寸来测量长短,那么一万次测量就一万次没有失误了。所以尺寸的测量,即使大富大贵人多势盛,也不因而增加长度;即使卑微屈辱贫贱,也不会因而减损长度。公平而没有偏斜,所以奸诈的人也不能借此制造错误。所以说:"有寻丈的测量,不可能在长短上有差错。"

凡所谓忠臣者,务明法术①,日夜佐主明于度数之理②,以治天下者也。奸邪之臣知法术明之必治也,治则奸臣困,而法术之士显。是故奸邪之所务事者,使法无明,主无窹,而己得所欲也。故方正之臣得用,则奸邪之臣困伤矣。是方正之与奸邪,不两进之势也③。奸邪之在主之侧者,不能勿恶之;惟恶之,则必候主间而日夜危之。人主弗察而用其言,则忠臣无罪而困死,奸臣无功而富贵。故曰:"忠臣死于非罪,而邪臣起于非功。"

【注释】

①法术：法（刑法、法律）与术（特指君主控制和使用臣下的策略、手段）的合称。

②度数：标准，规则。

③两进：双方同时进用、做官。

【译文】

凡是所说的忠臣，务必要修明法术，日夜辅佐君主，让他明白运用法规制度的道理，以治理天下。奸邪的臣子知道修明法术必定太平，太平那么奸臣就困窘，而运用法术的士人就显达。因此奸邪所致力从事的，是让法术无法修明，让君主不能觉醒，而自己能够为所欲为。所以正直的臣子得以任用，那么奸邪的臣子就困窘而毁伤了。这就是正直之臣跟奸邪臣子，不能双方同时进用做官的形势。奸邪臣子在君主旁边的，不能不厌恶正直之臣；只要厌恶他，那么奸臣就必然窥伺君主，寻找时机，而日夜进言危害。君主不能明察而听用他的话语，那么忠臣就会无罪而困窘死亡，奸臣就会没有功劳而得到富贵。所以说："忠臣往往死在无罪上，而奸臣往往兴起于无功。"

富贵尊显，久有天下，人主莫弗欲也。令行禁止，海内无敌，人主莫弗欲也。蔽欺侵陵，人主莫不恶也。失天下，灭宗庙，人主莫不恶也。忠臣之欲明法术，以致主之所欲，而除主之所恶者也。奸臣之擅主者，有以私危之，则忠臣无从进其公正之数矣①。故曰："所死者非罪，所起者非功，然则为人臣者，重私而轻公矣。"

【注释】

①数：策略，权术。

【译文】

富裕尊贵显赫,长久拥有天下,君主没有谁不想要。令行禁止,天下无敌,君主没有谁不想要。蒙蔽欺骗侵犯欺凌,君主没有谁不厌恶。失去天下,灭掉祖庙,君主没有谁不厌恶。忠臣想要修明术,来得到君主所想要的,而除去君主所厌恶的。擅权的奸臣,以私心来危害他,那么忠臣就无法进献其公正的策略方法了。所以说:"死去的没有罪过,启用的没有功劳,既然如此,那么做臣子的,就看重私心而看轻公正了。"

明主之择贤人也,言勇者试之以军,言智者试之以官。试于军而有功者则举之,试于官而事治者则用之。故以战攻之事定勇怯,以官职之治定愚智。故勇怯愚智之见也,如白黑之分。乱主则不然,听言而不试,故妄言者得用;任人而不课①,故不肖者不困。故明主以法案其言而求其实②,以官任其身而课其功,专任法不自举焉。故曰:"先王之治国也,使法择人,弗自举也。"

【注释】

①课:检验,考核,考查。

②案:察看,考察。

【译文】

英明君主选择贤才,号称勇敢的就用作战来检验他,号称智慧的用官职来检验他。用作战检验的有功劳就举荐他任职,用官职检验的政务处理好的那就任用他。所以用战斗进攻的事情来评定勇敢怯弱,用任职治理情况来评定愚蠢智慧。所以勇敢怯弱、愚蠢智慧的表现,就如同黑白一样分明。昏乱君主就不是这样,听到言论而不检验,所以言论虚妄的人得到任用;任用人而不考核,所以不成才的人不会困窘。所以英明的君主用法度来考察他的言论而寻求实效,把官职授给他来看他的政绩,专门依据法度来选择而不私自举荐任用。所以说:"先代君王治理国家,用法度选择人才,不私自举荐任用。"

　　凡所谓功者,安主上、利万民者也。夫破军杀将,战胜攻取,使主无危亡之忧,而百姓无死虏之患,此军士之所以为功者也。奉主法治境内①,使强不凌弱,众不暴寡,万民欢尽其力,而奉养其主,此吏之所以为功也。匡主之过,救主之失,明理义以导其主,主无邪僻之行、蔽欺之患,此臣之所以为功也。故明主之治也,明分职而课功劳,有功者赏,乱治者诛,诛赏之所加,各得其宜,而主不自与焉。故曰:"使法量功,不自度也。"

【注释】

①主法:王法。

【译文】

　　凡是所说的功劳,是让君主安定,有利于万民的。击破敌军杀死将领,战胜敌人攻取城邑,使得君主没有危险灭亡的忧虑,百姓没有死亡俘虏的患难,这是军士建功立业的方法。奉行君主的法律治理国境之内,使得强大不欺凌弱小,人多不凌辱人少,万众乐意竭尽自己的力量,来奉养自己的君主,这是官吏建功立业的方法。匡正君主的过失,挽救君主的失误,明确礼法道义来引导君主,让君主没有乖谬不正的行为,蒙蔽欺骗的祸患,这是大臣建功立业的方法。所以英明君主的治理,明确官吏各司其职而检查他们的功绩,有功劳的赏赐,扰乱治理的诛罚,诛罚赏赐的施加,各如其分,而君主自己不参与。所以说:"使用法度考核功绩,不用自己衡量。"

明主之治也，审是非，察事情①，以度量案之：合于法则行，不合于法则止；功充其言则赏，不充则诛。故言智能者，必有见功而后举之；言恶败者，必有见过而后废之。如此则士上通而莫之能妒②，不肖者困废而莫之能举。故曰："能不可蔽，而败不可饰也。"

【注释】

①事情：事物的真相，实情。

②上通：指晋升。

【译文】

英明君主的治理，是审察是非，考察实情，用法度来审核：跟法度相合的就执行，不合乎法度的就停止；功绩符合他所说的就赏赐，不符合的就诛罚。所以对所谓智能之士，必须见到功效然后举荐任用；对所谓有恶行败德的人，必须见到过失然后废黜他。这样士人晋升没有人能妒忌他，不成才的人困顿废滞而没有人能举用他。所以说："有才能者不会被埋没，而败德之人不可能伪装。"

轻重①

管子入复桓公曰②："终岁之租金四万二千金③，请以一朝素赏军士④。"桓公曰："诺。"期于泰舟之野，朝军士。桓公即坛而立⑤，管子执枹而揖军士曰："谁能陷阵破众者，赐之百金。"三问不对。有一人秉剑而前，问曰："几何人之众也？"管子曰："千人之众。"曰："千人之众，臣能陷之。"赐之百金。管子又曰："兵接弩张，谁能得卒长者⑥，赐之百金。"

问曰:"几何人卒之长也?"管子曰:"千人之长。""千人之长,臣能得之。"赐之百金。管子又曰:"谁能听旌旗之所指而得执将首者⑦,赐之千金。"言能得者累千人⑧,赐之人千金。其余言能外斩首者⑨,赐之人十金。一朝素赏四万二千金,廓然虚⑩。桓公惕然大息曰⑪:"吾曷以识此?"管子曰:"君勿患,且使外为名于其内,乡为功于其亲,家为德于其妻子⑫。若此则士必争名报德,无北之意矣⑬。吾举兵而攻,破其军,并其地,则非特四万二千金之利也。"公曰:"诺。"乃戒大将曰:"百人之长,必为之朝礼⑭。千人之长,必拜而送之,降两级。其有亲戚者⑮,必遗之酒四石、肉四鼎。其无亲戚者,必遗其妻子酒三石、肉三鼎。"行教半岁⑯,父教其子,兄教其弟,妻谏其夫,曰:"见礼若此,不死列阵,可以反于乡乎?"

【注释】

①轻重:关于调节商品、货币流通和控制物价的理论。此篇包含甲、乙、丙、丁……庚几部分,其中丙、庚已经亡佚。讲述了《管子》经济思想中的重要理论,主要讨论财政经济与管理工商业的问题,其核心就是利用物价的升降规律去管理财政、增加储备、提高国家富强程度。本书所选的,则是"素赏之计"及其成效。轻重论并非权谋和欺骗,其目的仍是强国富民。

②入复:等于说进来汇报。

③租:泛指赋税。金:货币单位,周、秦以黄金二十两为一镒,一镒为一金。

④素赏:事先预支的赏赐。

⑤即坛:登坛。坛,高台。古代祭祀天地、帝王、远祖或举行朝会、盟

　　誓及拜将的场所,多用土石等建成。

⑥卒长:古代军队百人为卒,其长官称卒长。

⑦执将:主将。

⑧千人:前人校订为十人。译文从十人。

⑨外:指冲出军阵之外。

⑩廓然:空旷的样子。

⑪惕然:忧虑的样子。

⑫“且使外为名于其内”几句:郭沫若说:“此‘内’与‘外’为对,‘乡’与‘亲’为对,‘家’与‘妻女’为对。‘内’可以包含乡、亲、家与妻子。……言一人在外建立功名,则乡党增光,父母荣显,妻子有德色也。”

⑬北:背叛,逃亡。

⑭朝礼:参拜,朝拜。

⑮亲戚:指父母。

⑯行教:推行教化。

【译文】

　　管子进入向齐桓公汇报说:“整年的赋税有四万二千金,请您在一个早晨预支赏赐给军士。”桓公说:“好。”于是约定在泰舟之野召集军队。桓公登上高台站立,管子手拿鼓槌向军士拱手行礼说:“谁能攻入敌人阵地击败敌众,赏赐一百金。”三次发问没有回答。有一个人手持剑上前,问道:“多少人的敌众呢?”管子说:“一千人的敌众。”这人说道:“一千人的敌众,我能攻陷。”赏赐他一百金。管子又说:“短兵已交接,弓弩已张开,谁能擒获敌人卒长,赏赐一百金。”问道:“多少兵卒的卒长?”管子说:“一千人的卒长。”“一千人的卒长,我能擒获。”赏赐他一百金。管子又说:“谁能听从旌旗指挥而能够拿到故军主将首级,赏赐一千金。”说能够的累计有十个人,赏赐给他们每人千金。剩下的说能冲出阵外斩首的,赏赐给他们每人十金。一个早晨就把四万二千金全部预支赏赐出去了。桓公忧虑地长叹说："我怎么来认识这种赏赐呢？"管子说："您别担心，就让将士们在外争光，他们的声名就会在国内传开，乡党增光，父母荣显，家里妻儿也将分享功德。像这样，将士就必定求取功名报答恩德，没有背叛的想法了。我们起兵进攻，击破敌军，吞并他们的土地，那就不仅仅是四万二千金的获利啊。"桓公说："好。"于是告诫主将说："一百人的长官来进见，必须以正式礼节对待他。一千人的长官来进见，送行时必须行拜礼，送下两级台阶。那些有父母的，必须给他们酒四石、肉四鼎。那些没有父母的，必须送给他妻子儿女酒三石、肉三鼎。"推行这种办法半年，父亲教导儿子，兄长教导弟弟，妻子劝告丈夫，说："受到这样的礼遇，不死在战阵上，还有面目回到乡里吗？"

桓公终举兵攻莱[1]，战于莒，鼓旗未相望[2]，而莱人大遁。故遂破其军，兼其地，而虏其将。故未列地而封[3]，未出金而赏，破莱军，并其地，禽其君[4]。此素赏之计也。

【注释】

[1]莱：古国名。在今山东龙口。

[2]相望：互相看见。

[3]列地：等于说列土，指分封土地。

[4]禽："擒"的古字，俘获，制伏。

【译文】

桓公最终起兵进攻莱国，在莒邑交战，战鼓还没敲响，旗帜还没有互相看见，而莱国的人就狼狈逃跑了。所以就攻破了莱国的军队，兼并了莱国的土地，俘虏了莱国的将领。所以没有割裂土地来分封，也没有拿出金钱来赏赐，就击破莱军，吞并了莱国的土地，擒获了莱国的君主。这就是预支赏赐的计谋啊。

晏子

晏婴

【题解】

《晏子》即《晏子春秋》,是记载春秋齐国国相晏婴言行的著作,用史料和民间传说汇编而成,又被称为中国最古老的传说故事集。书中记载了晏婴劝告君主勤政爱民、任用贤能和虚心纳谏的言论,所表现的"重民""民本"思想以及一系列经世致用的主张,代表了新兴地主阶级的根本利益,客观上反映了人民的一些要求和愿望,其思想主张在今天仍有一定的借鉴作用。书中有很多生动的情节,表现出晏婴的聪明和机敏,如"晏子使楚"等就在民间广泛流传。《晏子春秋》既有子书的特点,又有诸如《战国策》等史书的风貌,所载史实,可与《左传》《国语》《吕氏春秋》等书相互印证。

晏子(?—前500),名婴,字仲,谥平,人称"晏平仲"。春秋时齐国夷维(今山东莱州)人。继父亲晏桓子为齐卿,历齐灵公、庄公、景公三朝,辅政长达五十余年。以长于辞令、关心民事、诤谏直劝闻名诸侯。

《晏子》成书约在战国,从书中的章节内容、语句重复、记事时间跨度大等情况看,该书不可能出自一人之手,不是一时之作。后来经过刘向的整理,共八卷二百一十五章,每章记述一事。注释版本清末有苏舆的《晏子春秋集校》、张纯一的《晏子春秋校注》，近代有吴则虞《晏子春秋集释》，可供参考。

《群书治要》节录的部分，晏婴尽忠极谏，反对齐君穷奢极欲，主张省刑薄赋，以仁德为政，选贤任能，这些都值得李唐君臣借鉴。

谏上①

景公饮酒数日②，去冠被裳，自鼓盆瓮③，问于左右曰："仁人亦乐此乐乎④？"梁丘据对曰⑤："仁人之耳目犹人也，夫何为独不乐此乐也？"公令趋驾迎晏子，晏子朝服以至⑥。公曰："寡人甚乐，欲与夫子同此乐，请去礼。"对曰："群臣皆欲去礼以事君，婴恐君之不欲也。今齐国小童，自中以上，力皆过婴，又能胜君，然而不敢者，畏礼义也。君若无礼，无以使下；下若无礼，无以事上。夫人之所以贵于禽兽者，以有礼也。婴闻之：人君无礼，无以临其一邦⑦；大夫无礼，官吏不恭；父子无礼，其家必凶。《诗》曰：'人而无礼，胡不遄死⑧？'故礼不可去也。"公曰："寡人不敏无良⑨，左右淫蛊寡人⑩，以至于此，请杀之。"晏子曰："左右无罪。君若无礼，则好礼者去，无礼者至；君若好礼，则有礼者至，无礼者去矣。"公曰："善。"请易衣冠，粪洒改席⑪。召晏子。晏子入门，三让升阶⑫，用三献礼焉⑬，再拜而出。公下拜送之，彻酒去乐，曰："吾以章晏子之教也⑭。"

【注释】

①谏上：是晏子对齐景公的劝谏。本篇节录部分主要劝谏齐景公要

以礼为本,存仁爱之心,要善于自省,亲贤德,远小人,否则就会导致国乱。

②景公:齐景公,姜姓,吕氏,名杵臼。齐灵公之子,齐庄公之弟。在位五十八年,是齐国执政时间最长的一位国君。好筑宫室,厚赋重刑,奢侈无度。后常为晏婴谏阻,稍有收抑。

③鼓:敲。瓮:一种陶制的盛器,口小腹大。

④仁人:有德行的人。亦乐(lè)此乐(yuè):也喜爱这音乐。

⑤梁丘据:复姓梁丘,名据,字子犹,春秋时齐人。景公时为大夫,有宠。

⑥朝服:古代君臣朝会、举行隆重典礼时穿的礼服。

⑦临其一邦:诸侯治理一个邦国。临,驾临,指帝王上朝治理国政。

⑧"《诗》曰"几句:语出《诗经·鄘风·相鼠》:"相鼠有体,人而无礼。人而无礼,胡不遄死?"胡不遄(chuán)死,为什么不快点死。遄,迅速,很快。

⑨不敏:不明达,不敏捷。常用来表示自谦。

⑩淫蛊:惑乱。

⑪粪洒:洒扫。改席:改换座席,对客人表示尊敬的举动。

⑫三让:古代相见礼。主人三揖,宾客三让。升阶:自堂下拾级而上。

⑬三献:古代祭祀时行献酒礼三次,即初献爵、亚献爵、终献爵,合称"三献"。这里用"三献"礼以示隆重。

⑭章:彰明,显扬。

【译文】

齐景公接连喝了几天酒,摘掉帽子披着衣裳,自己敲击盆瓮,问左右侍从说:"仁德的人也喜好这样的音乐吗?"梁丘据回答说:"仁德的人的眼睛耳朵跟常人一样,为什么单单不喜好这样的音乐呢?"景公命令快点赶车去迎接晏子,晏子穿着朝服来到。齐景公说:"我很快乐,想要和先生同享这快乐,请免去礼仪。"晏子回答说:"群臣都要免去礼仪事奉君王,我担心您不想这样。如今齐国的小童,从中等以上,力量都超过我,又能胜过君王您,但是不敢去作乱,是畏惧礼法道义。君王如果没有礼,就无法支使臣下;臣下倘若没有礼,就无法事奉君上。人之所以比禽兽尊贵,是因为有礼。我听说:君王没有礼,就没办法治理他的国家;大夫没有礼,下面的官吏就不恭敬;父子之间没有礼,他们家一定有灾祸。《诗》言道:'人如果没有了礼,为什么不快点去死?'所以礼是不可以免掉的。"景公说:"我自己不聪敏、不善,侍从又蛊惑我,以至于到了这一步,请处死他们。"晏子说:"侍从没有罪。君王您要是没有礼,那么喜好礼的人就会离开,不讲礼的人就会来到;君王您要是喜好礼,那么讲礼的人就会来到,不讲礼的人就会离开了。"景公说:"好。"于是要求更换衣服帽子,洒扫庭院,改换座席。召见晏子。晏子进门,宾主三次揖让之后登上台阶,行三次献酒的礼仪,两次下拜出门。景公下拜送他,撤去酒席去掉音乐,说:"我用这些来彰显晏子的教导。"

景公之时,雨雪三日而不霁①。公被狐白之裘②,坐于堂侧阶。晏子入见,立有间③,公曰:"怪哉,雨雪三日而天不寒。"晏子对曰:"天不寒乎?"公笑。晏子曰:"婴闻古之贤君,饱而知人之饥,温而知人之寒,逸而知人之劳④。今君不知也。"公曰:"善! 寡人闻命矣⑤。"乃命出裘发粟⑥,以与饥寒。孔子闻之曰:"晏子能明其所欲,景公能行其所善。"

【注释】

①雨雪:下雪。霁:雨雪停止,天放晴。

②被:今作披。狐白:狐狸腋下的白毛皮,最为轻暖,因而是最高级的毛皮。裘:《说文》:"裘,皮衣也。"

③有间:有一段时间。

④逸：安适，安逸。

⑤闻命：接受命令或教导。

⑥发粟：指打开粮库发粮食。

【译文】

　　齐景公的时候，下了三天雪还没放晴。景公披着用狐腋的白毛皮做成的裘皮衣服，坐在殿堂侧面的台阶上。晏子进入谒见，站了一会儿，景公说："奇怪呀，下了三天雪天却不冷。"晏子回答说："天不冷吗？"景公笑了。晏子说："我听说古代的贤明君王，自己饱了却知道别人的饥饿，自己温暖了却知道别人的寒冷，自己安逸了却知道别人的劳累。如今君王您不知道啊。"景公说："好！我受教了。"于是命令拿出裘皮衣打开粮库发放粮食，给那些饥饿寒冷的人。孔子听到这些说："晏子能表明臣子的意愿，景公能实施君王的善政。"

　　淳于人纳女于景公①，生孺子荼②，景公爱之。诸臣谋欲废公子阳生而立荼③，公以告晏子。晏子："不可。夫以贱匹贵④，国之害也；置子立少⑤，乱之本也。夫阳生长而国人戴之，君其勿易！夫服位有等⑥，故贱不陵贵；立子有礼，故孽不乱宗⑦。废长立少，不可以教下；尊孽卑宗，不可以利所爱。长少无等，宗孽无别，是设贼树奸之本也⑧。君其图之⑨！古之明君，非不知繁乐也，以为乐淫则哀⑩；非不知立爱也，以为义失而忧。是故制乐以节⑪，立子以道⑫。若夫持谗谀以事君者⑬，不足以责信。今君用谗人之谋、乱夫之言，废长立少，臣恐后人之有因君之过以资其邪⑭，废少而立长以成其利者。君其图之！"公不听。景公没，田氏杀荼立阳生⑮，杀阳生立简公⑯，杀简公而取齐国。

【注释】

① 淳于：古国名。治今山东安丘东北。纳女：指献女于天子、诸侯等。《礼记·曲礼下》："纳女于天子，曰'备百姓'；于国君，曰'备酒浆'；于大夫，曰'备扫洒'。"

② 孺子荼：春秋时齐国国君。姜姓，名荼，史称"晏孺子"。齐景公少子。其母芮姬为景公所宠，景公逐群公子而立其为太子。即位后，以国夏、高张为相。后大夫陈（田）乞率兵入宫，杀逐高、国二氏，立公子阳生，即齐悼公。悼公将他迁于骀，不久又使人谋杀之。

③ 公子阳生：即齐悼公，姜姓，名阳生，齐景公之子。景公立孺子荼，他奔鲁。不久为田乞迎归，与田乞、鲍牧等大夫为盟，以田乞为相，田氏从此专齐政。后为政无道，被齐人所杀。

④ 匹：匹敌，对比。

⑤ 置子立少：废太子而立少子。置，废弃，舍弃。子，即太子。

⑥ 服位有等：礼服爵位有等级的差别。按生者与死者关系的亲疏，分为斩衰、齐衰、大功、小功、缌麻五等，统称五服。

⑦ 孽：庶子或旁支。宗：即宗子，嫡长子。

⑧ 设贼：造成祸患。树奸：导致奸邪。

⑨ 图：考虑，谋划。

⑩ 淫：过多，过甚。

⑪ 制乐以节：以礼法节制享乐。

⑫ 立子：指立儿子为太子或世子。

⑬ 谗谀：谗佞阿谀。

⑭ 资：供给，资助。

⑮ 田氏：齐国贵族。这里指田乞、田常。孙星衍云："陈乞，陈常也。'田''陈'声相近，经典通用。乞弑荼；常弑简公；阳生则鲍牧所弑，认为田氏者，乞使之。"

⑯ 简公：即齐简公，姜姓，名壬，齐悼公之子。悼公被杀后继位，后为

丞相田恒（常）所杀。从此，齐国实际已落入田氏手中。

【译文】

淳于人把美女献给齐景公，生下孺子荼，景公喜爱他。众位臣子谋划废掉公子阳生而立荼为继承人，景公把这些告诉了晏子。晏子说："不行。用卑贱匹敌尊贵，是国家的祸害；放弃太子立小儿子，是祸乱的根源。阳生年长而且国人爱戴他，国君您还是不要变了吧！服饰爵位有等级差别，所以卑贱不能超越尊贵；设立继承人有礼法规定，所以旁支庶子不能乱入大宗嫡子。废长子立幼子，就不可以教导臣下；尊崇庶子贬低宗子，就不可能对所爱的人有利。年长年幼没有等级，宗子庶子没有区别，这是造成祸患导致奸邪的根源。您还是考虑考虑吧！古代的明君，不是不知道各种各样的享乐，但是认为享乐过分就会导致悲哀；不是不知道树立宠爱的当继承人，但是认为道义丧失就会导致忧患。因此以礼法节制享乐，以道义来设立太子。至于靠着谗佞阿谀来侍奉国君的人，不值得信任他。如今君王您采用进谗言之人的谋划、作乱之人的言论，废长子立幼子，我担心后人中会有借助您的过失来助长自己的奸邪，再废掉幼子而册立长子以实现自己利益的人。您还是考虑考虑吧！"景公不听。景公去世后，田氏杀死孺子荼立阳生为君，又杀死阳生立简公为君，后来又杀死简公自己夺取了齐国。

景公燕赏于国内①，万钟者三②，千钟者五，命三出而职计策之③。公怒，令之免职计，命三出而士师策之④。公不悦。晏子见，公谓晏子曰："寡人闻君国者，爱人则能利之，恶人则能疏之。今寡人爱人不能利，恶人不能疏，失君道矣。"晏子曰："婴闻之，君正臣从谓之顺，君僻臣从谓之逆⑤。今君赏谗谀之臣，而令吏必从，则是使君失其道，臣失其守也⑥。先王之立爱以亲善也，其去恶以禁暴也⑦。昔者三代之兴也⑧,利于国者爱之,害于国者恶之。故明所爱而贤良众,明所恶而邪僻灭,是以天下平治⑨,百姓和集。及其衰也,行安简易⑩,身安逸乐,顺于己者爱之,逆于己者恶之,故明所爱而邪僻繁,明所恶而贤良灭,离散百姓,危覆社稷⑪。君上不度圣王之兴,而下不观惰君之衰⑫,逆政之行⑬,有司不敢争⑭,以覆社稷、危宗庙矣⑮。"公曰:"寡人不知也,请从士师之策。"

【注释】

①燕赏:设宴赏赐。燕,通"宴",宴饮,宴请。

②万钟者:享有万钟俸禄的人。钟,古容量单位。春秋时齐国公室的公量,合六斛四斗。

③职计:古官名。掌会计。策之:谓以策书进谏。

④士师:亦作士史,古代执掌禁令刑狱的官名。

⑤君僻:指国君邪僻不正。僻,邪僻,偏离正道。

⑥守:操守,节操。

⑦禁暴:制止暴乱。《周礼·地官·保商》:"以刑罚禁暴而去盗。"

⑧三代:指夏、商、周三个朝代。

⑨平治:等于说治平,政治清明,社会安定。

⑩简易:粗疏轻率。

⑪危覆:倾覆。社稷:古代帝王、诸侯所祭的土神和谷神,亦用为国家的代称。社,土神。稷,谷神。

⑫惰君:私欲炽盛、懈怠国事之昏君。惰,懒,懈怠。

⑬逆政:指无道乱政。

⑭争:同"诤",规劝,谏诤。

⑮宗庙:古代帝王、诸侯祭祀祖宗的地方。后亦代指国家。

【译文】

齐景公在国内设宴给予臣子赏赐,享有万钟俸禄的人三个,享有千钟俸禄的人五个,命令多次发出,但掌管会计的职计上书劝谏他。景公愤怒,下令罢免职计,命令多次发出,而掌管刑狱的士师却上书劝谏他。景公很不高兴。晏子谒见,景公对晏子说:"我听说驾驭国家的国君,喜爱某人就能让他得利,厌恶某人就能疏远他。如今我不能让喜爱的人得利,不能疏远厌恶的人,这是失去为君之道了。"晏子说:"我也听说,君王正直臣子服从叫做顺,君王邪僻臣子服从叫做逆。如今君王您奖赏谄佞阿谀的臣子,而命令官吏必须服从,这样就使君王失去为君之道,臣子失去自己的操守。先代君王确立所爱的是要激励行善,除去恶的是要禁止强暴。从前夏商周三代兴起时,有利于国家的君主喜爱他,有害于国家的君主厌恶他。所以喜爱的规则明确,而贤良众多;厌恶的标准明确,而邪僻之人消失,因此天下清明安定,百姓和睦团结。等到三代衰弱,行动安于粗疏轻率,身体安于安逸享乐,顺从自己的君主喜爱他,违背自己的君主厌恶他,所以喜爱的规则明确,而邪僻繁多;厌恶的标准明确,而贤良消失,百姓流离失所,江山社稷危险倾覆。君主对上不考虑圣明君主兴盛的原因,对下不审察昏庸君主衰亡的教训,您那无道乱政一旦实行,主管官员不敢谏诤,以至于倾覆江山社稷、威胁祖庙了。"景公说:"我不知道这些道理呀,请听从士师的建议去做吧。"

景公观于淄上[①],喟然而曰:"呜呼!使国可长保而传子孙,岂不乐哉?"晏子对曰:"婴闻之,明王不徒立[②],百姓不虚至。今君以政乱国,以行弃民久矣,而欲保之,不亦难乎!婴闻之,能长保国者,能终善者也[③]。诸侯并立,能终善者为长;列士并立[④],能终善者为师。昔先君桓公,方任贤而赞德之时,亡国恃以存,危国仰以安,是以民乐其政而世高其德,行远征暴,劳者不疾,驱海内使朝天子,诸侯不怨。当是时,盛君之行不能进焉⑤。及其卒而衰,怠于德而并于乐⑥,身溺于妇侍而谋因于竖刁⑦,是以民苦其政,而世非其行,故身死胡宫而不举⑧,虫出而不收⑨。当是时也,桀、纣之卒不能恶焉。《诗》曰:'靡不有初,鲜克有终⑩。'不能终善者,不遂其国⑪。今君临民若寇仇⑫,见善若避热,乱政而危贤,必逆于众,肆欲于民⑬,而虐诛其下⑭,恐及于身矣。婴之年老,不能待君使矣,行不能革,则持节以没世矣⑮。"

【注释】

①淄:淄水,今山东淄河,源出莱芜东北,流经淄博全境,向北汇合小清河入海。

②徒:徒然,白白地。

③终:自始至终。善:亲善,友好。

④列士:即元士,古称天子之上士,别于诸侯之士。一说,古时上士、中士和下士的统称。

⑤盛君:圣明的君主。进:超过。

⑥并:从,放纵。

⑦妇侍:宫中侍奉帝王的妇女。竖刁:亦作竖刀、竖貂,春秋齐人。自宫为宦者,得宠于齐桓公;管仲死,竖刁与易牙、开方等专权;桓公卒,五公子争为太子,竖刁又与易牙杀群大夫,立公子无诡,太子昭奔宋,齐遂内乱。

⑧胡宫:寝宫。举:指举丧。

⑨虫出而不收:齐桓公死后六十天不下葬,尸虫都已经繁殖成堆,爬出了房间外而无人收敛。

⑩靡不有初,鲜克有终:出自《诗经·大雅·荡》。事情无不有个好

　　的开端,很少有能善终的。多用以告诫人们为人做事要善始善
　　终。靡,无。鲜,少。克,能够。

⑪不遂其国:不能善终君王之位。

⑫寇仇:仇敌,敌人。后用来比喻极端仇视。

⑬肆欲:等于说极欲,任情。

⑭虐诛:残酷责罚。

⑮持节:保持节操。没世:死。

【译文】

　　齐景公在淄水上游赏,叹着气说:"哎呀! 假如国家可长久保有而能传给子孙,难道不快乐吗?"晏子回答说:"我听说,圣明的君王不是徒然成为君王的,百姓也不是平白无故地归附的。如今君王用政事搞乱国家,用所作所为抛弃民众已经很久了,却还想保有国家,不也困难吗! 我听说,能长久地保有国家的,是能够善终的人。诸侯并立于世,能够善终的成为首领;列士并立于朝,能够善终的成为老师。从前我们先代的国君桓公,起初他任用贤才称扬德行的时候,将要灭亡的国家依靠他得以存活,危难的国家仰望他得以安定,因此民众喜欢他的政令而世人推崇他的德行,长途行军征讨残暴,劳苦的人也不痛恨,驱使天下诸侯让他们朝见周天子,诸侯没有埋怨。这时,事业最兴盛的君王的德行也不能超过他了。等到最终国势衰颓,在德政上懈怠而放纵享乐,自身沉溺美色而谋议依靠竖习,因此民众痛恨他的政令,而世人非议他的行为,所以死在寝宫而无人举丧,虫子从身上爬出而没人收敛。这时,夏桀、商纣的死亡也不能更加悲惨了。《诗经》说道:'没有谁没有好的开始,但是很少有人能有好的终了。'不能善始的,不能善终君王之位。如今君王您治理民众如同仇敌,见到良善好像躲避酷热,搞乱国政,危害贤才,必定悖逆大众,在民众那里放纵欲望,而残酷责罚臣下,恐怕祸患会到你身上了。我年老了,不能再事奉君王您了,君王的行为要是不能更改,那么我也只能保持节操到死了。"

景公出游,北面望睹齐国①,曰:"呜呼!使古而无死,如何?"晏子曰:"昔上帝以人之没为善②,仁者息焉,不仁者伏焉。若使古而无死,丁公将有齐国③,桓、襄、文、武将皆相之④,吾君将戴笠衣褐、执铫耨、以蹲行畎亩之中⑤,孰暇患死!"公不悦。无几何,梁丘据乘六马而来⑥,公曰:"据与我和者夫!"晏子曰:"此所谓同也。所谓和者,君甘则臣酸,君淡则臣咸。今据也,君甘亦甘,所谓同也,安得为和!"公不悦。无几何,公西北望睹彗星⑦,召伯常骞使禳而去之⑧。晏子曰:"不可!此天教也,以诚不敬。今君若设文而受谏⑨,虽不去彗星,将自亡。今君嗜酒而并于乐,政不饰而宽于小人,近谗好优⑩,何暇在彗!弗又将见矣⑪。"公不悦。无几何,晏子卒,公出屏而立⑫,曰:"呜呼!昔者从夫子而游,夫子一日而三责我,今孰责寡人哉!"

【注释】

①北面:面向北。睹:看见,观看。齐国:指齐国国都临淄。

②上帝:古代指天上主宰一切的神。没:死。

③丁公:齐丁公,姜姓,名伋,因其祖始封于吕,又名"吕伋"。姜尚五世孙,约与周康王同时。卒谥丁公。另一版本,丁公后有"太公"二字。太公即吕尚,或作姜尚,西周齐国国君。

④桓:齐桓公。襄:齐襄公,名诸儿。文:齐文公,名赤。武:齐武公,名寿。相:辅佐。

⑤衣:穿着。褐:古代贫苦人穿的粗布衣。铫(yáo):大锄。耨(nòu):古代锄草的农具。畎(quǎn)亩:田地,田野。

⑥乘六马:驾驭六马而来,这是指驾车之马众多。古代等级制度规

定,天子才可以驾六匹马拉的车,诸侯可驾四马,如果景公驾六马,大夫驾四马,皆为僭越。现在梁丘据驾六马,更是违反制度。

⑦彗星:绕着太阳旋转的一种星体,通常后面拖着一条扫帚状的长尾巴,俗称扫帚星;古代认为彗星主除旧布新,其出现又为重大灾难的预兆。

⑧伯常骞:复姓伯常,名骞,春秋时人。盖齐国祝史。禳:即禳,古代祭祷鬼神来消除灾祸的迷信活动。

⑨设文:指借助天象自我警惕。设,假借。文,象,天象。

⑩优:优伶。古代表演乐舞、杂戏的艺人。

⑪茀(bèi):即孛星,也是彗星之类。《史记·天官书》:"星茀于河戍。"司马贞索隐:"茀,即孛星也。"古人认为,孛星预示的灾祸更甚于彗星。

⑫屏:此指宫内分隔内外的屏墙。立:即泣字。

【译文】

齐景公外出游历,面向北望见齐国国都临淄,说:"哎呀!假如自古以来没有死亡,会怎么样?"晏子说:"从前天帝把人的死亡看成好事,仁德的人可以安息,不仁的人也会消失。倘若自古以来没有死亡,丁公(包括太公)将永远拥有齐国,齐桓公、齐襄公、齐文公、齐武公都将要辅佐他们,我的君王您将会戴着斗笠穿着粗布衣、拿着锄头、蹲着在田地干活,哪里有空闲担忧死亡呢!"景公不高兴。没多久,梁丘据驾着六匹马前来,景公说:"梁丘据是跟我相和的人啊!"晏子说:"这是人们所说的同。所谓和,国君甘甜那么臣子应味酸,国君味淡那么臣子应味咸。如今梁丘据这个人,国君甘甜他也甘甜,这是人们所说的同,哪里能叫做和!"景公不高兴。没多久,景公望见西北天空有彗星,召见伯常骞让他祈祷驱除彗星。晏子说:"不行!这是上天的教诲,用来告诫人们怠慢不敬的行为。现今君王您如果借助天象来自我警惕,接纳谏言,即使不驱除彗星,彗星也会自己消失。如今君王您嗜好饮酒放纵享乐,国政不修而宽待小人,亲近进谗的人,喜好优伶,哪里有空闲管什么彗星呢!连孛星也将出现了。"景公不高兴。没多久,晏子去世,景公走出屏墙哭泣,说:"哎呀!从前跟着先生游历,先生一天三次责备我,如今有谁来责备我呀!"

景公射鸟,野人骇之^①,公令吏诛之。晏子曰:"野人不知也。臣闻之,赏无功谓之乱,罪不知谓之虐^②。两者,先王之禁也。以飞鸟犯先王之禁,不可!今君不明先王之制,而无仁义之心,是以从欲而轻诛也^③。夫鸟兽,固人之养也,野人骇之,不亦宜乎!"公曰:"善!自今以来,弛鸟兽之禁^④,无以拘民^⑤。"

【注释】

①野人:上古指居城邑郊野的人,与国人相对,后泛指村野之人,农夫。

②虐:暴虐。

③从欲:纵欲。从,同"纵"。

④弛:放宽。

⑤拘:通行本为"苛"。

【译文】

景公射鸟,一位农夫把鸟惊飞了,景公命令官吏诛杀他。晏子说:"农夫不知道您在射鸟。我听说,奖赏没有功劳的人叫做昏乱,加罪给不知道的人叫做暴虐。这两样,都是先代君王的禁令。因为一只飞鸟就违犯先代君王的禁令,这样做不行!如今国君您不明白先代君王的制度,而没有仁义之心,因此放纵欲望而轻易杀人。鸟兽,本来就是人养的,农夫惊飞它,不也是应该的吗!"景公说:"好!从今往后,放宽有关鸟兽的禁令,不要因此拘束民众。"

谏下①

　　景公筑路寝之台②,三年未息;而又为长庲之役③,二年未息;又为邹之长途④。晏子谏曰:"百姓之力勤矣,君不息乎?"公曰:"途将成矣,请成而息之。"对曰:"君屈民财者⑤,不得其利;穷民力者,不得其乐。昔者楚灵王作为顿宫⑥,三年未息也;又为章华之台⑦,五年未息也;而又为乾溪之役八年⑧,百姓之力不足而自息也。灵王死乾溪,而民不与归⑨。今君不道明君之义,而修灵王之迹,婴惧君之有暴民之行⑩,而不睹长庲之乐也,不若息之。"公曰:"善!非夫子,寡人不知得罪于百姓深也。"于是令勿收斩板而去之⑪。

【注释】

①谏下:承接上篇,晏子继续对齐景公进行劝谏,要以民为本,减少劳役,并阐述了什么是忠臣、孝子。

②路寝:古代天子、诸侯的正寝、正厅。

③长庲(lái):长大的房舍。庲,屋舍。

④邹:春秋邾国。曹姓,子爵,武王时始受封。战国时鲁穆公改为邹,在今山东邹县一带。

⑤屈:竭尽,用尽。

⑥楚灵王:芈姓,名熊围,共王子,康王弟;康王死,其子郏敖即位,任他为令尹;前541年,他杀侄子郏敖自立为王,即位后改名熊虔。穷奢极欲,贪淫好色,是春秋时昏君,后被迫自杀。顿宫:今本《晏子春秋》作顷宫。顷宫,高大巍峨的宫殿。顷,即倾,形容其十分高大,望之欲倾坠。张纯一案:"顿"应为讹字。

⑦章华之台:楚灵王所筑,在今湖北潜江西南龙湾。

⑧乾溪之役：指修建楚离宫，在今安徽亳州东南乾溪侧。乾溪，春秋
　　楚邑。

⑨与（yù）：参与，赞同。

⑩暴民：欺压人民。

⑪斩板：指斩断捆筑土板的绳索，撤除夹板，表示停止工程。

【译文】

　　齐景公修筑正寝宫的高台，三年没有停止；又修建长大屋舍的工程，两年没有停息；又建造通往邹邑的长途道路。晏子劝谏说："百姓太辛劳了，君王您还不停息吗？"景公说："道路将要修成了，还是修成之后再让百姓停息吧。"回答说："君王您竭尽民众的财物，最终也得不到利益；穷尽民众的力量，最终也得不到快乐。从前楚灵王修建高大巍峨的宫殿，三年没有停止；又建造章华台，五年没有停息；又在乾溪进行八年修建离宫的工程，百姓力量不足而自己停止了。楚灵王最终死在乾溪，而百姓不允许他的尸体回国。如今君王您不遵循英明君王的道义，却效法楚灵王的事迹，我担心您会有欺压民众的行为，而看不到长大屋舍建成的快乐，不如停止吧。"景公说："好！要不是先生，我不知道得罪百姓这样深啊。"于是下令百姓不必收拾撤除的捆筑土板就回家了。

　　景公成路寝之台，逢於何遭晏子于涂①，再拜于马前曰："於何之母死，兆在路寝之台牖下②，愿请合骨③。"晏子曰："嘻！难矣！虽然，婴将为子复之。"遂入见公曰："有逢於何者，母死，兆在路寝当牖下，愿请合骨。"公作色不悦曰："自古及今，子亦尝闻请葬人主宫者乎？"晏子对曰："古之君治其宫室节，不侵生人之居④；其台榭俭，不残死人之墓，未尝闻请葬人主宫者也。今君侈为宫室，夺人之居；广为台榭，残人之墓⑤，是生者愁忧，不得欢处，死者离析，

不得合骨。丰乐侈游，兼傲死生，非仁人之行也。遂欲满求⑥，不顾细民，非存之道也。且婴闻之，生者不安，命之曰蓄忧；死者不葬，命之曰蓄哀。蓄忧者怨，蓄哀者危，君不如许之。"公曰："诺。"晏子出，梁丘据曰："自古及今，未尝闻求葬公宫者也，若何许之？"公曰："削人之居，残人之墓，凌人之丧，而禁其葬，是于生者无施，于死者无礼也。且《诗》曰：'谷则异室，死则同穴⑦。'吾敢不许乎？"逢于何遂葬路寝台之牖下，解衰去绖⑧，布衣玄冠⑨，踊而不哭⑩，躄而不拜⑪，已乃涕洟而去之⑫。

【注释】

①逢於何：齐人，路寝台之当地百姓。涂：道路。

②兆：指墓地的界域。《左传·哀公二年》："素车朴马，无入于兆，下卿之罚也。"杜预注："兆，葬域。"牖下：窗下。牖，《集释》以为"墉"之形讹。墉，墙。

③合骨：指跟他父亲合葬。

④生人：活人。

⑤残：祸害，毁坏。

⑥遂欲：满足欲望。

⑦谷则异室，死则同穴：语出《诗经·王风·大车》。谷，指活着的时候。异室，不同居室。同穴，夫妻合葬，亦用以形容夫妇相爱之坚。

⑧衰（cuī）：古代丧服，用粗麻布制成，披在胸前。绖（dié）：古代丧服所用的麻带。扎在头上的称首绖，缠在腰间的称腰绖。

⑨玄冠：古代朝服冠名，黑色。

⑩踊：往上跳。此处指顿足。

⑪躄（bì）：用法同"擗"，捶胸。

⑫涕洟（tì）：涕泪俱下，哭泣。

【译文】

　　齐景公建成路寝台，逢於何在路上遇见晏子，在马前两次下拜说："我的母亲去世，墓地界域在正寝台的墙基下，希望请求君王允许母亲跟父亲合葬。"晏子说："嘿！这个问题有点困难啊！即便如此，我还是要替你禀告君王。"于是进去见景公说："有一个叫逢於何的，母亲去世，坟墓界域在正寝台的墙基下，希望请求跟他父亲合葬。"景公变了脸色不高兴地说："从古到今，你也曾听说过请求安葬到君主宫室的吗？"晏子回答说："古代的君主修建他的宫室很节制，不会侵犯活人的居处；他的楼台建筑俭朴，不会毁害死人的坟墓，不曾听说请求葬到君主宫室的。如今您肆意建造宫殿，侵夺人家的居室；大规模建造楼台，毁害人家的坟墓，这是让活人忧愁，不能安居；让死人离散，不能合葬。您现在尽情地享乐，放纵地游览，对死人和活人都很傲慢，这不是仁德国君的行为。满足私欲，不管平民，这不是生存之道。况且我听说，活人不能安宁，叫做积聚忧愁；死人不能安葬，叫做积聚哀伤。积聚忧愁的怨恨您，积聚哀伤的会带来危险，您不如答应他。"景公说："好吧。"晏子出去后，梁丘据说："从古到今，不曾听说请求葬到君主宫殿的，您为什么答应他？"景公说："剥夺人家的居室，毁害人家的坟墓，侵犯人家的丧礼，又禁止人家的安葬，这是对活人没有恩惠，对死人不讲礼法。况且《诗经》说道：'活着不能同住一屋，死了也要同葬一座墓穴。'我怎敢不答应呢？"于是逢於何就在正寝台墙基下安葬了母亲，解开粗麻丧服除去丧服麻带，穿布衣戴上黑色朝冠，顿足而不哭，捶胸而不下拜，埋葬完后，就涕泪俱下地离开了。

　　梁丘据死，景公召晏子而告之曰："据忠且爱我，我欲丰厚其葬，高大其垄①。"晏子曰："敢问据之所以忠爱君者，可得闻乎？"公曰："吾有喜于玩好②，有司未能我供也，则据以其财供我,吾是以知其忠也。每有风雨,暮夜求之必存③,吾是以知其爱也。"晏子曰:"婴对则为罪,不对则无以事君,敢不对乎!婴闻之,臣专其君④,谓之不忠;子专其父,谓之不孝;妻专其夫,谓之嫉妒。为臣道,君亲于父兄,有礼于群臣,有惠于百姓,有义于诸侯,谓之忠也。为子道,父以钟爱其兄弟,施行于诸父⑤,以慈惠于众子,诚信于朋友,谓之孝也。为妻道,使众妾皆得欢欣于夫,谓之不妒也。今四封之民⑥,皆君之臣也,而唯据尽力以爱君,何爱者之少耶?四封之货,皆君之有也,而唯据也以其私财忠于君,何忠者之寡也?据之防塞群臣,壅蔽君⑦,无乃甚乎?"公曰:"善哉!微子⑧,寡人不知据之至于是也。"遂罢为垄之役,废厚葬之令,令有司据法而责,群臣陈过而谏。故官无废法,臣无隐忠,而百姓大悦。

【注释】

①垄:坟冢。《说文》:"丘垄也。"段玉裁注:"高者曰丘垄。……从土龙声。"

②玩好:供玩赏的奇珍异宝。

③存:慰问。

④专:单独占有。

⑤诸父:此处指伯父和叔父。

⑥四封:四境之内,四方。

⑦壅蔽:蒙蔽,遮盖。

⑧微子:假如没有你。

【译文】

梁丘据死了,齐景公召见晏子告诉他说:"梁丘据忠爱我,我想要让他的葬礼盛大隆重,让他的坟墓高大。"晏子说:"我冒昧地问问梁丘据忠爱您的方式,能告诉我吗?"景公说:"我有些喜欢玩赏的奇珍异宝,主管官员没能供给我,可是梁丘据用自己的财物献给我,我因此知道他忠于我。每逢风雨天,就是晚上深夜找他来,他也一定来问候,我因此知道他尊爱我。"晏子说:"我如果回答您就会获罪,不回答就没法事奉国君了,我怎敢不回答呢! 我听说,臣子独占国君的宠爱,叫做不忠;儿子独占父亲的偏爱,叫做不孝;妻子独占丈夫的偏爱,叫做嫉妒。事奉国君的准则,是引导国君跟父兄相亲,对群臣有礼节,对百姓有恩惠,对诸侯有信义,这叫做忠。做儿子的准则,是引导父亲钟爱自己的兄弟,施行到伯父、叔父身上,来慈爱每个孩子,对朋友诚信,这叫做孝。做妻子的准则,是让各个妾都能从丈夫那里得到欢欣,这叫做不嫉妒。如今四方的民众,都是国君您的臣子,但是只有梁丘据竭尽全力尊爱您,为什么爱戴您的人这么少呢? 四方的财物,都是国君您所有的,但是只有梁丘据拿自己的私人财物效忠给您,为什么效忠的人这么少呢? 梁丘据阻塞群臣,蒙蔽国君,恐怕太严重了吧?"景公说:"好啊! 如果没有您,我都不知道梁丘据到了这个程度。"于是停止了建造坟墓的劳役,废除了厚葬的命令,命令主管官员根据法令去责罚,群臣陈述过失来劝谏。所以官府没有作废的法令,臣子没有隐藏的忠心,而百姓都很高兴。

问上①

景公问晏子曰:"君子常行曷若?"对曰:"衣冠不中②,不敢以入朝;所言不义,不敢以要君③;身行不顺④,治事不公,不敢以莅众⑤。衣冠中,故朝无奇僻之服⑥;所言义,故下无伪上之报⑦;身行顺,治事公,故国无阿党之义⑧。三者,君子常行也。"

【注释】

①问上：本篇节录了有关君子的日常行为、为臣之道、教化民众、治国之患以及如何威服天下、求贤任人、富民安众等问题。指出君主治国应"以仁爱为根本，以道义为准绳"。

②衣冠：衣和冠，古代士以上戴冠，因用以指士以上的服装。不中：指不符合礼法规定。

③要君：胁迫君主。语出《论语·宪问》："子曰：'臧武仲以防求为后于鲁，虽曰不要君，吾不信也。'"朱熹《论语集注》："防，地名。武仲所封邑也。要，有挟而求也。武仲得罪奔邾，自邾如防，使请立后而避邑。以示若不得请，则将据邑以叛，是要君也。"要，通"约"，胁迫。

④身行：自身的行为。不顺：不顺从正道。

⑤莅：执掌，管理。

⑥奇僻：奇特，异常。

⑦伪上：对君上虚假、不真实。

⑧阿（ē）党：逢迎上意，徇私枉法；比附于下，结党营私。

【译文】

齐景公问晏子说："君子日常的行为是怎样的？"回答说："衣帽不合乎礼法，不敢就这样进入朝廷；说的话不合乎道义，不敢拿来强求国君；自身的行为不顺从正道，办事不公正，不敢以此管理民众。衣帽符合礼法，所以朝廷没有奇装异服；所说的话合乎道义，所以臣下没有对君上虚假的报告；自身行为适当，办事公正，所以国家没有阿谀逢迎结党营私的现象。这三点，是君子的日常行为。"

　　景公问晏子曰："请问臣道①？"对曰："见善必通，不私其利，荐善而不有其名。称身居位②，不为苟进③。称事受禄④，不为苟得。君用其言，人得其利，不伐其功⑤，此臣道也。"

【注释】

①臣道：为臣之道和本分。

②称身：指衡量自己的才德。

③苟进：苟且进取，以求禄位。

④称事：衡量事功。

⑤伐：自我夸耀。

【译文】

齐景公问晏子说："请问为臣之道？"回答说："见到善事一定推广宣扬，不私下从中得利，举荐善事而不占有举荐的名声。衡量自己的才德接受合适的职位，不苟且求得禄位。衡量事功接受相应的俸禄，不苟且寻求报酬。国君采用他的言论，民众从中得到利益，而他不自我夸耀功劳，这就是为臣之道。"

景公问晏子曰："明王之教民何若？"对曰："明其教令，而先之以行；养民不苛，而防之以刑；所求于下者，不务于上①；所禁于民者，不行于身，故下从其教也。称事以任民，中听以禁邪②，不穷之以劳，不害之以罚，上以爱民为法，下以相亲为义，是以天下不相违也，此明王之教民也。"

【注释】

①不务：王引之云："'不务于上'，义不可通，'不务'当作'必务'，此涉上下文诸'不'字而误也。《群书治要》亦作'不务'，则唐初本已然。"译文仍从"不务"。

②中听：指治狱得当。出自《尚书·吕刑》："民之乱，罔不中听狱之两辞。"

【译文】

齐景公问晏子说："圣明的君王怎样教化民众？"回答说："明确教化法令，而先用行动做表率；教养民众不苛刻，而用刑罚进行防范；对下民有要求的，上面首先不做；对民众禁止的事，自身不要去做，所以民众会服从那些教化。衡量事情轻重来役使民众，公正断案来禁止邪恶，不用劳役让民众陷入困境，不用刑罚来危害民众，上面把爱护民众当成原则，民众把相亲相爱当成道义，因此天下人不会互相违背，这就是圣明君王教化民众的办法啊。"

　　景公问晏子曰："忠臣之事君何若？"对曰："有难不死①，出亡不送②。"公不悦，曰："君裂地而富之，疏爵而贵之③，有难不死，出亡不送，其说何也？"对曰："言而见用，终身无难，臣何死焉？谋而见从，终身不出④，臣何送焉？若言不用，有难而死，是妄死也⑤；谋而不从，出亡而送，是诈伪也。忠臣也者，能纳善于君，而不与君陷于难者也。"

【注释】

①不死：不为他白白送死。

②出亡：出奔逃亡。《墨子·非命上》："君有难则不死，出亡则不送。此上之所罚，百姓之所非毁也。"

③疏爵：分封爵位。

④出：出奔，逃亡。

⑤妄死：指无意义地白白送死。

【译文】

齐景公问晏子说："忠臣怎么样事奉国君？"回答说："君主有危难不去为他送死，国君出逃不去为他送行。"景公不高兴，说："国君分割土地让他富裕,拿出爵位让他尊贵,国君有危难不去送死,国君出逃不去送行,这种说法有什么道理?"回答说:"劝谏的言辞能被采纳,国君一辈子都没有危难,臣子又为他死什么呢? 计谋能被听从,国君一辈子也不会出逃,臣子又送什么呢? 倘若劝谏的言辞没被采用,国君有了危难就去为他死,这是没有意义地白白送死;计谋不被听从,国君出逃就去相送,这是巧诈虚伪。 所说的忠臣,是能够让国君接纳进献的良言,而不是跟国君一同陷入危难的人。"

　　景公问晏子曰:"忠臣之行何如?"对曰:"选贤进能,不私乎内①;称身就位,计能受禄;睹贤不居其上,受禄不过其量;不权君以为行②,不称位以为忠;不掩贤以隐长,不刻下以谀上③;顺即进,否即退,不与君行邪。"

【注释】

①私:偏私。

②权:称量,衡量。

③刻:刻薄,苛刻。

【译文】

　　齐景公问晏子说:"忠臣的行为是怎样的?"回答说:"选拔贤才进用有能力的人,不对内有偏私;衡量自身才德来接受职位,估算自己的能力来接受俸禄;看见贤才不居于他之上,接受俸禄不超过应得的数量;不估量国君来考虑行为,不称量职位来表现忠诚;不遮盖贤才而隐没他的优点,不苛刻下属来阿谀逢迎上级;顺畅就进仕为官,否则就退职,不跟国君一起做邪僻的事。"

　　景公问晏子曰:"临国莅民①,所患何也?"对曰:"所患者三：忠臣不信，一患也；信臣不忠^②，二患也；君臣异心，三患也。是以明君居上，无忠而不信^③，无信而不忠者，是故君臣无狱^④，而百姓无怨也。"

【注释】

①临国：指治理国事。莅民：指管理百姓。莅，治理，管理。

②信臣：被信任之臣。

③忠：忠臣。不信：不被信任。

④无狱：今本《晏子春秋》作"同欲"。按：《国语·周语·襄王拒杀卫成公》："夫君臣无狱。"意为君臣之间没有狱讼纠纷。译文仍按《群书治要》原文处理。

【译文】

齐景公问晏子说："治理国事管理百姓，所担忧的是什么？"回答说："所担忧的有三条：忠诚的臣子不被信任，是第一条忧患；被信任的臣子不忠诚，是第二条忧患；君臣不一条心，是第三条忧患。因此英明的国君居于上位，没有忠臣不被信任，没有信臣不忠诚，所以君臣之间没有纠纷，而百姓没有怨恨。"

庄公问晏子曰^①："威当世而服天下，时耶？"对曰："行也。"公曰："何行？"对曰："能爱邦内之民者，能服境外之不善；重士民之死力者^②，能禁暴国之邪；中听任圣者^③，能威诸侯；安仁义而乐利世者^④，能服天下。不能爱邦内之民者，不能服境外之不善；轻士民之死力者，不能禁暴国之邪；逆谏傲贤者^⑤，不能威诸侯；背仁义而贪名实者^⑥，不能威当世、而服天下者，此其道也。"公不用，任勇力之士，而轻臣仆之死，用兵无休，国疲民害。期年，百姓大乱，而身及崔氏祸^⑦。

【注释】

①庄公：齐庄公。姜姓，名光，齐国临淄（今山东淄博临淄区）人。齐灵公之子。公子光初为太子，齐灵公却改立宠姬所生的公子牙而派他出守即墨。后来齐灵公病重，大夫崔杼、庆封等从即墨将他迎回，杀死公子牙母子，太子光即位，是为齐庄公。前548年，齐庄公因与崔杼之妻私通，而遭崔杼等人杀害。齐庄公死后，崔杼拥立齐庄公的异母弟杵臼即位，是为齐景公。

②死力：拼死之力。指能不顾性命地为君主尽忠竭力。

③中听：听中正之言。

④利世：为世人谋利。

⑤逆谏：拒谏，不听从谏阻。

⑥名实：等于说名利。

⑦崔氏：指崔杼，姜姓，崔氏，名杼，齐惠公时为大夫。后为执政，骄横异常。先后立庄公、景公，在朝大肆杀戮，使齐国政局动荡，后被迫自杀。

【译文】

齐庄公问晏子说："威慑当代而让天下人服从，是靠时运吗？"回答说："是靠品行。"庄公说："什么品行？"回答说："能仁爱国内百姓的人，就能降服境外的恶人；敬重士民拼死效力的人，就能禁止残暴国家的邪恶；倾听中正之言任用圣贤的人，就能威慑诸侯；安于仁义而乐于为世人谋利的人，能降服天下。不能仁爱国内百姓的人，就不能降服境外的恶人；轻视士民拼死效力的人，就不能禁止残暴国家的邪恶；背逆劝谏之言傲视贤才的人，不能威慑诸侯；背弃仁义而贪图名利的人，不能威慑当代而降服天下，就是这个道理。"庄公不听晏子的话，任用勇猛的力士，而轻视臣仆的死亡，用兵没有休止，国家疲弱百姓受害。一年后，百姓大乱，庄公自身也遭到了崔杼的杀害之祸。

　　景公问晏子曰："圣人之不得意也何如？"晏子对曰："上作事反天时，从政逆鬼神，藉敛殚百姓^①；四时易序，神祇并怨^②；道忠者不听，荐善者不行；谀过者有赏，救失者有罪。故圣人伏匿隐处，不干长上^③，静身守道，不与世陷于邪，是以卑而不失义，蔽而不失廉^④。此圣人之不得意也。"公曰："圣人之得意何如？"晏子对曰："世治政平，举事调乎天，藉敛和乎民；百姓乐其政，远者怀其德；四时不失序，风雨不降虐；天明象而致赞^⑤，地育长而具物^⑥；神降福而不靡，民服教而不伪；治无怨业^⑦，居无废民^⑧。此圣人之得意也。"

【注释】

①藉敛：征收赋税。藉，通"籍"。殚：尽，竭尽。

②神祇（qí）：天神与地神。

③干：追求，求取。长上：官长，上司。

④蔽而不失廉：处在隐蔽难知的情况下仍然不失去廉洁。蔽，今本《晏子春秋》作"瘁"。瘁（cuì），劳苦，困病。译文仍按《群书治要》原文处理。

⑤象：征兆，迹象。致赞：表达佐助。

⑥育长：等于说养育，使之长大。具物：万物。

⑦治：政治清明，社会安定。

⑧居无废民：居民中没有游手好闲的百姓。

【译文】

　　齐景公问晏子说："圣人不得意是什么样的呢？"晏子回答说："君上做事违反天时，处理政事悖逆鬼神，征收赋税竭尽百姓，四季时序颠倒，天地神灵一起埋怨；进献的忠言不被听取，进荐的良策不施行；奉承过失的有奖赏，挽救失误的有罪责。所以圣人潜藏隐居，不去求取官长，静身修行，坚守道德，不跟世俗一样陷入邪恶，因此地位卑下但不失去道义，处在隐蔽难知的情况下而不失去廉洁。这就是圣人不得意时的表现。"景公说："圣人得意是什么样的呢？"晏子回答说："社会安定，政治清明，办事合乎天意，征收赋税符合百姓实际；百姓满意他的政事，远方的人怀念他的德政；四季时序不错乱，风调雨顺不降灾；上天显示吉兆以相助，大地养育万物使之生长壮大；神灵降福而不间断，民众服从教化而不诈伪；政治清明没有烦乱的政事，百姓安居没有无业游民。这就是圣人得意之时的表现。"

　　景公问求贤，晏子对曰："通则视其所举①，穷则视其所不为，富则视其所分，贫则视其所不取。夫上，难进而易退也②；其次，易进而易退也；其下，易进而难退也。以此数物者取人，其可乎？"

【注释】

①通：通达，亨通。举：举荐，任用。

②难进：指不肯轻易进取求官。易退：轻易隐退。

【译文】

　　齐景公问如何求得贤才，晏子回答说："通达的时候就看他举荐的人，处境困窘时就看他不做什么，富裕时就看他分给人的财物，贫穷时就看他不去求取的是什么东西。上等的贤才，不肯轻易求官而轻易辞官隐退；次一等的，轻易进取求官也轻易退职；最下等的，轻易进取求官而不愿退职。凭这几件事选取人才，这算是足够了吧？"

　　景公问晏子曰："古之莅国治民者①，其任人何如？"对曰："地不同宜，而任之以一种②，责其俱生不可得也。人不同能,而任之以一事,不可責遍成焉③。責焉无已,知者有不能洽矣④;求焉无饜⑤,天地有不能赡矣。故明王之任人,谄谀不迩乎左右⑥,阿党不治乎本朝。任人之长,不强其短;任人之工,不强其拙。此任人之大略也。"

【注释】

①莅国:等于说治国。

②任:委任,承担。

③责:求取,要求。遍成:普遍成功。

④洽:合,符合。洽,通行本作"给"。给,供给、供养。镰仓本作"给",旁批改为"洽"。译文仍按《群书治要》原文处理。

⑤饜:满足。

⑥谄谀:谄媚奉承。迩:近。

【译文】

齐景公问晏子说:"古代治国管理民众的君王,他是怎样任用人才的?"回答说:"土地有不同的性能,而种植同一种作物,要求它们全都生长是不可能的。人们具有不同的能力,而委任他们做同一件事,不能要求普遍成功。要求没有止境,就是聪明人也有不能符合要求的了;求取没有满足,就是天地也有不能无限满足的时候。所以英明的君王任用人才,阿谀奉承的不让他在左右靠近,结党营私的不让他治理朝政。任用人的长处,不计较他的短处;任用人的工巧,不计较他的笨拙之处。这是任用人才的要略。"

景公问晏子曰:"富民安众难乎?"对曰:"易。节欲则民富,中听则民安①。行此两者而已矣。"

【注释】

①中听：指治狱得当。

【译文】

齐景公问晏子说："让民众富裕安定困难吗？"回答说："容易。君主节制欲望那么民众就富裕，审理案件公正那么民众就安定。施行这两样就可以了。"

景公问晏子曰："古者离散其民而陨失其国者，其常行何如？"对曰："国贫而好大，智薄而好专；尚谗谀而贱贤人，乐简慢而轻百姓①；国无常法②，民无经纪③；好辨以为智，刻民以为忠；流湎而忘国④，好兵而忘民；肃于罪诛⑤，而慢于庆赏⑥；乐人之哀，利人之害；德不足以怀人，政不足以匡民⑦；赏不足以劝善，刑不足以防非。此亡国之行也。今民闻公令如寇仇⑧，此古之离其民、陨其国常行也⑨。"

【注释】

①简慢：怠慢失礼。

②常法：固定的法律、制度。

③经纪：纲常，法度。

④流湎：放纵无度。

⑤肃：严峻，十万火急。罪诛：治罪，以罪处死。

⑥慢：轻忽，怠慢。庆赏：庆功赏赐。

⑦匡：帮助，救助。

⑧寇仇：仇敌，敌人。

⑨离：离散。陨：失去，丧失。

【译文】

　　齐景公问晏子说："古代离散民众，而丧失国家的君王，他平常的行为是怎样的？"回答说："国家贫穷而好大喜功，智慧浅薄而独断专行；推重谗佞阿谀的人而轻贱贤人，喜好怠慢而轻视百姓；国家没有固定的法律，民众没有纲常法纪；把喜好争辩当成智慧，把苛待民众当成忠诚；放纵无度忘记了国家，喜好用兵忘记了民众；严峻地治罪处死，而急于庆功赏赐；把人家的哀痛当成快乐，从人家的祸害中获得利益；德行不足够让人家感怀，政事不足够救助百姓；赏赐不足够激励行善，刑罚不足够防止为非作歹。这是亡国的行为。如今民众听到您的政令如同遇到仇敌，这就是古代离散民众、丧失国家的常见行为啊。"

　　景公问晏子曰："谋必得，事必成，有术乎①？"对曰："有。"公曰："其术何如？"晏子曰："谋度于义者必得②，事因于民者必成。反义而谋，背民而动，未闻存者也。昔三代之兴也，谋必度于义，事必因于民。及其衰也，谋者反义，兴事伤民。故度义因民，谋事之术也。"

【注释】

　　①术：方法，手段。

　　②谋度于义：考虑、谋划符合道义。

【译文】

　　齐景公问晏子说："谋划一定能实现，做事一定能成功，有方法吗？"回答说："有。"景公说："这方法是怎样的？"晏子说："谋划与道义相合的一定能实现，做事顺应民心的一定成功。违反道义而谋划，背弃民意而行动，没听说能长存的。从前夏商周三代兴盛时，谋划一定符合道义，做事一定顺应民心。等到他们衰败时，谋划的违反道义，做的事伤害民众。

所以符合道义、顺应民心，是谋划事务的方法。"

　　景公问晏子曰："治国之患，亦有常乎^①?"对曰："谗夫佞人之在君侧者^②，好恶良臣，而行与小人^③，此治国之常患也。"公曰："谗佞之人，则亦诚不善矣；虽然，则奚曾为国常患乎?"晏子曰："君以为耳目而好谋事，则是君之耳目缪也。夫上乱君之耳目，而下使群臣皆失其职，岂不诚足患哉!"公曰："如是乎! 寡人将去之。"晏子曰："公不能去也。"公不悦，曰："夫子何少寡人之甚也!"对曰："臣非敢矫也^④! 夫能自用于君者^⑤，材能皆非常也。夫藏大不诚于中者，必谨小诚于外^⑥，以成其大不诚。入则求君之嗜欲能顺之，君怨良臣，则具其往失而益之^⑦，出则行威以取富。夫可密近^⑧，不为大利变，而务与君至义者，此难得而其难知也。"公曰："然则先圣奈何?"对曰："先圣之治也，审见宾客，听治不留，患日不足，群臣皆得毕其诚，谗谀安得容其私!"公曰："然则夫子助寡人止之，寡人亦事勿用矣。"对曰："谗夫佞人之在君侧者，若社之有鼠也，不可熏去。谗佞之人，隐君之威以自守也，是故难去也。"

【注释】

①常:常见。

②谗夫:进谗言的人。佞人:巧言令色、工于谄媚的人。

③行与:结交，亲附。

④矫:拂逆，违背。

⑤自用:自行其是，不接受别人的意见。

⑥谨小：指对待细小末节也很慎重。谨，恭敬、谨慎从事。

⑦具：置办，准备。

⑧密近：指帝王左右占据机要职位的人。

【译文】

景公问晏子说："治理国家的祸患，也是常有的吗？"回答说："进谗和善于谄媚的人在国君身旁，喜好诋毁忠良的臣子，而结交品格卑下的小人，这是治理国家常有的祸患。"景公说："进谗和巧佞的人，确实不好；虽然如此，又怎么会成为国家的常患呢？"晏子说："国君以他们为耳目，乐于与他们谋划事务，这样国君的耳目就错乱了。他们对上扰乱国君的视听，对下让臣子们都丧失自己的职守，难道不值得忧虑吗？"景公说："如果这样，我将要除掉他们。"晏子说："国君您是不能除掉的。"景公不高兴，说："先生为什么这么轻视我呢！"回答说："我是不敢违背您啊！能够在国君面前自行其是的人，才能都不同于普通人。能够把大奸大伪藏在心中的人，一定很慎重地把小诚信显示在外面，来成就自己的大奸大伪。他们入朝就寻求国君的嗜好和欲望并且能顺从他，一旦国君怨恨忠良的臣子，就准备好这些人的过失来加重君王的怨恨，在朝廷外就耍威风来取得财富。那些占据要职，不为大的私利改变气节，而致力于引导国君施行道义的人，是很难得到而且难以知晓的。"景公说："既然如此，那么先代的圣人是怎么做的？"回答说："先代圣人治理国家，慎重地会见宾客，审案不遗留，担忧时间不够，群臣都能献出全部忠诚，谗谀之人的私心哪能得逞呢！"景公说："既然如此，那么先生帮我制止他们，我也不用他们处理政事了。"回答说："那些在国君身旁进谗和巧佞的人，就像社庙里的老鼠，不可以用火熏除去。进谗巧佞的人，隐藏在国君的威力下以自保，因此很难除去。"

景公问晏子曰："古之盛君①，其行何如？"对曰："薄于身而厚于民，约于身而广于世②。其处上也，足以明政行教，而不以威下。其取财也,权有无③,均贫富,不以养嗜欲。诛不避贵,赏不遗贱。不淫于乐④,不遁于哀。尽智道民而不伐焉⑤,劳力事民而不责焉⑥。政尚相利,故下不以相害为行;教尚相爱,故民不以相恶为名。刑罚中于法⑦,废罪顺于民⑧。是以贤者处上而不华,不肖者处下而不怨。四海之内,一意同欲。生有厚利,死有遗教。此盛君之行也。"

【注释】

①盛君:有盛德的君主,圣明的君主。

②约:约束。

③权:称量,衡量。

④淫于乐:过度无节制地享乐。淫,过分,无节制。

⑤道:今作"导"。伐:夸耀,自夸。

⑥劳力:辛苦劳累。事民:治理民众。

⑦中(zhòng):符合。

⑧废罪:指官吏的任免。退其不能者,举贤而置。废,停止,罢免,革除。

【译文】

景公问晏子说:"古代有盛德的君主,他们的行为是怎么样的?"回答说:"对待自身苛薄而对待民众丰厚,约束自身而推广到社会。他居于君上之位的时候,足够以贤明的政策施行教化,而不用威慑臣下。他求取财富,权衡有无,平均贫富,不用来助长自己的嗜好欲望。诛罚不避开高贵,赏赐不遗漏低贱。不过分沉浸享乐,不沉迷哀伤。竭尽才智引导民众而不自夸,辛苦努力服务民众而不要求回报。政事方面崇尚互利,所以臣下没有互相伤害的行为;教化方面崇尚互爱,所以民众以不互相厌恶为自己正名。刑罚符合法律,取舍顺从民心。因此贤才居于上位而不炫耀,不贤的人处于下位而不怨恨。整个天下,同心同愿。活着有丰厚的供给,死了留下美德教诲后人。这就是有盛德的君主的行为。"

问下①

景公出游,问于晏子曰:"吾欲循海而南,至于琅耶②,寡人何修以则夫先王之游也?"晏子曰:"婴闻之,天子之诸侯为巡狩③,诸侯之天子为述职④。故春省耕而补不足者谓之游⑤,秋省实而助不给者谓之豫⑥。夏语曰:'吾君不游,我曷以休?吾君不豫,我曷以助?一游一豫,为诸侯度。'今君之游不然。师行而粮苦不备,劳者不息。夫从高历时而不反谓之流⑦,从下历时而不反谓之连;从兽而不归谓之荒⑧,从乐而忘归谓之亡。古者圣王无流连之游,无荒亡之行⑨。"公曰:"善。"令吏出粟以与贫者三千钟⑩,公所身见老者七十人,然后归。

【注释】

①问下:晏子继续跟齐景公等人问答,强调治国理政的德行,政令必须顺从民心,同时要具备完整的管理体系。

②琅耶:即琅邪,也作琅琊,山名。在今山东诸城东南海滨。

③巡狩:指天子出行,视察邦国州郡。

④述职:诸侯向天子陈述职守。

⑤春省耕而补不足者谓之游:《管子》作"春出原农事之不本者谓之游。"省耕,古代帝王视察春耕。不足,指供给不足,匮乏。

⑥豫:古代专指帝王秋天出巡。

⑦从高:游山。

⑧从兽:追逐野兽,指打猎。

⑨荒亡：谓沉迷于田猎酒色之类，纵欲无度。

⑩钟：古容量单位。春秋时齐国公室的公量，合六斛四斗。

【译文】

齐景公出游，问晏子说："我想要沿着海岸向南，到达琅琊山，我要怎样来效法先代君王的出游呢？"晏子说："我听说，天子到诸侯那里叫巡狩，诸侯朝见天子叫述职。所以君王春天视察春耕、补助物资不够的叫做游，秋天视察收割情况、补助供应不上的农户叫做豫。夏朝的谚语说：'我的君王不春巡，我用什么来休养？我的君王不秋巡，我怎么来获得补助？一次春巡一次秋巡，行恩布德，成为诸侯的法度。'如今国君您出游却不是这样。巡行大军出行而贫困民众得不到补助，劳累的人不得休息。游山超时而不返回叫做流，玩水超时而不返回叫做连；追逐狩猎而不回归叫做荒，享乐而忘记回归叫做亡。古代圣明的君王没有流连忘返的游历，没有荒唐逃亡的行为。"景公说："好。"命令官吏拿出粮食三千钟给穷人，景公亲自接见七十位老人，然后回去。

　　景公问晏子曰："寡人意气衰，身甚病。今吾欲具珪璧牺牲①，令祝宗荐之乎上帝宗庙②，意者礼可以干福乎③？"晏子对曰："婴闻之，古者先君之干福也，政必合乎民，行必顺乎神；节宫室，不敢大斩伐，以无偪山林④；节饮食，无多田渔，以毋偪川浦；祝宗用事，辞罪而不敢有祈求也。是以神民俱顺，而山川纳禄。今君政反于民，而行悖乎神；大宫室，多斩伐，以偪山林；羡饭食⑤，多田渔，以偪川浦⑥。是以神民俱怨，而山川收禄。司过荐至而祝宗祈福⑦，意者逆乎！"公曰："寡人非夫子，无所闻此，请革心易行。"于是废公阜之游⑧，止海食之献，斩伐者以时，田渔者有数；居处饮食，节之勿羡，祝宗用事，辞罪而不敢有祈求焉。

【注释】

①珪璧：也作圭璧。古代帝王、诸侯祭祀或朝聘时所用的一种玉器。
　牺牲：祭祀用的纯色牲口，供盟誓、宴享用的牲畜。

②祝宗：古代主持祭祀祈祷者。荐：奉献，进献。上帝：古代指主宰
　万物的天神。宗庙：古代帝王、诸侯祭祀祖宗的地方。

③干福：求福。干，求。

④偪：同"逼"。

⑤羡：剩余，盈余。

⑥浦：河岸、水边，泛指池塘等水面。今本《晏子春秋》作"泽"，聚
　水的地方。译文仍按《群书治要》原文处理。

⑦司过：主管官吏的过失。荐至：接连而来。荐，再，又，接连。今本
　《晏子春秋》作"荐罪"。译文仍按《群书治要》原文处理。

⑧公阜：齐地。或以为堂阜，即今山东蒙阴。或以为即遄台，在今山
　东淄博临淄区西南。

【译文】

景公问晏子说："我元气衰减，身体病重。如今我想要准备好祭祀用的圭璧、纯色牲口，让主持祭祀的祝宗奉献给上帝、宗庙，大概这样的礼仪可以求福吧？"晏子回答说："我听说，古时先代君王求福的时候，政事必定合乎民心，行为必定顺应神灵；节制建造宫殿，不敢大举砍伐树木，因此没有侵害山林；节约饮食，不过多田猎捕鱼，因此没有侵害江河湖泊；祝宗举行祭祀祈祷，向神灵告罪而不敢有所请求。因此神灵和民众都和顺，而山林江河都献财赐福。如今君王您政事违反民心，而行为背逆神灵；大肆兴建宫殿，过多砍伐，因此侵害了山林；吃喝奢侈，过度田猎捕鱼，因此侵害江河湖泊。因此神灵和民众都怨恨，而山林江河也不赐福。主管者的过失接连而至，而祝宗却祈求福禄，大概是互相悖逆的吧！"景公说："如果没有先生，我没法听到这些道理，请允许我改正思想，纠正行为。"于是废止了到公阜的游览，停止了海味的进献，砍伐依

照时令季节,田猎捕鱼有限定的次数;日常饮食,节约而不奢侈,祝宗祭祀祈祷,只向神灵告罪而不敢有什么请求。

　　景公问晏子曰:"寡人欲从夫子而善齐国之政,可乎?"对曰:"婴闻之,国有具官①,然后其政可善。"公作色不悦②,曰:"齐国虽小,则可谓官不具乎?"对曰:"昔吾先君桓公,身体惰解③,辞令不给,则隰朋昵侍④;左右多誉,狱谳不中⑤,则弦宁昵侍⑥;田野不修,民萌不安⑦,则甯戚昵侍⑧;军士惰,戎士肆⑨,则王子城甫昵侍⑩;居处逸怠⑪,左右慑畏,则东郭牙昵侍⑫;德义不中,意行衰怠,则管子昵侍。先君能以人之长续其短,以人之厚补其薄,是故诸侯朝其德,而天子致胙焉⑬。今君之过失多矣,未有一士以闻者也。故曰:官不具。"公曰:"善。"

【注释】

①具官:齐备的官员。

②作色:脸上变色,指神情变严肃或发怒。

③惰解:等于说懈怠,疲倦。

④隰(xí)朋:春秋时齐国公族。齐桓公时大夫。与管仲共助齐桓公成霸业,管仲病,荐隰朋以代;是岁管仲、隰朋皆卒,谥成子。昵侍:在旁侍奉。昵,近。

⑤狱谳(yàn)不中:刑狱议罪不公正。狱谳,刑狱议罪。

⑥弦宁:《管子》作宾须(胥)无,为齐桓公亲信,主管审案的大司理。

⑦民萌:民众,百姓。萌,通"氓"。

⑧甯戚:春秋时卫国人。家贫,为人驾车。至齐国,待齐桓公夜出,击牛角而悲歌。齐桓公闻而异之,而管仲迎见,知其贤,任为大夫。

⑨肆：不受拘束，纵恣。

⑩王子城甫：春秋时齐国人。齐惠公时大夫，善将兵。甫，一作父。

⑪居处：指平时的仪容举止。

⑫东郭牙：春秋时齐国著名谏臣。由管仲推荐。

⑬胙（zuò）：祭祀用的肉，祭后分送给参与祭祀的人。

【译文】

景公问晏子说："我想听从先生的意见治理好齐国的政事，可以吗？"回答说："我听说，国家要有齐备的官员，然后他的政事才可以治理好。"景公变了脸色不高兴，说："齐国虽小，但怎么能说官员不齐备呢？"回答说："从前先君桓公的时候，他身体疲倦，应酬对答跟不上话，就有隰朋在身旁奉侍，来提醒他；身旁侍从多奉承，刑狱不公正，就有弦宁在身旁奉侍，来提醒他；田野没有整修好，百姓不安定，就有甯戚在身旁奉侍，来提醒他；军官懈怠，士兵散漫，就有王子城甫在身旁奉侍，来提醒他；平时举止不修，贪图安乐，身边近侍畏惧，就有东郭牙在身旁奉侍，来提醒他；仁德道义不当，意志行为衰弱殆惰，就有管子在身旁奉侍，来提醒他。先君能用别人的长处弥补自己的短处，能用别人的丰厚补救自己的薄弱，因此诸侯仰慕他的德行，而周天子分给他祭祀的肉。如今国君您的过失很多了，但没有一个士人把这些报告您。所以我说应有的官员不齐备。"景公说："说得好啊。"

　　景公问晏子曰："昔吾先君桓公，从车三百乘①，九合诸侯②，一匡天下。今吾从车千乘，可以逮先君桓公之后乎③？"对曰："桓公从车三百乘，九合诸侯，一匡天下者，左有鲍叔④，右有仲父⑤。今君左为倡⑥，右为优⑦，谗人在前，谀人在后，又焉可逮先君桓公之后乎？"

【注释】

①从车：扈从之车，跟从的车。乘（shèng）：古代称兵车，四马一车为一乘。

②九合诸侯：指的是春秋时期齐桓公会盟诸侯，成为霸主。

③逮：赶上，追上。

④鲍叔：即鲍叔牙，齐国大夫。少时跟管仲友善，后随公子小白奔莒，而管仲则随公子纠奔鲁；襄公被杀后，公子小白与公子纠都回国争夺君位，公子小白先入即位，即齐桓公；公子纠死后，鲍叔牙举荐管仲执政，使齐国富强称霸。

⑤仲父：春秋时齐桓公对管仲的尊称。

⑥倡：古称歌舞艺人。

⑦优：古代表演乐舞、杂戏的艺人。

【译文】

景公问晏子说："从前我们的先君桓公，随从的兵车三百辆，九次会盟诸侯，使天下得到匡正。如今我的随从兵车一千辆，可以赶在先君桓公后面称霸了吗？"回答说："桓公随从的兵车三百辆，九次会盟诸侯，使天下得到匡正的原因，是左边有鲍叔牙，右边有管仲。如今您左边是歌舞艺人，右边是杂戏艺人，进谗言的人在前面，阿谀逢迎的人在后面，又哪里能够赶在先君桓公的后面称霸呢？"

高子问晏子曰①："子事灵公、庄公、景公②，皆敬子。三君一心耶？夫子之心三耶？"对曰："婴闻一心可以事百君，三心不可以事一君③。故三君之心非一心也，而婴之心非三心也。"

【注释】

①高子：春秋时齐国的大夫世族，齐景公时为卿。专国政，刚愎自

用,为国人不满。

②灵公:即齐灵公,姜姓,吕氏,名环,齐顷公之子,有名相晏弱、晏婴
父子相继辅政,国事清明。庄公:即齐庄公,名光,齐灵公之子。为
崔杼所立。齐庄公三年(前551),晋大夫栾盈自楚奔齐,他不听晏
婴劝而纳之,遣栾盈袭晋,失败。后因私通崔杼妻,为崔氏射杀。

③三心:指心志不专一。

【译文】

高子问晏子说:"您事奉灵公、庄公、景公三朝,他们都尊敬您。是三
位国君的心一样呢?还是您的心有三样呢?"晏子回答说:"我听说,一
心一意可以事奉百位国君,而不专一的三心(二意)不可以事奉一位国
君。所以三位国君的心并不是一个心,而我的心也不是不专一的三心。"

杂上①

景公使晏子为阿宰②,三年而毁闻于国。公不悦,召而
免之。晏子谢曰③:"婴知婴之过矣,请复治阿,三年而誉必
闻于国。"公复使治阿,三年而誉闻于国。公悦,召而赏之,
辞而不受。公问其故,对曰:"昔者婴之治阿也,筑蹊径,急
门闾之政④,而淫民恶之⑤。举俭力孝悌,罚偷窳⑥,而惰民
恶之⑦。决狱不避贵强⑧,贵强恶之。左右之所求,法则与,
非法则否,而左右恶之。事贵人,体不过礼,而贵人恶之。
是以三邪毁乎外⑨,二谗毁于内⑩,三年而毁闻乎君也。今臣
更之,不筑蹊径,而缓门闾之政,而淫民悦。不举俭力孝悌,
不罚偷窳,而惰民悦。决狱阿贵强⑪,而贵强悦。左右所求
言诺,而左右悦。事贵人体过礼,而贵人悦。是以三邪誉于
外,二谗誉乎内,三年而誉闻于君也。昔者婴之所以当诛者

宜赏^⑫,而今之所以当赏者宜诛,是故不敢受。"景公乃任以
国政焉。

【注释】

①杂上:记载了晏子有关言行的具体事例。节录部分是叙述其劝谏
　国君,践行仁爱礼制,忠于职守。

②阿(ē):即东阿,春秋、战国齐邑,治今山东聊城。宰:地方长官。
　县宰如县令。

③谢:认错,道歉。

④门间:城门与里门。指乡里,里巷。

⑤淫民:游乐怠惰的人。

⑥孝悌:孝顺父母,敬爱兄长。偷窳(yǔ):苟且懒怠。

⑦惰民:不务正业的游民。

⑧决狱:断案,判决狱讼。贵强:指位尊势大者。

⑨三邪:三种邪恶的人。即淫民、惰民、贵强者。

⑩二谗:即左右与贵人。

⑪阿:徇私,偏袒。

⑫诛:惩罚,责罚。

【译文】

　　景公让晏子担任东阿邑宰,任职三年,毁谤之言传遍全国。景公不
高兴,召见晏子罢免他。晏子道歉说:"我知道我的过错了,请让我再次
治理东阿,三年后美誉必定传遍全国。"景公又让他治理东阿,三年后果
然美誉闻名全国。景公高兴了,召见晏子奖赏他,晏子推辞不接受。景
公问他缘故,回答说:"从前我治理东阿的时候,修筑小路,加强乡里的
防守管理,而那些游乐怠惰的人憎恨我。举荐节俭勤劳孝顺友爱的人,
惩罚苟且懒怠的人,而不务正业的游民憎恨我。断案不避开位尊势大的
人,而位尊势大的人憎恨我。左右亲近之人所请求的,合法就赞成,非法

就否定,而左右亲近厌恶我。事奉宫中权贵之人,规格不超过礼仪,而达官贵人憎恨我。因此三种奸邪的人在外面毁谤我,两种进谗言的人在宫中毁谤我,三年的时间而毁谤就让国君您知道了。如今我变了,不修筑小路,放缓乡里的守卫管理,而游乐怠惰的人高兴了。不举荐节俭勤劳孝顺友爱的人,不惩罚苟且懈怠的人,而不务正业的游民高兴了。断案迎合位尊势大的人,而位尊势大的人高兴了。左右亲近之人所请求的都答应,而左右亲近高兴了。事奉宫中权贵之人,规格超过礼仪,而达官贵人高兴了。因此三种奸邪的人在外面赞誉我,两种进谗言的人在宫中赞誉我,三年的时间而赞誉就让国君您知道了。从前我应惩罚的其实应该赏赐,而如今我应赏赐的其实应该惩罚,因此不敢接受。"景公听罢,从此便把国家大政委任给他了。

景公正昼被发①,乘六马②,御妇人③,以出正门,刖跪击马而反之④,曰:"尔非吾君也。"公惭而不朝。晏子入见,景公曰:"昔者寡人有罪,被发,乘六马,以出正门,刖跪击马而反之,曰:'尔非吾君也。'寡人以子大夫之赐,得率百姓以守宗庙,今见戮于刖跪⑤,以羞社稷,吾犹可以齐于诸侯乎?"晏子对曰:"君勿恶焉!臣闻之,下无直辞,上有惰君;民多讳言,君有骄行。古者明君在上,下多直辞;君上好善,民无讳言。今君有失行⑥,而刖跪禁之,是君之福也,故臣来庆。请赏之,以明君之好善⑦;礼之,以明君之受谏。"公笑曰:"可乎?"晏子曰:"可。"于是令刖跪倍资无征⑧,时朝无事。

【注释】

①正昼:等于说大白天。被:今作披。

②六马：谓驾车之马众多。周制，天子乘六匹马驾的车，诸侯乘四匹
　　马驾的车。齐侯以大国地位僭用天子的礼制。

③御：载，装运。

④刖跪：一作刖危，指受过刖刑（一种把脚砍掉的酷刑）的守门人。
　　反之：让景公返回。

⑤戮：羞辱，侮辱。

⑥失行：错误的行为。

⑦好善：乐于为善。

⑧无征：指免征赋税。

【译文】

　　齐景公大白天披头散发，乘着六匹马拉的车，载着妇人，从王宫正门
出去，一个受过刖刑的守门人跪在地上，打马让车返回，说："你不是我的
国君。"景公羞惭而不上朝。晏子进宫朝见，景公说："昨天我有罪，披头
散发，乘着六匹马拉的车，从王宫正门出去，一个受过刖刑的守门人跪在
地上打马让车返回，说：'你不是我的国君。'我凭借您和大夫们的恩赐，
能够率领百姓来守卫宗庙，如今被一个受过刖刑的守门人跪地侮辱，使
江山社稷蒙羞，我还可以跟诸侯一样平起平坐吗？"晏子回答说："国君
不要因此感到羞辱！我听说，下面没有正直的言辞，上面就有败坏政事
的国君；民众有很多不敢说的话，国君就有骄纵的行为。古代圣明的
国君在上，下面多是正直的言辞；国君在上喜好善政，民众就没有不敢说的
话。如今国君有错误的行为，而一个受过刖刑的守门人跪地阻止您，这
是国君的福气，所以我来庆贺。请赏赐他，用来表明国君喜欢善政；礼遇
他，用来表明国君接受劝谏。"景公笑着说："可以吗？"晏子说："可以。"
于是命令给那个受刖刑的守门人加倍的赏赐，而且家中免征赋税，一时
朝廷平安无事。

　　景公饮酒，夜移于晏子，前驱款门曰①："君至。"晏子

被玄端^②，立于门，曰："诸侯得微有故乎^③？ 国家得微有事乎？ 君何为非时而夜辱^④？"公曰："酒醴之味，金石之声^⑤，愿与夫子乐之。"晏子曰："夫布荐席、陈簠簋者有人^⑥，臣不敢与焉。"公移于司马穰苴之家^⑦，前驱款门曰："君至。"穰苴介胄操戟立于门^⑧，曰："诸侯得微有兵乎？ 大臣得微有兵乎？ 大臣得微有不服乎？ 君何为非时而来？"公曰："酒醴之味，金石之声，愿与将军乐之。"穰苴对曰："夫布荐席、陈簠簋者有人，臣不敢与焉。"公移于梁丘据之家，前驱款门曰："君至。"梁丘据左拥琴，右挈竽^⑨，行歌而出^⑩。公曰："乐哉，今夕吾饮也！ 微彼二子者，何以治吾国？ 微此一臣者，何以乐吾身？"

【注释】

①前驱：队伍的前导。款门：敲门。

②玄端：古代的一种黑色礼服。祭祀时，天子、诸侯、士大夫皆服之，天子闲居时亦服之。

③故：事故，变故。

④辱：谦辞。意思是由于自己使对方受屈辱。可译为劳驾，屈尊。

⑤酒醴：酒和醴（甜酒），也泛指各种酒。金石：指钟磬一类乐器。

⑥荐席：垫席。簠簋（fǔ guǐ）：簠与簋，方圆两种盛放黍稷稻粱之礼器。亦借指酒食、筵席。

⑦司马穰苴：春秋时齐国大夫。妫姓，田氏，名穰苴。齐景公时得晏婴推荐，任为将军。因以军法斩景公宠臣庄贾，又斩景公派遣为庄贾求赦者，齐国三军震动，士气大振。曾奉景公之命退晋、燕之兵，夺回齐之失地，拜为大司马，故称"司马穰苴"。后遭谗害，发

　　疾而死。至战国，齐威王命大夫整理古代司马兵法，将他的兵法亦附在其中，称《司马穰苴兵法》。

⑧介胄：披甲戴盔。戟：一种兵器，是戈与矛的合体，兼有直刺、横击的功能。

⑨挈（qiè）：提，拿。竽：古代吹奏乐器。像笙，有三十六簧。

⑩行歌：边行走边歌唱。

【译文】

　　齐景公喝酒，夜里要转移宴席到晏子那里，队伍前导敲门说："国君驾到。"晏子披上黑色礼服，站在门口，说："诸侯该不会有变故吧？国家该不会出事了吧？国君为什么不在正常的时间而是夜里屈尊来到？"景公说："香甜的美酒，美妙的音乐，希望能跟先生您一起快乐。"晏子说："布置垫席、陈设礼器的都有专人，我不敢参与其中。"景公又转移到司马穰苴的家，队伍前导敲门说："国君驾到。"司马穰苴披甲戴盔手持大戟站在门口，说："诸侯该不会有打仗的吧？大臣该不会有打仗的吧？大臣该不会有叛变的吧？国君为什么不在正常的时候来？"景公说："香甜的美酒，美妙的音乐，希望能跟您一起快乐。"司马穰苴回答说："布置垫席、陈设礼器的都有专人，我不敢参与其中。"景公又转移到梁丘据的家，队伍前导敲门说："国君驾到。"梁丘据左手抱着琴，右手拿着竽，边走边唱迎出来。景公说："今天夜里我喝酒真快乐呀！要是没有那两位，我拿什么来治理我的国家？要是没有这个臣子，我拿什么来让自己快乐？"

　　景公探雀鷇①，鷇弱而反之。晏子闻之，不时而入见，北面再拜贺曰："吾君有圣王之道矣！"公曰："寡人探雀鷇，鷇弱，故反之，其当圣王之道者何也②？"晏子曰："君探雀鷇，鷇弱，故反之，是长幼也③。君曾禽兽之加焉，而况于人乎！此圣王之道也。"

【注释】

①彀（kòu）：初生待母鸟哺食的小鸟。

②当：适合，符合。

③长幼：慈怜幼小。

【译文】

景公掏鸟窝抓小鸟，见雏鸟幼小就放回去了。晏子知道了，没等朝见之时就进宫来见国君，面向北两次下拜祝贺说："我的国君有圣明君王的大道了。"景公说："我掏鸟窝，雏鸟太小，所以就放回去了，这怎么就符合圣明君王的大道了呢？"晏子说："您掏鸟窝，雏鸟幼小，所以就放回去了，这是慈怜幼小啊。国君您连禽兽都施加慈怜，何况对于人呢！这就是圣明君王的大道啊。"

景公使养所爱马，暴病死，公命人操刀解养马者。是时晏子侍前，左右执刀而进，晏子止之而问于公曰："敢问古时尧、舜支解人①，从何躯始？"公惧焉，遂止，曰："以属狱。"晏子曰："请数之②，使自知其罪，然后致之狱。"公曰："可。"晏子数之曰："尔有三罪：公使汝养马杀之，当死罪一也；又杀公之所最善马，当死罪二也；使公以一马之故杀人，百姓闻之，必怨吾君，诸侯闻之，必轻吾国，汝杀公马，使怨积于百姓，兵弱于邻国，汝当死罪三也。令以属狱。"公喟然曰："赦之。"

【注释】

①支解：即肢解，古代割裂四肢的一种酷刑。

②数：列举过错。

【译文】

景公让人饲养爱马，马暴病而死，景公下令让人持刀肢解养马人。这时晏子在景公跟前陪侍，左右亲信拿着刀向前，晏子制止他们而问景公说："我冒昧地问一下，古代尧、舜肢解人，是从身体哪一部位开始的？"景公害怕了，于是制止这一行动，说："把他送到监狱。"晏子说："请允许让我列举他的罪过，让他知道自己的罪过，再送他进监狱。"景公说："行。"晏子列举他的罪状说："你有三条罪状：国君让你养马却给养死了，是当判死罪的第一条理由；弄死的又是国君最喜好的马，是当判死罪的第二条理由；让国君因为一匹马的缘故杀人，百姓听到了，一定会怨恨我们的国君，诸侯听到，一定会轻视我们国家，你杀死了国君的马，使国君在百姓中积下怨恨，兵力还比邻国弱，是你当判死罪的第三条理由。命令凭这些把你送进监狱。"景公长叹一声说："赦免他。"

　　鲁昭公失国走齐①，齐景公问焉，曰："子之迁位新②，奚道至于此乎③？"昭公对曰："吾少之时，人多爱我者，吾体不能亲；人多谏我者，吾志不能用。是以内无弼、外无辅④，辅弼无一人，诌谀我者甚众。譬之犹秋蓬也，孤其根荄⑤，密其枝叶，春气至赍以揭也⑥。"景公以其言语晏子，曰："使是人反其国，岂不为古之贤君乎？"晏子曰："不然。夫愚者多悔，不肖者自贤；溺者不问隊，迷者不问路。譬之犹临难而遽铸兵⑦，噎而遽掘井，虽速亦无及。"

【注释】

①鲁昭公：姬姓，名裯，一名稠、袑。鲁襄公之子。时公室衰微，"三桓"（孟孙、叔孙、季孙）专国政。昭公即位后想除掉季氏，结果为"三桓"举兵击败，前517年奔齐；后奔晋求入晋，晋君不许，迁居

于乾侯，后病死于此。

②迁位：指继承君位。新：指年轻（昭公前542年继位，时年十九岁）。

③奚道：王念孙曰："道，由也，言何由至于此也。"

④弼：指匡正辅佐天子的大臣。辅：辅佐之臣。案，《尚书大传》云："古者天子必有四邻，前曰疑，后曰丞，左曰辅，右曰弼。"

⑤根荄（gāi）：植物的根。

⑥偾（fèn）：扑倒，跌倒。揭：拔起，撅开。

⑦遽：急忙，迅速。

【译文】

鲁昭公丧失君位逃跑到齐国，齐景公问他说："你继承君位时还年轻，为什么到了这个地步呢？"昭公回答说："我年少的时候，有很多人喜爱我，我不能亲近；有很多人劝谏我，我不能用心采纳。因此内部没人匡正，外部没人辅佐，辅佐大臣一个也没有，阿谀奉承的非常多。譬如像秋天的蓬草，根系已经损坏，枝叶还很茂密，春风一到就扑倒撅开了。"景公把他的话告诉给晏子，说："假如让这个人回到他的国家，难道不会成为古代的贤明国君吗？"晏子说："不是这样的。愚蠢的人多后悔，不才的人自以为贤；溺水的人多是没有问过水的深浅，迷路的人多是没有事先问路。譬如面临危难才急忙铸造兵器，食物噎住了要喝水才着急挖井，即使再快也来不及了。"

　　景公游于麦丘①，问其封人曰②："年几何？"对曰："鄙人之年八十五矣。"公曰："寿哉！子其祝我。"封人曰："使君之年长于国家。"公曰："善哉！子其复之。"封人曰："使君之嗣寿③，皆若鄙人之年④。"公曰："善哉！子其复之。"封人曰："使君无得罪于民。"公曰："诚有鄙民得罪于君则可⑤，安有君得罪于民者乎？"晏子对曰："君过矣！敢问：

桀、纣，君诛乎，民诛乎？"公曰："寡人过矣。"于是赐封人麦丘以为邑⑥。

【注释】

①麦丘：地名。战国时齐邑，在今山东商河西北。

②封人：古官名。《周礼》地官司徒的属官，掌守卫。

③嗣：继承人。

④鄙人：知识浅陋的人。这里是谦辞，对人称自己。

⑤鄙民：粗俗小民。

⑥邑：古代诸侯分给大夫的封地、采邑。

【译文】

景公在麦丘游历，问当地的封人说："多大岁数了？"回答说："我八十五岁了。"景公说："真长寿啊！您为我祈祷吧。"封人说："让您的年寿比国家还长。"景公说："好啊！您再重复一次。"封人说："让您后代的岁数，都赶得上我的岁数。"景公说："好啊！您再重复一次。"封人说："让国君您不要得罪民众。"景公说："确实有粗俗小民可能得罪国君的情况，哪里有国君得罪民众的呢？"晏子回答说："国君您错了！请问：夏桀、商纣，是国君诛杀的呢，还是民众诛杀的呢？"景公说："我错了。"于是把麦丘赐给封人作封邑。

晏子侍于景公①，朝寒，曰："请进暖食。"对曰："婴非君奉馈之臣也②，敢辞。"公曰："请进服裘③。"对曰："婴非君茵席之臣也④，敢辞。"公曰："然夫子之于寡人，何为者也？"对曰："社稷之臣。"公问："社稷之臣若何？"对曰："能立社稷，别上下之义，使当其理；制百官之序，使得其所；作为辞令⑤，可布于四方也。"自是之后，君不以礼，不见晏子。

【注释】

①侍：在尊长、主人旁边陪从。

②奉馈（kuì）：进献食物。馈，通"馈"，进食于人。

③服裘：裘皮衣服。

④茵席：褥垫，草席。

⑤作为：创作。

【译文】

晏子在景公身旁陪侍，早上天气非常寒冷，景公说："请进献热的饭食。"晏子回答说："我不是为您进献食物的臣子，只能冒昧推辞。"景公说："请进献裘皮衣服。"晏子回答说："我不是为您穿衣铺席的臣子，只能冒昧推辞。"景公说："那么先生对于我来说，是干什么的呢？"回答说："是关系江山社稷安危的重臣。"景公问："社稷重臣是怎么样的呢？"回答说："能稳定江山社稷，分别君臣的大义，让他们符合上下有别的道理；制定百官的职位次序，让他们各居适当的位置；创作应酬对答的辞令，可以传布四方各国。"从此之后，国君不凭礼仪，就不召见晏子。

杂下①

晏子朝，乘弊车驽马②。景公见之曰："嘻！夫子之禄寡耶？何乘不佼之甚也③？"晏子出，公使梁丘据遗之辂舆乘马④，三反不受⑤。公不悦，趋召晏子⑥。晏子至，公曰："夫子不受，寡人亦不乘。"对曰："君使臣监百官之吏，臣节其衣服食饮之养，以先齐国之民，然犹恐侈靡而不顾行也⑦。今辂舆乘马，君乘之上，而臣亦乘之下，民之无义，侈其衣食，而多不顾其行者，臣无以禁之。"遂不受。

【注释】

①杂下：强调了晏子的节俭品行，突出了晏子"正己化人，行为世范"的影响。

②驽马：劣马。

③佼：等于说好。

④辂（lù）舆：即辂车。古代天子或诸侯贵族所乘的豪华车。

⑤三反：三次退还。

⑥趋召：急速召见。

⑦侈靡：奢侈浪费。顾：顾念。

【译文】

晏子上朝，乘着破车劣马。景公见到了说："嘿！先生的俸禄太少了吗？为什么乘着这么不好的车马呢？"晏子出去，景公让梁丘据送给他豪华大车和驾车的良马，晏子三次退回不接受。景公不高兴了，急速召见晏子。晏子到了，景公说："先生不接受，我也不乘好车马了。"晏子回答说："国君您让我监管百官之吏，我节制他们衣服饮食的供养，是将齐国民众的疾苦放在前面考虑，但还是担心他们奢侈浪费不顾念自己的品行。如今这豪华的车，国君您在上乘，而臣子我在下也乘，那么民众中出现不讲道义，让衣服饮食奢侈，而不顾念自己品行的人，我就没有办法禁止他们了。"于是就不接受。

晏子相景公，其论人也①，见贤即进之②，不同君所欲；见不善则废之，不避君所爱；行己而无私，直言而无讳。

【注释】

①论人：选拔人才。

②进：推荐，引进。

【译文】

晏子辅佐景公,他选拔人才,看见贤才就引荐提拔,不苟同国君的想法;见到不善的人就罢免,不避开国君所偏爱的;立身行事正直无私,直言进谏没有避讳。

景公游淄①,闻晏子卒,公乘而驱②。自以为迟,下车而趋③。知不若车之速,则又乘。比至于国者④,四下而趋,行哭而往⑤,至伏尸而号曰⑥:"子大夫日夜责寡人,不遗尺寸⑦,寡人犹且淫逸而不收⑧,怨罪重积于百姓。今天降祸于齐国,不加寡人,而加之夫子。齐国之社稷危矣,百姓将谁告乎!"

【注释】

①淄:淄水,即今山东淄博境内的淄河,下游古今有变化。

②驱:鞭马前进。

③趋:快走。

④比:及,等到。

⑤行哭:且行且哭。

⑥伏尸:伏在尸体上。号:大声哭。

⑦尺寸:形容事物细小或低微。

⑧淫逸:恣纵逸乐。

【译文】

景公出游淄水,听到晏子去世,景公急忙乘车赶马回都城。自己感觉车马跑得慢,就下车快走。知道不如车马快,就又乘车。等到了国都,四次下车快步疾走,边走边哭前往晏子家,到了趴在尸体上号哭说:"大夫您日夜责备我,不遗漏一点错误,我尚且还恣纵逸乐不收敛,在百姓那里积下很多怨罪。如今上天给齐国降下灾祸,不施加在我身上,而施加在先生身上。齐国的江山社稷危险了,百姓将向谁求告呢!"

晏子没十有七年，景公饮诸大夫酒。公射，出质^①，堂上唱善^②，若出一口。公作色太息，播弓矢。弦章入^③，公曰："章！自吾失晏子，于今十有七年矣，未尝闻吾不善。今射出质，唱善者如出一口。"弦章对曰："此诸臣之不肖也^④。智不足以知君不善，勇不足以犯君之颜。然而有一焉，臣闻君好之则臣服之，君嗜之则臣食之。尺蠖食黄其身黄^⑤，食苍其身苍^⑥，君其犹有食诣人之言乎？"公曰："善。"

【注释】

①出质：射出的箭未中箭靶。质，箭靶。

②唱善：称善，等于说叫好。

③弦章：或称弦商、弦宁。春秋时齐国大臣，字子旗。

④不肖：不成材，不贤。

⑤尺蠖：鳞翅目尺蛾科昆虫幼虫的统称；爬行时身体一屈一伸，像用手量长短，故名。

⑥苍：指灰白色或植物的青绿色。

【译文】

晏子死后十七年，有一次景公和诸位大夫喝酒。景公射箭，射脱了靶子，殿堂上响起叫好声，好像是从一张嘴里发出来似的。景公气得变了脸色叹息，扔掉弓箭。弦章进来，景公说："弦章！自从我失去了晏子，到如今已经十七年了，不曾听到我有缺点的话。如今我射箭未中靶子，叫好声却像从一张嘴里发出来似的。"弦章回答说："这是群臣不贤啊。智慧不足以知道国君的缺点，勇气不足以冒犯国君的龙颜。但是有一条，我听说国君喜好穿什么臣子就给他穿什么，国君喜欢吃什么臣子就给他吃什么。尺蠖这虫子吃黄色的食物身体就是黄色，吃青绿色的食物身体就是青绿色，国君您还是想听诣媚者的话吧？"景公说："说得好。"

司马法

【题解】

《司马法》,是春秋战国时期的军事著作。据《史记·司马穰苴列传》记载,齐威王"使大夫追论古者《司马兵法》而附穰苴于其中,因号曰《司马穰苴兵法》"。这部编成于齐威王时期的《司马穰苴兵法》即《司马兵法》,简称《司马法》。 由此可见,《司马法》内容大致包括三部分:一是"古者《司马兵法》",即西周时期的军法著作;二是司马穰苴独创的军事理论;三是齐威王时"大夫"在追论"古者《司马兵法》"时所表现出来的战国中期的军事思想。所以这是一部兼容了不同时代军事思想的兵书。书中保存着一些非常古典的作战原则,有浓郁的贵族色彩,如"逐奔不过百步""从绥不过三舍",甚至讲军礼的内容超过兵法的部分。书中对"以仁为本""以礼为固""忘战必危"、依法治军等军事文化理念的阐扬,具有重要的研究价值。

北宋元丰年间,《司马法》被列为《武经七书》之一,作为考核武臣、选拔将领、研究军事的必读之书。流传至今的各种注解本与翻刻本不下数十种。

司马穰苴,春秋末期齐国人,田完的后代。因功被封为大司马,子孙后世称司马氏。晏婴称赞其"文能附众,武能威敌"。

《群书治要》节录了《仁本》和《天子之义》两篇的部分内容,提出

"以仁为本，以义治之"，强调治国治军都应以仁为根本、以义为宗旨，可见魏徵等人期望李唐君王能以仁义治国平天下的良苦用心。

古者以仁为本①，以义治之②，治之谓正。治民用兵，平乱讨暴，必以义。是故杀人安人，杀之可也；以杀止杀，杀可以生也。攻其国，爱其民，攻之可也；除民害，去乱君也。以战去战，虽战可也。故仁见亲，义见悦，智见恃，勇见方③，信见信。将有五材④，则民亲、悦、恃、方而信之也。故内得爱焉，所以守也；外得威焉，所以战也。利加于民，则守固；威加敌民，则战胜。

【注释】

①古者以仁为本：本段节录自《仁本》篇，主要论述以仁为本的战争观。

②义：道义，正义，公正合宜的道理。

③见方：被仿效。方，取法，效法。

④五材：亦作"五才"，五种德行指正文所说的仁、义、智、勇、信。

【译文】

古代以仁德为根本，以道义治理国家，这种治理的方法叫做正。治理民众、运用兵力、平定叛乱、征讨残暴，一定要合乎道义。因此如果杀人能让民众安定，杀掉他是可以的；用杀戮制止更多的杀戮，杀戮一个人可以让更多人存活。进攻一个国家，如果仁爱他的民众，进攻它是可以的；除掉民众的祸害，就是去除昏庸的君主。如果用战争的方式能消灭战争，即使发动战争也是可以的。所以君主仁德就被民众亲近，君主正义就被民众喜爱，君主智慧就被民众依赖，君主勇敢就被民众仿效，君主诚信就被民众信任。将领有这五种德行（仁、义、智、勇、信），那么民众就亲近、喜爱、依赖、效法而信任他。所以君主对内施行仁爱，民众才愿意守卫国家；君主对外树立威慑力，战争才会胜利。利益施加给国内民众，就可固守国土；威慑力施加给敌国民众，就会战胜敌人。

故战道^①：不违时，不历民病，所以爱吾民也。春秋兴师为违时，饥疲不行，所以爱己也。不加丧^②，不因凶^③，所以爱其民也。敌有丧，饥疲，不加兵，爱彼民也。冬夏不兴师，所以兼爱民也。大寒、甚暑，吏士懈倦，难以警戒。大寒以露，则生外疾；甚暑以暴，则生内疾。故不出师，爱己彼之民也。故国虽大，好战必亡；天下虽平，忘战必危。天下既平，春蒐秋狝^④，振旅治兵，所以不忘战也。

【注释】

①故战道：本段节录自《仁本》篇。

②加丧：指对有丧乱的国家用兵。丧，指丧乱。

③因凶：指趁着敌国灾荒时用兵。凶，灾荒，收成坏。

④春蒐（sōu）：帝王春季的射猎。秋狝（xiǎn）：帝王秋季的田猎。

【译文】

所以作战的原则是：不违农时，不在民众饥饿困顿时兴兵，这样是爱护自己国家的民众。春秋兴兵是违背农时，饥饿疲劳时不行军打仗，是因为要爱护自己国家的民众。不对有丧乱的国家用兵，不趁敌国灾荒时用兵，这是爱护敌国的民众。敌国有丧事，饥饿疲劳，不用兵，是爱护他们的民众。冬夏不兴兵，是同时爱护自己国家和敌国的民众。大寒、大暑，将士松懈疲倦，难以警戒。大寒露营，就会生发外疾；大暑暴露，就会生发内疾。所以不出兵，是爱护双方的民众。所以国家即使强大，热衷战争必定灭亡；天下即使太平，忘记备战必定危险。天下已经平定，帝王还是要以春秋两季田猎的方式进行军事演习，整顿部队，操练士兵，这是为了不忘记备战啊。

古者逐奔不远^①，从绥不过三舍^②，不穷不能^③，而哀怜伤病，是以明其仁也。成列而鼓，是以明其信也。争义不争

利,是以明其义也。又能舍服,是以明其勇也。知始知终,
是以明其知也。五德以时合教④,以为民纪⑤,古之道也。
仁、义、勇、智、信,民之本,随时而施舍,为民纲纪,古之所传政道也。

【注释】

①古者逐奔不远:本段节录自《仁本》篇。逐奔,追逐败逃者。奔,
　　逃跑,逃亡。

②从绥:追赶败退的军队。从,追逐。绥,退军。三舍:古代一舍三
　　十里(行军一天的路程),三舍为九十里。

③不穷:不陷于困境。穷,困厄,陷于困境。

④五德:指前文所说的仁、义、勇、智、信。

⑤民纪:民众行为的准则、法度。

【译文】

　　古代打仗追逐逃亡的敌人不会远,追赶败退的军队不超过九十里
(三天的路程),不让失去作战能力的敌兵陷入困境,而怜惜对方的伤病
之人,以此彰显我军的仁德。故军排好阵列才击鼓进攻,以此彰显我军
的诚信。争夺正义不争夺名利,以此彰显我军的正义。又能放走降服的
敌人,以此彰显我军的勇气。由战争的开端能预见结局,以此彰显我军
的智慧。五种德行按时机进行教化,用来作为民众行为的准则,这是自
古以来的要义。仁、义、勇、智、信,是民众行为的根本,随时进行教化,作为民众行
事的准则,这是古代传下来的施政方略。

　　先王之治①,顺天之道,设地之宜,官人之德②,而正名
治物。正者,正官名也,名正则可法。立国辨职,立国治民,分守
境界,各治其职。诸侯悦怀,海外来服,服从己也。狱弭而兵
寝③,圣德之治也。其次,贤王制礼乐法度,乃作五刑④;兴

甲兵，以讨不义；巡狩省方⑤，会诸侯，考不同。其有失命，乱常圮德⑥，逆天之时，遍告于诸侯，章明有罪⑦，天子正刑。刑者，正天子之法也。刑以征不义，伐不从王者之法也。冢宰与伯布命于军曰⑧："入罪国之地，无暴神祇⑨，无行田猎，无有暴虐，无弃土功⑩，无燔墙屋⑪，无伐树木，无取六畜⑫，无取禾粟⑬，无取器械。见其老幼，奉归勿伤。虽遇壮者，不校勿敌⑭。敌若伤之，医药归之。既诛有罪，王及诸侯修正其国，举贤更立，明正复职。"王者与四方诸侯，伐无道之国，整顿其民人，举贤良，更立为君，奉尊王法，复五官之职事也⑮。

【注释】

①先王之治：本段节录自《仁本》篇。

②官人：选取人才，给以适当的职位。

③狱：官司，争讼。弭（mǐ）：平息，停止。寝：停息，止息。

④五刑：中国古代的五种刑罚。最初为墨（将墨涂于犯人刺刻后的面部）、劓（割鼻）、刖（断足）、宫（割生殖器）、大辟（对死刑的通称）五种。

⑤巡狩：亦作巡守，指天子出行，视察邦国州郡。省方：巡视四方。

⑥圮（pǐ）：倾覆，损害。

⑦章明：颁示，昭示。

⑧冢宰：周官名。也称太宰，为六卿之首，即百官之首。伯：方伯，古称一方诸侯之长。后泛指地方长官。布命：颁布政令，发布命令。

⑨神祇（qí）：天神与地神，也泛指神灵。

⑩土功：指治水、筑城、建造宫殿等土木工程。

⑪燔（fán）：焚烧。

⑫六畜：指猪、牛、羊、马、鸡、狗，也泛指各种家畜。

⑬禾黍：泛指黍、稷、稻、麦等粮食作物。

⑭校（jiào）：抗衡，较量，抗争。

⑮五官：殷周时分掌政事的五个高级官职，即司徒、司马、司空、司士、司寇。职事：任职。

【译文】

　　先代君王治理天下，顺应上天的规律，因地制宜，根据人们的德行授予官职，明确官职名分来治理政务。正，是确立官职名分，名正就可以效法。分封建国辨明职责，建立国家治理民众，分守土地的疆界，各司其职。诸侯喜悦服从，海外边远之地也前来顺服，指服从自己。诉讼平息，战争停止，这是圣明仁德的政治。其次，有德行的贤王制定礼乐法度，于是设置了墨、劓、刖、宫、大辟等五刑；兴师发兵，来讨伐不道义的国家；天子巡游视察邦国州郡，会盟诸侯，考察不同邦国的政绩。其中有违抗天命，扰乱纲常损害德行，悖逆天时的国君，就遍告诸侯，昭示他们的罪行，天子再依法实施严正惩罚。刑，端正天子的法令。刑罚用来征讨不义，讨伐不遵从天子法令的人。冢宰与方伯在军中发布命令说：“进入有罪国君的封地，不要亵渎天地神灵，不要田猎，不要有暴虐的行为，不要毁掉水利等土木工程，不要焚烧房屋，不要砍伐树木，不要掠夺各种牲畜，不要掠夺谷物粮食，不要夺取工具器械。见到老人幼童，恭敬地送回不要伤害。即使遇到年轻力壮的，他们不对抗就不要与之敌对。敌人如果受伤，医治之后放回。诛杀有罪的人以后，天子和诸侯整顿好不行正道的国家，举用贤人改立新君，辨明法制，恢复各级官员的职守。”天子与四方诸侯，征伐不行正道的国家，整顿他的民众，举荐贤良，改立君主，尊奉天子法令，恢复五官的职事。

　　古者逐奔不远①，从绥不及，所以示君子且有礼。不远则难诱，不及则难陷②。以礼为固，以仁为胜，既胜之后，其教可复，是以君子贵之也。故礼与法，表里也；文与武，左右也。

【注释】

①古者逐奔不远：本段节录自《天子之义》篇。

②陷：敌人设的陷阱，伏击。

【译文】

　　古代打仗追逐逃亡的敌人不会过远，追赶败兵不紧紧跟随，用来显示是君子而且有礼义。追得不远那就难以被敌人诱骗，不紧跟那就难以落入敌人陷阱。以礼义为根本，以仁德带兵就能取得胜利，胜利之后，那教化就可以反复进行，因此君子重视它。所以礼与法，就像表里不可偏废；文和武，就像左膀右臂相辅相成。

　　古者贤王明民之德①，尽民之善，故无废德，无简民②，赏无所生，罚无所诚也。民有一善，处一事，故能尽民之善，无损德弃民也；能堪其事，故赏罚无所施也。有虞氏不赏不罚③，而民可用，至德也；夏赏而不罚，至教也；殷罚而不赏，至威也；周以赏罚，德衰也。赏不逾时，欲民速得为善之利也；罚不迁列，欲民速睹为不善之害也。赏功不移时，罚恶不转列，所以劝善惩恶，欲速疾也。大捷不赏，上下皆不伐善也④。一军皆胜，上下俱不取功也。上苟不伐善，则不骄矣；下苟不伐善，必不登矣。上下不伐善若此，让之至也。大败不诛，上下皆不善在己也。一军奔北，人皆有罪，故不诛，上下俱有过失也。上苟以不善在己，必悔其过；下苟以不善在己，必远其罪。上下分恶若此⑤，让之至也。上下不取其善，君不骄下，下不求进也。

【注释】

①古者贤王明民之德：本段节录自《天子之义》篇。

②简民：怠惰之民。

③有虞氏：中国上古部落。传说其首领舜接受尧的禅让，都蒲阪（今山西运城永济）。

④伐善：夸耀自己的长处。伐，自我夸耀。

⑤分恶：分担过错。

【译文】

古代的贤王彰显民众的德行，使民众努力行善，所以没有败坏的德行，没有怠惰的民众，不需要赏赐，也不需要惩罚。民众有一点长处，就任用他做一件相应的事，所以能够让民众竭尽其能，没有损害道德的行为。和被社会摒弃之人，能够胜任所做的事，所以赏罚没有施加的对象。有虞氏不用赏罚，而民众就可以效力，这是拥有至高无上的美德；夏朝只奖赏而不用惩罚，这是拥有至高无上的教化；殷朝只惩罚而不奖赏，这是拥有至高无上的威慑力；周朝运用赏罚，这是德行已败坏啊。奖赏不拖延，是想要让民众迅速获得做好事的好处；惩罚不要等人走出队列，是想要让民众迅速看到做坏事的害处。奖赏功劳不超过时限，惩罚过错不等人走出队列，是为了劝善惩恶，想要民众迅速看到结果。大胜之后不奖赏，上下都不夸耀自己的功劳。全军都获胜，上下都不获取功劳。假如在上位的人不夸耀功劳，那就不会骄傲了；假如在下位的人不夸耀功劳，一定不会要求晋升了。上下都像这样不夸耀功劳，表明谦让风气到了极致。打了大败仗后不诛罚，上下都认为自己做得不好。全军败逃，人人都有罪责，所以不诛罚，上下都有过失。在上位的人如果认为是自己做得不好，一定悔恨自己的过错；在下位的人如果认为过错在自己身上，一定会避免再犯过错。君臣上下像这样分担过错，是谦让风气的极致啊。上下不自我夸耀功劳，君上不怠慢臣下，臣下也不寻求晋升提拔。

孙子兵法

【题解】

《孙子兵法》，又称《孙武兵法》《吴孙子兵法》等，是我国现存最早的兵书，也是世界上最早的兵书。它首次站在国家政治的高度理性地审视战争，提出决定战争胜负的五个基本因素是政治、天时、地利、将帅、法制，而首要的是政治因素。又主张"不战""慎战"，以最小代价获取最大胜利。《孙子兵法》对战争问题的论述，也包含了许多有价值的哲学思想，反映了战争的重要规律，如"知彼知己，百战不殆"等，同时反映了孙武的朴素唯物主义和深刻的军事辩证法思想，影响深远。《孙子兵法》不仅为中国历代兵家所重视，也为各国军事家所推崇，被奉为"兵学圣典"，置于《武经七书》之首。

《汉书·艺文志》著录《孙子兵法》为八十二篇，图九卷。其后历代著录虽篇数不一，但皆为十三篇，分别为计、作战、谋攻、形、势、虚实、军事、九变、行军、地形、九地、火攻、用间。该书注本极多，以曹操注最早，《平津馆丛书》所收影宋本《孙吴司马法》中有《魏武帝注孙子》。此后注家颇多，最有名的是《十一家注孙子》（十一家为曹操、杜佑、李筌、杜牧、陈皞、贾林、孟氏、梅尧臣、王晳、何延锡、张预），又有《武经七书》本《孙子》。近人杨炳安《孙子集校》，今人郭化若《孙子译注》、李零《孙子译注》可供参考。

　　《孙子兵法》相传为春秋时齐国人孙武所著。孙武,字长卿,春秋时齐国乐安人。曾以兵法求见吴王阖庐,吴王知其能用兵,任以为将。前506年,与伍员等率吴军攻楚,大败楚军。吴国由此国势大振,显名诸侯。他认为军事行动是国之大事,必须深入了解情况,全面分析敌我双方强弱、众寡、虚实、攻守、进退等态势,正确认识和运用战争规律,方能克敌制胜。

　　唐太宗李世民说"观诸兵书,无出孙武"。《群书治要》节录了《孙子兵法》中有关战争与治国的七个片段,没有直接节录战略、战术,而是反复说明战争的性质、目的与意义。体现了魏徵期待李世民"偃武修文,治国安民"的良苦用心。

　　孙子曰①:凡用兵之法,全国为上②,破国次之③;兴兵深入长驱,据其都邑,绝其外内,敌举国来服为上;以兵击破,服得之,为次也。全军为上④,破军次之;全卒为上⑤,破卒次之。是故百战百胜,非善之善者也⑥;不战而屈人之兵,善之善者也。未战而敌自屈服也。

【注释】

①孙子曰:本段节录自《谋攻》篇。

②全国:指保全国家,使敌国不战而降。贾林曰:"全得其国,我国亦全,乃为上。"

③破国:指击破、消灭敌国。曹操曰:"以兵击破,败而得之,其次也。"

④全军:指不战而以计谋使敌军全部降伏。何延锡曰:"降其城邑,不破我军也。"军,古代军队编制,一万二千五百人为一军。

⑤全卒:保全我军最基本的建制单位。卒,古代兵车编组的基本单位。

⑥非善之善:曹操曰:"未战而战自屈,胜善也。"张预曰:"战而能

胜,必多杀伤,故曰'非善之善'。"善,指杰出的、惊人的。

【译文】

孙子说:大凡用兵的原则,以保全国家、让敌国不战而降是最上策,兴兵击破消灭敌国是次一等的;兴兵深入敌境,长驱而入,占据敌人的都城,断绝内外支援,让敌人全国来降服是上策;用兵力击破敌军,让他们归服得胜,是其次的。不战而使敌军降服是上策,用武力击破敌军是次一等的;不战而使基本建制得以保全是上策,用武力击破敌人的基本建制是次一等的。因此百战百胜,不是高明中最高明的;不用战斗就让敌军屈服,才是高明中最高明的。还未开战敌人就自己屈服了。

故上兵伐谋[1],敌始有谋,伐之易也。其次伐交[2],交,将合也。其次伐兵[3],兵形已成。下攻攻城。敌国已收其外粮城守,攻之为下。故善用兵者,屈人之兵而非战也,拔人之城而非攻也[4],毁人之国而不久也,必以全争于天下,故兵不钝而利可全也。

【注释】

①故上兵伐谋:本段节录自《谋攻》篇。上兵,指用兵之上策。伐谋,指用谋略战胜敌人。

②伐交:指破坏敌方与其他方面的外交联合。

③伐兵:指通过两军对战而取胜。

④拔:攻下,夺取。

【译文】

所以用兵的上策是用谋略战胜敌人,敌人刚开始有谋略,战胜他们是容易的。其次是破坏敌人的外交联合,交,是指将要联合。再其次是挫败敌人的军队,用兵作战的阵型已经形成。最下策是攻城。敌国已经把外部军粮收进城中坚守,进攻它是下策。所以善于用兵的人,让敌人兵力屈服而不靠战争,夺取敌人的城池而不靠强攻,灭掉敌国而不靠长久用兵,一定要以不用武力就使敌人屈服的完胜策略在天下争胜,所以兵力不损耗而利益得以保全。

兵形象水①。水行避高而就下,兵之形避实而击虚②。故水因地而制行,兵因敌而制胜。故兵无定势,水无常形,能与敌变化而取胜者③,谓之神④。

【注释】

①兵形象水:本段节录自《虚实》篇。兵形,指用兵作战的形势。

②实:指敌人兵力强盛的地方。虚:指敌人兵力虚弱的地方。

③与敌:随着敌人的情形。

④神:神奇,神异。韩康伯注:"神也者,变化之极妙,万物而为言,不可以形诘者也。"曹操曰:"势盛必衰,形露必败,故能因敌变化,取胜若神。"

【译文】

用兵作战的形势就像流水一样。水流的规律是避开高处而流向低处,用兵的形势是避开敌人兵力强盛的地方而攻击其虚弱之处。所以流水依据地形的高低而决定水的流向,用兵根据敌人的形势而制定取胜策略。所以战争没有固定的态势,就像流水没有固定的形态,能够随着敌情变化而取得胜利的,叫做用兵如神。

孙子曰①:凡用兵之法,君命有所不受。苟便于事,不拘于君命也。无恃其不来②,恃吾有以能待之也③;无恃其不攻,恃吾之不可攻也。

【注释】

①孙子曰:本段节录自《九变》篇。

②无恃:不依赖,不凭借。曹操曰:"安不忘危,常设备也。"

③有以:表示具有某种条件、某种方法。

【译文】

孙子说:大凡用兵的原则,君王的命令也有可以不接受的。如果对战事有利,就不要被君王的命令所限制。不要依靠敌人不来的侥幸,要依靠我军有能够对付他们的方法;不要依靠敌人不进攻的侥幸,要依靠我军有不可攻破的实力。

夫唯无虑而易于敌者①,必禽于人。故卒未附亲而罚之②,即不服,不服即难用也。卒已附亲而罚不行者,即不可用矣。故令之以文③,齐之以武④,是谓必取。令素行则民服⑤。令素行者,与众相得也⑥。

【注释】

①夫唯无虑而易于敌者:本段节录自《势》篇。易,轻慢,轻视。杜牧曰:"无有深谋远虑,但恃一夫之勇,轻易不顾者,必为敌人所擒也。"

②附亲:归依,亲附。使之归附亲近。

③文:文德,指仁。

④武:武德,指军法。曹操曰:"文,仁也;武,法也。"

⑤素行:一贯认真执行。

⑥相得:彼此投合融洽。

【译文】

那些没有深谋远虑而轻视敌人的人,一定会被敌人擒获。所以兵卒还没有亲附而惩罚他们,他们就不会服从,不服从就难指挥了。兵卒已经亲附而不去施行惩罚,兵卒也不可指挥。所以用仁德来教导他们,用军法来统一他们,这才必定能获胜。法令一贯认真执行那么士兵就服从。法令能够一贯认真执行的原因,是与士兵们彼此信任融洽。

战道必胜[①],主曰无战,必战;战道不胜,主曰必战,无战。故进不求名,退不避罪,唯民是保,而利全于主,国之宝也。视卒如婴儿,故可与之赴深溪;视卒如爱子,故可与之俱死。厚而不能使,爱而不能全,乱而不能治,譬若骄子,不可用也。恩不可专用,罚不可专任[②]。

【注释】

①战道必胜:本段节录自《地形》篇。

②专任:专供某人承担,单独依靠。

【译文】

根据战争的形势和规律确定必能胜利时,即使君主说不打仗,主将也一定要打;根据战争的形势和规律确定不能胜利时,即使君主说一定要打仗,主将也不要打。所以进攻不为寻求个人功名,撤退不回避君主的惩罚,只想要保护民众,而成全君主的整体利益,这样的将领是国家的珍宝。对待士卒像婴儿,所以士卒能跟他一起奔赴深谷;对待士卒像心爱的孩子,所以士卒能跟他一起去死。厚待士卒而不能使用,爱护士卒而不能保全,军纪混乱而不能整治,譬如娇惯的孩子,不可以任用。恩情不可以专供某人享用,惩罚不可以专供某人承担。

知吾卒之可以击[①],而不知敌之不可击,胜之半也;知敌之可击,而不知吾卒之不可以击,胜之半也;知敌之可击,知吾卒之可以击,而不知地形之不可以战,胜之半也。胜之半者,未可知也。故曰:知彼知己②,胜乃不殆③;知天知地,胜乃可全。

【注释】

①知吾卒之可以击:本段节录自《地形》篇。

②知彼知己:对敌我双方的优劣长短均能透彻了解。

③不殆:不危险。

【译文】

知道自己的士卒可以进攻作战,却不知道敌人是不可攻击的,胜利的概率只有一半;知道敌人是可以攻击的,却不知道自己的士卒是不可以进攻的,胜利的概率只有一半;知道敌人可以攻击,知道自己的士卒是可以进攻的,却不知道地形是不适宜作战的,胜利的概率还是只有一半。胜利的概率只有一半,意味着不知道胜不胜。所以说:透彻了解敌人和自己,胜利才没有危险;了解天时又了解地利,胜利才可以保全。

明主虑之①,良将修之。非利不赴,非得不用,非危不战。不得已而用兵。主不可以怒而兴军,将不可以愠而致战②。合于利而用③,不合于利而止。怒可复喜,愠可复悦,亡国不可复存,死者不可复生也。故曰:明王慎之,良将敬之④,此安国之道也。

【注释】

①明主虑之:本段节录自《火攻》篇。

②愠:怨恨,恼怒。

③合于利:与国家利益相符合。

④敬:警戒,警惕。杜牧曰:"警言戒之也。"

【译文】

贤明的君主慎重考虑战争之事,善战的优秀将领研究作战取胜的谋略。没有利益不前往作战,不能取胜不要用兵,不是危难关头就不作战。没有办法才用兵。君主不可以因为一时的愤怒而兴兵,将领不可以因为一时的恼怒而出战。跟国家利益相符合的就用兵,不符合国家利益的就停止。愤怒可以重新变成高兴,恼怒可以重新转为喜悦,灭亡的国家不可能重新恢复,死亡的人不可能重新复活。所以说:圣明的君主慎重对待战争,优秀的将领警惕战争,这是使国家安定的原则。

兴师十万^①,出征千里,百姓之费,公家之奉,日千金;内外骚动,不得操事者^②,七十万家。古者八家为邻^③,一家从军,七家奉之,言十万之师不事不耕者,凡七十万家也。相守数年,以争一日之胜,而爱爵禄百金^④,不知敌之情者,不仁之至也,非民之将也,非主之佐也,非胜之主也。故明王圣主、贤君胜将,所以动而胜人,成功出于众者,先知也。先知者,不可取于鬼神,不可祷祀以求也。不可象于事也^⑤,不可以事类求也。不可验于度^⑥,不可以行事度也。必取于人,知敌之情者也。

【注释】

①兴师十万:本段节录自《用间》篇。

②操事:指从事耕种。

③邻:古代居民的基层组织。

③爱:吝惜。爵禄:爵位和俸禄。李筌曰:"惜爵赏,不与间谍,令窥敌之动静,是为不仁之至也。"

⑤象:类比。杜牧曰:"象者,类也,言不可以他事比类而求。"事:事务。

⑥验于度：指以星宿运行的位置事先占卜吉凶祸福。度，指星宿所处的位置。

【译文】

如果兴兵十万，出征千里，百姓承担的费用，公家的供养，一天要耗费千金；国家内外动荡不安，不能安心从事农耕的，有七十万家。古代八家编为一个邻，一家有人从军，七家奉养，这是说十万军队去打仗，不从事劳动不能耕种的，共有七十万家。敌我相持好几年，为了争夺最终的胜利，如果吝惜爵禄和金钱，不重用间谍，因不了解敌人的情况而打败仗，这是不仁的极致，他们不配当军众的将领，不配当君主的辅佐，不可能成为胜利的主宰。所以圣明的君主、贤德的将领，之所以发兵就战胜敌人，成就的功业超出众人，就是因为他们事先了解敌情啊。要想事先了解敌情，不能从鬼神那里求取，不可以用祈祷来求得。不可凭借与其他事物类比来推测，不可以用事物类比寻求。不能用观察星宿的位置去占卜，不可根据星宿的位置占卜推测。一定要取之于人，了解敌情的人啊。

卷三十四

老子

【题解】

《老子》是先秦道家的代表著作。又称《道德经》，分《道经》《德经》上下两篇，共八十一章。1973年，长沙马王堆汉墓出土的帛书《老子》，则先《德经》而后《道经》。

《老子》以"道"阐释宇宙万物的演变，认为世间万物都由"道"派生而来；提出"有无相生"的朴素辩证思想，认为矛盾双方可以相互转化；在老子看来，从人伦到物理，从认识到判断，高下长短，生死美丑，善恶祸福……世界的一切都是相反相成的。《老子》还主张"无为而治"，强调人与自然的和谐关系，希望人能效法自然，反对人对自然的异化。并幻想人类社会回到"小国寡民"的原始状态。《老子》虽只有五千言，但论述精辟，思想深邃，对传统哲学、科学、政治、宗教等领域均产生了深远影响。

老子，姓李，名耳，字聃，楚国苦县（今河南鹿邑）人。曾担任周王室守藏史，为管理藏书之史官。后又为柱下史。后见周室衰微乃隐退。

《老子》一书历来注释者甚多，最早的应是《韩非子》中的《解老》《喻老》，后来影响大的有西汉河上公注、魏王弼注、宋叶梦得《老子解》、清俞樾《老子平议》等，近人马叙伦《老子校诂》、高亨《老子正诂》、今人陈鼓应《老子注释以及评价》，各有所长，可供参考。

　　《群书治要》节录的是河上公注本《老子》，即《河上公章句》。此书成书最早、流传最广、影响最大，但是其姓名生地无人能知。据葛洪《神仙传》载："河上公者，莫知其姓名也。汉孝文帝时，结草为庵于河之滨，常读老子《道德经》。时文帝好老子之道，诏命诸王公大臣州牧在朝卿士，皆令诵之，不通《老子经》者，不得陞朝。帝于经中有疑义，人莫能通，侍郎裴楷奏云：'陕州河上有人诵《老子》。'"孝文帝先派使者询问，遭到拒绝后，亲自去拜访河上公，聆听其教诲，最后，"河上公即授素书《老子道德章句》二卷，谓帝曰：'熟研究之，所疑自解。余著此经以来，千七百余年，凡传三人，连子四矣，勿示非人！'帝即拜跪受经，言毕，失公所在。遂于西山筑台望之，不复见矣。论者以为文帝虽耽尚大道，而心未纯信，故示神变以悟帝，意欲成其道，时人因号河上公"。

　　《群书治要》从河上公注本《老子》中节录了五十章，为魏徵劝谏唐太宗"偃武修文""居安思危"奠定了理论基础。

道经

　　圣人处无为之事[①]，以道治也。**行不言之教**[②]，以身帅道之也。**万物作焉**各自动作。**而不辞**[③]，不辞谢而逆止之也。**生而不有**[④]，元气生万物而不有[⑤]。**为而不恃**[⑥]。道所施为，不恃望其报也。

【注释】

①处无为之事：是说圣人做顺应自然的事，用"无为"之道来处事。无为，老子的特殊概念，指没有功利目的的作为，它是符合自然之道的。

②不言：不用语言。

③辞：辞谢。引申为拒绝、制约。

④有：私有，占有。

⑤元气：指天地未分前的混沌之气。

⑥恃：负恃，依赖。

【译文】

圣人做顺应自然的事情，用道来治理。施行不用语言的教化，以自身来率领引导。任凭万物自然生长各自生长。而不制约它，不制约而反向制止它。生化万物而不据为己有，混沌元气化生万物而不据为己有。为万物助力而不自恃功劳。所做的一切顺其自然，不期望有所回报。

不尚贤，贤，谓世俗之贤者①，不贵之也。使民不争；不争功名，反自然也。不贵难得之货，使民不为盗；上化清静，下无贪人。不见可欲②，放郑声③，远美人。使心不乱。不邪淫也。是以圣人之治，谓圣人治国，犹治身也。常使民无知无欲，反朴守淳。使夫知者不敢为也。思虑深，不轻言。为无为，不造作，动因循。则无不治。德化厚，百姓安也。

【注释】

①世俗之贤者：能言善辩，脱离正道而玩弄权术；离开质朴而追求文采，这就是有"贤能"之称的人。

②见（xiàn）：呈现。可欲：指容易使情感欲望受波动的事物。

③郑声：原指春秋战国时郑国的音乐，因过分宣泄情感，跟雅乐不同，故受到排斥。

【译文】

不尊崇贤能的人，贤，就是世俗所说的贤能之人，不看重他。使人们不争夺功名；不争夺功名，返归自然状态。不看重难得的财货，使人们不做盗贼；上面清静无为，下面就没有贪心的人。不展现引发贪欲的事物，放弃郑国的音乐,远离美人。使民心不被惑乱。不邪恶纵逸。因此圣人治理天下,指圣人治理国家,就像修身一样。常常让人们没有妄念、贪欲,返回素朴,保有淳朴之心。让自作聪明的家伙不敢胡乱作为。思虑深刻,不轻易说话。行"无为"之道,不随意作为,举动因循自然之道。那就没有治理不好的。德化淳厚,百姓安定。

天地不仁^①,天施地化,不以仁恩,任自然也。以万物为刍狗^②。天地生万物,视之如刍草狗畜,不责望其报。圣人不仁^③,圣人爱养万民,不以仁恩。法天地,行自然。以百姓为刍狗。

【注释】

①不仁:不施予仁恩。

②刍狗:刍草与狗。一说,指古代祭祀时扎草把为狗,作为求福之用,是用完便丢的东西。刍,牲口吃的草。

③圣人不仁:老子一向主张"人法地,地法天",人道效法天道。天地不仁,所以圣人效法的结果也是不仁。

【译文】

天地不对万物施以仁恩,天地化育万物,不施以仁爱恩德,而是听任自然。把万物当做草、狗任其自然生灭。天地生万物,看待他们就如刍草狗畜一样,不求得到他们的回报。圣人不对万物施以仁恩,圣人爱护、养育万民,不施以仁爱恩德。效法天地,听凭自然。把老百姓当做草、狗任其自然生死。

金玉满堂,莫之能守^①。嗜欲伤神^②,财多累身。富贵而骄,还自遗咎^③。夫富当振贫^④,贵当怜贱,而反骄恣,必被祸患也。功成、名遂、身退^⑤,天之道也。言人所为,功成事立,名迹称遂,不退身避位,则遇于害,此乃天之常道。譬如日中则移,月满则亏,物盛则衰,乐极则哀也。

【注释】

①莫：没有人。

②嗜欲：嗜好与欲望。多指贪图身体感官享受的欲望。

③咎：灾祸，祸患。

④振：今作"赈"，赈济。

⑤遂：完成，成功。

【译文】

黄金美玉装满屋，没有谁能守得住。嗜好欲望伤害心神，财物多了拖累自身。富贵而骄奢，给自己留下祸患。富裕的应当赈济贫穷的，高贵的应当怜悯低贱的，如果反而骄傲放纵，一定遭遇祸患。功成、名就、身退不争，那是符合天道的啊！这是说人有所作为，功成，名就，如果不退身避位，那就会遇上祸害，这是上天不变的法则。譬如太阳到了中午就会偏移，月亮到了满月就会亏缺，事物全盛就会衰退，快乐到了极点就会悲哀。

五色令人目盲①，贪淫好色，则伤精失明。**五音令人耳聋**②，好听五音，则和气去心也。**五味令人口爽**③，爽，妄也④。人嗜于五味，则口妄，言失于道。**驰骋田猎令人心发狂**⑤，人精神好安静。驰骋呼吸，精神散亡，故发狂也。**难得之货令人行妨**。妨，伤也。难得之货，谓金、银、珠、玉。心贪意欲，则行伤身辱也。

【注释】

①五色：青、赤、白、黑、黄五种颜色。这里泛指各种颜色。

②五音：即宫、商、角、徵、羽五个音阶。这里泛指各种音乐。

③五味：指酸、甜、苦、辣、咸五种味道。这里泛指各种味道。爽：伤败，败坏。

④妄：扰乱。

⑤驰骋：骑马飞奔。

【译文】

　　五彩缤纷使人目盲，贪得无厌，喜好美色，就会损害精神导致视力下降。**五音强劲使人耳聋**，喜好听各种音乐，平和之气就会离开内心。**五味刺激使人口味败坏**，爽，是扰乱的意思。人嗜好五味，那么口味就会扰乱，是说失去了正味。**纵情驰骋围猎，使人亢奋心狂**，人的精神喜好安静。纵马驰骋一呼一吸，精神不断分散亡逸，所以就发狂。**难得的珍宝财货，使人行为失常。**妨，是伤害的意思。难得之货，指金、银、珠、玉。心中贪婪心心念念想得到，就会伤害品行自身受辱。

　　太上①，下知有之；太上，谓太古无名之君也。下知有之者，下知上有君，而不臣事，质朴淳也。其次，亲之誉之；其德可见，恩惠可称，故亲爱而誉之。其次，畏之；设刑法以治之。其次，侮之。禁多令烦，不可归诚②，故欺侮之也。信不足焉，有不信焉。君信不足于下，下则应之以不信，而欺其君也。

【注释】

①太上：最好的统治者。

②归诚：指对人寄以诚心。

【译文】

　　最好的君主，民众只不过知道有他存在而已；太上，指太古时代无名的君主。"下知有之"，民众知道上面有君主，而不像臣子那样事奉，是民风质朴淳厚。**次一等的君主，民众爱戴他赞誉他**；他的德行可以见到，恩惠可以称颂，所以亲爱他赞誉他。**再次一等的君主，民众害怕他**；设置刑法来治理。**更次一等的君主，民众轻蔑侮慢他。**禁令繁杂，不可对之寄以诚心，所以轻侮他。**君主的诚信不足，民众就不会信任他。**君主对民众的诚信不够，民众就以不信任回应，而且欺骗他。

绝巧^①，绝巧诈也。弃利，塞贪路也。盗贼无有。上化公正，无邪私也。以为文^②，不足。文不足以教民也。见素抱朴，见素守真，抱其质朴。少私寡欲。

【注释】

①巧：机巧，欺诈。

②文：法规条文。

【译文】

摒除巧诈，摒除机巧诈伪。丢弃私利，堵塞贪婪之路。盗贼就不会再有。君上教化公正，百姓没有邪恶私心。仅有辞藻华丽的法规条文，看来不够。法规条文不足以用来教化民众。还要行为表现单纯，内心保持纯朴，表现出天然本真，保持他的质朴。减少一己之私，降低嗜好欲望。

曲则全，曲己从众，不自专^①，则全也。枉则直^②，洼则盈^③，地洼下，水流之；人谦下，德归之。弊则新，自受弊薄^④，后己先人，天下敬之，久久自新。少则得，自受少，则得多。多则惑。财多者惑于守身，学多者惑于所闻也。是以圣人抱一为天下式^⑤。抱，守也。式，法也。圣人守一，乃知万事，故能为天下法式也。不自见，故明^⑥；圣人因天下之目以视，故能明达。不自是^⑦，故彰^⑧；圣人不自为是而非人，故能彰显于世。不自伐^⑨，故有功；圣人德化流行，不自取其美，故有功于天下也。不自矜^⑩，故长。圣人不自贵大，故能长久不危也。夫唯不争，故天下莫能与之争。此言天下贤与不肖，无能与不争者争。

【注释】

①自专：一任己意，独断专行。

②枉：弯曲。先秦文献多以"枉""直"相对。

③洼：深池，低凹。这就像用"谷"喻道，洼谷同为虚下而能受，注水而满盈。

④弊薄：破败。

⑤抱一：指守道。式：楷模，法度。

⑥明：明达，明白通达。

⑦自是：即"自以为是"。

⑧彰：彰显，显明。

⑨自伐：自我夸耀。

⑩自矜：自负，自傲。

【译文】

　　忍受委屈反而能圆满保全，委屈自己听从众人，不独断专行，那就能保全。弯曲反而能变直；低洼反而能包容充盈，地势低洼，水流向它；人谦逊待人，德行归属他。陈旧反而能代谢更新，自己甘受穷困，先人后己，天下敬重他，时间久了就会如获新生。少取反而能真正获得，自己享得少，那么得到的就多。贪多反而会导致迷惑。财物多的人在保护自身上就会迷惑，学问多的人就会被各种见闻所迷惑。所以圣人坚守道，才能成为天下的楷模。抱，是守住的意思。式，是法度的意思。圣人守住这个道，才能了解万事万物，所以能够成为天下的楷模。不用自己的眼睛去观察，所以能明白通达；圣人通过天下的眼睛来看，所以能够明白通达。不自以为是，所以能彰显自己；圣人不自以为是而非议他人，所以能够在世上彰显他自己。不自我夸耀，所以有功；圣人道德教化广泛传布，不自我夸耀，所以对天下有功。不自高自大，所以能长久。圣人不自高自大，所以能够长久平安不危险。正因为不与人竞争，所以天下没人能跟他相争。这是说天下无论贤还是不贤，没有能够与不与人争的人去争。

飘风不终朝^①，骤雨不终日^②。飘风，疾风也。骤雨，暴雨也。言疾不能长，暴不能久也。**孰为此者？天地也。**孰，谁也。**天地尚不能久，而况于人乎？**天地至神，合为飘风暴雨，尚不能使终朝至暮，况人欲为暴卒者乎^③？**故从事于道。**人为事，当如道安静，不当如飘风骤雨也。

【注释】

①飘风：狂风。终朝：一个早上。

②终日：一整天。

③卒（cù）：同"猝"，突然，仓促。

【译文】

狂风刮不了整个早上，暴雨下不了整个白天。飘风，是狂风。骤雨，是暴雨。是说迅疾不能持续，狂暴不能长久。**谁造成这一切的呢？天地。**孰，是谁的意思。**天地的狂暴尚且不能长久，何况人呢！**天地是至高的神，合成狂风暴雨，尚且不能让它从早到晚不停，何况人想要突然侵犯他人呢？**所以做事要遵循道。**人们为做事，应当像道一样安静，不应当像暴风骤雨一样。

自见者不明^①，人自见其形容^②，以为好，自见所行，以为应道，不自知其形丑、操行之鄙也。**自是者不彰^③，**自以为是而非人，众人共蔽之，使不得彰明也。**自伐者无功，**所为辄自伐，即失有功也。**自矜者不长。**好自矜者，不以久长。**故有道者不处。**

【注释】

①见（xiàn）：即"现"字。这里是表现、展现的意思。

②形容：外貌或容颜。

③自是：自以为是。

【译文】

自我表现的人并不明智，人自我展现他的相貌，认为美好，自我表现品行，以为应和大道，自己不知道形貌丑陋，操行鄙俗。**自以为是的人不能彰显自己。**自以为是而非议别人，众人一起埋没他，让他不能彰显自己。**自我夸耀的人不能获得功劳**，做点什么就自我夸耀，就会失去功劳。**自大自傲的人不能长久。**喜欢自大的人，不会长久。所以有道的人不会这样做。

道大①，道大者，无不容也。**天大**②，**地大**③，**王亦大**④。天大者，无不盖；地大者，无不载；王大者，无不制。**域中有四大**⑤，**而王居其一焉**⑥。八极之内有四大⑦，王居其一也。**人法地**，人当法地，安静和柔也，劳而不怨，有功而不宣。**地法天**，施而不求报，生长万物，无所收取。**天法道**，清静不言，万物自成。**道法自然**⑧。道性自然，无所法也。

【注释】

①道大：指道包罗天地，包容一切。

②天大：覆盖一切。

③地大：承载一切。

④王亦大：统治一切。

⑤域中：寰宇间，国中。四大：始于道而终于人（王为人之代表），由本体、自然而到社会。

⑥王居其一焉：这是强调王在四大中"居其一"的地位，可见《老子》绝非虚言，亦望用世。

⑦八极：八方极远的地方。泛指天下。

⑧道法自然：正是"道性自然"的结果。自然而然，无需外力，无劳外界。

【译文】

道大，道大，是没有不容纳的。天大，地大，王也大。天大，是没有不能覆盖的；地大，是没有不能承载的；王大，是没有不能统治的。宇宙中有这四大，而君王就占了其中之一呀。天地间有四大，王占了其中之一。人效法地，人应当效法地，安静柔和，劳作但不抱怨，有功但不宣扬。地效法天，施予而不求回报，让万物生长，无所收取。天效法道，清静不说话，万物自我成就。道效法的是自然之理。道的本性是自然，没有什么可效法的。

重为轻根，人君不重则不尊，治身不重则失神。静为躁君①。人君不静则失威，治身不静则身危。奈何万乘之主②，奈何者，疾时主③，伤痛之也。而以身轻于天下。疾时王奢恣轻淫也④。轻则失臣⑤，王者轻淫则失其臣，治身轻淫则失其精。躁则失君。王者行躁疾，则失其君位；治身躁疾，则失其精神也。

【注释】

①君：主，主宰。

②万乘之主：指大国君主。

③疾：痛心。

④奢恣：骄奢恣肆。轻淫：轻率而没有节制。轻，轻率浮躁。

⑤臣：王弼本作“本”，据《永乐大典》和俞樾的说法，当为“根”。

【译文】

厚重是轻率的根本，人君不庄重就不被尊敬，不重视修身就会损耗精神。静定是浮躁的主宰。人君不静定就失去威严，不静养身心自身就危险。怎么身为大国的君主，奈何，是痛心当时的君主，为他们哀痛。还对自己的身心如此轻率浮躁，以至于不顾天下呢。痛心当时的君主骄奢恣肆无节制。轻率就会失去臣下，君主轻率没有节制就失去臣下，修身轻率没有节制就损耗精气。浮躁就会失去君位。君主行为浮躁急切，就会失去君位；修身浮躁急切，就会损耗精神。

　　圣人常善救人，圣人所以常教人忠孝者，欲以救人性命也。**故无弃人**；使贵贱各得其所也。**常善救物**①，圣人所以常教民顺四时者，以救万物之残伤也。**故无弃物**。不贱石而贵玉。

【注释】

①救物：圣人于人于物，都在道的一体包容之中，故能物尽其用。

【译文】

　　圣人经常善于救人，圣人之所以常教导人忠诚孝顺，是想要救人性命。**所以没有被抛弃的人**；让高贵低贱的人各得其所。**经常善于救物**，圣人之所以常教导民众顺应四时节气，是要挽救万物的残伤。**所以没有被抛弃的东西**。不轻视石头而看重宝玉。

　　善人者，不善人之师也；人之行善者，圣人即以为人师也。**不善人者，善人之资也**①。资，用也。人行不善，圣人教道使为善，得以为给用。**贵其师，不爱其资**，无所使也。**虽智大迷**②。虽自以为智，言此人乃大迷惑。**是谓要妙**③。能通此意，是谓知微妙要道。

【注释】

①资：借鉴，给用。

②虽智大迷：世俗之扰，智者亦不免，所以是大迷惑。

③要妙：微妙要道。

【译文】

　　善人，可作为不善人的老师；行善的人，圣人就让他做众人的老师。**不善**

的人，是善人的供给备用。资，是给用的意思。有人行为不善，圣人教导使他为善，能够用来作为供给备用。**尊重老师，不珍惜给用，没有使用的地方。虽说自以为聪明却是大糊涂。**即使自以为聪明，其实说这人就是大迷惑。**这就是精微玄妙。**能够通晓这个意义，这就叫做知道微妙要道。

　　知其雄，守其雌，为天下谿。雄以喻尊，雌以喻卑。人虽自知尊显，当复守之以卑微，去雄之强梁①，就雌之柔和。如是，则天下归之，如水之流入深溪。**为天下谿，常德不离②。**人能谦下如深溪，则德常在，不复离己。**知其白，守其黑，为天下式。**白以喻昭昭，黑以喻默默。人虽自知昭昭明达，当复守之以默默，如暗昧无所见。如是，则可为天下法式也。**为天下式，常德不忒③。**人能为天下法式，则德常在于己，不复差忒也。**知其荣，守其辱，为天下谷。**知己之有荣贵，当守之以污浊。如是，则天下归之，如水流入深谷也。

【注释】
①强梁：强壮有力，勇武。
②常德不离：恒常之德便不离开自己了。
③"知其白"几句："知其白"后"守其黑，为天下式。为天下式，常德不忒，复归于无极。知其荣"23字河上公本有，《庄子·天下》所引无。不忒，没有差错。

【译文】
　　深知自己雄健勇武，却甘守温柔和气，成为天下水流汇合的溪谷之地。雄用来比喻尊贵，雌用来比喻谦卑。人即使知道自己尊贵荣显，也应当以谦卑低微持守，去除雄性的强壮有力，趋向雌性的温柔和气。像这样，那么天下归附他，就像水流向深溪。处于卑下溪谷之地，恒常之德就不会丧失。人能够谦下如同深溪,那么德行就会常在,不再离开自己。**深知自己清楚明白,却甘守暗昧无知,成为天下的楷模。**白用来比喻清楚,黑用来比喻无知。人即使自己知道得很清楚,也应当以无知持守,就如同暗昧看不见。像这样,就可以成为天下的楷模。**成为天下的楷模,恒常之德就没有差错。**人能够成为天下的楷模,德行就常在于自身,不再有差错。**深知自己的荣贵,却甘守污辱,成为天下水流汇入的山谷。**知道自己有光荣显贵,应当以污浊持守。像这样,那就天下归附他,如同水流向深谷。

　　将欲取天下欲为天下主也。**而为之**①,欲以有为治民也。**吾见其不得已**②。我见其不得天道人心已明矣。天道恶烦浊,人心恶多欲。**天下神器**③,**不可为也。**器,物也。人乃天下之神物也。神物好安静,不可以有为治也。**为者败之**④,以有为治之,则败其质性也。**执者失也**⑤。强执教之,则失其情实,生于诈伪也。**是以圣人去甚、去奢、去泰**⑥。甚,谓贪淫声色也;奢,谓服饰饮食也;泰,谓宫室台榭也。去此三者,处中和,行无为,则天下自化也。

【注释】

①为:是有目的、有所作为的"有为"。这实际是妄为、为所欲为。

②不得已:不能得到(指天下)了。意即不能达到目的。

③神器:等于说神圣的器物。

④为者败之:用有为来治天下的人必败坏天下。天下应无为而治。

⑤执者失也:抓得越紧,就越会失去。

⑥甚:指贪淫声色。奢:指服饰饮食奢侈。泰:指宫室台榭过分。

【译文】

　　要想取得天下想要成为天下的君主。而靠"有为"治理,想要用"有为"来治理民众。我看他是不能达到目的了。我看他不能获得天道人心已经很明

显了。天道厌恶杂乱污浊,人心厌恶欲望太多。**天下是神圣的器物,不可以用
"有为"来摆弄呀。**器,是物。人是天下的神物。神物喜好安静,不可以用"有为"
来治理。**有所作为就会败坏天下,用"有为"来治理它,就会败坏它的本质。抓
住不放就会失去。**强行抓住教化,那就失去情实,产生出诈伪。**所以圣人要去
掉极端、去掉奢侈、去掉过度的措施。**甚,是说对声色贪得无厌;奢,是说服饰
饮食奢侈;泰,是说宫室楼台过分。去掉这三样,处事中正平和,行为顺应自然,那么
天下将会自然化育。

　　以道佐人主①,谓人主能以道自辅佐。**不以兵强于天下。**
顺天任德,敌人自服也。**师之所处,荆棘生焉**②。农事废,田不
修。**大军之后,必有凶年**③。天应之以恶气,即害五谷也。**善者
果而已**④,行善者,当果敢而已,不休也。**不敢以取强焉**⑤。不敢
以果敢取强大之名。**果而勿矜,**当果敢、谦卑,勿自矜大。**果而勿
伐,**当果敢、推让,勿自伐也。**果而勿骄,**骄,欺。勿以骄欺也。**果
而勿强。**果敢,勿以为强,以侵凌人也。

【注释】

①佐:辅佐。

②荆棘:泛指山野丛生多刺的灌木。

③凶年:荒年。所谓兵荒马乱,天灾人祸。

④善者:指善兵者,善于用兵的人。果:果敢。

⑤以:"以战"的省略。本句告诫不要用武力逞强。

【译文】

　　用道来辅佐君主,是说君主能够用道来自我辅佐。不靠兵力逞强于天
下。顺应上天,凭借德行,敌人自己就服从了。军队到过的地方,荆棘就会长
满。农业生产荒废,农田不修整。大战之后,一定会有荒年。上天以恶劣的天

气感应，就会伤害五谷粮食。**善于用兵的人只要果敢罢了**，善于用兵的人，应当果敢罢了，不以用兵为美。**绝不敢用武力来逞强。**不敢以果敢来博取强大的名声。**虽然果敢而不自大**，应当果敢、谦卑，不要自傲自大。**虽然果敢而不炫耀**，应当果敢、退让，不要自夸功劳。**虽然果敢而不骄横欺人**，骄，是欺负的意思。不要以骄横欺负人。**虽然果敢而不逞强。**果敢，不要用来逞强，用来侵犯欺凌别人。

兵者①，**不祥之器**②，兵革者③，不善之器也。**非君子之器，不得已而用之**，谓遭衰逢乱，乃用之以自守也。**恬淡为上**④，不贪土地，利人财宝。**胜而不美**，虽得胜，不以为利美。**而美之者，是乐杀人也。**美得胜者，是为乐杀人也。**夫乐杀人者，则不可以得志于天下矣。吉事上左**⑤，左，生位。**凶事上右**⑥。阴道，杀也。**偏将军处左**⑦，偏将军卑而居阳者，以其不专杀也。**上将军处右**⑧，上将军尊而居右者，以其主杀也。**言以丧礼处之。**丧礼上右。**杀人众多，以悲哀泣之**⑨。伤己德薄，不能以道化人，而害无辜之民。**战胜，则以丧礼处之。**古者战胜，将军居丧主之位⑩，素服而哭之，明君子贵德而贱兵，不得已诛不祥，心不乐之，比于丧也。

【注释】

①兵：兵器。

②不祥之器：不吉祥的器物。兵器所对应的不是饮血就是戕害生命，皆非祥和，所以说是"不祥之器"。这就是老子对战争的总判断。

③兵革：兵器和甲胄的总称。泛指武器军备。

④恬淡：漠然，不热衷。

⑤吉事：吉祥之事。古指祭祀、冠礼、婚嫁等。

⑥凶事：凶丧之事。

⑦偏将军：是将军的辅佐，在将军中的地位较低。

⑧上将军：行军作战时军中的主帅。

⑨泣：哭泣。按，楚简、帛书本作"临"，指临丧。姑且按河上公本注译。

⑩丧主：丧事的主持人。

【译文】

兵器，是不祥的器物，兵器甲胄，是不吉祥的器物。不是君子所用的器物，迫不得已才使用它，是说遭逢衰败丧乱，才用它来自我防守。那也要以漠然的态度为上。不贪求土地，不求取别人的财宝。战胜了也不以之为美，即使能胜利，也不认为胜利是美事。如果认为战胜敌人是好事，这是以杀人为乐。赞美获得胜利的人，这是把杀人作为快乐。而以杀人为乐的人，就不可能在天下实现统治的志向了。所以吉祥的事崇尚左，左，是主生的位置。凶丧的事崇尚右。是凶杀之道，是主杀的方位。因此不专杀的偏将军在兵车之左，偏将军地位低下，但左居于阳位，因为他不能擅自杀人。主杀的上将军在兵车之右，上将军地位尊贵，居于右边，因为他主宰生杀。这是说行军打仗用丧礼的礼节来对待的。丧礼崇尚右边。所以杀人众多，要悲哀哭泣去追悼。哀叹自己德行浅薄，不能用道感化人民，而伤害了无辜民众。战争取得胜利，要用丧礼去处置善后事宜。古代战争胜利后，将军处在丧事主持人的位置，穿着白色衣服而痛哭，表明君子重视德行而轻视兵力，不得已才诛杀恶人，心中实际是不喜欢去做的，好比在办丧事。

知人者智①，能知人好恶是智。自知者明。人能自知贤不肖，是为反听无声②，内视无形，故为明也。胜人者有力③，能胜人者，不过以威力也。自胜者强④。人能自胜己情欲，则天下无有能与己争者，故为强也。知足者富⑤，人能知之为足，则保福禄，故为富也。强行者则有志⑥。人能强力行善，则为有意于道。不失其所者久，人能自节养，不失其所，则可以久也。死而不妄者寿。

目不妄视，耳不妄听，口不妄语，则无怨恶于天下，故长寿也。

【注释】

①知人：指能了解他人的品行、才能、心性。

②反听：指自我省察。

③胜人者有力：胜人等于说征服世界，改造世界，只有有力者才能行。

④自胜者强："自胜"则要"克己"，复归于道。这里用"强"来说明是在"有力"之上的层次，只有克制自己的欲望，才是强者。今日时髦的"战胜自我"，其实老子早已提出。

⑤知足者富：这是承第一句。有自知之明，那就不用等待外物，所以是富。

⑥强行者则有志：有自胜的顽强，那就不会被外部变化阻碍，所以是有志。强行，指自胜者的行为。

【译文】

识别他人的人是聪明，能够知道别人好坏的是明智。了解自己的人是明智。人能够知道自己贤与不贤，这是默默地自我省察，无形中向内观照自己，所以就是明。战胜他人的人是有力，能胜过他人，不过是靠威力。战胜自己的人才是强大。人能够战胜自己的私情欲望，那么天下就没有能与自己相争的人，所以是强。知道满足才是富有，人能够知足，就能保住福禄，所以是富。坚持奉行的人叫有志。人能够坚持勉力地行善，那就是有志于大道。不失去自己本性的就能长久，人能够自我节制修身养性，不失去本性，就可以长久了。至死而德行不乱的就能长寿。眼睛不乱看，耳朵不乱听，嘴巴不乱说，那么就不会被天下人怨恨憎恶，所以长寿。

道常无为①**，而无不为**②**。**道以无为为常也。**侯王而能守之**③**，万物将自化**④**。**言侯王而能守道，万物将自化，效于己也。

【注释】

①无为：顺应万物而为。这是对"道"做的一个判断。

②而无不为：等于说无所不为。河上公本、王弼本和帛书本有"而无不为"四字，而楚简本无。

③侯王：指国君、统治者、人主。

④自化：自然化育，自然生长。

【译文】

道常常是清静无为而又无所不为的。道把无为当做恒常之态。侯王如能遵守道，天下百姓就会自然教化。是说侯王如果能够遵守道，百姓将自然化育，效力于自己。

德经

上德不德①，上德谓太古无名号之君，德大无名，故言上德也。因循自然，养人性命，其德不见，故言不德也。**是以有德**；言其德合于天地，和气流行②，民得以全也。**下德不失德**，下德谓号谥之君，德不及上德，故言下德也。不失德者，其德可见，其功可称也。**是以无德。**以有名号及其身故也。**上德无为**言法道安静，无所改为也。**而无以为**，言无以名号为也。**下德为之**言为教令，施政事也。**而有以为**③。言以为己取名号。**前识者**④，道之华，不知而言知为前识也，此人失道之实，得道之华。**而愚之始也**⑤。言前识之人，愚暗之唱始也。**是以大丈夫处其厚**⑥，大丈夫谓道德之君也。处其厚者，处身于敦朴。**不处其薄**，不处身违道，为世烦乱也。**处其实**，处忠信也。**不处其华。**不上言也。

【注释】

①上德：指有大德之人，对道体现完满，所以叫"上德"。不德：不以德自恃。

②和气：古人认为天地间阴气与阳气交合而成和气，万物由此"和气"而生。

③上德无为而无以为，下德为之而有以为：这是说上德之人自然无为，因此才无所不为；而下德之人有企求有目的，是功利行为，所以他做事是"有以为"，即有其目的。

④前识：在事前先知，在人前先识。他们不虚心体道，却炫耀其智慧的臆测。

⑤道之华，而愚之始也：这种人，是道的浮华外表，是以人为愚而自己也成为愚的开始；背离大道就是真正的愚。

⑥厚：朴实淳厚。反实为华（华而不实），反厚为薄。世态人情之薄源于离道，故非伟人所居处。

【译文】

上德之人不自恃有德，"上德"是说上古没有名号的君主，德大却没有留下名号，所以称"上德"。他们顺应自然，养人性命，他们的恩德却不显现，所以说"不德"。**所以有与道相合的德；**这是说他的德与天地相合，阴阳交和之气流行散布，民众能赖以保全。**下德之人自恃有德，**"下德"是说有谥号的君主，德行赶不上"上德"，所以说"下德"。不失德，是说他的德行可以显现，他的功绩可以称道。**所以没有与道相合的德。**是因为有谥号加身的缘故。**上德自然无为**这是说效法道的安静，不为改造什么而作为。**而无由作为，**是说不凭借名号作为。**下德刻意为之**这是说制作政教法令，施行政事。**而有其动机。**这是说用来给自己取得名号。**先人而识的人，不过是大道浮华的外表，**别人不知道却先说自己知道就是前识，这个人失去大道的实质，得到的是大道浮华的外表。**是愚昧的开始。**说先人而识的人，是愚蠢而不明事理的开始。**因此大丈夫立身敦厚，**大丈夫指得道有德的君子。处其厚，是说立身敦厚淳朴。**不居于浅薄，**立身不违背大道，成为世人的烦乱。**立身朴实**，立身忠信。**不居于浮华**。不崇尚虚言。

昔之得一者①，昔，往也。一，无为。**天得一以清**②，**地得一以宁**③，言天得一，故能垂象清明；地得一，故能安静不动摇。**神得一以灵**，言神得一，故能变化无形。**谷得一以盈**，言谷得一，故能盈满而不绝。**万物得一以生**④，言万物皆须道生成也。**侯王得一以为天下贞**。言侯王得一，故能为天下平正也。**天无以清将恐裂**，言天当有阴阳、昼夜，不可但欲清明无已时，将恐分裂不为天也。**地无以宁将恐发**⑤，言地当有高下、刚柔，不可但欲安静无已时，将恐发泄不为地。**神无以灵将恐歇**⑥，言神当有王相休废⑦，不可但欲灵无已时，将恐虚歇不为神。**谷无以盈将恐竭**，言谷当有盈缩虚实，不可但欲盈满无已时，将恐枯竭不为谷。**万物无以生将恐灭**⑧，言万物当随时死生，不可但欲常生无已时，将恐灭亡不为物也。**侯王无以贵高将恐蹶**。言侯王当屈己下人，汲汲求贤，不可但欲贵高于人，将恐颠蹶失其位也。**故贵必以贱为本**，言必欲尊贵，当以薄贱为本，若禹、稷躬稼，舜陶河滨，周公下白屋也⑨。**高必以下为基**。言必欲尊贵，当以下为本。**是以侯王自称孤、寡、不穀**⑩，孤、寡，喻孤独；不穀，喻不能如车穀，为众辐所凑也。**此其以贱为本**？侯王至尊贵，能以孤寡自称，此非以贱为本乎？

【注释】

①昔：从前。一：实际就是指"道"，指万事万物的本体、起源，一种清静无为的状态。

②清：清明，清澈明净。

③宁：安宁，地以安宁稳重为贵。

④生：生长。按，"万物得一以生"，帛书本无。

⑤发：借为"废"，倾废。

⑥歇：衰歇，消失。

⑦王相休废：表示事物的消长更迭。休废，衰败。

⑧灭：消灭，灭绝。帛书本无"万物无以生将恐灭"一句。

⑨下白屋：礼贤下士。白屋，即贫家的住所，指房顶用白茅覆盖，或木材不加油漆叫白屋。这里指贫士。

⑩孤、寡、不穀（gǔ）：这三者都是当时君王的自称。君王这样做，就是"以贱为本"，也包括了上文的"以下为基"。穀，车轮中心外承轴内穿轴的圆木，众多辐条聚集于此。

【译文】

从前得到"一"这种无为之道的，昔，以往。一，指无为之道。**天得道便清明，地得道便安宁**，这是说天得道，所以能显示清明气象；地得道，所以能够安静不动摇。**神得道便灵验**，这是说神得道，所以能变化无形。**溪谷得道便盈满**，这是说溪谷得道，所以能够盈满不断绝。**万物得道便生长**，这是说万物都因道而长成。**侯王得道就能使天下平正。** 这是说侯王得道，所以能将天下治理得太平公正。**天若不保持清明恐怕就会分裂**，这是说天应当有阴阳、日夜，不可只想永远清明无尽之时，那恐怕会分裂不成其为天了。**地若不保持安定恐怕就会倾废**，这是说地应当有高低、刚柔，不可只想着安静无尽时，那恐怕会宣泄不再成为地了。**神若不保持灵验恐怕就会消失**，这是说神应当有消长更迭，不可只想着灵验无尽时，那恐怕将会衰歇不成为神了。**溪谷若不保持盈满恐怕就会干涸**，这是说溪谷应当有盈缩虚实，不可只想着盈满无尽时，那恐怕将枯竭不成为溪谷了。**万物不能保持自然生长恐怕就会灭绝**，这是说万物应当随着时令枯荣生死，不可只想着长久繁盛无尽时，那恐怕灭亡不再成为物了。**侯王若不能保持高贵地位恐怕就会亡国。** 这是说侯王应当委屈自己甘居人下，一心追求贤才，不可只想着比别人高贵，那恐怕会覆亡失掉自己的君位了。**所以贵一定要以贱为根本，** 这是说如果一定想要尊贵，应当以卑微低贱作为根本，像夏禹、后稷亲自耕种，舜在黄河之边劳动,周公礼贤下士一样。**高一定要以低做基础。**这是说如果一定想要尊贵,应当以低下为根本。**因此侯王称呼自己叫"孤、寡、不榖",**孤、寡,比喻孤独;不榖,比喻不能如同车榖那样,成为众多辐条聚合的地方。**这不就是提示自己以低贱做根本吗?** 侯王是最尊贵的,能以孤、寡自称,这不就是以贱作为根本吗?

　　人之所恶,唯孤、寡、不榖,而王公以为称①。孤、寡、不榖,不祥之名。而王公以为称者,处谦,法空虚、和柔。**故物或损之而益②,**引之不得,推让必还。**或益之而损。**夫增高者崩,贪富者得患。**人之所教③,**谓众人所以教,去弱为强、去柔为刚也。**我亦教人。**言我教众人,使去强为弱、去刚为柔也。**强梁者不其死④,**强梁者,尚势,任力,为天所绝,兵刃所伐,不得以命死也。**吾将以为教父⑤。**父,始也。老子以强梁之人为教戒之始。

【注释】

①"人之所恶"几句:此义已见于上一章。这里再次申言,是为了引起下文来论述事物发展的规律。

②损:减损。益:增益。减损而得益,求益而减损。正如《尚书》所言"满招损,谦受益"。

③人之所教:指他人用来教导的东西。

④强梁:强横凶暴。

⑤教父:即教化之开始。这是说不能强劲,而必柔弱。

【译文】

　　人们所厌恶的,是"孤""寡""不榖",而王公用作自己的称呼。孤、寡、不榖,是不吉祥的名称。而王公用来称呼自己,是立身谦卑,效法空虚、和柔。所以事物有时减损它反而得到增益,求取它时得不到,推让反而一定能获得。有时增益反而受到减损。增高的会崩塌,贪得富裕的会得到祸患。**别人用来教导我的**,指众人所教的,是去掉柔弱,追求刚强。**我也用来教导别人。**是说我教导众人,让他们放弃刚强,追求柔弱。**强横凶暴的人不得好死**,强横的人,是崇尚强势,放纵暴力,被天所不容,必将兵刃加身,不能长命而死。**我要把这作为教化的开始。**父,是开始。老子把强横之人作为教导和训诫的开始。

　　天下之至柔①,**驰骋天下之至坚**。至柔者,水也;至坚者,金石也。水能贯坚入刚,无所不通也。**无有入于无间**②。无有,谓道也。道无形质,故能出入无间,通神群生。**不言之教**③,法道不言,帅之以身也。**无为之益**④,法道无为,治身则有益精神,治国则有益万民,不劳烦。**天下希及之**。天下,谓人主也。希能有及,道无为之治。无为之治,治身、治国也。

【注释】

①至:极,最。

②无有:等于说"无",正如庄子庖丁之喻中的"无厚"。无间:就是没有空隙,就像庄子庖丁之喻中之"节者有间"之反。这比喻至坚之物实际上也是有间的,只有道才是无有、无间的。

③不言之教:指不依靠语言,而用德政感化人民。

④无为:指道。无所不通的道,用于治国修身当然是"有益"的。

【译文】

　　天下最柔弱的东西,能驾驭天下最坚硬的东西。最柔和的东西,是水,最坚硬的东西,是金石。水能够穿透坚硬,没有不通的地方。**没有形质的东西,能透入没有间隙的地方。**无有,是指"道"。"道"没有形状体质,所以能出入没有缝隙之地,通达神明,无处不在。**不用言辞的教化,**效法"道"不依赖语言,以自身做表率。**无为的好处,**效法"道"清静无为,修身就有益精神,治国就有益万民,不烦劳。**天下很少有能比得上这些原则的。**天下,是指君主。很少能比得上这些原则,是说大道无为而治。无为而治,修身、治国都是如此。

甚爱必大费①,甚爱色者费精神,甚爱财者遇祸患。所爱者少,所亡者多,故言大费。**多藏必厚亡**②。生多藏于府库,死多藏于丘墓。生有攻劫之忧,死有发掘之患也。**知足不辱,**知足之人,绝利去欲,不辱于身也。**知止不殆**③,知可止则止,财利不累于身,声色不乱于耳目,则终身不危殆。**可以长久。**人能知止、足,则福禄在己,治身者神不劳,治国者人不扰,故可长久也。

【注释】

①爱:吝啬。费:破费,耗损。

②藏:收藏,储藏。亡:亡失。

③殆(dài):危险。

【译文】

过分吝啬,一定会招致更大的破费;过分好色的人耗费精神,过分贪财的人遭遇祸患。所爱的少,所亡失的多,所以说是大耗费。**过多的贮藏,一定会招致重大的损失。**活着时多藏货在仓库,死了多藏货在坟墓。活着有被攻击掠夺的忧虑,死了有被发掘坟墓的祸患。**所以知道满足,不会受到困辱,**知足的人,放弃名利去除欲望,自身便不受困辱。**知道适可而止,不会遇到危险,**知道可止就停止,财利不拖累自身,声色不扰乱耳目,那就一辈子不会危险。**这样便可以长久。**人如果能够知道适可而止、满足,那么福禄就能自己把握,修身的人心神不疲劳,治国的人不烦扰,所以可以长久。

大成若缺①,谓道德大成之君也,如缺者。灭名藏誉,如毁缺不备。**其用不弊。**其用心如是,则无弊尽时也。**大盈若冲**②,谓道德大盈满之君也。如冲者,贵不敢骄,富不敢奢也。**其用不穷。**其用心如是,则无穷尽。**大直若屈,**大直,谓修道法度正直如一也。如屈者,不与俗人争,如可屈折也。**大巧若拙**③,大巧,谓多才术也。如拙者,亦不敢见其能也。**大辩若讷**④。大辩,知无疑也。如讷者,无口辞也。**清静以为天下正**⑤。能清能静,则为天下长持正,则无终已时也。

【注释】

①大成:完备,圆满。

②大盈若冲:指道充盈一切,然而却空虚无形,故"若冲"。冲,虚空。

③大巧若拙:顺应自然,水到渠成,无所表现,是为朴拙。

④辩:能言善辩。讷:迟钝木讷。帛书本作"大赢如朒"。赢,盈余。朒,亏缺,不足。

⑤清静:等于说无为。

【译文】

　　最圆满的东西好像有破缺一样,这是说道德圆满的君主,好像有缺损。抛弃名声,藏起荣誉,如同破损不完备。**而它的作用不会衰竭。**他用心如此,那就没有衰竭穷尽之时。**最充盈的东西好似虚空,**这是说道德圆满的君子。如虚空,是尊贵而不敢骄傲,富裕而不敢奢侈。**而它的作用不会穷尽。**他的用心如此,作用就无穷无尽。**最直的东西好似弯曲,**大直,是指修道法度正直如一。如屈,是不跟俗人争长短,如同可以曲折一样。**最灵巧的东西有如拙笨,**大巧,是指多才多艺。如拙,是不敢表现他的能力。**最厉害的雄辩好似木讷一样。**大辩,是智慧没有疑惑。如讷,是无法言辞伶俐。**清静无为可以使天下太平公正。**能够清静无为,就能使天下长久保持太平公正,那就没有终结停止的时刻。

　　天下有道,谓人主有道也。**却走马以粪**①;粪者,治田也。兵甲不用,却走马以治农田也。**天下无道**,谓人主无道也。**戎马生于郊**②。战伐不止,戎马生于郊境之上,久不还也。**罪莫大于可欲**,好淫色也③。**祸莫大于不知足**,富贵不能自禁止也。**咎莫大于欲得**。欲得人物,利且贪。**故知足之足,常足矣**④。无欲心也。

【注释】

①却:退回。走马:良马,善跑的战马。粪:治田。这是说在天下君主按"道"治理之时,无争欲,无战争,所以无需好马去作战,把他们从兵车解下驱退回田间种地。

②戎马:军马,战马。生于郊:有二解,一云连城郊也布满戎马兵车。二云战争频仍,怀孕的母马也上阵,所以在城郊生下小马。汉朝人理解当为后一义。郊,这里指战场。

③淫色:沉迷美色。

④故知足之足,常足矣:这是从清心寡欲、自然无为入手,从根本上知足。

【译文】

天下治理有道,这是指君主有道。退回战马给农夫种田;粪,是耕种田地。兵甲不用,退回良马来耕种农田。天下政治纷乱,这是指君主无道。怀孕的战马也要上战场,在战场上生下马驹。战争征伐不止,军马在城郊边境生下马驹,长久不能归来。罪恶没有比纵欲更大的了,是说沉迷美色。祸患没有比不知足更大的了,是说富贵而不能自己禁忌。灾难没有比贪得无厌更痛苦的了。想要得到民众和财物,求利且贪婪。所以知道满足的满足,这才是永远的满足。是说没有贪欲之心。

不出户①,**以知天下**;圣人不出户以知天下者,以己身知人身,以己家知人家,所以见天下矣。**不窥牖**②,**以见天道**。天道与人道同。人君清静，天气自正；人君多欲，天气烦浊。吉凶利害，皆由于己也。**其出弥远，其知弥少**③。谓去其家，观人家；去其身，观人身。所观益远，所知益少也。**是以圣人不行而知，不见而名**，上好道，下好德；上好武，下好力。圣人原小知大，察内知外也。**不为而成**。上无所为，则下无事。家给人足，物自化也④。

【注释】

①户：门。

②牖（yǒu）：窗。

③其出弥远，其知弥少：奔走红尘，熙熙攘攘，离道愈远。弥，更加。知，了解天道。

④自化：自然化育。

【译文】

不出家门，就能了解整个天下的事务；圣人不出门就能了解天下事务，是因为了解自身就了解别人，从自家了解别人家，所以能够了解天下。不望窗外，就能了解自然规律。天道跟人道相感应。君主清静，天地之气自然清明；君主欲望多，天地之气杂乱污浊。吉凶利害，都是由于自己。出去走得越远，了解的就越少。这是指离开自家，去看别家；离开自身，去看别人。所观看的越远，所了解的越少。因此圣人不远行就可以知晓实情，不眼见就可以说出真相，君上喜好道，民众就喜好德；君上喜好武，民众就喜好力。圣人由小了解大，观照内部了解外部。不作为就可以成功。君上无所作为，民众就没有事务。家家富足，人人饱暖，万物自然化育。

　　损之又损之①，损情欲，又损之，所以渐去之。**以至于无为，无为而无不为**。情欲断绝，德与道合，则无所不施，无所不为。**取天下常以无事**，取，治也。治天下常当以无事，不当劳烦民也。**及**

其有事，不足以取天下^②。及其好有事，则政教烦，民不安，故不足以治天下也。

【注释】

①损之又损之：这是说欲望减损到了极点，也就是致虚守静到了极点，这时便自然无为了。

②取天下：指治理好天下。

【译文】

情欲减少了再减少，减少情欲，再减少它，让它逐渐断绝。以至于清静无为的境界，如能无为就没有什么做不成的了。情欲断绝，德行跟道相合，那就什么都能施行，无所不成。治理天下，要常清静无繁政，取，治理。治理天下常应当无事，不应当烦劳民众。一旦政教繁苛劳烦民众，那就不能治理好天下了。等到治国喜欢多事，那就会政教繁苛，民众不安，所以不能治理好天下。

圣人无常心，圣人重改更，贵因循，若自无心也。以百姓心为心。百姓心之所便，因而从之。善者，吾善之；百姓为善，圣人因而善之。不善者，吾亦善之^①。百姓为不善，圣人化之使善。信者，吾信之；百姓为信，圣人因而信之。不信者，吾亦信之。百姓为不信，圣人化之使信也。

【注释】

①善之：善待他。善人，本性善良；不善人，私欲蒙蔽了善良，而"我"，应用善良去对待每一个人，这才是真正的善良。

【译文】

圣人没有固定不变的想法，圣人看重随机应变，贵在因循沿袭，就像自己没有想法。而是以百姓的想法为想法。根据百姓的想法便利就顺从他。善人，我善待他，百姓做了善事，圣人于是善待它。**不善的人，我也善待他。**百姓做了不善的事，圣人教化让他善良。**诚信的人，我信任他，**百姓诚信，圣人于是信任他们。**不诚信的人，我也信任他。**百姓不诚信，圣人教化让他们诚信。

生而不有①，道生万物，不有取以为利。**为而不恃**②，道所施为，不恃望其报也。**长而不宰**③，道长养万物，不宰割以为利用也。**是谓玄德**④。道之所行，恩德玄暗，不可得见也。

【注释】

①有：占有，据为己有。

②恃：仗恃，依赖。

③宰：主宰。

④玄德：言其出于自然精微而不可测。

【译文】

生长万物而不据为己有，道生养万物，没有用来取利。抚育万物而不自恃其功，道所施加作为的，是不指望得到回报的。长养万物而不主宰，道长养万物，不控制为自己所用。这就叫"玄德"。道行动的地方，恩德在暗处，不可能看见。

大道甚夷①，夷，平易也②。**而民好径。**径，邪不平也。大道甚平易，而人好从邪，不平正。**朝甚除**③，高台榭，宫室修。**田甚芜，**农事废，不耕治。**仓甚虚；**五谷伤害，国无储也。**服文采，**好饰伪，贵外华。**带利剑，**尚刚强，武且奢。**厌饮食**④，财货有余。多嗜欲，无足时。**是谓盗夸**⑤，百姓不足，而君有余者，是犹劫盗以为服饰，持行夸人，不知身死家破，亲戚并随之也。**非道也哉！**人君所行如是，此非道也。

【注释】

①夷：平。

②平易：平坦开阔。

②朝：指朝廷宫室。除：整洁。这是说朝廷宫室修饰得很好。

④厌饮食：吃饱喝足。

⑤盗夸：指盗贼向人夸耀。

【译文】

大道是那样平坦宽阔，夷，是平坦易行。而有人却喜好走邪路。径，是偏邪不平。大道很平坦易行，但是人却喜好走邪路，不走平坦正路。朝廷宫室是那么华美，建造高高的楼台，修筑华丽的宫殿。田野却非常荒芜，农事荒废，不耕种。仓库很空虚；粮食受到损害，国家没有储备。他们却还穿着华丽服装，喜好装饰，重视外表华丽。佩戴锋利宝剑，崇尚刚强，炫耀武力而且奢侈。吃饱喝足，财货有余。嗜好欲望太多，没有满足的时候。这就叫做强盗的夸耀，百姓衣食不足，而国君还多余，这如同劫贼盗来服饰，穿着行走向人夸耀，不知道将身死家破，亲戚也会受连累了。真是无道啊！国君如此行事，这真无道啊。

善建者不拔。建，立也。善以道立身立国者，不可得引而拔也。修之于身，其德乃真；修道于身，爱气养神。其德如是，乃为真人。修之于家，其德乃余；修道于家，父慈子孝，兄友弟顺，夫信妻贞。其德如是，乃有余庆。修之于乡，其德乃长；修道于乡，尊敬长老，爱养幼少。其德如是，乃无不覆及。修之于国，其德乃丰；修道于国，则君信臣忠，政平无私。其德如是，乃为丰厚。修之于天下，其德乃普。人主修道于天下，不言而化，不教而治，下之应上，信如影响。其德如是，乃为普博。

【译文】

善于用道立身立国的坚韧不拔。建,就是立。善于用道来立身、立国的人,不可能动摇他。用道修养自身的,美德就纯粹;自身修道,会珍惜元气保养精神。他的德行如此,才是真人。用道修养家的,美德就会有余庆;在家修道,父慈子孝,兄长友爱、弟弟顺从,丈夫诚信、妻子忠贞。他的德行如此,才有余庆惠及子孙后代。修道于一乡的,美德就会惠及全乡;在乡里修道,尊敬老人,爱育幼小。他的德行如此,就没有惠及不到的。修道治国,美德就会隆盛;在国修道,那么君上诚信臣下忠诚,政事公正无私。他的德行如此,才是隆盛的。用道修养天下,美德就会普遍弘扬。君主在天下修道,不用言语就能教化,不教导天下就得到治理,臣下呼应君上,如同影子回声迅速呼应。他的德行如此。才会有普遍广博的影响。

天下多忌讳,而民弥贫[1]。天下,谓人主也。忌讳者,防禁也。令烦则奸生,禁多则下诈。相殆[2],故贫也。民多利器,国家滋昏。利器者,权也。民多权则视者眩于目,听者惑于耳,上下不亲,故国家昏乱也。人多伎巧,奇物滋起。人,谓人君也。多伎巧,刻画宫观[3],雕琢章服[4],下则化上,日以滋起也。法物滋彰[5],盗贼多有。法,好也。珍好之物滋生彰著,则农事废,饥寒并至,故盗贼多有。我无为,而民自化;无所改作,而民自化成。我好静,而民自正;我不言不教,民皆自忠正也。我无事,而民自富;我无徭役,故皆自富。我无欲,而民自朴。我去华文,民则随我为质朴。

【注释】

①弥:更加。

②相殆:互相伤害。当指民用智于下。上下不亲近,故而国家更加昏乱。

③宫观：供帝王游憩的官馆。

④章服：绣有日月、星辰等图案的古代礼服。

⑤滋彰：越来越多。

【译文】

天下禁忌越多，百姓就越贫困。天下，是说君主。忌讳，是指防备禁戒。政令繁杂就产生奸邪，禁令增多臣下就欺诈。互相危害，所以贫困。**民众利器越多，国家就越昏乱。**利器，代表权谋。民众崇尚权谋，看的人就会眼花缭乱，听的人会耳鸣迷惑，上下不亲近，所以国家昏乱。**君主的技艺越巧妙，奇异之物就会滋生。**人，是指君主。技艺越巧妙，如刻画宫室，雕琢礼服花纹，民众就仿效君主，一天天滋长。**珍好之物越多，盗贼就出现得越多。**法，是指好。珍好之物滋生明显，农事就荒废，饥寒一起来到，所以多有盗贼。我（圣人）无为，民众自然被教化；无所改变造作，而民众的教化自然而成。我（圣人）喜好清静，民众自然中正；我不用言语不用教训，民众自然都忠诚正直。我（圣人）不征徭役，民众自然富足；我（圣人）不征徭役，所以百姓都自然富裕。我（圣人）没有欲望，民众自然纯朴。我摒除浮华文饰，民众就随我追求质朴。

其政闷闷①，其政教宽大，闷闷昧昧②，似若不明也。**其民醇醇；**政教宽大，故民醇醇③，富厚，相亲睦也。**其政察察**④，其政教急疾，言决于口，听决于耳。**其民缺缺**⑤。民不聊生，故缺缺，日以疏薄。**祸兮，福之所倚**⑥；倚，因。夫福因祸而生，人遭祸而能悔过责己，修善行道，则祸去福来。**福兮，祸之所伏**⑦。祸伏匿于福中，人得福而为骄恣，则福去祸来。**孰知其极**⑧？祸福更相生，无知其穷极时也。

【注释】

①闷闷：昏昧的样子。

②昧昧：昏暗，模糊不清的样子。

③醇醇：敦厚淳朴的样子。

④察察：严苛。

⑤缺缺：疏远诈伪的样子。

⑥倚：靠着，挨着。

⑦伏：藏匿。

⑧孰：谁。极：至，究竟。

【译文】

政教昏昧不明，政教宽厚，昏昧不清，像是不明了。**百姓反而能自然淳朴**。政教宽厚，所以民众淳朴敦厚，互相亲近和睦。**政教严苛**，政教严苛，政令出口就是决断，耳朵听闻就必须执行。**百姓反而会诈伪**。民众无法生活下去，所以就诈伪，人情一天天淡薄下去。**灾祸啊，是幸福倚傍着的**；倚，是凭借。福是因为祸而产生，人遭遇灾祸而能够向内悔过，修善行道，就祸去福来。**幸福啊，是灾祸藏匿在其中的**。祸藏匿在福之中，人得到了福而骄傲放纵，就福去祸来。**谁知道这里的究竟？**祸福交替相生，没人知道穷尽的时候。

治大国若烹小鲜①。鲜，鱼也。烹小鱼，不敢挠②，恐其糜也。治国烦则下乱，治身烦则精去也。**以道莅天下者，其鬼不神③**。以道德居位治天下，则鬼不敢见其精神以犯人也④。**非其鬼不神，其神不伤人**。其鬼非无精神，邪不入正，不能伤自然之民也。**非其神不伤人，圣人亦不伤人⑤**。非鬼神不能伤害人，以圣人在位，不伤害人，故鬼不敢干也。

【注释】

①小鲜：小鱼。煎炖小鱼，不能乱翻动，否则就会烂掉。治理大国也以安定不扰民为上。这是"无为而治"的妙喻。

②挠：搅和，搅动。

③以道莅天下者，其鬼不神：这是说用"道"治理天下，鬼神也不灵
　　验。莅，临。

④见：通"现"，显露，现身。

⑤干：干犯，侵犯。

【译文】

治理大国就像煎烹小鱼，不要乱搅动。鲜，是鱼。烹小鱼，不敢翻搅，担心把它弄烂。治国烦扰民众就混乱，修身烦扰精神就不存在了。**用道治理天下，那鬼神也不显灵了。**用道德居于上位治理天下，鬼神就不敢显露他的神灵来冒犯人。**不是那鬼神不显灵，是鬼神的神灵不伤害人。**不是那鬼神没有神灵，是邪不侵正，不能伤害自然的民众。**不是鬼神的神灵不伤害人，是圣人也不伤害人。**不是鬼神不能伤害人，是因为圣人在上位，不允许伤害人，所以鬼神不敢侵犯。

道者，万物之奥①，奥，藏也。道为万物之藏，无所不容。**善人之宝也**②，善人以道为身宝，不敢违。**不善人之所保**③。道者，不善人之所保倚也，遭患逢急，犹知自悔卑下。**故为天下贵。**无不覆济，恬然无为，故可为天下贵。

【注释】

①万物之奥：万物的收藏之处。奥，藏。此指收藏之处。室内西南
　　角，古人设神主或尊长居坐的地方。泛指室内深处或隐秘处。

②善人之宝：善人的珍宝。宝，珍宝。

③不善人之所保：道是不善的人用来保护自己的。

【译文】

道是万物的收藏之处，奥，是藏。道为万物的收藏之处，没有不容纳的。是善人的珍宝，善人把道当作自身的珍宝，不敢违背。是不善人用来保护自己

的。道，是不善人用来保护自己的，遭逢急难祸患，还知道自悔卑微。所以为天下人所珍视。没有不覆盖救济的，恬淡无为，所以可以为天下人珍视。

为无为，无所造作。**事无事**，除烦省事。**味无味**。深思远虑，味道意也。**报怨以德**。修道行善，绝祸于未生也。**图难于其易**，欲图难事①，当于易时，未及成也。**为大于其细**②。欲为大事，必作于小，祸乱从小来也。**天下难事，必作于易**③；**天下大事，必作于细。是以圣人终不为大**，处谦虚也。**故能成其大**。天下共归之也。**夫轻诺必寡信**，不重言也。**多易必多难**。不慎患也。**是以圣人犹难之**，圣人动作举事，犹进退，重难之，欲塞其源也。**故终无难**。圣人终身无患难之事，由避害深也。

【注释】

①图：图谋，打算做。

②细：小。

③作：兴作，开始。

【译文】

以"无为"的态度去作为，没有任何造作。以不烦扰的原则去做事，除去烦扰省去杂事。以恬淡无味的心态去品味。深谋远虑，体味大道之意。一切怨仇要以德相报。修道行善，把祸患断绝在还没有发生的时候。想做难事要在容易之时开始，想要图谋困难的事，应当在容易之时开始，不要等到快成形了才去做。做大事要从小事做起。想要做大事，必须从小事做起，祸乱是从小事造成的。天下的难事，一定从易事演变而成；天下的大事，一定从小事发展而成。所以圣人始终不自大，以谦虚处世。所以能成就大事。天下一起归顺他。轻易允诺一定很少兑现，不重视自己的话。凡事看得容易一定会碰到困难。是对祸患不慎重。因此圣人遇事都把它看得很难，圣人行动办事,无论进退,都当作难事来办,十分重视,想要堵塞困难的源头。所以圣人最终是没有难事了。圣人一辈子没有患难的事,是由于知道从根本上避开祸害。

　　其安易持,治身、治国,安静者易守持也。**其未兆易谋**^①,情欲祸患,未有形兆时易谋正。**其脆易破**,祸乱未动于朝,情欲未见于色,如脆弱易破除也。**其微易散。** 其未彰著、微小,易散去也。**为之于未有**,欲有所为,当以未有萌芽之时,塞其端也。**治之于未乱。** 治身、治国于未乱之时,当豫闭其门也。**合抱之木,生于毫末**;从小成大也。**九层之台,起于累土**;从卑至高。**千里之行,始于足下。** 从近至远。**为者败之**,有为于事,废于自然。**执者失之。** 执利遇患,坚持不得,推让反还。**圣人无为,故无败。** 圣人不为华文,不为利色,故无败坏也。**民之从事,常于几成而败之**^②。从,为也。民人为事,常于其功德几成,而贪位好名,奢泰盈满^③,而败之也。**慎终如始,则无败事。** 终当如始,不当懈怠。**是以圣人欲不欲**,圣人欲人所不欲。人欲文饰,圣人欲质朴;人欲于色,圣人欲于德。**不贵难得之货**^④;圣人不贱石而贵玉也。**学不学**,圣人学人所不能学。人学智诈,圣人学自然;人学治世,圣人学治身。**复众人之所过。** 众人学问反,过本为末,过实为华。复之者,使反本。**以辅万物之自然**,教人反本实者,欲以辅万物自然之性也。**而不敢为焉。** 圣人动作因循,不敢有所造为,恐远本。

【注释】

①兆:预兆、征兆。

②几:近,接近。

③奢泰:奢侈。

④贵：崇尚，重视。

【译文】

事情在安稳的状态容易把持，治身、治国，安定宁静的状态容易守持。事情没有征兆的时候容易谋划；情欲和祸患，没有征兆时容易谋划纠正。事情在脆弱的时候容易破除，祸乱还没有在朝廷搅动，情欲还没有因美色而起，如同脆弱容易破除。事情在细微的时候容易消散。事情还没有彰显、微小，容易化解。做事要在事情还没发生的时候进行，想要有所作为，应当在事物还没有萌芽的时候，堵塞它的端倪。治理动乱在动乱还没开始的时候进行。修身、治国要在没有动乱的时候，应当预先把动乱之门关上。两臂合抱的大树，是从毫毛尖般的幼芽生出；从小长成大。九层巍峨的高台，是用一块块泥土堆积起来的；从低到高。千里的行程，是从脚下一步步走出来的。从近到远。刻意作为的人必将失败，对事物刻意作为，就废了自然之理。执着去追求的人也必定失去。执着利益遇到祸患，勉强要求，推让反而会回来。圣人顺物而为，所以就没有失败。圣人不做浮华之事，不为利益美色而做事，所以没有败坏。人们做事，总是在将要成功的时候失败。从，是做的意思。民众做事，常在他功德即将成就时，而贪图地位喜好名声，奢侈盈满，因而失败。如果像慎重对待开始一样对待结束，那就没有失败的事情。终了时应当如同开始，不应当懈怠。因此圣人想要别人所不想要的，圣人想要的是别人不想要的。别人想要文饰，圣人想要质朴；别人想要美色，圣人想要德行。不看重难得的财货；圣人不轻视石头而看重宝玉。学众人不学的内容，圣人学别人不学的内容。别人学智术狡诈，圣人学自然大道；别人学治世，圣人学修身。让众人所犯的过失复归于正。众人的学问相反，丢掉根本追求末梢，丢掉朴实追求浮华。复之，是让他返回根本。因此辅助人们回归万物自然的本性，教人返回根本与朴实的原因，是想要辅助人们回归万物自然的本性。而不敢去勉强作为。圣人举动因循大道，不敢有所造作，恐怕远离根本。

古之善为道者，说古之善以道治身及治国者。非以明民①，非以道教民明知奸巧。**将以愚之**^②。将以道德教民,使质朴,不诈伪也。**民之难治,以其智多。**以其智太多而为巧伪也。**以智治国,国之贼;**使智惠之人治国^③,必远道德,妄作威福,为国之贼。**不以智治国,国之福。**不使智惠之人知国之政事,则民守正直,上下相亲,故为国之福也。

【注释】

①明民:教民众聪明巧智。

②愚之:使民众质朴。

③智惠:有智术。

【译文】

古来善于为道的人,是说古代善于用道修身和治国的人。不是用道来使民众聪明巧智,不是用道教会民众奸诈机巧。而是用道来使民众质朴若愚。将要用道德教化民众,让他们质朴,不狡诈虚伪。民众难以治理,是由于机巧智术太多。因为他们智术太多而做机巧诈伪之事。所以用机巧智术治理国家,是国家的祸害。让有智术的人治理国家,一定远离道德,妄图作威作福,成为国家的祸害。不用机巧智术治理国家,是国家的福德。不让有智术的人执掌国家政事,民众就谨守正直,上下互相亲近,所以是国家的福德。

　　江海所以能为百谷王^①,**以其善下之**^②。江海以卑下,故众流归之,若民归就王者。**是以圣人欲上人,**欲在民之上也。**必以言下之**^③;法江海,处谦虚。**欲先民**^④,欲在民之前也。**必以身后之。**先人而后己也。**是以圣人处上而民不重**^⑤,圣人在民上为主,不以尊贵虐下,故民戴仰,不以为重也。**处前而民不害**^⑥。圣人在民前,不以光明蔽后,亲之若父母,无有欲害之者。

【注释】

①百谷王：指众谷之水的汇流之地。

②善下：善于居下。

③以言下之：是指用言辞对民众谦卑。

④先民：指在民众之先，领导百姓。

⑤处上：居于上位（君位）。民不重：民众不感到重负。

⑥民不害：民众不以为危害，妨害。

【译文】

江海之所以能成为百川所归之处，是因为它善于处在低的位置。江海因为地势低下，所以众多水流归往它，就像民众归往君王。因此圣人想要统治民众，想要在民众之上。一定在言辞上谦恭卑下；效法江海，处在谦虚之中。想要领导民众，想要在民众之前。一定要置身于民众之后。要先人后己。因此圣人处在上位统治民众，民众并不感到重负；圣人在民众之上成为君主，不用尊贵虐待民众，所以民众爱戴敬仰他，不认为有负担。圣人处在前面领导民众，民众并不感到有妨害。圣人在民众之前，不用自己的光明遮蔽民众，亲近他们如同父母，没有想要加害他们的。

我有三宝①，持而保之：老子言：我有三宝，抱持而保倚之。一曰慈，爱百姓若赤子。二曰俭，赋敛若取之于己。三曰不敢为天下先。执谦退，不为唱始也。慈，故能勇；以慈仁，故能勇于忠孝。俭，故能广；身能节俭，故民日用宽广也。不敢为天下先，故能成器长②。成器长，谓得道人也。我能为道人之长也。今舍慈且勇，今世人舍慈仁，但为勇武。舍俭且广，舍其俭约，但为奢泰。舍后且先，舍其后己，但为人先。死矣！所行如此，动入死道。夫慈，以战则胜，以守则固③。夫慈仁者，百姓亲附，故战则胜敌，以守卫则坚固也。用兵有言：陈用兵之道。老子疾时用兵，故托己设其义也。**"吾不敢为主**主,先也。不敢先举兵也。**而为客**,客者,和而不唱。用兵当承天而后动也。**不敢进寸而退尺。"** 侵人境界,利人财宝为进,闭门守城为退也。**祸莫大于轻敌**,夫祸乱之害,莫大于欺轻敌家,侵取不休,轻战贪财也。**轻敌几丧吾宝**④。几,近也。宝,身。欺轻敌家,近丧身也。**故抗兵相加,哀者胜矣。** 哀者,慈仁士卒,不远于死也。

【注释】

①三宝:即下文所说的仁慈、俭约、谦退。

②成器长:成为得道之人的首领、长官。

③以战则胜,以守则固:用来打仗就胜利,用来防守就牢固。

④几:近,几乎。

【译文】

我有三件法宝,把握而保有它们:老子说:我有三件法宝,抱持而依靠他们保护。**一叫仁慈**,爱百姓如同自己初生的婴儿。**二叫俭约**,向百姓征收赋税如同向自己征收。**三叫不敢处于天下人的前面。**保持谦退,不当倡导者。**仁慈,所以能勇武**;因为仁慈,所以能够勇于忠孝。**俭约,所以能宽裕**;自身能节俭,所以民众日用宽绰富足。**不敢为天下先,所以能成为得道之人。**成器长,是指得大道的人。我能成为得道之人的首领。**如今舍掉仁慈而取勇武**,如今世上人舍弃仁慈,只追求勇武。**舍掉俭约而取宽裕**,舍弃俭约,只追求奢侈。**舍掉甘居在后而要争先**,舍弃谦让,只为人先。**那就必定灭亡了!** 如此作为,一行动就会进入死路。**仁慈**,用它进攻就胜利,用它防守就牢固。仁慈的人,百姓亲近依附,所以进攻就能战胜敌人,守卫就能坚固。**用兵打仗的人说**:陈述用兵之道。老子痛恨当时用兵打仗,所以假托自己陈述用兵要义。**"我不敢先发起进攻**主,指抢先。不敢先起兵。**而是采取守势**,客,是应和而不是首倡。用兵应当顺承天道后于人行动。**我不敢先前进一寸土地,而甘愿退守一尺。"** 入侵人家疆界,谋取人家财宝得利是进,闭门守城是退。**祸患没有比轻易与人为敌更大的了,**祸乱的害处,没有比欺侮轻易与人为敌更大的了,侵犯掠取没休止,轻易发功战争且贪财。**轻易与人敌离丧身不远了。**几,是接近。宝,身。欺侮轻易与人为敌,离丧身不远了。**所以兵力相当的时候,哀悯慈悲的一方胜利。**哀,对士兵仁慈,士兵就勇于拼死而战。

　　吾言甚易知,甚易行,老子言:吾所言,省而易知,约而易行。**天下莫能知,莫能行**①。人恶柔弱,好刚强也。**夫唯无知,是以不我知。**夫唯,世人也。是我德之暗,不见于外,穷微极妙,故无知也。**知我者稀,则我贵矣**②。稀,少也。唯达道乃能知我,故为贵也。**是以圣人被褐怀玉**③。被褐者,薄外;怀玉者,厚内也。匿宝藏德为贵也。

【注释】

①"吾言甚易知"几句:这是说老子认为自己的话本来很容易懂,很容易实行,但天下却没人了解,没人实行。"甚易"和"莫能"形成极大反差。

②则:效法。

③被褐(hè):身穿粗布麻衣。被,同"披"。怀玉:怀藏美玉,比喻圣人胸怀大道。

【译文】

　　我的话很容易了解,很容易施行;老子说:我所说的,简明易懂,简略易行。**天下却没有人能了解,没有人能施行。**人厌恶柔弱,喜好刚强。**因为天下人不了解这些,因此才不了解我。**夫唯,是指世人。这是我德行藏在暗处,不显现在外部,极其细微奥妙,所以没人了解。**了解我的人稀少,效法我的人尤为可贵。**稀,是少。只有明达大道才能了解我,所以可贵。**所以圣人就像外穿粗麻衣而怀里藏着珍贵的宝玉不为人所知。披着粗麻衣，是淡薄于外；怀藏美玉，是敦厚于内。藏匿德行是可贵的。

天道不争而善胜，天不与人争贵贱，而人畏之也。**不言而善应**，天不言，万物自动以应时。**不召而自来**，天不呼召，万物皆负阴而向阳也。**绰然而善谋**①。绰，宽也。天道虽宽博，善谋虑人事。修善行恶，各蒙其报。**天网恢恢，疏而不失**②。天所罗网，恢恢甚大。虽疏远，司察人善恶，无有所失。

【注释】

①绰（chǎn）然：宽缓、舒缓貌。

②天网恢恢，疏而不失：用恢恢、疏阔形容"天网"，也就是天道无边无形，但其作用却是"不失"，即笼罩万物，包罗万象。恢恢，宽绰的样子。

【译文】

天道的规律：不争夺而善于获胜，天不与人争贵贱，而人畏惧它。不言语而万物顺应，天不言语，万物自动来顺应时令。不召唤而万物自然到来，天不呼唤，万物都背阴而抱阳。从容舒缓善于谋划。绰，是宽。天道虽然宽广宏大，却善于谋虑人事。修善行恶，各自蒙受报应。天道就像天网一样，宽广无际，看似疏阔却没漏失。天所张罗的网，宽阔广大。即使疏阔辽远，督察人的善恶，没有漏失的。

民不畏死，治国者刑罚酷深①，民不聊生，故不畏死也。治身者嗜欲伤神，贪财杀身，不知畏之。**奈何以死惧之？**人君不宽其刑罚，教人去情欲，奈何设刑罚法，以死惧之？**若使民常畏死**，当除己之所残刻，教民去利欲。**而为奇者**②，吾得执而杀之，孰敢矣？以道教化,而民不从,反为奇巧,乃应王法,执而杀之,谁敢有犯者？老子伤时王不先道德化之,而先刑罚也。

【注释】

①酷深：严酷残忍。

②奇：不正,邪僻。

【译文】

如果民众不怕死,治理国家的人刑罚严酷残忍,百姓无法生活下去,所以不畏惧死亡。修身的人嗜欲伤神,贪财害己,不知道畏惧它。**怎么能用死亡来让他们害怕？** 君主不放宽刑罚,让人去除情欲,怎么能设置刑罚法令,用死亡来让人畏惧？如果让百姓常怕死,应当除去自己的凶残,教化百姓除去对利益的欲望。**那么那些邪僻妄为之徒,我们就能抓来杀掉他,谁还敢作恶！** 用道来教化,如果百姓还不服从,反而做奇巧之事,就对应王法,抓住杀死,谁还敢违犯？老子哀叹当时的君王不先用道德教化百姓,却先用了刑罚。

民之饥,以其上食税之多, 人民所以饥寒者,以其君上税食下太多①。是以饥。**民之难治,以其上之有为,** 人民不可治者,以其君上多欲,好有为。是以难治。其民化上有为,情伪难治也。**人之轻死②,以其求生之厚,** 人民所以轻犯死者,以其求生活之道太厚,贪利以自危也。是以轻死。以求生太厚之故,轻入死地。**夫唯无以生为者③,是贤于贵生也④。** 夫唯独无以生为务者,爵禄不干于意,财利不入于身,天子不得臣,诸侯不得使,则贤于贵生者也。

【注释】

①以其君上税食下太多：这是说百姓的饥饿,是由于在上者征收的赋税太多,因此百姓才饥饿。食税,征税。

②轻死：看轻死亡，等于上章的"不畏死"。

③无以生为者：不追求功利生活的人。

④贵生：贪利重欲的人。

【译文】

　　百姓饥荒，是由于统治者索要赋税太多，人民饥寒的原因，是君上征收的赋税太多。所以才饥荒。民众难以治理，是由于统治者喜好作为，人民治理不好，因为他的君上欲望多，喜好作为。所以才难以治理。百姓被君上的有为教化，性情虚伪难以治理。百姓看轻死亡，是由于上面的人奉养生活太过奢华，百姓之所以轻易冒犯死亡，因为在上者追求生活的享受太多，贪图利益危害自己。所以人们才看轻死亡。因为享受太多的缘故，轻易进入死地。只有不追逐功利生活的人，才比那些贪利重欲的人贤明。只有不追逐功利的人，爵禄不干扰他的意志，财物利益不侵入他的操守，天子不能让他当臣子，诸侯不能驱使他，那就比那些贪利重欲的人贤明。

　　圣人执左契①，古者，圣人无文书法律，刻契合符，以为信也。而不责于人。但执刻契信，不责人以他事也。有德司契②，有德之君，司察契信而已。无德司彻。无德之君，背其契信，司人所失也。天道无亲③，常与善人④。天道无有亲疏，唯与善人，则与司契者也。

【注释】

①左契：符契的左半。与右半相合，即为凭信。

②司：执掌。

③亲：私亲，偏爱。

④与：帮助。

【译文】

　　圣人手拿索债符契，古代，圣人没有文书法律，以刻的文契彼此相符合，作为凭信。却不向对方索求清偿。只拿着刻契作为凭信，不以此责求别人别的事。**所以有德的人掌管债契而已，**有德的君主，督察刻契的凭信罢了。**无德的人只能依照符契伺察人。**无德的君主，背离文契凭信只要求诚信的基本原则，专门伺察人的失误。**天道对谁都没有偏爱，常常帮助善人。**天道对人没有亲疏，只帮助善人，那就是帮助那些掌管符契却不责求别人的人。

小国寡民[①]，圣人虽治大国，犹以为小。俭约不奢泰，民虽众，犹若寡乏，不敢劳也。**使民重死，**君能为人兴利除害，各得其所，则民重死而贪生也。**而不远徙。**政令不烦，则民安其业，故不远迁，离其常处也。**虽有舟舆，无所乘之；**清静无为，不好出入。**虽有甲兵，无所陈之**[②]。无怨恶于天下。**甘其食，**甘其蔬食，不渔食百姓也[③]。**美其衣，**美其恶衣，不贵五色。**安其居，**安其茅茨[④]，不好文饰之屋。**乐其俗。**乐其质朴之俗。**邻国相望**[⑤]，鸡狗之声相闻，相去近也。**民至老死，不相往来。**无情欲也。

【注释】

①小国寡民：这是老子心目中的至德之世，淳古之风，实际是人类童年社会的描绘。国家要小，人口要少，让民众看重死亡而不离开故土搬到远方。小邦寡民固然是小生产者的梦想，但也是远古人群的实况。

②虽有甲兵，无所陈之：即使有盔甲兵刃，也没陈列的地方。百姓安乐，没有争斗机谋，没有纷扰纠缠。陈，陈列，摆出来。

③渔食：侵夺，掠取。

④茅茨（cí）：茅草屋。

⑤相望：互相能看见。

【译文】

　　圣人把大国当成小国，使民众虽多如同很少，圣人即使治理大国，还是认为是小国。俭约而不奢侈，民众虽然众多，还是如同很少，不敢劳烦他们。让百姓畏惧死亡，君主能为人兴利除害，各得其所，民众就畏惧死亡而贪生。而不向远处迁徙。政令不繁杂，民众就安居乐业，所以不远迁，离开常居之地。即使有车船，也不需要乘坐；清静无为，不喜好出入。即使有盔甲兵刃，也没有地方陈列。没有被天下民众怨恨厌恶。民众认为自己的食物甘甜，享受蔬菜粮食，不侵夺百姓。自己的衣服穿着漂亮，认为自己的粗布衣服美，不看重各种色彩。自己的屋子住得安逸，安住在自己的茅草屋，不喜好装饰房屋。对本地的习俗很满意。对本地的质朴习俗感到满意。邻近的国家能互相望见，鸡狗的叫声彼此能听到，距离很近。民众到老死也不互相往来。没有情欲。

　　圣人不积，圣人积德不积财，有德以教愚，有财以与贫。**既以为人己愈有。**既以财贿布施与人，财益多如日月之兴，无有尽时。**天之道，利而不害；**天生万物，爱育之，令长大，无所害也。**圣人之道，为而不争。**圣人法天所施为，化成事就，不与下争功名，故能全其圣功也。

【译文】

　　圣人不积累财物，圣人积德不积财，有了德行用来教化愚笨，有了财物用来帮助穷人。尽力帮助他人之后，自己更富有。把财物布施给别人之后，财物更多，如同日月的光芒，没有穷尽时。所以自然的法则，是利万物而不去妨害；天生万物，爱护养育它，让它长大，没有相害。圣人的法则，是施行教化而不去争夺。圣人效法天地施行作为，化育成就事业，不与下民争夺功名，所以能够保全至圣之功。

鹖冠子

【题解】

《鹖冠子》为先秦道家典籍，最早见于《汉书·艺文志》，共三卷十九篇。其学大抵以道家黄老思想为宗，兼及刑名道法、阴阳数术、兵家等说。书中所谈论政治、军事、人情、法令等内容皆有战国时代的色彩。书中遵"道"为宇宙的根本，提出"道生法"的思想，认为圣王治世，必循"天时"而行，强调治世当博选众贤，并探讨了选拔贤才的具体方法。因其内容与先秦儒、道、墨、名、法、阴阳、兵、农、医等家思想常相交织，故可与先秦诸子之书相互参证，堪称子部之瑰宝。《四库全书总目》称《鹖冠子》一书"虽杂刑名，而大旨本原于道德，其文亦博辨宏肆"，颇得其实。

历史上，韩愈较为推崇《鹖冠子》。他在《读〈鹖冠子〉》一文中，对《鹖冠子》中《博选》篇所说人才选拔的"四稽""五至"之说很是赞赏，认为其说理得当透彻。宋陆佃有《鹖冠子解》，今人黄怀信有《鹖冠子汇校集注》，也可参看。

《鹖冠子》相传为战国时楚国隐士鹖冠子所作。其人隐居深山，喜欢以鹖鸟羽毛为冠饰，故号鹖冠子。据说，鹖乃一种猛禽，似雉而大，性喜斗，其同类被侵，辄往赴救。《鹖冠子·王铁》篇有柱国、令尹等楚官名，足见鹖冠子当为楚人。书中所存鹖冠子与庞煖、赵卓（悼）襄王与庞煖、赵武灵王与庞煥（或谓即庞煖）等对话、问答，亦多涉及战国时代之事,可推知其为战国晚期人,故一般以其为先秦文献。

《群书治要》节录了《博选》《著希》《世贤》三篇的部分内容,书中把天道看作衡量人事的标准,又通过类比手法,阐述了许多治国的"奇言奥旨",值得当世君臣学习。

博选^①

　　博选者,序德程俊也^②。道凡四稽^③:一曰天,二曰地,三曰人,四曰命。人有五至^④:一曰百己^⑤,二曰十己,三曰若己,四曰厮役^⑥,五曰徒隶。所谓天者,理物情者也;所谓地者,常弗去者也;所谓人者,恶死乐生者也;所谓命者,靡不在君者也。君者,端神明者也;神明者,以人为本;人者,以贤圣为本;贤圣者,以博选为本;博选者,以五至为本。

【注释】

①博选:广泛地选拔人才。节录部分说的是选拔人才的四个考察方面和五种等级的人才,启发君主要选贤才。

②序德程俊:陆佃本作"厚德隆俊"。序德,根据德行的高低排序。程俊,考核俊才。程,衡量,考核。

③四稽:指考察的四个方面。稽,考察,考核。

④五至:五种标准。

⑤百己:德行、能力百倍于自己。后面的"十己"即十倍于自己,"若己"即跟自己相当。

⑥厮役:指干杂事劳役的奴隶,即奴仆。

【译文】

　　广泛选拔人才,要根据德行的高低排序、考核才智的大小。考察方向有四个方面：一是合于天之道，二是合于地之性，三是合于人之情，四是合于君之命。根据考核，把人才分为五个等级：第一是德行、能力百倍于自己的人，第二是德行、能力十倍于自己的人，第三是德行、能力跟自己相当的人，第四是干杂事劳役的人，第五是刑徒奴仆。所谓天，是能统理万物的情性的；所谓地，是恒久存在不失去；所谓人，是厌恶死喜欢生的；所谓命，是没有不决定于君主的。君主，是保持觉知、精神直正的；保持觉知、精神直正，是以人为根本；人，是把道德才智极高的贤圣作为根本；贤圣，是把广博选取人才作为根本；广博选取人才，是把识人的五个等级作为根本。

　　故北面事之[1]，则百己者至。先趋而后息[2]，先问而后默，则十己者至。人趋己趋，则若己者至。冯几据杖、指麾而使[3]，则厮役者至。乐嗟苦咄[4]，则徒隶人至矣。故帝者与师处，王者与交处[5]，亡主与役处。

【注释】

①北面：古代君见臣，面南而坐，故以"北面"指向人称臣。见《周礼·夏官·司士》："正朝仪之位，辨其贵贱之等。王南向，三公北面东上。"此处指弟子行敬师之礼。

②趋：古代的一种礼节。小步快走，表示恭敬。

③冯几据杖：靠着几案拿着手杖，形容态度傲慢、不以礼待客。冯几，靠着几案。冯，靠着。几，小或矮的桌子。指麾（huī）：以手或手持物挥动示意。

④乐嗟苦咄：高兴时召唤，不高兴时责骂。形容对人态度恶劣。嗟，召唤。咄，呵斥。

⑤交：根据文意，当为"友"。

【译文】

所以面北称弟子以行敬师之礼，那么德行、能力百倍于自己的人就会前来辅佐。先小步快走以示恭敬然后停止，先探问然后沉默，那么德行、能力十倍于自己的人就会前来辅佐。别人小步快走以示恭敬，自己也如此，那么德行、能力跟自己相当的人就会前来辅佐。靠在几案拿着手杖，挥动指使，那么干杂事的奴仆就会来到。高兴时召唤，不高兴时责骂，那么只能刑徒奴隶跟随左右了。所以尊贤能之人为自己的老师，可成就帝业；把贤能之人当朋友，可成就王业；视贤能之人为仆人奴隶，就会亡失天下。

著希①

夫君子者，易亲而难狎②，畏祸而难劫③，嗜利而不为非，时动静而不苟作④。体虽安之，而弗敢处⑤，然后礼生焉；心虽欲之，而弗敢言⑥，然后义生焉。夫义节欲而治，礼反情而辨者也⑦。

【注释】

①著希：讲希冀君子具有的显著特点。节录部分主要说明君子要遵从道义，不能放任私欲。

②狎：亲昵，亲近而不庄重。

③劫：威逼，胁迫。

④时：等待。不苟作：不随便行动。

⑤处：停留，止息。

⑥言：言说、宣说。有版本作"信"。

⑦反情：恢复正常的性情，以防惑乱。

【译文】

君子，容易亲近但难以亲昵戏弄，畏惧祸患但难以胁迫，追求利益但不干坏事，伺时而动但不随便行事。即使身体希冀安逸，也不敢安然处之，然后礼由此产生；即使是心中想要得到某些东西，也不敢言说，然后义由此产生。通过义克制欲念可使社会安定，通过礼恢复性情来明辨适宜不适宜。

世贤①

悼襄王问庞煖曰②："夫君人者，亦有为其国乎？"庞煖曰："王独不闻俞跗之为医乎③？已识必治，神避之。昔尧之任人也，不用亲戚④，而必使能⑤。其治病也，不任所爱，必使旧医⑥。"襄王曰："善。"庞煖曰："王其忘之乎，昔伊尹医殷⑦，太公医周⑧，百里医秦⑨，申麃医郢⑩，原季医晋⑪，范蠡医越⑫，管仲医齐，而立五国霸。其善一也，然道不同数⑬。"襄王曰："愿闻其数。"煖曰："王独不闻魏文侯之问扁鹊耶⑭？曰：'子昆弟三人⑮，其孰最善为医？'扁鹊曰：'长兄最善，中兄次之，扁鹊最为下也。'文侯曰：'可得闻耶？'扁鹊曰：'长兄于病视神，未有形而除之，故名不出于家。中兄治病，其在毫毛⑯，故名不出于闾⑰。若扁鹊者，镵血脉⑱，投毒药，割肌肤，而名出闻于诸侯。'文侯曰：'善。'使管子行政以扁鹊之道，则桓公几能成其霸乎？"

【注释】

①世贤：节录部分通过赵悼襄王和庞煖之间的对话，说明治理国家

必须任人唯贤,而贤才必须要有前瞻性。

②悼襄王:即赵悼襄王,嬴姓,赵氏,名偃,赵孝成王之子。前244年即位,第二年以李牧为将,攻燕,取武遂、方城。次年,又用庞煖领兵攻燕,擒燕将剧辛。在位九年卒。庞煖:战国时赵国人。继廉颇为将。赵悼襄王三年(前242),击杀燕将剧辛。次年,率领赵、楚、魏、燕、韩五国之师攻秦,被击退,是为最后一次合纵。

③俞拊:相传为上古黄帝时的良医。《史记》作"俞跗"。《汉书·艺文志》:"《泰始黄帝扁鹊俞拊方》二十三卷。"注:"应劭曰:'黄帝时医也。'"

④亲戚:指亲爱、亲近的人。

⑤使能:任用有才能者。

⑥旧医:指富有经验的老医生。

⑦伊尹:名挚。曾辅佐商汤、外丙、中壬三朝,中壬死,太甲继位,怠于政事,放逐太甲,后太甲悔改,迎回复位。

⑧太公:即姜太公。

⑨百里:百里奚,亦称"百里子",春秋时楚国宛(今河南南阳)人。先事虞公为大夫,虞亡为奴,被秦穆公用五张公羊皮赎回,为大夫,后与蹇叔、由余等共佐秦穆公以建霸业。

⑩申麃(biāo):春秋时楚人。或以为即申包胥。郢(yǐng):春秋战国时楚国都城,在今湖北荆州荆州区西北十里纪南城。

⑪原季:即赵衰,字子馀,谥成季。随重耳流亡,帮助重耳回国即位,是辅佐晋文公称霸的五贤士之一。回国后,以功封原(今河南济源北)大夫,故亦称"原季"。

⑫范蠡:字少伯,楚国宛(今河南南阳)人。入越,辅佐越王勾践励精图治,攻灭吴国,后弃官浮海至齐,以经商致富,称"陶朱公"。

⑬数:方法,规律。

⑭魏文侯:战国时魏国国君,名斯。注重招贤纳士,先后任魏成子、

翟璜、李悝为相,乐羊、吴起为将,使西门豹治邺,使魏日益富强,为战国初期强国。扁鹊:姓秦,名越人。又号卢医,战国时渤海郡鄚县(今河北任丘)人。是一位名医。因相传黄帝时有良医号扁鹊,时人因此称他为扁鹊。

⑮昆弟:兄弟。

⑯毫毛:人或鸟兽身上的细毛。比喻人体的浅表部分。

⑰闾:古代的一种居民组织单位,有二十五户人家。

⑱镵(chán):刺。

【译文】

赵悼襄王问庞煖说:"做国君的,也有治理国家的良策吗?"庞煖说:"大王难道没有听说过俞拊如何成为良医的吗?已经探究到的疾病一定要治好,连鬼神都要躲避他。从前唐尧任用人,不用亲近的人,一定要任用有才能的人。他治病的时候,不用喜爱的人为自己治病,一定要用富有经验的老医生。"赵悼襄王说:"好。"庞煖说:"大王大概忘记了吧,从前伊尹医治殷商,姜太公医治周朝,百里奚医治秦国,申麃医治楚国,赵衰医治晋国,范蠡医治越国,管仲医治齐国,而成就春秋五国的霸业。他们成就善政的目的是一样的,但是具体的方法却是不同的。"赵悼襄王说:"希望知道具体方法。"庞煖说:"大王难道没有听说过魏文侯询问扁鹊的事吗?他说:'你们兄弟三人,谁最善于当医生?'扁鹊说:'大哥医术最高,二哥次一些,我最低下。'文侯说:'我能听听其中的道理吗?'扁鹊说:'大哥看病看人的神情,病还没成形就祛除它,所以名声不出家门。二哥治病,病刚形成于表面的细微毫毛,所以名声不出于门间。像我这样,用石针刺血脉,用有毒的药物投入药剂中,割开肌肤,而名声外扬闻名诸侯。'文侯说:'好'。假使管仲主持政务用扁鹊行医的方法,待国家已病重才医治,那么齐桓公还能成就霸业吗?"

列子

【题解】

《列子》又称《冲虚经》，是道家思想的重要著作之一。《列子》内容广博，其形式多为民间传说、寓言故事和神话等，语句工整，意味深长，具有很高的文学价值，并包含深刻的哲学思想。《列子》和《老子》《庄子》一样，都主张虚静无为，而在面对生死的态度上，《列子》既反对老子的贵身长生，也否定庄子超越生死的逍遥，而宣扬浮生若梦，及时享乐。《汉书·艺文志》道家类著录《列子》八篇，分别为《天瑞》《黄帝》《周穆王》《仲尼》《汤问》《力命》《杨朱》《说符》。

今传《列子》一书历来争议颇多，大体认为非列子自著，而是魏晋时期的伪托之作。列子，名御寇，也作"圄寇""圉寇"，战国时代郑国人。是老子和庄子外，又一位道家学派的代表人物。钱穆先生在《先秦诸子系年》中认为，列子的生卒年份先于庄子，故多为《庄子》所称引。

《群书治要》从《天瑞》《殷汤问》《力命》《说符》四篇中节录了部分内容，并保留了原标题。其中或论刚柔相济，或辨治国用人，对李唐兴邦治国当有所启发。

天瑞①

子列子曰②:"天地无全功③,圣人无全能,万物无全用。全,犹备也。故天职生覆④,地职形载⑤,圣职教化,物职所宜。职,主也。生各有性,性各有宜。然则天有所短,地有所长,圣有所否⑥,物有所通。夫职适于一方者,余涂则罔矣。形必有所分,声必有所属。若温也,则不能凉;若宫也,则不能商⑦。何则?生覆者,不能形载;形载者,不能教化;教化者,不能违所宜;宜定者,不出所位。皆有素分⑧,不可逆也。故天地之道,非阴则阳;圣人之教,非仁则义;万物之宜,非刚则柔。此皆随所宜而不能出所位者也。"方圆清躁,理不得兼。

【注释】

①天瑞:即天降符瑞。节录部分指出天地万物功能不同,属性不同,应各自守住本分。

②子列子:对列子的尊称。子,古代对人的尊称;称老师或称有道德、有学问的人。

③全功:功业完备,泽被万物。全,完备。

④职:主持,主宰。生覆:抚养,养育。

⑤形载:承载万物。

⑥否(pǐ):原为《周易·否卦》,指"天地不交而万物不通",引申为闭塞、阻隔不通、不顺。

⑦商:与前一句中的"宫"都是五音(宫、商、角、徵、羽)之一。

⑧素分:本分。

【译文】

列子说:"天地没有完备的功业,圣人没有完备的能力,万物没有完备的用途。全,等于说"备"。所以天主宰养育万物,地主宰承载万物,圣人负责施行教化,万物的职责是各自施行所宜之事。职,是主宰,掌管。事物生来各有本性,本性各有适宜的事。然而天有自己的短处,地有自己的长处,圣人有自己所困厄的,万物有自己所通达的功用。职责适宜于一个方面,那么就不适宜其他方面。形物都有一定的划分,声音都有一定的所属。假如能升温的,那就不能降温;音阶假如是宫,那就不能是商。为什么呢?养育生命的天,不能承载万物;承载万物的地,不能施行教化;圣人的教化,不能违背事物的本性;事物的本性一旦确定,不能越出所处的位置。事物都有自己的本分,不可以悖逆。所以天地的大道,不是阴就是阳;圣人的教化,不是仁就是义;万物的属性,不是刚就是柔。这都是按照各自固有的属性而不能超出所应处的位置。"方形、圆形,清静、浮躁,按理不能兼得。

殷汤问①

大禹曰:"六合之间②,四海之内③,照之以日月,经之以星辰④,纪之以四时⑤,要之以太岁⑥。神灵所生,其物异形,或夭或寿,唯圣人能通其道。"圣人顺天地之道,因万物之性,任其所适,通其所逆,使群异各得其方,寿夭尽其分。

【注释】

①殷汤问:今本《列子》作《汤问》。节录部分指出"唯圣人能通其道",而圣人之道,就是让万物各自因循本性、各尽其分。

②六合:指上下和东西南北四方,即天地四方,泛指天下或宇宙。

③四海:用来指天下、全国。

④经:划分界限。

⑤纪:经营,记载。

⑥要:相约。太岁:古代天文学中为纪年的方便而假设的星名。其运
　　行的方向与岁星（即木星）正相反,自东向西十二年运行一周天,
　　每年行经一个星次,运行到某星次范围,就用"岁在某"来纪年。

【译文】

　　大禹说:"宇宙之间,四海之内,以日月照耀,以星辰分出天地区域,以四季更替记载规律,用太岁星的循环来规定纪年。神灵所孕育的万物,外形各不相同,有的夭折有的长寿,只有圣人能够通达天地大道。"圣人顺应天地之道,因循万物的本性,任由他们回归本性,通达他们悖逆的,使得众多不同的事物各自得到归类,长寿或夭折各尽其分。

力命①

　　管夷吾有病②,小白问之曰③:"仲父之病病矣④,至于大病⑤,则寡人恶乎属国而可⑥?"夷吾曰:"公谁欲欤?"小白曰:"鲍叔牙可⑦。"曰:"不可。其为人,洁廉善士;清己而已。其于不己若者,不比之人;欲以己善齐物也。一闻人之过,终身不忘。不能弃瑕录善。使之治国,上且钩乎君⑧,下且逆乎民。必引君令,其道不弘。道苟不弘,则逆民而不能纳矣。其得罪于君⑨,将弗久矣。"小白曰:"然则孰可?"对曰:"勿已⑩,则隰朋可。其为人也,愧不若黄帝⑪,而哀不己若者。惭其道之不及圣,矜其民不以逮己⑫,故能无弃人也。以德分人,谓之圣人;化之使合道,而不宰割。以财分人,谓之贤人。既以与人,己愈有也。以贤临人者,未有得人者也;求备于人,则物所不与也。以贤下人者,未有不得人者也。与物升降者,物必归之也。其于国有不闻也,其于家有不见也。道行则不赖闻见。故曰:不

瞽不聋⑬,不能成功。勿已,则隰朋可。"若有闻见,则事钟于己,而群生无所措手足,故遗之可。未能尽道,故仅可耳。然则管夷吾非薄鲍叔也⑭,不得不薄;非厚隰朋也,不得不厚。厚薄之去来⑮,弗由我也。皆天理也。

【注释】

①力命:节录部分是管仲与齐桓公的对话,从谁能接替管仲为相谈到如何选人,以此说明治国理政应该用什么样的人才。

②管夷吾:即管仲。著名的政治家、军事家。辅佐齐桓公成为春秋时期的第一霸主。

③小白:即齐桓公。在位期间任用管仲为相,使齐国国力逐渐强盛,成为天下诸侯的盟主。

④仲父:齐桓公对管仲的尊称。病病:病重。

⑤大病:死的婉辞。

⑥属国:委托国事。

⑦鲍叔牙:即鲍叔。

⑧钩:忤逆,悖逆。

⑨得罪:获罪,冒犯。

⑩勿已:等于说无已,不得已。

⑪黄帝:古帝名。传说是中原各族的共同祖先。

⑫矜:怜悯,同情。

⑬瞽(gǔ):眼睛盲。

⑭薄:鄙薄,轻视。

⑮去来:指转化。

【译文】

　　管仲有病,齐桓公前去探望,问他说:"仲父您的病严重了,如果一病不起,那么我把国事委托给谁才行?"管仲说:"您想是谁呢?"桓公说:

"鲍叔牙可以。"管仲说:"不行。他的为人,是洁身自好、廉洁奉公的有德之士;洁身自好罢了。他对不如自己的人,便不跟他亲近;想要以自己的优点为标准让别人看齐。一听到别人的过失,一辈子都不会忘记。不能舍弃别人的过失而记住别人的优点。如果让他治理国家,对上将要忤逆国君,对下将要违背民心。一定会忤逆国君命令,道义得不到弘扬。道义如果得不到弘扬,那就违背不能容纳民众了。他冒犯国君的日子,不会太久了。"桓公说:"既然如此,那么谁可以委以重任?"回答说:"不得已的话,隰朋就可以。他的为人,惭愧自己的仁德赶不上黄帝,而怜悯不如自己的人。惭愧他的道义赶不上圣人,怜悯民众赶不上自己,所以能够不放弃人。以仁德感化他人,叫做圣人;教化百姓让他们合乎道义,而不强迫他们。用财物接济别人,叫做贤人;以财物分给别人,自己更加富有。以贤能凌驾别人之上的,是从来没有得人心的;对人求全责备,那么别人不会亲附他。以贤能谦下待人的,没有不得人心的。跟别人一起晋升黜退的,别人一定归附他。他对于国政有不去听闻的,他对于家事有不去看见的。治理国政不依赖见闻。所以说:不盲不聋,不能成功。不得已的话,那么隰朋可以接替他。"倘若依照自己的见闻处理国政,那么事务集中在自己那里,而众人手足无措,因此可以不这么做。隰朋也没能竭尽道义,所以只是可以罢了。然而管仲不是故意鄙薄鲍叔,而是不得不鄙薄;不是有意厚爱隰朋,而是不得不厚爱。鄙薄、厚爱的转化,不是由我决定的。都是天理啊。

　　晋国苦盗①。有郄雍者②,能视盗之貌,察其眉睫之间,而得其情。晋侯使视盗,千百无遗一焉。晋侯大喜,告赵文子曰③:"吾得一人,而一国盗为尽,奚用多为?"文子曰:"吾君恃伺察而得盗④,盗不尽矣,且郄雍必不得其死焉⑤。"俄而群盗谋曰:"吾所穷者郄雍也。"遂共盗而戕⑥。杀之也。晋侯闻而大骇,召文子而告之曰:"果如子言,郄雍死! 然取盗何方？"文子曰："周谚有言：'察见渊鱼者不祥，智料隐匿者有殃'。且君欲无盗，莫若举贤而任之，使教明于上，化行于下。人有耻心，则何盗之为？"于是用随会知政⑦，而群盗奔秦焉。用聪明以察是非者，群诈之所逃；用先识以摘奸伏者⑧，众恶之所疾。智之为患，岂虚也哉？

【注释】

①晋国苦盗：本段节录自《说符》。底本无篇题，书眉云："'晋国'前当有'说符'二字。"符用于传令调兵，所以本篇强调言语验证，因名求实。节录部分是三个故事，郄雍视盗、孔子反（返）鲁、楚庄王问詹何。"郄雍视盗"的故事，说明只有通过教化才能消除盗贼；"孔子反鲁"的故事，说明忠信乃为人之本；"楚庄王问詹何"一段，说明修身为治国之本。

②郄雍：晋国名臣。善奇谋妙计。

③赵文子：即赵武，赵朔之子。赵朔被族诛，赵武为遗腹子，因其母（为晋成公姊）逃匿宫中而避免被杀，后来赵朔昭雪，恢复爵禄，任晋国正卿，执掌国政，和韩宣子、魏献子等同为晋国势力最大的六卿之一。

④恃：依靠。

⑤不得其死：等于说不得好死。

⑥戕（qiāng）：杀害，残害。

⑦随会：即士会，字季，范武子，晋文公时大夫。因封地在随、范，称随会、范会。后将上军，升任为中军元帅，兼太傅，执掌国政，修订法制，于是晋之盗贼逃奔秦国，卒谥武。知政：为政，指主持政务。

⑧先识：事先了解，先见之明。摘（tì）：揭发。奸伏：隐伏未露的坏人坏事。

【译文】

　　晋国被盗贼所苦。有个叫郄雍的人,能够识别盗贼的相貌,观察他们的眉目神情,就能判断出实情。晋侯让他识别盗贼,千百人中没有遗漏一人。晋侯大喜,告诉赵文子说:"我得到一个人,一国的盗贼都能抓光,哪里用那么多捕盗人?"赵文子说:"国君您靠着窥伺观察来抓盗贼,盗贼是抓不完的,而且郄雍必将不得好死啊。"不久,盗贼们聚到一起谋划说:"让我们无路可走的是郄雍。"于是就一起暗杀了他。杀了他。晋侯听到后大为震惊,召见赵文子告诉他说:"果然如同你说的一样,郄雍死了! 但是以后用什么方法能抓住盗贼呢?"赵文子说:"周人有这样的谚语:'能察见深渊之鱼的人不吉利,智慧预料到藏匿者的人有祸殃。'国君您想要没有盗贼,没有什么比得上举荐贤才而任用他,让君上政教昌明,下民教化风行。人都有了知耻之心,那么还会做什么盗贼呢?"于是晋侯任用随会主持政务,而盗贼们跑到秦国去了。用聪明智慧来观察辨别是非,是欺诈者们所能逃避的;用先见之明来揭发隐伏的奸人坏事的,是众多恶人所痛恨的。智慧使用不当会成为祸患,难道是虚言吗?

　　孔子自卫反鲁①,息驾乎河梁而观焉②。有悬水三十仞③,圜流九十里④,鱼鳖弗能游⑤,鼋鼍弗能居⑥,有丈夫方将厉之⑦。孔子使人止之曰:"此悬水三十仞,圜流九十里,鱼鳖鼋鼍弗能居也,意者难可以济乎⑧?"丈夫不以措意⑨,遂度而出。孔子问之曰:"巧乎? 有道术乎? 所以能入而出者,何也?"丈夫对曰:"始吾之入也,先以忠信;吾之出也,又从以忠信。措吾躯于波流而吾不敢用私,所以能入而复出者,以此也。"孔子谓弟子曰:"二三子识之⑩! 水且犹可以忠信亲之,而况人乎?"

【注释】

①卫：周代诸侯国，在今河北南部和河南北部的一带。反：今作"返"。鲁：周代诸侯国，在今山东南部一带。

②息驾：停车休息。河梁：桥梁。《说文》："梁，水桥也。"

③悬水：瀑布。仞：古代长度单位。八尺为一仞，一说七尺。

④圜（huán）流：漩涡激流。

⑤鳖：甲鱼，俗称"王八"。

⑥鼋鼍（yuán tuó）：大鳖和猪婆龙。

⑦厉：拖着衣裳涉水。

⑧意者：表示测度。大概、或许、恐怕。济：渡河。

⑨措意：在意，注意。

⑩二三子：等于说诸君，你们几个人。

【译文】

孔子从卫国返回鲁国，在河桥边停车休息。有瀑布从三十仞的高处泻下，激起的漩涡激流有九十里，鱼鳖不能游动，鼋鼍不能停下，有一个男子正要涉水趟过去。孔子让人制止他说："这个瀑布高三十仞，漩涡激流九十里，鱼鳖鼋鼍都不能停留，恐怕很难渡过去吧？"男子不以为意，于是就渡过水流上了岸。孔子问他说："是靠机巧了呢？还是有道术呢？能够进入水中又出来，原因是什么？"男子回答说："开始我进入水中，先抱着忠诚的信念；后来我浮出来，仍怀着忠诚的信念。忠信把我的身体安置在汹涌的急流中而不敢怀有私心杂念，我之所以能跃入水中又出来的原因，就是这个啊。"孔子对弟子说："诸位请记住！水尚且可以用忠诚信实来亲近，何况人呢？"

　　楚庄王问詹何曰①："治国奈何？"詹何，盖隐者也。詹何对曰："何明于治身，而不明于治国也。"楚王曰："寡人得奉宗庙社稷，愿学所以守之。"詹何对曰："臣未尝闻身治而国乱者也^②，又未尝闻身乱而国治者也。故本在身，不敢对以末^③。"楚王曰："善。"

【注释】

①楚庄王：穆王之子，即位后整顿内政，增强军力，陈兵周郊，派人询问象征天子权力的九鼎之轻重，后成为"春秋五霸"之一。詹何：战国时楚人。反对纵欲自恣的行为，思想接近道家。

②身治：自身修养。

③末：不重要的或非根本的细枝末节。

【译文】

楚庄王问詹何说："治理国家该怎么做？"詹何，大概是隐士。詹何回答说："我对于修身还明白点，却不懂得如何治理国家。"楚王说："我能够供奉祖庙，治理国家，希望学习到保住它们的方法。"詹何回答说："我不曾听说过自身修养好而国家混乱的，又不曾听说自身修养混乱而国家能治理好的。所以治国的根本在于君主自身，不敢用非根本的细枝末节来回答。"楚王说："很好。"

墨子

墨翟

【题解】

《墨子》是墨家学派的代表作,一般认为是墨子的门人后学记录辑集而成。其书今存五十三篇。书中系统阐述墨家学派的兼爱、非攻、尚贤、尚同、节用、非乐、节葬等系列主张,还记载了大量的自然科学知识,内容涉及力学、光学、几何学、宇宙观及时空观,尤其对墨家擅长的御敌攻城器械的制造和使用做了详细介绍,是先秦诸子中最具科学精神的著作。而《墨子》所阐述的逻辑思想,也已达到相当高的水平,也是了解中国古代逻辑思想的重要著作。墨家在先秦时期影响很大,与儒学并称"显学"。

墨子,名翟,鲁国人(另说宋人或楚人)。古代思想家、教育家、科学家、军事家。大约出生于孔子去世后,卒于孟子出生前。墨子原是手工工匠,学过儒学,后创墨家学派。

《群书治要》节录了《墨子》中《所染》《法仪》《七患》《辞过》《尚贤》《非命》《贵义》等七篇的部分内容,从国家兴衰、尚贤任能、节俭财用、注重修身等方面着眼,以期启发李唐王朝统治者治国安邦,以图强盛。

所染①

子墨子见染丝者而叹曰②:"染于苍则苍,染于黄则黄。所入者变,其色亦变,故染可不慎耶! 非独染丝然也,国亦有染。舜染于许由、伯阳③,禹染于皋陶、伯益④,汤染于伊尹、仲虺⑤,武王染于太公、周公⑥。此四王者所染当,故王天下,立为天子,功名蔽天地。举天下之仁义显人,必称此四王者。夏桀染于干辛、推哆⑦,殷纣染于崇侯、恶来⑧,厉王染于厉公长父、荣夷终⑨,幽王染于傅公几、蔡公谷⑩。此四王者所染不当,故国残身死,为天下僇⑪。举天下不义辱人,必称此四王者。齐桓公染于管仲⑫,晋文公染于咎犯⑬,楚庄染于孙叔⑭,吴阖庐染于伍员⑮,越勾践染于范蠡⑯。此五君者所染当,故霸诸侯,名传于后世。范吉射染于张柳朔⑰,中行寅染于籍秦⑱,吴夫差染于宰嚭⑲,知伯瑶染于智国⑳,中山尚染于魏义㉑,宋康染于唐鞅㉒。此六君者所染不当,故国家残亡,身为刑僇,宗庙破灭,绝无后类,君臣离散,民人流亡。举天下之贪暴苛扰者㉓,必称此六君也。凡君之所以安者何也? 其行理生于染当㉔。故善为君者,劳于论人而逸于治官;不能为君者,伤形费神,愁心劳意,然国愈危,身愈辱。此六君者,非不重其国、爱其身也,以不知要故也。不知要者,所染不当也。"

【注释】

①所染:本篇以染丝"所入者变,其色亦变"开篇,强调熏染对国君的重要,所以君主必须正确选择自己的近臣,才能受到好的熏染,

这直接关系到君主的安危和国家的存亡。

②子墨子：即指墨子。古人称自己的老师时，要在姓氏前加一"子"字。《墨子》一书多是墨家后学所记录，所以称"子墨子"。

③舜：即虞舜，传说中的远古帝王名。许由：隐士。相传尧让以天下，不受，隐居在颍水之阳箕山之下；尧又召为九州长，由不愿闻，洗耳于颍水之滨。按，许由是尧时的隐士，尧，墨子以为是舜。伯阳：古贤人。相传为舜七友之一。

④禹：传说夏代第一位君主，他曾经治过洪水。皋陶：传说虞舜时任掌管刑法的士（狱官之长），以正直著称。禹继舜位后，仍受重用。伯益：相传伯益助禹治水有功，禹欲让位于伯益，伯益避居箕山之北。

⑤汤：即商汤，商朝的创建人。著名的贤君。伊尹：商汤辅佐大臣。名伊，一名挚，尹是官名。相传生于伊水，故名。助汤伐夏桀，被尊为阿衡。汤死后辅佐外丙、仲壬二君；太甲被他放逐，悔过后，又被他接回复位。仲虺：商代人。相传为成汤之左相，汤既灭夏，归至于大坰，仲虺为汤作《仲虺之诰》。

⑥武王：即周武王姬发，文王子，继位后率兵伐商，建立西周王朝，实行分封制度。太公：即太公望吕尚。周公：姬旦。武王弟，成王叔，辅武王灭商；武王崩，成王幼，周公摄政，平定武庚、管叔、蔡叔之叛，天下大治。

⑦夏桀：夏朝末代君王，暴虐荒淫。干辛：或作"于莘""羊辛"。夏末桀之佞臣。惑乱天子，挟威以凌弱诸侯、万民，以致亡国。推哆：或作"推侈""雅侈"。夏桀时诸侯。助桀作恶，为商汤诛灭，是夏桀的有勇力之人。

⑧殷纣：殷商末代君主，相传是暴君。崇侯：名虎，商朝诸侯，他告密周西伯昌反商，纣遂囚西伯于羑里；西伯获释回国后，举兵伐崇，被杀。恶来：蜚廉之子，有力，据说能手裂虎兕，任商纣王臣，喜进

谗言,受纣王宠信;武王灭商,被杀。

⑨厉王:即周厉王姬胡,夷王之子,暴虐好利,杀死议论朝政的人,激
　　起国人暴动,他出奔于彘,由召公、周公共和行政;十四年后,死于
　　彘。厉公长父:周厉王的奸臣。或作"虢公长父"。荣夷终:即荣
　　夷公,周厉王卿士。他迎合厉王心意,垄断山林川泽的收益,深得
　　宠信,怂恿厉王侵犯国人利益,终于引发了国人暴动。

⑩幽王:即周幽王,宣王之子,继位后任用善谀的虢石父执政,残酷
　　剥削,民不聊生,又宠爱王妃褒姒,烽火戏诸侯,失信天下。废申
　　后和太子宜臼。前771年,被申后父申侯联合缯和犬戎杀于骊山
　　之下,西周灭亡。傅公几:周幽王奸臣。蔡公谷:或作"祭公敦"。
　　周幽王大臣。善于阿谀奉承,建议周幽王废除申后和太子宜臼。

⑪戮:羞辱。

⑫齐桓公:名小白,"春秋五霸"之一。

⑬晋文公:名重耳,献公子。出奔在外十九年,后由秦穆公送回即
　　位;选任贤能,整顿内政,尊王攘夷,树威诸侯,后成为"春秋五
　　霸"之一。咎犯:即狐偃,晋国人。晋文公重耳之舅,故又称舅
　　犯;为大夫,随从重耳流亡在外,助重耳回国即位,任上军之佐。
　　后文公称霸诸侯,多出狐偃之谋。

⑭楚庄:即楚庄王。孙叔:即孙叔敖,楚人,芍氏,名敖。楚庄王时任
　　令尹,使楚日渐富强。

⑮阖庐:亦称"阖闾"。春秋末吴的国君,名光。用专诸刺杀吴王僚
　　而自立,曾伐楚入郢,后为越王勾践所败,重伤而死。伍员:春秋
　　时楚人。名员,字子胥,吴国大夫。佐吴王阖闾攻楚,入楚都郢,
　　掘平王墓,鞭尸三百;以功封于申,又称申胥;吴王夫差时,信伯嚭
　　谗,赐剑令自尽。后九年,越灭吴。

⑯勾践:春秋末越国国君。吴王夫差败越于夫椒。勾践求和,在文
　　种、范蠡的帮助下,卧薪尝胆,十年后,乘吴王夫差北上黄池与晋

争霸之际,攻入吴都,迫吴求和。后终灭吴,成霸主。范蠡:越国大夫。帮助越王灭亡吴国,后离开越国,经商致富,别号陶朱公。

⑰范吉射:又称"士吉射""范昭子",士鞅之子,晋六卿之一。中行寅与他联兵攻赵鞅,赵鞅挟晋君并联合韩、智、魏三家反击,经过数年斗争,他与中行氏兵败奔齐,其地为赵鞅等四卿瓜分。张柳朔:春秋时晋人。范氏家臣,为柏人宰;后晋围柏人,范吉射、中行寅奔齐,朔遣其子从出,而己则拒晋师于柏人,死之。

⑱中行寅:又称"荀寅""中行文子",晋六卿之一。曾与赵鞅以铁铸刑鼎,后赵鞅杀邯郸大夫赵午,他与范吉射均为赵午之亲戚,遂举兵攻赵鞅,双方进行了长期的战斗,最后失败奔齐,其地为其他四卿瓜分。籍秦:为中行氏家臣,晋定公时被杀。

⑲夫差:春秋末期吴国国君。阖闾之子,即位后败越兵,迫使越王勾践屈服;后在黄池会盟诸侯,与晋争霸;后越国再次攻吴,他兵败自杀,吴亡。宰嚭(pǐ):即太宰嚭,本名伯嚭,系春秋时楚伯州犁之孙,楚诛伯州犁,伯嚭奔吴,吴以为大夫,后任太宰。

⑳知伯瑶:亦称"知伯""智伯",晋人。与赵、韩、魏四分范氏、中行氏地为邑,后与韩、魏攻赵襄子,反被赵襄子、韩、魏合击。被杀于军中,灭知氏。智国:知伯瑶的家臣。

㉑中山尚:中山国最后的国君。中山为魏之别封,魏文侯灭中山而封其少子挚,后为赵武灵王所灭。魏义:中山尚的家臣。

㉒宋康:即宋康王偃,战国时宋国末代国君。戴氏,名偃,后自称为王。尝败齐、楚、魏,灭滕,对内统治暴虐,时称"桀宋"。后被齐、魏、楚联合灭掉,出奔,死于魏,谥康。唐鞅:曾相宋康王,专权,驱逐贤相,被杀。

㉓苛扰:苛待,侵扰。

㉔行理:行道践理。

【译文】

墨子见到染丝的人就感叹说:"丝用青色染那就成了青色,用黄色染那就成了黄色。所用的染料变化了,丝的颜色也就变化,所以染色能不谨慎吗!不只染丝是这样,国家也有受熏染的情况。虞舜受到许由、伯阳的熏染,夏禹受到皋陶、伯益的熏染,商汤受伊尹、仲虺的熏染,周武王受到太公、周公的熏染。这四位君王所受的熏染得当,所以称王天下,被拥立为天子,功业名声遮盖天地。列举天下因仁义显赫的人,一定会称道这四位君王。夏桀受到干辛、推哆的熏染,殷纣王受到崇侯、恶来的熏染,周厉王受到厉公长父、荣夷终的熏染,周幽王受傅公夷、蔡公谷的熏染。这四位君王的熏染不当,所以国破身亡,被天下人耻笑。列举天下不合乎道义的可耻之人,必定提及这四位君王。齐桓公受管仲的熏染,晋文公受咎犯的熏染,楚庄王受孙叔的熏染,吴王阖庐受伍员的熏染,越王勾践受范蠡的熏染。这五位君主所受的熏染得当,所以称霸诸侯,名声流传后代。范吉射受张柳朔的熏染,中行寅受籍秦的熏染,吴王夫差受太宰嚭的熏染,智伯瑶受智国的熏染,中山尚受魏义的熏染,宋康王受唐鞅的熏染。这六位国君所受的熏染不当,所以国破家亡,自身被杀,宗庙被毁灭,断绝了子孙后代,君臣分离失散,民众逃亡流离。列举天下贪婪暴虐苛刻侵扰民众的人,一定列举这六位国君。大凡国君能用来安定的原因是什么呢?他们履行大道、践行真理,都源于熏染得当。所以善于当国君的,在选拔人才上劳累而在治理政务上轻松;没有能力当国君的,伤害身体耗费精神,忧愁辛劳,但是国家更加危险,自身更加屈辱。这六位国君,并非不重视自己的国家、爱惜自己的身体,这是因为不知道治国要领的缘故。不知道治国要领,就是因为所受的熏染不恰当。"

法仪①

子墨子曰:"天下从事者,不可以无法仪。无法仪而其事能成者,无有也。故百工从事,皆有法度。今大者治天下,其次治大国,而无法度,此不若百工也。然则奚以为治法而可②? 莫若法天③。天之行广而无私,其施厚而不息④,其明久而不衰,故圣王法之。既以天为法,动作有为⑤,必度于天,天之所欲则为之,天所不欲则止。然而天何欲何恶也? 天必欲人之相爱相利,而不欲人之相恶相贼也⑥,以其兼而爱之、兼而利之也。奚以知天之兼而爱之、兼而利之也? 今天下无小大国,皆天之邑也⑦;人无幼长贵贱,皆天之臣也。故曰:爱人利人者,天必福之⑧;恶人贼人者,天必祸之。是以天欲人相爱相利,而不欲人相恶相贼也。

【注释】

①法仪:法度,法则。节录部分讲做事必有法仪,而治国的法仪"莫若法天",希望君主能够效法天道行事。

②治法:治理的法度标准。

③法天:效法自然天道。

④息:停止。通行本作"德",译文仍依《群书治要》原文翻译。

⑤有为:有所作为。

⑥贼:伤害。

⑦邑:城邑,城市。

⑧福之:福佑他,给他降福。

【译文】

墨子说:"天下做事的人,不可以没有法度标准。没有法度标准而能够把事办成的,是从来没有过的。所以各种工匠干活,都有法度标准。如今大到治理天下,其次治理大国,却没有法度标准,这还赶不上百工了。既然如此,那么拿什么来作为治理的法度标准呢? 没有什么比得上效法上天了。上天的运行广博无私,它施舍恩惠深厚而不停止,它长久光明而不衰减,所以圣明的君王效法它。既然把上天作为效法的对象,那么要想有所作为,一定以上天的准则来衡量,上天所希望的那就去做,上天所不希望的那就停止。但是上天希望什么厌恶什么呢?上天一定希望人们互相爱护互相得利,而不希望人们互相憎恶互相伤害,因为上天兼爱不同的人,同时让不同的人都得利。从哪里知道上天兼爱不同的人,同时让不同的人都得利呢?如今天下无论大国小国,都是上天的属邑;人无论长幼贵贱,都是上天的臣民。所以说:爱人利人的,上天必定降福给他;厌恶人伤害人的,上天必定降祸给他。因此上天希望人互相爱护互相得利,而不希望人互相厌恶互相伤害。

　　"昔之圣王禹、汤、文、武①,兼爱天下之百姓,率以尊天事鬼。其利人多,故天福之,使立为天子,天下诸侯,皆宾事之②。暴王桀、纣、幽、厉③,兼恶天下之百姓,率以诟天侮鬼④。其贼人多,故天祸之,使遂失其国家,身死为戮于天下⑤,后世子孙毁之,至今不息。故为不善以得祸者,桀、纣、幽、厉是也;爱人利人以得福者,禹、汤、文、武是也。"

【注释】

①禹、汤、文、武:夏禹、商汤、周文王、周武王。

②宾事:恭敬地事奉。

③桀、纣、幽、厉:夏桀、商纣、周幽王、周厉王。

④诟:辱骂。

⑤戮:羞辱,耻辱。

【译文】

"以前圣明的君王夏禹、商汤、周文王、周武王,兼爱天下的百姓,率领他们尊奉上天敬事鬼神。他们给世人的好处很多,所以上天福佑他们,让他们立为天子,天下诸侯,都恭敬地事奉他们。而暴虐的君王夏桀、商纣、周幽王、周厉王,同时厌恶天下的百姓,率领他们辱骂上天侮辱鬼神。他们残害的人多,所以上天给他们降下灾祸,让他们失去自己的国家,自身死亡,被天下羞辱,后代子孙毁谤他们,到今天都没有停息。所以做坏事招致灾祸的,就像夏桀、商纣、周幽王、周厉王这样的;爱人利人获得福佑的,就像夏禹、商汤、周文王、周武王这样的。”

七患①

子墨子曰:“国有七患。七患者何?城郭沟池不可守而治宫室②,一患也;边国至境③,四邻莫救,二患也;先尽民力无用之功,赏赐无能之人,三患也;仕者持禄④,游者忧佼⑤,君修法讨臣⑥,臣慑而不敢咈⑦,四患也;君自以为圣智而不问事⑧,自以为安强而无守备,五患也;所信者不忠,所忠者不信,六患也;蓄种菽粟不足以食之⑨,大臣不足以事之,赏赐不能喜,诛罚不能威,七患也。以七患居国⑩,必无社稷;以七患守城,敌至国倾。七患之所当⑪,国必有殃。”

【注释】

①七患:本篇论述了“国有七患”,分别是国防、外交、赏罚、君臣、忠信、财用、粮食等方面存在的重大问题,如果国家有此,“国必有殃”。

②城郭:城墙,泛指城邑。“城”指内城的墙,“郭”指外城的墙。沟池:护城河。

③边国:外国。

④持禄:保住俸禄,等于说尸位素餐。

⑤佼：通"交"，交往。

⑥讨：惩治，处罚。

⑦摄：害怕，恐惧。咈（fú）：古同"拂"，违逆，违背。

⑧圣智：指聪明睿智，无所不通。问事：指了解民情。

⑨菽粟：豆和小米，泛指粮食。

⑩居国：统治国家。

⑪当：执掌，主持。

【译文】

墨子说："国家有七种祸患。这七种祸患是什么呢？城墙和护城河不足以防守而修建宫殿，这是第一种祸患；敌国军队来到边境，四方邻国没有人来救，这是第二种祸患；先竭尽民力去做无用的事，赏赐没有能力的人，这是第三种祸患；当官的只求保住俸禄，游说者只考虑结交朋友，国君修治法令惩治臣子，臣子恐惧而不敢违背，这是第四种祸患；国君自认为聪明睿智而不了解下情，自认为国家安定强大而没有防备，这是第五种祸患；国君所信任的人不忠诚，忠于国君的不被信任，这是第六种祸患；积蓄耕种的粮食不够吃的，大臣不足以委以重任，赏赐不能让人喜悦，惩罚不能让人畏惧，这是第七种祸患。用这七种祸患治理国家，国家必会灭亡；用这七种祸患守护城池，敌人一到城池必会沦陷。七种祸患存在哪个国家，那个国家必定有祸殃。"

辞过①

墨子曰："古之民未知为宫室时，就陵阜而居②，穴而处下③，润湿伤民，故圣王作为宫室④。为宫室之法曰：室高足以避润，边足以圉风寒⑤，上足以待雪霜雨露，宫墙之高足以别男女之礼，谨此则止⑥。凡费财劳力，不加利者不为也。

是故圣王作为宫室，使上不以为观乐也⑦；作为衣服带履，使身不以为辟怪也⑧。故节于身，诲于民，是以天下之民可得而治，财用可得而足。当今之主，其为宫室则与此异矣。必厚敛于百姓⑨，暴夺民衣食之财⑩，以为宫室台榭曲直之望⑪，青黄刻镂之饰。为宫室若此，故左右皆法象之⑫。是以其财不足以待凶饥⑬，振孤寡⑭，故国贫而民难治也。君诚欲天下之治而恶其乱也，当为宫室不可不节。

【注释】

①辞过：拒绝过失。节录部分从吃穿住行各个方面强调节俭的重要性，说明了"节俭则昌，淫佚则亡"的道理。

②陵阜：丘陵。

③穴：挖洞穴。

④作为：这里指创建。

⑤圉（yù）：抵御，阻止。

⑥谨：通"仅"。

⑦使上：今本《墨子》作"便于生"。观乐：观赏玩乐。

⑧辟怪：等于说怪异。

⑨厚敛：指征收重税。敛，征收。

⑩暴夺：等于说掠夺。

⑪台榭：台和榭。亦泛指楼台等建筑物。望：视野，景观。

⑫法象：效法，模仿。

⑬凶饥：凶荒，灾荒。

⑭振：今作"赈"。

【译文】

墨子说："古代的民众还不知道建造宫室时，只能依傍着山丘居住，开挖洞穴住在下面,湿气伤害民众,所以圣明的君王开始创建宫室。建造宫室的原则是:房间地基的高度足够避开潮湿,四边的墙壁足够抵御风寒,上面的屋顶足够遮挡雪霜雨露,室内墙高足够区别男女的礼数,仅此而已。凡是伤财劳民,没有更多利益的工程是不做的。因此圣明的君王建造宫室,是为了方便生活,而不是用来观赏玩乐的;制作衣服腰带鞋子,是为了保养身体,而不是用来显示怪异的。所以圣明的君王对自身节俭,对民众也这样教诲,因此天下的民众可以得到治理,财物用度可以得到满足。当今的君主,他们建造宫室就跟前面说的不同了。他们一定对百姓征收重税,掠夺民众的衣食财物,来建造宫室楼台曲折回转的景观,雕刻绚丽色彩和精美的装饰。国君这样建造宫室,所以左右近臣都仿效他。因此国家的财物不够用来对付灾年饥荒,救济孤儿寡妇,所以国家贫穷而民众难以治理。国君如果真的想要天下太平而憎恶天下混乱,那么建造宫室就不能不节俭。

　　“古之民未知为衣服时,衣皮带茭①,冬则不轻而温,夏则不轻而清②。圣王以为不中人之温清③,故作诲妇人④,以为民衣。为衣服之法:冬则练帛之中足以为轻且暖⑤,夏则絺绤之中足以为轻且清⑥,谨此则止。故圣人之为衣服,适身体、和肌肤而足矣,非荣耳目而观愚民也。当是之时,坚车良马不知贵也⑦,刻镂文采不知喜也。得其所以自养之情⑧,而不感于外,是以其民俭而易治,其君用财节而易赡也。府库实满⑨,足以待不极⑩;兵革不顿⑪,士民不劳,足以征不服。故霸王之业⑫,可行于天下矣。当今之主,其为衣服,则与此异矣。冬则轻暖,夏则轻清。皆已具矣,必厚作敛于百姓⑬,暴夺民衣食之财,以为锦绣文采靡曼之衣⑭,铸金以为钩,珠玉以为佩,女工作文采,男工作刻镂,以身服之，此非云益暖之情也。单财劳力^⑮，毕归之于无用也。以此观之，其为衣服，非为身体，皆为观好^⑯。是以其民淫僻而难治^⑰，其君奢侈而难谏也。夫以奢侈之君，御淫僻之民^⑱，欲国无乱，不可得也。君诚欲天下之治而恶其乱，当为衣服不可不节。

【注释】

①衣皮：穿着兽皮。带茭（jiāo）：把草拧成草绳当带子用。茭，喂牲口的干草。《说文》："茭，干刍。"

②凊（qìng）：凉，清凉。

③不中：不符合。

④作诲：教诲，训导。

⑤练帛：熟帛。指煮练过的帛。

⑥绤绤（chī xì）：葛布的统称。细葛叫"绤"，粗葛叫"绤"，引申为葛服。

⑦坚车：指坚固的战车。

⑧自养：等于说自奉，自给。

⑨府库：收藏文书财物和兵器的地方。实满：充实。

⑩不极：不虞，意外。

⑪兵革：武器铠甲装备。不顿：不损坏。

⑫霸王：霸与王。古称有天下者为王，诸侯之长为霸。

⑬作敛：指聚敛民财。

⑭锦绣：精美鲜艳的丝织品。靡曼：华美，华丽。

⑮单：通"殚"，耗尽。

⑯观好：等于说美观。

⑰淫僻：邪恶不正。

⑱御：统治。

【译文】

"古代的民众还不知道制作衣服时,穿着兽皮,系着草绳,冬天不会轻便而温暖,夏天不会轻软而清凉。圣明的君王认为这不符合人体所需的温暖清凉,所以教诲妇女,给民众制作衣服。制作衣服的原则:冬天就用熟帛中那些足够轻暖的来制作,夏天就用葛布中那些足够清凉的来制作,仅此而已。所以圣人制作衣服,让身体舒适、让肌肤暖和就足够了,不是为了看起来尊贵而让民众去观赏。在那个时候,坚固的战车、精良的好马人们不觉得贵重,雕刻装饰以华美的色彩人们不感到喜悦。这来自他们懂得自给自足的道理,而不受外面的影响,因此那些民众节俭容易治理,那些君主用度节约而容易满足。国家的仓库充实,足够用来对付意外事件;武器铠甲没有损坏,民众不劳苦,足够用来征讨不臣服的国家。所以称霸称王的功业,可以在天下行得通了。当今的君主,他们制作衣服,就与这个不一样了。冬天的衣服又轻又暖,夏天的衣服又轻又凉。都已经具备了,仍然大量地聚敛民财,掠夺民众用于衣食的财物,来制作锦绣鲜艳的华美衣服,铸造金子当衣带钩,以珍珠宝玉作为佩饰,女工刺绣花纹,男工装饰雕刻,用来自己穿戴,这不是为了更加暖和的考虑。耗尽财物劳力,全都用到没有实际用处的事上。由此看来,他们制作衣服,不是为了身体舒适,都是为了漂亮好看。因此他的民众邪恶不正难以治理,国君奢侈无度难以劝谏。以奢侈无度的君主,来统治邪恶不正的民众,想要国家不发生混乱,是不可能做到的。国君真的想要天下太平而厌恶混乱,那么制作衣服就不可不节俭。

"古之民未知为饮食,故圣人作诲男耕稼树艺①,以为民食也。足以增气充虚、强体适腹而已矣②。其用财节,其自养俭③,故民富国治。今则不然,厚敛于百姓,以为美食刍豢蒸炙④。大国累百器⑤,小国累十器。前方丈⑥,目不能遍视,手不能遍掺⑦,口不能遍味。冬则冻冰,夏则馂饐⑧。人君为饮食如此,故左右象之⑨。是以富贵者奢侈,孤寡者冻馁⑩,欲无乱不可得。君诚欲天下治而恶其乱,当为食饮不可不节。

【注释】

①耕稼:泛指种庄稼。树艺:种植,栽培。

②增气充虚:等于说补气充饥。

③自养:等于说自奉,自给。

④刍豢（chú huàn）:牛、羊、犬、豕之类的家畜。泛指肉类食品。炙（zhì）:烤。

⑤器:指食器。

⑥方丈:一丈见方。借指肴馔极其丰盛。

⑦掺（shǎn）:操,持。

⑧馂（jùn）:吃后剩下的食物。饐（yì）:腐败发臭。

⑨象:模拟,仿效。

⑩冻馁（něi）:受冻挨饿。

【译文】

"古代的民众还不知道制作饮食时,所以圣人教导男子耕作种植,来作为民众的食物。那些食物足够用来补气充饥、强健身体、填饱肚子罢了。他们节省财物,自己奉养节俭,所以民众富裕国家太平。如今却不这样,对百姓征收沉重的赋税,用来蒸烤各种肉食制作美味。大国使用的盛食物的器皿有上百件,小国也有数十件。食物摆在前面一丈见方,眼睛不能全都看到,双手不能全都拿到,口舌不能全都尝到。吃不完的食物,冬天就会结冰,夏天就腐败发臭。国君像这个样子备办饮食,所以左右近臣都仿效他。因此富贵的人奢侈,孤寡的人受冻挨饿,想要国家不混乱是不可能的。国君如果真的想要天下太平而憎恶天下混乱,在制作饮食上就不可不节制。

"古之民未知为舟车时,重任不移^①,远道不至。故圣王作为舟车,以便民之事。其为舟车也,完固轻利^②,可以任重致远,用财少而为利多,是以民乐而利之。法禁不急而行^③,民不劳而上足以用,故民归之。当今之主,其为舟车与此异矣。完固轻利皆已具矣,必厚敛于百姓,以为舟车饰,饰车以文采,饰舟以刻镂。女子废其纺织而修文采,故民寒;男子离其耕稼而修刻镂,故民饥。人君为舟车若此,故左右象之。是以其民饥寒并至,故为奸邪。奸邪多则刑罚深,刑罚深则固国乱。君诚欲天下之治而恶其乱,当为舟车不可不节。"

【注释】

①重任:重担,重负。

②完固:完好坚固。轻利:轻快,轻便。

③法禁:刑法和禁令。

【译文】

"古代的民众还不知道制作舟车时,重的东西不能移动,遥远的地方不能前往。所以圣明的君王制作车船,来方便民众的事务。他们制作的车船,完好坚固轻捷便利,可以负载重物到达远方,花费的财物少而获得的利润多,因此民众高兴而使用它们。刑法禁令不催促就可以施行,民众不劳累而君上的财物足够使用,所以民众都来归附他。当今的君主,他们制作舟车与这不同。完好坚固、轻捷便利已经具备了,还一定要向百姓征收沉重的赋税,来制作车船的装饰,用华丽的花纹彩绘装饰车子,用繁复的雕刻装饰舟船。女人荒废了纺织而去修饰华丽的花纹彩绘，所以民众受寒；男子脱离了耕种而去从事繁复的雕刻，所以民众挨饿。君主像这样制作舟车，所以左右近臣都仿效他。因此他的民众饥寒交迫，所以做奸邪之事。奸邪之事多了刑罚就会深重，刑罚深重就使国家更加混乱。国君如果真的想要天下太平而憎恶混乱，那么制作舟车时就不可不节制。"

尚贤①

子墨子曰："今者王公大人为政于国家者，皆欲国家之富，人民之众，刑政之治②。然而不得，是其故何也？是在王公大人为政于国家者，不能以尚贤事能为政也③。是故国有贤良之士众，则国家之治厚。故大人之务，将在于众贤而已。然则众贤之术将奈何哉？譬若欲众其国之善射御之士者，必将富之、贵之、敬之、誉之，然后国之善射御之士将可得而众也④。况又有贤良之士，厚乎德行，辨乎言谈，博乎道术者乎⑤？此固国家之珍，而社稷之佐也，亦必且富之、贵之、敬之、誉之，然后国之良士亦将可得而众也。

【注释】

①尚贤：就是崇尚贤人。墨子强调"尚贤者，政之本也"，这是墨子的核心思想之一。节录部分即围绕这一思想进行论述。

②刑政：刑法政令。

③尚贤：崇尚贤人。事能：任用能人。

④射御：射箭、御马之术。古代六艺中的两种，都属尚武的技艺。

⑤道术：治国之术。

【译文】

墨子说:"如今王公大人治理国家,都想要让国家富裕,人口众多,刑法政令井然有序。但这些没能实现,这是什么缘故呢?原因是王公大人治理国家时,不能尚贤任能来执政。因此国家拥有的贤良之士众多,那么国家治理的力量坚实。所以王公大人的要务,就在于使贤人众多罢了。既然如此,那么使贤人众多的方法是怎样的呢?譬如要想使国中善于射箭驾车的人众多,必定要让他富裕、高贵,尊敬他,赞誉他,然后国中善于射箭驾车的人就能增多了。更何况又有德行淳厚,言辞精辩,懂得治国之术的贤良士人呢?这些人本来就是国家的珍宝,社稷的辅佐,也一定要让他们富裕、高贵,尊敬他,赞誉他,然后国家的贤良之士也就会增多了。

"是故古者圣王之为政也,言曰:不富不义,不贵不义,不亲不义,不近不义。是以国之富贵人闻之,皆退而谋曰:'始我所恃者富贵也,今上举义不避贫贱,然则我不可不为义。'亲者闻之,亦退而谋曰:'始我所恃者亲也,今上举义不避亲疏①,然则我不可不为义。'近者闻之,亦退而谋曰:'始我所恃者近也,今上举义不避远近②,然则我不可不为义。'远者闻之,亦退而谋曰:'我始以远无恃,今上举义不避远,然则我不可不为义。'人闻之皆竞为义,是其故何也?曰:上之所以使下者,一物也③;下之所以事上者,一术也。

【注释】

①亲疏:偏指疏。今本《墨子》作疏。

②远近:偏指远。今本《墨子》作远。

③一物:等于说一个标准。

【译文】

"因此古时候圣明的君王执政,说道:不让不义的人富裕,不让不义的人尊贵,不对不义的人亲信,不和不义的人接近。因此国家富贵的人听说了,都退下考虑说:'开始我们所依赖的是富贵,如今君上举用道义之士不避贫贱,既然如此,我们就不能不做仁义的事了。'被亲信的人听说了,也退下考虑说:'开始我们所依赖的是君上的亲信,如今君上举用道义之士不避亲疏,既然如此,我们就不能不做仁义的事了。'左右近臣听说了,也退下考虑说:'开始我们所依赖的是关系近,如今君上举用道义之士不避远近,既然如此,我们就不能不施行仁义。'远离君上的人听说了,也退下考虑说:'开始我们认为远离君上没有依靠,如今君上举用道义之士不避远离的人,既然如此,我们就不能不施行仁义。'人们听到后都争着施行仁义,这是什么缘故呢? 回答说:君上用来驱使臣下的,是尚贤这一个标准;臣下用来侍奉君上的,是施行仁义这一个方法。

"故古者圣王之为政,列德而尚贤,虽在农与工肆之人①,有能则举之,高与之爵,重与之禄,任之以事。非为贤赐也,欲其事之成,故当以德就列②,以官服事③,以劳受赏,量功而分禄。故官无常贵而民无恒贱,有能则举之,无能则下之,举公义④,避私怨,故得士⑤。得士则谋不困,体不劳,名立而功成,美章而恶不生⑥。故尚贤者,政之本也。"

【注释】

①工肆:手工作坊。肆,作坊。

②就列:就位,任职。

③服事:承担公职。

④公义:公正的义理。

⑤得士:泛指获得贤士。

⑥章:今作"彰"。彰明,彰显。

【译文】

　"所以古时候圣明的君王执政,让有德的人列入其位,而崇尚贤人,即使是耕田的农夫和手工作坊的工人,有能力就举用,给他很高的爵位,丰厚的俸禄,任命他做事。这并不是因为他的贤能而赏赐,而是想要让他成就事业,所以应当依照德行授予官位,依照官位承担职务,依照功劳给予赏赐,衡量功绩分发俸禄。所以官员不会恒久尊贵而民众不会一直卑贱,有能力就举用他,没能力就罢免他,举用公正的义理,避开私人的怨恨,所以能获得贤士。获得贤士那么计谋不会穷尽,身体不会劳累,名立功成,美德彰显而丑恶不生。所以说尚贤,是国政的根本。"

　　子墨子言曰①:"天下之王公大人,皆欲其国家之富也,人民之众也,刑法之治也,然而莫知尚贤而使能。我以此知天下之士君子,明于小而不明于大也。何以知其然也?今王公大人,有一牛羊不能杀,必索良宰②;有一衣裳不能制,必索良工③;有一疲马不能治,必索良医;有一危弓不能张④,必索良工。虽有骨肉之亲,无故富贵、面目美好者,诚知其不能也,必不使。是何故?恐其败财也。当王公大人之于此也,则不失尚贤而使能,至建其国家则不然。王公大人骨肉之亲,无故富贵、面目美好者,则举之,则王公大人之亲其国家也,不若其亲一危弓、疲马、衣裳、牛羊之财欤?我以此知天下之士君子,皆明于小而不明于大也。古之圣王之治天下也,其所贵未必王公大人骨肉之亲、无故富贵、面目美好者也。是故昔者尧之举舜也,汤之举伊尹也⑤,武丁之举傅说也⑥，岂以为骨肉之亲，无故富贵、面目美好者哉？
唯法其言，用其谋，行其道，上可而利天，中可而利鬼，下可
而利人。是故尚贤之为说，不可不察也。尚贤者，天、鬼、百
姓之利，而政事之本也。"

【注释】

①子墨子言曰：本段节录自《尚贤下》。

②良宰：屠夫。

③良工：泛称技艺高超的人。

④危弓：强弓。

⑤伊尹：曾辅佐商汤等君王。

⑥武丁：子姓，名昭，商王盘庚之侄。武丁任用刑徒出身的傅说等贤
　　人辅政，励精图治，史称"武丁盛世"。庙号高宗，死后由其子祖
　　庚继位。傅说：出身寒微。曾为傅险（岩）地方从事版筑（即土
　　木建筑）的奴隶，后被商王武丁举以为相，治理国家甚有政绩。

【译文】

墨子说道："天下的王公大人，都想让国家富裕，人口众多，刑法政
令有序，但是没有谁知道崇贤任能。我因此知道天下的士人君子，明白
小的道理却不明白大的道理。怎么知道是这样的呢？如今的王公大人，
有一头牛一只羊自己不能杀，一定去寻求高明的屠夫；有一件衣裳自己
不能缝制，一定去寻求高明的缝纫工；有一匹衰弱的马自己不能治疗，一
定去寻求高明的医生；有一把强弓自己拉不开，一定去寻求高明的工匠。
即使是身边骨肉至亲，没有功劳却富贵的人、容貌漂亮的人，如果真的知
道他们没有能力，一定不会使用他们。这是什么缘故？恐怕他们败坏财
产。当王公大人对待这些的时候，那就不会丢掉尚贤任能的做法，到了
面对他的国家却不是这样。王公大人对身边那些骨肉至亲，没有功劳却
富贵、容貌漂亮的人，那就举用，那么王公大人对他国家的喜爱，还不如

他喜爱一张强弓、一匹衰弱的马、一件衣裳、一头牛一只羊等财物吗？我因此知道天下的士人君子，都是明白小的道理而不明白大的道理。古时候圣明的君王治理天下，他所看重的不一定是王公大人骨肉至亲的人、没有功劳却富贵的人、面目美丽漂亮的人。因此从前唐尧举用虞舜，商汤举用伊尹，武丁举用傅说，难道是因为他们是骨肉至亲的人、没有功劳却富贵的人、面目美丽漂亮的人吗？只是听取他们的言论，采用他们的谋略，施行他们的治国之道，对上可以有利于天，对中可以有利于鬼，对下可以有利于人。因此，崇尚贤人作为一个学问，不可以不察知。崇尚贤人的人，符合上天、鬼神、百姓的利益，而且是政事的根本。"

非命^①

古之圣王，举孝子而劝之事亲，尊贤良而劝之为善，发宪布令以教诲^②，赏罚以劝沮^③，若此则乱者可使治，而危者可使安矣。若以为不然，昔者桀之所乱，汤治之；纣之所乱，武王治之。此世不渝而民不改^④，上变正而民易教。其在汤、武则治，其在桀、纣则乱。安危治乱，在上之发政也，则岂可谓有命哉？

【注释】

①非命：即否定"天命"的存在。墨子认为，国家的安危治乱，在于君上的施政，而不是"天命"的结果，所以，要依靠自己的努力来达到国富民强。

②发宪布令：等于说发号施令。宪，法令，法度。

③劝沮：劝善止恶。

④不渝：不改变。

【译文】

古时候的圣明君王，举用孝子而勉励人们侍奉双亲，尊重贤良而勉励人们行善，发布法令来教诲人们，用奖赏惩罚来劝善止恶，像这样做，那么混乱的国家可以得到治理，而危难的国家可以得到安定了。倘若认为不是这样，从前夏桀造成的混乱局面，商汤却把它治理好了；商纣造成的混乱局面，武王却把它治理好了。这里所说的世界没有改变而民众也没有改变，只是君上改变了执政方法而民众就容易教化了。这说明天下处在商汤、周武王那里就安定，处在夏桀、商纣那里就混乱。国家的安危治乱，在于君上所发布的政令，这难道可以认为是有天命吗？

　　昔者三代之暴王①，不缪其耳目之淫②，不慎其心志之僻③，外之驱骋田猎毕弋④，内沉于酒乐，不肯曰"我为刑政不善"，曰"我命故且亡"⑤。虽昔也三代之伪民，亦犹此也。繁饰有命，以教众愚。

【注释】

①暴王：暴虐的君主。

②缪：认为错误。淫：放纵，沉湎。

③慎：谨慎对待。僻：邪僻。

④之：往。驱骋：驱策驰骋。毕弋：泛指打猎活动。毕，为捕兽所用之网；弋，为射鸟所用的系绳之箭。

⑤故：通"固"。今本《墨子》作"固"。

【译文】

从前夏、商、周三代的暴虐君主，不认为放纵自己的耳目欲望是错误，不谨慎对待自己心中的邪念，在外放纵大规模围猎鸟兽，对内沉湎于饮酒享乐，不肯说"我实施政令刑法不好"，而说"我的命运本就将要灭亡"。即使是从前夏、商、周三代诈伪的人，也是如此。他们制造各种有天命的观念，来教导众多的愚民。

昔者禹、汤、文、武方为政乎天下之时，曰"必使饥者得食，寒者得衣，劳者得息，乱者得治"，遂得光誉令闻于天下^①，夫岂可以为命哉？故以为其力也。今贤良之人，尊贤而好蓄道术^②，故上得其王公大人之赏，下得其万民之誉，遂得光誉令闻于天下，岂以为其命哉？

【注释】

①光誉：广泛的声誉。孙诒让《墨子间诂》引俞樾曰："'光''广'古通。"令闻：美好的声誉。

②道术：指治国之术。

【译文】

从前夏禹、商汤、周文王、周武王刚开始治理天下政事的时候，说"一定让饥饿的人获得食物，寒冷的人获得衣服，劳累的人能够休息，混乱的人得到治理"，于是能够使美好的名声传扬天下，这难道可以认为是天命吗？所以应认为是他们的努力造成的。如今贤良的人，尊重贤士而喜好治国之术，所以对上获得王公大人的赏识，对下获得万民的赞誉，于是使得美好的声誉传扬天下，难道认为这是命运吗？

贵义^①

子墨子曰："世之君子，使之一犬一彘之宰^②，不能则辞之；使为一国之相，不能而为之。岂不悖哉^③！""世之君子，欲其义之成，而助之修其身则愠^④。是犹欲其墙之成，而人助之筑则愠也，岂不悖哉！"

【注释】

①贵义：文中墨子强调了义的可贵。一切言论行动，都要合于义。

②彘（zhì）：猪。宰：屠夫。

③悖：违背道理，荒谬。

④愠：恼怒，怨恨。

【译文】

墨子说："世上的君子，让他成为杀死一条狗、一头猪的屠夫，不能干就推辞；让他成为一个国家的国相，不能干却接受下来。这难道不荒谬吗！""世上的君子，想要让他的道义成功，而帮助他提高自身修养就恼怒。这就像想要把自己的墙砌成，而别人帮他修筑就恼怒，这难道不荒谬吗？"

卷三十五

文子

老子弟子

【题解】

《文子》是先秦道家的重要著作。《汉书·艺文志》道家类著录《文子》九篇,《隋书·经籍志》著录《文子》十二篇。与今本相同。《文子》一书,历来认为是伪书,但1973年河北定州汉墓出土的竹简中,有《文子》残简,其中与今本文子相同的文字有六章。这就确证了《文子》一书为西汉时已有的先秦古籍。王利器推测成书于汉惠帝时期,是汉初黄老思想的产物。《文子》发展了道家的学说,同时又吸取儒、墨、名、法诸家学说,以阐发老子的思想,在中国古代哲学史上占有重要之地。

文子,生卒年不详。据班固注,文子为"老子弟子,与孔子同时,而称周平王问,似依托者也"。他认为"文子"只是伪托的一位作者。也有学者认为这是班固的误读。天宝元年,唐玄宗诏封文子为"通玄真人",诏改《文子》为《通玄真经》。

《文子》的注本,有唐徐灵府(默希子)的《通玄真经注》,宋代朱弁《通玄真经注》,元代杜道坚《通玄真经缵义》,附《释音》一卷。今人王利器《文子疏义》可供参考。

《群书治要》从《文子》十二篇中节录了一万多字,主要谈及治国、修身、仁义、礼法等内容。其中凸显的"仁义""贵柔""守雌""不为天下先""礼法本末相兼",以及反对片面"法古""循俗"等思想,都是魏徵要对李唐君王所强调的。

道原①

夫至人之治也②,弃其聪明,灭其文章③,依道废智,与民同出乎公;约其所守④,寡其所求,去其诱慕⑤,除其嗜欲,损其思虑。约其所守即察矣,寡其所求即得矣。

【注释】

①道原:以道为本,以道为根,"道"既是世间万物的总根源,又是万物运行的总规律。节录部分就是强调君王要掌握道的规律,并用来治理天下,才能取得巨大的成效。

②至人:指超凡脱俗、达到无我境界的圣人。

③灭:隐没。

④约:省减,简约。

⑤诱慕:被诱惑而贪恋。

【译文】

圣人治理国家,去掉个人的聪明,隐没个人的文采,依靠大道,弃置个人的智辩,与民众一样出于公道而行;简省他所要固守的,减少他所要贪求的,去掉他被诱惑而贪恋的,消除他的嗜好和欲望,减少他的思虑。简省他要固守的就能明察,减少他所要贪求的就会有收获。

水之性欲清,沙石秽之①;人之性欲平,嗜欲害之;唯圣人能遗物反己②。不以智役物③,不以欲滑和④,是以高而不危,安而不倾也。故听善言便计⑤,虽愚者知悦之;称圣德高行,虽不肖者知慕之⑥。悦之者众,而用之者寡;慕之者多,而行之者少。

【注释】

①秽:污染,玷污。

②遗物:指超脱于物欲之外。反己:复返自己的本性。

③不以智役物:今本《文子》书中"智"作"身"。译文从"身"。役物,指为物所役使。

④滑和:指扰乱温和之本性。

⑤便计:指有利的计谋,合宜之计。

⑥不肖:不贤,不成材。

【译文】

水本来是清澈的,沙石污染了它;人本来是平和的,嗜好欲望伤害了他;只有圣人能够超脱物欲复返本真。不以身为万物役使,不因为欲望扰乱温和之本性,因此地位虽高却不危险,安稳而不倾覆。所以听到好的言论和有利的计谋,即使愚笨的人也知道喜欢他;称述道德崇高的品行,即使不贤的人也知道仰慕他。喜欢听善言的人多,但是运用的人少;仰慕高尚品行的人多,但是践行的人少。

精诚①

夫水浊者鱼噏②,政苛即民乱③。上多欲即下多诈,上烦扰即下不定,上多求即下交争④。不治其本,而救之末,无以异于凿渠而止水,抱薪而救火也。圣人事省而治,求寡而赡⑤,不施而仁⑥,不言而信,不求而得,不为而成。怀自然,保至真,抱道推诚⑦,天下从之,如响之应声,影之象形,所修者本也。

【注释】

①精诚:即真诚。节录部分说明真诚才能"天下从之";"精诚内形,德流四方",才能天下大治。

②水浊者鱼唫(yǎn):因水太浑浊使鱼喘不过气来,只得露出水面张口呼吸。唫,指(鱼)在水面张口呼吸。

③政苛:政令繁杂苛刻。

④交争:交相争夺。

⑤赡:供给充足,丰富。

⑥施:给与恩惠、好处。

⑦抱道:持守正道。推诚:以诚心相待。

【译文】

水域浑浊那么鱼儿只能到水面呼吸,政令繁苛那么民众就动乱。君上欲望多臣下就欺诈多,君上的法令政策烦杂臣下就不安定,君上贪求多那么臣下就互相争夺。治国不去治理根本,而仅仅补救枝节,这跟现挖水渠来制止洪水,抱着薪柴去救火没有什么不同。圣人为政俭约而国家太平,需求少而供养充足,不施恩惠而有仁德,不用说话就有诚信,不用寻求就能获得,不去"有为"就能成功。心怀自然本性,保持至真之情,持守正道以诚相待,天下百姓追随他,就像回声呼应原声,影子取象原形一样,这是治理的根本。

冬日之阳,夏日之阴,万物归之①,而莫之使也。至精之感②,弗召自来,不去自往,不知所为者,而功自成。待目而照见③,待言而使令,其于以治难矣④。皋陶喑而为大理⑤，天下无虐刑；师旷瞽而为大宰⑥，晋国无乱政。不言之令，不视之见，圣人所以为师也。民之化上，不从其言，从其所行也。故人君好勇，而国家多难；人君好色，而国多昏乱。故圣人精诚形于内，好憎明于外，出言以副情，发号以明旨。是故刑罚不足以移风⑦，杀戮不足以禁奸，唯神化为贵也⑧。夫至精为神，精之所动，若春气之生⑨，秋气之杀也⑩。故治人者，慎所以感也。圣人之从事也，所由异路而同归，其存亡定倾若一⑪，志不忘乎欲利人也。故秦、楚、燕、魏之歌，异转而皆乐⑫；九夷八狄之哭⑬，异声而皆哀。夫歌者，乐之征也；哭者，哀之效也。憯憯于中⑭，而应于外，故在所以感之矣。圣人之心，日夜不忘乎欲利人，其泽之所及亦远也⑮。

【注释】

①归：归向，归聚。

②至精：最精诚的极其精微神妙的不见形迹的存在。

③照见：详察，明了。

④以治：用来治理。他本《文子》无"以"字。

⑤皋陶：传说虞舜时的司法官。喑：哑，缄默不语。大理：掌刑法的官。秦为廷尉，汉景帝六年更名大理，武帝建元四年复为廷尉，北齐为大理卿，隋唐以后沿之。

⑥师旷：春秋晋国乐师。善于辨音。瞽：眼盲。大宰：即太宰，周称冢宰，为天官之长，佐王治邦国。

⑦移风：转变风气。

⑧神化：神妙的潜移默化。

⑨春气：春季的阳和之气。

⑩秋气：指秋季凄清、肃杀之气。

⑪定倾：安定倾覆。

⑫转：转调，指音调不同。

⑬九夷：古代对东方部族的泛称。八狄：古代对北方部族的泛称。

⑭惽惽：幽深的样子。

⑮泽：恩惠，好处。

【译文】

冬天的阳光，夏天的阴凉，万物都归向它，而没有谁有意这样安排。最精诚的感应，不用召唤他们自己就来到，不用驱使他们自己就前往，不知道做了什么，而功业自然成就。如果依靠用眼去看才察明，用言语去说才施行命令，那么要达到治理就困难了。皋陶口哑却成为大法官，天下没有残暴的刑法；师旷眼盲而担任太宰，晋国没有混乱的国政。不用言语的政令，不凭视力的洞见，这就是圣人成为师表的原因。民众被君上感化，不是服从他的言语，而是服从他的行为。所以国君喜好勇武，而国家就多危难；国君喜好美色，而国家就多混乱。所以圣人的精诚在内心形成，爱憎显现在外表上，说出的话符合情理，发出的号令宗旨明确。因此刑罚不足以改变风俗，杀戮不足以禁止奸邪，只有神妙的潜移默化才是最可贵的。最精诚的成为神妙，精诚的感化，就像春天的阳和之气使万物生长，秋天的凄清之气使万物肃杀一样。所以治理民众的人，要谨慎运用感化的方法。圣人做事，经由路径不同而归向一致，无论面临国家的生死存亡、安定倾覆哪种情况，他的心志始终如一，总是不忘要使人民获利。所以秦、楚、燕、魏的歌声，音调不同但都让人快乐；东方夷族、北方狄族的哭声，腔调不同但都使人悲哀。歌，是快乐的表现；哭，是悲哀的结果。感情深藏在心，而表现在外，所以关键在于用什么去感化民众。圣人之心，日夜不忘想要使人获利，他的恩泽所及之处也是很远的。

　　夫至人精诚内形，德流四方，见天下有利，喜而不忘；见天下有害，忧若有丧。夫忧民之忧者，民亦忧其忧；乐人之乐者，人亦乐其乐。故乐以天下，忧以天下，然而不王者^①，未之有也。大人行可悦之政^②，人而莫不顺其令。令顺即从，小而致大；令逆即以善为害，以成为败。

【注释】

①王（wàng）：称王，统治天下。

②可悦之政：指顺应民心之政令。

【译文】

圣人的精诚在内心形成，德行流布天下四方，见到天下有利，喜欢而不忘记；见到天下有害，忧愁好似有丧事。为百姓的忧愁而忧愁的人，百姓也忧愁他的忧愁；为百姓的快乐而快乐的人，百姓也快乐他的快乐。所以为天下的快乐而快乐，为天下的忧愁而忧愁，这样还不能称王统一天下的，是从来未曾有过的啊。天子诸侯施行顺应民心的政策，而百姓就没有谁不遵循他的政令。政令顺从百姓，百姓就愿意服从，国家就会由小而发展壮大；政令背逆百姓，百姓就会把好事变成坏事，统治者的治理则由成功变成失败。

九守^①

神者智之渊也^②，神清则智明^③；智者心之符也^④，智公即心平。人莫鉴于流水^⑤，而鉴于澄水者，以其清且静也。故神清意平，乃能形物之情也^⑥。

【注释】

①九守：九是虚数，守指守道，实际上一共有守虚、守无、守平、守易、守清、守真、守静、守法、守弱、守朴十种。每种都单独成篇。本

篇认为国君只有守道，才能治国守天下。换言之，道的规律是物极必反、盈满则亏、事盛则衰，古代圣明的君主因为能守住这一规律，所以才能守住天下。

②渊：渊薮，原指鱼和兽聚集的地方，比喻事物或人物汇聚之处。这里指智慧的渊薮。

③神清：指心神清明，心神清静。

④符：外表，外露的。今本《文子》作"府"，聚集之处。

⑤鉴：这里用如动词，照镜子，照视。

⑥形物之情：显现万物的实情。形，使之具形，显现。情，实情，实况。

【译文】

心神是智慧的渊薮，心神清静就智慧明晰；智慧是心神的表征，智慧公正心神就平静。人没有把流水当做镜子照的，只会把平静澄澈的水面当做镜子照，因为这时的水清澈平静。所以心神清静情绪平和，才能显现万物的实情。

天道极即反①，盈则损；物盛则衰，日中而移；月满则亏，乐终而悲。是故聪明广智守以愚②，多闻博辨守以俭③，武力勇毅守以畏，富贵广大守以狭，德施天下守以让④。此五者，先王所以守天下也⑤。

【注释】

①天道：等于说上天的规律。极即反：即物极必反，事物达到极限便会走向反面。

②广智：广博的智慧。

③博辨：即博辩，从多方面论说、雄辩。

④德施：德泽恩施。让：谦让。

⑤先王:指上古的贤明君王。

【译文】

上天的规律是物极必反,盈满就会走向减损;事物盛极就衰微,太阳到了正午那就西移;满月后就变得亏缺,快乐到了极致就会生悲。因此头脑聪明智慧广博的人,要用愚笨来守护,见多识广善于雄辩的人要用言语少来守护,武力超群勇敢坚毅的人要用敬畏来守护,富贵前途远大的人要用低调韬晦来守护,施德行给天下的人要用谦让来守护。这五方面,是上古贤明君王用以持守天下的法则。

符言①

人之情,服于德不服于力。故古之圣王,以其言下人②,以其身后人③,即天下推而不厌④,戴而不重⑤,此德有余而气顺也⑥。故知与之为得,知后之为先,即几道矣。

【注释】

①符言:符是古代传达命令,调兵遣将的凭证,是符券、符节等信物的总称。古人"言必信,行必果",因此名为符言。

②下人:居人之下,对人谦让。

③后人:指居人之后。

④推而不厌:即使天下民众都推赞他,他也不自满。推,推举,推赞。厌,满足。

⑤戴而不重:即使天下民众都拥戴他,他也不自大。戴,拥戴。

⑥气顺:心气和顺。

【译文】

人的本性,服从德行而不服从威力。所以古代的圣明君王,言语谦让于人,自己居人之后,即使天下民众都推举他他也不自满,都拥戴他他也不自大,这是德行有余而心气和顺。所以知道"给予"就是"有所得",知道甘居人后就是居人之先,这就接近道了。

道德①

文子问道,老子曰:"夫道者,小行之小得福②,大行之大得福,尽行之天下服③。"

【注释】

①道德:道、德是道家的重要概念,《老子》又称《道德经》即是明证。道化德育万物,是君王治国的根本。

②行之:践行它(道)。

③尽:全部,完全。

【译文】

文子询问道的学问,老子说:"道,践行的范围小就获得小福气,践行的范围大就获得大福气,完全践行,天下人都信服。"

文子问德、仁、义、礼。老子曰:"德者,民之所贵也①;仁者,人之所怀也②;义者,民之所畏也;礼者,民之所敬也。此四者,圣人之所以御万物也③。君子无德即下怨④,无仁即下争⑤,无义即下异⑥,无礼即下乱⑦。四经不立⑧,谓之无道。无道而不亡者,未之有也。

【注释】

①所贵:所重视的。

②所怀:所归向的。

③御：驾御。

④下怨：下民怨恨。

⑤下争：下民相争。

⑥下异：眉批云："异作暴。"应为"下暴"，下民叛乱。

⑦下乱：下民紊乱无序。

⑧四经不立：德、仁、义、礼四种准则不能确立。经，根本，指准则。

【译文】

文子询问德、仁、义、礼的学问。老子说："德行，是民众所看重的；仁爱，是民众所归向的；正义，是民众所敬畏服从的；礼制，是民众所慎重对待的。这四方面，是圣人用来驾驭万物的方式。统治者没有德行民众就怨恨，没有仁爱民众就相争，没有正义民众就叛乱，没有礼制民众就紊乱无序。这四种准则不确立，就叫做无道。无道而不灭亡的国家，不曾有过啊。

"心之精者，可以神化，而不可以说道。故同言而信，信在言前；同令而行，行在令外①。圣人在上，民化如神②，情以先之也③。动于上不应于下者，情令殊也④。三月婴儿，未知利害，而慈母之忧喻焉者⑤，情也。故言之用者小，不言之用者大矣。夫信君子之言也⑥，忠君子之意也⑦；忠信形于内，感动应乎外，贤圣之化也。

【注释】

①令外：政令之先，指并非政令本身。

②民化：民众被教化。

③先之：在民众被教化之先。

④殊：不同，背离。

⑤之忧喻焉：眉批云："之忧作爱之。喻焉作逾笃。"这是按今本《文
　　子》改动的。

⑥信君子之言：人言为信，君子之言必然可信。

⑦忠：尽心竭力去做好。

【译文】

"内心的纯粹，可以对民众产生潜移默化的神奇影响，但不可以用言
语劝说。所以同样一句话而让人信赖，说话人的诚信表现在言语之前；
相同的政令而能让人施行，施政之人的作为在政令发布之先就有了。圣
人处在君上的位置，教化民众如同神灵相助一样有效，这是圣人的真诚
展现在教化之先。君上有举动而臣下没有响应，是因为君上的真诚跟教
化背离。三个月的婴儿，还不知道利害，而对慈母深厚的爱抚有感知，这
是真情深厚所致啊。所以言语的作用比较小，不言的情感与行动的方式
用处很大啊。信，是君子的言语；忠，是君子的意志；忠信在内心产生，民
众受到触动表现在行动上，这是圣贤的教化。

　　"能成霸王者，必得胜者也；能胜敌者，必强者也；能强
者，必用人力者也①；能用人力者，必得人心者也；能得人心
者，必自得者也②；能自得者，必柔弱者也③。"

【注释】

①人力：指他人的力量。

②自得：指自己对道有心得体会。

③柔弱：不刚强。《老子》说："柔弱胜刚强。"

【译文】

　　"能够成就霸王之业的人，必定是能获得胜利的人；能够战胜敌人
的人，必定是强者；能够成为强者的人，必定是善于运用他人力量的人；
能够运用他人力量的人，必定是得人心的人；能够得人心的人，必定是

自己对道有心得体会的人;能够对道有心得体会的人,必定是心底柔顺的人。"

上德①

日月欲明,浮云盖之;河水欲清,沙土秽之②;丛兰欲修③,秋风败之④;人性欲平,嗜欲害之。蒙尘而欲无眯,不可得也。

【注释】

①上德:是至上的德。节录部分说明君王治国,必须降低欲望,让德泽流布。反之,刻意有为,表现有德,反而就失去了德。

②秽之:让它们受污染。

③丛兰:丛生的兰草,常用来比喻品德高尚的人。修:长高,美好。

④败之:让它们凋残。

【译文】

日月想要照亮四方,浮云飘来遮盖它们;河水想要清澈,泥沙尘土污染它们;丛生的兰草想要长高,秋风让它们凋残;人性想要平和,嗜好欲望来损害他。尘土入眼而想要不眯眼睛,是不可能的。

山致其高,而云雨起焉;水致其深,而蛟龙生焉;君子致其道,而德泽流焉①。夫有阴德者②,必有阳报;有隐行者③,必有昭名④。

【注释】

①德泽:仁德、恩惠。流:流布。

②阴德：暗中做的有德于人的事。

③隐行：指不为人知的美好德行。

④昭名：显著的声名。

【译文】

　　山达到一定的高度，而云雨兴起；水达到一定的深度，而蛟龙产生；君子达到悟道的程度，仁德恩惠就会流布。暗中积累阴德的人，必定有阳报；有不为人知的美好德行的，必定有显著的声名。

微明①

　　相坐之法立②，即百姓怨；减爵之令张③，即功臣叛。故察于刀笔之迹者④，即不知治乱之本⑤；习于行陈之事者⑥，即不知庙战之权⑦。圣人先见福于重关之内，虑患于冥冥之外；愚者惑于小利而忘大害。故事有利于小而害于大，得于此而亡于彼。故仁莫大于爱人也，智莫大于知人也。爱人即无冤刑，知人即无乱政。

【注释】

①微明：是指见微知著，防患于未然。节录部分讲治国者想要成就功业，必须防微杜渐，这样才能防止祸患的发生。

②相坐：指一人有罪，株连他人同时治罪。

③减爵：削减爵位。张：陈列，设置。

④刀笔之迹：指刻写出来的法令条文。刀笔，古时书写于竹简，有误则用刀削去重写。

⑤治乱：安定与动乱。

⑥行陈：指挥军队，布列阵势。陈，同"阵"。

⑦庙战：朝廷对于战事的筹划。权：权变,谋略。

【译文】

一人有罪连坐他人的法律确立,百姓就会怨恨;削减爵位的政令实施,功臣就会叛乱。所以只会详察法令条文的人,就不懂得国家治乱的根本;只熟悉行军布阵的人,就不懂得朝廷谋划战事的权变。圣人能在重重宫殿之内预见福瑞,又能思虑遥远未知的祸患;愚昧的人被小利所迷惑而忘记大的祸害。所以有些事对小的方面有利,却有害于大的方面;在这里获得,却在那里丧失。所以仁义没有比爱人更大的了,智慧没有比了解人更大的了。爱人就没有冤枉人的刑罚,知人就没有昏乱的暴政。

见本而知末①,执一而应万②,谓之术③;居知所为,行知所之④,事知所乘⑤,动知所止,谓之道。言出于口,不可止于人⑥;行发于近,不可禁于远⑦。事者,难成易败;名者,难立易废。凡人皆以轻小害,易微事⑧,以至于大患也。

【注释】

①本：树木的根,根本。末：树木末梢,末节。

②执一：等于说抱一,掌握根本之道。一,道家用来表示万物的根本。老子说：“圣人抱一以为天下式。”

③术：方法,手段。

④所之：所往,所去的地方。

⑤事知所乘：做事知道凭借的是什么。乘,所凭借依赖的条件。

⑥不可止于人：不可禁止别人的评说。

⑦禁于远：指禁止影响到远方。

⑧易微事：轻视小事。易,轻视。

【译文】

抓住了根本就知道细枝末节,把握总纲就能应对各种情况,这就叫做术；安住时知道该做些什么，行动时知道要去的地方，做事时知道凭借的条件，行动时知道停止的时机，这就叫做道。言语从口中说出，就不能禁止别人评说；行动从近处出发，就不可禁止影响到远方。事情，难以成功却容易失败；名声，难以确立却容易毁废。大凡人们都是因为看轻小的祸害，忽视微小事情，最终造成巨大的祸患。

　　夫积爱成福①，积憎成祸。人皆知救患，莫知使患无生②。夫使患无生，易于救患。今人不务使患无生③，而务于救之，虽神圣人不能为谋也。患祸之所由来，万万无方④。故圣人深居以避害⑤，静默以待时；小人不知祸福之门，动作而陷于刑⑥，虽曲为之备⑦，不足以全身⑧。故上士先避患⑨，而后就利；先远辱，而后求名。故圣人常从事于无形之外⑩，而不留心尽虑于已成之内⑪，是以患祸无由至，非誉不能尘垢也⑫。

【注释】

①积爱：积累恩德仁爱。

②无生：不发生。

③务：从事，致力于。

④万万无方：绝对没有固定的规律。万万，绝对，无论如何。

⑤深居：隐居，不跟外界接触。

⑥动作：行为举动。

⑦曲：多方面，详尽。

⑧全身：保全生命或名节。

⑨上士：道德高尚的士人。

⑩无形之外：未露形迹之时。

⑪尽虑：竭尽思虑。

⑫尘垢：等于说污染，玷污。

【译文】

积累恩德仁爱会带来福气，积累憎恨会造成灾祸。人们都知道挽救祸患，没有人知道如何让祸患不发生。让祸患不发生，比挽救祸患更容易。今天的人不致力于让祸患不发生，却致力于挽救灾祸，即使神仙圣人也不能替他谋划。祸患产生的原因，绝对没有固定的规律。所以圣人隐居起来以躲避祸害，静观默守来等待时机；小人不知道灾祸福气的来由，一行动就陷入法网，即使多方周密为自己防备，也不足以保全生命。所以道德高尚的士人先避开祸患，然后去获利；先远离耻辱，然后寻求名声。所以圣人常常在未露形迹时已经行动了，而不会等到事情已经发生再竭尽思虑，因此祸患没有理由降临，诽谤不能玷污他。

凡人之道，心欲小，志欲大；智欲圆①，行欲方②；能欲多，事欲少。所谓心小者，虑患未生③，戒祸慎微④，不敢纵其欲者也；志大者，兼包万国⑤，一齐殊俗⑥，是非辐凑⑦，中为之毂也⑧。智圆者，终始无端，方流四远⑨，深泉而不竭也；行方者，直立而不挠，素白而不污，穷不易操⑩，达不肆志也⑪。能多者，文武备具，动静中仪也⑫；事少者，执约以治广⑬，处静以持躁也⑭。故心小者禁于微也，志大者无不怀也；智圆者无不知也，行方者有不为也；能多者无不治也，事少者约所持也。故圣人之于善也，无小而不行；其于过也，无微而不改。行不用巫祝，而鬼神不敢先，可谓至贵矣。然而战战栗栗，日慎一日，是以无为而有成。

【注释】

①圆：圆通，周全，灵活。

②方：方正，守规矩。

③虑患：忧虑祸患。

④慎微：谨慎细微之处。

⑤兼包万国：包容天下。

⑥一齐：统一。殊俗：指风俗不同的地方。

⑦辐凑：形容人或物聚集像车辐集中于车毂一样。

⑧毂：车轮中心部位的圆木，周围与车辐的一端相接，中有圆孔，用
　　以插轴。古人常以毂与辐比喻君与臣的关系。

⑨方流：等于说周流。四远：四方边远之地。

⑩易操：改变节操。

⑪达：显达，显贵。肆志：随心，纵情。

⑫中仪：符合礼仪。

⑬执约：执掌简约。

⑭持躁：戒躁。

【译文】

　　大凡做人之道，心思要谨慎，志向要远大；智慧要圆通，行为要方正；
才能要多，事务要少。所说的心思谨慎，是居安思危，警惕祸患谨慎细微
之处，不敢放纵自己的欲望；所说的志向远大，是要兼容并包天下，对不
同的风俗一样对待，是非聚集就像车的辐条一样，中心就像车毂一样。
智慧圆通，是说思维缜密无隙可击，周流四方，就像深泉不会干涸；行为
方正，是要刚正而不屈不挠，朴素洁白而不受污染，陷入困境也不改变节
操，显达了也不随心放纵；才能多，是说文武齐备，举止都符合礼仪；事务
少，是说以简约来驾驭复杂，以安静来稳住浮躁。所以心思谨慎的人能
防微杜渐，志向远大的人能无所不容；智慧圆通的人能无所不知，行为方
正的人能有所不为；才能多的人没有不能处理的，事务少的人能办事简

约。所以圣人对待行善，无论多么细小也没有不做的；对待过错，无论多么轻微也没有不改的。行动不用占卜祝祷，而鬼神不敢先行，可以称得上是最尊贵的了。虽然如此，圣人仍是战战兢兢小心翼翼，一天比一天谨慎，因此无为而能成功。

　　有功离仁义者①，即见疑；有罪不失仁心者，必见信。故仁义者，事之常顺也，天下之尊爵也。虽谋得计当②，虑患而患解，图国而国存。其事有离仁义者，其功必不遂矣。言虽无中于策③，其计无益于国，而心周于君④，合于仁义者，身必存矣。故曰：百言百当，不若舍趣而审仁义也⑤。

【注释】

　　①离：违背。

　　②计当：计策得当。

　　③中：符合。策：计策，这里指国策。

　　④周：考虑。

　　⑤舍趣：等于说取舍。趣，通"取"。审：详究。

【译文】

　　有功劳却背离了仁义的人，就会被怀疑；有罪过而没丧失仁心的人，必定会被信任。所以仁义，是做事应常遵循的准则，是天下尊贵的品德。即使谋划合适计策得当，事前考虑到预防祸患而祸患就消解了，图谋国家而国家就能建立。如果事情背离了仁义，那必定不能成功。言论即使不符合国策，计谋对国家没有帮助，如果一心为国君考虑，又符合仁义，自身必定能得以保全。所以说：与其要求言语每次都得当，不如看他的取舍是否合乎仁义。

教本乎君子，小人被其泽①；利本乎小人，君子享其功。使君子小人各得其宜，即通功易食而道达矣②。人多欲即伤义，多忧即害智，故治国乐其所以存③，亡国乐其所以亡④。水下流而广大，君下臣而聪明⑤。君不与臣争功，而治道通⑥。故君，根本也；臣，枝叶也。根本不美，而枝叶茂者，未之有也。

【注释】

①被：蒙受。泽：恩惠，恩泽。

②通功易食：等于通功易事，指人各有业，互通有无。功，工作，事业。

③治国：安定、太平的国家。

④亡国：今本《文子》作虐国。

⑤下臣：这里指礼让臣下。下，谦下，降低身份去交往。

⑥治道：治理国家的方针、政策、措施等。

【译文】

教化出乎君子，小人蒙受他的恩泽；物财利益出乎小人，君子享受他的劳动成果。让君子小人都得到适当的位置，各自有业就可以互通有无，而大道也就通达了。人有过多欲望就会伤害正义，有过多忧虑就会损害智慧，所以太平国度的君主喜欢能使国家长存的事物，暴虐国家的君主喜欢导致国家灭亡的事情。河水流到下游就宽广湍急，君主对臣子谦下就更聪明。君主不跟臣子争功，那么治国之路就畅通。所以君主是根本，臣子是枝叶。根本不美，而枝叶繁茂，是不曾有过的事。

慈父之爱子也，非求报也，不可内解于心①；圣人之养民，非求为己用也，性不能已也②。及恃其力、赖其功勋而必穷矣③，有以为即恩不接矣④。故用众人之所爱，即得众人之力；举众人之所善^⑤，即得众人之心。见所始，即知所终矣。

【注释】

①内解于心：在内心消除慈爱的本性。

②性不能已：仁爱的本性不能抑制。

③恃：依靠，依仗，凭借。穷：困窘。

④有：通"又"。

⑤举：推举，赞扬。

【译文】

慈父爱子，不是期求得到回报，是因为不可能从内心消除慈爱的本性；圣人养育民众，不是希求为自己所用，是仁爱的本性无法抑制。到了凭借儿子的力量、依赖民众建立功勋成就自己时，就一定会陷入困窘了，又会使父子、君臣的恩情也不能保持了。所以任用众人喜爱的人，就会获得众人的支持；推举众人认为好的东西，就会获得众人的心。因此见到开始的情况，就能知道最终的结果了。

人之将疾也，必先不甘鱼肉之味^①；国之将亡也，必先恶忠臣之语。故疾之将死者，不可为良医；国之将亡者，不可为忠谋。古者亲近不以言^②，来远不以言^③，使近者悦，远者来。与民同欲即和，与民同守即固，与民同念即智。得民力者富，得民誉者显^④。行有召寇^⑤，言有致祸。

【注释】

①甘：认为味美。

②亲近：使身边的人亲附。

③来远：使远方的人来归附。

④显：显达。

⑤召：招引。寇：入侵者，来犯者。

【译文】

人将要生病的时候，一定先不觉得鱼肉的味道美；国家将要灭亡的时候，君主一定会先厌恶忠臣的言论。所以病得快死的人，良医也救不了；国家将要灭亡的，臣子忠诚的谋划也没有用处。古代使身边的人亲近不靠言语，招附远方的异族也不靠言语，却能让身边的人高兴，让远方的人归附。跟民众愿望相同国家就和谐，跟民众操守一致国家就稳固，跟民众想法相同君主就明智。得到民众支持的国家就富裕，获得民众赞誉的君主就显达。行动不慎会招来敌寇，言语不当会引来祸患。

道自然①

昔者尧之治天下，其导民也：水处者渔，山处者木②，谷处者牧③，陆处者田。地宜其事，事宜其械，械便其人，如是则民得以所有易所无，以所巧易所拙也。是以离叛者寡，听从者众，若风之过箫④，忽然感之，各以清浊应矣。物莫不就其所利，避其所害，是以"邻国相望，鸡狗之音相闻"，而足迹不接于诸侯之境，车轨不结于千里之外，皆安其居也。夫乱国若盛，治国若虚⑤；亡国若不足，存国若有余。虚者非无人，各守其职也；盛者非多人，皆徼于末也。有余者非多财，欲节事寡也⑥；不足者非无货，民躁而费多也。故先王之法，非所作也，所因也；其禁诛⑦，非所为也，所守也。上德之道也。

【注释】

①道自然：今本《文子》题为《自然篇》。自然是道家的重要概念，

《老子》说："人法地,地法天,天法道,道法自然。"可见自然的地
位。而圣明君主治国就要效法自然,顺应人的本性,感化民众。
那么就会"人无弃人,物无弃财",而天下大治。

②木:用如动词。伐木,砍树。

③谷:两山之间。

④箭:今本《文子》作"萧"。萧,通"箫",一种竹制管乐器。古代的
箫用许多竹管编成,有底,即排箫。根据文意,译文按"箫"处理。

⑤治国:太平、安定的国家。虚:虚弱,萧条。

⑥欲节:节制欲望。

⑦禁诛:禁令诛罚。

【译文】

从前唐尧治理天下的时候,他这样引导民众:居住在水边的捕鱼为
生,居住在山上的伐木为生,居住在山谷的放牧为生,居住在平地上的
种田为生。不同地域的人做他适宜的事业,不同的事业用他适宜的器
械,器械让使用它的人便利,像这样,民众就能用所拥有的来交换所没有
的,用所擅长的来交换所不擅长的。因此叛离的人少,跟从的人多,就像
风穿过箫一样,忽然就发生感应,各自用清浊不同的声音相应。万物没
有不趋利避害的,因此"邻近的国家能互相望见,鸡狗的叫声能彼此听
到",但是足迹不会踏入别的诸侯国国境,行车的轨迹不会到千里之外,
这都是各自安居乐业的缘故。动乱的国家似乎盛大,太平的国家似乎萧
条;将要灭亡的国家似乎供给不够,安定的国家似乎供给有余。萧条不
是没有人,是各自忠于职守;表面盛大不是有很多人,是都在不重要的末
节上追逐寻求。物资供给有余的不是财物多,是节制欲望而不必要的事
务少;供给不足的不是没有财物,是民众浮躁而耗费太多。所以上古贤
明君王的治国法度,不是由他创制了什么,而是遵循了什么;实行禁令和
诛罚,不是看他做了什么,而是他遵守了什么。这就是上德治国的大道。

　　以道治天下，非易民性也，因其有而条畅之^①。故渎水者^②，因水之流；产稼者^③，因地之宜；征伐者，因民之欲，能因即无敌于天下矣。故先王之制法，因民之性而为之节文^④。无其性，无其养，不可使遵道也。人之性有仁义之资^⑤，非圣王为之法度，不可使向方也^⑥。因其所恶以禁奸^⑦，故刑罚不用，威行如神矣^⑧。因其性，即天下听从；咈其性^⑨，即法度张而不用。

【注释】

①因：顺应，根据。条畅：通畅，畅达。

②渎水：开挖沟渠引水。渎，沟渠，此处用如动词，开挖沟渠。

③产稼：种植庄稼。

④节文：指制定礼仪，拟定具体的细节条文，使行之有度。

⑤资：资材，禀赋。

⑥向方：归向正道。

⑦禁奸：惩治奸邪。

⑧威行：指威势推行。

⑨咈：违背，违逆。

【译文】

　　用大道来治理天下，不是要改变民众的性情，而是顺应他们的性情而加以正确引导。所以开挖沟渠引水的，要顺应水流；种植庄稼的，要因地制宜；出兵征讨的，要顺应民众的愿望，能顺应民心就可以天下无敌了。所以上古贤明的君王制定法律，顺应民众的性情而给他们制定可以施行的细节条文。如果不顺应民众的性情，不使人民抚幼养老，就不可以让他们遵循道义。人性中有仁义的本质，但如果不是圣明君王制定法度来约束，不可能让他们归向正道。凡是民众所憎恨的就要惩治而严防奸邪,所以不用刑罚,而君王的威慑力犹如神灵一样。顺应人性,天下就顺;违逆人性,就是设置了法度也不能发挥作用。

帝者贵其德也,王者尚其义也①,霸者迫于理也②。道狭然后任智③,德薄然后任刑,明浅然后任察。

【注释】

①尚:崇尚。

②迫:接近,逼近。

③任:凭借,依据。

【译文】

称帝的重视德行,称王的崇尚正义,称霸的遵循规律。大道不通了然后才凭借智慧,德行薄弱了然后才凭借刑罚,智慧浅薄了然后才凭借考察。

王道者"处无为之事,行不言之教"①,因循任下②,责成不劳③,谋无失策,举无过事,进退应时,动静循理,美丑弗好憎,赏罚不喜怒。其听治也④,虚心弱志⑤,是故群臣辐凑并进⑥,无愚智不肖⑦,莫不尽其能。君得所以制臣⑧,臣得所以事君,即治国之道明矣。

【注释】

①处无为之事,行不言之教:做顺应自然的事,施行不用言语的教化。

②因循:顺应事物的规律。

③责成:指令专人或机构负责完成任务。

④听治:听政治国,处理政事。

⑤虚心弱志:见《老子》"虚其心""弱其志"。

⑥群臣辐凑:形容群臣像辐条都集中于车毂上一样,齐心协力辅助君主。辐凑,形容人或物聚集像车辐集中于车毂一样。

⑦不肖:今本《文子》前面有"贤"字。

⑧制臣:制服臣子。

【译文】

施行王道的君主"做顺应自然的事,施行不用言语的教化。",顺应事物的规律引导民众,责令专人完成任务自己不用劳累,谋划政事计策没有失误的,办事求无过错,进退合乎时机,动静遵循理义,赞美与憎恶都不按自己的个人的好恶,赏罚也不按自己的喜怒。他在朝廷处理政务,虚心和善,所以臣子们像辐条都集中于车毂上一样出谋划策,齐头并进,无论愚笨智慧贤或不贤,没有人不竭尽他的才能。君王了解制服臣子之道,臣子知道事奉君王之道,这样治国之道就清楚了。

智而好问者圣①,勇而好同者胜②。乘众人之知③,即无不任也;用众人之力,即无不胜也。用众人之力,乌获不足恃也④;乘众人之势,天下不足用也。故圣人举事⑤,未尝不因其资而用之也⑥。有一功者处一位,有一能者服一事。力胜其任,即举者不重也;能胜其事,即为者弗难也。圣人兼而用之,故"人无弃人,物无弃财"矣。

【注释】

①圣:通达事理,才智非凡。

②同:团结。

③乘:驾驭,凭借,利用。知:今作"智",聪明,智慧。

④乌获:战国时秦之力士,后为力士的代称。

⑤举事：做事，办事。

⑥资：资本，资质。

【译文】

　　智慧而又勤学好问的人才智非凡，勇敢而又善于团结众人的人胜过别人。凭借众人的智慧，那就没有不能承担的；使用众人的力量，那就没有不能胜利的。使用众人的力量，就是乌获也抵挡不住；凭借众人的威势，天下也会轻易获取。所以圣人做事，没有不凭借众人的资质而用其所长的。有某项功劳的安置某个官位，具备某种才能的从事某种职事。力量超过承受的重量，举起来不觉得重；能力胜任某种事务，做起来就不觉得困难。圣人能够兼容并包地用人，所以"没有埋没的人才，没有弃置的财物"。

　　所谓无为者①，非谓其引之不来，推之不往，迫而不应②，感而不动，坚滞而不流③，卷握而不散也④，谓其私志不入公道⑤，嗜欲不枉正术⑥，循理而举事⑦，因资而立功⑧，推自然之势也。圣人不耻身之贱，恶道之不行；不忧命之短，忧百姓之穷也⑨。故常虚而无为⑩，抱素见朴⑪，不与物杂。

【注释】

　　①无为：道家术语。指顺应自然，不是为了某一目的而作为。

　　②迫：迫近，逼迫。应：响应。

　　③坚滞：牢固凝滞。比喻凝滞，不流动。

　　④卷握：握持，掌握。比喻固执不通，拘泥不化。

　　⑤私志：个人意志。公道：公共的意志。

　　⑥嗜欲：嗜好与欲望。枉：违背，歪曲。正术：正道，法则。

　　⑦循理：依照道理或遵循规律。

⑧因资：凭借资质、条件。

⑨穷：处境困窘。

⑩虚：空虚，虚静。这里指无欲无为的思想境界。

⑪抱素见朴：即见素抱朴。语出《老子》第十九章："见素抱朴，少私
寡欲。"

【译文】

所说的无为，不是说招引他不过来，推动他不前往，逼迫他没有反
应，有感觉而不被打动，凝滞不动，拘泥不化，而是说不以个人的意志强
加于公众意志之上，不以自己的欲望违背正道，遵循规律去行事，凭借资
质而立功，顺着自然而然的形势。圣人不以屈身卑贱为耻，而是痛恨大
道不能施行；不忧虑生命的短促，而是忧虑百姓的穷困。所以圣人总是
虚静而无为，返璞归真，不受外物污染。

古之立帝王者，非以奉养其欲也。圣人之践位者①，非
以逸乐其身也②。为天下之民，强掩弱③，众暴寡④，诈者欺
愚，勇者侵怯；又为其怀智诈不以相教⑤，积财货不以相分，
故立天子以齐一之。为一人明，不能遍照海内，故立三公
九卿以辅翼之⑥。为绝国殊俗不得被泽⑦，故立诸侯以教诲
之。是以地无不任，时无不应⑧，官无隐事⑨，国无遗利⑩，所
以衣寒食饥，养老弱，息劳倦，无不以也⑪。神农形悴、尧瘦
癯、舜黧黑、禹胼胝、伊尹负鼎而干汤、吕望鼓刀而入周、百
里奚传卖、管仲束缚、孔子无黔突、墨子无暖席⑫，非以贪禄
慕位，将欲起天下之利，除万民之害也。自天子至于庶人，
四体不勤、思虑不用、于事赡者⑬，未之闻也。

【注释】

①践位：登基，即位。

②逸乐：闲适安乐。

③掩：覆盖，袭击。掩，今本《文子》作"陵"。

④暴：欺凌，损害。

⑤智诈：机巧诈伪。

⑥三公：周代以司马、司徒、司空为三公，或以太师、太傅、太保为三公，又称三司，总揽军政大权。九卿：中央行政官员的合称。各代所指不同。辅翼：辅佐，辅助。

⑦绝国：极其辽远之邦国。殊俗：指风俗不同的远方。被泽：蒙受恩泽。

⑧是以地无不任，时无不应：因此土地没有不被利用的，耕种没有不合乎时令的。

⑨隐事：隐秘见不得人的事。

⑩无遗利：指物尽其用，人尽其才。

⑪无不以：无不各得其所。

⑫神农：始教民为耒耜，务农业，故称神农氏，也称炎帝。悴：面色黄瘦。癯（qú）：瘦。黧：黑。胼胝（pián zhī）：手掌、脚底因长期劳动摩擦而生的厚皮，俗称老茧。用以形容经常辛勤劳动。伊尹负鼎而干汤：伊尹背上熬美味之汤的鼎去求见商汤。伊尹，商初大臣。名伊，尹是官名；原为家奴，随有莘氏女陪嫁至商。鼎，古代烹煮的器物。干，求取。吕望鼓刀而入周：吕望敲着屠夫的割肉刀进入周朝。鼓刀，宰杀牲畜时敲击其刀发出声音，所以叫鼓刀。百里奚传卖：百里奚以五张羊皮被转卖。百里奚，春秋时人，先事虞公为大夫，虞亡为奴，被秦穆公用五张山羊皮赎回，为大夫，后与蹇叔、由余等共佐穆公以建霸业。传卖，转卖。管仲束缚：管仲曾被鲁人捆缚于囚车。孔子无黔突：孔子终生汲汲行道奔走天下，很少在家吃饭，故烟囱不黑。黔突，因炊爨而熏黑了的烟囱。

墨子无暖席:指墨子为了实践自己的政治主张,行色匆匆,不待坐席变暖就离开。

⑬四体不勤:指不参加劳动。语出《论语·微子》:"丈人曰:'四体不勤,五谷不分,孰为夫子?'"四体,指人的四肢。赡:充足,丰富,满足。

【译文】

古代设立帝王,不是用来奉养他们个人欲望的。帝王登基即位,不是用来让他们自身闲适安乐的。是因为天下的民众,总是以强袭弱,以多欺少,奸诈的欺负愚蠢的,勇敢的侵犯怯弱的;又因为少数民众心怀机诈不互相请教,积累财物不互相分赠,所以设置天子来统一治理他们。因为天子一个人的聪明,不能遍照天下,所以设置三公九卿来辅佐他。因为边远小国的习俗与中原不同,不能蒙受天子的恩泽,所以设置诸侯来教诲他们。因此土地没有不充分利用的,耕种没有不符合时令的,官员没有不可告人的隐秘事务,国家没有遗失的利益,物尽其用,人尽其才,所以才能让寒冷的人有衣穿,让饥饿的人有饭吃,让老弱得到供养,让疲惫的人得到休息,没有不各得其所的。古时候神农一心为民而面色憔悴、唐尧勤政而消瘦、虞舜为治国操劳而面色黧黑,夏禹为治水而手脚长满老茧、伊尹背着熬汤的鼎而向商汤求职、吕望敲击屠刀入周为太公、百里奚被晋楚秦转卖、管仲曾被鲁人捆缚于囚车、孔子忙得很少在家吃饭所以烟囱没有熏黑、墨子奔波操劳不待坐席变暖又离开了,他们不是为了贪恋禄位,而是想为天下兴利,为万民除害。从天子到平民,四体不勤、不用思考,对事情却能处理圆满的,还不曾听说过啊。

下德①

治身,太上养神②,其次养形③。神清意平④,百节皆宁⑤,养生之本也;肥肌肤,充腹肠,开嗜欲⑥,养生之末也。

治国,太上养化⑦,其次正法。民交让⑧,争处卑,财利争受少,事力争就劳,日化上而迁善⑨,不知其所以然,治之本也;利赏而劝善⑩,畏刑而不敢为非,法令正于上,百姓服于下,治之末也。上世养本⑪,而下世事末⑫。

【注释】

①下德:指卑下的德行。下德者张扬德名来说明自己不失德,因此无德。节录部分是讲修身的根本在于养神,治国的根本在于端正人心。

②太上:最上等。养神:保养精神。

③养形:保养身体。

④神清:指心神清朗。

⑤百节:指人体各个关节。

⑥开:今本《文子》作"供",供给。

⑦养化:指致力于人心、风俗的教化。

⑧交让:相互谦让。

⑨日化上:百姓一天天逐渐被君主教化。迁善:不断向善。

⑩劝赏:勉励为善。

⑪上世:处在繁荣时期的社会。

⑫下世:处在衰落时期的社会。

【译文】

修身,最上等的是保养精神,其次是保养身体。心神清朗意念平和,人体的各个关节都安好,是养生的根本;让肌肤润泽,让肚肠充满食物,放开嗜好与欲望,是养生的末流。治国,最上等的是教化人心风俗,其次是规范法度。民众互相谦让,争着处于人后,争着少拿财物货利,争着干劳累的,天天被君上教化而不断向善,不知不觉就变化这么大,这是治理的根本；用利益奖赏而勉励为善，因畏惧刑罚而不敢做坏事，法令正于官府之上，百姓在下面服从，这是治理的末流。处在繁荣时期的社会抓住了根本，处在衰落时期的社会只抓住了细枝末节。

欲治之主不世出^①，可与治之臣不万一^②，以不世出求不万一，此至治所以千岁不一至^③。霸王之功不世立也，顺其善意，防其邪心，与民同出一道^④，即民性可善，风俗可美矣。所贵圣人者，非贵其随罪而作刑也^⑤，贵其知乱之所生也。若纵之放僻淫逸^⑥，而禁之以法，随之以刑，虽残天下不能禁其奸矣。

【注释】

①不世出：不是每世每代都能出现的。

②万一：万分之一，表示极少的一部分。

③至治：最好的治理，指安定昌盛、教化大行的政治局面。千岁不一：千载难逢。

④同出一道：与民众志同道合。

⑤随罪：根据罪过。

⑥放僻淫逸：为非作歹，荒淫放荡。

【译文】

想治理好国家的君主不是代代都能出现的，可以辅助国君一同治理的贤臣不过是万分之一，让并非代代都会出现的圣君去寻求不过是万分之一的贤臣，这就是太平盛世千年也没有到来一次的原因。称王称霸的功业不会每个世代都建立，顺应民众的善意，防止民众的邪心，跟民众志同道合，这样民众的性情就可向善，风俗就可以变好了。所以崇尚圣人，不是崇尚他根据罪过而制定刑罚，是崇尚他明白惑乱产生的原因。倘若放纵民众肆意妄为,荒淫放荡,然后用法律禁止他,接着再给予刑罚,即使把天下都残害了,也不能禁止那些奸邪呀。

目悦五色①,口欲滋味,耳淫五声②,七窍交争以害一性③,日引邪欲竭其天和④,身且不能治,奈天下何!所谓得天下者,非谓其履势位称尊号也⑤,言其运天下心,得天下力也。有南面之名,无一人之誉,此失天下者也。故桀、纣不为王,汤、武不为放也。天下得道,守在四夷⑥;天下失道,守在左右。故曰:无恃其不吾夺,恃吾不可夺也。行可夺之道,而非篡杀之行⑦,无益于持天下矣。

【注释】

①五色:青、赤、白、黑、黄五种颜色。古代以此五者为正色,后泛指各种颜色。

②淫:使……迷惑。五声:指宫、商、角、徵、羽五音。

③七窍:指眼、耳、口、鼻等七孔窍。交争:争相享受。

④邪:淫邪的欲望。天和:指人体之元气。

⑤履:临。尊号:古代帝、后的名号。

⑥四夷:古代指四周边远地区的少数民族。

⑦篡杀:弑君而夺其位。

【译文】

眼睛喜欢各种色彩,嘴巴想要各种美味,耳朵迷失在各种声音中,感官的七个孔窍争相享受,如此损害了人的本性,每天放纵不正当欲望,使人体的元气衰竭,身体尚且不能保养好,又能把天下治理得怎么样呢!所谓得到天下的人,不是说登上权势的地位得到帝王的名号,是说他能调动天下的人心,获得天下人的支持。有南面称帝的名号,却没有一个人的赞誉，这是失去了天下。所以夏桀、商纣算不上天子，商汤、周武王推翻他们也算不上放逐天子。天下得道，为君主防守的是在四周边疆的少数民族；天下失去大道，为君主防守的就是身边的近臣。所以说：不要指望别人不来抢夺自己的王位，要依仗自己的实力不可以被抢夺。自己施行的就是易遭别人抢夺的治国之道，而反对别人篡夺君位的行为，这无益于他握持天下。

治世之职易守也，其事易为也，其礼易行也，其责易偿也①。是以人不兼官②，官不兼事③，农士商工④，乡别州异⑤。故农与农言藏⑥，士与士言行，工与工言巧，商与商言数。是以士无遗行⑦，工无苦事⑧，农无废功，商无折货⑨，各安其性也。夫先知远见，人材之盛也，而治世不以责于民；博闻强志，口辨辞给⑩，人智之溢也⑪，而明主不以求于下；傲世贱物，不污于俗，士之伉行也⑫，而治世不以为民化。故高不可及者，不以为人量⑬；行不可逮者⑭，不以为国俗。故人材不可专用，而度量道术可世传也。故国治可与愚守，而军旅可与性同。不待古之英俊，而人自足者，所有而并用之也。末世之法，高为量而罪不及，重为任而罚不胜，危为难而诛不敢。民困于三责⑮，即饰智而诈上⑯，犯邪而行危，虽峻法严刑，不能禁其奸。兽穷即触，鸟穷即啄，人穷即诈⑰，此之谓也。

【注释】

①偿：偿还，应对。

②人不兼官：指人不能兼两官。

③官不兼事：指官不能兼两职。

④农士商工：当时的四民。《汉书·食货志》："学以居位曰士，辟土殖谷曰农，作巧成器曰工，通财鬻货曰商。"

⑤乡：地方行政区域或单位。周制一万二千五百家为乡。州：古代的一种居民组织。一说二千五百家为一州，一说一万家为一州。

⑥农与农言藏：农民聚居，互相谈论的是春耕夏种、秋收冬藏之事。藏，指冬藏，收藏谷物。

⑦遗行：失检之行为，品德有缺点。

⑧苦事：指粗劣的制品。

⑨折货：损失的货物。这里指亏本买卖。

⑩辞给：有口才，言辞敏捷。

⑪溢：盈溢，超出。

⑫伉（kàng）行：高尚的操行。

⑬量：标准，规格。

⑭逮：及，赶上。

⑮三责：即前述"高为量而罪不及，重为任而罚不胜，危为难而诛不敢"。

⑯饰智：装作有智慧，弄巧欺人。

⑰"兽穷即触"几句：此盖先秦谚语。按《荀子·哀公》："鸟穷则啄，兽穷则攫，人穷则诈。"触，本为用角顶。

【译文】

太平之世的职位容易守住，各种事务都容易去做，各种礼节容易施行，各种职责也容易应对。因此一个人不能兼任两官，一个官位不兼任两职，士农工商，都有各自的处所。所以农夫跟农夫谈论收藏谷物，士人跟士人谈论德行，工匠跟工匠谈论做工的技巧，商人跟商人谈论钱财的数量。因此，士人没有失检的品行，工匠不生产粗劣的制品，农夫没有荒废的田地，商人没有亏本的买卖，各自安于本分。能事先预知，见识深远，是才能杰出的人，而太平之世不用这个标准来要求民众；博闻强记，能言善辩，是才华横溢的人，而英明的君主不以此要求臣下；傲世轻利，不跟世俗同流合污，是士人高尚的操行，而太平之世不用来作为民众教化的标准。所以高不可及的智慧，不可以拿来作为衡量普通人的标准；谁也赶不上的品行，不可以成为国家的习用标准。所以人材不能按同一尺度使用，而治国的法术是可以世代相传的。所以国家太平时可以与愚民一起守护，而军队可以通过军法实现步调一致。不用等待古代才智出众的俊才，而人人都可以自足，是因为各种各样的人才都能一并任用。末世的做法，把用人标准定得很高，达不到就治罪，加重任职的负担，如不能胜任就惩罚，以危险之事习难，不敢做就诛杀。民众被上述三种要求所困扰，就装作聪明欺诈君上，冒着奸邪去做危险的事，即使严刑峻法，也不能禁止他们的奸邪。所以，"野兽被逼急了就用角抵抗，鸟类被逼急了就用嘴啄人，人逼急了就骗人"，说的就是这个道理。

国有亡主，世无亡道，人有穷而理无不通也^①。故不因道理之数而专己之能^②，其穷不远矣。夫君人者，不出户以知天下者，因物以识物^③，因人以知人也。故积力之所举^④，即无不胜也；众智之所为，即无不成也。工无二技，士不兼官^⑤。人得所宜，物得所安，是以器械不恶，而职事不慢也。夫责小易偿也，职寡易守也^⑥，任轻易劝也。上操约少之分^⑦，下效易为之功^⑧，是以君臣久而不相厌也。

【注释】

①有穷：遭受困穷。

②因：因袭，遵循。数：规律，法则。专己：固执己见，独断专行。

③因物：依照此物。

④积力：合力，集中众人的力量。

⑤兼官：在本官职以外，又任他官。

⑥职寡：指职事少。

⑦分：职分，职事。

⑧效：尽心尽力地服务。

【译文】

　　国家有亡国的君主，世上没有消亡的大道，人有遭受困境之时，而大道没有不通达的时候。所以不遵循大道的规律而凭自己的独断专行做事，他离穷途末路就不会远了。作为君主，不走出大门就了解天下的事，是依照一物就可以认识万物的变化，依照一人就可以懂得人事的变化。所以集合众人的力量办事，就没有不能胜利的；集中众人的智慧做事，就没有不能成就的。工匠不追求擅长两种不同的技艺，士人不兼任两种不同的官职。人得到适宜的职位，众物得到适宜的用途，因此器械不易损坏，而职事不会懈怠。职责小容易应对，职事少容易守住，负担轻容易努力完成。君上掌握简约的职事，臣下尽力做容易成功的事情，因此君臣相处长久而不互相厌倦。

　　地广民众，不足以为强也；甲坚兵利①，不足以恃胜也②；高城深池③，不足以为固也；严刑利杀④，不足以为威也。为存政者⑤，无小必存；为亡政者，无大必亡。故善守者无与御⑥，善战者无与斗，乘时势因民欲而取天下也⑦。故善为政者，积其德；善用兵者，蓄其怒。德积而民可用也，怒蓄而威可立也。故材之所加者浅⑧，即权之所服者大；德之所施者博，即威之所制者广，广即我强而敌弱矣。善用兵者，先弱敌而后战，费不半而功十倍。故千乘之国，行文德者王；万乘之国，好用兵者亡。王兵先胜而后战，败兵先战而后求胜，此不明于兵道也。

【注释】

①甲坚兵利：盔甲坚固、兵器锋利。

②恃：依仗，凭借。

③池：护城河。

④利杀：杀戮严重。眉批云："利杀作峻罚。"与今本《文子》同。峻罚，这里指滥杀。译文仍按《群书治要》原文处理。

⑤存政：指保全国家的措施。

⑥御：抵御，抵挡。

⑦时势：当时的形势。

⑧材之所加者浅：今本《文子》作"文之所加者深"，即文德积累得深厚。

【译文】

土地广阔百姓众多，不足以成为强大的国家；盔甲坚固兵器锋利，不足以凭此取得胜利；高墙深河，不足以成为坚固的壁垒；刑罚严酷杀戮严重，不足以成就威望。施行保全国家的政策，无论多小的国家必定存活；施行亡国之政的，无论多大必定灭亡。所以善于防守的人不参与抵御，善于战斗的人不参与敌斗，凭借时势顺应民众的愿望就能取得天下。所以善于为政的人，积累他的德行；善于用兵的人，积蓄士卒的盛气。德行积累了而民众就愿意为他所用了，强盛的气势蓄积了而军威就可以树立了。所以德政积累得越深厚，那么权威慑服的人就越多；恩德施加得越广博，借权威征服的地方越广阔，广阔就是我强而敌弱了。善于用兵的人，先削弱敌人然后与之战斗，费力不到一半而功效超过十倍。所以拥有一千辆兵车的小国，施行德政的就称王统一天下；拥有一万辆兵车的大国，好战的就会导致灭亡。仁义之师先在道义上战胜敌人然后出兵作战，败兵之师先战斗然后寻求胜利，这是不明白用兵之道啊。

上行①

非漠真无以明德②,非宁静无以致远,非宽大无以并覆③,非平正无以制断④。以天下之目视,以天下之耳听,以天下之智虑,以天下之力争,故号令能下究而臣情得上闻⑤,百官修通⑥,群臣辐凑。喜不以赏赐⑦,怒不以罪诛,法令察而不苛,耳目通而不暗⑧,善否之情日陈于前而不逆,贤者尽其智,不肖者竭其力,近者安其性,远者怀其德,用人之道也。夫乘舆马者⑨,不劳而致千里;乘舟楫者,不能游而济江海⑩。使言之而是,虽在匹夫刍荛⑪,犹不可弃也;言之而非,虽在人君卿相,不可用也。是非之处,不可以贵贱尊卑论也。其计可用,不羞其位矣⑫;其言可行,不贵其辨矣⑬。

【注释】

①上仁:眉批云:"作上仁。"镰仓本亦为"上行",旁批亦云改为仁,据此应为"上仁"。上仁即为至仁,最高的仁德。

②漠真:清静淡泊。明德:彰明德行。

③并覆:广为覆庇,包容。

④制断:裁决。

⑤下究:等于说下达。上闻:使君上得闻,向朝廷呈报。

⑥修通:逐级上达,通于君主。

⑦喜不以:不因为喜悦。

⑧耳目:指见闻。暗:愚昧,糊涂。

⑨乘舆马:乘坐车马。

⑩济:渡,渡水。

⑪刍荛:这里指割草打柴的人,樵夫。

⑫羞其位：惭愧自己的位置。

⑬辨：通"辩"，指言辞的华丽、巧妙。

【译文】

不清静淡泊就无法彰明德行，不宁静寡欲就无法到达高远的境界，不宽厚博大就无法覆庇包容万物，不公平正直就无法正确裁决。用天下人的眼睛看，用天下人的耳朵听，用天下人的智慧思考，用天下人的力量相争，所以君王发布的命令能够下达而臣子掌握的民情能够向朝廷呈报，百官逐级上报通达，群臣像辐条一样向君王聚拢。不因为喜悦而赏赐，不因为愤怒而治罪诛杀，法令清楚明白而不繁苛，见闻通达而不糊涂，善恶好坏的情形每天陈述在前面而不抗拒，贤人竭尽他的智慧，不贤的人竭尽他的能力，身边的人能够安定地生活，远方的人感念他的恩德，这是因为他掌握了用人之道。乘坐车马的人，不必劳累就能到达千里之外；乘坐舟船的人，不会游泳而能渡过江海。假使说的话正确，即使是平民樵夫，也是不可嫌弃的；说的话不正确，即使是国君卿相，也不可采用。对是非的处理，不可用尊卑贵贱来评定。他的计策用得上，就不会因他的官位低下而感到羞耻；他的言论可以实施，就不看重他言辞的华丽巧妙了。

文子问曰："何行而民亲其上？"老子曰："使之以时而敬慎之①，如临深渊，如履薄冰。天地之间，善即吾畜也②，不善即吾仇也。昔日夏、商之臣，反仇桀、纣而臣汤、武；宿沙氏之民，自攻其君而归神农氏③。故曰：'人之所畏，亦不可以不畏。'"

【注释】

①时：农时，农事季节。敬慎：恭敬谨慎地处理。

②畜：通"蓄"，积聚、储藏。

③宿沙氏之民，自攻其君而归神农氏：据说，伏羲、神农之间，有共工、宿沙，称霸天下。又称，炎帝神农氏的时候，诸侯宿沙氏叛乱，炎帝退而修德，宿沙之民自攻其君而归炎帝。宿沙氏，相传善于捕鱼的一个氏族。

【译文】

文子问道："什么样的品行能让民众亲近他的君上？"老子说："驱使民众要按农时，而且对他们要恭敬谨慎，如临深渊，如履薄冰。天地之间的人和物，待之以善就是我的资粮，待之不善就是我的仇敌。从前夏朝、商朝的臣子，反而仇视夏桀、商纣而臣服商汤、周武王；宿沙氏的民众，自发地攻杀他们的君主而归附神农氏。所以说：'民众所畏惧的，君上也不可以不畏惧。'"

治大者①，道不可以小；地广者，制不可以狭；位高者，事不可以烦②；民众者，教不可以苛。事烦难治，法苛难行，求多难赡③。寸而度之，至丈必差；铢而称之④，至石必过⑤；石称丈量，径而寡失；大较易为智⑥，曲辨难为惠。故无益于治，有益于乱者，圣人不为也；无益于用，有益于费者，智者不行也。故功不厌约⑦，事不厌寡，功约易成，事省易治，求寡易赡。夫调音者，小弦急，大弦缓。立事者，贱者劳，贵者逸。道之言曰："芒芒昧昧⑧，与天同气。同气者帝，同义者王，同功者霸，无一焉者亡。"故不言而信，不施而仁，不怒而威，是以天心动化者也。施而仁，言而信，怒而威，是以精诚为之者也。施而不仁，言而不信，怒而不威，是以外貌为之者也。故有道以理之，法虽少，足以治矣；无道以临之⑨，命虽众,足以乱矣。

【注释】

①治大:治理大国。

②烦:繁杂,琐碎。

③赡:充足,满足。

④铢:古代重量单位。二十四铢为一两。

⑤石:重量单位。一百二十市斤为一石。过:错误。

⑥大较:大的计量方法。此处指用石、丈等大的称量标准。

⑦厌约:厌烦简约。

⑧昧昧:纯厚浑朴的样子。

⑨临:监视、监临。引申为统治、治理。

【译文】

治理大国的,不可以用小道;土地广阔的,制度不可以狭隘;官位高的,事务不可以繁杂;百姓众多的,教化不可以烦苛。事务繁杂就难以治理,法令烦苛就难以执行,要求太多就难以满足。一寸寸地衡量,到了丈一定有差错;一铢铢地称量,到了石一定有差错;用石去称用丈去量,直接而少有错失;用大的称量标准容易准确,用寸和铢测量复杂不准确。所以不利于政治安定,容易滋长社会动乱的,圣人是不做的;无益于实际用处,容易增加耗费的,聪明人不去施行。所以事功不嫌简约,事务不嫌减省,事功简约容易成功,事务减省容易处理,要求寡少容易满足。比如协调音节的,让小弦紧绷急切,让大弦松弛轻缓。建立事功的,知道低贱的劳累、高贵的安逸。道家之言说:"纯厚浑朴,跟天同样的气息。与天同气的人称帝,与天同义的人称王,与天同功劳的人称霸,与天无所同的人灭亡。"所以不用言语就能信服,不必施舍就有仁德,不必发怒就有威严,这是天与人心相通感化万物的缘故。施舍而有仁德,言语而有诚信,发怒而有威严,这是用精诚之心感化的结果。施舍而没有仁德,言语而没有诚信,发怒而没有威严,这是在表面上下功夫。所以遵循大道来治理,法令即使少,足以让国家安定;不遵循大道而治理,命令即使众多,也足以导致国家混乱了。

鲸鱼失水而制于蝼蚁①,人君舍其所守而与民争事,则制于有司②。以无为持位守职者③,以听从取容④,臣下藏智而弗用,反以事专其上⑤。君人者,不任能而好自为,则智日困而数穷于下⑥。智不足以为治,威不足以行刑,即无以与下交矣。喜怒形于心,嗜欲见于外,即守职者离正而阿上⑦,有司枉法而从风矣⑧;赏不当功,诛不应罪,即上下乖心⑨,群臣相怨矣。百官烦乱而智不能解,非誉萌生而明弗能照⑩,非己之失而反自责,即人主愈劳,人臣愈逸矣,是"代大匠斫者⑪,希不伤其手也"。与马逐远,筋绝不能及也。上车摄舆⑫,马服衡下⑬,伯乐相之⑭,王良御之⑮,明主乘之,无御相之劳而致千里,善乘人之资也。

【注释】

①蝼蚁:蝼蛄和蚂蚁。泛指微小的生物。

②有司:主管官员。

③持位:保守地位。

④听从取容:顺从君主的欲望来奉承谄媚。取容,讨好别人以求自己安身。

⑤专:单独占用,擅自。

⑥日困:日见穷尽。困,困窘,窘迫。数:方法,权术。此指君主统御之术。

⑦阿上:指曲意逢迎上面。

⑧枉法：违法，以私意曲解法律。

⑨乖：背离。

⑩非誉：非议和称誉。

⑪大匠：技艺高超的木工。斫：砍，削。

⑫摄舆：驾车，赶车。摄，牵引，执持。舆，车厢，车。

⑬马服衡下：底本作“马服衔下”，眉批云：“衔作衡。”衡，车辕上的横木。

⑭伯乐：相传春秋时人，善相马。

⑮王良：春秋时之善驭马者。

【译文】

　　鲸鱼离开水就被蝼蚁控制，君主舍弃他的职守而与民众争利，就被主管官员控制。用无为来持守职位的官员，用听从讨好来求得自己容身，臣下隐藏智慧不用，反而把事情擅自推给君上独断。做国君的，不任用能人而喜好独断专行，智慧就一天天贫乏而对臣下的方法走向穷尽。智慧不足以用来统治，威势不足以执行刑罚，就没有办法跟臣下相处了。国君的喜怒生于心中，嗜好欲望表现在行动上，忠于职守的人就会离开正道而阿谀逢迎君上，主管官员就会曲解法律而跟风响应了；赏赐跟功劳不相当，诛罚跟罪责不相应，就会君臣离心，群臣互相埋怨了。百官烦乱而智慧不能化解，非议和称誉之声出现而君上的才智不能明辨，不是自己的失误反而自我责备，就会让君主更加劳倦，臣子更加安逸了，这就是“代替高明的木匠去砍木头的人，很少有不砍伤自己手的。”与马赛跑，脚筋累断了也赶不上；上车紧握缰绳驾驭，马就会驯服地站在车辕的衡木下，伯乐考察它，王良驾驭它，英明的君主乘坐它，没有太多驾驭的辛劳却可以到达千里之远，这是善于借助客观条件啊。

　　国之所以存者，得道也；所以亡者，理塞也①。故得生道者②，虽小必大；有亡征者③，虽成必败。国之亡也，大不足恃④；道之行也，小不可轻。故存在得道，不在于小；亡在失道，不在于大。故乱国之主，务于广地而不务于仁义⑤，务于高位而不务于道德。是舍其所以存，而造其所以亡也。

【注释】

①理塞：指不行仁义大道。

②生道：使国家生存的大道。

③亡征：国家将亡的征兆。

④恃：依赖，依仗。

⑤广地：扩张土地。

【译文】

国家之所以长存，是因为获得治国大道；之所以灭亡，是因为不施行仁义大道。所以得到生存之道的，即使小国也必定成为大国；国家有灭亡征兆的，即使成功了也必定失败。国家将要灭亡，国土广大不够成为依赖；大道得以施行，小国也不可轻视。所以国家长存在于获得大道，不在于国家小；国家灭亡在于失去大道，不在于国家大。所以使国家混乱的君主，致力于扩张地盘而不致力于施行仁义，致力于占据高位而不致力于推行道德。这是舍弃使国家长存不衰的根本，而造就使国家灭亡的条件啊。

主与之以时①，民报之以财；主遇之以礼，民报之以死。生而贵者骄，生者富者奢②，故富贵不以明道自鉴③，而能无为非者寡矣。

【注释】

①以时：按农时。

②奢：奢侈。

③自鉴：自己引以为戒。

【译文】

君主让民众按照农时耕作，民众就能用财物来报答他；君主以礼对待民众，民众就能用效死来回报他。生而尊贵的人骄傲，生而富裕的人奢侈，所以富贵之人不以通晓道引以为戒，而能够不为非作歹的太少了。

上义①

凡学者，能明于天人之分②，通于治乱之本③，见其终始，可谓达矣。治之本，仁义也；其末，法度也。先本后末，谓之君子；先末后本，谓之小人。法之生也，以辅义，重法弃义，是贵其冠履而忘其头足也④。仁义者，广崇也⑤，不益其厚而张其广者毁，不广其基而增其高者覆⑥。故不大其栋⑦，不能任重。重莫若国，栋莫若德。人主之有民，犹城之有基，木之有根。根深即本固，基厚即上安，故事不本于道德者，不可以为经；言不合于先王者，不可以为道。

【注释】

①上义：节录部分主要说治国平天下，要"明于天人之分，通于治乱之本"；要君臣相合，"利民为本"，这就是上义之道。

②天人之分：指天道（自然）跟人道（人为）的本分。

③治乱：安定与动乱。

④冠履：帽与鞋；头戴帽，脚穿鞋。

⑤广崇：广大崇高。

⑥基：地基，墙基。

⑦栋：房屋的正梁。

【译文】

凡是学习的人，能够明白天道与人道的本分，通晓治乱产生的根源，观察他们由始至终的整体，就可以称得上通达了。太平的根本，是仁义；它的末端，是法度。根本在先末端在后，叫做君子；末端在先根本在后，叫做小人。法度的产生，是用来辅助道义的，重视法度放弃道义，这是重视鞋帽而忘记了头和脚。仁义，是广大崇高的，不增加它的厚度而扩大它的广度国家就会毁坏，不扩大它的地基而增加它的高度国家就会倾覆。所以不增大房屋的栋梁，不能承受房屋的重量。重量没有比得上国家的，栋梁没有比得上德行的。君主有民众，就像城墙有地基，树木有根系一样。根深树木就牢固，地基深厚君上就安定，所以办事不以道德为根本的，不可以作为常规；言论跟先代的君王不符合的，不可以成为准则。

治人之道，其犹造父之御马也①。内得于中心②，外合乎马志③，故能取道致远④，气力有余，进退还曲⑤，莫不如意，诚得其术也。今夫权势者，人主之车舆也⑥；大臣者，人主之驷马也⑦。身不可以离车舆之安，手不可以失驷马之心。故舆马不调⑧，造父不能以取道；君臣不和，圣人不能以为治。执道以御之⑨，中材可尽⑩；明分以示之⑪，奸邪可止。物至而观其变⑫，事来而应其化，近者不乱则远者治矣；不用适然之教⑬，而行自然之道，万举而无失矣。

【注释】

①造父：古代的善御者，因献八骏，幸于周穆王。穆王使之御，向西巡狩，见西王母，乐而忘归。时徐偃王反，穆王日驰千里马，大破之，因赐造父以赵城，由此为赵之先祖。

②得：满足，符合。

③马志：马的心意、习性。

④取道：选取经由的道路。

⑤还曲：环绕转弯。

⑥车舆：车辆。

⑦驷马：指驾一车之四马。

⑧舆马：车马。

⑨御之：指治理国家。

⑩中材可尽：指人尽其才。

⑪明分：明确职分。

⑫物至：外物来到。

⑬适然：偶然，应急。

【译文】

统治民众的道理，就像造父驾驭车马一样。内部合乎心意，外部合乎马的习性，所以能够选好路到达远方，精力还有剩余，前进后退环绕转弯，没有不如意的，确实是掌握了驾驭的技术。如今那些有权势的人，好比君主的车辆；大臣，好比为君主驾车的马匹。君王的身体不可以离开车辆的安稳，双手不可以失去对马匹的控制。所以车马不协调，就是造父也不能上道驰骋；君臣不和睦，圣人也不能治理好国家。秉持大道来驾驭群臣，中等才能的人可以任用；明确职责告知群臣，奸邪可以禁止。万物出现了就要观察它的变化，事情发生了就要应对它的发展，近处的人不混乱那么远处的人就治理得好了；不采用应急的教化，而推行自然而然的原则，就万无一失了。

治国有常①，而利民为本。政教有道，而令行为右②。苟利于民，不必法古；苟周于事③，不必循俗。故圣人法与时变，礼与俗化。衣服器械，各便其用；法度制令，各因其宜。

故变古未可非，循俗未足多④。诵先王之书，不若闻其言；闻其言，不若得其所以言；得其所以言者，言弗能言也。故"道可道者⑤，非常道也；名可名者⑥，非常名也"。故圣人所由曰道⑦，所为曰事。道由金石⑧，一调不可更；事犹琴瑟，每终改调⑨。故法制礼乐者，治之具也，非所以为治也。

【注释】

①常：常规，常道。

②右：古代崇右，故以右为上，为贵，为高。

③周：完备，充足。

④足多：值得称赞。多，称赞，赞美。

⑤可道：可以言说。

⑥可名：可以命名。

⑦所由：所遵从的。由，奉行，遵从。

⑧由：通"犹"，如同，好像。金石：古代指以金属、玉石制成的钟磬类乐器。

⑨改调：改变乐律。

【译文】

治理国家有基本原则，有利于民众是根本。政治教化有基本规则，而以政令通达为最好。假如能有利民众，就不一定效法古人；假如能办事周到，就不一定因循旧俗。所以圣人的法度随着时代而变，礼制随着世俗变化。衣服器械，以各自便利为准；法令制度，各自遵循所适宜的。所以变革古代的旧规不可以非议，遵循习俗也不值得赞美。读先代君王的书籍，不如听他说话；听他说话，不如知道他为什么这样说话；知道他为什么这样说话，不如知道他还没说出来的话。所以"可以言说的道，就不是恒常的道；可以命名的名，就不是恒常的名"。所以圣人所遵从的就叫做道,所做的就叫做事。道就好像钟磬一样,乐调一旦确定不能更改;事情就像琴瑟一样,每次乐曲终了都可改调。所以法制和礼乐,都是治理的工具,而不是治理的根本。

　　法非从天下,非从地出,发于人间,反己自正也①。诚达其本,不乱于末;知其要,不惑于疑。有诸己②,不非诸人③;无诸己④,不责于下⑤。所禁于民者,不行于身。故人主之制法也,先以自为检戒⑥,故禁胜于身⑦,即令行于民矣。夫法者,天下之准绳也⑧,人主之度量也。悬法者⑨,法不法也⑩。法定之后,中绳者赏⑪,缺绳者诛。虽尊贵者,不轻其赏;卑贱者,不重其刑。犯法者,虽贤必诛;中度者⑫,虽不肖无罪。是故公道行而私欲塞也。古之置有司也,所以禁民使不得恣也⑬。其立君也,所以制有司使不得专行也。法度道术,所以禁君使无得横断也⑭。人莫得恣,即道胜而理得矣,故反于无为⑮。无为者,非谓其不动也,言其莫从己出也。

【注释】

①反己:反过来要求自己。

②有诸己:指在自己身上所有的。

③非:非议。

④无诸己:指在自己身上所没有的。

⑤责:求,要求。

⑥检戒:约束警戒。眉批云:"戒作式。"与今本《文子》同。检式,法式,法度。译文仍按《群书治要》原文处理、

⑦禁胜于身：禁令能战胜自身，即自己能遵守禁令。

⑧准绳：测定物体平直的器具，引申为言论、行动等的标准或准则。

⑨悬法：指公布法令（古时公布法令，都悬挂于宫阙）。

⑩法不法：依法惩处违法之人。法，依法惩处，法办。

⑪中绳：比喻符合、遵守标准。

⑫中度：合乎标准，法度。

⑬恣：放纵。

⑭横断：专断。

⑮反：今作返。无为：指顺应自然，不求有所作为。

【译文】

　　法律不是从天上降下的，不是从地上长出来的，而是人们制定，反过来要求自己端正自我的。确实明白了法律的的根本，不会在细枝末节处混乱；知道法律的纲要，不会被疑难困惑。在自己身上具有的，不去非议别人同样具有的；在自己身上没有的，不去要求别人有。对民众禁止的，自身就不能施行。所以君主制定法律，先拿自身作为约束，所以自己能遵守禁令，禁令就能在民众中施行了。法律，是天下公正的标准，是君主衡量的准则。公布法律，是要依法惩罚不法的人。法规确定之后，遵守法规的要奖赏，违背法规的要诛责。即使是尊贵的人，也不轻易赏赐；即使是卑贱的人，也不加重刑罚。犯法的人，即使是贤人也一定要诛罚；符合法度的，即使是不贤的人也没有罪过。因此公正的道理施行而个人的欲望堵塞。古代设置主管官员，是用来禁止民众不让他们放纵。而设立君主，是用来控制主管官员让他们不能独断专行。法度道术，是用来禁止君主让他不能独断专行。没有人能为所欲为，就是大道胜出而行事有理了，所以返回到自然无为。自然无为，不是说他什么都不做，而是说做事都不是从自己出发的。

　　善赏者，费少而劝多①；善罚者，刑省而奸禁。善与者，用约而为德^②;善取者,入多而无怨。故圣人因民之所善以劝善,因民之所憎以禁奸。赏一人而天下趣之^③,罚一人而天下畏之。至赏不费^④,至刑不滥^⑤,圣人守约而治广,此之谓也。

【注释】

①劝多:奖勉的人多。

②用约:给予的少。

③趣(qū):赴,前往,归向。

④至赏:最恰当的赏赐。

⑤至刑:最适当的刑罚。滥:过度,无节制。

【译文】

善于奖赏的,耗费少而奖勉的人多;善于惩罚的,刑罚简省而奸邪能够被禁止。善于给予的,给予的少而能让人感激他的恩德;善于获取的,得到的多而让人没有怨恨。所以圣人依据民众的喜好来勉励行善,依据民众的憎恶来禁止奸邪。奖赏一个人而天下人都会争着行善,惩罚一个人而天下人都会畏惧做坏事。最恰当的赏赐不浪费,最恰当的刑罚不过度,圣人持守简约而治理的功效广大,说的就是这一点啊。

君臣异道即治^①,同道即乱,各得其宜,处其当,即上下有以相使也^②。故枝不得大于干,末不得强于本,言轻重大小有以相制也。夫得威势者,所持甚小,所任甚大,所守甚约,所制甚广。十围之木^③,持千钧之屋^④,得势也。五寸之关^⑤,能制开阖,所居要也。下必行之令,从之者利,逆之者害,天下莫不听从者,顺也。义者,非能尽利天下之民也,利一人而天下从;暴者,非能尽害海内也,害一人而天下叛。

故举措废置,不可不审也。

【注释】

①异道:不同的理论,不同的方法。君道自然无为,臣道尽力有为。

②相使:相互借力,实际上指上使下、下事上。

③十围:形容粗大。围,两手大拇指与食指合拢的圆周长。

④钧:古代重量单位。三十斤为一钧。

⑤关:门闩。

【译文】

君臣的道术不同国家就治理得好,道术相同国家就混乱,君臣各自做好恰当的事,处在恰当的位置,就能上下相互借力。所以树枝不能比树干大,末梢不能比根本强,这是说轻重大小各自互相制约。得到威势的,所做的事很少,所承担的责任很大,所持守的法令很简约,所制约的方面很广大。十围粗的树木,支撑着千钧重的房屋,是得到了有力的形势;五寸的门闩,能控制大门的开合,是所处的位置关键。颁下一定要执行的命令,顺从的得利,背逆的受害,天下人没有不听从的,这就是顺势而为。正义,不是能有利于全天下的民众,是对一个人有利而天下人顺从;残暴,不是能伤害全天下的人,而是伤害一个人而天下人都背叛。所以举措的废置,不能不慎重地考量。

屈寸而伸尺①,小枉而大直②,圣人为之。今人君之论臣也,不计其大功,总其细行③,而求其不善,即失贤之道也。故人有厚德④,无问其小节;人有大誉,无疵其小故⑤。夫人情莫不有所短,诚其大略是也⑥,虽有小过,不足以为累⑦;诚其大略非也,闾里之行⑧,未足多也⑨。

【注释】

①屈寸而伸尺：弯曲一寸而伸直却有一尺。比喻人或事物微有瑕疵。

②枉：弯曲，与直相对。

③总：聚合，汇总。细行：细节，小事。

④厚德：等于说大德。

⑤疵：挑剔，指责。小故：小过失。

⑥大略：大体，大概。

⑦累：拖累，累赘。

⑧闾里之行：被乡里称誉的行为。闾里，乡里。

⑨多：称赞，赞美。

【译文】

如果弯曲一寸而伸展开来却有一尺，小段弯曲而使大段端直，圣人就会这样做。如今君主评定臣子，不考虑他的大功劳，却汇总他的细节小事，来寻求缺点，这就是失去贤人的路数。所以有高尚德行的人，不要去问他的小节；有极大声誉的人，不要去挑剔他的小过失。人之常情，是没有谁没有小的缺点，确实要看他的大体方向正确，即使有小的过失，也不足以成为拖累；确实要看他的大体方向不对，即使有被乡里赞誉的行为，也不值得称赞。

自古及今，未有能全其行者也①，故君子不责备于一人②。夫夏后氏之璜不能无瑕③，明月之珠不能无秽④，然天下宝之者，不以小恶妨大美也。今志人之所短⑤，而忘人之所长，而欲求贤于天下，即难矣。夫众人见位卑贱，事之泞辱⑥，而不知其大略也。故论人之道，贵即观其所举，富即观其所施，穷则观其所不受，贱即观其所不为。视其所患难，以知其勇；动以喜乐，以观其守；委以货财，以观其仁；振以恐惧，以观其节。如此，即人情得矣。

【注释】

①全：完整，完美。行：品行。

②责备：要求完备，尽善尽美。

③夏后氏之璜：相传为夏后氏的美玉。璜，一种半璧形的玉佩。古代朝聘、祭祀、丧葬时所用的礼器。也作装饰用。瑕：玉上的斑点。

④明月之珠：一种夜明珠，珠光晶莹似明月，故称。以上两物又见《淮南子·氾论训》："夫夏后氏之璜不能无考，明月之珠不能无类。然而天下宝之者，何也？其小恶不足妨大美也。"

⑤志：记住。

⑥污辱：卑污，耻辱。

【译文】

从古到今，没有能品行完美无缺的人，所以君子不要求一个人尽善尽美。夏后氏的玉璜不能没有瑕疵，明月一样的夜明珠也不能没有污点，但是天下人都认为它们是珍宝，这是不因小的瑕疵妨害大的美好。如今记住别人的短处，而忘记别人的长处，想要在天下寻求贤才，那就太难了。众人见到地位卑贱的，职业卑辱的，而不知道他的大志。所以评论人的方法，尊贵的人就看他所举荐的人，富裕的人就看他所施舍的人，穷困的人就看他不接受的，地位低下的就看他不去做的。看他面临危难的处境，来了解他的勇敢；用喜乐的事触动他，来观察他的操守；把钱财托付给他，来考察他的仁德；用恐惧威吓他，来观察他的气节。像这样，人的真实情况就清楚了。

圣人以仁义为准绳，中绳者谓之君子，弗中者谓之小人。君子虽死亡，其名不灭；小人虽得势，其罪不除。左手据天下之图①，而右手刿其喉②，愚者不为，身贵乎天下也。

死君亲之难者,视死若归,义重于身故也。天下大利,比身即小;身所重也,比义即轻。此以仁义为准绳者也。

【注释】

①据:按着,拿着。天下之图:天下的版图。

②刎:割颈部。

【译文】

圣人把仁义作为衡量的标准,符合标准的叫做君子,不符合的叫做小人。君子即使死亡,他的名声不会磨灭;小人即使取得权势,他的罪过不会消除。左手拿着天下的版图,而右手割向自己的颈喉,愚笨的人都不这么做,因为自身比天下更重要。为国君、父母的危难而死的人,视死如归,这是正义比自身更重要的缘故。天下的大利,比起自身那就是小的;自身是重要的,比起正义那就是轻的。这就是把仁义作为衡量标准的原因。

地广民众,主贤将良,国富兵强,约束信①,号令明,两敌相当②,未接刃而敌人奔亡③,此其次也④。知土地之宜⑤,习险隘之利⑥,明奇正之变⑦,察行阵之事⑧,白刃合⑨,流矢接⑩,舆死扶伤⑪,流血千里,暴骸盈野⑫,义之下也。

【注释】

①约束信:纪律严明。信,言出必行。

②两敌相当:两军势力旗鼓相当。

③接刃:兵刃相接触,指交战。

④其次:次第较后的,次一等的。

⑤宜:适宜,指适宜种植的作物。

⑥习:熟悉,通晓。险隘之利:险要地势的情况。

⑦奇正:古时兵法术语。古代作战以对阵交锋为正,设伏掩袭等为奇。

⑧行阵:指挥军队,布阵势。

⑨白刃合:刀枪交锋。白刃,锋利的刀。合,交锋。

⑩流矢接:乱箭连续不断。流矢,乱飞的或无端飞来的箭。

⑪舆死:用车载运死者。舆,用车载。

⑫暴骸:指暴露的尸骸。

【译文】

　　土地广阔,百姓众多,君主贤德,将领优良,国家富足,兵力强盛,纪律严明,号令明确,敌对双方旗鼓相当,还没有交战而敌人就逃亡,这是次一等的正义。知道土地适宜种植的作物,熟悉险要地势的情况,明白正面交锋与奇兵突袭的变化,观察军队的阵势情况,刀枪交锋,乱箭连续不断,抬起死者扶起伤者,流血千里,暴露的尸骸布满原野,这是最下等的正义。

　　国之所以强者,必死也。所以必死者,义也。义之所以行者,威也。威义并行,是谓必强。白刃交接,矢石若雨①,而士争先者,赏信而罚明也②。上视下如子,下事上如父;上视下如弟,下视上如兄。上视下如子,必王四海;下视上如父,必正天下③;上视下如弟,即不难为之死;下视上如兄,即不难为之亡。故子父兄弟之寇④,不可与斗。是故义君内修其政以积其德⑤,外塞其邪以明其势,察其劳逸以知饥饱。战期有日,视死如归,恩之加也。

【注释】

①矢石:箭和石头。古时守城的武器。

②赏信:奖赏诚信。罚明:惩罚严明。

③正:指君临,统治。

④寇:入侵者,敌人。

⑤义君:正义的君主。

【译文】

国家之所以强大,是民众有为国家必死的决心。之所以有必死的决心,是他们信守道义。道义之所以施行,是国君的威严。威严道义一并施行,这就叫做必定强大。锋利的兵刃相接,飞箭和石头跟下雨一样,但是战士争先作战,是因为赏罚严明可信。君上看待臣下如同孩子,臣下事奉君上如父亲;君上看待臣下如弟弟,臣下看待君上如兄长。君上看待臣下如同孩子,必定称王统一天下;臣下看待君上如父亲,君上必定君临天下;君上看待臣下如弟弟,臣下就不把为君上而死看作为难之事;臣下看待君上如兄长,就不把为君上而死看成为难之事。所以对待如同父子兄弟一样同心的敌人,是不可以跟他战斗的。因此正义的君主对内修明政教来积累他的德行,对外堵塞邪路来明确他的威势,观察战士的劳逸来了解他们的饥饱情况。战争的时间一到,战士视死如归,这就是恩德施加的结果啊。

上礼①

昔之圣王,仰取象于天②,俯取度于地③,中取法于人④。调阴阳之气,和四时之节,察高下之宜,除饥寒之患,行仁义之道,以治人伦⑤。列地而州之⑥,分职而治之,立大学而教之⑦,此其治之纲纪也。得道即举,失道即废。夫物未尝有张而不弛、盛而不败者也,唯圣人可盛而不衰。圣人初作乐也,以归神杜淫⑧,反其天心⑨;至其衰也,流而不反⑩,淫而好色，至以亡国。其作书也，以领理百事，愚者以不忘，智者以记事；及其衰也，为奸伪以解有罪而杀不辜⑪。其作囿也⑫，以奉宗庙之具⑬，简士卒⑭，戒不虞⑮；及其衰也，驰骋弋猎⑯，以夺民时⑰。其上贤也⑱，以平教化，正狱讼⑲，贤者在位，能者在职，泽施于下⑳，万民怀德；至其衰也，朋党比周㉑，各推其与㉒，废公趋私㉓，外内相举㉔，奸人在位，贤者隐处。天地之道，极即反，益即损，故圣人治弊而改制，事终而更为矣。圣人之道，非修礼义，廉耻不立，民无廉耻不可治也。不知礼义，不可以行法㉕。法能教不孝，不能使人孝；能刑盗者，不能使人廉耻。圣王在上，明好恶以示人，经非誉以导之㉖，亲贤而进之，贱不肖而退之㉗，刑措而不用㉘，礼义修而任贤德也。

【注释】

①上礼：崇尚礼义。节录部分强调礼义在治国中的作用，礼义远比施行法令更为有效。

②仰：向上。取象：取某事物之征象。

③度：法度，标准。

④取法：取以为法则，效法。

⑤人伦：指人与人之间主要的道德关系以及应当遵守的道德规范。孟子提出"父子有亲、君臣有义、夫妇有别、长幼有序、朋友有信"，后人称之为"五伦"。

⑥列地：指分割土地。州之：设置这些土地为州。

⑦大学：即太学，是在王都设立的最高学校。

⑧归神：静心养性。杜淫：杜绝淫邪。

⑨反：今作"返"，还归。天心：本性，本心。

⑩流：沉溺。

⑪解：赦免，免除。不辜：没有罪的人。

⑫囿（yòu）：古代帝王畜养禽兽的园地。

⑬奉：进献。宗庙：古代帝王、诸侯祭祀祖宗的地方。具：指酒肉，饮食等祭祀品。

⑭简：挑选。

⑮戒不虞：防备不测。不虞，意料不到的事。

⑯驰骋弋猎：纵马射猎。弋猎，射猎，狩猎。

⑰民时：等于说农时。

⑱上贤：推崇有才德的人。上，通"尚"。

⑲正狱讼：公正判定讼案。

⑳泽：恩惠，好处。

㉑朋党：为私利而勾结在一起的集团、宗派。比周：结党营私。

㉒与：党与，同类者。

㉓趋私：追求私利。

㉔外内相举：朝廷内外相互勾结。

㉕行法：按法行事。

㉖非誉：非议和称誉。

㉗退：罢黜。

㉘刑措而不用：设置刑罚而不用。

【译文】

　　从前圣明的君王，向上取象于天以掌握自然规律，向下从大地取得标准以了解自然特性，中间从人取得法则。协调阴阳二气，顺应四季气候变化，观察土地高低适宜种植不同作物的情况，消除饥寒的忧患，实行仁义之道，来推行人伦的道德准则。分割土地设置为州，让官员分列职守来进行治理，设立太学来教导他们，这就是圣王治理国家的纲纪。符合道义国家就兴盛，不符道义国家就衰亡。事物未曾有过张而不弛、盛而不衰的，只有圣王可以强盛而不衰败。圣王当初制作音乐，是用来静心养性杜绝淫邪，返归自己的本心；到了衰败的时候，君主沉溺靡靡之音而不返归本心，过分贪恋女色，直到亡国。圣王制作典册，用来管理众多事务，这样愚笨的人不会忘记，聪明人用来记事；到了衰败的时候，利用典册弄虚作假，给有罪的开脱而杀害无罪的人。圣王修建苑囿饲养禽兽，是作为供奉宗庙的祭祀品之用，简选士兵，是要警戒意外的事件；到了衰败的时候，君王驰骋进行田猎，侵夺民众的农时耕种季节。圣王崇尚贤能，严正教化，公平处理讼案，让贤才居于官位，能人在适合的职位上，恩惠施于民众，万众感怀他的恩德；等到衰败的时候，狼狈为奸结党营私，各自推荐自己的同党，废弃公事追逐私利，朝廷内外互相勾结，奸人占据官职高位，贤人隐居不出。天地的规律，物极必反，增益就会减损，所以圣王在治理出现弊病时而改革制度，事情终止就重新更改措施了。圣王的办法，民众如果不修礼义就没有廉耻之心，民众没有廉耻就不能治理。不知道礼义，就不能按法办事。法律能够教化不孝的人，不能让人孝顺；能给盗贼判刑，不能让人有廉耻之心。圣明的君王在上，表明好恶展示给人看，通过非议和赞誉来引导民众，亲近贤人而举荐他们，轻视不贤的人而罢免他们，设置刑罚而不使用，礼义得到推行而有才德的人得到任用。

　　夫使天下畏刑而不敢盗窃，岂若使无有盗心哉！故知其无所用，虽贪者皆辞之；不知其无所用，廉者不能让。夫人之所以亡社稷，身死人手，为天下笑者，未尝非欲也。知冬日之扇，夏日之裘①，无用于己，则万物之变为尘垢。故以汤止沸②，沸乃益甚；知其本者，去火而已。

【注释】

①裘：皮衣，皮袄。

②以汤止沸：把开水倒回去，来制止水的沸腾；比喻治标而不治本。

　汤，热水，开水。

【译文】

让天下人畏惧刑罚而不敢盗窃，难道还能比得上让人没有盗窃之心吗？所以知道某样东西没有什么用处，即使贪婪的人都不要它；不知道它没有用处，廉洁的人也不能谦让。国君之所以灭亡江山社稷，死在别人手中，被天下人耻笑的原因，没有不由于贪欲啊。比如知道冬天的扇子，夏天的皮衣，对自己没有用，那么万物都变成灰尘污垢一样无用的东西了！所以用倒回开水来制止沸腾的水，水会沸腾得更加厉害；知道制止沸腾的根本做法，不过是灭掉火罢了。

　　夫有余则让，不足则争。让则礼义生，争则暴乱起。故物多则欲省，求赡则争止①。故世治则小人守正②，而利不能动也；世乱则君子为奸，而法不能禁也。

【注释】

①赡：充满，足够。

②守正：恪守正道。

【译文】

物品有剩余就谦让，不够就争夺。谦让就会产生礼义，争夺就会兴起暴乱。所以物品多了欲望就减少，要求满足了争斗就停止。所以社会安定那么小人也恪守正道，利益也不能动摇他；社会动乱那么君子也会做奸诈之事，而法律也不能禁止。

鄷水之深十仞①，而不受尘垢，金铁在中②，形见于外，非不深且清也，鱼鳖莫之归。石上不生五谷，秃山不游麋鹿③，无所荫蔽也。故为政以苛为察④，以切为明⑤，以刻下为忠⑥，以计多为功⑦，如此者，譬犹广革者也，大即大矣，裂之道也。

【注释】

①鄷水：古水名。又作丰水、沣水。即今陕西西安渭水支流沣河，为"关中八川"之一。仞：古代长度单位。八尺为一仞，一说七尺。

②金铁：眉批云："铁作石。"与今本《文子》同。今据改。

③秃山：不生草木的山丘。

④察：清楚，明白。

⑤切：严酷，苛刻。

⑥刻：刻薄，伤害。

⑦计：计簿。此处指征收的赋税。

【译文】

鄷水水深十仞，而不蒙受尘埃污染，将金石放在其中，它们的形状从外面都能显现出来，不是水不深不清，鱼鳖等水生动物却没有归附休息的。石头上不生五谷杂粮，光秃秃的山上没有麋鹿，这是因为没有遮挡隐藏的地方。所以治国理政把苛刻当做明察，把严酷当做高明，把对下属刻薄当做对君王忠诚，把征收赋税多当做功劳，像这样的话，譬如扩张皮革的做法，大是大了，但那是让皮革破裂的做法啊。

曾子 参

【题解】

《曾子》为曾子及其弟子所作,该书自秦代以来已亡佚,但《曾子》的言论散见于《说苑》《列子传》等书中,后人对它们加以整理、校刊,辑录为《曾子全书》,有《仲尼闲居》《明明德》《养老》《周礼》《有子问》《丧服》《晋楚》《守业》《三省》《忠恕》等十篇。而《大戴礼记》中有十篇题目皆冠以曾子,俗称"曾子十篇"。

曾子(前505—前435),名参(cān),字子舆,鲁国南武城(今山东平邑,一说山东嘉祥)人。孔子晚年弟子之一,儒家学派的重要代表人物。其父曾点,字子皙,是孔子的早期弟子。《论语·先进》"子路、曾皙、冉有、公西华侍坐"章有对曾皙的记述。

曾子倡导以"忠恕孝信"为核心的儒家思想,他事亲至孝,提倡"以孝为本",主张"吾日三省吾身""内省慎独"。曾子在儒学发展史上具有重要的地位,被后世尊其为"宗圣"。

《群书治要》所节录的内容均见于《大戴礼记》,主要思想是重视内省和个人的道德修养,及时行孝悌之义,泛爱众人,基本上是以"齐家、治国、平天下"为宗旨,全面继承了孔子的政治伦理思想,对李唐君臣修身、齐家、治国、平天下有所参考。

修身①

曾子曰："君子攻其恶②，求其过，强其所不能。去私欲，从事于义③，可谓学矣。君子爱日以学④，及时以行，难者弗避，易者弗从，唯义所在。日旦就业⑤，夕而自省，思以没其身⑥，亦可谓守业矣⑦。君子学必由其业，问必以其序，问而不决，承间观色而复之⑧。君子既学之，患其不博也；既博之，患其不习也；既习之，患其不知也；既知之，患其不能行也；既能行之，患其不能以让也。君子之学，致此五者而已矣。君子博学而浅守之⑨，微言而笃行之⑩，行欲先人，言欲后人⑪，见利思辱，见难思诟⑫，嗜欲思耻，忿怒思患。君子终身守此，战战也⑬。君子已善，亦乐人之善也；已能，亦乐人之能也。君子好人之为善而弗趋也⑭，恶人之为不善而弗疾也。不先人以恶，不疑人以不信，不说人之过而成人之美⑮。朝有过，夕改，则与之；夕有过，朝改，则与之。君子终日言，不在尤之中⑯。小人一言，终身为罪矣。君子之于不善也，身勿为，可能也；色勿为，不可能也；心勿为，不可能也。太上乐善，其次安之，其下亦能自强也⑰。太上不生恶，其次生而能夙绝之⑱，其下复而能改。复而不改，陨身覆家，大者倾社稷。是故君子出言愕愕⑲，行身战战，亦殆免于罪矣。昔者，天子日旦思其四海之内，战战唯恐不能乂也⑳；诸侯日旦思其四封之内，战战唯恐失损之也；大夫日旦思其官，战战唯恐不能胜也；庶人日旦思其事，战战唯恐刑罚之至也。是故临事而栗者，鲜不济矣㉑。"

【注释】

①修身：即修养身心，这是儒家思想的重要内容，也是为人处世的根本。本篇讲述了君子修身处世所要做到的博学、审问、慎思、明辨、笃行等要点。

②攻：指责。

③义：公正、合宜的道德、行为或道理。

④爱日：珍惜时日。

⑤日旦：每天早上。就业：求学。按照所学去落实。

⑥没：死。

⑦守业：专心致力于自己的学业。

⑧承间：趁机会。观色：观察脸色。

⑨浅守：从小处着手，不务夸大。浅，微小。

⑩微言：隐微不显、委婉讽谏的言辞。笃行：切实履行，专心实行。

⑪行欲先人，言欲后人：行动要在他人之前，说话要在他人之后。

⑫见难思诟：受到责难就要想是否会招来辱骂。诟，耻辱，辱骂。

⑬战战：戒慎畏惧的样子。

⑭趋：通"促"，催促，督促。

⑮成人之美：成全他人为善的美名。

⑯尤：罪过，过错。

⑰自强：自己勉强去做。

⑱夙绝：早杜绝。

⑲谔谔：直言争辩的样子。

⑳乂（yì）：安定，治理。

㉑鲜：少。不济：不成功。

【译文】

　　曾子说："君子责备自己的不良行为，检查自己的过失，勉力去做自己能力还不够的事情。除去私欲，以道义处理事务，可以算得上好学了。

君子珍惜时日学习，及时去践行所学，遇到难做的事不回避，容易的事不盲从，只要符合道义就去做。每天早上求学，晚上自我反省，一直到死为止，也可以叫做专心致力于自己的学业了。君子学习一定要从先王的典籍开始，提问一定要按所学的顺序，疑问没有得到解决，趁着空闲，观察老师的脸色再去问。君子已经学习，还担忧学识不广博；已经广博了，担忧没复习；已经复习了，担忧不理解；已经理解了，担忧不能践行；已经能践行了，担忧不能谦让。君子学习，能达到这五方面就行了。君子学识广博而又从细微处掌握，言辞简约而切实履行，行动想要在别人之前，言语想要在别人之后，见到有利可图要想想是否会招致玷辱，受到责难要想想是否会招来辱骂，满足嗜欲要想到是否羞愧，怨恨愤怒要想到是否会带来祸患。君子终身要战战兢兢地坚守这些。君子自己德行好，也乐意看到别人德行好；自己有才能，也乐意看到别人有才能。君子喜好人们做好事而不督促，憎恶别人做坏事而不痛心憎恨。君子不先料想别人的品行恶劣，不怀疑别人不诚信，不宣扬别人的过错而成全别人的美名。早上有过错，晚上改了，那就赞许他；晚上有过错，早上改了，那就赞许他。君子整天说话，却没有过错出现。小人只说一句话，就可能成为终身的过错了。君子对于坏事，自己不去做，是可能的；脸色上表现出不去做，是不可能的；内心一点也没有想过去做，更是不可能的。人最高的境界是乐意做好事，其次是习惯做好事，最下的也能勉强自己去做好事。最高的境界是不做坏事，其次是做了能够及早杜绝，最下的是重复犯错而能够改过。屡教而不改，小的会亡身败家，大的会倾覆江山社稷。因此君子说话耿直，行事谨慎戒惧，也差不多可以免于犯错了。从前，天子整天思虑整个天下，战战兢兢只怕天下不能安定；诸侯整天思虑他封疆之内的事，战战兢兢只怕国土有什么损失；大夫整天思虑他的职守，战战兢兢只怕自己不能胜任；平民整天思虑自己的事情，战战兢兢只怕刑罚加身。因此遇事小心谨慎的人，很少有不成功的。"

立孝①

曾子曰："君子立孝，其忠之用也②，礼之贵也③。故为人子而不能孝其父者，不敢言人父不能畜其子者④；为人弟而不能承其兄者，不敢言人兄不能顺其弟者⑤；为人臣而不能事其君者，不敢言人君不能使其臣者。故与父言，言畜子；与子言，言孝父；与兄言，言顺弟；与弟言，言承兄；与君言，言使臣；与臣言，言事君。君子之孝也，忠爱以敬⑥，反是乱也。尽力而有礼，庄敬而安之。微谏不倦⑦，听从不怠⑧，欢欣忠信，咎故不生⑨，可谓孝矣。尽力而无礼，则小人也；致敬而不忠，则不入也。是故礼以将其力，敬以入其忠。《诗》言：'夙兴夜寐，毋忝尔所生⑩。'不耻其亲，君子之孝也。是故未有君而忠臣可知者，孝子之谓也；未有长而顺下可知者⑪，悌弟之谓也⑫；未有治而能仕可知者，先修之谓也。故孝子善事君，悌弟善事长，君子一孝一悌，可谓知终矣。"

【注释】

①立孝：即树立孝道，立志行孝。节录部分说明内心忠诚是立志行孝的根本，并通过礼制表现于外。

②忠之用：内心忠诚的体现。

③礼之贵：对礼的崇尚。

④畜：养育，赡养。

⑤顺：引导，教训。

⑥忠爱以敬：这里指忠君、爱亲、敬长。

⑦微谏：以隐约委婉的话进谏。

⑧不息：不懈怠，不放松。

⑨咎故：变故，意外不幸。咎，罪过，过失。

⑩无忝尔所生：不要愧对生养你的父母。忝，辱，有愧于。

⑪顺下：和顺谦下。

⑫悌：敬爱兄长。

【译文】

曾子说："君子树立孝道，是内心忠诚的体现，是对礼制的崇尚。所以说，作为儿子不能孝顺自己父亲的，就不敢说别人的父亲不能养活孩子；作为弟弟不能承顺自己的哥哥，就不敢说别人的哥哥不能引导弟弟；作为臣子不能事奉自己的君主，就不敢说别人的君主不能任用臣子。所以跟父亲说话，就要说养育孩子的事；跟孩子说话，就要说孝顺父亲的事；跟兄长说话，就要说教导弟弟的事；跟弟弟说话，就要说承顺哥哥的事；跟君主说，就要说任用臣子；跟臣子说话，就要说事奉君主的事。君子的孝道，是忠君、爱亲、敬长，与此相反人伦关系就会混乱。孝顺父母要竭尽全力而有礼仪，态度庄严恭敬而让父母安逸。对父母的过错要用委婉的话语劝谏，听从父母之命不敢怠慢，在父母面前要欢欣喜悦，竭尽诚意，变故就不会发生，这就可以说得上孝了。竭尽全力但没有礼仪，那就是小人了；表面恭敬但不诚恳，那就是不尽孝。因此依照礼仪基础上尽心尽力，将恭敬融入真心诚意。《诗经》说：'早起晚睡勤勉努力，不要愧对生养你的父母。'不让父母感到耻辱，是君子的孝。因此还没有被君主任用的时候，就可以知道谁将是忠臣，说的就是孝子啊；还没有敬爱长者的时候，就知道谁能和顺谦下，说的就是敬爱兄长的弟弟啊；还没有处理政事的时候，就知道谁能出仕做官，说的就是先行修身的人啊。所以孝子善于事奉君主，敬爱兄长的弟弟善于侍奉长者，君子一心一意孝敬父母敬爱兄长，就可以知道他美好的未来了。"

制言①

曾子曰：“夫行也者，行礼之谓也。夫礼，贵者敬焉，老者孝焉，幼者慈焉，小者友焉，贱者惠焉②，此礼也。弟子毋曰不我知也。鄙夫鄙妇③，相会于墙阴，可谓密矣，明日则或扬其言者。故士执仁与义而不闻④，行之未笃也⑤。故蓬生麻中⑥，不扶乃直；白沙在泥，与之皆黑。是故人之相与也⑦，譬如舟车然，相济达也⑧，己先则援之⑨，彼先则推之。是故人非人不济，马非马不走，土非土不高，水非水不流。”弟子问于曾子曰：“夫士何如则可为达矣？”曾子曰：“不能则学，疑则问，欲行则比贤⑩。虽有险道，循行达矣。今之弟子病下人⑪，不知事贤，耻不知而又不问，是以惑暗终其世而已矣⑫。是谓穷民⑬。”

【注释】

①制言：是曾子关于君子行为准则的主张。制，法度，制度。言，言论，主张。君子立身处世，需要自我修养，努力学习，也需要与人互帮互助，互相成就。

②惠焉：对他施加恩惠。

③鄙夫：浅陋的平民。鄙妇：指平民妇女。

④执：持守，施行。

⑤笃：坚定，诚笃。

⑥蓬：蓬草，又叫飞蓬、蓬蒿，侧茎分枝很多。麻：麻类植物，栽培多密植丛生。

⑦相与：相处，交往。

⑧相济：互相帮助，促成。

⑨援：拉拽，帮助。

⑩比：并列，挨着。

⑪病：看成羞辱。下人：居于人之后。

⑫惑暗：昏昧，糊涂不明。

⑬穷民：不得志的人。穷，特指不得志，与"达"相对。

【译文】

曾子说："行，说的就是践行礼制的意思。所谓礼，是对地位高的人要恭敬，对老人要孝敬，对幼童要慈爱，对年轻人要友善，对地位低的人要施加恩惠，这就是礼。弟子不要说别人不了解自己的行为。要知道浅薄的男女在墙角幽会，可以说是隐密的，第二天就有人散布他们的对话。所以士人施行仁义而不为人所知，那是行为还不够坚定。所以纷乱的蓬草生在麻丛之间，不用扶就自然直了；白沙落在污泥之中，会与污泥一起都变黑了。因此人与人的相处交往，譬如同乘车船一样，互相帮助才能到达目的地。自己在先就要帮助后面的向前，别人在先就推他向前。因此人没有他人的帮助就不能成功，马没有其他马的协力合作就跑不快，土跟土不堆在一起就不能成为高山，水跟水不激荡就不能流动。"弟子向曾子问道："士人怎么样才算通达事理？"曾子说："不会的就去学，疑惑的就要问，想要做事就见贤思齐。即使有危险的道路，跟着走就到达目的地了。如今弟子把居人之后看成羞辱，不知道事奉贤人，以不知道为耻而又不去请教，因此一辈子就这样糊涂不清罢了。这就是不得志的人。"

疾病①

曾子曰："君子之务盖有矣②。夫华繁而实寡者③，天也；言多而行寡者，人也。鹰隼以山为庳而巢其上④，鱼鳖鼋鼍以川为浅而窟穴其中⑤,卒其所以得者,饵也⑥。是故君子苟毋以利害义,则辱何由至哉?亲戚不悦⑦,不敢外交⑧;近者不亲,不敢来远⑨;小者不审⑩,不敢言大。故人之生也,百岁之中,有疾病焉。故君子思其不可复者而先施焉⑪。亲戚既没,虽欲孝,谁为孝乎?年既耇艾⑫,虽欲悌,谁为悌乎?故孝有不及,悌有不时,其此之谓与!言不远身,言之主也;行不远身,行之本也。言有主,行有本,谓之有闻也。君子尊其所闻,则高明矣⑬;行其所闻,则广大矣。高明广大,不在于他,加之志而已矣⑭。与君子游,苾乎如入兰芷之室⑮,久而不闻,则与之化矣。与小人游,膩乎如入鱼次之室⑯,久而不闻,则与之化矣。是故君子慎其所去就⑰。与君子游,如长日⑱,加益而不自知也;与小人游,如履薄冰,每履而下,几何而不陷乎哉?”

【注释】

①疾病:本篇主要记录曾子患病将离开人世时与弟子的对话。节录部分谈到君子不要“以利害义”,要及时行孝悌之义,谨慎择友等话题。

②务:所做之事。

③华:同“花”。

④鹰隼:鹰和雕,泛指猛禽。庳(bì):低矮,低下。

⑤鳖:爬行动物,生活在水中,形状像龟,背甲上有软皮,无纹。肉可食,甲可入药。亦称甲鱼、团鱼;俗称王八。鼋(yuán):动物名。亦称绿团鱼,俗称癞头鼋、大鳖。鼍(tuó):扬子鳄。爬行动物,穴居江河岸边,皮可以蒙鼓,亦称鼍龙、猪婆龙。窟穴:动物栖身

的洞穴。

⑥饵:鱼食,诱饵。

⑦亲戚:指父母等。

⑧外交:与朋友、外人的交往。

⑨来:眉批云:"来作求。"与今本《曾子》相合。译文仍按《群书治要》原文处理。

⑩不审:指不清楚。

⑪不可复者:一去不复返的事。

⑫耆艾:尊长,师长。亦泛指老年人。耆,六十岁。艾,五十岁。

⑬高明:指品德光明磊落。

⑭加:施加,施用。

⑮苾(bì):芳香。兰芷:兰草与白芷,都是香草。

⑯腻乎如入鱼次之室:眉批云:"腻作贷。鱼次之室作鲍鱼之次。"与今本《曾子》合。译文仍按《群书治要》原文处理。鱼次,品质低劣的鱼,坏鱼。

⑰去就:取舍。

⑱长日:指冬至后白天变长。

【译文】

　　曾子说:"君子所做的事大概有很多吧。花朵繁盛而果实很少,是上天造成的;说得很多而行动很少,却是人为的问题。鹰和雕认为高山低矮,把鸟巢建在山上;鱼、鳖、鼋、鼍认为河川浅,而在里面挖出洞穴,最终被人抓住的原因,是贪吃诱饵啊。因此,君子如果不贪利害义,那么侮辱会从哪里来呢? 若不能让父母高兴,不敢跟外人交往;身边的人不亲近,就不敢亲近远方的人;小事没弄清楚,不敢去说大事。所以人出生后,百年之中,都会患有疾病。所以君子考虑生命不可能再来,先去实施孝道。如果父母已经去世,即使想尽孝,又给谁尽孝呢? 年龄已老,即使想敬顺兄长,又对谁敬顺呢? 所以孝顺有来不及的,尊敬兄长有失去时机

的，大概就是说的这样的情况吧！言谈不超过自己的实际情况，是言谈
的宗旨；行动不超过自身的能力，是行动的根本。言谈有宗旨，行动有根
本，这就叫做有所听闻。君子尊重他听闻的善言，品德会光明磊落；践行
他所听闻的，那功业会宽广宏大了。要品德光明磊落、功业广大，不在于
其他，在于确立志向罢了。跟君子交游，芳香扑鼻好像进入放有兰草和
白芷的房间，时间长了而闻不出香味，那是跟香气同化了。跟小人交游，
腥臭难闻就像进入放有臭鱼的屋子，时间久了闻不到臭味，那是跟臭味
同化了。因此君子要谨慎地联合朋友。跟君子交游，好像冬至以后白天
一天天变长，品行不断增长而自己不知道；跟小人交游，好像走在薄冰之
上，每次踩下去更危险，谁知道什么时候不会陷进去呢？”

卷三十六

吴子

吴起

【题解】

《吴子》，又称《吴起兵法》，是记述战国初期著名军事家吴起军事思想的兵书经典。《吴子》多采用魏文侯、魏武侯与吴起对话的形式，主要论述了战争观问题，书中既反对单纯好战，也反对只重文德而废弛武备，提出"内修文德，外治武备"，"以治为胜""教戒为先"，要求统军将领"总文武""兼刚柔"，具备理、备、果、戒、约的"五慎"条件，掌握气机、地机、事机、力机四个关键的因素。《吴子》继承和发展了《孙子兵法》的有关思想，在历史上曾与《孙子兵法》齐名，并称为"孙吴兵法"，因而为历代兵家所重视。宋神宗年间，将其列入"武经七书"。

吴起，生年不详，卒于前381年，卫国（今山东定陶，一说曹县）人。历仕鲁、魏、楚等国。其生平事迹见《史记·孙子吴起列传》。吴起重名轻利，敢于改革，善于用兵，是战国时期卓越的军事家、政治家。

《群书治要》节录了《图国》《论将》《治兵》《励士》等四篇的部分内容，主要是吴起与魏文侯、魏武侯讨论治国治军问题的对话。见解精辟简要，对唐太宗治国强兵的宏图大志有一定启发意义。

图国①

吴子曰②："古之图国家者，必先教百姓而亲万民。民有三不和③：不和于国，不可以出军；不和于军，不可以出阵④；不和于阵，不可以进战。"

【注释】

①图国：就是谋取国家。节录部分强调治国首要是"先教百姓而亲万民"，指出在民众"三不和"的情况下不可作战。然后指出起兵的五种原因和名义，以及五种相对应的平定办法。

②吴子：对吴起的敬称。

③不和：不和睦，不和谐。天明本眉批云："本书无下'民'字。'三'作'四'。'进战'下有'不和于战，不可以决胜'二句。"此与今本《吴子》合。译文仍按《群书治要》原文处理。

④出阵：出兵列阵应战。

【译文】

吴子说："古代谋取国家的人，一定先教化百姓而亲近广大民众。民众有三种不和谐：国家内部君臣不和谐，不可以出兵；军队内部将士不和谐，不可以列阵应战；临战阵势不和谐，不可以进兵作战。"

"凡兵所起者五①：一曰争名，二曰争利，三曰积恶②，四曰内乱③，五曰困饥④。其名又五：一曰义兵⑤，二曰强兵，三曰刚兵⑥，四曰暴兵⑦，五曰逆兵⑧。禁暴救乱曰义⑨，恃众以伐曰强⑩，因怒兴师曰刚，弃礼贪利曰暴⑪，国危民疲，举事动众曰逆⑫。五者之数⑬，各有其道：义必以礼服，强必以谦服，刚必以辞服，暴必以诈服，逆必以权服⑭。此其势也。"

【注释】

①兵所起者：起兵的原因。

②积恶：积久生厌，结下怨仇。

③内乱：指国内的叛乱或统治者内部的战争。

④困饥：因饥饿而困窘。

⑤义兵：为正义而战的军队。

⑥刚兵：指因怒而兴之师。

⑦暴兵：凶暴不义之师。

⑧逆兵：指悖理而动之师。

⑨禁暴：制止暴乱，制止强暴。

⑩恃众：依仗人多势众。

⑪弃礼：抛弃礼制。

⑫举事：发动武装战斗。

⑬数：气数，命运。天明本眉批云："'数'，作'服'。"与今本《吴子》同。译文仍按《群书治要》原文处理。

⑭权：权势，权变。

【译文】

"起兵的原因有五种：第一种叫争夺名声，第二种叫争夺利益，第三种叫积久生厌、结下怨仇，第四种叫内部的叛乱，第五种叫饥饿困窘。起兵的名义又有五种：第一种叫正义之师，第二种叫强大之师，第三种叫愤怒之师，第四种叫凶暴不义之师，第五种叫背逆之师。制止强暴挽救危乱叫义，依仗人多势众去讨伐叫强，因愤怒而起兵叫刚，背弃礼制、贪图私利叫暴，国家危险、民众疲惫，还要兴师动众叫逆。这五种起兵，各自有各自应对的方法：正义之师一定要用礼仪来制服，强大之师一定要用谦下来制服，愤怒之师一定要用辞令来制服，凶暴不义之师一定要用诡诈来制服，背逆之师一定要用权势来制服。这就是用兵的形势。"

论将①

夫总文武者②,军之将也;兼刚柔者,兵之事也。凡人之论将,恒观之于勇③。勇之于将,乃数分之一耳。夫勇者轻命而不知利,未可也。故将之所慎者五:一曰理,二曰备④,三曰果⑤,四曰戒,五曰约。理者,治众如治寡;备者,出门如见敌;果者,迎敌不怀生⑥;戒者,虽克如始战;约者,法令省而不烦。受命而不辞家⑦,敌破而后言反⑧,将之礼也。故师出之日,有死而荣,无生而辱也。

【注释】

①论将:节录部分是谈为将之道的。即为将者当文武兼备,要在理、备、果、戒、约五方面加以谨慎;并提出治理军队重在礼、义,胜利可得而难守的观点。要想做到阵必定、战必胜、守必固,当从国家内部着眼。

②总:总揽。

③恒:恒常。

④备:防备。

⑤果:坚决,果断。

⑥怀生:爱惜生命。

⑦受命:特指受君主之命。

⑧反:今作"返"。

【译文】

文武兼备的,才能成为军队的将领;刚柔并济的,才能指挥军队事务。大凡人们评论将领,经常只从勇敢去看。其实勇敢对于将领,才不过是应该具备的几分之一罢了。勇敢的将领看轻生命而且不计利害,未必可以胜任。所以将领要慎重对待的有五个方面：第一叫治理，第二叫防备，第三叫果决，第四叫警戒，第五叫简约。治理，是说治理众人跟治理人少时一样；防备，是说一出营门就像见到敌人一样要保持警惕；果决，是说迎战敌人不贪生怕死；警戒，是说即使获胜也要像刚开始作战一样戒备；简约，是说法令简省而不繁杂。接受君王命令连家都不回，敌人被击破然后才说返回的事，这是将领应遵守的礼制。所以军队出征的日子，要有光荣战死的决心，没有受辱活着的想法。

凡制国治军①，必设之以礼②，厉之以义③，在大足以战，在小足以守矣。然战胜易，守胜难④。是故，以胜得天下者稀⑤，以亡者众⑥。

【注释】

①凡制国治军：今本《吴子》本段与下一段均在《图国》篇。制国，执掌国政。

②设：今本《吴子》作"教"。译文从之。

③厉：磨炼，劝勉。

④守胜：以守取胜。

⑤以胜：指依靠军事胜利。

⑥以亡者：因此灭亡的人。

【译文】

凡是执掌国家治理军队，一定要用礼制来进行教导，用正义来进行激励，军队强大足够出征，军队弱小也足够防守了。但战胜敌人容易，巩固胜利却困难。因此，依靠胜利而取得天下的人是稀少的，因而灭亡的人却很多。

武侯曰^①："愿闻阵必定,战必胜,守必固之道。"对曰："君使贤者居上,不肖处下^②,则阵已定矣;民安其田宅,亲其有司,则守已固矣;百姓皆是君^③,而非邻国^④,则战已胜矣。"

【注释】

①武侯:即魏武侯,姬姓,魏氏,名击,魏文侯之子,战国初期魏国国君。曾攻郑、伐齐、侵赵、屡败秦,与韩、赵三分晋地,灭其后。在位期间将魏国的百年霸业再一次推向高峰。

②不肖:不贤。

③是:认为……正确,肯定。

④非:反对,责怪。

【译文】

魏武侯说:"希望能听到战阵必能稳定,战争必定胜利,防守必能牢固的方法。"回答说:"国君您能让贤人处于上位,不贤的人处于下位,那么战阵就稳定了;让民众安心于自己的田地宅院,亲近主管官员,那么防守就牢固了;让百姓都肯定自己的国君,反对邻国的君主,那么战争就会胜利了。"

治兵^①

武侯问曰:"兵以何为胜?"吴子曰:"兵以治为胜^②。"又问:"不在众乎?"对曰:"若法令不明,赏罚不信,金之不止^③,鼓之不进^④,虽有百万之师,何益于用? 所谓治者,居则有礼^⑤,动则有威,进不可当^⑥,退不可追,前却如节^⑦,左右应麾^⑧。投之所往^⑨,天下莫当,名曰父子之兵也^⑩。"

【注释】

①治兵：本篇节录部分说明军队依靠治理取胜。

②治：治理。

③金：敲击钲指挥军队停止或撤退。钲，一种古代乐器。形似钟而狭长，有柄，击之发声，用铜制成。行军时用以节止步伐。

④鼓：击鼓进军。

⑤居：指停留驻扎。

⑥当：抵挡。

⑦前却：进退。却，退。如节：依照节度，按照节制。如，顺从，依照。

⑧左右：向左向右。应麾：指听从指挥。麾，指挥作战的军旗。代指将领。

⑨投之：指让军队投入。

⑩父子之兵：喻官兵团结、亲密无间。

【译文】

魏武侯问道："军队凭什么获得胜利？"吴子说："军队凭严格治理获得胜利。"又问："不在于人多吗？"回答说："倘若法令不严明，奖赏惩罚不诚信，敲击停止的钲声却不停止，敲击进军的鼓声却不前进，即使有百万军队，对用兵又有什么好处呢？所说的严明治理，是驻扎时有礼节，行动时有威力，进攻不可阻挡，撤退不可追逐，进退按节制，向左向右听从指挥。把军队投入战地，天下没有人抵挡，这就叫父子之兵。"

励士①

武侯曰："严刑明赏②，足以胜敌乎？"吴子曰："严明之事，非所恃也。发号布令而民乐闻，兴师动众而民乐战，交兵接刃而民安死。此三者，人之所恃也。"武侯曰："致之奈何③?"对曰:"君举有功而进之飨④,无功而厉之⑤。"于是武侯设坐庙庭⑥,为三行飨士大夫⑦。上功坐前行,肴席有重器、上牢⑧。次功坐中行,肴席器差减。无功坐后行,肴席无重⑨。飨毕而出,乃又班赐有功者之父母妻子于庙门之外⑩,亦以功为差数⑪,唯无功者不得耳。死事之家⑫,岁使使者劳赐其父母⑬。行之五年⑭,秦人兴师,临于西河⑮,魏士闻之,介胄不待吏令⑯,奋击之者以万数。

【注释】

①励士:本篇节录部分魏武侯问吴起战胜敌人的方法,吴起提出君主要依靠人民乐于听从号令、乐于参战、不畏死亡三方面取得胜利,并建议魏武侯要"举有功而进之飨,无功而厉之"。在叙述了"励士之功"后,吴起引楚庄王之例来劝谏武侯,不当以"群臣莫能及"而骄矜自恃。

②严刑:指施行严厉的刑罚。明赏:指赏赐得当。

③致之:使之至,指达到上文所述的这三点。

④举:举用。进之飨(xiǎng):指用酒食招待有功的人以资鼓励。飨,用酒食款待。

⑤厉之:勉励他们。

⑥庙庭:君王接受朝见、议论政事的祖庙殿堂。

⑦为三行:指座位排成三行。

⑧肴席:以鱼、肉等做菜的酒席。重器:指国家的宝器。上牢:指牛羊豕等美味。牢,古代祭祀用的牺牲。

⑨无重:指没有宝器。

⑩班赐:颁赐,分赏。

⑪差数:差别。

⑫死事：为国事而战死。

⑬劳赐：慰劳赏赐。

⑭行之五年：今本《吴子》作"行之三年"。译文依《群书治要》原文处理。

⑮西河：战国时魏国取秦今陕西黄河沿岸地，置西河郡，以晋陕间黄河为准，西岸为西河。

⑯介胄：披甲戴盔。

【译文】

魏武侯问道："严厉刑罚，赏赐得当，就足够战胜敌人了吗？"吴子说："严厉刑罚、赏赐得当，不是依仗的对象。发号布令，而民众乐意听从；兴师动众大规模出兵，而民众乐意去战斗；交战时兵刃相接，而民众安于效命。这三点，是君主所依仗的。"武侯问："怎样才能达到这三点呢？"回答说："国君您举用有功之士并用酒食款待他们，没有功劳的将士就勉励他们。"于是武侯在祖庙殿堂设置座位，排成三行用酒食款待。上功坐在前排，有鱼肉酒席、宝器，以及牛羊猪等美味。次功坐在中排，鱼肉酒席宝器减少一等。没有功劳的坐在后排，有酒席没有宝器。酒席结束大家出去，于是又在庙门外分赏有功劳的人的父母妻子孩子，也按照功劳差别赏赐，只是没有功劳的人得不到赏赐罢了。为国事阵亡的将士之家，每年派使者慰劳赏赐他的父母。实行了五年，秦人起兵侵略魏国，攻到西河，魏国战士听说后，不等官吏命令就披甲戴盔，奋勇出击的人要用万来计算。

吴子曰："臣闻之，人有短长，气有盛衰。君试发无功者五万人，臣请率以当之①，其可乎？今使一死贼伏于旷野②，千人追之，莫不枭视狼顾③。何者？恐其暴起而害己也④。是则一人投命⑤，足惧千夫。今臣以五万之众，而为一死贼，以率讨之,固难当矣⑥。"武侯从之,兼车五百乘⑦,骑三千匹,而以破秦五十万众。此励士之功也。

【注释】

①当:抵敌,抵挡。

②死贼:不顾性命的盗贼。指亡命之徒。伏:埋伏。

③枭视狼顾:如枭盯视,如狼频顾。形容行动警惕,有所畏忌。枭,猫头鹰。狼顾,狼行走时,常转过头看,以防袭击。比喻人有所畏惧。

④暴起:突然跳起。

⑤投命:舍命,拼命。

⑥固:副词。必,一定。

⑦兼:加上,加之。乘:古代称兵车,四马一车为一乘。

【译文】

吴子说:"我听说,人有短处长处,气有兴盛衰弱。国君您尝试发动五万没有功劳的人,我请求率领他们去抵挡秦军,可以吗?如今倘若让一个亡命之徒埋伏在旷野,一千人去追他,没有谁不是像猫头鹰一样瞪大眼睛,像狼一样频繁回头那样警惕畏忌。为什么呢?害怕他突然跳起来伤害自己。因此一个人拼命,足够让一千人恐惧。如今我用五万人,让他们成为一个亡命之徒,率领他们去征讨,一定是难以抵挡了了。"魏武侯听从了,同时给他加上兵车五百辆,骑兵三千人,用这些击破秦军五十万士兵。这就是激励士兵的战果。

魏武侯尝谋事①,群臣莫能及,罢朝而有喜色②。吴起进曰:"昔楚庄王谋事③,群臣莫能及,罢朝而有忧色,曰:'寡人闻之,世不绝圣,国不乏贤,能得其师者王④,能得其友者霸⑤。今寡人不才,而群臣莫之过⑥,国其殆矣⑦!'庄王所忧，而君悦之，臣窃惧矣。"于是武侯乃惭。

【注释】

①魏武侯尝谋事：本段今本《吴子》在《图国》篇。谋事，谋划国事。

②罢朝：帝王退朝。

③楚庄王：楚穆王之子，谥号庄。"春秋五霸"之一，楚国国君，重用孙叔敖等，曾陈兵周郊而问鼎。

④王（wàng）：称王，统治天下。

⑤霸：称霸，当霸主。

⑥莫之过：没有人能超过我。

⑦殆：危险。

【译文】

魏武侯曾经与群臣谋划国事，群臣没有谁的见识能赶上他的，武侯退朝后面带欣喜的神色。吴起进言说："从前楚庄王谋划国事，群臣没有谁能赶得上，他退朝后面带担忧的神色，说：'我听说，世间没断绝过圣人，国家不缺乏贤人，能得到他们当老师的称王，能得到他们当朋友的称霸。如今我没有才能，而群臣没有谁能超过我，国家大概危险了！'楚庄王所忧虑的，而国君您为之喜悦，我私下感到忧惧。"于是魏武侯才感到惭愧。

商君子

商鞅

【题解】

《商君子》,也称《商君书》《商子》,是战国时期法家思想的代表作之一。一般认为是商鞅及其后学的著作汇编,现存二十六篇,其中二篇有目无书。

《商君书》详述帝王驭民之术,记录秦国崛起之政,着重阐述了商鞅一派的变法理论和具体措施,如提出"一"(统一政令、统一思想)、"农战"(重农尚武)、"法"(以法治国、重刑轻赏)等变法的几大原则,实行"以力服人"的"霸道",而不是儒家主张的"王道"。书中既有宏观的理论阐述,也有具体的法令军规,如利益一致的人不能互相监督等观点,至今仍有研究价值和借鉴意义。

商君,即商鞅(约前390—前338),公孙氏,名鞅,卫国人。他是卫国公族的后代,亦称卫鞅或者公孙鞅,后因功被秦孝公赐封商地(今陕西商州区),号为"商君",故后人称其为"商鞅"。商鞅"少好刑名之学",后以富国强兵之道劝说秦孝公实行变法,从政治、经济、军事等各方面改革旧的制度。以变法强秦闻名后世,其生平事迹见《史记·商君列传》。秦孝公死,秦惠王立,秦国的旧贵族诬告商鞅谋反,商鞅被秦惠王派兵以"车裂"之酷刑杀害,灭其家。

　　《群书治要》仅节录了《六法》《修权》《定分》这三篇的部分章节。这是因为魏徵等人认为不能仅仅依靠法令来治理天下,所以法家典籍只是作为辅助手段来选录的。

六法①

　　先王当时而立法②,度务而制事③。法宜其时则治,事适其务故有功④。然则法有时而治⑤,事有当而功⑥。今时移而法不变,务易而事以古,是法与时诡⑦,而事与务易也。故法立而乱益⑧,务为而事废⑨。故圣人之治国也,不法古⑩,不循今⑪,当时而立功,在难而能免⑫。今民能变俗矣,而法不易;国形更势矣⑬,而务以古。夫法者,民之治也;务者,事之用也。国失法则危,事失用则不成。故法不当时而务不适用而不危者,未之有也。

【注释】

①六法:本篇今本《商君书》无。

②当(dàng)时:顺应时势。当,顺应。

③度务:衡量应当做的事。制事:指处理政治、军事等重大事件。

④有功:有功效。

⑤有时:指适应时代。

⑥有当:适合,合宜。

⑦诡:违背,相反。

⑧乱益:更加混乱。

⑨务为:勉力从事某事。

⑩法古：效法古代。

⑪循今：指因循今人看法。

⑫在难：处在危难之中。

⑬国形：国家的形势。

【译文】

　　先代君王适应时势而制定法度，衡量时务而处理重大事件。法度适应那个时代就太平，做事合于时务所以有功效。既然如此，那么法度适应时代就太平，事情合于时务才有功效。如今时代改变而法度不变，实际情况变了还模仿古代做事，这是法度跟时代相违背，而做事情的方法跟时务矛盾。所以法度建立而社会更加混乱，致力于时务，但事业反而荒废。所以圣人治理国家，既不效法古代，也不因循今人意见，适应时世而建立功劳，处于危难而能免除灾祸。如今民众能改变原有习俗了，而法度不改变；国家的形势变化了，却只效法古代做事。法度，是要保证民众安定的；时务，是要保证做事的效用的。国家失去法度那就危险，事情失去效用那就办不成。所以法度不适应时世，而做事不合时务而不危险的，是从来没有过的呀。

修权①

　　国之所以治者三：一曰法，二曰信，三曰权②。法者，君臣之所共操也③；信者，君臣之所共立也；权者，君之所独制也④。人主失守则危⑤，君臣释法任私则乱⑥。故立法明分而不以私害法⑦，则治；权制独断于君⑧，则威。民信其赏，则事功⑨；不信其刑，则奸无端矣⑩。唯明主爱权、重信而不以私害法也⑪。故上多惠言而不克其赏⑫，则下不用；数加严命而不致其刑⑬，则民傲罪⑭。凡赏者，文也；刑者，武也；文武者,法之约也^⑮。故明主慎法^⑯。不蔽之谓明,不欺之谓察。故赏厚而信,刑重而必,不失疏远^⑰,不私亲近^⑱,故臣不蔽主,而下不欺上。

【注释】

①修权:就是要整治权力。节录部分指出国家治理要靠法、信、权,而君主独掌权力是关键。所以用"修权"二字作为篇名。

②权:权势,权力。

③操:持用,遵守。

④独制:独自控制掌握。

⑤失守:指没有保住独掌的权势。

⑥释法:放弃法制不用。任私:听任私心。

⑦明分:明确职分。

⑧权制:权柄,统治的权力。

⑨事功:事情成功。

⑩无端:无缘无故,没有来由。

⑪爱权:爱惜权势。重信:重视信用。

⑫惠言:好听的空话。克:完成,兑现。

⑬数(shuò):屡次,多次。严命:严厉的命令。

⑭傲:藐视,轻慢。

⑮约:束缚,约束。

⑯慎法:严格遵守法令。

⑰疏远:指不亲近的人。

⑱私:偏爱,偏私。

【译文】

国家治理好的原因有三条:第一叫法度,第二叫信用,第三叫权力。法度,是君臣共同遵守的;信用,是君臣共同确立的;权力,是国君独自控制掌握的。国君失去了独掌权势国家就危险,君臣放弃法度听任私心国家就会混乱。所以确立法度明确职分而且不用私利妨害法度,那就安定;权柄独断在国君手中,那就威严。民众相信国君的奖赏,那么事情就成功;不相信国君的刑罚,那么奸邪就无缘无故产生了。只有英明的国君能珍惜权势、重视信用而不因私利妨害法度。所以君上好听的空话多了而不能兑现奖赏,那么臣下就不愿为其所用;屡次施加严厉的命令却不能施行刑罚,那么民众就蔑视刑罚。大凡用赏赐的,是文治;用刑罚的,是武治;无论是用文治还是用武治,都是用法度来约束的。所以英明的君主严格遵守法令。不受蒙蔽叫明,不被欺骗叫察。所以奖赏丰厚而守信,刑罚严格而必行,不遗漏关系疏远的人,不偏爱关系亲近的人,所以臣子不蒙蔽君主,而下级也不欺骗上级。

世之为治者,多释法而任私议①,此国之所以乱也。先王悬权衡②,立尺寸③,而至今法之,其分明也。夫释权衡而断轻重,废尺寸而意长短④,虽察,商贾不用⑤,为其不必也。故法者,国之权衡也。夫背法度而任私议,皆不知类者也⑥。故立法明分,中程者赏⑦,毁公者诛⑧。赏诛之法,不失其议⑨,故民不争;不以爵禄便近亲⑩,则劳臣不怨⑪;不以刑罚隐疏远⑫,则下亲上。故官贤选能⑬,不以其劳,则忠臣不进⑭;行赏赋禄⑮,不称其功⑯,则战士不用⑰。

【注释】

①私议:指个人的看法或主张。

②悬:高悬,维系。权衡:原指秤锤和秤杆,用来称量物体轻重。喻指权力、法度、标准。

③尺寸:尺和寸,指量具。喻指法规,标准。

④意：料想,估计。

⑤商贾：商人。

⑥知类：指懂得事物间千差万别各不相同的特点。

⑦中程：合乎法度。

⑧毁公：破坏公正。

⑨议：通"义",宜,适宜。

⑩便：使有利。

⑪劳臣：功臣。

⑫隐：伤害。

⑬官贤：让贤人当官。官,授给某人官职,使为官。

⑭进：晋升,出仕,做官。

⑮赋禄：给予俸禄。

⑯不称：不相称,不相符。

⑰不用：不为所用。

【译文】

世上统治国家的人,大多数放弃法度而听任私人的议论,这是国家混乱的原因。先代圣明的君王高悬秤锤秤杆来称轻重,确定尺寸量具来量长短,直到今天还在使用,是他度量的标准明确啊。放弃秤锤秤杆而妄断轻重,废弃尺寸量具而估计长短,即使明察,商人也不会用,因为那不一定正确。所以法度,就是国家的权衡。背弃法度而听任私人的议论,都是不懂事物千差万别的特点啊。所以确立法度明确职分,合乎法度的就奖赏,破坏公正的就诛罚。奖赏诛罚的法度,不失去公平标准,所以民众不会有争议;不以官爵俸禄便利近亲,那么功臣就不怨恨;不以刑罚伤害关系疏远的,那么臣下就亲近君上。所以选拔贤能不按照功劳,那么忠臣就不会被提升;行赏授禄,跟军功不相称,那么战士就不会为他效力。

凡人臣之事君也^①，多以主所好事君。君好法，则臣以法事君；君好言，则臣以言事君。君好法，则端直之士在前；君好言，则毁誉之臣在侧^②。公私之分明^③，则小人不嫉贤，而不肖者不妒功^④。故三王以义亲^⑤，五伯以法正诸侯^⑥，皆非私天下之利也^⑦。今乱世之君臣，区区然皆欲擅一国之利^⑧，而蒐一官之重^⑨，以便其私^⑩，此国之所以危也。

【注释】

①事君：事奉君主。

②毁誉：毁谤和奉承。

③分：限度，区分。

④不肖：不成材，不贤。

⑤三王：指夏、商、周三代之君。

⑥五伯：五个霸主，指春秋齐桓公、晋文公、宋襄公、楚庄公、秦缪公。

⑦私：偏私，占为己有。

⑧区区然：自得的样子。擅：独揽，独占。

⑨蒐（sōu）：聚集。此指执掌。

⑩便：有利于，便利。

【译文】

大凡臣子事奉君王，多数会以君主所喜好的来事奉君王。君王喜好法制，那么臣子就以法制事奉君王；君王喜欢听好话，那么臣子就以美言事奉君王。君王喜欢法制，那么端方正直的士人就会在君王面前；君王喜欢听好话，那么喜欢奉承的臣子就会在君王身旁。公私的区分明确，那么小人就不会嫉恨贤人，而不成材的人不会妒忌别人的功劳。所以夏商周三代的君王因为正义而亲近天下，春秋五霸用法制控制诸侯，都不是使天下的利益私有。如今乱世的君臣，洋洋自得地都想独占一国的利益,并执掌一个官位的重权,来满足自己的私心,这就是国家陷于危机的原因。

　　夫废法度而好私议,则奸臣鬻权以约禄^①,秩官之吏隐下而渔民^②。谚曰:"蠹众而木折^③,隙大而墙坏^④。"故大臣争于私而不顾其民^⑤,则下离上。下离上者,国之隙也。秩官之吏隐下以渔百姓,此民之蠹也。故国有隙蠹而不亡者,天下鲜矣^⑥。故明主任法去私^⑦,而国无隙蠹矣。

【注释】

①鬻(yù)权:指弄权以谋利。约:求取。

②秩官:常设之官。隐下:私下。渔民:掠夺百姓。

③蠹:蛀虫。

④隙:裂缝,缝隙。

⑤顾:顾念,关心。

⑥鲜(xiǎn):少。

⑦任法:执行法制。

【译文】

　　废弃法度而喜好私人议论,那么奸臣就会弄权来谋取利禄,常设的官吏会隐瞒下情掠夺百姓。谚语说:"蛀虫多而树木折断,裂缝大而墙体毁坏。"所以大臣争夺私利而不顾念自己的民众,那么民众就会远离君主。民众远离君主,就是国家的"裂隙"。常设之官私下里掠夺百姓,这是民众的"蛀虫"。因此国家有裂隙、蛀虫而不灭亡的,天下稀少。所以英明的君主执行法度去掉私心,而国家就没有裂隙、蛀虫了。

定分①

　　法令者,民之命也,为治之本也,所以备民也②。智者不得过,愚者不得不及。名分不定,而欲天下之治,是犹欲无饥而去食,欲无寒而去衣也,其不几亦明矣③。一兔走而百人追之,非以兔为可分以为百,由名之未定也。夫卖兔者满市,盗不敢取,由名分之定也。故名分未定,尧、舜、禹、汤且皆加务而逐之;名分已定,贪盗不取④。今法令不明,其名不定,天下之人得议之,此所谓名分不定也。夫名分不定,尧、舜犹将皆折而奸之⑤,而况众人乎? 故圣人必为法令,置官也,置吏也,为天下师,所以定分也。名分定则大诈真信⑥,巨盗愿悫而各自治也⑦。故夫名分定,势治之道也⑧;名分不定,势乱之道也。故势治者不可乱也,势乱者不可治也。夫势乱而欲治之,愈乱矣;势治而治之,则治矣。故圣人治治⑨,不治乱也。

【注释】

①定分:就是确定名分。节录部分强调法令是治理的根本,"圣人必为法令,置官也,置吏也,为天下师"。天下大治就在于明法定分。立法要使人民明白易懂,如此百姓将"无陷于险危也",而天下大治。

②备民:等于说保民。

③不几:没有希望,不可希求。几,通"冀"。

④贪盗:贪婪的盗贼。

⑤奸(gān):犯。

⑥真信：犹真诚。

⑦愿悫（què）：朴实，诚实。

⑧势治：形势安定。

⑨治治：治理安定。

【译文】

法令，是民众的命脉，是治国的根本，是用来保护民众的。聪明人不能超过它，蠢笨人不能赶不上。名分不确定，而想要天下得以安定，这就好像想要不饥饿却去除食物，想要不寒冷却去除衣服一样，那样做没有希望也是很明确了。一只兔子奔跑一百个人去追，不是认为兔子能分成一百份，是由于属于谁的名分没有确定啊。卖兔子的满市场都是，盗贼不敢夺取，是由于名分确定。所以名分还没有确定，尧、舜、禹、汤尚且都急切地去追逐；名分已经确定，贪婪的盗贼也不夺取。如今法令不明确，名称不确定，天下人都能议论，这就是所说的名分不定。所以名分不确定，尧、舜尚且都要让自己屈节而冒犯争夺，何况一般人呢？所以圣人一定要制定法令，设置官吏，成为天下人的老师，用来确定名分。名分确定那么大奸大诈的人也会正直诚实，大盗都质朴诚实而各自为治。所以说名分确定，是社会形势安定的根本；名分不定，是社会形势混乱的根本。所以社会得到治理不会混乱，形势混乱不可以治理。要是形势混乱而想要治理，只会更加混乱了；形势安定而去治理，那就越来越安定了。所以圣人治理安定的社会，而不治理混乱的社会。

圣人为民法①，必使之明白易知，愚智遍能知之②，万民无陷于险危也。故圣人立天下，而天下无刑死者，非可刑杀而不刑杀也③，万民皆知所以避祸就福而皆自治也④。明主因治而治之，故天下大治也。

【注释】

①为民法：给民众制定法令。

②遍能：普遍能够。

③刑杀：处以死刑。

④自治：自己管理或处理。

【译文】

圣人给民众制定了法令，一定让法令明白易懂，笨人智者都能够理解，万民不会因为不知法而陷入危险的境地。所以圣人掌管天下，而天下没有被处死刑的人，不是应当处死刑而不处以死刑，而是万民都知道避祸得福的方法因而就能自我管理啊。英明君主凭着社会安定而去治理国家，所以天下就太平了。

尸子

尸佼

【题解】

《尸子》一书,《汉书·艺文志》录为杂家:"《尸子》二十篇。"据刘向《别录》称,《尸子》一书凡六万余言,后逐渐散失,至南宋全书亡佚。明清时期,学者开始整理、收集散失的《尸子》,今辑本《尸子》存十三篇及若干佚文。《尸子》一书思想驳杂,吸收了儒、道、墨、法、名等各家思想,以为现实政治、人生服务。"天地四方曰宇,往古来今曰宙"的"宇宙"概念最早便见于此书。

尸子(约前390—约前330),名佼,晋人,曾为商鞅的重要谋士,参与商鞅主持的变法活动。"卫鞅商君谋事画计,立法理民,未尝不与佼规之也。"商鞅被杀后,尸子担心受到牵连,逃往蜀地,总结自己的政治经验和教训,著成《尸子》一书。其生平事迹略见《史记·孟子荀卿列传》、刘向《别录》及《汉书·艺文志》等。

《群书治要》辑录了《尸子》的《劝学》《贵言》《四仪》《明堂》《分》《发蒙》《恕》《治天下》《仁意》《广泽》《绰子》《处道》《神明》十三篇,尚能窥其大概。书中以儒家思想为核心,融合墨、道、法诸家思想,强调众庶要正心修身,君王要仁爱百姓,静心修身,匡正驱邪,努力治国,广利天下,这对李唐君臣修身治国都有教益。而其要求个人修身、父母以身作则、领导服务大众,对今天构建和谐社会,也有着积极作用。

劝学^①

学不倦,所以治己也;教不厌,所以治人也^②。是故子路卞之野人^③,子贡卫之贾人^④,颜涿聚盗也^⑤,颛孙师驵也^⑥,孔子教之,皆为显士^⑦。夫学,譬之犹砺也^⑧。夫昆吾之金^⑨,而铢父之锡^⑩,使干越之工^⑪,铸之以为剑,而勿加砥砺^⑫,则以刺不入,以击不断。磨之砻砺^⑬,加之以黄砥^⑭,则其刺也无前^⑮,其击也无下^⑯。自是观之,砺之与弗砺,其相去远矣。今人皆知砺其剑,而弗知砺其身。夫学,身之砺砥也。

【注释】

①劝学:就是勉励学习,而学习就是以自身修养为中心。本篇说明了修养自己德行的重要性,因为只有道德仁义才能够像天地一样恒久存在。节录部分就是讲如何坚持不懈地修养学习。

②治人:教化别人。

③子路:仲由的字,春秋时鲁国卞人。孔子弟子。性情直爽,勇敢,事亲孝,闻过则喜,长于政治。卞:春秋时鲁邑,汉置卞县,北魏废。故址在今山东泗水县东。野人:乡野之人,农夫、平民。

④子贡:姓端木,名赐,字子贡。孔子的弟子。卫:周代诸侯国,在今河北南部和河南北部一带。贾人:商人。

⑤颜涿聚:春秋时期齐国人,一说为卫国人。孔子弟子。据说颜涿聚是梁父之大盗,孔子在周游列国时在卫国曾住于其家,遂成为孔子弟子。死于哀公二十三年(前472)犁丘之役,故《淮南子》

称他"为齐忠臣"。

⑥颛孙师:姓颛孙,名师,字子张。春秋时陈国(今河南登封)人。孔子门人。注重谋术禄位之道。讲究"闻""达"原则,主张官吏应勤勉为公,"见危致命,见得思义",重视自己的德行修养。经孔子教育成为"显士"。虽学干禄,未尝从政,以教授终。孔子死后,独立招收弟子,宣扬儒家学说,是"子张之儒"的创始人。子张之儒列儒家八派之首。驵(zǎng):马匹交易的经纪人,亦泛指市场经纪人。

⑦显士:名士,名流。

⑧砺:粗磨刀石。这里用如动词,在磨石上磨。

⑨昆吾:山名。《山海经·中山经》:"又西二百里曰昆吾之山,其上多赤铜。"金:铜。

⑩铢父:地名。

⑪干越:春秋时的吴国和越国。干,亦作"邗",本国名,后为吴所灭,故用以称吴。此地为铸剑(青铜剑)名家所在。

⑫砥砺:在磨石上磨。

⑬砮砺:一种粗磨石。

⑭黄砥:一种细磨石。

⑮无前:指向前无所阻。

⑯无下:谓无在下者。

【译文】

学而不厌,是用来修养自己的;教而不厌,是用来教化别人的。因此子路是鲁国卞邑的平民,子贡是卫国的商人,颜涿聚是强盗,颛孙师是交易经纪人,孔子教导他们,都成为名士。学习,譬如磨刀石磨东西一样。昆吾山的铜,铢父的锡,让吴越的铸剑名匠,把它铸成剑,但是不加以磨砺,那么用它去刺东西刺不进去,用它去击东西击不断。如果先用粗磨石去磨,再用细磨石加工,那么它向前刺东西不可阻挡,用它去击东西就没有能在它下面保持完整的。由此看来,磨砺跟不磨砺,相差太大了。如今的人都知道磨砺他的宝剑,而不知道磨砺他的身心。学习,就是身心的磨砺啊。

　　夫子曰①:"车唯恐地之不坚也,舟唯恐水之不深也。"有其器②,则以人之难为易也。夫道以人之难为易也,是故曾子曰③:"父母爱之,喜而不忘;父母恶之,惧而无怨。"然则爱与恶,其于成孝无择也④。史鳅曰⑤:"君亲而近之,至敬以逊⑥;貌而疏之⑦,敬无怨。"然则亲与疏,其于成忠无择也。孔子曰:"自娱于檃括之中⑧,直己而不直人⑨,以善废而不邑邑⑩,蘧伯玉之行也⑪。"然则兴与废⑫,其于成善无择也⑬。屈侯附曰⑭:"贤者易知也,观其富之所分,达之所进⑮,穷之所不取⑯。"然则穷与达,其于成贤无择也。是故爱恶亲疏,废兴穷达,皆可以成义,有其器也。

【注释】

①夫子:孔子。

②器:泛指用具,工具。

③曾子:名参,字子舆。孔子弟子。春秋末鲁国南武城(今山东嘉祥)人。曾为小吏。以孝行见称,主张"慎终追远,民德归厚"。提出"吾日三省吾身"修养方法。相传著《大学》,并传其学于子思。子思门人以之传于孟子。后世尊为"宗圣"。

④成孝:形成孝道。无择:不用挑选,没有区别。

⑤史鳅(qiū):字子鱼,春秋时期卫国大臣。为官忠诚、正直,活着的时候没能说服国君,死后以尸谏。卫灵公最后听从了史鳅的建议,卫国政治因而得到了改善。

⑥至敬：极尊敬。

⑦貌：表情，神态。

⑧檃（yǐn）括：矫正竹木邪曲的工具。揉曲叫檃，正方称括。

⑨直己：使自己正直，矫正自己。直人：矫正别人。

⑩善废：好的道德风尚的败坏。邑邑：忧郁不乐的样子。

⑪蘧（qú）伯玉：名瑗，春秋时卫国人。相传他"年五十而知四十九年非"，是一个求进甚急并善于改过的贤大夫。

⑫兴：兴办，兴起。

⑬成善：形成善行。

⑭屈侯附：屈侯，复姓。附，或作"鲋"。战国时魏国人。有贤名，魏文侯时翟璜荐为文侯子之傅。

⑮达：显达，显贵。进：举荐，推荐。

⑯穷：困窘。

【译文】

孔子说："车只怕大地不坚牢，船只怕水不够深。"有合适的器具，那么就能使人们难做的事变得容易了。大道也能把难做的事变得容易，因此曾子说："父母喜爱自己，高兴而不懈怠；父母厌恶自己，惧怕而不责怪。"既然如此，那么喜爱与厌恶，对于形成孝道是没有区别的。史鳅说："国君亲近自己，就要极其尊敬而谦逊；国君有疏远的神态，还是尊敬而没有怨恨。"既然如此，那么亲近跟疏远，对于忠于国君是没有区别的。孔子说："在矫正中寻找乐趣，矫正自己而不矫正别人，不会因好的道德风尚的败坏而闷闷不乐，蘧伯玉就是这样做的。"既然如此，那么无论重用还是冷落，对于形成善行是没有区别的。屈侯附说："贤人是容易识别的，看他富裕时救济谁，显贵时推荐谁，困窘时不获取什么。"既然如此，那么困窘与显贵，对于人成为贤才是没有区别的。因此无论喜爱厌恶、亲近疏远、废兴穷达，都可以按义办事，这是因为有合适的器具啊。

桓公之举管仲①，穆公之举百里②，比其德也。此所以国甚僻小，身至秽污③，而为政于天下也④。今非比志意也⑤，比容貌；非比德行也，而论爵列⑥，亦可以却敌服远矣⑦。农夫比粟，商贾比财，烈士比义⑧，是故监门、逆旅、农夫、陶人⑨，皆得与焉⑩。爵列私贵也⑪，德行公贵也。奚以知其然也？司城子罕遇乘封人而下⑫，其仆曰⑬：“乘封人也，奚为下之？”子罕曰：“古之所谓良人者，良其行也；贵人者⑭，贵其心也。今天爵而人⑮，良其行而贵其心，吾敢弗敬乎？”以是观之，古之所谓贵，非爵列也；所谓良，非先故也⑯。人君贵于一国而不达于天下，天子贵于一世而不达于后世⑰，唯德行与天地相弊也⑱。爵列者，德行之舍也，其所息也。《诗》曰：“蔽芾甘棠，勿剪勿败，召伯所憩⑲。”仁者之所息，人不敢败也。天子、诸侯，人之所以贵也，桀、纣处之则贱矣。是故曰，爵列非贵也。今天下贵爵列而贱德行，是贵甘棠而贱召伯也，亦反矣。夫德义也者，视之弗见，听之弗闻，天地以正，万物以遍，无爵而贵，不禄而尊也。

【注释】

①桓公：齐桓公，名小白，“春秋五霸”之首。他在位期间任用管仲为相，使齐国国力逐渐强盛，成为天下诸侯的盟主。举：举用，任用。管仲：名夷吾，谥曰“敬仲”，春秋时期齐国颍上（今安徽颍上）人，史称管子。齐国著名的政治家，周穆王的后代。管仲少时丧父，生活贫苦，后经鲍叔牙力荐，为齐国上卿（即丞相），辅佐齐桓公成就春秋第一霸主。

②穆公：秦穆公。穆，一作“缪”。名任好。“春秋五霸”之一。在位

期间,勤求贤士,任用百里奚、蹇叔等为谋臣,励精图治,国势日强。百里:即百里奚,亦称百里子或百里。字里,名奚。春秋时楚国宛(今河南南阳)人。生卒年不详,秦穆公时贤臣。

③秽污:不洁,肮脏。

④为政:治理国家,执掌国政。

⑤志意:意志。

⑥爵列:爵位。

⑦却敌:让敌人退却。服远:让远方人归附。

⑧烈士:有节气壮志的人。

⑨监门:守门小吏。逆旅:客舍,旅馆。这里指旅居者。陶人:陶工,制造陶器的人。

⑩与:参与,参加。

⑪私贵:私人看重的。

⑫司城:官名,即司空。子罕:一称公子喜,又称乐喜,春秋时郑国人,郑穆公之子。鲁襄公二年(前571),执国政。封人:《周礼》地官司徒的属官,掌守帝王社坛及京畿的疆界。

⑬仆:仆夫,驾车的人。

⑭贵:认为高贵,重视。

⑮天爵:天然的爵位。指高尚的道德修养,因德高则受人尊敬,胜于有爵位。

⑯先故:指祖考,祖先。

⑰世:代。

⑱弊:竭尽,终止。

⑲"《诗》曰"几句:见《诗经·召南·甘棠》。蔽芾(fèi),茂盛。甘棠,棠梨,杜梨,高大的落叶乔木,春华秋实,花色白,果实圆而小,味涩可食。召(shào)伯,姬姓,名奭,又称召公、召伯、召康公、召公奭,西周宗室。他曾辅佐文王灭商,支持周公东征平乱,

事定后，封其长子于蓟丘（今北京西南），为燕国始祖。又曾受命营建洛邑（洛阳），协助周公镇守东都。成王亲政后任太保，与周公分陕而治。败，毁坏。憩，休憩，止息。

【译文】

齐桓公举用管仲，秦穆公举用百里奚，比较的是他们的德行。这就是为什么国家非常偏僻狭小，出身卑微，却能在天下执掌国政。如今不是比意志远大，而是比容貌；不是比德行，而是论爵位，以为这样就可以让敌人退却，让远方的人归服了。农夫比的是粮食，商人比的是财物，有节气壮志的人比的是义气，因此守门小吏、旅居之人、农夫、陶工，都能够参与这些事。爵位是私人看重的，德行是公众看重的。怎么知道是这样的呢？司空子罕遇见乘地主管疆界的封人就下了车，他的马夫说："不过是个乘地的封人，为什么要下车呢？"子罕说："古代所说的良人，是品行优良；贵人，是内心高贵。如今拥有天爵的这个人，品行优良而且内心高贵，我怎敢不尊敬他呢？"由此看来，古代所说的高贵，不是爵位；所说的优良，不是祖先显赫。国君在一国之内高贵而影响不了全天下，天子在一代高贵而到不了后代，只有德行才能与天地相终始。爵位是德行的住所，是德行停息的地方。《诗经》说："茂盛的甘棠树，不要剪伐伤害它！这是召公休息的地方。"因为是仁德的人休息过的地方，人们就不敢毁坏。天子、诸侯，是人们看重的，但是夏桀、商纣处在这个位置上就变得卑贱了。因此说，爵位不是重要的。如今天下重视爵位而轻视德行，这是看重甘棠树而轻视召伯啊，也太相反了吧。德行正义，看他看不见，听他听不到，天地因此而端正，万物因此而普遍，没有爵位却重视，没有俸禄却尊贵。

贵言^①

范献子游于河^②，大夫皆存，君曰："孰知栾氏之子^③？"

大夫莫答。舟人清涓舍楫而答曰^④:"君奚问栾氏之子为?"君曰:"自吾亡栾氏也,其老者未死,而少者壮矣。吾是以问之。"清涓曰:"君善修晋国之政,内得大夫而外不失百姓,虽栾氏之子,其若君何? 君若不修晋国之政,内不得大夫而外失百姓,则舟中之人,皆栾氏之子也。"君曰:"善哉言。"明日朝,令赐舟人清涓田万亩,清涓辞。君曰:"以此田也,易彼言也,子尚丧,寡人犹得也。"古之贵言也若此。

【注释】

①贵言:是讲古代圣王对谏言的重视。因为谏言可以校正存心,从
　　而避免大的祸患。

②范献子:即范鞅,讳鞅,谥献,亦称士鞅。春秋时晋国人,士匄子,
　　为公族大夫。晋平公八年(前550),栾盈据曲沃袭绛为乱,乃诛
　　灭栾氏一族,晋定公三年(前509),代魏舒执政。

③栾氏:是用封邑作为姓氏的。西周的时候,周文王的儿子唐叔虞
　　被封在晋,建立晋国,他的后代有靖侯。晋靖侯的孙子名宾,被封
　　于栾邑(今河北栾城一带),世称栾宾,他的后代于是以封邑地为
　　姓氏。世代晋国卿士,逐渐成为栾姓望族。

④舟人:船夫。清涓:春秋末晋国人。事迹未详。楫:短的船桨,与
　　"棹"相对,泛指船桨。

【译文】

　　范献子到黄河出游,大夫都在场,国君说:"有谁知道栾氏之子的下落?"大夫没有谁回答。船夫清涓放下船桨回答说:"国君您为什么问起栾氏之子的情况?"国君说:"自从我消灭栾家之后,他们老年人还没有死,岁数小的也长大了。我因此发问。"清涓说:"您好好地治理晋国国政,在朝能得到大夫的支持,而在外也不失去百姓的拥护,即使栾氏之子

长大了,还能把您怎么样?您要是不好好治理晋国的国政,在朝得不到大夫的支持,而在外失去了百姓,那么船上的人,就都是栾氏之子呀。"献子说:"这话说得好啊。"第二天上朝,命令赏赐给船夫一万亩田地,清涓推辞。献子说:"用这些田地,交换你的那些话,你还吃亏,我还占便宜呀。"古代对谏言的重视就是如此。

　　臣天下,一天下也。一天下者,令于天下则行,禁焉则止。桀、纣令天下而不行,禁焉而不止,故不得臣也。目之所美,心以为不义,不敢视也;口之所甘①,心以为非义,弗敢食也;耳之所乐,心以为不义,弗敢听也;身之所安,心以为不义,弗敢服也②。然则令于天下而行,禁焉而止者,心也。故曰:"心者,身之君也。"天子以天下受令于心,心不当则天下祸;诸侯以国受令于心,心不当则国亡;匹夫以身受令于心,心不当则身为戮矣③。祸之始也易除,其除之不可者避之;及其成也,欲除之不可,欲避之不可。治于神者,其事少而功多。干霄之木始若蘖足④,易去也;及其成达也⑤,百人用斧斤⑥,弗能偾也⑦。燎火始起⑧,易息也;及其焚云梦、孟诸⑨,虽以天下之役,抒江、汉之水⑩,弗能救也。夫祸之始也,犹燎火蘖足也,易止也;及其措于大事,虽孔子、墨翟之贤,弗能救也。屋焚而人救之,则知德之⑪;年老者使涂隙戒突⑫,故终身无失火之患而不知德也。入于囹圄⑬,解于患难者,则三族德之⑭;教之以仁义慈悌,则终身无患而莫之德。夫祸亦有突,贤者行天下,而务塞之,则天下无兵患矣,而莫之知德也。故曰:"圣人治于神,愚人争于神也。"

【注释】

①甘：美味，甜。

②服：使用，享用。

③为戮：被杀害。

④干霄：高入云霄。蘖足：树枝砍去后又长出来的新芽，泛指植物
　　由茎的基部长出的分枝。蘖，被砍去或倒下的树木再生的枝芽。
　　足，植物的根茎。

⑤成达：长成。

⑥斧斤：泛指各种斧子。

⑦偾（fèn）：毁坏，砍倒。

⑧熛（biāo）火：火焰。

⑨云梦：古代大泽名。在今湖北、湖南一带。孟诸：又称孟渚，古代
　　大泽名，在今河南商丘东北、虞城西北。

⑩抒：挹取，挹注。江：长江。汉：汉水。

⑪德：感恩。

⑫涂：用泥涂抹。隙：壁缝。突：烟囱。

⑬囹圄（líng yǔ）：监牢。

⑭三族：一是指父、子、孙，二是指父族、母族、妻族，三是指父母、兄
　　弟、妻子。

【译文】

　　使天下称臣，就是统一天下。统一天下的人，给天下下命令那就执
行，下禁令那就停止。夏桀、商纣时，有令不行，有禁不止，所以不能让天
下称臣。眼睛看到美的东西，心中认为是不合道义，就不敢再看；口中尝
着美味，心中认为不合道义，就不敢再吃；耳朵听着愉悦，心中认为不合
道义，就不敢再听；身体觉得安逸，心中认为不合道义，就不敢再享用。
既然如此，那么能给天下下命令而执行，下禁令而停止的，是内心。所以
说："心，是身体的主宰。"君王让天下接受内心的命令，心术不正，那么

天下就有灾祸;诸侯让国家接受发自内心的命令,心术不正,那么国家就会灭亡;百姓让自身接受发自于心的命令,心术不正,那么就会有杀身之祸了。灾祸开始阶段是容易消除的,那些不可以消除的,就避开它;等到灾祸成形了,想要除去就不可能了,想要避开也不可能了。从心神来治理,那么费力少而功劳多。高入云霄的大树开始时就像刚萌生的茎芽,很容易去除;等它长成了,一百个人用斧子砍,也不能砍倒。火焰刚开始燃起,是容易熄灭的;等到它焚烧云梦、孟诸等大湖泊,即使征用天下服劳役的人,挹取长江、汉水的水,也不能救灭。灾祸开始,就像火焰萌芽一样,容易制止;等到搁置它变成大事,即使孔子、墨翟这样贤能的人,也不能挽救。屋子着火而有人救火,就知道对救火者感恩;年老的人让人用泥涂抹缝隙确保烟囱安全,所以长时间避免了失火的灾祸,但人们却不知道感恩。关进监狱,被人从患难中解救出来的,那么三族的人都会对施救者感恩;用仁义孝悌的道理教导人,使之一辈子没有灾祸却没人感恩。灾祸也有突然降临的,贤人在天下行道,努力制止灾祸,那么天下就没有战争的灾祸了,却没人知道感恩。所以说:"圣人顺应神的意志治理,蠢人与神相争。"

天地之道,莫见其所以长物而物长①,莫见其所以亡物而物亡。圣人之道亦然。其兴福也②,人莫之见而福兴矣;其除祸也,人莫之知而祸除矣。故曰:"神人益天下以财为仁③,劳天下以力为义④,分天下以生为神。"修先王之术⑤,除祸难之本,使天下丈夫耕而食,妇人织而衣,皆得戴其首⑥。父子相保,此其分万物以生,盈天下以财,不可胜计也⑦。神也者,万物之始,万事之纪也⑧。

【注释】

①长物：让万物生长。

②兴福：造福，致福。

③神人：神奇非凡的人。言其姿容、行止、技艺等非常人所及。

④劳：操劳。

⑤先王：指上古贤明君王。

⑥戴：拥戴，推崇。

⑦胜计：计算得尽，算计得清。

⑧纪：纲纪，准则。

【译文】

天地的大道，没有谁看见它如何让万物生长而万物自然生长，没有谁看见它如何让万物消亡而万物自然消亡。圣人的大道也是这样。他造福的时候，没有谁看见而幸福就已经来临了；他消除灾祸的时候，没有谁看见而灾祸就已经消除了。所以说："神人用财富增益天下叫仁，为天下操劳出力叫义，为天下分享万物叫神。"学习上古贤明君王的治国主张，去除祸患灾难的根本，让天下的男人耕田提供食物，女人织布提供衣服，都能够拥戴自己的首领。父子互相保护，这就是用生命来分享天下，用财富来使天下富有，这都是不可能计算得清的。神，是万物的本源，万事的准则。

四仪①

行有四仪：一曰志动不忘仁②，二曰智用不忘义③，三曰力事不忘忠④，四曰口言不忘信⑤。慎守四仪，以终其身，名功之从之也⑥，犹形之有影，声之有响也⑦。是故志不忘仁，则中能宽裕⑧；智不忘义，则行有文理⑨；力不忘忠，则动无废功⑩；口不忘信，则言若符节⑪。若中宽裕而行文理，动有功而言可信也，虽古之有厚功大名⑫，见于四海之外⑬，知万世之后者，其行身也无以加于此矣⑭。

【注释】

①四仪：是指言行的四条准则，即仁、义、忠、信。

②志动：指志向的产生。

③智用：指智谋的运用。

④力事：指能力的使用。

⑤口言：指口中的言语。

⑥名功：名声功绩。

⑦响：回声。

⑧宽裕：坦荡敞亮。

⑨文理：礼仪。

⑩废功：废弃的功绩。

⑪符节：古代符信之一种。以金玉竹木等制成，上刻文字，分为两半，使用时以两半相合为验。

⑫大名：指尊崇的名号。

⑬见：同"现"，出现，显现。

⑭行身：立身处世。

【译文】

言行有四条准则：第一是志向的产生不忘仁德，第二是智谋的运用不忘道义，第三是出力办事不忘忠贞，第四是口中的言语不忘诚信。谨慎地遵守这四条准则，以至终其一生，名声功绩跟从他，就像形体有影子，声音有回声一样。因此立志不忘仁德，那么心中就能坦荡敞亮；运用智谋不忘道义，那么行为就合乎礼仪；出力不忘忠贞，那么办事就没有废弃的功绩；说话不忘诚信，那么言语就像持有符节一样可信。倘若心中坦荡敞亮而行为有礼仪，做事有功绩而说话守信用，即使是古代拥有丰功尊号，扬名在四海之外，流传万代的人物，他们立身处世也没有办法比这做得更好了。

明堂①

夫高显尊贵②，利天下之径也，非仁者之所以轻也。何以知其然耶？日之能烛远③，势高也，使日在井中，则不能烛十步矣。舜之方陶也，不能利其巷下；南面而君天下④，蛮夷戎狄皆被其福⑤。目在足下，则不可以视矣。天高明，然后能烛临万物；地广大，然后能载任群体⑥。其本不美，则其枝叶、茎心不得美矣，此古今之大径也。是故圣王谨修其身，以君天下，则天道至焉，地道稽焉⑦，万物度焉⑧。古者明王之求贤也，不避远近，不论贵贱，卑爵以下贤，轻身以先士。故尧从舜于畎亩之中⑨，北面而见之⑩，不争礼貌，此先王之所以能正天地、利万物之故也。今诸侯之君，广其土地之富，而奋其兵革之强以骄士⑪；士亦务其德行，美其道术以轻上，此仁者之所非也。曾子曰："取人者必畏，与人者必骄。"今说者怀畏，而听者怀骄，以此行义⑫，不亦难乎？非求贤务士而能致大名于天下者⑬，未之尝闻也。

【注释】

①明堂：本是古代帝王宣明政教的地方，本篇说的是处于高位的君王更要谨慎修身，才能治理天下。明王之求贤，要做到求贤若渴，礼贤下士。

②高显：高贵显赫的位置。

③烛：照，照亮。

④南面：面向南。古代以坐北朝南为尊位，帝王、诸侯见群臣，皆面南而坐，故用以指居帝王、诸侯之位。君：君临，统治。

⑤蛮夷戎狄：古代对四方边远地区少数民族的泛称。

⑥载任：负载。

⑦稽：停止，停留。

⑧度：法度，规范。用如动词则是师法，效法。

⑨畎（quǎn）亩：田亩。事见《孟子·告子下》：“舜发于畎亩之中。”

⑩北面：古代君见臣，面南而坐，故以北面指向人称臣。事见《孟子·万章上》：“咸丘蒙曰：‘舜南面而立，尧帅诸侯北面而朝之。’”

⑪奋：施展，挥动。兵革：武器铠甲装备。

⑫行义：躬行仁义。

⑬务士：致力于得到士人。

【译文】

　　高贵显赫的位置，是让天下人得利的途径，不是仁德的人所轻视的。凭什么知道会是这样的呢？太阳能照亮远方，是因为地势高，假使让太阳在井里面，那么就不能照亮十步了。虞舜正在制作陶器的时候，不能够让他的同巷的人受益；而当他登上天子之位统治天下时，四方边远部族都能受到他的福佑。如果眼睛长在脚下，那就不可能看了。天高爽敞亮，然后能照亮万物；地宽广阔大，然后能负载众人。草木的根不美，那么他的枝叶、茎心就不能长好了，这是古今的规律。因此圣明的君王谨慎地修养自身，来统治天下，那么就能掌握上天的规律，观察大地的情况，明白万物的生存法则了。古代英明的君王寻求贤人，不避关系亲疏，不管地位贵贱，让自己放下地位对待贤人，看清自身而以士人为先。所以尧在田亩之中发现了舜，他面向北称臣朝见他，不计较礼仪，这就是先代君王之所以能够使天地正常运转、有利于万物成长的缘故啊。如今诸侯国的君主，扩张自己的土地财富，施展自己武器装备的强大，以此来傲慢对待士人；士人也致力于提升自己的德行，完善自己的品德学问，以此来轻视君上，这是仁德的人所反对的。曾子说："接受别人给予的一定畏惧别人，给予别人东西一定傲视别人。"现在进言献策的臣子心怀畏惧，而听取意见的君主心怀傲慢，凭借这些来推行仁义，不也太难了吗？不寻求贤士而能够扬名于天下的人，从来没有听说过。

　　夫士不可妄致也^①。覆巢破卵^②，则凤皇不至焉；刳胎焚夭^③，则骐骥不往焉^④；竭泽涸鱼^⑤，则神龙不下焉。夫禽兽之愚，而不可妄致也，而况于火食之民乎^⑥？是故曰："待士不敬，举士不信^⑦，则善士不往焉；听言，耳目不瞿^⑧，视听不深，则善言不往焉。"孔子曰："大哉河海乎！下之也。"夫河下天下之川，故广；人下天下之士^⑨，故大。故曰："下士者得贤，下敌者得友^⑩，下众者得誉。"故度于往古^⑪，观于先王，非求贤务士而能立功于天下、成名于后世者，未之尝有也；夫求士不遵其道而能致士者^⑫，未之尝见也。然则先王之道可知已，务行之而已矣。

【注释】

①妄致：随便得到。

②覆巢破卵：倾覆其巢，破碎其卵。喻彻底毁灭。

③刳（kū）胎焚夭：剖挖母胎，残害幼体。指凶残不义。刳胎，剖挖怀孕者腹中的胚胎。夭，幼小的东西。

④骐骥：即麒麟。古代一种瑞兽。

⑤竭泽：使……枯竭，使……干涸。涸鱼：捕鱼。

⑥火食：指吃熟食。

⑦举士：推举选拔士人。

⑧瞿：惊惧。

⑨人：指君主。下：谦下，降低身份去交往。居人之下。

⑩下敌：谦卑对待敌人。

⑪度：揣度，估计。

⑫致士：招引贤士。

【译文】

治国的贤人是不可以随便就能得到的。颠覆鸟巢，弄破鸟蛋，那么凤凰就不会到来；剖挖胚胎焚烧幼兽，那么麒麟就不会来了；弄干湖泽捕鱼，那么神龙就不会降下来。就是愚蠢的禽兽，尚且不能随便得到，何况对于能用火吃熟食的聪明民众呢？因此说："对待士人不尊敬，推举选拔士人不信任，那么贤士就不会前来了；君主听到谏言，神态不够敬畏，精神不够专注，那么金玉良言就不会前来了。"孔子说："黄河大海真阔大呀！就是因为它们处在百川之下。"黄河能处于天下的水流之下，所以广阔；君主能够谦卑对待天下的士人，所以成就伟大的事业。所以说："谦卑对待士人就获得贤人，谦卑对待对手就获得朋友，谦卑对待众人就获得美誉。"所以揣度古代的经验，观察先代贤王，不努力寻求贤士而立功天下、名传后代的人，是不曾有过的；寻求士人不遵循谦卑真诚的原则而能招引贤士的，也不曾见过。既然如此，那么先代贤王的招引贤士的原则是可以知道的，努力遵照施行这些原则就行了。

分①

天地生万物，圣人裁之②：裁物以制分，便事以立官③。君臣父子，上下长幼，贵贱亲疏，皆得其分曰治。爱得分曰仁，施得分曰义④，虑得分曰智，动得分曰适⑤，言得分曰信，皆得其分而后为成人⑥。

【注释】

①分：名分。这里强调治理国家，君主为每个人确定名分，做事要恰如其分，才能做到仁、义、智、适、信。

②裁：裁决，主宰。

③便事：便于做事。

④义：公正、合宜的道德、行为或道理。

⑤适：这里指行为合度，相当于礼。

⑥成人：指德才兼备的人。

【译文】

天地生养万物，圣人主宰他们：主宰万物是为他们判定各自的名分，为便于做事而设立各种官职。君臣，父子，上下，长幼，贵贱，亲疏，都能遵守各自的本分就叫治理得好。爱护别人恰如其分就叫仁，施恩百姓恰如其分就叫义，思考问题恰如其分就叫智，行动恰如其分就叫适，讲话恰如其分就叫信，处处都能恰如其分然后就可以成为德才兼备的完人。

明王之治民也，事少而功立，身逸而国治，言寡而令行。事少而功多，守要也①；身逸而国治，用贤也；言寡而令行，正名也②。君人者，苟能正名，愚智尽情③，执一以静④，令名自正⑤，令事自定。赏罚随名，民莫不敬。周公之治天下也⑥，酒肉不彻于前，钟鼓不解于悬⑦。听乐而国治，劳无事焉⑧；饮酒而贤举，智无事焉；自为而民富⑨，仁无事焉。知此道也者，众贤为役，愚智尽情矣。

【注释】

①守要：掌握要点，把握关键。

②正名：确立名分，使名实相副。

③尽情：尽心尽力，倾吐真情，表达感情。

④执一：指掌握万物的根本之道。

⑤令：让。正：端正。

⑥周公：姓姬名旦，文王之子，武王之弟，成王之叔。

⑦钟鼓：钟和鼓。古代礼乐器。悬：指悬钟、磬等乐器的架子。

⑧劳：用力，操劳。

⑨自为：自然而成，自己治理。

【译文】

英明君王治理民众，事情少而建立功业，自身安逸而国家太平，说话很少而政令被施行。事情少而建功多，是君王能把握关键；自身安逸而国家太平，是君王能任用贤才；讲话很少而政令得以施行，也就是因为圣王能够确定臣民的名分。统治民众的君王，假如能够确定臣民名分，蠢人或智者都会尽心尽力，掌握万物的根本之道，让名分自然确定，让事情自然安定。奖赏惩罚都根据不同的名分，民众没有人不敬畏。周公治理天下的时候，美酒佳肴不从面前撤下，钟鼓等乐器不从架子上解开。听着音乐国家就治理好了，不需要再做劳累的事情；喝着酒贤人就举用了，用不着再用自己的智慧；民众自主劳作而丰衣足食，不必再去做仁爱的事情。知道这一原则的圣主，众多贤人为之服务，蠢人或智者都能尽心尽力为国尽忠了。

明王之道易行也：劳不进一步，听狱不后皋陶①；食不损一味②，富民不后虞舜③；乐不损一日，用兵不后汤武④；书之不盈尺简⑤，南面而立，一言而国治，尧舜复生，弗能更也；身无变而治，国无变而王，汤、武复生，弗能更也。执一之道，去智与巧。有虞之君天下也⑥，使天下贡善；殷、周之君天下也，使天下贡才⑦。夫至众贤而能用之，此有虞之盛德也⑧。

【注释】

①听狱：听理讼狱，断案。皋陶：传说虞舜时的司法官。

②一味：一种食物，一种滋味。

③虞舜：上古五帝之一，姓姚，名重华，因其先国于虞，故称虞舜，是古代传说中的圣君。

④汤武：商汤、周武王，是商、周两朝的开国君主，据载都是英明国君。

⑤尺简：极少量的简策，书籍。先秦两汉书籍都用简帛书写，一般以尺简指单简长度，这里是指编连的竹简的简策宽度，所以是极少量。

⑥有虞：有虞氏，即舜。舜的后裔为夏代诸侯，称有虞（在今河南虞城西南）。君：主宰。

⑦贡才：贡献才能。

⑧盛德：高尚的品德。

【译文】

英明君王的治国之道是容易施行的：不必用力付出前进一步的辛劳，而判案断狱不在皋陶之后；饮食不减少一种，而让民富国强却不在虞舜之后；欣赏音乐不减少一天，而用兵不在商汤周武王之后；治国之书不用写满一尺长的竹简，只要面向南登上天子之位，一句话就能使国家太平，即使尧舜重生，也不能更改；自身没有变化而国家大治，国家没有改变而能称王天下，即使商汤、周武王重生，也不能更改。持守根本之道，放弃智谋与机巧。虞舜统治天下时，能使天下人愿意贡献善德；商朝和周朝统治天下时，能使天下人愿意奉献才能。招致众多贤德人才，并能够知人善用，这就是虞舜的大仁大德。

　　三人之所废①，天下弗能兴也；三人之所兴，天下弗能废也。亲曰不孝②，君曰不忠，友曰不信，天下弗能兴也。亲言其孝，君言其忠，友言其信，天下弗能废也。夫符节合之③，则是非自见④。行亦有符，三者合，则行自见矣。此所以观行也。诸治官临众者⑤，上比度以观其贤⑥，案法以观其罪⑦，吏虽有邪僻⑧，无所逃之，所以观胜任也。群臣之愚智，日劾于前⑨，择其知事者而令之谋⑩。群臣之所举，日劾于前，择其知人者而令之举。群臣之治乱⑪，日劾于前，择其胜任者而令之治。群臣之行，可得而察也。择其贤者而举之，则民竞于行；胜任者治，则百官不乱；知人者举，则贤者不隐；知事者谋，则大举不失⑫；圣王正言于朝⑬，而四方治矣。是故曰："正名去伪⑭，事成若化⑮；以实覆名⑯，百事皆成。"夫用贤使能，不劳而治；正名覆实，不罚而威。达情见素⑰，则是非不蔽；复本原始⑱，则言若符节。良工之马易御也⑲，圣王之民易治也，其此之谓乎！

【注释】

①三人：三种人。指下文亲、君、友。废：抛弃，废弃。

②亲：双亲，父母。

③符节：古代派遣使者或调兵时用作凭证的东西，用竹、木、玉、铜等制成，刻上文字，分成两半，一半存朝廷，一半给外任官员或出征将帅。

④见：同"现"。

⑤治官：治理政务的官员。

⑥比度：比照，比较，对照。

⑦案法：指执法。案，通"按"，查考，考核。

⑧邪僻：品行不端的人。

⑨劾：考核其实。

⑩知事：通晓事理，懂事。

⑪治乱：治理得好或混乱。

⑫大举：泛指进行大规模活动。

⑬正言：端正言论。

⑭正名：确定名分。

⑮化：造化，大自然的功能。

⑯覆：审察，查核。

⑰达情：对各种情况清楚明白。

⑱原始：推究本始。

⑲良工：古代泛称技艺高超的人。

【译文】

一个人如果被三种人所废弃，那么整个天下的人都不能让他兴盛；如果被三种人所认同，天下的人也不能让他废弃。如果父母说他不孝，君王说他不忠，朋友说他不诚信，整个天下的人都不能让他兴盛。父母说他孝顺，君王说他忠诚，朋友说他诚信，天下的人也不能让他废弃。把符节的两半合在一起，那么是非对错自然显现。人的品行也有考察的"符节"，把父母、君上、朋友三种人的意见相结合考察，那么这个人的品行自然就显现了。这就是用来观察品行的方法。众多治理民众政务的官员，君上按照法度来观察他们是否贤能，依照法律来观察他们是否有罪，即使那些品行不端的人，也无处逃避，这就是用来考察他们是否胜任职责的方法。群臣的愚笨智慧，天天在君主面前被考核，君主就选择那些通晓事理的人让他们出谋划策。群臣举荐任用人的能力，天天在君主面前被考核，君主就选择那些善于知人的人，让他们举荐任用。群臣治理得好或混乱，天天在君主面前被考核，君主就选择那些胜任的人让他们治理。群臣的品行好坏，是能够考察清楚的。选择那些贤能的人而举荐任用他们，那么民众就会在品行上竞争；让胜任的官员去治理，那么百官就不会混乱；让善于知人的去举荐任用，那么贤能的士人就不会隐居不出了；让通晓事理的人进行谋划，那么大的举措就不会失误；圣明的君王在朝廷上端正言论，那么天下四方就都太平了。因此说："如果能确定名分除去虚伪，事情成功就像天地化物一样容易；根据实际查核名分，什么事情都能成功。"任用贤能，君主不用辛劳国家就太平；确定名分以查核实际情况，君主不用惩罚就能获得威严。通达事理洞见本质，那么就不会被是非对错蒙蔽；恢复人们的原始本性，那么人们的言语就像符节一样值得信任。技艺高超的驯马师调教的马匹容易驾驭，圣明君王教化的民众容易治理，大概说的就是这样的道理啊！

发蒙①

若夫名分，圣之所审也。造父之所以与交者少②，操辔③，马之百节皆与；明王之所以与臣下交者少，审名分，群臣莫敢不尽力竭智矣。天下之可治，分成也④；是非之可辨，名定也。无过其实⑤，罪也；弗及，愚也。是故情尽而不伪⑥，质素而无巧⑦。故有道之君，其无易听⑧，此名分之所审也。

【注释】

①发蒙：本是启发蒙昧的意思，节录部分则强调治理国家一定要给臣民确立名分。

②造父：古之善御者，赵之先祖。因献八骏幸于周穆王，穆王使之御，时徐偃王反，穆王日驰千里马，大破之，因赐造父以赵城，由此为赵氏。交：交往，纠葛。

③辔:驾驭牲口的嚼子和缰绳。

④分成:确定各自的职分。

⑤无过其实:无,疑作"夫"。指名过其实。

⑥情尽:指真情实况全部展现。

⑦质素:谓其本色素朴,不加文饰。

⑧易听:容易听信。

【译文】

至于说名分,是圣人要周密审查的。造父驾车时之所以跟马的纠葛少,因为他拿起缰绳操作,马的各个关节都配合;英明君王之所以跟臣下纠葛少,是因为君王审定了大臣的名分,群臣就没有谁敢不竭尽心力了。天下可以治理好,是确定了各自的职分了;是非对错可以辨别,是确定了各自的名称了。名分超过实际,是自己的过错造成的;名分赶不上实际,是愚笨造成的。因此完全展示实情而不作伪,本质素朴而没有巧饰。所以有道明君,是不随便听信别人的言谈的,这就能审查清楚一个人是否名实相副了。

若夫临官①,治事者案其法,则民敬事②;任士进贤者保其后,则民慎举③;议国亲事者④,尽其实,则民敬言。孔子曰:"临事而惧,希不济⑤。"《易》曰:"若履虎尾,终之吉⑥。"若群臣之众,皆戒慎恐惧⑦,若履虎尾,则何不济之有乎? 君明则臣少罪。夫使众者诏作则迟⑧,分地则速⑨,是何也? 无所逃其罪也。言亦有地,不可不分也。

【注释】

①临官:指管理百官。临,统理,管理。

②敬事:恭敬奉事。

③慎举：慎重荐举。

④亲事：亲自治理政事。

⑤"孔子曰"几句：《论语·述而》："必也临事而惧、好谋而成者也。"希，今作"稀"。济，指成功。

⑥"《易》曰"几句：《履卦·九四》："履虎尾，愬愬，终吉。"履，践踩，走过。

⑦戒慎：警惕谨慎。

⑧诏作：皇帝下命令行动。

⑨地：人在社会关系中所处的位置、领域，这里指职分、职责。

【译文】

君主管理百官时，要让处理政务的官员们依法行事，那么民众就会恭敬奉事；任用士人举荐贤能的时候，能够保证所举荐的人以后不犯错误，那么民众就会谨慎地举荐了；议定国政时让参与政事的人能够如实汇报，那么民众就会严肃发言。孔子说："做事，能心存戒惧，很少有不成功的。"《周易》说："踩着老虎尾巴谨慎小心地走路，最终会吉祥如意。"倘若群臣都能谨慎敬畏，就像踩着老虎尾巴走路，那么还有什么不能成功的呢？君主英明，那么臣子就少犯错误。君主如果让众人执行诏令一起劳作就迟缓，分开一块地给他们就行动迅速，这是为什么呢？是没有逃避罪责的处所呀。言语也像土地一样，不可以不划分责任。

　　君臣同地①，则臣有所逃其罪矣。故陈绳则木之枉者有罪②，措准则地之险者有罪③，审名分则群臣之不审者有罪④。夫爱民，且利之也⑤，爱而不利，则非慈母之德也；好士，且知之也，好而弗知，则众而无用也；力于朝，且治之也，力而弗治，则劳而无功矣。三者虽异，道一也。是故曰："审一之经⑥，百事乃成；审一之纪⑦，百事乃理。"名实判为两，合为一。是非随名实,赏罚随是非,是则有赏,非则有罚,人君之所独断也⑧。明君之立也正,其貌壮⑨,其心虚,其视不躁⑩,其听不淫⑪,审分应辞⑫,以立于廷,则隐匿疏远,虽有非焉,必不多矣。明君不用长耳目,不行间谍,不强闻见,形至而观,声至而听,事至而应。近者不过⑬,则远者治矣;明者不失,则微者敬矣⑭。家人子侄和,臣妾力,则家富,丈人虽厚衣食⑮,无伤也;子侄不和,臣妾不力,家贫,丈人虽薄衣食,无益也,而况于万乘之君乎?

【注释】

①同地:谓共处同一职责领域。

②陈绳:摆列墨线。墨线,木工画直线用的工具。陈,摆出。枉:弯曲。有罪:有过错,不合格,不合乎标准。

③措准:设置水准。准,古代测量水平的器具。险:地势不平坦的地方。

④不审:指名分不符合审查标准。

⑤利之:为百姓谋利。

⑥经:常道,准则。

⑦纪:纲纪,纲领,根本。

⑧独断:独自决断,专断。

⑨貌:神态。壮:通"庄",庄重。

⑩不躁:不躁动,专心。

⑪不淫:不惑,不过分。

⑫审分:审定名分、职分。

⑬不过:不犯过错。

⑭微:地位不高,没有名望。

⑮丈人:家长,主人。

【译文】

君臣处在同一职责领域,那么臣子就有逃避的处所了。所以拉出墨线,那么弯曲的木头就不合乎标准了;设置水准,那么地面不平坦的地方就显露出来了;周密审查名分,那么名分不符合审查标准的臣子就显露出来了。爱护民众,就要为百姓谋利,爱护但不为百姓谋利,那就不是慈母般的德行;喜好士人,就要了解他们,喜好而不了解他们,那么士人再多也没有用处;在朝廷上勤于执政,就要治理好国家,勤于执政而没有治理好国家,那么辛劳却没有功绩了。这三种情况虽然不同,道理是一样的。因此说:"明白了统一的准则,各种事情都能成就;明白了统一的纲纪,各种事情都能处理。"名声与事实分开看是两件事,合起来是一件事。是非对错依据名声事实来确定,奖赏惩罚依据是非对错施行,对就要奖赏,错就要惩罚,这是君王要独自决断的。英明君王立身端正,他的神态庄重,他的内心谦静,他观察事物时不急躁,听取意见时不迷惑,审定名分以应答臣民,如此立身于朝廷之上,即使有一些隐藏的奸人和关系疏远的人,对君主有非议,也一定不会很多。英明君主不用增加刺探情报的人,不搞间谍活动,不勉强多闻强识,可视的事物到了再去观察,声音到了再去聆听,事情到了再去应对。亲近的人不犯过错,那么远方的人就安定了;明智的人没有过失,那么地位不高的人就会恭敬了。一家人子侄辈和睦,男女奴仆努力劳作,那么家庭富足,家里老人即使衣食丰厚,也没什么妨害;子侄辈不和睦,男女奴仆不努力劳作,家里老人即使衣食微薄,也没什么益处,何况是大国的国君呢?

国之所以不治者三:不知用贤,此其一也;虽知用贤,求不能得,此其二也;虽得贤不能尽,此其三也。正名以御之^①,则尧舜之智必尽矣;明分以示之,则桀纣之暴必止矣。贤者尽,暴者止,则治民之道不可以加矣^②。听朝之道^③,使人有分。有大善者,必问孰进之④;有大过者,必云孰任之,而行赏罚焉,且以观贤不肖也⑤。今有大善者,不问孰进之;有大过者,不问孰任之,则有分无益已⑥。问孰任之而不行赏罚,则问之无益已。是非不得尽见谓之蔽⑦,见而弗能知谓之虚⑧,知而弗能赏谓之纵,三者乱之本也。明分则不蔽,正名则不虚,赏贤罚暴则不纵,三者治之道也。于群臣之中,贤则贵之⑨,不肖则贱之;治则使之⑩,不治则爱之⑪,不忠则罪之⑫。贤不肖,治不治,忠不忠,由是观之,犹白黑也。陈绳而斫之⑬,则巧拙易知也。夫观群臣亦有绳,以名引之,则虽尧舜必服矣。

【注释】

①正名:确立名分,使名实相符。

②不可以加:不可以增加,到了极点。

③听朝:临朝听政。

④进之:举荐他,推荐他。进,推荐,引进。

⑤不肖:不成材,不贤。

⑥有分:有职分,有分别,有区别。

⑦蔽:遮掩,蒙蔽。

⑧虚:徒然,无用。

⑨贵之:推崇他。

⑩使之:使用他,任用他。

⑪爱:通“薆”,隐蔽,障蔽。此指罢免。

⑫罪之:责罚。

⑬绳:指墨线,木工画线用的工具。斫(zhuó):砍,削。

【译文】

国家之所以治理不好的原因有三条：不知道任用贤人，这是第一条；即使知道任用贤人，求贤却不能获得，这是第二条；即使获得贤人却不能人尽其才，这是第三条。定立名分来使用他，就是像尧舜那样的智慧也一定会人尽其才了；明确职分以公示天下，就是像桀纣那样的残暴也必定会被制止。贤能的人能充分发挥才华，残暴的人被阻止暴行，那么治理民众的方法也就到了极致了。临朝听政的原则，是让大臣都有职分。有表现非常优异的，一定问清是谁推荐他的；有重大过失的，一定问清是谁任用他的，以此进行奖赏惩罚，并且用来观察是贤能还是不贤。如今有表现非常优异的，不问清是谁举荐他的；有重大过失的，不问清是谁任用他的，那么即使给大臣确定了职分也没有益处了。问清谁任用他的却不施行奖赏惩罚，那么问清也没有益处了。是非对错不能全部洞见叫受到蒙蔽，看清却不能知晓叫徒劳无益，知晓却不能奖惩叫放纵不管，这三条是祸乱的根本。明确群臣职分就不会被蒙蔽，端正名分就不会徒劳无功，奖赏贤能惩罚残暴就不会放纵，这三条是治理的原则。在群臣中，贤能的就推崇他，不贤的就贬低他；治理得好就任用他，治理得不好就罢免他，不忠诚的就治他的罪。贤能还是不贤，治理得好还是不好，忠诚还是不忠诚，由此考察，就跟黑白一样分明。拉开墨线让工匠去砍削木材，那么工匠是灵巧还是笨拙就容易知道了。观察群臣也有"墨线"，用名分职责来考量他，那么即使是尧舜也一定服从。

虑事而当，不若进贤；进贤而当，不若知贤；知贤又能用之，备矣。治天下之要，在于正名。正名去伪，事成若化①。苟能正名，天成地平②。为人臣者，以进贤为功；为人君者，以用贤为功。为人臣者进贤，是自为置上也③；自为置上而无赏，是故不为也。进不肖者，是自为置下也；自为置下而无罪,是故为之也。使进贤者必有赏,进不肖者必有罪,无敢进也者为无能之人,若此,则必多进贤矣。

【注释】

①若化:如同造化一样自然而然。

②天成地平:比喻上下相称,万事妥帖。成,指五行合乎顺序。平,指水土得到治理。

③置上:指位于自己之上。

【译文】

考虑事情恰当,不如举荐贤人;举荐贤人恰当,不如知晓贤人;知晓贤人又能任用他,就完美了。治理天下的要点,就在于确立名分。确立名分除去伪诈,事情成功如同造化一样自然而然。假如能够确立名分,那就上下相称,万事妥帖。作为臣子的,把举荐贤人当功绩;作为君王的,把任用贤人当功绩。作为臣子举荐贤人,这是举荐位于自己之上的人;举荐位于自己之上的人而没有奖赏,因此就不会去举荐。举荐不贤的人,是为自己安排了一个手下;为自己安排了一个手下而没有责罚,因此就会推举。让举荐贤人的必定有奖赏,举荐不贤的必定受责罚,不敢举荐的官员被视为无能之辈,如果这样,就一定会有很多贤人被举荐了。

恕①

恕者,以身为度者也。己所不欲,毋加诸人②。恶诸人,则去诸己③;欲诸人,则求诸己④,此恕也。农夫之耨⑤,去害苗者也;贤者之治,去害义者也⑥。虑之无益于义而虑之,此心之秽也⑦;道之无益于义而道之,此言之秽也;为之无益于义而为之,此行之秽也。虑中义⑧,则智为上;言中义,则言为师；事中义，则行为法。射不善而欲教人，人不学也；行不修而欲谈人⑨，人不听也。夫骥唯伯乐独知之⑩，不害其为良马也。行亦然，唯贤者独知之，不害其为善士也⑪。

【注释】

①恕：这篇所讲的恕，也就是孔子所说的"己所不欲，勿施于人"。

②己所不欲，毋加诸人：《论语·卫灵公》："子贡问曰：'有一言而可以终身行之者乎？'子曰：'其恕乎！己所不欲，勿施于人。'"

③去诸己：从自己身上除去。

④求诸己：在自己身上要求。

⑤耨（nòu）：古代锄草的农具，代指锄地。

⑥害义：损害正道、道义。

⑦秽：污秽，丑陋。

⑧中（zhòng）：符合。

⑨不修：不善。

⑩骥：骏马，良马。伯乐：相传春秋秦穆公时人，姓孙，名阳，善相马。他认为，一般的良马"可形容筋骨相"，相天下绝伦的千里马，则必须"得其精而忘其粗，在其内而忘其外"。

⑪善士：有德之士。

【译文】

恕，是以自身作为尺度来进行衡量的。自己所不想要的，不要强加给别人。厌恶别人身上的缺点，就从自己身上除去；想要别人做到的，那就在自己身上要求，这就是恕。农夫锄地，是除去损害禾苗的杂草；贤人治理国家，是除去损害道义的坏人。思考某些事情对道义没有益处还要去思考它们，这是内心的污秽；谈论某些道理对道义没有益处还要去谈论它们，这是言语的污秽；做某些事对道义没有益处还要去做它们，这是行为的污秽。思虑符合道义，那就是智慧上等；言语符合道义，那么言语就能成为别人学习的老师;行事符合道义,那么这样的行为就能成为别人效法的榜样。如果射不好箭却想教导别人,别人不会去学;品行不善却想教导别人,别人不会听从的。良马即使只有伯乐自己知道,不妨害它是良马。善行也是这样,即使只有贤人自己知道,不妨害他成为有德之士。

治天下①

治天下有四术:一曰忠爱,二曰无私,三曰用贤,四曰度量②。度量通,则财足矣;用贤,则多功矣;无私,百智之宗也③;忠爱,父母之行也。奚以知其然?父母之所畜子者④,非贤强也⑤,非聪明也,非俊智也⑥,爱之忧之,欲其贤已也⑦。人利之与我利之⑧,无择也,此父母所以畜子也。然则爱天下,欲其贤已也,人利之与我利之,无择也,则天下之畜亦然矣,此尧之所以畜天下也⑨。有虞氏盛德⑩,见人有善,如己有善;见人有过,如己有过。天无私于物,地无私于物,袭此行者⑪,谓之天子。诚爱天下者得贤⑫。奚以知其然也?弱子有疾⑬,慈母之见秦医也⑭,不争礼貌;在囹圄⑮,其走大吏也⑯,不爱资财⑰。视天下若子,是故其见医者,不争礼貌,其奉养也,不爱资财。故文王之见太公望也⑱,一日五反;桓公之奉管仲也⑲,列城有数⑳。此所以其僻小,身至秽污,而为正于天下也。

【注释】

①治天下:这里讲的是治天下之“四术”:忠爱、无私、用贤、度量。

　　君王要真诚仁爱,效法天地无私的大德,任用贤才,规划财政,就
　　能治理天下。

②度量:同"度支",指规划财政收支。

③宗:根本。

④所畜子:所养育的子女。畜,养育。

⑤贤强:有德行有勇力。

⑥俊智:智慧过人。

⑦贤:胜过。

⑧利之:有利于他,对他有利。

⑨畜:治理。

⑩有虞氏:古部落名。传说其首领舜受尧禅,都蒲阪(在今山西永
　　济西南)。盛德:高尚的品德。

⑪袭:沿袭,因循。

⑫诚爱:真心爱护。

⑬弱子:幼儿,小孩。

⑭秦医:指扁鹊。代指古之良医。

⑮囹圄(líng yǔ):监牢。

⑯走大吏:奔走大官之间求救。

⑰爱:吝惜。

⑱文王:周文王。太公望:吕望。

⑲桓公:齐桓公。

⑳列城:指分封城邑。

【译文】

　　治理天下有四个原则:第一叫真诚仁爱,第二叫大公无私,第三叫任
用贤能,第四叫规划财政收支。度支通达,那么财政用度就充足了;任用
贤人,那么就能多立功绩;大公无私,是各种智慧产生的根源;真诚仁爱,
是父母的品行。怎么知道事情是这样的呢? 父母养育子女,不是靠德行

勇力,不是靠耳聪目明,不是靠过人的智慧,而是爱护他担忧他,想要他胜过自己。至于是对别人有利还是对自己有利,是没有区别的,这就是父母养育子女的态度。天子爱护天下,希望别人胜过自己,至于是对别人有利还是对自己有利,是没有区别的,那么天子养育治理百姓也应该是这样的了,这就是唐尧养育治理天下的态度。虞舜品德高尚,见到别人有善行,如同自己有善行;见到别人有过错,如同自己有过错。上天对万物没有偏私,大地对万物没有偏私,能效法天地这一行为的,就叫天子。真诚爱护天下百姓的圣主就能获得贤人辅助。怎么知道事情是这样的呢? 年幼小儿得了病,慈母去见良医,不去计较礼仪;孩子陷入牢狱,父母奔走大官之间求救,不会吝惜钱财。所以周文王去见太公望的时候,一天往返五次;齐桓公尊奉管仲,分封给他几座城邑。这就是为什么他们凭借偏僻狭小的地盘,自身处在卑污境地,却能够在天下执政的原因。

郑简公谓子产曰^①:"饮酒之不乐,钟鼓之不鸣,寡人之任也;国家之不入,朝廷之不治,与诸侯交之不得志,子之任也。"子产治郑,国无盗贼,道无饿人。孔子曰:"若郑简公之好乐,虽抱钟而朝可也。"夫用贤,身乐而名附,事少而功多,国治而能逸。

【注释】

①郑简公:名嘉,釐公之子,前565年即位。前554年因子孔专权,杀子孔,任子产为卿。子产:春秋时政治家。名侨,字子产。郑简公时为卿,执政多年。仁厚慈爱、轻财重德、爱民重民,有政绩。史载子产亡,郑人悲之如亡亲戚。

【译文】

郑简公对子产说:"饮酒不奏乐,钟鼓不奏鸣,是我的责任;国家不能安定，朝廷治理得不好，跟诸侯交往不能实现自己的意图，是你的责任。"子产治理郑国，国都没有盗贼，道上没有挨饿的人。孔子说："像郑简公这样喜好音乐，即使抱着乐器上朝也行啊。"君主任用贤人，君主自身快乐又能获取好名声，自己做的事情少而建立的功绩多，国家太平而自己能够安逸。

　　凡治之道，莫如因智①；智之道，莫如因贤。譬之犹相马而借伯乐也，相玉而借猗顿也②，亦必不过矣。今有人于此，尽力以为舟③，济大水而不用也④；尽力以为车，行远而不乘也，则人必以为无慧⑤。今人尽力以学，谋事则不借智，处行则不因贤，舍其学不用也。此其无慧也，有甚于舍舟而涉，舍车而走者矣。

【注释】

①因智：凭借智慧。因，利用，凭借。

②猗顿：春秋战国时大富商，善于鉴别玉石珠宝。

③为舟：造船。

④济：渡，渡水。大水：大河。

⑤无慧：不聪明。

【译文】

　　凡是治理的方法，没有什么比得上依靠智慧了；而依靠智慧的方法，没有什么比得上依靠贤人了。譬如观察马的好坏要凭借伯乐，观察玉的优劣要借助猗顿，也必定不会有失误了。如今有这样一个人，竭尽全力造了船，要渡过大河却不使用；竭尽全力造了车，行远路却不乘坐它，那么人们一定认为他不聪明。如今有人竭尽全力来学习，谋划事情却不借助智慧，办理事情却不借助贤人，这是舍弃他所学习的而不去运用。这说明他的愚痴,比舍弃舟船而过河,舍弃车辆而徒步奔跑更严重啊。

仁意①

治水潦者②,禹也;播五种者③,后稷也④;听狱折衷者⑤,皋陶也⑥。舜无为也,而天下以为父母,爱天下莫甚焉。天下之善者,唯仁也。夫丧其子者,苟可以得之,无择人也,仁者之于善也亦然。是故尧举舜于畎亩⑦,汤举伊尹于雍人⑧。内举不避亲⑨,外举不避仇,仁者之于善也,无择也,无恶也,唯善之所在。尧问于舜曰:"何事⑩?"舜曰:"事天。"平地而注水,水流湿⑪;均薪而施火,火从燥。召之类也。是故尧为善而众美至焉,桀为非而众恶至焉。

【注释】

①仁意:这里说的是仁的意义,仁是天下的大善,仁者必有大善。

②水潦:水淹。潦,雨水过多而积在田地或流于地面。

③五种:五种谷物。

④后稷:周代先祖,传说其母姜嫄践巨人足迹,怀孕生后稷。因曾弃而不养,故名之为"弃"。虞舜命为农官,教民耕稼,称为后稷。

⑤听狱:听理讼狱,断案。折衷:调节使适中。

⑥皋陶:传说虞舜时的司法官。

⑦畎(quǎn)亩:田亩,田野。

⑧汤:商朝的创建人。历史上著名的贤君。伊尹:商初大臣。名伊,尹是官名。雍人:古代掌宰杀烹饪的厨师。

⑨内举:荐举家族亲故。

⑩何事:事奉谁。

⑪流湿：流向低湿处。

【译文】

治理洪水的，是禹；播种五谷的，是后稷；断案处理适中的，是皋陶。舜自然无为，而天下百姓认他为父母，爱天下百姓没有比他更厉害的了。天下最好的品质，只有仁。丢失孩子的人，假如可以找到孩子，无论是谁找到的都可以，仁德的人对于善也是这样。因此唐尧从田亩之中举荐任用了舜，商汤从宰杀烹饪的厨师中举荐任用了伊尹。举荐内部之人的不避开亲人，举荐外部之人的不避开仇人，仁德的人对于善，是没有挑拣，没有厌恶，只看准具备了善的品质。唐尧向舜发问道："事奉谁？"舜说："事奉天。"向平地上注水，水流向低湿处；摆匀薪柴而点着火，火燃向干燥的地方。这是同类相召啊。因此尧做善事而众多善人来到，夏桀做坏事而众多的恶人来到。

广泽①

因井中视星，所视不过数星；自丘上以视，则见其始出，又见其入。非明益也②，势使然也③。夫私心，井中也；公心，丘上也。故智载于私，则所知少；载于公，则所知多矣。何以知其然？夫吴越之国以臣妾为殉④，中国闻而非之⑤；怒⑥，则以亲戚殉一言。夫智在公，则爱吴、越之臣妾；在私，则忘其亲戚，非智损也，怨弇之也⑦。好亦然。《语》曰："莫知其子之恶也⑧。"非智损也，爱弇之也。是故夫论贵贱、辨是非者，必且自公心言之，自公心听之，而后可知也。匹夫爱其宅，不爱其邻；诸侯爱其国，不爱其敌；天子兼天下而爱之，大也。

【注释】

①广泽：原脱"泽"字，据《尔雅疏》补。这是说要去掉私心，广施恩惠。节录部分指出，如果以自私自利之心处世，就如同在井中看星星一样短浅；如果以大公无私之心处世，就如同在山丘旷野之中看星星一样开阔。泽，恩德，恩惠。

②明：视力。

③势：地势。

④吴越：春秋吴国与越国的并称。殉：用活人陪葬。

⑤中国：中原。

⑥怒：天明本眉批云："'怒'，疑作'怒'。下同。"译文从之。

⑦弇（yǎn）：遮蔽，蒙蔽。

⑧莫知其子之恶也：《礼记·大学》："好而知其恶，恶而知其美者，天下鲜矣！故谚有之曰：'人莫知其子之恶，莫知其苗之硕。'"

【译文】

坐在井中观看星星，所看到的不过几颗星；从山丘上观看星星，那既能看到星星刚开始出现的情景，又能看到星星落下的景象。不是视力变好了，是地势让他能这样。有了私心，就像在井中看星星；有了公心，就像站在山丘之上看星星。所以出于私心的智慧，那么所知道的就少；出于公心的智慧，那么所知道的就多了。凭什么知道事情是这样的呢？吴越两国有用男女奴仆殉葬的习俗，中原地区听到了就谴责这种行为；然而中原地区的人也会因为一句话被激怒，自己的亲戚也会因为这句话而受牵连殉葬。出于公心的智慧，就会爱护吴越的奴仆；一旦被私心蒙蔽，那就忘掉了亲戚的安危，不是智慧降低，而是愤怒蒙蔽了他。喜好也是这样。《礼记》中的谚语说："没有人知道自己儿子的缺点。"不是智慧降低，是偏爱蒙蔽了他。因此评论高贵低贱，分辨是非对错时，一定要从公心出发来评论，从公心来聆听，然后才可以知道真相。普通人只喜爱自己的宅院，不爱他邻居的宅院；诸侯喜好自己的国家，不爱敌国；天子能够普通爱护整个天下，这才是心胸广博。

绰子^①

　　尧养无告，禹爱辜人^②，汤武及禽兽^③，此先王之所以安危而怀远也^④。圣人于大私之中也，为无私^⑤；其于大好恶之中也，为无好恶。舜曰："南风之薰兮，可以解吾民之愠兮^⑥。"舜不歌禽兽而歌民。汤曰："朕身有罪，无及万方^⑦；万方有罪，朕身受之。"汤不私其身而私万方。文王曰："苟有仁人，何必周亲^⑧？"不私其亲而私万国。先王非无私也，所私者与人不同也。

【注释】

①绰子：宽厚仁慈。绰，宽缓，宽厚。这里讲的是圣人的爱是无私的，所以能安定天下，圣人是为万国求利益、为天下民众谋福祉。

②辜人：罪人。

③汤武：商汤、周武王，分别是商朝、周朝的开国之君。

④安危：安定危难。怀远：安抚边远的人。

⑤无私：公正没有偏心，不自私。

⑥"舜曰"几句：《礼记·乐记》："昔者舜作五弦之琴以歌南风。"《孔子家语·辩乐解》载其辞曰："南风之薰兮，可以解吾民之愠兮。"南风，东南风，又称薰风。薰，温暖柔和。愠，怨恨，忧愁。

⑦万方：全国各地，天下各地。

⑧周亲：至亲，最亲近的人。

【译文】

唐尧供养孤苦无告的人，大禹同情罪人，商汤、周武王的仁爱已经到了禽兽身上，这就是上古贤明君王用来平定危难、安抚边远民众的原因。圣人在爱护整个人类的"大私"之中，而没有个人的私心；在与百姓相同的"大好恶"之中，没有自己的好恶。虞舜说："南风温和吹起来，可以解除民众的愁苦。"虞舜不歌唱野兽而歌唱民众。商汤说："我自身有罪，不要祸及全国百姓；全国各地百姓有罪，我一身承受。"商汤不偏爱自身而偏爱全国各地百姓。周文王说："如果有仁德的人，何必偏爱至亲？"不偏爱自己的亲人而偏爱万国百姓。上古帝王不是无私，而是所偏私的跟一般人不同啊。

处道①

孔子曰："欲知则问，欲能则学，欲给则豫，欲善则肆②。"国乱，则择其邪人去之，则国治矣；胸中乱，则择其邪欲而去之，则德正矣。天下非无盲者也，美人之贵，明目者众也；天下非无聋者也，辩士之贵③，聪耳者众也④；天下非无乱人也，尧舜之贵，可教者众也。

【注释】

①处道：就是道之所处。正道所在，诸邪自去。圣人要教导民众，"君诚服之，百姓自然"。君王要守住"德、义、礼"，自己修身达到圆满，国家就能得到治理了。

②"孔子曰"几句：见《孔子家语·弟子行》："欲能则学，欲知则问，欲善则详，欲给则豫。"给（jǐ），富足。豫，预先。肆（yì），劳苦。

③辨士：能言善辩之士，游说之士。辨，通"辩"。

④聪耳：听觉灵敏。聪，听力好。

【译文】

孔子说："想要获得知识，那就要虚心好问；想要获得才能，那就要勤奋学习；想要富足，那就要预先劳作；想要有善德，那就要勤苦修习。"国家动乱，那就把邪恶的人找出来清除掉，那国家就安定了；胸中烦乱，那就把邪恶的欲念找出来清除掉，那品德就纯正了。天下不是没有盲人，而容貌美丽的人受到喜爱，这是眼力好的人多啊；天下不是没有聋人，而能言善辩的士人受到推崇，这是听觉灵敏的人多啊；天下不是没有作乱的人，唐尧虞舜受到尊敬，这是可以教导的人多啊。

孔子曰："君子者，盂也①；民者，水也。盂方则水方，盂圆则水圆。"上何好而民不从？昔者勾践好勇②，而民轻死③；灵王好细腰④，而民多饿夫。死与饿，民之所恶也，君诚好之，百姓自然，而况仁义乎？桀纣之有天下也，四海之内皆乱，而关龙逄、王子比干不与焉⑤。而谓之皆乱，其乱者众也。尧舜之有天下也，四海之内皆治，而丹朱、商均不与焉⑥。而谓之皆治，其治者众也。故曰：君诚服之，百姓自然；卿大夫服之，百姓若逸；官长服之，百姓若流。夫民之可教者众，故曰犹水也。

【注释】

①盂：一种盛液体的器皿。

②勾践：春秋末期越国国君。曾被吴王夫差打败后，入吴为质。回国后卧薪尝胆，经过十年磨砺，终于灭亡吴国。后在徐州（今山东滕州南）大会诸侯，成为霸主。

③轻死：以死事为轻，不怕死。

④灵王：楚灵王，名围，一名虔，康王弟，共王子。康王死，其子郏敖

即位,任他为令尹。前541年,他杀郏敖自立为王。多次进行对
外战争,后被迫自杀。

⑤关龙逢:夏桀时贤臣,龙逢进谏,立而不去,为桀囚拘而杀之。王
子比干:商纣王的叔父,官少师。因屡次劝谏纣王,被剖心而死。

⑥丹朱:传说为尧子,不肖,尧禅位于舜。商均:传说为舜之子。相
传舜以商均不肖,乃使伯禹继位。

【译文】

孔子说:"君主,就像盂;民众,就像水。盂是方的,那水就是方形的;盂是圆的,那水就是圆形的。"君上有什么喜好而民众不跟从呢? 从前勾践喜好勇敢,而民众不怕死亡;楚灵王喜好细腰美女,而民众有许多为减肥而挨饿的人。死亡和饥饿,都是民众所厌恶的,因为国君真的喜好这些事,百姓就自然而然地去做,更何况仁义呢? 夏桀和商纣拥有天下的时候,四海之内都陷入动乱,而关龙逢、王子比干没参与其中。但还是说国都陷入动乱,是那些作乱的人多啊。唐尧虞舜拥有天下的时候,四海之内都安定,而丹朱、商均都没有参与其中。但认为都安定,是因为安定的人多啊。所以说:君王如果真诚地去做某事,百姓就自然而然地效法;卿大夫如果真诚地去做某事,百姓就急切地追随;长官如果真诚地去做某事,百姓就如同水流一样追随。民众中可以教导的人很多,所以说像水一样。

德者,天地万物得也;义者,天地万物宜也;礼者,天地万物体也①。使天地万物皆得其宜,当其体者,谓之大仁。食所以为肥也,一饭而问人曰:"奚若?"则皆笑之。夫治天下大事也,今人皆一饭而问"奚若"者也。善人以治天地则可矣,我奚为而人善? 仲尼曰:"得之身者得之民,失之身者失之民。不出于户而知天下②,不下其堂而治四方③。知反之于己者也。"以是观之,治己则人治矣。

【注释】

①体：本体，主体。

②户：单扇的门，泛指门。

③堂：泛指房屋的正厅。

【译文】

德，就是让天地万物都能各得其所；义，就是让天地万物都行为恰当；礼，就是让天地万物能合理区别。让天地万物都能行动适宜，等级区分合情合理，这就叫大仁。吃饭是把自己变胖的方法，吃一顿就问人说："我胖了点吗？"那就都会笑话他。治理天下是大事，如今人们都像是吃一顿就问"胖了没有"的人啊。善人来治理天下是可以的，我又怎么做才能使人变得善良呢？孔子说："自身做得好，才能受到民众的信赖，自身做得不好，就会失去民众的信赖。不出大门就能知道天下大事，不从正厅下去就能治理天下四方。这是知道回过头从自己身上找问题的人啊。"由此看来，自己修养好了就能治理好百姓了。

神明^①

仁义圣智参天地^②。天若不覆，民将何恃何望^③？地若不载，民将安居安行？圣人若弗治，民将安率安将^④？是故天覆之，地载之，圣人治之。圣人之身犹日也，夫日圆尺^⑤，光盈天地。圣人之身小，其所烛远^⑥。圣人正己^⑦，而四方治矣。上纲苟直^⑧，百目皆开^⑨；德行苟直，群物皆正。正也者，正人者也。身不正，则人不从。是故不言而信，不怒而威，不施而仁。有诸心而彼正，谓之至政^⑩。今人曰："天乱矣，难以为善。"此不然也。夫饥者易食，寒者易衣，此乱而后易为德也。

【注释】

①神明：是指人的精神境界中的仁义圣智，是可以跟天地并列的。端正自己，万物皆正。本篇指出，"仁义圣智参天地"，圣人的身体虽然渺小，却能利益万方后世、和谐安定天下。

②圣智：谓聪明睿智，无所不通。参：并立等同。

③恃：依靠，依仗，凭借。

④率：遵行，遵循。将：施行。

⑤圆尺：指圆的直径一尺。

⑥烛远：光照远方。比喻泽及远方。

⑦正己：端正自己的思想、言行。

⑧纲：提网的总绳。

⑨百目：指所有的网眼。

⑩至政：极清明的政治。

【译文】

有仁义圣智的圣王跟天地并列。天如果不覆庇百姓，百姓将依靠什么，期望什么？地如果不承载百姓，百姓将居住在哪里，行走在哪里？圣人如果不去治理，百姓将遵循什么？奉行什么？所以要天覆庇百姓，地承载百姓，圣人治理百姓。圣人自身就像太阳一样，太阳直径也就一尺，它的光芒却充满天地。圣人身体很小，但影响力却能照到很远的地方。圣人端正自己，天下四方都能安定太平。提网的总绳如果拉直，所有的网眼都会张开；圣人的德行如果正直，百姓的德行都正直。正，是端正众人的。圣人自身不端正，那么众人不会听从。因此圣王能不用言语就获信于民，不用发怒就有威严，不用给予就体现了仁德。有这样的心理而民众品德自然端正，这可称为极清明的政治。如今的人们说："天下乱了，难以推行善政。"这是不对的。饥饿的人容易满足食物，寒冷的人容易满足衣裳，这就是社会动乱之后更容易进行道德教化的原因。

申子

不害

【题解】

申子，即申不害（前385—前337），战国时期郑国京（今河南荥阳）人。本为郑国低级官吏，韩灭郑后，为韩昭侯重用，为相十五年，长于君主驭臣之"术"，内修政事，外应诸侯，使韩国君主制得以加强，百姓生活逐渐富裕，史称"终申子之身，国治兵强，无侵韩者"。《史记·老子韩非列传》言其学问"本于黄老而主刑名"。与商鞅均为法家的重要代表人物，并称"申商"；与韩非并称为"申韩"，后世亦称法家学说为"申韩之学"。

《申子》一书，《汉书·艺文志》著录六篇，《隋书·经籍志》法家类《商君书》下注云"梁有《申子》三卷，韩相申不害撰，亡"，两《唐书》均著录《申子》三卷，宋以来史志书目不见著录，大约亡于唐宋之际。现在可以看到的，仅有《群书治要》辑录的《申子·大体》一篇。清人严可均、马国翰等均有辑本。

《申子·大体》指出君主不能让臣子受宠擅权，而导致国家的灭亡。守国不在于城池险阻，而是要让自己不被蔽塞。文中提出君臣的分工："君治其要，臣行其详。"君主要正名，"名正则天下治"，这是建议唐太宗要把握大局。

大体①

夫一妇擅夫②，众妇皆乱；一臣专君③，群臣皆蔽。故妒妻不难破家也，乱臣不难破国也。是以明君使其臣并进辐凑④，莫得专君。

【注释】

①大体：本篇总结了申不害在韩国政坛上的经验，认为巩固国家的统治必须使臣"莫得专君"。为此，他提出了加强君权的术治思想。

②擅：拥有，独占。

③专君：专享君宠而擅权。

④并进：一起进用。辐凑：集中，聚集。凑，通"辏"，车轮的辐集中于毂上。

【译文】

一个妇人独占丈夫，众多妻妾都会混乱；一个臣子专享君宠，众多臣子都被疏远隐没。所以嫉妒的妻子很难不让家庭残破，作乱的臣子很难不让国家残破。因此英明的君主能让臣子像车辐聚集于毂上一样一起进用，没有人能够专享君宠。

今人君之所以高为城郭①，而谨门闾之闭者②，为寇戎盗贼之至也③。今夫弑君而取国者，非必逾城郭之险④，而犯门闾之闭也，蔽君之明，塞君之听，夺之政而专其令，有其民而取其国矣。

【注释】

①城郭：城墙。城，指内城的墙。郭，指外城的墙。

②门间:城门与里门。泛指门户。

③寇戎:敌军。

④逾:越过。

【译文】

如今国君之所以修筑高高的城墙,谨慎地关闭大门,是为了防备敌军和盗贼的侵袭。现在杀死国君窃取国家的,不一定要越过城墙的险阻,侵犯闭锁的大门,只要遮蔽国君的视线,堵塞国君的听力,夺取国君的政权而专擅他的命令,就可以拥有他的民众而夺取他的国家了。

今使乌获、彭祖负千钧之重①,而怀琬玉之美②;令孟贲、成荆带干将之剑卫之③,行乎幽道④,则盗犹偷之矣。今人君之力,非贤乎乌获、彭祖⑤,而勇非贤乎孟贲、成荆也。其所守者,非恃琬玉之美、千金之重也,而欲勿失,其可得耶?

【注释】

①乌获:战国时秦武王的勇士。据说他能举千钧之重,年寿至八十以上。彭祖:传说人物,据说是颛顼玄孙。殷王任为大夫,他托病不问政事。传说活至八百余岁,旧时视为长寿的象征。千钧:三十斤为一钧,千钧即三万斤。常用来形容器物之重或力量之大。

②琬(wǎn)玉:泛指美玉。琬,琬圭,上端呈圆形的圭。

③孟贲:齐国人,战国时勇士。成荆:春秋齐国的勇士。干将:古剑名。相传春秋吴有干将、莫邪夫妇善铸剑,为阖闾铸阴阳剑,阳曰"干将",阴曰"莫邪"。干将藏阳剑献阴剑。吴王视为重宝。

④幽:僻静。

⑤贤:胜过。

【译文】

　　如今让乌获、彭祖背负着千钧的重物，怀揣着贵重的琬圭；让孟贲、成荆携带宝剑干将去护卫他们，走在僻静的道路上，盗贼还是要偷窃他们。如今国君的力量，没有胜过乌获、彭祖，而勇敢没有胜过孟贲、成荆。他所要守卫的，不仅仅是琬圭这样的美玉、千金这样贵重的事物，而想要不遗失，那还可能吗？

　　明君如身，臣如手；君若号，臣如响①；君设其本②，臣操其末；君治其要，臣行其详；君操其柄③，臣事其常。为人臣者，操契以责其名④。名者，天地之纲，圣人之符。张天地之纲，用圣人之符，则万物之情无所逃之矣。

【注释】

①响：回声。

②设：谋划。

③柄：根本，权柄。

④契：符节、凭证、字据等信物。古代契分为左右两半，双方各执其一，用时将两半合对以作征信。责：索取，要求。名：名称，名分。

【译文】

　　英明的君主像人的躯体，臣子就像双手；君主像号子，臣子像回声；君主谋划根本，臣子操弄细节；君主治理纲要，臣子施行具体的事情；君主把握根本权柄，臣子从事日常工作。作为臣子，拿着刻契凭证要求名称符合。名，是天地的纲纪，圣人的符节。确立天地的总纲，使用圣人的符节，那么万物的真情实况就没有地方逃避隐藏了。

　　故善为主者，倚于愚①，立于不盈，设于不敢②，藏于无事,窜端匿疏③,示天下无为④。是以近者亲之,远者怀之⑤。示人有余者,人夺之;示人不足者,人与之。刚者折,危者覆⑥,动者摇,静者安,名自正也⑦,事自定也。是以有道者,自名而正之,随事而定之也。鼓不与于五音,而为五音主;有道者,不为五官之事⑧,而为治主。君知其道也,官人知其事也。十言十当、百为百当者,人臣之事,非君人之道也。

【注释】

①倚:靠着。

②设:筹划,谋划。

③窜端:指隐藏事物的端绪。

④无为:谓顺应自然,不求有所作为。

⑤怀:怀归,归向。

⑥危:高。

⑦自正:自己端正。

⑧五官:殷周时分掌政事的五个高级官职。《礼记·曲礼下》:"天子之五官,曰司徒、司马、司空、司士、司寇,典司五众。"后泛指百官。

【译文】

所以善于做国君的人,靠着表面的愚笨,立于谦虚,谋划出胆小畏惧之象,藏而不露,不显真相,向天下显示自己无所作为。因此近旁的人亲近他,远方的人归附他。向人炫耀自己有多余的,别人就要抢夺他;向人显示自己的不足,别人就要给予他。刚硬的东西易被折断,高险的东西容易倾覆,动弹的东西摇荡,静止的东西就安稳,名分自己端正,事情自己确定。因此有道的君主,自会名正言顺,随着客观形势变化而做出决定。鼓声不属于宫商角徵羽五音,却是五音之主;有道之君,不做百官具体的事务,要做治理国政的主宰。国君就是掌握道的人,官员知道具体的职事。十次说话十次恰当、百次作为百次恰当的,这是臣子的职责,不是国君的准则。

　　昔者尧之治天下也以名,其名正则天下治①;桀之治天下也亦以名,其名倚而天下乱②。是以圣人贵名之正也。主处其大,臣处其细。以其名听之,以其名视之,以其名命之。镜设精③,无为而美恶自备;衡设平④,无为而轻重自得。凡因之道⑤,身与公无事,无事而天下自极也⑥。

【注释】

①治:太平。

②倚:偏,歪。

③精:精良,精确。

④衡:秤杆,衡器。

⑤因:沿袭,承袭,顺应。

⑥极:极致,最高的境地。

【译文】

　　从前唐尧治理天下靠的是名,他的名端正那么天下就太平;夏桀治理天下也是靠名,他的名偏邪不正天下就混乱。因此圣人重视名的端正。君主处理大事,臣子处理具体小事。依照他的名去听取,依照他们的名去观察,用他们的名分去命令。镜子设置精确,不用做什么而美丑自然显现;秤杆设置公平,不用做什么而轻重自然知道。凡是顺应这一大道,自身与国家都遵循规律自然无为,而天下自会到达极致。

卷三十七

孟子

【题解】

《孟子》是儒家的经典著作,为儒家"十三经"之一。记载了孟子及其弟子在政治、哲学、伦理、教育等方面的思想观点,与《大学》《中庸》《论语》并称"四书",对后世影响极为深远。孟子主张"性善论",认为人生来就具有"恻隐之心""羞恶之心"等品性,通过学习人人皆可成为尧舜,这就强调了教育的可能性。孟子以"平治天下"为己任,提倡"民贵君轻""仁政""民本"等政治思想,宣扬"王道",反对"霸道"。孟子长于辩论,经常驳得对方哑口无言或"顾左右而言他",他善用譬喻,尤其是博喻,其文章气势磅礴,感情奔放,在先秦诸子散文中极为突出,对后世散文影响巨大。其文学理论如"文气说""知人论世""以意逆志"等也为后人所重视。

孟子,名轲,鲁国邹(今山东邹城)人。据《史记·孟子荀卿列传》载,孟子"受业子思(孔伋,孔子之孙)之门人"。孟子是儒家学派的主要代表人物之一,他继承和发展了孔子"仁"的学说,被后人尊为"亚圣",与孔子合称"孔孟"。

《孟子》的通行注本有《十三经注疏》(东汉赵岐注、宋孙奭疏),宋朱熹《四书章句集注》中的《孟子集注》,清焦循《孟子正义》。今人杨伯峻《孟子译注》(附《孟子词典》)平实通畅,可供参考。

《群书治要》节录了《孟子》中的《梁惠王》《公孙丑》《滕文公》《离娄》《告子》《尽心》等六篇,主要涉及义利之辩,人之四端"仁、义、礼、智"及以民为本、施行仁政等方面。其中孟子所说的君臣关系发人深省:"君之视臣如手足,则臣之视君如腹心;君之视臣如犬马,则臣之视君如国人;君之视臣如土芥,则臣之视君如寇仇。"文中小字注是赵岐注。

梁惠王①

孟子见于梁惠王。王曰:"叟②! 不远千里而来③,亦将有以利吾国乎?"孟子对曰:"王何必曰利? 亦曰仁义而已矣。王何必以利为名乎④? 亦唯有仁义之道可以为名耳。以利为名,则有不利之患矣。王曰:'何以利吾国?'大夫曰:'何以利吾家⑤?'士庶人曰⑥:'何以利吾身?'上下交征利而国危矣⑦。征,取也。从王至庶人,各欲取利,必至于篡弑。未有仁而遗其亲者也⑧,未有义而后其君者也⑨。"

【注释】

①梁惠王:本篇节录部分主要说明儒家的义利观。孟子认为不能只追逐利益,而是要以仁义为先,进而阐明为政者必须与民同利的道理。其关键在于贤君能施惠于百姓,而暴君则使民众穷困、丧失生命。梁惠王:即魏惠王。姓姬,魏氏,名罃,魏武侯之子。魏是国名,惠是谥号。即位后,因受秦威胁,由旧都安邑(今山西夏县北)迁都大梁(今河南开封西北),所以又叫梁惠王。梁惠王一生好大喜功,在位期间发动了桂陵之战、马陵之战等,皆以大败而终,以至于葬送了霸业。

②叟:老人。对长者的尊称。

③远：认为远。

④以利为名：拿利作为名义。

⑤家：指卿大夫的封邑。

⑥庶人：平民，普通百姓。

⑦征利：取利。征，夺取。

⑧亲：双亲，父母。

⑨后：使居于其后，指怠慢。

【译文】

　　孟子见梁惠王。梁惠王说："老人家！您不远千里前来，也将会有利于我们国家吧？"孟子回答说："大王何必说利呢？只要说仁义罢了。大王何必拿利来作为名义呢？也只有仁义之道可以作为名义罢了。用利作为名义，那就会有不利的祸患了。大王说：'怎样对我的国家有利？'大夫说：'怎样对我的封邑有利？'士人和百姓说：'怎样对我自己有利？'结果是上下互相争夺利益而国家就危险了啊！征，是夺取。从君王到百姓，各自都想夺取利益，一定会导致篡位杀君。从来没有重仁义之人抛弃他父母的，也从来没有重道义之人怠慢他的君王的。"

　　梁惠王曰："寡人愿安承教①。"愿安，意承受孟子之教命。孟子对曰："杀人也，以梃与刃②，有以异乎？"梃，杖也。曰："无以异也。""以刃与政③，有以异乎？"曰："无以异也。"以刃与政杀人无异也。"庖有肥肉④，厩有肥马⑤，民有饥色⑥，野有饿莩⑦，此率兽而食人也。兽相食，且人恶之，为民父母行政⑧，不免率兽而食人，恶在其为民父母也⑨。"为政乃若率禽兽食人，安在其为民父母之道？

【注释】

①愿安：情愿，乐意。承教：接受教导。

②梃（tǐng）：木棒。

③政：政令，政事。

④庖（páo）：厨房。

⑤厩（jiù）：马厩，马圈。

⑥饥色：因饥饿而表现出来营养不良的面色。

⑦饿莩（piǎo）：饿死的人。

⑧行政：执掌国家政权，管理国家事务。

⑨恶：何，疑问代词。父母：父母官。

【译文】

　　梁惠王说："我乐意听从您的指教。"愿安，意思是承受孟子的教导。孟子回答说："杀人，用木棒打死和用刀子杀死，有什么不同吗？"梃，是木棒。梁惠王说："没有什么不同。"孟子又问："用刀子杀死和用政令害死，有什么不同吗？"梁惠王说："没什么不同。"用刀与用政令杀人没有什么不同。孟子紧接着说："厨房里有肥美的肉，马厩里有健壮的马，可是老百姓面带饥色，野外有饿死的人，这就是在上位的人率领着野兽吃人啊！野兽自相吞食，人们尚且厌恶；作为民众的父母官，管理国政时，却不免做出像率领野兽吃人一样的事，那又怎样做老百姓的父母官呢？"为政竟然像率领着野兽吃人，哪里是做民众父母官的准则？

　　齐宣王问曰①："文王之囿方七十里②，有诸③？"孟子曰："有之。"曰："若是其大乎④？"王怪其大。曰："民犹以为小也。"曰："寡人之囿，方四十里耳，民犹以为大，何也？"曰："文王之囿，方七十里，刍荛者往焉⑤，雉兔者往焉⑥，与民同之。民以为小，不亦宜乎？臣闻郊关之内⑦，有囿方四十里，杀其麋鹿者如杀人之罪⑧。郊关,齐四境之郊皆有关也。则是方四十里为阱于国中也⑨。民以为大,不亦宜乎?"设陷阱者,丈尺之间耳,今陷阱乃方四十里,民患其大,不亦宜乎?

【注释】

①齐宣王:田姓,名辟疆,齐威王之子。任田婴为相,对内整顿吏治,对外合纵联盟,国势渐强。喜好学术,在国都临淄稷门外稷下广置学官,招揽学者。

②文王:周文王。囿:用以畜养禽兽以供统治者玩赏的园地,汉以后称"苑"。方:方圆,周围。

③有诸:有这样的事吗。

④若是:真的是。

⑤刍荛(chú ráo)者:割草打柴的人,樵夫。

⑥雉菟者:捕捉山鸡野兔的人,猎人。

⑦郊关:四郊之关口。古代城邑四郊起拱卫防御作用的关口。

⑧麋鹿:哺乳动物。性温顺。原产中国,是一种稀有的珍贵兽类,也叫四不像。如:等同。

⑨阱(jǐng):陷阱。

【译文】

齐宣王问孟子说:"听说文王的苑囿方圆七十里,有这回事吗?"孟子说:"古书上有这样的记载。"齐宣王说:"真是这样大吗?"宣王对苑囿之大感到奇怪。孟子说:"民众还认为小呢。"齐宣王说:"我的苑囿,方圆只有四十里,民众还认为太大了,这是为什么呢?"孟子说:"文王的苑囿,方圆七十里,割草打柴的人能去,捕捉山鸡野兔的人也能去,跟民众一同享用。民众认为小,这不应该吗?我听说在齐国国都的郊外,有一个范围方圆四十里,凡杀了里面的麋鹿的就以杀人罪论处。郊关,齐国国都四方边境都有关口。那么,这方圆四十里的区域,对民众来说,是在国内布置的一个大陷阱。民众认为太大了，不也应该吗？"设置陷阱的，不过一丈一尺之间罢了，如今陷阱竟然方圆四十里，民众嫌它太大，不也应该吗？

公孙丑①

孟子曰："人皆有不忍人之心。言人人皆有不忍加恶于人之心也。先王有不忍人之心，斯有不忍人之政矣。以不忍人之心，行不忍人之政，治天下可运之于掌上②。先王推不忍害人之心，以行不忍伤民之政，以是治天下，亦易于转丸于掌上也。所以谓'人皆有不忍人之心'者，今有乍见孺子将入于井③，则皆有怵惕、恻隐之心④。由此观之，无恻隐之心，非人也；无羞恶之心⑤，非人也；无辞让之心⑥，非人也；无是非之心，非人也。言无此四者，当若禽兽，非人之心也。恻隐之心，仁之端也；羞恶之心，义之端也；辞让之心，礼之端也；是非之心，智之端也。端者，首也。人之有是四端也⑦，犹其有四体也。有是四端而自谓不能者，自贼者也⑧；自贼害其性，使为不善。谓其君不能者，贼其君者也。"谓其君不能为善而不匡正者，贼其君使陷恶者也。

【注释】

①公孙丑：本篇节录部分主要阐述四种道德观念的开端：仁、义、礼、智，这是孟子性善论的理论基础。孟子也将这"四端"比作人的"四体"，以此阐释人性中的善如同四肢一样是与生俱来的，并且善的本性需要发扬光大。公孙丑，姓公孙，名丑。孟子弟子，长期追随孟子记录言行。

②运之于掌上：运转于手掌之上。比喻非常容易。

③乍见：忽然看见，猛一见。乍，忽然，突然。孺子：幼儿，儿童。

④怵惕（chù tì）：戒惧，惊惧。恻（cè）隐：见人遭遇不幸而心有不忍，即同情怜悯。

⑤羞恶（wù）：对自己或别人的坏处感到羞耻厌恶。

⑥辞让：谦逊推让。

⑦四端：这里指仁、义、礼、智四种道德观念的开端、萌芽。

⑧自贼：自己伤害自己，自杀。贼，残害，杀害。

【译文】

孟子说："每个人都有不忍伤害别人的善心。这是说人人都有不忍加害于人的善心。先王因为有不忍伤害别人的仁爱之心，这就有了不忍伤害别人的仁政。凭借不忍害人的仁爱之心来实施仁政，治理天下就可像把它放在手掌中转动那样容易。先王推广不忍伤害别人的仁爱之心，来实施不忍伤害别人的仁政，以此来治理天下，也是比在手掌中转动弹丸还容易。我之所以说'每个人都有不忍伤害别人的善心'，是因为如果现在有人突然看到一个小孩子快要掉到井里，那么每个人都会产生惊惧、怜悯之心。由此看来，一个人如果没有怜悯同情之心，那就不是人；如果没有羞耻厌恶之心，那就不是人；如果没有推辞谦让之心，那就不是人；如果没有是非对错之心，那就不是人。这是说没有这四种道德观念，就像是禽兽的心，不是人心。同情怜悯之心，是仁的开端，羞耻厌恶之心，是义的开端；推辞谦让之心，是礼的开端；是非对错之心，是智的开端。端，是开始的意思。人们有这四种道德观念的开端，就像有四肢一样。有这四种开端却自认为无能为力，这是自暴自弃的人；自己伤害自己善良的本性，让自己做坏事。认为他的君主无能为力，便是伤害他的君主的人。"说他的君主不能行善而不进行匡正的，是残害他的君主并让他陷于不义。

孟子曰："矢人岂不仁于函人哉①？矢人唯恐不伤人，

函人唯恐伤人。巫、匠亦然^②。故术技不可不慎也^③。矢,箭也。函,铠也^④。作箭之人其性非独不仁于作铠之人也,术使之然。巫欲祝活人,匠作棺欲其早售,利在人死也。故治术不可不慎修其善者也。

【注释】

①矢人:造箭的工匠。函人:造铠甲的工匠。

②巫:巫祝,以通鬼神,为人预测祸福,祈祷等活动为职业的人。匠:这里指木工。巫者为人祈祝,利在人之生;匠者制作棺椁,利在人之死。

③术技:技术,谋生的职业。技,才能,手艺。

④铠:铠甲。古代作战时护身的服装,金属或皮革制成。

【译文】

孟子说:"造箭的工匠难道比造铠甲的工匠不仁爱吗?造箭的工匠唯恐他的箭不锋利不能射伤人,而造铠甲的工匠却唯恐铠甲不坚硬使人受伤。做巫师的和做木匠的也是这样。所以选择谋生之术不可以不谨慎。"矢,是箭。函,是铠甲。造箭的人的本性并不比造铠甲的人不仁爱,是他的职业让他这样的。巫师想要祈祷把人救活,木匠制作棺材想要早点出售,利益在于人死后购买棺材。所以选择职业不可以不谨慎地选择从事行善的。

孟子曰:"子路^①,人告之以其过则喜,禹闻善言则拜。大舜又甚焉,善与人同^②,舍己从人,乐取于人以为善^③,自耕稼、陶、渔以至为帝^④,无非取于人者。取诸人以为善,是与人为善也,故君子莫大乎与人为善。"舜从耕于历山及陶渔^⑤,皆取人之善谋而从之,故曰"莫大乎与人为善"也。

【注释】

①子路：仲由的字。春秋时鲁国卞（今山东泗水东）人。孔子弟子。性直爽、有勇力，长于政事。后在卫为卫大夫孔悝家宰，在内讧中被杀害。

②善与人同：善于与人求同。

③取于人：指吸取别人的优点。

④耕稼、陶、渔：《史记·五帝本纪》云：“舜耕历山，历山之人皆让畔；渔雷泽，雷泽上人皆让居；陶河滨，河滨器皆不苦窳。一年而所居成聚，二年成邑，三年成都。”

⑤历山：古山名。相传舜耕历山。所在地点说法不一。

【译文】

孟子说：“子路，别人指出他的错误，他就高兴；大禹听到了有益的话就向人拜谢。虞舜更厉害，他善于与别人求同，舍弃自己的缺点，接受人家的优点，高兴地吸取别人的优点来行善。他从种庄稼、制陶器、捕鱼，直到做天子，没有哪个优点不是从别人那里吸取来的。吸取别人的优点来行善，就是与别人一起行善，所以君子的德行没有跟别人一起行善更伟大的了。”虞舜从在历山耕地以及制作陶器捕鱼，都吸取别人的好的计谋而听从，所以说“没有比跟别人一起行善更伟大的了”。

滕文公①

陈相见孟子②，道许行之言曰③：“贤者与民并耕而食④。”孟子曰：“治天下，有大人之事，有小人之事⑤。或劳心，或劳力。劳心者治人，劳力者治于人。故治于人者食人⑥，不能治人者食于人，天下之通义也⑦。劳心者，君也；劳力者，民也。君施教以治之，民竭力治公田以奉食其上⑧，天下通义所常行也。当尧之时,洪水横流,泛滥于天下。尧独忧之,举舜而治焉。舜使禹疏九河⑨,决汝、汉⑩。八年于外,三过其门而不入,虽欲耕,得乎?尧以不得舜为己忧,舜以不得禹、皋陶为己忧⑪。分人以财谓之惠,教人以善谓之忠⑫,为天下得人谓之仁。是故以天下与人易,为天下得人难。”

【注释】

①滕文公:本篇节录部分主要谈社会分工的必要性。孟子指出劳力者和劳心者不同,有各自的社会职能。各司其职,各守本分,才能和谐相处。滕文公,战国中期滕国(今山东滕州)国君,滕定公之子。周显王四十三年(前326),滕文公以太子身份出使楚国,在途经宋国时,曾两次拜见孟子,向他请教治国之道。

②陈相:战国时楚人。好周公、孔子之学。

③许行:战国时楚人。信奉并实践农家学说。

④并耕:一同耕作。

⑤大人、小人:在《孟子》本篇中,“大人”与“君子”同义,指统治者;“小人”与“野人”同义,指被统治者。

⑥食(sì):使……食,拿东西给人吃。

⑦通义:普遍适用的道理与法则。

⑧公田:古代井田制度下,把土地划成“井”字形,分为九区,中间区域由若干农夫共同耕种,即公田。收获物全部缴纳给统治者。

⑨九河:禹时黄河的九条支流。九河故道经流之地,均在黄河下游,即今河北、山东之间平原上。近人多认为是古代黄河下游多条支流的总称。

⑩决:开凿壅塞,疏通水道。汝:汝水。淮河支流,在今河南境内。汉:汉水。长江最大的一条支流。

⑪皋陶：传说虞舜时的司法官，曾经被舜任命为掌管刑法的"理官"，以执法如山而闻名天下。

⑫忠：尽心竭力，忠诚无私。

【译文】

陈相来见孟子，转述许行的话说："贤人要和民众一起耕种而获得食物。"孟子说："治理天下，官吏有官吏的工作，百姓有百姓的工作。有的人从事脑力劳动，有的人从事体力劳动；靠脑力劳动者统治人，靠体力劳动者被人统治。所以被统治者奉养别人，统治者被人奉养，这是天下普遍适用的法则。从事脑力劳动的，是君主；从事体力劳动的，是民众。君主实施教化来统治民众，民众竭力耕作公田来奉养君上，这是天下普遍适用的法则。尧当天子的时候，大水溢出河道，在天下泛滥。尧独自为此而忧虑，于是选拔舜来治理。舜让禹疏浚九条河道，决开口引导汝水、汉水。禹在外八年，三次经过自己的家门都不进去，即使他想种地，可能吗？尧把得不到舜这样的人当作自己的忧虑，舜把得不到禹和皋陶这样的人当作自己的忧虑。把钱财分给别人叫做恩惠，把为善的道理教给别人的叫做忠，为天下找到真正的人才叫做仁。因此把天下让给别人比较容易，为天下找到真正的人才却很困难。"

离娄①

孟子曰："离娄子之明，公输子之巧②，不以规矩③，不能成方圆；师旷之聪④，不以六律⑤，不能正五音⑥；尧、舜之道，不以仁政⑦，不能平治天下⑧。言当行仁恩之政，天下乃可平。今有仁心仁闻⑨，而民不被泽⑩，不可法于后世者⑪，不行先王之道也。仁心，性仁也。仁闻，仁声远闻也。虽然，犹须行先王之道，使百姓被泽，乃可为后世法也。故曰：徒善不足以为政，徒法不能以自行^⑫。但有善心而不行之，不足以为政；但有善法度而不施之，法度亦不能独自行。圣人既竭目力焉^⑬，继之以规矩准绳^⑭，以为方圆。既竭耳力焉，继之以六律，正五音。既竭心思焉，继之以不忍人之政^⑮，而仁覆天下也。故为高必因丘陵^⑯，为下必因川泽^⑰，为政不因先王之法，可谓智乎？言因自然，即用力少而成功多。是以惟仁者宜在高位，不仁而在高位，是播恶于众也。"仁者，能由先王之道；不仁者逆道，则播扬其恶于众人也。

【注释】

①离娄：本篇节录部分指出施行仁政是平治天下的根本。得到天下是因为仁，失去天下是因为不仁。离娄，传说中视力特别强的人。

②公输子：即鲁班，春秋时期鲁国人。姬姓，公输氏，名班。人称公输盘（般），著名巧匠。《墨子》记载道："公输子削竹木以为鹊，成而飞之，三日不下。"就是说鲁班制作的木鸟，能乘风力飞上高空，三天不降落。

③规矩：比喻条例法度。规，圆规，画圆形的工具。矩，曲尺，画直角或方形的工具。

④师旷：名旷，字子野，春秋晋国乐师。善于辨音。聪：听力好。

⑤六律：古代乐音标准名。古代有十二乐律，阴阳各六，阳为律，阴为吕。六律即六阳声黄钟、大蔟、姑洗、蕤宾、夷则、无射。

⑥五音：指宫、商、角、徵、羽五个音阶。

⑦仁政：孟子提出的政治主张。以仁义道德作为施政的根据，要求统治者用道德来感化、获得民心，统治天下。

⑧平治：治理，整治。

⑨仁闻：仁爱的名声。闻，声誉，名声。

⑩被泽：蒙受恩泽。

⑪法：效法。

⑫自行：自己实行，自己处理。

⑬竭目力：用尽了目力。竭，穷尽。

⑭准绳：比喻言行所依据的原则或标准。准，一种测量水平面的器
　　具。绳，墨绳，木工取直用的墨线。

⑮不忍人之政：怜悯体恤百姓的政治。

⑯因：凭借，借助。丘陵：这里指山陵。

⑰川泽：河川和湖泊。泛指江河湖泊。

【译文】

　　孟子说："就是有离娄的好视力，鲁班的巧技，如果不用圆规和曲尺，
也不能画出标准的圆形和方形；就是有师旷那样的听力，如果不凭借六
律，也不能校正五音；就是有尧、舜的谋略，如果不施行仁政，也不能治理
好天下。这是说应当推行仁恩的政治，天下才可以太平。现在君主即使有仁
之心和仁爱的声誉，但民众没有蒙受他的恩泽，他也不能成为后代效法
的榜样，就是因为没有实施前代的圣王之道。仁心，是指本性仁爱。仁闻，是
指仁爱的声誉远播。即便如此，还必须推行先代圣王之道，使百姓蒙受恩泽，才可以
被后代效法。所以说：只有善心，不足以治理政事；只有好的法令，也不能
让人自行实施。只有善心而不去实施，不足以治理政事；只有好的法令而不实施，
法度也不能自动产生效果。圣人已用尽了眼力，再加上圆规、曲尺、墨线，才
能制造方形圆形的各种东西。圣人已用尽了听力，继而再加上用六律，
来校正五音。圣人已经竭尽了心智，再加上施行不忍伤害人的仁政，那
么仁义就能遍布天下。所以筑高台一定要借助山陵，挖深池一定要借助
沼泽，治理政事不借助前代圣王的法度，能说有智慧吗？这是说借助自然，
就用力少而成功多。因此，只有仁人适宜处于统治地位，不仁义却处于统
治地位，就会把他的邪恶传播给民众。"仁者，能够遵循先王之道；不仁之人违
背先王之道，就会在民众中传播他的邪恶。

孟子曰：“三代之得天下也以仁^①，其失天下也以不仁。国家之所以废兴存亡者亦然^②。天子不仁，不保四海之内^③；诸侯不仁，不保社稷^④；卿大夫不仁^⑤，不保宗庙^⑥；士庶人不仁，不保四体。今恶死亡而乐不仁，犹恶醉而强酒。”

【注释】

①三代：指夏、商、周三个朝代。

②废兴：盛衰，兴亡。

③四海之内：天下。

④社稷：古代帝王、诸侯所祭的土神和谷神。后用以指代国家。

⑤卿大夫：西周、春秋时国王及诸侯所分封的臣属，地位次于诸侯。
一般情况下，卿的地位较大夫为高，卿的田邑较大夫为多，并掌握
国政和统兵之权。

⑥宗庙：古代帝王、诸侯祭祀祖宗的庙宇。这里指卿大夫的采邑。

【译文】

孟子说：“夏、商、周三代得到天下是因为仁，他们失去天下是因为不仁。国家之所以存亡兴废也是这样。天子不仁，不能保有天下；诸侯不仁，不能保有国家；卿大夫不仁，不能保有采邑；士人和百姓不仁，不能保有身躯。如今厌恶死亡却以不仁为乐，就好像厌恶喝醉却硬要喝酒一样。”

孟子告齐宣王曰：“君之视臣如手足，则臣之视君如腹心^①；君之视臣如犬马，则臣之视君如国人^②；君之视臣如土芥^③，则臣之视君如寇仇^④。”芥，草芥也。臣缘君恩以为差等^⑤。

【注释】

①腹心：肚腹与心脏，皆人体重要器官。此处比喻极亲近的人。

②国人：此指路人、陌生人。

③土芥：泥土草芥。比喻微贱的无足轻重的东西。芥，小草。

④寇仇：仇敌，敌人。

⑤缘：遵照。差等：等级，区别。

【译文】

　　孟子告诉齐宣王说："君主把臣子看成自己的手足，那么臣子就会把君主看成自己的腹心；君主把臣子看成狗马，那么臣子就会把君主看成陌生人；君主把臣子看成泥土小草，那么臣子就会把君主看成仇敌。芥，是小草。臣子依照君主的恩情分成不同的等级。

告子①

　　孟子曰："今有无名之指，屈而不申②，非疾痛害事。如有能申之者，则不远秦楚之路③，为指之不若人也。无名之指，手第四指也。余指皆有名，无名指，非手之用指也。指不若人，则知恶之；心不若人，则不知恶。此之谓不知类④。"心不若人，可恶之大者也。而反恶指，故曰不知类。类，事也。

【注释】

①告子：节录部分主要论述人心修养与仁德的重要性。告子，战国时思想家。名不详，一说名不害，与孟子同时而年长于孟子，提出性无善恶论，认为"生之谓性""食色，性也"，同孟子的性善论对立。

②申：伸展，伸张。

③秦：周代诸侯国名。在今陕西和甘肃一带。楚：周代诸侯国。战国时为七雄之一，位于长江中下游。

④类：事理。

【译文】

　　孟子说："如今有一个人的无名指，弯曲不能伸展，不疼痛也不妨害做事。如果有人能让它伸直，那么即使前往秦国、楚国也不嫌远，因为他的手指不如正常人的缘故。无名指，是手的第四个指头。剩下的手指都有名称，无名指，不是手用来做事的指头。手指不如别人，那就知道厌恶它；心不如别人，却不知道厌恶。这就叫做不明事理。"心不如人，是最大的羞耻。反而只知道讨厌无名指这样的小节，所以叫做不明事理。类，是事理。

　　孟子曰："仁之胜不仁也，犹水之胜火也。今之为仁者，犹以一杯水救一车薪之火也^①，不息^②，则谓水不胜火者。此与于不仁之甚者也^③。"

【注释】

　　①薪：柴草。

　　②息：今作"熄"，熄灭。

　　③与于不仁之甚：与不仁的人比较更为严重。甚，严重。

【译文】

　　孟子说："仁爱胜过不仁，就像水胜过火一样。如今施行仁德的人，好像用一杯水去救一车柴草的大火，大火不熄灭，就说水不能胜过火。这些人与不仁的人相比更为严重。"

　　孟子曰："五谷，种之美者也^①。苟为不熟，不如荑稗^②。夫仁，亦在熟之而已矣。"熟，成也。

【注释】

　　①五谷：五种谷物。通常指稻、黍、稷、麦、豆。种：这里指庄稼，粮食

作物。

②莨稗（yí bài）：莨、稗为二草名。似禾，实比谷小，亦可食。莨，通"稊"，一种似稗子的草。

【译文】

孟子说："五谷，是庄稼中的优良品种。假若不成熟，反而不及莨草和稗子。仁德，也就是使它成熟罢了。"熟，成熟。

尽心①

孟子曰："以佚道使民②，虽劳不怨；谓教民趣农，役有常时，不使失业，当时虽劳，后获其利则逸矣。以生道杀民③，虽死不怨杀者。"杀此罪人者，其意欲生人也，故虽伏罪而死④，不怨杀者也。

【注释】

①尽心：节录部分主要讲要以民为本，不谋私利。

②佚道：逸道，使百姓安乐之道。

③生道：使民众生存之道。

④伏罪：服罪，认罪。

【译文】

孟子说："以让民众安逸的原则役使民众，民众即使辛劳也不怨恨；这是说教导民众乐于务农，劳役有固定的时间，不让民众失去主业（农业生产），当时即使辛劳，以后获得利益就安逸了。以使民众生存的原则杀死罪人，罪人即使死亡也不埋怨杀死他的人。"杀死这个罪人的人，他的意图是为了救别人，所以罪人即使认罪而死，也不埋怨杀他的人。

慎子

【题解】

《慎子》是先秦法家思想的重要代表。《史记·孟子荀卿列传》记载"慎到著十二论",《汉书·艺文志》著录《慎子》四十二篇,大约系刘向编定。至宋已多有亡佚,仅剩一卷。今人整理辑录本《慎子》尚有七篇及若干佚文。慎子提倡重"势"和"无为而治",反对儒家主张的"德治"。势主要指权势,慎子认为,君主如果要实行法治,就必须重视权势,这样才能令行禁止。

慎子,名到,战国赵人。据《史记·田敬仲完世家》记载,慎到在齐宣王时曾为齐国稷下学士,生平大部分时间生活在齐国。据《盐铁论·论儒》记载,慎到大约在齐湣王末年离开稷下,此后不知所踪。钱穆《先秦诸子系年》推定其生卒年为公元前350至公元前275年。

《群书治要》节录《慎子》两千余字,其主张如"圣人有德,而不忧人之危也""立天子以为天下也,非立天下以为天子也""法虽不善,犹愈于无法"等都对李唐君主的治国理政有一定启发。

威德①

天有明,不忧人之暗也;地有财②,不忧人之贫也;圣人有德，而不忧人之危也。天虽不忧人之暗也，辟户牖必取己明焉③，则天无事也④；地虽不忧人之贫也，伐木刈草⑤，必取己富焉，则地无事矣；圣人虽不忧人之危也，百姓准上而比于其下⑥，必取己安焉，则圣人无事矣。故圣人处上，能无害人，不能使人无己害也⑦，则百姓除其害矣。圣人之有天下也，受之也，非取之也。有光明之德，故百姓推而与之耳，岂其心哉？百姓之于圣人也，养之也，非使圣人养己也，则圣人无事矣。

【注释】

①威德：是声威与德行。底本无篇名，书眉有"恐脱篇名"，今据通行本补。在节录部分，慎到强调圣人无为，要让贤能处于上位，善于利用"权势"。

②地有财：指大地有各种资源可以转化成财富。

③辟：开。户牖（yǒu）：门窗，门户。

④无事：无为。

⑤刈（yì）：割。

⑥准：仿效，效法，依照。比：亲近，和睦。

⑦无己害：不害自己。

【译文】

天有太阳发光明亮，它无私照于天下，不担忧人间的某处黑暗；地拥有各种财富，它无私分于天下，不担忧人间的贫穷；圣人有德行，他布功德于天下，不担忧人间的危难。天虽然不担忧人间的黑暗，人们开设门窗一定会自己获得上天的光明，所以说天无为；地虽然不担忧人间的贫穷，人们砍树割草，一定会自己获得大地的财富，所以说地无为；圣人虽然不担忧人间的危难，百姓效法圣人的德行而砥砺自己，一定会自己获得安宁,所以说圣人无为。圣人处在上位,能够不危害别人,不能让别人不危害自己,那么百姓就自行解决这些危害了。圣人拥有天下,是接受了百姓的托付,不是武力夺取来的。有光明的德行,所以百姓推举而将天下托付于他罢了,难道是出于他的本心吗?百姓对于圣人,是奉养他,不是靠圣人养活自己,那么圣人可以说是无为了。

毛嫱、西施①,天下之至姣也,衣之以皮倛②,则见之者皆走③;荀卿曰:"仲尼之状,面若蒙倛。"易之以玄缔④,则行者皆止。缔,谓细布。由是观之,则玄缔,色之助也,姣者辞之,则色厌矣⑤。走背跋逾穷谷⑥,野走千里,药也,走背辞药则足废。理有相须而作⑦,事有待具而成⑧。故虽资倾城之观⑨,必俟衣裳之饰;虽挺越常之足⑩,必假药物而疾。故有才无势,将颠坠于沟壑⑪;有势无才,亦腾乎风云。万动云云⑫,咸皆然耳。故腾蛇游雾⑬,飞龙乘云⑭,云罢雾霁⑮,与蚯蚓同,则失其所乘也。故贤而屈于不肖者⑯,权轻也;不肖而服于贤者,位尊也。尧为匹夫⑰,不能使其邻家,至南面而王⑱,则令行禁止⑲。由此观之,贤不足以服不肖,而势位足以服不肖,而势位足以屈贤矣。故无名而断者⑳,权重也;弩弱而矰高者㉑,乘于风也;身不肖而令行者,得助于众也。故举重越高者,不慢于药;爱赤子者㉒,不慢于保㉓;绝险历远者㉔,不慢于御㉕。此得助则成,释助则废矣。夫三王、五伯之德㉖,参于天地㉗,通于鬼神,周于生物者㉘,其得助博也。

【注释】

①毛嫱:春秋时期越国的美女之一,大体与西施同时代。西施:又称

"西子",姓施。春秋末年越国美女。

②供（qī）：古代驱除疫鬼时戴的可怕面具。

③走：跑。

④玄绡（xī）：黑色的细布。

⑤厌（yā）：压制，抑制。这里指减少。

⑥走背（bēi）：背负物品行走。跋：跋涉。逾：逾越，翻越。穷谷：深谷，幽谷。

⑦相须：亦作"相需"。互相依存，互相配合。

⑧待具：需要器具。

⑨倾城：形容女子极其美丽。

⑩挺：生长，长出。越常：超越常人。

⑪颠坠：坠落，跌落。沟壑：山沟。

⑫云云：芸芸。众多的样子。

⑬腾蛇：传说中一种能飞的蛇。

⑭飞龙乘云：龙乘云而上天，比喻英雄豪杰乘时而得势。

⑮霁（jì）：雨雪停，云雾散，天放晴。

⑯不肖：不贤。

⑰匹夫：古代指平民中的男子。

⑱南面：面向南。古代以坐北朝南为尊位，用以指居帝王、诸侯之位。

⑲令行禁止：形容法令或纪律严明。

⑳无名而断：没有名声而能决断大事。

㉑弩：弩弓，一种利用机械力量射箭的弓。矰（zēng）：古代系有丝绳的箭，以射飞鸟。

㉒赤子：初生的婴儿。

㉓保：同"褓"，襁褓。

㉔绝险：横穿险境。历远：远行，走远路。

㉕御：驾驭车马。

㉖五伯：诸侯中势力强大的五个霸主。说法不一，多指春秋齐桓公、晋文公、宋襄公、楚庄王、秦穆公。伯，通"霸"。

㉗参于天地：即德通于天地之道。

㉘周：遍及，普及。

【译文】

毛嫱、西施，是天下最美好的女子，如果穿上兽皮戴上驱鬼的面具，那看见的人都会吓跑；荀卿说："孔子的相貌，面孔就像蒙着驱鬼的面具一样。"如果换上黑色的细麻布衣，那么行走的人都会停下观赏。绤，说的是细布。由此看来，那黑色的细布衣，是美女的修饰，美女推辞不穿，那么她的美就会打折扣了。背着重物奔走跋涉，翻越深幽的山谷，在田野奔走千里，依赖的是能治疗脚伤的药物，背着重物奔走而不依赖药物，那么脚就会废掉。义理互相依存才发生，事务需要器具才成功。所以即使有倾城的美色，一定依赖于衣裳的修饰；即使有跋涉远方的超常脚力，也一定借助药物才能走快。所以有才没有势，将会坠落到山沟；有势没有才，也会飞腾在风云之上。万物的运行，都是这样罢了。所以腾蛇在雾海中游走，飞龙乘云才能飞，一旦云消雾散，腾蛇、飞龙就跟蚯蚓一样，那是因为失去了所凭借的云雾。所以贤人屈居于不贤的人之下，是因为贤人权势轻；不贤的人屈服于贤人，是贤人的地位尊贵啊。唐尧是平民的时候，不能使唤邻居，到了登上帝位成为天子，就能令行禁止。由此看来，贤德不足够让不贤的人服从，而权势和地位足够让不贤的人服从，也足够让贤人屈服了。所以没有声名却能决断大事的，是因为权势重大；弓弩软弱而箭却能射得高，是因为趁着风势；自身不贤而能发布政令，是因为获得权势地位的帮助。所以背负重物翻越高山的人，不能轻视药物；抚育小孩子的，不会轻视褓襁；越险远行的人，不会轻视车马。这就是得到助力就成功，放下助力就荒废了。夏商周三代君王和春秋五霸的德行，跟天地同辉，跟鬼神相通，遍及万物的原因，是因为他们得到的助力广博啊。

古者工不兼事，士不兼官。工不兼事则事省，事省则易胜；士不兼官则职寡，职寡则易守。故士位可世^①，工事可常。古之宰物^②，皆用其一能以成其一事。是以用无弃人，使无弃才，若及任使于过分之中，役物于异便之地^③，则上下颠倒，事能淆乱矣。百工之子，不学而能者，非生巧也^④，言有其常事也。今也国无常道，官无常法，是以国家日缪^⑤。教虽成，官不足；官不足，则道理匮^⑥；道理匮，则慕贤智；慕贤智，则国家之政要在一人之心矣^⑦。人之情也，莫不自贤，则不相推。政要在一人，从一人之所欲，不必善，则政教陵迟矣^⑧。

【注释】

①世：继承，世袭。

②宰物：指从政治民，掌理万物。

③役物：指役使外物为我所用。

④生巧：天生巧慧。

⑤缪（miù）：通"谬"，荒谬。

⑥匮：缺乏，不足。

⑦政要：施政的要领。

⑧陵迟：败坏，衰败。

【译文】

古代工匠各有分工，不兼任其他事务，士人不兼任多种官职。工匠不兼任其他事务那么事务就简单，事务简单那就容易胜任；士人不兼任其他官职那么职事就少，职事少那就容易恪尽职守。所以士人的职位可以世袭，工匠的职业可以长久不变。古代从政治民，掌理万物，都是任用他擅长的一种能力来成就一件事情。因此任用时没有闲置的人才，役使时也没有荒废的才能，至于说任用使唤超过了他的职分，役使外物在不便之地，就会上下颠倒，职事跟才能混淆了。百工之子，不用学就会做工，不是天生巧慧，而是说他们常常做这件事。如今国家治理没有一定的规律，官员没有固定的法令，因此国家治理在错误的道路上一天天走下去。教化法令虽已完成，称职的官员却还不够；官员不够，那么这些道理就不能真正领会；不能真正领会道理，那么就会仰仗贤人智士；仰仗贤人智士，那么国家的治理最终归结在一个人的心中。人之常情，没有人不自认为贤能，那就不会互相推举。治理在一个人，跟从一个人的想法，不一定尽善尽美，那么政治教化就败坏了。

古者立天子而贵之者，非以利一人也。曰：天下无一贵，理无由通①，通理以为天下也。故立天子以为天下也，非立天下以为天子也；立国君以为国也，非立国以为君也；立官长以为官也②，非立官以为长也。法虽不善，犹愈于无法。所以一人心也。夫投钩分财、投策分马③，非钩策为均也，使得美者不知所以赐④，得恶者不知所以怨，此所以塞怨望⑤，使不上也⑥。明君动事必由惠⑦，定罪分财必由法，行德制中必由礼⑧。法者所以爱民，礼者所以便事。故欲不得干时⑨，必于农隙也。爱不得犯法，当官而行。贵不得逾规⑩，禄不得逾位⑪，士不得兼官，工不得兼事。以能受事，以事受利。若是者，上无羡赏⑫，民无羡财。羡，犹溢也。

【注释】

①理：法纪，法令。无由：没有门径，没有办法。通：施行，实行。

②官长：行政单位的主管官吏。

③投钩：抓阄。投策：抽签。

④得美者：获得好处的人。

⑤怨望：怨恨，心怀不满。

⑥上：增加，增长。

⑦动事：指治理经国大业。

⑧制中：执中。指恪守中正之道，无过与不及。

⑨干时：干扰农时季节。

⑩逾规：逾越规矩。

⑪逾位：超过官员职位。

⑫羡：剩余，盈余。

【译文】

　　古代拥立天子并使他尊贵，不是有利于天子一个人。这是因为：天下没有一个尊贵的天子，法令就不会通畅地传达下去，让法令行得通是为了治理天下。所以拥立天子是为了治理天下，不是设立天下来为天子一个人服务；拥立国君是为了治理国家，不是设立国家来为国君一个人服务；设立主管官吏是为了更好地治理，不是设置官职来满足长官个人私利的。法令即使不完善，还是要胜过没有法令。是用来统一人心的。用抓阄的方法来分财物、用抽签的方法来分马，并不是抓阄、抽签最公正，而是让分到好东西的人不知道感恩谁，分到不好东西的人不知道怨恨谁，这是用来堵塞怨恨，让怨恨不能增长。英明君主治理经国大业必定要凭借智慧，确定罪名分配财物必定要按照法律，施行德政恪守中正之道一定按照礼制。法律是用来爱护民众的，礼制是用来便于行事的。所以君主不能为了满足自己的私欲干扰农时，劳役必须在农闲之时。不能为了满足自己的爱好违反法律，应按居官称职而行事。重用的人的地位不能逾越规矩，官员的俸禄不能超越其职位，士人不能兼任其他官职，工匠不能兼做其他事务。按照能力大小授予职事，按照职事情况授予报酬。如果能够做到这样，君上不会过分地赏赐，民众不贪求多余的财物。羡，等于说盈余、多余。

因循①

天道因则大②，因百姓之情，遂自然之性，则其功至高，其道至大也。化则细。化使从我，物所乐③，其理祸狭④，其德细小也。因也者，因人之情也。人莫不自为也，化而使之为我，则莫可得而用矣。违性矫情，引彼就我，则忿戾乖违⑤，莫有从之者矣。是故先王不受禄者不臣⑥，禄不厚者不与入难⑦。人不得其所以自为也，则上不取用焉。夫君上取用，必须天机之动⑧，性分之通⑨，然后上下交泰⑩，经世可久耳。故放使自为，则无不得；仕而使之⑪，则无不失矣。故用人之自为，不用人之为我，则莫不可得而用矣，此之谓因。

【注释】

①因循：即因百姓之情，遂自然之性。节录部分体现了慎子的用人思想，指出任用人才应该顺应人的天性，而人的天性是尽力为自己做事，可由此引导他们为民出力，为国尽忠。

②天道：指自然界的变化规律。

③物：外物，众人。

④祸：眉批云："祸，恐犹误。"译文按《群书治要》原文处理。

⑤忿戾：蛮横无理。乖违：背离，违背。

⑥不臣：不以臣属视之。

⑦入难：往救危难。

⑧须：等待。天机：指天之机密，犹天意。

⑨性分：等于说天性，本性。

⑩交泰：指天地之气祥和，万物通泰。也用来指君臣之意互相沟通，上下同心。

⑪仕：审察。

【译文】

　　天道顺应自然就广大，顺应百姓的性情，顺遂自然之道，那么功业就极高，其道是最大的。违背自然那就细小。改变人让其顺从我，这是众人乐意做的，这种做法就过分狭隘了，德行就小了。因，是指遵循自然，顺应人情。人们没有谁不尽力为自己做事，改变他们为了君王我做事，那么没有谁能为我所用了。违逆本性和常理，引导对方迁就我，就蛮横违背常理，没有人跟从了。因此先王对不接受俸禄的人，不任用他做臣属；不接受优厚俸禄的人，不让他前往挽救危难。一个人如果不能为私心做事，那么君上就不会选拔任用他。君主选拔任用人才，必须等待天意的变动，本性的通达，然后上下同心，治理国事才可以长久。所以放手让他为自己做事，那就没有什么人才不能得到；而反复审察才使用他，那就什么人才都会失去。所以君主要善于利用人们都有私心的特点，而不强求他们为了我才去做事，那么天下就没有谁不能为我所用了，这就叫做因。

民杂①

　　民杂处而各有所能，所能者不同，此民之情也②。故圣人不求备于一人也。大君者③，大上也，兼畜下者也④。下之所能不同，而皆上之用也。是以大君因民之能为资，尽苞而畜之⑤，无能去取焉。夫人君之御世也⑥，皆曲尽百姓之能，兼罗万物之分，因其长短，就而用之，使能文者为文，能武者为武，聋者使其听，盲者使其视，故理有尽用，物无弃财。是故不设一方以求于人⑦，故所求者无不足也。大君不择其下，故足也。不择其下，则易为下矣。易为下，则下莫不容。莫不容，故多下，多下之谓大上。其下既多，故在上者大。

【注释】

①民杂：节录部分指出民众各有所能，君主要兼容并包，让臣子尽力做事。君臣应各司其职，各负其责。

②情：实情，实况。

③大君：天子。

④兼畜：同时养育。畜，通"蓄"，积蓄。

⑤苞：通"包"，包容，包含。指尽力包容，全部吸纳。

⑥御世：治理天下。

⑦不设一方：不预设一个规则、标准。这里指选拔人才不应该有任何条件限制。

【译文】

　　民众混杂居住而各自有各自的能力，他们的能力并不相同，这是民众的真实情况。所以圣人不会要求一个人能力完备。天子处于高位，是能够同时蓄养众人的。民众的能力不同，但都能被天子任用。因此天子把民众的能力作为治理的资本，尽力包容培养他们，根据他们的能力加以取舍任用。君主治理天下，都要竭尽百姓的能力，包容万物的差别，根据他们的优缺点，分别使用，让能文者为文，能武者行武，聋子让他去看，盲人让他去听，所以能够充分利用天下之理，物品也没有废弃的财货。因此不能预设一个标准来求取人才，所以君主所求的人才就没有不满足的。天子不挑拣他的臣下，所以各种人才就会充足。不挑拣他的臣下，那臣下就乐为其下了。臣下乐为其下，那么就没有什么人不被容纳。没有不能容纳的，那么臣下就越来越多，臣下越多，天子的威望就越高。他的臣下已经很多，所以居于上位的君王威望就高。

　　君臣之道：臣事事言事其所事。而君无事①，百官之属，各有所司。君逸乐而臣任劳；臣尽智力以善其事，而君无与焉，仰成而已②，故事无不治。人君自任而务为善以先下③，则是代下负任蒙劳也,臣反逸矣。故曰:君人者好为善以先下,则不敢与君争为善以先君矣,君好见其善,则群下皆淫善于君矣。上以一方之善而施于众方之中,求其为赡④,偏已多矣。君偏既多,而臣韬其善⑤,则天下乱矣。皆私其所知以自覆掩⑥。有过则臣反责君,逆乱之道。夫所以置三公而列百官者⑦,将使群臣各进所知以康庶绩耳⑧,若乃君显其善而臣藏其能,百事从君而出,众端自上而下⑨,则臣善不用,而归恶有在矣。

【注释】

①事事:办事,做事。

②仰成:指依赖别人取得成功。

③自任:自觉承担,当作自身的职责。为善:把事情做好。先下:在臣子之先。

④赡:充足,富足。

⑤韬:掩藏,敛藏。

⑥覆掩:遮盖掩饰。

⑦三公:古代中央三种最高官衔的合称。

⑧康:治理。庶绩:众多事业。

⑨众端:事情的各方面。

【译文】

　　君臣之道:臣子按职位做事是说做好本分事。而君主没有具体事务可做,百官之类,各自掌管事务。君主安逸享乐而臣子不畏辛劳;臣子竭尽智慧能力来做好事务,而君主不参与其中,只依靠臣子获得成功罢了,所以国事没有治理不好的。相反,如果君主亲自承担而力求在臣子之前做好,那就是代替臣下担负重任承受辛劳,臣子反而安逸了。所以说:君主喜欢在臣子之前把事情做好,那么臣下就不敢抢在君主之前做好事情了。君主喜欢显现他的才能,那么臣下为讨好就过多地让君主显示才能了。君上用一方面的才能施加于各方事务之中,追求臣子的仰慕,偏错就会变多了。君主的偏误很多,而臣子却掩藏自己的才能,那么天下就大乱了。**臣子都把自己的聪明才智遮掩起来。如果一旦有了失误,臣子就会反过来指责君主,这是国家出现祸乱的根源。**之所以设置三公以及文武百官,是要让群臣各自进献所知道的以便成就各种事业罢了,如果只是君主显现他的才能而臣子掩藏自己的能力,众多事情都由君主处理,事情的方方面面都从君主那里自上而下贯彻,那么臣子的才能不能使用,而有了坏事便都归于君主了。

君之智,未必最贤于众也,以未最贤而欲以善尽被下①,则不赡矣。假使其贤,犹不可推一己之智,以察群下,而况不最贤。若使君之智最贤,以一君而尽赡下则劳,劳则有倦,倦则衰,衰则复反于不赡之道也。是以人君自任而躬事,则臣不事事矣,言君之专荷其事②,则臣下不复以事为事矣。是君臣易位也,谓之倒逆③,倒逆则乱矣。人君任臣而勿自躬,则臣事事矣。是君臣之顺,治乱之分,不可不察。所谓任人者逸,自任者劳也。

【注释】

①被:覆盖。

②荷(hè):承担,担负。

③倒逆:犹颠倒。

【译文】

君主的智慧,未必在众人中最高,用不是最高的智慧想让天下臣子得到好处,那是不能满足的。即使他最贤明,尚且不可把自己一个人的智慧推广,来考察众多的臣下,何况还不是最贤能的呢?倘若君主的智慧最为高明,凭着君主一人而尽力让天下富足,那就会相当辛劳,辛劳过度那就会身心疲倦,身心疲倦那就会身体垮掉,身体垮掉那就会又回到百姓不富足的道路上。因此君主自己承担重任而亲自做事,那么臣子就不用做事了,这是说君主专门承担臣子的事务,那么臣子就不再认为有自己该做的事务了。这样君臣地位颠倒,就叫做倒行逆施,出现倒行逆施社会就混乱了。如果君主任用臣子做具体事务而不事必躬亲,那么臣子就各守其职各尽其能了。这样就理顺了君臣之间的关系。这是国家治乱的分界,不可以不明察。这就是所说的任用他人的人安逸,亲自承担的人辛劳。

知忠①

乱世之中,亡国之臣,非独无忠臣也。治国之中,显君之臣②,非独能尽忠也。治国之人,忠不偏于其君;乱世之人,道不偏于其臣。然而治乱之世,同世有忠道之人③。臣之欲忠者不绝世,而君未得宁其上。夫灭亡之国,皆有忠臣耳,然贤君千载一会,忠臣世世有之,值其一隆之时,则相与而交兴矣;遇其昏乱之主,则相与而俱已矣。无遇比干、子胥之忠④,而毁瘁主君于暗墨之中⑤,遂染溺灭名而死⑥。由是观之,忠未足以救乱世,而适足以重非⑦。何以识其然也?曰:父有良子,而舜放瞽叟⑧;桀有忠臣,而过盈天下。然则孝子不生慈父之义,六亲不和,有孝慈也。而忠臣不生圣君之下。国家昏乱,有贞臣也。故明主之使其臣也,忠不得过职,而职不得过官。是以过修于身,而下不敢以善骄矜。守职之吏,人务其治,而莫敢淫偷其事⑨。官正以敬,其业和,吏人务其治,而莫敢淫偷其事。官正以顺,以事其上,如此则至治已。此五帝、三王之业也⑩。

【注释】

①知忠：就是要了解忠贞。节录部分说明有了忠臣并不能避免亡国，关键在于"贤使任职"，即让众多的贤能之士担任官职，这才是治世的根本。

②显君：指名声显赫的君主。

③忠道：忠贞道义。

④比干：商纣王的叔父，官少师，因屡次劝谏纣王，被剖心而死。子胥：春秋楚大夫伍子胥。楚平王杀其父伍奢、其兄伍尚，子胥入吴，助阖庐攻破楚国，为父兄报仇。后被疏远，又被迫自杀。

⑤毁瘁（cuì）：指直谏君主之过。暗墨：昏昧。

⑥染溺：沉沦。

⑦重非：加重非议。

⑧瞽叟：舜之父。

⑨淫偷：过分怠惰。

⑩五帝：上古传说中的五位帝王，一般说是黄帝（轩辕）、颛顼（高阳）、帝喾（高辛）、唐尧、虞舜。

【译文】

　　乱世之中，被灭亡之国的臣子，并非没有忠臣；太平国家之中，使君主名声显赫的臣子中，不是都能尽忠。太平国家的人们，为国效忠并不偏重于君主；乱世之中，忠君之道也不偏重在臣子身上。既然如此，无论治世还是乱世，同一个时代都有忠于国家的人。想要尽忠的臣子世代都没断绝，但君主却不能在上位安宁。灭亡了的国家，也都有忠臣，但是贤能的君主千年一遇，忠臣代代都有，赶上一个兴盛的时代，那就一起兴盛了；遇见昏乱的君主，那就一起灭亡了。如果没有遇到比干、伍子胥这样的忠臣，君主毁于劳累，处在昏昧之中，最终只能在沉沦中身败名裂而死。由此看来，忠贞不足以挽救混乱不安的国家，反而会加重君主的罪过。从哪里知道事情是这样的呢？回答说：虞舜的父亲有个好儿子，而虞舜放逐了父亲瞽叟；

夏桀有忠臣，却使自己的罪过闻名天下。既然如此，那么孝子不一定产生在有慈父的道义之下，六亲不和睦，才有了孝子慈父。而忠臣不一定产生在圣明君主之下。国家昏乱，才有忠贞不二的臣子。所以英明的君主使用他的臣子，也只是让他尽忠不能超过他的职责，让他尽职不能超过官位的权限。因此君主善于用臣之忠要超过修养反省自身，而臣下也不敢因为自己忠诚而骄傲自大。忠于职守的官吏，人人竭尽心力治理，而没有谁敢过分怠惰职事。官吏正直恭顺，用来事奉君上，像这样国家就能达到大治了。这是五帝、三王的功业。

亡国之君，非一人之罪也；恶不众，则不足以亡其国也。治国之君，非一人之力也。善不多，则不足以兴治也。将治乱在乎贤使任职^①，而不在于忠也。故智盈天下，泽及其君；忠盈天下，害及其国。故桀之所以亡，尧不能以为存。然而尧有不胜之善^②，言其善道不可胜言也。而桀有运非之名^③，天下之恶皆归之也。则得人与失人也。故廊庙之材^④，盖非一木之枝也^⑤；狐白之裘^⑥，盖非一狐之皮也；治乱安危，存亡荣辱之施，非一人之力也。

【注释】

①治乱：指治理混乱的局面，使国家安定。

②不胜：不尽。

③运非：命运不好。

④廊庙之材：建筑廊庙的木材，常喻指国家的重要人才。

⑤一木之枝：谓细小的木材。亦喻微薄的才力。

⑥狐白之裘：用狐腋的白毛皮做成的衣服。

【译文】

亡国的君主，不是他一个人的罪过；罪恶的人不多，就不足以灭亡他的国家。太平国家的君主，也不是靠他一个人的力量。良善之人不多，就不足够兴起太平。治理让国家安定，关键在于要让贤人担任官职，而不在于忠臣的多少。所以如果用有智慧之人治理天下，君主将会受到恩泽；如果只靠忠臣治理天下，祸患会危及整个国家。所以到夏桀那样灭亡的时代，即便唐尧也并不能借此生存。但是唐尧有数不尽的善行，这是说他的善道是说不尽的。而夏桀却有不好的恶名，天下的罪恶都归于他。关键在于唐尧得到人心而夏桀失去了人心。所以修建大殿与太庙所用的木材，不可能只用一棵树的枝条；用狐腋的白毛皮做成的裘皮衣服，不可能只有一只狐狸的皮毛；国家的治乱安危、存亡荣辱的形成，也绝不是一个人的力量就能办到的啊。

德立①

立天子者，不使诸侯疑焉；立诸侯者，不使大夫疑焉；立正妻者，不使嬖妾疑焉②；立嫡子者③，不使庶孽疑焉④。疑则动，两则争，杂则相伤⑤。害在有与⑥，不在独也。故臣有两位者⑦，国必乱；臣两位而国不乱者，君犹在也。恃君而不乱⑧，失君必乱。子有两位者，家必乱；子有两位而家不乱者，亲犹在也⑨。恃亲而不乱，失亲必乱。臣疑其君，无不危之国；孽疑其宗⑩，无不危之家。

【注释】

①德立：就是用德行来确立继承人。节录部分主要讲在确立各种名分和地位时，如何避免猜疑与纷争以及这样做的重要性。

②嬖（bì）妾：爱妾。

③嫡子：正妻所生之子，多指嫡长子。

④庶孽（niè）：妃妾所生之子。

⑤杂：不统一。

⑥有与：有机会。

⑦两位：指并立对等的两个位置。

⑧恃：依靠，依仗，凭借。

⑨亲：双亲，父母。这里指父亲。

⑩宗：宗子，古代宗法制度称大宗的嫡长子。

【译文】

　　确立天子的原因，是不让诸侯对天子之位产生怀疑；确立诸侯的原因，是不让大夫对诸侯之位产生怀疑；确立正妻的原因，是不让爱妾对正妻之位产生怀疑；确立嫡长子的原因，是不让庶子对嫡子之位产生怀疑。如果怀疑那就会有所行动，对立的双方就会有所争夺，有异姓篡夺就会互相伤害。祸害之处就在于每个人自认为都有机会参与，没有做到名分的专一性。一个国家有两位权臣把持朝政，国家必定混乱；两位权臣把持朝政而国家没有混乱的，是因为国君还在。依仗有国君而不混乱，失去国君必定混乱。一个家如果有两位庶子去争夺嫡子之位的，这个家必定混乱；有多位庶子而家庭不混乱的，是因为父亲还在。依仗有父亲而不混乱，失去父亲必定混乱。臣子怀疑他的国君之位，国家没有不发生危险的；庶子怀疑嫡长子之位，家庭没有不发生危险的。

君人①

　　君人者，舍法而以身治，则诛赏夺与②，从君心出矣。然则受赏者虽当③，望多无穷；受罚者虽当，望轻无已④。民之所信者法也，今在赏者欲多，在罚者欲少，无法以限之，则不知所论矣。虽极聪明以穷轻重,尽心以班夺与⑤,夫何解于怨望哉。君舍法而以心裁轻重,则是同功而殊罚也,怨之所由生也。是以分马者之用策⑥,分田者之用钩也⑦,非以钩策为过人智也,所以去私塞怨也。故曰:大君任法而弗躬为⑧,则事断于法矣。法之所加,各以其分蒙其赏罚⑨,而无望于君也。是以怨不生而上下和矣。

【注释】

①君人:即国君。本篇分析了君主舍弃人治而采取法治的重要性,可见慎子的法治思想。慎子主张君主要"任法而弗躬""事断于法",根据法令来治理国家,这样就可以"怨不生而上下和"。

②夺与:指任用与罢免。

③当:相当,对等。

④无已:没有止境。已,停止。

⑤班:通"辨",分别,辨别。

⑥策:古代占卜用的蓍草。

⑦钩:投钩,抓阄。

⑧大君:天子。躬为:亲自做。

⑨分(fèn):名分。

【译文】

作为统治人民的君主,如果舍弃法制而用自身来治理,那么诛罚赏赐、任用罢免,都会由君主个人喜好来决定。如果这样,那么受到的赏赐即使恰当,但受赏人的欲望是无穷尽的;受到的惩罚即使恰当,但受罚人总是期望无休止地减轻惩罚。民众所信奉的是法制,如今得到赏赐的想要更多,得到惩罚的想要减轻刑罚,没有法令限制,那就不知道该怎么论断了。即使用尽聪明来穷究赏罚的轻重,竭尽心力分别任用罢免的标准,那又能怎么解除怨恨呢?

君主舍弃法制而用个人意愿来衡量裁定赏罚的轻重,那就会功罪相同而奖惩不同,怨恨便会由此产生。因此分马是采用抽签,分田是采用抓阄,不是抽签、抓阄超过人的智慧,是因为这样做可以去除私心堵塞怨恨。所以说:天子治理国家依靠法制而不亲自去做,那么事情就由法令决断了。法律所及之处,各自按照应当承受的赏罚决断,而不是寄托于君主个人的喜好上。因此怨恨就不会产生而上下就会和谐了。

君臣①

为人君者不多听,物有本,事有原。据法倚数②,以观得失。无法之言,不听于耳;无法之劳,不图于功;无劳之亲③,不任于官。官不私亲④,法不遗爱⑤。上下无事,唯法所在。法令者,生民之命⑥,至治之令,天下之程式⑦,万事之仪表⑧。智者不得过,愚者不得不及焉。

【注释】

①君臣:君主如何驾驭臣下。本篇强调君主要据法断事,才能"上下无事,唯法所在"。

②据:根据。数:法,法制。

③亲:亲人,亲族。

④私:偏私,偏爱。

⑤法:指法令的执行。

⑥生民:人民。

⑦程式:法式,准则。

⑧仪表:标准,准则。

【译文】

作为君主不能多听，事物有根本和源头。应该根据法律来考察得失。不合法律的言论，不盲目听信；不合法律规定的功劳，不要去图谋；没有功劳的亲属，不要任命他们为官员。授任官职不偏私亲人，施行法制也不回避自己所爱的人。如果想要一国上下相安无事，只有据法行事才能办得到。法令，就是人民的命脉，太平治世的法令，是天下的准则，万事万物的标准。智者不能超越，愚者不能赶不上。

尹文子

【题解】

《尹文子》是先秦名家学派的著作。《汉书·艺文志》著录为一篇,注称:"说齐宣王,先公孙龙。"《隋书·经籍志》著录为二卷。今本仅一卷。

《尹文子》分《大道》上下两篇:上篇论述形名理论,重在"道"与"器"、"形"与"名"、"名"与"分"、"道治"与"法治"的理论辨析;下篇论述"治世之术",可以看做形名理论的实际运用。《尹文子》开篇即提出"仁、义、礼、乐、名、法、刑、赏"为自古以来治理国家的八种方术,接着又用"国之存亡"的"六征"规诫在位的君主们,同时对"圣人之治"与"圣法之治"的差异进行了辨察。《尹文子》继承老子自然之道的思想,糅合法家、儒家,自道家以至名家,由名家而至法家,上承老子,下启荀子、韩非。其中的"形""名"理论,受到中国逻辑思想史研究者的重视。

尹文(约前360—前280),战国时齐人。据说他曾在著名的"稷下学宫"学习,大致活动在齐宣王、愍王之际,与宋钘、田骈、彭蒙等齐名。庄周曾说尹文"不累于物,不苟于人,不忮于众,愿天下之安宁,以活于民命",这是极其恰当的评价。

《群书治要》节录《尹文子》两篇,上篇名《大道》,下篇名《圣人》。节录部分强调治国要以圣人之道为尊,然后再运用法、术、权、势。这些思想,对当世君臣的修身治国都有一定借鉴意义。

大道

古人以度审长短^①，以量受少多^②，以衡平轻重^③，以律均清浊^④，以名稽虚实^⑤，以法定治乱，以简制烦惑，以易御险难^⑥。万事皆归于一^⑦，百度皆准于法^⑧。归一者简之至，准法者易之极。如此，则顽、嚚、聋、瞽可与察、慧、聪、明同治矣^⑨。天下万事不可备能，责其备能于一人^⑩，则贤圣其犹病诸^⑪。设一人能备天下之事，则左右前后之宜，远近迟疾之间^⑫，必有不兼者焉。苟有不兼，于治阙矣^⑬。全治而无阙者，大小多少，各当其分^⑭。农商工仕不易其业^⑮，则处上有何事哉？

【注释】

①度：计量长短用的器具。长度单位包括分、寸、尺、丈、引等。审：察知，计量。

②量：测量物体多少的器物，其专名有升、斗、斛、豆、区、釜、钟等。受：计。

③衡：测量物体轻重的工具。重量单位有铢、两、斤、钧、石。

④律：古代用竹管或金属管制成的定音仪器，以管的长短确定音阶高低。古人按音阶高低分为六律和六吕，合称十二律。清浊：音乐的清音与浊音。也指清气与浊气。引申以喻天地阴阳二气。均：调节，调和。

⑤稽：考核，查考。

⑥御：抵御，控制。险难：险阻艰难。

⑦一：我国古代思想家用以称宇宙万物的本源，即原始状态。

⑧百度：百事，各种制度。

⑨顽：愚妄，愚顽。嚚（yín）：愚蠢而顽固。聋：听觉失灵或迟钝。此
　　指糊涂，无知。瞽：失明。此指不明事理，没有见识。

⑩责：要求。

⑪病：忧虑，担心。

⑫疾：迅疾。

⑬阙（quē）：缺陷，亏缺。也作"缺"。

⑭各当其分：每个人各自得到相应的名分。

⑮农商工仕：当时的四民。《春秋穀梁传·成公元年》："古者有四民：
　　有士民，有商民，有农民，有工民。"这里把农民放在第一位。仕，
　　通"士"。

【译文】

　　古人用尺具来计量长短，用量器来测量物体多少，用秤来称量轻重，用律来调节音色清浊，用名分来查考真伪虚实，用法令来确定国家的治乱，用简明来制裁烦琐、疑惑，用平和来排解危难。使万物都归宗于原始的一，百事都以法令为定准。归结于一是最简单的方法，依据法令行事是易的极致。像这样，那么愚顽、暴虐、失聪愚昧、昏昧失明的人可以跟明察、智慧、耳聪、目明之人用同样的方法来治理了。天下各种事务纷繁复杂，不可能都能精通，如果要求一个人具备所有能力，那么即使是圣贤之人尚且要以此为难。假设一个人能做天下所有的事务，那他在做事物的前后左右、远近快慢方面，必定会有不能兼顾的地方。如果有不能兼顾的，那么在治理上就会有缺陷了。治理完备而没有缺陷，在事情大小多少的权衡上，都处处得当、恰如其分。农民、商人、工匠、士人不改变他们的职业本分，那么处在上位的君主又有什么事需要亲自做呢？

　　故有理而无益于治者，君子不言；有能而无益于事者，君子弗为。君子非乐有言①，有益于治，不得不言；君子非乐有为，有益于事，不得不为。故所言者不出于名法权术②，

所为者不出于农稼军阵③,周务而已④,故明主任之。治外之理,小人之所必言;事外之能,小人之所必为。小人亦知言有损于治而不能不言,小人亦知能有损于治而不能不为。故所言者极于儒墨是非之辨⑤,所为者极于坚伪偏抗之行⑥,求名而已,故明主诛之。故古语曰:"不知无害为君子,知之无损为小人。工匠不能无害于巧,君子不知无害于治⑦。"此言信矣⑧。为善使人不能得从,为巧使人不能得为,此独善独巧者也,未尽巧、善之理;为善与众行之,为巧与众能之,此善之善者,巧之巧者也。

【注释】

①乐:以……为乐。

②名法:名分与法律。权术:权谋,手段。

③农稼:指农业生产。军阵:军事或战争。

④周务:济事,成事。

⑤儒墨:儒家和墨家。战国时期同为重要学派。

⑥极:尽,达到顶点。坚:坚决,不改变。偏:歪斜,不正。抗:抗拒,抵御。

⑦"不知无害为君子"几句:见于《荀子·儒效》。

⑧信:言语真实,诚实。

【译文】

所以有道理但对治理国家没有益处的话,君子是不说的;自己有能力而对国事没有益处的,君子是不做的。君子不是乐意多说话,只是有益于治理,不能不说;君子并不喜欢多事,只是有益于世事,不能不做。所以君子谈论的不超出名分、法律、权谋的范围,所做的不超出耕稼跟战争,旨在办成事务罢了,所以英明的君主会任用他们。治理国家之外的道理,小人一定会说;治理国家之外的才能,小人一定有所表现。小人也知道言论对治理有害但不能不说,小人也知道逞能对国事有害但不能不做。所以所谈论的不过是儒家、墨家那样的是非争辩,所做的不过是固执、虚伪、偏斜、抗拒的行为,不过是追求名声罢了,所以英明的君主惩罚他。所以古语说:"不懂与治理不相干的道理并不妨碍他成为一个君子,懂得与治理不相干的道理也不妨碍他成为一个小人。工匠不知道其他工艺并不妨碍他成为巧匠,君子不知道其他与世无补的事情也不妨碍他治理国家。"这话的确可信。行善不能让人跟从,做巧工不能让人学会,这是独善独巧,没有极尽巧、善的道理;自己有善行也能让众人跟着行善,自己做工精巧才能让众人做到精巧,这才是善中之善、巧中之巧啊。

　　故所贵圣人之治^①,不贵其独治,贵其能与众共治也;所贵工倕之巧^②,不贵其独巧,贵其与众共巧也。今世之人,行欲独贤,事欲独能,辨欲出群^③,勇欲绝众^④。独行之贤,不足以成化^⑤;独能之事,不足以周务;出群之辨,不可为户说^⑥;绝众之勇,不可与征阵^⑦。凡此四者,乱之所由生。是以圣人任道以通其险^⑧,立法以理其差^⑨,使贤愚不相弃,能鄙不相遗^⑩。能鄙不相遗,则能鄙齐功^⑪;贤愚不相弃,则贤愚等虑^⑫。此至治之术也^⑬。

【注释】

①贵:崇尚,推重。

②倕(chuí):古巧匠名。相传尧时被召,主理百工,故称工倕。

③辨:通"辩",辩论,申辩。出群:出众。

④绝众:超群出众。

⑤成化:成就教化。

⑥户说：挨家挨户地告谕解说。

⑦征阵：战阵。

⑧任道：任凭大道。

⑨理其差：处理其中的差别。

⑩能鄙：能者与无能者。鄙，鄙陋，鄙俗。

⑪齐功：同心协力各有功劳。

⑫等虑：平等相待而各尽其能。

⑬至治之术：最佳的治理方法。

【译文】

　　所以人们崇尚圣人的治理，不是崇尚他独自一人治理，是崇尚他能够跟众人共同治理；人们推崇工倕的技巧，不是推崇他独自一人的技巧，是推崇他跟众人共同运用技巧。如今世道的人，行动想要独显其贤才，办事想要独自逞能，辩论想要出类拔萃，勇敢想要超绝众人。独显其贤的行动，不能够成就教化；独自逞能去办事，不能够把事务办成；出类拔萃的论辩，不可能家喻户晓；超绝众人的英勇，不可以让他打仗布阵。凡是这四种，都是祸乱生成的原因。因此圣人凭借大道来通达艰险，确立法度来处理不当，让贤才跟愚者不互相嫌弃，能人跟庸人不互相舍弃。能人与庸人不相舍弃，那就会同心协力各有功劳；贤才跟愚者不互相嫌弃，那就会平等相待而各尽其虑。这是最佳的治理方法啊。

　　名定，则物不竞；分明，则私不行。物不竞，非无心，由名定，故无所厝其心①；私不行，非无欲，由分明，故无所厝其欲。然则心、欲人人有之，而得同于无心无欲者，制之有道也。彭蒙曰②："雉、兔在野③，众人逐之，分未定也。鸡、豕满市④，莫有志者，分定故也。"圆者之转，非能转而转，不得不转也；方者之止，非能止而止，不得不止也。因圆者之自转使不得止,因方者之自止使不得转,何苦物之失分?

【注释】

①厝:通"措",措置,安置。

②彭蒙:战国齐人,属黄老道家。曾游学稷下,是稷下学宫中最具影
　响力的学者之一。

③雉:野鸡。菟:通"兔"。

④豕:猪。

【译文】

　　名称确定了,那么万物就不争竞;名分明确了,那么私念就不会肆
行。万物不争竞,不是没这个心理,是由于名称确定了,所以没有地方安
置争竞之心;私念不能肆行,不是没有欲望,是由于名分明确了,所以没
有地方安置欲望。但是这种争竞心理、私欲是人人都有的,而能够做到
如同没有争竞心、没有欲望一样,是因为对私心、贪欲的节制得法。彭蒙
说:"野鸡和兔子在野外,众人追逐它,是名分还没有确定。鸡和猪满集
市都有,没有一人想得到它,是名分确定了的缘故。"圆的东西能转动,不
是因为能转动就转动,是条件决定它不得不转动;方的东西静止,不是能
静止就静止,是条件决定它不得不静止。顺应圆的东西的自我转动,让它
不能停下来,顺应方的东西的自我静止,让它不能动起来,何必自寻苦恼
让万物失去本分呢?

　　故因贤者之有用使不得不用①,因愚者之无用使不得
用。用与不用,皆非我也,因彼可用与不可用而自得其用
也。自得其用,奚患物之乱也? 道行于世,则贫贱者不怨,
富贵者不骄,愚弱者不慑②,智勇者不矜③,足于分也④。法
行于世,则贫贱者不敢怨富贵,富贵者不敢凌贫贱⑤,愚弱者

不敢冀智勇⑥，智勇者不敢鄙愚弱⑦，此法之不及道也。世之所贵，同而贵之谓之俗；世之所用，同而用之谓之物⑧。苟违于人，俗所不与⑨；苟忮于众⑩，俗所共去。故人心皆殊，而为行若一；所好各异，而资用必同⑪。此俗之所齐，物之所饰⑫。故所齐不可不慎，所饰不可不择。昔齐桓好衣紫⑬，合境不鬻异彩⑭；楚庄爱细腰⑮，一国皆有饥色。上之所以率下，乃治乱之所由也。国乱有三事：年饥民散⑯，无食以聚之，则乱；治国无法，则乱；有法而不能用，则乱。有食以聚民，有法而能行，国不治，未之有也。

【注释】

①因：顺应，顺从。

②愚弱：愚昧羸弱，愚昧怯懦。慑：害怕，恐惧。

③矜：骄傲，自负。

④足：今本作"定"。

⑤凌：侵犯，欺侮。

⑥冀：期望，企图。

⑦鄙：鄙薄，轻视。

⑧物：指物役，亦即为外物所役使或驱使。

⑨与：赞成。

⑩忮（zhì）：违逆，不听从。

⑪资用：钱财费用。

⑫饰：通"饬"，整治。

⑬齐桓公：姜姓，名小白，襄公弟，春秋五霸之一。衣紫：穿紫色衣服。

⑭合境：全境。鬻（yù）：卖。

⑮楚庄王：即位之初耽于淫乐，后从谏改过，力图称霸中原。春秋五

　　霸之一。

⑯年饥：年成荒歉。

【译文】

　　所以顺应贤才的有用让他不能不被任用，顺应愚者的无用让他不能被任用。被任用与不被任用，都不是我个人的意愿，而是顺应可不可以被任用的条件而自得其宜。自得其宜，又何必担忧事情的混乱呢？大道通行于世的时候，贫贱的人不怨恨，富贵的人不骄傲，愚昧懦弱的人不恐惧，机智勇敢的人不自夸，这是因为名分确定了。法令颂行于世的时候，贫贱的人不敢怨恨富贵的人，富贵的人不敢欺侮贫贱的人，愚昧懦弱的人不敢期望赶上机智勇敢的人，机智勇敢的人不敢鄙视愚昧懦弱的人，这是法比不上道的地方啊。世上所推重的，与众人一同推重就叫做习俗；世上所使用的东西，与众人一同使用就叫做为物所役。假如与他人有差异，就是习俗所不允许的；假如违背众人，就会被世俗中的人们共同摒弃。所以人心各不相同，而行为却如同一致；爱好各自不同，而所用器物却都相同。这就是习俗让人们整齐一致，所共用之物使人们得以整饬。所以使人们整齐一致的习俗不可不谨慎，使人们得以整饬的共用之物不可不选择。从前齐桓公喜欢穿紫衣服，以致齐国境内不再卖别的颜色的衣料；楚庄王爱细腰美色，一国之人都因节食而面有饥色。君上为下民做出怎样的表率，就是国家治乱的缘由所在。国家动乱有三种情形：遇上荒年民众离散，没有粮食聚合他们，国家就会产生动乱；治理国家没有法令制度，国家就会产生动乱；有法令而不能施行，国家就会产生动乱。有粮食以聚合民众，有法令能够施行，国家不太平，是从来没有过的事啊。

圣人

　　仁、义、礼、乐、名、法、刑、赏，凡此八者，五帝、三王治世之术也。故仁以导之，义以宜之^①，礼以行之，乐以和之^②，名以正之^③，法以齐之^④，刑以威之，赏以劝之^⑤。故仁者所以博施于物，亦所以生偏私；义者所以立节行^⑥，亦所以成华伪^⑦；礼者所以行谨敬^⑧，亦所以生惰慢^⑨；乐者所以和情志，亦所以生淫放^⑩；名者所以正尊卑，亦所以生矜篡^⑪；法者所以齐众异，亦所以生乖分^⑫；刑者所以威不服，亦所以生陵暴^⑬；赏者所以劝忠能，亦所以生鄙争^⑭。

【注释】

①宜：适宜，使适宜。

②和：和顺，平和。

③正：纠正，匡正。

④齐：使整齐规范。

⑤劝：激励，鼓励。

⑥节行：节操品行。

⑦华伪：浮华虚伪。

⑧谨敬：恭敬谨慎。

⑨惰慢：懈怠不敬。

⑩淫放：纵欲放荡。

⑪矜篡：骄傲篡逆。

⑫乖分：背离名分，非分。

⑬陵暴：轻侮。

⑭鄙争：指用不正当的手法争夺。

【译文】

仁爱、公义、礼制、音乐、名分、法制、刑法、奖赏，总共这八项，是五帝、三王治理天下的方术。所以用仁爱来引导民众，用公义让他们各得其宜,用礼制让他们举止适宜,用音乐让他们心情平和,用名分让他们名实相符,用法制让他们行为规范,用刑罚来威慑他们,用奖赏来勉励他们。因此,仁爱是用来广博地施惠于人,但也能因此产生偏私;公义是用来树立节操品行,但也能因此产生浮华虚伪;礼制是用来让人恭敬谨慎,但也能因此流于懈怠不敬;音乐是用来调和性情心志,但也能因此产生淫乱放纵;名分是用来端正尊卑贵贱,但也能因此产生骄傲篡夺之心;法制是用来整齐统一众人的不同,但也能因此而背离名分;刑罚是用来威慑不顺服的人,但也能因此产生欺压与暴虐;奖赏是用来激励人们的忠贞贤能,但也能因此产生不正当的竞争。

凡此八术,无隐于人而常存于世①,非自显于尧、汤之时②,非故逃于桀、纣之朝③。用得其道,则天下治;用失其道,则天下乱。过此而往,虽弥纶天地④,缠络万品⑤,治道之外,非群生所餐挹⑥,圣人措而不言也⑦。

【注释】

①无隐:没有隐瞒或掩饰。

②显:显露,公开。

③逃:窜匿。

④弥纶:统摄,笼盖。

⑤缠络:缠绕。万品:等于说万物,万类。

⑥群生:指百姓,民众。餐挹(yì):吸收,采用。

⑦措:弃置,放置。

【译文】

这八种治国方法,对任何人毫无隐瞒而一直存在于世间,不因为唐尧、商汤之时的清明而自我显现,也不会因夏桀、商纣朝代的暴乱而隐匿逃避。这八种方法能够运用得恰当,那么天下就会太平;运用得不恰当,那么天下就会出现变乱。除此之外,即使有统摄天地、控御万物的本领,也是在治国方法之外的东西,不是民众所能采用的,圣人都会把它放置一旁而不再议论。

凡国之将存亡有六征①:有衰国,有乱国,有亡国,有昌国,有强国,有治国②。所谓乱、亡之国者,凶虐残暴不与焉③;所谓强、治之国者,威力仁义不与焉④。君年长,多姜媵⑤,少子孙,疏宗强⑥,衰国也;君宠臣,臣爱君,公法废,私欲行,乱国也;国贫小,家富大⑦,君权轻,臣势重,亡国也。凡此三征,不待凶虐残暴而后弱也,虽曰见存⑧,吾必谓之亡者也。内无专宠⑨,外无近习⑩,支庶繁息⑪,长幼不乱,昌国也;农桑以时⑫,仓廪充实⑬,兵甲劲利⑭,封疆修理⑮,强国也;上不能胜其下,下不能犯其上,上下不相胜犯,故禁令行,人人无私,虽经崄易而国不可侵⑯,治国也。凡此三征,不待威力仁义而后强。虽曰见弱,吾必谓之存者也。

【注释】

①六征:考察、识别国家存亡的六个方面的征兆。征,征兆,迹象。

②治国:太平国家。

③凶虐:凶恶暴虐。残暴:残忍凶暴。

④仁义:仁爱和正义。

⑤姜媵(yìng):泛指侍妾。男子在正妻之外的配偶叫妾。古代诸侯贵族女子出嫁,以侄娣从嫁,称媵。

⑥疏宗:远房宗族。

⑦家:私家,卿大夫的封邑。

⑧见存：即现存。见，今作"现"。

⑨专宠：指独占宠幸者。

⑩近习：指君主宠爱亲信的人。

⑪支庶：宗法制度谓嫡子以外的旁支，这里泛指后辈子孙。繁息：繁殖生息。

⑫农桑：农耕与蚕桑。时：农时，农业生产季节。

⑬仓廪：粮库。充实：充盈。

⑭兵甲：兵器和铠甲。这里指士兵、军队。劲利：坚固锐利。

⑮封疆：边疆，疆界。修理：指治理得好，处理政务合宜。

⑯崄易：偏指艰难困厄。崄，同"险"。

【译文】

大凡国家将要存与亡有六种征兆：有衰落之国，有动乱之国，有将亡之国，有昌盛之国，有强大之国，有太平之国。所谓动乱、将亡的国家，跟当政者的凶恶与残暴并没有必然联系；所谓强大、太平的国家，跟当政者的威力与仁义没有必然联系。君主年老，妻妾众多，子孙稀少，远房宗族人丁兴旺，这是衰落国家的征兆；君主宠信臣子，臣子谄媚君主，公法被废弛，个人私欲横行，这是动乱国家的征兆；国家贫穷弱小，大夫富裕强大，君权太轻，臣子权势太重，这是将要灭亡国家的征兆。凡有这三个征兆的国家，不用等待君主凶虐残暴国家就衰弱不堪了。即使这样的国家现在还存在着，我敢说它必定灭亡。宫中没有独宠的嫔妃，朝廷没有偏爱亲信的臣子，后辈子孙繁多，长幼有序，这是昌盛国家的征兆；农耕与蚕桑不违背农时，国库粮食充足，军队强劲有力，边境治理得好，这是强大国家的征兆；君上不欺凌臣下，臣下也不冒犯君上，上不凌下而下不犯上，所以令行禁止，人人没有私心，即使经历艰难险阻也不可侵犯，这是太平国家的征兆。凡有这三个征兆的国家，不必依靠君主的威力和仁义，国家自会强盛。尽管这样的国家现在比较贫弱，我敢说它一定会长久生存。

　　语曰："佞辨可以荧惑鬼神^①。"探人之心^②，度人之欲^③，顺人于嗜好而弗敢逆^④，纳人于邪恶而求利^⑤。人喜闻己之美也，善能扬之^⑥；恶闻己之过也，而善能饰之^⑦。得之于眉睫之间^⑧，承之于言行之先。世俗之人，闻誉则悦，闻毁则戚^⑨，此众人之大情^⑩；有同己则喜，异己则怒，此人之大情。故佞人善为誉者也^⑪，善顺从者也。人言是，亦是之；人言非，亦非之。从人之所爱，随人之所憎。故明君虽能纳正直，未必亲正直；虽能远佞人，未必能疏佞人。故舜、禹者，以能不用佞人，亦未必憎佞人。语曰："佞辨惑物，舜、禹不能得憎。"不可不察乎！

【注释】

①佞辨：谄媚善辩。辨，通"辩"。荧惑：迷惑，炫惑。

②探：窥探，探求。

③度（duó）：计算，推测。

④嗜好：喜好，特殊的爱好。逆：违背，拂逆。

⑤纳：引入。

⑥善能：擅长。

⑦恶：讨厌，憎恨。

⑧眉睫：眉毛和睫毛，用来指人的神色的细微变化。

⑨毁：诽谤，说别人的坏话。戚：悲伤，忧伤。

⑩大情：常情。

⑪佞人：巧言令色、工于谄媚的人。

【译文】

常言道："谄媚善辩的人可以迷惑鬼神。"他们窥探别人的心理，揣度别人的欲望，顺应别人的喜好而不敢违背，把人们引向邪恶来求取私利。人们都喜欢听到赞美自己的话,并喜欢把这些话宣扬出去;都厌恶听到指责自己过错的话,喜欢这些过错能被掩饰。他们能从别人神色的细微变化中窥探心思,能在人们言行之前就进行奉承。世上的一般人,听到赞誉自己的话就高兴,听到诋毁自己的话就怨愤,这是众人的常情;有跟自己看法相同的就高兴,有跟自己看法不同的就愤怒,这也是人之常情。所以巧佞的人都善于赞誉别人,善于顺从别人的喜怒好恶。别人说对,他也认为对;别人说不对,他也认为不对。顺从别人的爱好,追随别人所憎恶的。所以贤明的君主即使能接纳正直的臣子,但不一定亲近正直的臣子;即使能远离奸佞之人,但不一定能从内心疏远奸佞。因此,即使像虞舜、夏禹这样的君主,也只能不任用奸佞之人,也不一定憎恶奸佞之人。常言道:"谄媚善辩之人能够迷惑众人,虞舜、夏禹都不一定能憎恶这种人。"对此不可以不明察啊!

《老子》曰:"民不畏死,如之何其以死惧之①!"凡人之不畏死,由刑罚过。刑罚过,则民不赖其生②。生无所赖,视君之威未如也。刑罚中③,则民畏死;畏死,由生之可乐,故可以死惧矣。此人君之所宜执④,臣下之所宜惧之。

【注释】

①民不畏死,如之何其以死惧之:见于《老子·七十四章》,王弼本原文为:"民不畏死,奈何以死惧之?"

②赖:倚靠,仗恃。

③中(zhòng):合适,恰当。

④执:掌握,把持。

【译文】

《老子》说:"民众不害怕死亡,还怎么用死亡让他们畏惧!"大凡民众不怕死,都是因为刑罚的滥用。刑罚使用过度,那么民众的生存就没有依靠。民众的生存没有依靠，就会把君主的权威看得什么都不如。如果刑罚恰当，那么民众就怕死；民众怕死，是由于知道活着快乐，于是可以用死来威慑他们了。这是君主应当掌握的，也是臣子应该畏惧的。

田子曰①："人皆自为，而不能为人。故君人者之使人，使其自为用②，而不使为我用。"魏下先生曰③："善哉，田子之言！古者君之使臣，求不私爱于己，求显忠于己，而居官者必能，临阵者必勇。禄赏之所劝，名法之所齐，不出于己心，不利于己身。语曰：'禄薄者，不可与经乱④；赏轻者，不可与入难⑤。'此处上者所宜慎者也。"父之于子也，令有必行者，有不必行者。去贵妻⑥，卖爱妾，此令必行者也。因曰："汝无敢恨！汝无敢思！"令必不行者也。故为人上者，必慎所令焉。

【注释】

①田子：即田骈，又名广，或称陈骈，战国时齐国人。习黄老之学，齐宣王时至稷下讲学，长于论辩，与慎到齐名。《汉书·艺文志》著录《田子》二十五篇，列入道家，已佚。

②自为用：为了自己去做。

③魏下先生：当为"稷下先生"之误。魏，通行本作"稷"。稷下先生，战国齐威、宣王时，学者多集于稷下，故称"稷下先生"。

④经乱：经历动乱。

⑤入难：等于说赴难，往救危难。

⑥去：使离开。去妻是说休妻。

【译文】

田子说："人们的所作所为都是为了自己，而难以做到为了别人。所以君主在用人时,要让他们懂得是为自己而努力,而不要让他们感觉只是为君主效命。"稷下先生说:"田子的话说得太好了！古代君主任用大臣,不要求他们只偏爱君主,也不要求他们对君主显示忠诚,这样做官的人必定会竭尽所能,冲锋陷阵的人必定会勇敢作战。俸禄和奖赏的勉励,名分和法度的戒饬,并不是出于君主自己的私心,也不是为了对君主自己有利。常言道:'所谓俸禄微薄的臣子,不可以与他一同经历动乱;受赏太轻的臣子,难以和他共赴危难。'这是处在上位的人所应当慎重考虑的。"父亲对儿子,下的命令有些一定要执行,有些一定不能执行。休去贵妻,卖掉爱妾,这样的命令儿子一定要遵从。于是又下命令说:"你不能有怨恨！不许有思念！"这样的命令一定不能遵从。所以作为居于上位的人,一定要慎重斟酌自己所要下的命令。

人贫则怨人,富则骄人①。怨人者,苦人之不禄施于己也②,起于情所难安而不能安,犹可恕也;骄人者,无所苦而无故骄人,此情所易制弗能制,不可恕矣。

【注释】

①骄:傲视。

②苦:恨,怨。

【译文】

一个人贫穷了就埋怨别人,富裕了就傲慢待人。埋怨别人的人,总是怨恨别人不把财物施舍给自己,这种情绪产生于他们的心性难以平静而自己不能使其平静的状况,还是可以宽恕的;傲慢待人的人,没有什么怨苦却无缘无故傲慢待人,这种情绪容易控制却不去控制,这是不能宽恕的。

　　贫贱之望富贵甚微,而富贵不能酬其甚微之望。夫富者之所恶,贫者之所美;贵者之所轻,贱者之所荣。然而弗酬,不与同苦乐故也。虽不酬之,于我弗伤。今万民之望人君,亦如贫贱者之望富贵。其所望者,盖欲料长幼①,平赋敛②,时其饥寒③,省其疾痛④,赏罚不滥,使役以时⑤,如此而已,则于人君弗损也。然而弗酬,弗与同劳逸故也。故为人君不可不与人同劳逸焉。故富贵者不可不酬贫贱,而人君不可不酬万民,则万民之所不愿戴⑥。所不愿戴,君位替矣,危莫甚焉! 祸莫大焉!

【注释】

①料:安排,管理,照看。

②平:均平。赋敛:田赋,税收。

③时:通"伺",伺察,留心。

④省:视察,察看。

⑤使役:服役。以时:指按农业生产季节。

⑥戴:尊奉,拥戴。

【译文】

　　贫贱的人对富贵的人的期望很微小,但富贵的人却不能满足他们很微小的期望。富裕人所厌弃的,是贫穷人所赞美的;尊贵的人所轻视的,是卑贱的人认为光荣的。但是富贵者不愿满足贫贱者的期望,是因为不跟他们同甘共苦的缘故。富贵者虽然不愿意满足贫贱者,但对富贵者自己并没有什么伤害。如今万众对君主的期求,也正像贫贱的人对富贵的人的期求。他们所期望的,大概是安排好一家老幼,均平田赋税收,留意百姓饥寒,关注百姓疾苦,奖赏和惩罚都适当,服劳役不误农时,就是这样罢了,那么这样对君主并没有什么损害。然而君主都不能满足百姓的这点期望，这是因为君主不跟百姓劳逸与共的缘故。所以作为君主不可不与百姓劳逸与共。所以富贵的人不可以不满足贫贱的人的期望，而君主不可以不满足万民的期望，不这样做，那么百姓就不会拥戴君主。如果百姓不拥戴君主，那么君主的地位就会被取而代之，危难没有比这个更严重的了！祸患也没有比这个更大的了！

庄子

【题解】

　　《庄子》又称《南华经》，是道家思想的重要典籍。《汉书·艺文志》著录《庄子》五十二篇，今传三十三篇本是魏晋时期郭象删定的，包括内篇七，外篇十五，杂篇十一。一般认为内篇大体是庄周自作，外篇、杂篇则是庄周后学所作。

　　司马迁称庄子"其学无所不窥，然其要本归于老子之言"，庄子大体上继承和发展老子"道法自然""无为而治"的思想观念，但庄子又有其个性鲜明的哲学、艺术特色，他的文章想象奇特，语言灵活多变，以其深邃的思想内容和奇诡的创作手法，达到了哲理性和文学性的完美结合，在先秦诸子散文中独树一帜，在中国思想史和文学史上均有重大而深远的影响。

　　庄子名周，战国时宋人。生活年代在战国中期，大约与梁惠王、齐宣王、楚威王同时，确切的生卒年难以考证。据《史记·老子韩非列传》记载，庄子曾担任漆园吏。据《庄子》记载，庄子与惠施是知己好友，情谊极深。

　　《庄子》的注本，现存有郭象注本十卷，唐代有成玄英为郭象注作疏，清代有王先谦的《庄子集解》和郭庆藩的《庄子集释》。今人有刘武的《庄子集解内篇补正》，对王先谦的集解有不少纠正和补充；陈鼓应的《庄子今注今译》，也可供参看。

　　《群书治要》仅从三十三篇中节录了《胠箧》《天地》《天道》《知北游》《徐无鬼》等五篇的部分章节，主要是切合李唐王朝治国理政的实际需求。

胠箧①

　　昔者容成氏、大庭氏、伯皇氏、中央氏、栗陆氏、骊畜氏、轩辕氏、赫胥氏、尊卢氏、祝融氏、伏戏氏、神农氏②，当是之时，民结绳而用之③，足以纪要而已。甘其食④，美其服，适故常甘，当故常美，若思夫侈靡则无时慊意矣⑤。乐其俗，安其居⑥，邻国相望⑦，鸡犬之音相闻，人至老死而不相往来。无求之至。若此之时，则至治已⑧。今遂至使民延颈举踵⑨，曰"某所有贤者"，赢粮而趣之⑩，则内弃其亲⑪，而外弃其主之事，足迹接乎诸侯之境⑫，车轨结乎千里之外⑬，至治之迹，犹致斯弊。则是上好智之过也⑭。上谓至治之君，智而好之，则有斯过矣。上诚好智而无道⑮，天下大乱矣！何以知其然耶？夫弓弩毕弋机变之智多⑯，则鸟乱于上矣；钩饵罔罟罾笱之智多⑰，则鱼乱于水矣；削格罗落罝罘之智多⑱，则兽乱于泽矣；攻之逾密，避之逾巧，则虽禽兽，犹不可图之以智，而况人哉？故治天下者，唯不任知，任知则无妙也。智诈同异之变多⑲，则俗惑于辩矣。上之所多者，下不能安其少也，性少而以逐多则迷矣。

【注释】

　　①胠箧（qū qiè）：原指撬开箱子。后亦泛指盗窃。节录部分强调君主崇尚奢侈，"好智之过"，劝谏君王抱朴务实，要求恢复结绳时代

　　的质朴。箧，箱子一类的东西。

②容成氏、大庭氏、伯皇氏、中央氏、栗陆氏、骊畜氏、轩辕氏、赫胥
　　氏、尊卢氏、祝融氏、伏戏氏、神农氏：这十二人都是传说远古时代
　　的帝王。伏戏氏，即伏羲氏。

③结绳：上古无文字，用结绳来记事。据说事大则结大绳结，事小则
　　结小绳结。

④甘：认为甘甜。

⑤慊（qiè）意：满意，符合心意。

⑥安：感觉满足合适，认为安逸。

⑦相望：互相都能看见。形容很近。

⑧至治：指安定昌盛、教化大行的时世，最好的太平时世。

⑨延颈举踵：伸长脖子，踮起脚跟。形容盼望十分殷切。踵，脚后跟。

⑩赢粮：担负粮食。引申指携带粮食。趣之：前往，追逐。趣，通
　　"趋"。趋向，奔赴。

⑪内：指家中。亲：双亲，父母。

⑫接：到达。

⑬车轨：行车的轨迹。

⑭好智：喜好智谋。

⑮无道：不行正道。

⑯弩：弩弓，一种利用机械力量发射箭的弓。毕：古代用以捕捉禽兽
　　的长柄网。弋：系有绳子的箭，用来射鸟。机变：机关器械的变
　　换。一说"变"字为"辟"之误字，"机辟"见于《逍遥游》《山木》，
　　机辟即机关，猎捕之器。

⑰罟（gǔ）：渔网。罛（gū）：大型渔网。罾（zēng）：一种用木棍或竹
　　竿做支架的渔网，也叫搬网。笱（gǒu）：竹制的捕鱼器具，口大窄
　　颈，腹大而长，鱼能入而不能出，也叫鱼须笼。

⑱削格：装有机关的捕兽木笼。罗落：截捕禽兽的用具。落，通

"络"。置罘（jū fú）：泛指捕兽网。

⑲同异：战国时名家惠施提出的名辩论题，也称"合同异"。认为事物中存在小同异和大同异两种。人们对不同事物的认识有一致的和不一致的，这种认识上的同或异，为小同异；万物具有完全相同的一面，即都离不开存亡变化，又有完全相异的一面，即各自的变化又不一样，此为大同异。这里指名家的各种辩论技巧，或者说诡辩。

【译文】

　　从前有容成氏、大庭氏、伯皇氏、中央氏、栗陆氏、骊畜氏、轩辕氏、赫胥氏、尊卢氏、祝融氏、伏羲氏、神农氏，在那个时代，民众用结绳来记事，只够记录要点罢了。认为自己的食物很美味，自己的衣衫很美丽，合适所以常感甘甜，恰当所以常感美丽，倘若想要奢侈靡费那就没有一刻能满意了。以自己的风俗为乐，生活得很安逸；邻近的国家互相都能看见，鸡鸣狗叫声互相能听到，人们直到老死也互不往来。没有追求到了极点。像这样的时代，那就是太平治世了。可是如今竟达到让民众伸长脖颈、抬起脚跟，说"某个地方出了贤人"，于是携带粮食赶紧奔赴他，在内抛弃了自己的双亲，在外抛弃了自己的生计事业，足迹达到诸侯国境，行车的轨迹往来千里之外，追求太平治世的痕迹，尚且会导致这样的弊病。而这就是君上追求智巧的过错。君上指太平治世的君主，有智谋而喜好智谋，那就会有这样的过错了。君上一心追求智巧而不遵从正道，那么天下就会大乱了！怎么知道是这样的呢？弓弩、捕猎网、绳箭之类的机关智巧多了，那么鸟儿就只能在空中乱飞；钩饵、渔网、鱼笼之类的智巧多了，那么鱼儿就只会在水里乱游；捕兽笼、捕兽网之类的智巧多了，那么野兽就只会在草泽里乱窜；进攻越急切，躲避就越巧妙，即使是禽兽，尚且不能用智巧图谋获取，更何况人呢？所以治理天下，只能不用智巧，任用智巧那就不巧妙了。智巧欺诈各种诡辩的权变多了，那么世俗的人就会被诡辩所迷惑。君上所喜好的，臣下不能稍有安定，本性习惯于寡少却追逐繁多那就会迷惑了。

天地①

尧观乎华②，华封人曰③："嘻！圣人！请祝圣人④，使圣人寿。"尧曰："辞。""使圣人富。"尧曰："辞。""使圣人多男子。"尧曰："辞。"封人曰："寿、富、多男子，人之所欲也。汝独不用何？"尧曰："多男子则多惧⑤，富则多事，寿则多辱。是三者，皆非所以养意⑥，故辞。"封人曰："始也以汝为圣人也，今然君子也。天生烝民⑦，必授之职。多男子而授之职，则何惧之有？物皆得所而志定。富而使分之，则何事之有？寄之天下，故无事也。圣人鹑居无事而斯安也。而鷇食⑧，仰物而足。鸟行而无章⑨。率性而动，无常迹也。天下有道，则与物皆昌；天下无道，则修德就闲⑩。虽汤、武之事，苟顺天应人，未为不闲。故无为而无不为者，非不闲也。千岁厌世⑪，去而上仙⑫，夫至人极寿命之长⑬，任穷通之变，其生也天行，其死也物化。故云"厌世而上仙"。乘彼白云，至于帝乡⑭。气之散，无不至之。三患莫至⑮，身常无殃，则何辱之有？"

【注释】

①天地：节录的两段，第一段用华封人之祝，强调随遇而安，自然而然；第二段以伯成子高之词谴责夏禹刑罚。

②华：治所在今陕西华州。尧：唐尧，传说中上古帝王名。

③封人：古官名。《周礼》谓地官司徒的属官，掌守帝王社坛及京畿的疆界。春秋时为典守封疆之官。

④祝：祷告，向鬼神求福。

⑤惧：担心，忧虑。

⑥意：今本作"德"。养德指修养德行。

⑦烝民：民众，百姓。

⑧鹑（chún）居：像鹌鹑鸟一样在田野居住，指野居无常处。鷇
　　（kòu）食：小鸟刚出生，由母鸟哺育，不必亲自求食。比喻无心而
　　自足。鷇，待母鸟哺食的雏鸟。鹑居鷇食，比喻生活简约。

⑨鸟行：像鸟飞行一样。无章：没有痕迹。章，同"彰"。文迹。

⑩修德：修养德行。就闲：指无职事羁绊，闲居在家。

⑪千岁：形容长时间。

⑫上仙：上天登仙。

⑬至人：道家指超凡脱俗、达到无我境界的人。

⑭帝乡：天宫，仙乡。

⑮三患：指唐尧多男则多惧、富则多事、寿则多辱的三种忧患。

【译文】

唐尧到华地游观，华地掌守边疆的封人说："啊！圣人！请让我祝福
圣人，祝愿圣人长寿。"唐尧说："不用了。""祝愿圣人富裕。"唐尧说："不
用了。""祝愿圣人多生男孩。"唐尧说："不用了。"封人说："长寿、富裕、
多生男孩，这是人人都想得到的。你单单不要，这是为什么呢？"唐尧说：
"男孩子多那就忧虑多，富裕那就麻烦多，长寿那就受辱多。这三样，都
不能修养德行，所以推辞。"封人说："开始我以为你是圣人，如今你也就
是个君子。上天生育民众，必定要授给他们适当的职事。多生男孩而都
授予适当的职事，那还有什么忧惧呢？人们都能得到合适的安排而心志安定。
富裕就把财物分给大家，那又有什么麻烦呢？分给整个天下，所以没有麻烦。
圣人像鹌鹑鸟一样在野外居住，没有麻烦而随处安定。像雏鸟一样等待母
鸟喂食，依靠外物而自足。像鸟儿飞行一样不留痕迹。依照天性而行动，没有
恒常的轨迹。天下太平的时候，那就跟万物一起兴盛；天下混乱的时候，那
就修养德行闲居在家。即便是商汤伐夏、周武王伐纣之事，如果上顺天意、下应
民情，也不能算是不清闲。所以说无为而无不为，不是没有清闲。千年之后厌倦

人世,离开人世间而上天登仙,超凡脱俗的至人寿命极其长,听任困穷显达的变化,生则顺道而行,死便随万物变化。所以说"厌倦人世而上天登仙"。乘着那白云,来到天宫仙乡。气随之消散,没有到不了的地方。上述三种祸患不会发生,自身永远没有祸殃,那还会有什么屈辱的呢?"

尧治天下,伯成子高立为诸侯①。尧授舜②,舜授禹,伯成子高辞为诸侯而耕。禹往见之,则耕在野。禹趋就下风③,立而问焉,曰:"昔尧治天下,吾子立为诸侯④。尧授舜,舜授予,而吾子辞为诸侯而耕。敢问其故何也?"子高曰:"昔尧治天下,不赏而民劝⑤,不罚而民畏⑥。今子赏罚而民且不仁,德自此衰,刑自此立,后世之乱,自此始矣!"

【注释】

①伯成子高:传说中远古时人,尧时诸侯。至禹时,子高以为禹行赏罚而民不仁,"德自此衰,刑自此立,后世之乱自此始",于是辞诸侯而耕。亦省称伯成。

②授:传位。

③趋就:疾步走向。下风:风所吹向的那一方。比喻处于下位、卑位。

④吾子:对对方的敬爱之称,一般用于男子之间。

⑤劝:努力。

⑥畏:敬服。

【译文】

唐尧治理天下的时候,伯成子高被立为诸侯。唐尧传授帝位给虞舜,虞舜传授给大禹,伯成子高辞去诸侯之位而去耕种。大禹前去见他,他正在田野耕地。大禹快步向前走向下位,站着向他请教,说:"从前唐尧治理天下,您被立为诸侯。唐尧传授帝位给虞舜,虞舜又传授帝位给

我,而您辞去诸侯之位来从事耕种,请问是什么原因呢?"子高说:"从前
唐尧治理天下的时候,不用赏赐民众就自发努力,不用刑罚民众就心生
敬畏。如今您既赏赐又刑罚而民众却不仁爱,德行从此衰微,刑罚从此
建立,后代的祸乱,从现在开始了!"

天道①

夫帝王之德,以天地为宗②,以道德为主,以无为为常。
无为也,则用天下而有余;有余者,闲暇之谓也。有为也,则为
天下用而不足;不足者,汲汲然欲为物用者也③,欲为物用,故可得
而臣也。故古之人贵夫无为也。上无为也,下亦无为也,是
下与上同德也④。下与上同德则不臣⑤。下有为也,上亦有
为也,是上与下同道也⑥。上与下同道则不主⑦。夫工人无为
于刻木⑧,而有为于用斧。主上无为于亲事⑨,而有为于用臣。臣能
亲事,主能用臣。斧能刻木,而工能用斧,各当其能,则天理自然,非
有为也。若乃主代臣事,则非主矣;臣秉主用⑩,则非臣也。故各司
其任,则上下咸得⑪,而无为之理至矣。上必无为而用天下,下必
有为为天下用,此不易之道也。

【注释】

①天道:天理,自然界的变化规律。节录部分分析帝王之德,"以无
　为为常",以无形统领有形。

②宗:根本。

③汲汲然:心情急切的样子。

④同德:拥有同样的德行,也就是为同一目的而努力。

⑤不臣:不守臣节,不合臣道。

⑥同道：行为相同。

⑦不主：不行君道。

⑧刻木：在木质器物上雕刻。

⑨亲事：亲自治理政事。

⑩秉：执掌，操持。

⑪得：指得其所。

【译文】

帝王的德行，以天地为根本，用道德为主宰，用无为为恒常。顺应自然清静无为，那就游刃有余地统治天下；有余，是说闲暇的意思。如果不顺应自然而心有所为，那就被天下驱使得疲惫不堪而心力不足；不足够，是急切地想追求外物，想要追求外物，因此很容易被其驱使。所以古代的人特别重视顺应自然的无为。君主无为，臣下也无为，这样臣下就与君主的德行相同。臣下跟君主德行相同那么就没有为臣之道了。臣下有为，君主也有为，这是君主与臣下的行为方法相同。君主与臣下的行为方法相同，那就没有为君之道了。工人在雕刻木质器物上要顺应自然无为，而使用斧子则是有所作为。君主在亲自治理政事时要顺应自然无为，而使用臣子则是有所作为。臣子能够亲自处理政事，君主能够任用臣子。斧子能够雕刻木器，而工匠能够使用斧子，各自尽其所能，那么就顺应天意自然而然，不是刻意有为。至于君主代替臣子做事，那就不是君主了；臣子掌管君主支配大局的权力，那就不是臣子了。所以各自承担各自的任务，那就上下都各得其所，而无为的道理也就达到极致了。**君主一定要实行无为之道才能治理天下，臣下一定要实行有为之道才能为天下所用，这是不可改变的道理。**

　　故古之王天下者①，智虽落天地②，不自虑也；辨虽雕万物③，而不自说也；能虽穷海内④，不自为也。夫在上者，患于不能无为也，而代人臣之所司，使咎繇不得行其明断⑤，后稷不得施其播殖⑥，则群才失其任，而主上困于役矣。冕旒垂目而付之天下⑦，天下皆得其自为。斯乃无为而无不为者也，故上下皆无为矣。但上之无为则用下，下之无为则自用矣。天不产而万物化⑧，地不长而万物育⑨，所谓自尔⑩。帝王无为而天下功成。功自彼成。故曰：莫神于天⑪，莫富于地，莫大于帝王。故曰：帝王之德配天地⑫。同乎天地之无为也。此乘天地，驰万物⑬，而用人群之道也。本在于上⑭，末在于下⑮；要在于主⑯，详在于臣⑰。三军五兵之运⑱，德之末也；赏罚利害，五刑之辟⑲，教之末也；礼法数度⑳，刑名比详㉑，治之末也；钟鼓之音㉒，羽旄之容㉓，乐之末也；哭泣衰绖㉔，降杀之服㉕，哀之末也。此五末者，须精神之运㉖，心术之动㉗，然后从者也。夫精神心术者，五末之本也，任自然而运动，则五事之末，不振而自举也。

【注释】

①王（wàng）：称王，统治天下。

②落：今作"络"。笼络，包容。

③雕：雕饰。泛指修饰。

④穷：穷尽，用尽。

⑤咎繇：即皋陶。舜之贤臣，主管司法。明断：明确地辨别是非，做出公正的判断。

⑥后稷：周之先祖，虞舜命为农官，教民耕稼，称为后稷。播殖：耕种，种植。

⑦冕旒（miǎn liú）：古代大夫以上的礼冠。前后有旒，天子之冕十二旒，诸侯九，上大夫七，下大夫五。旒，冕冠前后悬垂的玉串。

⑧产：生长，出产。

⑨育:生养,养育。

⑩自尔:自然。

⑪神:神奇,神异。

⑫配:配合,结合,相配。

⑬驰:驾驭。

⑭本:根本。一说指道德。

⑮末:末梢。一说仁义。

⑯要:简要,要点。

⑰详:详尽,繁多。

⑱三军:春秋时期大国对军队的合称。五兵:五种兵器,所指不一。
　　泛指各种兵器。

⑲五刑:五种轻重不等的刑罚。泛指刑罚。秦以前为:一劓(割
　　鼻),二墨(刺字),三刖(砍脚),四宫(阉割),五大辟(杀头)。
　　辟:法。特指刑法。

⑳礼法:礼仪法令。数度:犹制度。

㉑刑名:刑律。比详:考校审核。

㉒钟鼓:编钟和鼓,古代礼乐器。

㉓羽旄:采鸟兽羽毛来装饰器物。也指古乐舞中的羽舞、旄舞。羽,
　　鸟羽。旄,兽毛。

㉔衰(cuī)绖:丧服。古人丧服胸前当心处缀有长六寸、广四寸的
　　麻布,名衰,因名此衣为衰;围在头上的散麻绳为首绖,缠在腰间
　　的为腰绖。衰、绖是丧服的主要部分。

㉕降杀:递减。

㉖须:等待。

㉗心术:指人认识事物的方法和途径。

【译文】

所以古代统一天下的王者,智慧即使能包罗天地,也不亲自思虑具

体事务;辩辞即使能修饰万物,也不亲自言说具体问题;才能即使穷尽天下,也不亲自作为。在上位的人,担忧不能无为,反而代替臣子去管理事务,使得皋陶不能行使公正断案,后稷不能施行耕种,那么众多有才之士失去了职责,而君主被劳役所困。帝王应该戴上皇冠端坐、冕旒垂在眼前,用无为管理天下,天下都能自我作为。这就是无为而无不为,所以君主臣下都无为了。但是君主无为就任用臣下,臣下无为那就自我任用了。上天不亲自创造万物而万物自然化育产生,大地不养育万物而万物自然成长,这就是所说的自然而然。帝王无为而天下却成功。功绩从他无为那里成就。所以说:没有比天更神奇的了,没有比地更富裕的了,没有比帝王更伟大的了。所以说:帝王的德行与天地相配。跟天地的清静无为相同。这是顺应天地,驾驭万物,而任用民众的原则。根本原则君主把握,具体末节臣下把握;治国纲要在君主手中,具体细节在臣下手中。全军上下各种兵器的运用,是德行的末节;奖赏惩罚,各种刑罚,是教化的末节;礼仪法度,刑律考校审核,是治国的末节;编钟鼓声的礼乐,羽舞、旄舞的仪容,是音乐的末节;服丧哭泣,按照亲疏穿不同的等级丧服服丧,是丧事哀礼的末节。这五种末节,要等待精神活动和心智启用,然后再实施起来。精神和心智,是五种末节的根本,主体自然而然地运转,那么五种事物的末节,不需要特别提振就能自然而然运转起来了。

　　末学者①,古之人有之,而非所以先也②。所先者本也。君先而臣从,长先而少从③,男先而女从。夫尊卑先后,天地之行也,故圣人取象焉④。言此先后,虽是人事,然皆在至理中来,非圣人之所作也。天尊地卑,神明之位也;春夏秋冬,四时之序也;万物化作⑤,盛衰之杀⑥,变化之流也。夫天地至神也⑦,而有尊卑先后之序,而况人道乎?明夫尊卑先后之序,固有物之所不能无也。宗庙尚亲,朝廷尚尊,乡党尚齿⑧,行事尚贤,大道之序也。言非但人伦之所尚也。愚智处宜,贵贱履位^⑨，官各当其才也。**必分其能**^⑩，无相易业。**必由其名。**名当其实，故由名而实不滥也。**以此事上，以此畜下**^⑪**，以此治物**^⑫**，以此修身，智谋不用，必归其天。此之谓太平，治之至也。礼法数度，刑名比详，古之人有之。**此下之所以事上，非上之所以畜下也。寄此事于群下，斯乃畜下者也。

【注释】

①末学：指前述五种末节。

②所以先：放在首位。

③长：长辈。少：晚辈。

④取象：以某种事物作为榜样。

⑤化作：化育生成。

⑥杀（shài）：等差。

⑦至神：至高无上的神。

⑧乡党：古代一万二千五百家为乡，五百家为党，泛指家乡。齿：年岁，年龄。

⑨履位：就位。

⑩必分其能：这是强调官员才能本有差异，让他担任适合的官职，这才没有不合适的。

⑪畜下：畜养下民。

⑫治物：治理外物（除我之外的人和物）。

【译文】

这五种末节，古人就已经具备了，但并没有放在首位。放在首位的是根本。君主在重要地位而臣子跟从，长辈在重要地位而晚辈跟从，男子在重要地位而女子跟从。尊卑先后，是天地的运行规律，所以圣人效法它。说这些"先后"，虽然是人事，但都是从至高无上的道理中得来的，不是圣人创作出来的。天尊地卑,这是神灵的位置;春夏秋冬,这是四季的次序;万物化育生成,兴盛衰亡的变化次第,都处在变化的流动之中。天地是至高无上的神,还有尊卑先后的次序,何况为人之道呢? 明白尊卑先后的顺序,本来就是天地万物所不能脱离的。宗庙看重血缘的亲疏关系,朝廷看重官爵的高下,乡里看重乡人年龄的大小,做事时看重人的才能,这是大道的次序。这是说不仅仅是人伦所看重的。贤愚之人各得其所,高低贵贱各就其位,官员职位各自对应其才能。一定要区分人们才能的高下,根据他的才能来安排职位,就没有必要互相调换官位职业。必定要名实相符。名副其实,所以有名分的人实际能力也不会虚妄不实。用这些来事奉君上,来养育民众,来治理万物,来修养自身,人们不再运用智巧,一定会恢复到天然本性。这就叫做太平,是治理的最高境界。礼仪法度,刑律考校审核,古代的人就具备了。这是臣下事奉君上的才能,而不是君上养育民众的方法。把这些事托付给臣下,这才是养育民众的方法。

　　昔者舜问于尧曰:"天王之用心何如①?"尧曰:"吾不傲无告②,无告者,所谓顽民也。不废穷民③。恒加恩也。苦死者,嘉孺子而哀妇人④,此吾所以用心已。"舜曰:"美则美矣,而未大也。"尧曰:"然则何如?"舜曰:"天德而出宁⑤,与天合德,则虽出而静也。日月照而四时行,若昼夜之有经⑥,云行雨施矣⑦!"此皆不为而自然者也。尧曰:"子,天之合也;我,人之合也。"夫天地者,古之所大也,而黄帝、尧、舜之所共美也。故古之王天下者,奚为哉? 天地而已矣!

　　【注释】
　　①天王:天子,这里指尧。
　　②无告:不可教导的刁民。

③废：舍弃，抛弃。穷民：泛指贫困、走投无路的百姓。

④嘉：赞美，嘉奖。孺子：幼儿，小孩子。哀：怜悯，同情。

⑤天德：上天的德行。这里指跟上天的德行相合。

⑥经：常行的，恒常不变的。

⑦云行雨施：见《周易·乾》："云行雨施，天下平也。"这里比喻广施
恩泽。

【译文】

从前虞舜向唐尧发问说："天子您的用心是怎么样的？"唐尧说："我对不堪教导的人不傲慢，无告，是所说的愚妄不化的人。不舍弃走投无路的民众。常给他们恩惠。悲悯死去的人，爱护孩子而哀怜妇女，这就是我的用心。"虞舜说："美好倒是美好，但还不完善。"唐尧说："既然如此，要怎么办呢？"虞舜说："跟上天的德行相合，而出来也会安宁，跟上天德行相合，那么即使出来也安宁。日月普照而四季运行，像昼夜交替那样恒常不变，就像云彩飞过、雨水降临那样遍施恩泽！"这都是不作为而自然而然产生的。唐尧说："您，是跟天道相合；我，是跟人道相合。"天地，是自古以来所认为最伟大的，而黄帝、唐尧、虞舜所共同赞美的。所以古代统治天下的王者，是怎么做的呢？只是效法天地罢了！

知北游①

圣人行不言之教。任其自行，斯不言之教也。道不可致也②。道在自然，非可言致也。失道而后德，失德而后仁，失仁而后义，失义而后礼。礼者，道之华，乱之首也③。礼有常则，故矫效之所由生也④。故曰：为道者日损，损华伪也。损之又损之⑤，以至于无为，无为而无不为也。华去而朴全⑥，则虽为而非为也。天地有大美而不言，四时有明法而不议⑦，万物有成

理而不说⑧。此孔子之所云"予欲无言"。至人无为⑨,任其自为而已。大圣不作⑩,唯因任也。观于天地之谓也。观其形容,象其物宜,与天地无异者。

【注释】

①知北游:节录部分基本都是引用老子的话,强调道的自然而然,说明治国要效法天地,无为不言。知,虚构的人名。

②致:获得,得到。

③"失道而后德"几句:见于《老子·三十八章》,最后三句是:"夫礼者,忠信之薄而乱之首。前识者,道之华而愚之始。"

④矫效:假托模仿。

⑤损:减损,减少。

⑥朴:原始的,未加工过的,质朴。

⑦明法:明显的规律。

⑧成理:生成的道理。

⑨至人:指超凡脱俗、达到无我境界的人。

⑩大圣:古谓道德完善、智能超绝、通晓万物之道的人。不作:即孔子所说的"述而不作"。

【译文】

圣人实施不用言语的教化。任由自然运行,这就是不言之教。大道是不可以通过言语获得的。道的存在是自然而然的,不可以用言语获得。失去大道然后是德,失去德然后是仁,失去仁然后是义,失去义然后是礼。礼对于道是华而不实的,是祸乱的开始。礼有恒定的准则,所以假托模仿的行为由此产生。所以说:修道的人欲望一天天减少,去掉浮华虚伪。减少又减少,一直到无为,无为就能无所不为。浮华去掉而保全质朴,那么即使有所作为也没有有为之心。天地有覆载万物这样最大的美德而不宣扬,四季有正确的运行规律而不议论,万物有成功的缘由而不说明。这就是孔子所说的"我想要不说话"。超凡脱俗的至人是无为的，放任万物自己作为罢了。伟大的圣人不妄图创作，只是顺应自然之道。说的就是他们的言行效法天地自然的缘故。观察天地的形貌，取法天地的规律，做到与天地顺随自然的做法没有差异。

徐无鬼①

黄帝将见大隗乎具茨之山②，方明为御③，昌寓骖乘④，张若、谡明前马，昆阍、滑稽后车⑤。至襄城之野⑥，七圣皆迷，无所问涂⑦。适遇牧马童子，问涂焉，曰："若知具茨之山乎？"曰："然。"曰："知大隗之所存乎？"曰："然。"黄帝曰："异哉小童⑧！非徒知具茨之山，又知大隗之所存。请问为天下。"小童曰："夫为天下者，亦何以异乎牧马者哉？亦去其害马者而已矣。"马既过分为害。黄帝再拜稽首⑨，称天师而退⑩。

【注释】

①徐无鬼：本篇由十五章文字杂汇而成，此处仅节选一小段。节录部分指出治理天下与放马一样，"去其害马者而已矣"。也就是无为。徐无鬼，人名，是隐者。

②大隗（wěi）：神名。具茨：山名。位于河南省中部禹州、新郑、新密三市交界处，属于伏牛山余脉。是黄帝活动的中心地域。

③方明：与下文的昌寓、张若、谡（xí）明、昆阍、滑稽都是人名。为御：驾车，赶车。

④骖乘：车右。职责为陪乘。

⑤后车：副车，侍从所乘的车。

⑥襄城：属今河南许昌。

⑦问涂：问路。涂，同"途"，道路。

⑧异：不一般，杰出。

⑨再拜：两次下拜，表示恭敬。稽首：一种跪拜礼，叩头至地，是九拜
　　中最恭敬者。

⑩天师：古代对有道术者的尊称。

【译文】

　　黄帝将要到具茨山拜见大隗，方明驾车，昌寓为车右，张若、谙明是
马前护卫，昆阍、滑稽在副车随从。到了襄城的野外，七位圣人都迷路
了，没有地方问路。正好遇见一个牧马的童子，向他问路，说："你知道具
茨山吗？"回答说："知道啊。"问："知道大隗居住在哪里吗？"回答说："知
道啊。"黄帝说："真不一般啊，小童子！不仅知道具茨山，又知道大隗的
居住地。请问如何治理天下。"小童说："治理天下，跟牧马又有什么差
别呢？也就是除去对马有害的事情罢了。"马性情过分就成为祸害。黄帝两
次下拜行稽首大礼，称他为"天师"然后离开。

尉缭子

【题解】

　　《尉缭子》是古代著名兵书，为武学科举必读的兵学教材。《汉书·艺文志》在杂家类著录"《尉缭》二十九篇"，又在兵形势家类著录"《尉缭》三十一篇"。有学者认为，该书最初并非一部系统性的专著，其中二十九篇杂采各派学说，另外三十一篇专论军事，因而被归入两家。《隋书·经籍志》将其列入杂家类。

　　今本《尉缭子》存五卷二十四篇，前十二篇探讨政治观与战争观，后十二篇则谈论军令与军制。《尉缭子》主要论述用兵之道，主张"武为表，文为里"，即政治是根本，军事是枝干，强调"百战百胜，非善之善者也；不战而胜，善之善者也"；支持"诛暴乱禁不义"的战争，反对"杀人之父兄，利人之货财，臣妾人之子女"的不义战争；强调依法治军，建立一套严密的军队制度；重视选拔与任用清廉能干的将领。北宋神宗元丰年间，《尉缭子》被列为"武经七书"之一。

　　一般认为《尉缭子》为战国时期的尉缭所作。他大约活动于魏国由安邑迁都于大梁的历史时期。秦王嬴政十年（前237），他入秦游说，被任为国尉，因称尉缭。

　　《群书治要》节录《天官》《兵谈》《战威》《兵令》四篇，这几篇内容反映了战国时期的军事思想，极具代表性。而这些思想对平定隋末混乱、立志缔造盛世的李世民来说,是一种激励。

天官①

梁惠王问尉缭子曰②:"吾闻黄帝有刑德③,可以百战百胜,其有之乎?"尉缭曰:"不然,黄帝所谓刑德者,以刑伐之③,以德守之,非世之所谓刑德也。世之所谓刑德者,天官时日、阴阳向背者也④。黄帝者,人事而已矣。何以言之?今有城于此,从其东西攻之不能取,从其南北攻之不能取,此四者,岂不得顺时乘利者哉? 然不能取者何? 城高池深,兵战备具,谋而守之也。若乃城下池浅守弱⑤,可取也。由是观之,天官时日,不若人事也。故按刑德天官之陈曰:'背水陈者为绝地⑥,向阪陈者为废军⑦。'武王之伐纣也,背济水⑧,向山之阪,以万二千人击纣之亿有八万人⑨,断纣头悬之白旗⑩,纣岂不得天官之陈哉? 然不得胜者何? 人事不得也。黄帝曰:'先稽己智者⑪,谓之天官。'以是观之,人事而已矣。"

【注释】

①天官:即天官之阵,古代与日月星辰运行变化相应的阵法。节录部分说明作战不能依靠天官时日、阴阳向背,"天官时日,不若人事",只有充分发挥人的作用才能取胜。

②梁惠王:即魏惠王。魏是国名,惠是谥号。前370年即位,因受秦国势力的逼迫,后九年由旧都安邑(今山西夏县北)迁都大梁(今河南开封),所以又叫梁惠王。

③刑德:古人以刑为阴克,以德为阳生,附会五行生克之说。刑,杀戮。

④时日：时辰和日子。古人以为时日有吉凶，常以卜筮决之。向背：指迎合或背弃。

⑤城下：城墙低矮。

⑥背水陈：即背水阵，背水列阵。陈，今作"阵"。绝地：指极险恶而无出路的境地。

⑦阪（bǎn）：山坡。

⑧济水：河流名称。发源于河南，东流至山东入海。

⑨亿：十万。

⑩断纣头悬之白旗：据《史记·周本纪》："至纣死所。武王自射之……以黄钺斩纣头，县（悬）大白之旗。"

⑪稽：考查，核实。

【译文】

梁惠王问尉缭子说："我听说黄帝有"刑德"法术，可以百战百胜，大概有这回事吧？"尉缭子说："不是这样的，黄帝所说的刑德，是用武力攻伐天下，用仁德守卫天下，不是世人所说的刑德。世人所说的刑德，是指与日月星辰相关的天官之阵、时辰的吉凶、阴阳二气的转换。黄帝的刑德，做的只是人力所及的事罢了。为什么这样说呢？如今在这里有座城，从它的东西边进攻不能攻取，从它的南北边进攻也不能攻取，这四方，难道没有占尽天时地利的机会吗？但是都不能攻取是为什么呢？城墙很高，护城河很深，作战兵器齐备，事先就谋划防守的缘故。如果城墙低矮、护城河浅、防守薄弱，那就可以攻取。由此来看，天官之阵、时辰日子，都不如人的努力重要。所以如果按照刑德天官布阵的说法：'背水列阵是绝境，向着山坡列阵是浪费兵力。'武王伐纣的时候，背对着济水，面向着山坡布阵，用一万二千人击败商纣王的十八万人，斩断商纣的头颅悬挂在白旗上，商纣难道没有占尽天时地利之阵吗？但是不能胜利是为什么呢？是人力所及的努力不行啊。黄帝说：'先用自己的智慧考查然后行动的，就叫做天官。'由此看来，这就是人力所及的努力罢了。"

兵谈①

王者，民望之如日月，归之如父母②，归之如流水。故曰："明乎禁舍开塞③，其取天下若化。"故曰："国贫者能富之，地不任者任之④，四时不应者能应之⑤。"故夫土广而任，则其国不得无富；民众而制⑥，则其国不得无治。且富治之国，兵不发刃⑦，甲不出暴，而威服天下矣⑧。故曰：兵胜于朝廷⑨，胜于丧绝⑩，胜于土功⑪，胜于市井。暴甲而胜，将胜也。战而胜，臣胜也。战再胜，当一败：十万之师出，费日千金。故百战百胜，非善之善者也；不战而胜，善之善者也。

【注释】

①兵谈：就是谈兵，谈论军事问题。本篇论述了治国、用兵的指导思想，节录部分说明只有"富治之国"才能"威服天下"，"不战而胜，善之善者也"。

②归：趋向，归附。

③禁舍开塞：禁罚和赦免，开放和闭锁。

④不任：不能胜任。

⑤四时：四季。应：指应时，顺应农时。

⑥制：（被）控制，管理。

⑦发刃：刀斧等开口或磨快。

⑧威服：用威力慑服。

⑨胜于朝廷：指胜利在于朝廷或帝王对战事进行的谋划，也就是所谓庙算。

⑩丧绝：银雀山竹简作"丧纪"，即丧事。

⑪土功：指治水、筑城、建造宫殿等工程。

【译文】

称王统治天下的人,民众仰望他就像仰望日月一样,归附他就像归附父母一样,归附他就像流水归附大海一样。所以说:"明白禁罚和赦免、开放和闭锁的道理,那么夺取天下就像生长化育一样自然。"所以说:"国家贫穷的能让他富裕,土地不能耕种的让他能够耕种,四季耕作不能顺应农时的让他能顺应。"所以土地广阔而能耕作,那么这个国家就不能不富裕;人民众多而能够管理,那么这个国家就不能不太平。况且富裕太平的国家,兵器没有磨快,盔甲没有显露,威力就已经慑服天下了。所以说:战争胜利在于朝廷的谋划成功,在于处理丧事赢得民心,在于做好土建工程,在于市井繁荣。出兵而能取胜,是将领的胜利。两军对战而能取胜,是臣子的胜利。两次战斗后取胜,相当于战败一次;十万大军出战,每天耗费千金。所以就像兵法说的那样,百战百胜,不是最高明的;不打仗就能取胜,才是最高明的。

战威①

令所以一众心也,不审所出则数变,数变则令虽出,众不信也。出令之法,虽有小过毋更,小疑毋申。事所以待众力也,不审所动则数变②,数变则事虽起,众不安也。动事之法,虽有小过毋更,小难毋戚③。故上无疑令,则众不二听;动无疑事,则众不二志。古率民者,未有不能得其心而能得力者也,未有不能得其力而能致其死者也。故国必有礼信亲爱之义④,而后民以饥易饱⑤;国必有孝慈廉耻之俗⑥,而后民以死易生。故古率民者,必先礼信而后爵禄,先廉耻而后刑罚,先亲爱而后托其身焉。

【注释】

①战威：讲战争中以威取胜的道理，指出将帅发号施令应明确无疑。

　节录部分主要阐述战争的基本原则和策略。

②审：审察，慎重。

③戚：忧愁，悲伤。

④礼信：礼仪与信义。

⑤易：替代。

⑥孝慈：对尊长孝敬，对下属或后辈慈爱。廉耻：廉洁知耻。

【译文】

军令是用来统一军众心志的，没有慎重审察而发出军令就会屡次变更，屡次变更那么军令即使发出，军众也不相信。发出军令的原则，即使有小的过错也不要更改，小的疑问也不要申明。战事是需要运用军众力量成就的，不慎重审察而开始行动就会屡次变更，屡次变更那么战事即使开始了，军众也不安宁。发动战事的原则，即使有小的过错也不要更改，有小的危难也不要悲伤。所以将军没有犹豫的命令，军众就不会胡乱听命；行动没有犹豫的战事，军众就没有二心。古代统率民众的人，没有不能得到人心却能得到民力的，没有不能得到民力却能让他们效死战斗的。所以国家一定要有礼信仁爱的道义，然后民众才虽饥犹饱；国家一定要有孝慈廉耻的习俗，然后民众才能虽死犹生。所以古代统治民众的人，一定先有礼信然后才是官爵俸禄，先教以廉耻，然后用刑罚威慑，先亲近、施爱于民众然后才能托付重任。

民死其上如其亲①，而后申之以制②。古为战者，必本气以厉志③，厉志以使四枝④，四枝以使五兵⑤。故志不厉，则士不死节⑥；士不死节，虽众不武⑦。厉士之道，民之所以生，不可不厚也⑧；爵列之等⑨，死丧之礼，民之所以营也⑩，不可不显也⑪。必因民之所生以制之,因其所营以显之,因其所归以固之。田禄之实⑫,饮食之粮,亲戚同乡,乡里相劝⑬,死丧相救,丘墓相从⑭,民之所以归,不可不速也。如此,故什伍如亲戚⑮,阡陌如朋友⑯;故止如堵墙,动如风雨,车不结轨⑰,士不旋踵⑱,此本战之道也。

【注释】

①死其上:为他的君上而死。亲:父母。

②申:申诚,告诫。

③厉志:激励、磨炼意志。

④四枝:四肢。

⑤五兵:泛指各种兵器。

⑥死节:为保全气节而死。

⑦不武:不勇武。

⑧厚:优厚,充裕。

⑨爵列:即爵位。

⑩营:谋求。

⑪不显:不显明,不突出。

⑫田禄:先秦卿大夫的俸给来自采地或公田,故称田禄。

⑬乡里:泛指乡民聚居的基层单位。劝:劝勉,激励。

⑭丘墓:坟墓。眉批云:"丘墓作兵役。"与通行本同。译文仍按《群书治要》原文处理。

⑮什伍:古代军队编制,十人为什,五人为伍,称什伍。亦泛指军队的基层建制。

⑯阡陌:田界。通行本作"卒伯",军中一百人编制的头领。

⑰结轨:轨迹交结。形容车辆络绎不绝。

⑱旋踵：转动脚跟转身。指畏避退缩。

【译文】

民众愿意为君上而死就像为自己的父母而死一样，然后再用法制告诫他们。古代指挥战争的人，一定要抖擞精神来激励意志，用激励意志来支配四肢，支配四肢来使用各种兵器。所以不激励意志，那么战士就不会为气节而死；战士不为气节而死，即使人数众多也不勇武。激励战士的原则，是军众赖以生存的条件，不可以不丰厚；爵位、俸禄的等级，死丧的礼仪，是军众所谋求的，不可以不突显。所以一定根据军众生存的需求来管理满足他们，根据他们所谋求的爵位功绩来突显他们，根据他们归属的等级给予保障并执行到底。像田地俸禄等物资，吃喝所需的粮食，使亲戚同乡共享，邻里互相鼓励，遇到死丧之事互相救助，死者的坟墓彼此依傍，这就是军众向往的归宿，不可以不尽早安排。像这样，同军阵中的士兵如同亲戚一样，不同队伍之间的士兵如同朋友一样；所以军队驻守时就像一堵墙一样坚固，行动时就像暴风雨一样迅急，战车勇往直前，战士不会后退，这就是战胜敌人的根本方法。

地所以养民也，城所以守地也，战所以守城也。故务耕者其民不饥①，务守者其地不危，务战者其城不围。三者，先王之本务也②，而兵最急矣，故先王务尊于兵。尊于兵，其本有五：委积不多③，则事不行；赏禄不厚，则民不劝；武士不选④，则士不强；备用不便⑤，则士横⑥；刑诛不必⑦，则士不畏。先王务此五者，故静能守其所有⑧，动能成其所欲。王国富民，霸国富士，仅存之国富大夫，亡国富仓府⑨，是谓上溢而下漏⑩，故患无所救。故曰："举贤用能，不时日而事利；明法审令，不卜筮而事吉⑪；贵政养劳⑫，不祷祠而得福⑬。"故曰："天时不如地利，地利不如人事⑭。"圣人所贵，人事而已矣。勤劳之事,将必从己先。故暑不立盖⑮,寒不重裘⑯;有登降之险,将必下步⑰;军井通而后饮⑱,军食熟而后食,垒成而后舍⑲;军不毕食,亦不火食⑳;饥饱、劳逸、寒暑必身度之㉑。如此,则师虽久不老㉒,虽老不弊㉓。故军无损卒㉔,将无惰志。

【注释】

①务:从事,致力于。

②本务:立国的根本事务。

③委积:指储备粮草。

④武士:即士卒。

⑤备用:专指战备武器。

⑥横:枉,冤屈。

⑦刑诛:按律诛杀,刑杀。

⑧所有:指领有的东西。

⑨仓府:粮仓及钱库的合称。这里指国库。

⑩溢:盈满,充塞。

⑪卜筮:古代推算吉凶祸福,用龟甲的称卜,用蓍草的称筮,合称卜筮。

⑫贵政:重视政务。养劳:供养有功绩者。

⑬祷祠:泛指祈祷鬼神、祭祀求福。

⑭天时不如地利,地利不如人事:又见《孟子·公孙丑章句下》。《孟子》原文"人事"作"人和"。

⑮立盖:竖立张开伞盖,打伞。眉批云:"立作张。"与通行本同。译文仍按《群书治要》原文处理。

⑯重裘:重叠在一起穿的两件裘衣。

⑰下步:下车步行。

⑱通：眉批云："通作成。"与通行本同。译文仍按《群书治要》原文处理。

⑲垒：军垒，防护军营的墙壁或建筑物。舍：古称军队住宿一夜为舍。这里指驻扎宿营。

⑳火食：举火煮饭。

㉑身度：亲身衡量。

㉒老：指作战时间太长，士兵筋疲力尽。

㉓弊：竭，尽。

㉔损卒：损失的士兵。

【译文】

　　土地是用来养育民众的，城邑是用来守卫土地的，战争是用来守卫城邑的。所以致力于耕种，民众就不饥荒；致力于守卫，领土就不危险；致力于战争，城邑就不会被围困。这三种情况，是先代君王立国的根本要务，而其中军事最为急迫了，所以先代君王特别重视军事。重视军事，其根本有五项：储备粮草不多，那么战事就不能进行；赏赐福禄不丰厚，那么军众就得不到激励；士卒不严格挑选，那么军队就不强大；武器装备不精良，那么战士就不勇敢；刑罚不讲信用，那么战士就不畏惧。先代君王致力于这五个方面，所以静处时能守卫所领有的东西，行动时能成就自己所想要的。施行王道的国家让民众富足，施行霸道的国家让武士富足，仅能维持生存的国家让大夫富足，将要灭亡的国家只让国库富足。这就叫做上层财富盈满而下层民众贫困不堪，所以亡国的祸患是无法挽救的。所以说："举贤任能，不管时辰的吉凶，战事就顺利；严明法令，不用占卜推算，战事就吉利；重视政务、奉养功臣，不用祭祀求福，就能获得福祉。"所以说："天时不如地利，地利不如人事。"圣人所看重的，是人的作为罢了。辛劳的战事，将帅一定身先士卒。所以酷暑时不张开伞盖，严寒时不多穿袭皮衣；有登高、下坡的险路，将领必先下车步行；军中水井挖成，士卒喝水后自己才喝水，军中饭食都做熟了，士卒吃完之后自己才吃饭，军营建成后，士兵都住进去了，自己才去休息；全军没有全都吃完饭，自己也不生火做饭；饥饱、劳逸、寒暑一定亲身体验。像这样，即使军队长期作战也不疲累，即使疲累也不衰竭。所以军中士兵没有减损，将领没有懈怠的心志。

兵令①

兵者凶器也②，战者逆德也③，争者事之末也。王者所以伐暴乱而定仁义也，战国所以立威侵敌也④，弱国所以不能废。兵者，以武为植，以文为种；以武为表，以文为里；以武为外，以文为内。能审此二者，知所以胜败矣。武者所以凌敌分死生也⑤，文者所以视利害观安危；武者所以犯敌也，文者所以守之也。兵用文武也，如响之应声也⑥，如影之随身也。将有威则生，无威则死；有威则胜，无威则败。卒有将则斗，无将则北⑦；有将则死，无将则辱。威者，赏罚之谓也。卒畏将甚于敌者战胜，卒畏敌甚于将者战北。夫战而知所以胜败者，固称将于敌也。敌之与将也，犹权衡也。将之于卒也，非有父母之恻⑧，血肤之属⑨，六亲之私⑩，然而见敌走之如归，前虽有千仞之溪⑪，不测之渊，见入汤火如蹈者⑫，前见全明之赏⑬，后见必死之刑也。将之能制士卒，其在军营之内，行阵之间，明庆赏，严刑罚，陈斧钺⑭，饰章旗⑮，有功必赏，犯令必死。及至两敌相至⑯，行阵薄近⑰，将提枹而鼓之⑱，存亡生死，存枹之端矣。虽有天下善兵者，不能图大鼓之后矣。

【注释】

①兵令：也就是军令。节录部分强调兵事虽然"凶""逆"，但无论王者，还是战国、弱国都不可脱离。用兵要文武兼备，加强训练，贯彻军令，"存亡生死"就在将领的鼓槌之端。

②凶器：指刀剑等利器，旧时视为不祥之物。

③逆德：古代指勇、争、战、怒等有背慈善仁爱之事。也就是违背仁德。

④战国：指统治一方、互相交战的国家。侵：接近，迫近。

⑤凌：侵犯，攻击。

⑥响：回声。

⑦北：败北，打了败仗往回跑。

⑧恻：同情，怜悯。

⑨血肤：血肉肌肤，等于说骨肉，指有血缘关系的亲属。

⑩六亲：一般是指父、母、兄、弟、妻、子。泛指亲属。私：偏私，偏爱。

⑪千仞：极言其宽阔。仞，古代长度单位。八尺为一仞。一说七尺等等。

⑫汤：沸水，热水。蹈：行走。

⑬全明：全面明确。

⑭斧钺：斧与钺。钺，泛指兵器。亦泛指刑罚、杀戮。圆刃，青铜制，形似斧而较大。

⑮章旗：绣有徽号的旗帜、锦旗。

⑯两敌：相匹敌的两军。

⑰薄近：迫近，逼近。

⑱枹（fú）：鼓槌。

【译文】

兵器是不祥的凶险之器，战争是违背仁德的，竞争是末端的事情。实行王道的国家用来征伐暴乱而确定仁义，征战之国用来树立权威迫近敌国，弱小的国家用来防守免于灭亡。军事，将武勇作为支柱，将文德作为根基；将武勇作为表象，将文德作为实质；将武勇作为外在，将文德作为内核。能考察清楚这两者的关系，就能预知胜败了。武勇是用来攻击敌人、一决生死的，文德是用来观察利害、辨明安危的；武勇是用来侵犯敌人的，文德是用来防守的。战争运用文武两种手段，就像回音响应原声，影子随从身体一样。将领有威信就生存，没有威信就死亡；有威信就胜利，没有威信就失败。士兵有善于用兵的将领就勇于战斗，没有善于用兵的将领就败逃；有善于用兵的将领就死战，没有善于用兵的将领就受辱。威信，说的就是奖赏与惩罚。士卒畏惧将领超过畏惧敌人，作战就胜利；士卒畏惧敌人超过畏惧将领，作战就败北。战争之所以能预知胜败，本来就是因为比较将领与敌人的结果。把敌人与将领比较，就像比较秤杆跟秤锤一样。将领对于士卒，没有父母那样的怜爱，不是骨肉相连的至亲，没有亲属的偏爱，但是士兵见到敌人就像回家一样迅速追赶，前面即使有千丈深的溪流，深不可测的水潭，也能赴汤蹈火，这是因为前面有全面明确的奖赏，后面有必定处死的刑罚。将领所以能够统率士卒，是在军营里面、行阵之中，明确赏赐，严格刑罚，陈设斧钺等诛杀的兵器，修饰表彰用锦旗，有功劳的必定赏赐，违犯命令的必定处死。等到相匹敌的两军来到，军阵逼近，将领提着鼓槌击鼓，生死存亡，全在鼓槌的顶端了。即使有天下善于用兵的人，也不把胜利的希望寄托在擂鼓之后了。

卷三十八

孙卿子

荀况

【题解】

《孙卿子》即《荀子》，此书绝大部分章节出自荀子本人，少数由其学生或门人编纂而成。《史记·孟子荀卿列传》司马贞索隐云："避西汉宣帝（刘询）讳改也。"因"荀"与"孙"二字古音相通，故又称"孙卿"。故此书又称《孙卿对书》或《孙卿子》。

《汉书·艺文志》著录《孙卿子》三十三篇，西汉刘向整理时，在《叙录》中则题为"荀卿新书三十二篇"。《隋书·经籍志》及《旧唐书·经籍志》均沿用《汉书·艺文志》的旧称，仍称为《孙卿子》。《新唐书·艺文则》又称其为《荀卿子》，另著录"杨倞注荀子二十卷"，始改用《荀子》。

《荀子》提出"性恶说"，反对"性善论"，认为人的善行都是后天努力的结果，进而要求人们不断学习以完善自身；《荀子》主张"隆礼""重法"，认为"礼"是治国治民之本，"法"是约束人们行为必不可少的手段，用礼法王道治国，才能强国，他把儒家的礼乐修正发挥，使之更接近于法家；《荀子》还强调要"强本节用"，开源节流才能国富。《荀子》批判与摒弃孔、孟"死生有命，富贵在天"以及老、庄的消极无为思想，提出"制天命而用之"的主张。《荀子》的思想博大深邃，对后世影响深远，时至今日，其中许多思想对修身育人、治国理民都有重要的借鉴意义。

　　荀子（前313—前238），名况，字卿，战国后期赵国人。时人称为荀卿，是一位兼采儒、道、墨、法等诸家思想的集大成者。荀子属儒家学派，与孟子并称为“孟荀”。其弟子有名的很多，如公孙尼子、张苍、浮丘伯等人；再传弟子更多，如李斯和韩非子后来成为法家的代表人物，后李斯将韩非子害死狱中，荀子十分悲痛，“为之不食”。

　　《荀子》一书，唐杨倞曾为之作注。通行注本有王先谦的《荀子集释》、梁启雄《荀子简释》。

　　《群书治要》节录了《荀子》的《劝学》《修身》《不苟》《荣辱》《非十二子》《仲尼》《儒效》《王制》《富国》等篇，主要侧重于其政治理论以及治国之道。《群书治要》节录《荀子》在子书中篇章较多，可见魏徵等人对荀子治国思想的重视。

　　君子曰①：学不可以已。青②，取之蓝而青于蓝③；冰，水为之而寒于水。故木受绳则直④，金就砺则利⑤。君子博学而日三省乎己⑥，则知明而行无过矣⑦。故不登高山，不知天之高也；不临深溪，不知地之厚也；不闻先王之遗言⑧，不知学问之大也。於越夷貉之子⑨，生而同声，长而异俗，教使之然也。吾尝终日而思矣，不如须臾之所学⑩；吾尝跂而望矣⑪，不如登高之博见也。登高而招，臂非加长也，而见者远；顺风而呼，声非加疾也⑫，而闻者彰。假舆马者⑬，非利足也，而致千里；假舟楫者⑭，非能水也⑮，而绝江河⑯。君子生非异也⑰，善假于物也。故君子居必择乡，游必就士⑱，所以防邪僻而近中正也。积土成山，风雨兴焉；积水成渊，蛟龙生焉；积善成德，圣心备焉。故不积跬步⑲，无以至千里；不积小流，无以成河海。故声无小而不闻，行无隐而不形[20]。玉在山而木草润，渊生珠而崖不枯。为善积也，安有不闻者乎？

【注释】

①君子曰：本段节录自《劝学》。劝学，就是勉励学习，这是后天成长的关键。本段论述了学习的目的、意义、态度、方法等一系列问题。

②青：指蓝草中提炼的靛青。

③蓝：植物蓼蓝（或菘蓝、木蓝、马蓝等），叶子可提制蓝色染料，即靛青。

④绳：墨绳，木工取直用的墨线。

⑤砺：磨刀石。引申为磨治。

⑥三省：或多次反省。

⑦知：今作"智"。聪明，智慧。明：明达，通晓。

⑧先王：指上古贤明君王。遗言：遗留下来的学说。

⑨於越：春秋时的吴国和越国。夷貉：古代对东部和北部少数民族之称。亦泛指各少数民族。

⑩须臾：顷刻，瞬间。

⑪跂（qì）：踮着脚，抬起脚跟。

⑫疾：大，强，猛烈。

⑬假：借。舆马：车马。

⑭舟楫（jí）：泛指船桨。短的船桨，与棹相对。

⑮能水：会游泳。

⑯绝：横渡，越过。

⑰生：今作性，天性，本性。

⑱就士：接近良士。

⑲跬（kuǐ）：半步。古时称人行走，举足一次为跬，举足两次为步。

⑳不形：不显露。

【译文】

君子说：学习是不能停止的。靛青，是从蓝草里提炼出来的却比蓝草更青；冰，是水变成的却比水更冷。所以木材按墨线加工就笔直，金属器具在磨刀石上磨过就锋利。君子广博地学习而且每天多次反省自己，那么就智慧明达而行为没有过错了。所以不登上高山，不知道天的高远；不面临深溪，不知道地的深厚；不听到先代君王流传下来的学说，不知道学问的博大。吴越和夷貊等荒远地区的孩子，生下来哭声相同，长大了风俗各异，是教化让他们这样不同的。我曾经整天苦思冥想，不如片刻学习收获到的；我曾经踮起脚来远望，不如登上高处看得广博。登上高处招手，手臂没有加长，而让更远方的人能看得见；顺着风向呼喊，声音没有增强，而让人听得更清楚。借助车马远行的人，不是腿脚快，而能到达千里之外；借助船桨渡河的人，不是善于游泳，而能够横渡江河。君子的本性没有跟别人不同，只是善于借助外物。所以君子居住一定要选择好乡里，交游一定要接近贤士，这是用来防止走上邪僻并接近正道。堆积土成山陵，风雨在那里兴起；积聚水成深渊，蛟龙在那里生长；累积善行成为高尚的美德，圣人的心怀就具备了。所以不一步半步地积累，没有办法到达千里；不聚积小的水流，没有办法汇成河海。所以声音没有小到听不见的，行动没有隐藏而不显露出来的。玉在山中而山上的草木滋润，渊潭产生珍珠而四周崖岸就不干枯。坚持行善积累，哪里有不被人知道的呢？

见善①，必以自存也②；见不善，必以自省也。故非我而当者③，吾师也；是我而当者④，吾友也；谄谀我者，吾贼也⑤。故君子隆师而亲友⑥，以致恶其贼⑦。好善无厌⑧，受谏而能诫⑨，虽欲无进，得乎哉？小人反是⑩。致乱，而恶人之非己；致不肖，而欲人之贤己⑪；心如虎狼，行如禽兽，而又怨人之贼己^⑫。谄谀者亲,谏争者疏;修正为笑,至忠为贼^⑬。
虽欲无灭亡,得乎哉?

【注释】

①见善:本段节录自《修身》。

②自存:自察,自思。

③非:批评,非难。当:恰当,中肯。

④是:认为……正确,肯定。

⑤贼:指对道德风尚等造成严重危害的人。

⑥隆:尊崇,尊重。

⑦恶(wù):怨恨,不喜欢。

⑧厌:满足。

⑨诫:警诫,教训。

⑩反:与此相反。

⑪贤己:认为自己贤明。

⑫贼:伤害。

⑬至忠:最忠诚。

【译文】

见到善行,一定要自己省察是否具备;见到不善,一定要自我反省
有没有这种不善。所以批评我批评得中肯的,是我的老师;肯定我肯定
得恰当的,是我的朋友;对我阿谀奉承的,是害我的贼人。所以君子尊崇
老师亲近朋友,而极度憎恨贼人。喜好善行而没有满足,接受劝谏而能
够引以为戒,即使想不进步,可能吗? 小人与此相反。胡作非为,而怨恨
别人非议自己;品行不贤,却想要别人认可自己贤明;内心像虎狼一样凶
险,行动像禽兽一样残忍,却又怨恨别人伤害自己。奉承自己的人就亲
近他,直言规劝的人就疏远他;把纠正自己的错误看作讥笑自己,把极忠
诚的行为看成陷害自己。即使想不灭亡,可能吗?

夫骥一日而千里^①，驽马十驾则亦及之矣^②。或迟，或速，或先，或后耳，胡为乎其不可相及也^③？跬步而不休，跛鳖千里^④；累土而不辍^⑤，丘山崇成^⑥。彼人之才性之相悬也^⑦，岂若跛鳖之与六骥足哉？然而跛鳖致之，六骥不致，是无他故焉，或为之，或不为耳！

【注释】

①夫骥一日而千里：本段节录自《修身》。骥，骏马，良马。

②驽马：劣马。十驾：指马驾车走十天的路程。及之：赶上它。

③相及：指赶上。

④跛鳖（bǒ biē）：瘸腿的鳖。亦泛指鳖。鳖行动迟缓，故称。也用来比喻驽钝的人。鳖，甲鱼。俗称团鱼。

⑤辍（chuò）：停止。

⑥崇成：等于说堆成很高。

⑦才性：才能禀赋。相悬：差别大，相去悬殊。

【译文】

骏马一天能跑千里路，劣马驾车走十天也能赶上它。有时迟缓，有时迅速，有时在先，有时在后罢了，为什么认为他们不可以赶上呢？一步半步而不停地前进，就是瘸腿的乌龟也能行走千里；积累泥土而不停止，山丘最终也能堆成。人的才能禀赋相差悬殊，难道像瘸腿的乌龟与六匹骏马那么大吗？但是瘸腿的乌龟能够到达目的地，六匹骏马却到达不了，这没有别的缘故，有的去做，有的不去做罢了。

君子易知而难狎^①，易惧而难胁^②，畏患而不避义死^③，欲利而不为所非，交亲而不比^④，言辨而不辞^⑤。荡荡乎^⑥，其有以殊于世也！君子能亦好，不能亦好；小人能亦丑，不能亦丑。君子能则宽容直易以开导人⑦，不能则恭敬撙绌以畏事人⑧；小人能则倨傲僻违以骄溢人⑨，不能则妒嫉怨诽以倾覆人⑩。故曰：君子能则人荣学焉⑪，不能则人乐告之；小人能则人贱学焉，不能则人羞告之。是君子小人之分也。

【注释】

①君子易知而难狎（xiá）：本段节录自《不苟》。不苟就是不因循苟且，不欺世盗名。本选段论述了君子与小人的不同，指出君子立身处世要以"礼"为准则，同时强调君子要有真诚的美德。狎，亲近而态度不庄重。

②胁：胁迫，逼迫。

③义死：为正义而死。

④交亲：指相互亲近，友好交往。不比：不结党营私。

⑤辨：通"辩"。有口才，能言善辩。辞：文辞，华彩的辞令。

⑥荡荡：宽广无边的样子。

⑦直易：易直，平易正直。

⑧撙绌（zūn chù）：撙节，抑制。

⑨倨傲：傲慢不恭。僻违：乖僻不合。溢：自满，骄傲。

⑩怨诽：怨恨。倾覆：倾轧陷害。

⑪荣学：以向他学习为荣。

【译文】

君子容易结交而难以亵渎，容易恐惧而难以胁迫，害怕祸患而不逃避为正义而死，想要获利而不为非作歹，相互亲近而不结党营私，言谈善辩而不玩弄辞令。胸怀坦荡啊，他跟世人不同是有道理的呀！君子有才能也美好，没有才能也美好；小人有才能也丑恶，没有才能也丑恶。君子有才能就宽容正直、诚心诚意地开导别人，没有才能就恭敬谦逊地小心事奉人；小人有才能就傲慢不恭、盛气凌人，没有才能就嫉妒怨恨、倾轧陷害别人。所以说：君子有才能人们就以向他学习为荣，没有才能人们也乐意告诉他；小人有才能人们则以向他学习为耻，没有才能人们也羞于告诉他。这就是君子与小人的区别。

君子养心^①，莫善于诚。致诚无他，唯仁之守，唯义之行。诚心守仁则能化，诚心行义则能变。变化代兴^②，谓之天德。天不言而人推高焉^③，地不言而人推厚焉，四时不言而百姓期焉^④。夫此有常，以至其诚者也^⑤。君子至德，默然而喻^⑥，未施而亲，不怒而威^⑦。天地为大矣，不诚则不能化万物；圣人为智矣，不诚则不能化万民；父子为亲矣，不诚则疏；君上为尊矣，不诚则卑^⑧。夫诚者，君子之守，而政事之本也。君子位尊而志恭^⑨，心小而道大^⑩；所听视者近，而所闻见者远。是何耶？则操术然也^⑪。君子审后王之道而论于百王之前^⑫，推礼义之统^⑬，分是非之分，总天下之要，治海内之众，若使一人，故操弥约而事弥大。五寸之矩^⑭，尽天下之方。故君子不下室堂而海内之情举积此者，则操术然也。

【注释】

①君子养心：本段节录自《不苟》。

②代兴：指更迭兴起，交相作用。

③推：推求，推测。

④四时：四季。

⑤至其诚：达到真诚。

⑥默然：沉默无言的样子。喻：明白晓谕，告知。

⑦不怒而威：虽然不动怒，但仍具有威严。

⑧卑：指被臣民轻视，不被尊重。

⑨恭：端庄严肃，谦逊有礼。

⑩心小：指小心谨慎。

⑪操术：指所执持的处世方法。

⑫后王：当今之王。百王：历代帝王。

⑬统：纲要，纲领。

⑭矩：直角尺，画直角或方形的工具。

【译文】

　　君子修养身心，没有比真诚更好的了。达到真诚没有别的，只有坚守仁德，只有遵行道义。真心诚意地坚守仁德就能够化育万物，真心诚意地遵行道义就能够改变人心。改变化育交相作用，这就叫做天德。天不说话而人仰慕它的高远，地不说话而人仰慕它的深厚，四季不说话而百姓能够知道季节的时令。这些都有各自的规律，所以才达到了真诚。君子有至高的盛德，虽然沉默人们也能明白，没有施恩人们也来亲近，不发怒而具有威严。天地是阔大的，不真诚就不能化育万物；圣人是智慧的，不真诚那就不能教化万民；父子是血脉至亲，不真诚就会疏远；君上是至尊，不真诚就被臣民轻视。真诚，是君子的操守，是处理政事的根本。君子地位尊贵而态度谦恭，小心谨慎而志向远大；所听到和看到的很近，但是见闻却很广。这是为什么呢？是所用的处世方法让他这样的。君子审察当今君王的执政之道与历代君王相比，推究礼义的纲领，区分是非的界限，总领天下的纲要，治理天下民众，就像役使一个人一样，所以使用的方法越简约而成就的事业就越广大。五寸大小的矩尺，能穷尽天下的方形。所以君子不用走出室堂而天下的情势全都聚集在这里，这就是所用的处世方法让他这样的呀。

　　好荣恶辱①，好利恶害，是君子小人所同也，若其所以求之道则异。小人疾为诞而欲人之信己^②，疾为诈而欲人之亲己，禽兽行而欲人之善己。虑之难知也，行之难安也，持之难立也。成则必不得其所好，必遇其所恶焉。故君子者，信矣，而亦欲人之信己；忠矣，而亦欲人之亲己；修正治辨矣，而亦欲人之善己。虑之易知也，行之易安也，持之易立也。成则必得其所好，必不遇其所恶焉。是故穷则不隐^③，通则大明，身死而名弥白^④。

【注释】

①好荣恶辱：本段节录自《荣辱》，阐述了荀子的荣辱观。荀子认为君子、小人都好荣恶辱，而自身的言行是招致荣辱的主要原因。

②疾：大，强，猛烈。诞：荒诞，欺诈。

③穷：不得志，不显贵。

④白：显明，显赫。

【译文】

喜好光荣厌恶耻辱，喜好利益厌恶祸害，这是君子小人相同的，至于他们寻求的方式那就大不相同了。小人极力做荒诞之事却还想要别人相信自己，极力做奸诈之事却想要别人亲近自己，行为跟禽兽一样却想要别人善待自己。他考虑问题难以明智，他做事难以稳妥，坚持的主张难以站得住脚。即使成功了那也必定不能得到所喜好的荣利，必定会遭到他所厌恶的祸害。所以君子，讲诚信，也想让别人相信自己；对人忠厚，也想让别人亲近自己；品行正直办事得当，也想让别人善待自己。考虑问题容易明智，做事容易稳妥，坚持的观点容易立得住脚。他成功了那么必定会得到他所喜好的荣利，必定不会遭到他所厌恶的祸害了。因此君子不得志的时候也不会被埋没，处境通达的时候就特别知名，身死之后名声更加显赫。

　　兼服天下之心①：高上尊贵，不以骄人；聪明圣智②，不以穷人③；齐给速通④，不争先人；刚毅勇敢，不以伤人。不知则问，不能则学，虽能必让。君子能为可贵⑤，不能使人必贵己；能为可信，不能使人必信己；能为可用，不能使人必用己。故君子耻不修⑥，不耻见污⑦；耻不信，不耻不见信；耻不能，不耻不见用。是以不诱于誉，不恐于诽，率道而行⑧，端然正己⑨，不为物倾侧⑩，夫是之谓诚君子⑪。

【注释】

①兼服天下之心：本段节录自《非十二子》，本篇对先秦各学派代表人物它嚣、魏牟、陈仲、史鱼䲡、墨翟、宋钘、慎到、田骈、惠施、邓析、子思、孟轲等十二人作了批判，而归结到以推崇仲尼（孔子）、子弓（孔子学生，一说仲弓）的学说为主。节录部分主要指出君子如何服人以及成就品德的原则和方法。

②圣智：指聪明睿智。亦指具有非凡的道德智慧之人。

③穷人：让人窘迫，无路可走。穷，困窘，窘急。

④齐给（zhāi jǐ）：口才伶俐，反应敏捷。

⑤可贵：值得珍视或重视。

⑥不修：不学习，不修养自己。

⑦见污：被污蔑。

⑧率道：遵循道义。

⑨端然：庄重严肃的样子。

⑩倾侧：偏斜，倾斜。这里指动摇。

⑪诚君子：真正的君子。

【译文】

让天下人都心悦诚服的方法是：自己位高尊贵，却不因此傲视他人；

聪明睿智，却不以此刁难别人；反应敏捷迅速，却不跟人争先；刚毅勇敢，却不以此伤害别人。不知道就问，没才能就学，即使有才能也一定要谦让。君子要能做到值得人尊重，不能使人一定尊重自己；要能做到值得人信任，不能使人一定信任自己；要能做到值得任用，不能使人一定任用自己。所以君子以不修养自己为耻，不会以被污蔑为耻；以不诚信为耻，不会以不被信任为耻；以没有才能为耻，不会以不被任用为耻。因此君子不会被名誉所诱惑，不会被诽谤所恐吓，遵循道义行事，庄重严肃地端正自己，不会被外界所动摇，这才叫做真正的君子。

仲尼之门人①，五尺之竖子②，言羞称乎五伯③。是何也？曰：然，彼非本政教也，非致隆高也④，非綦文理也⑤，非服人心也。向方略、审劳逸，畜积修斗而能颠倒其敌者也⑥。诈心已胜矣，彼以让饰争，依乎仁而蹈利者也⑦，小人之杰也。彼固曷足称乎大君子之门哉⑧？彼王者不然，致贤而能以救不肖，致强而能以宽弱⑨，战必能殆之而羞与之斗⑩，委然成文以示之⑪，天下自化矣。有灾缪者然后诛之⑫，故圣王之诛，甚省矣⑬。

【注释】

①仲尼之门人：本段节录自《仲尼》。节录部分旨在提倡孔子所主张的"王道"政治，而批判"霸道"的祸害。仲尼，指孔夫子。

②五尺之竖子：同五尺之童。指尚未成年的儿童。竖子，童仆。

③五伯：春秋时先后称霸的五个诸侯。一般指春秋齐桓公、晋文公、宋襄公、楚庄王、秦穆公。荀子以齐桓公、晋文公、楚庄王、吴王阖闾、越王勾践为五霸。

④隆高：高超，高明。

⑤綦：极其，很有。文理：文辞义理。

⑥修斗：学习提高战斗技能，加强战备。

⑦依：依托。蹈利：等于说求利。

⑧大君子：称道德、文章受人尊仰或地位高的人。这里指孔子。

⑨宽弱：宽恕弱者。

⑩殆之：让对方失败，打败对方。

⑪委然：有文彩的样子。文：指礼法制度。

⑫灾缪（miù）：灾患和欺诈。缪，通"谬"。

⑬省，等于说少。

【译文】

孔子的弟子，即使五尺高的童子，说话都把称引五霸当成羞耻。这是为什么呢？回答说：是的，他们不把先王的政治教化当作治国根本，没有推崇礼义到一定高度，没有使礼仪制度极富条理，也没有让民心顺服。他们只注重方法和策略，详察军民的劳逸情况，积聚财物、加强战备，而能让敌人倾覆败亡。用欺诈之心来获胜，是以谦让掩饰纷争，他们不过是依托仁德的名义而谋求利益的人，是小人之中的杰出者。他们哪里能够在伟大的孔子门人之前得到称扬呢？那些奉行王道的君王就不是这样，他们非常贤能而且能够帮助不贤的人，非常强大而能够宽恕弱者，战斗必定能够战胜对方但羞于跟他战斗，用有文彩的礼法制度以昭示天下，天下就自然化育了。对有祸患和欺诈行为的国家才诛灭他们，所以圣明君王诛灭的国家，是很少的。

　　秦昭王问孙卿曰①："儒无益于人之国？"孙卿曰："儒者法先王、隆礼义②，谨乎臣子而致贵其上者也③。虽穷困冻馁④，必不以邪道为贪。无置锥之地⑤，而明于持社稷之大义。势在人上，则王公之材也；在人下，则社稷之臣⑥，国君之宝也。虽隐于穷间陋屋⑦，人莫不贵，贵道诚存也。在本朝则美政，在下位则美俗，儒之为人下如是矣。其为人上也广大矣：志意定乎内⑧，礼节修乎朝，法则、度量正乎官，忠、信、爱、利形乎下。故近者歌讴而乐之，远者竭蹶而趋之⑨。四海之内若一家，通达之属⑩，莫不从服。夫其为人下也如彼，其为人上也如此，何为其无益于人之国乎？"昭王曰："善！"

【注释】

①秦昭王问孙卿曰：本段节录自《儒效》。儒效即儒者的社会功效。荀子肯定了儒者"法先王，隆礼义"的政治主张，只有儒者才能安邦定国，使人民幸福和乐。秦昭王，即秦昭襄王。嬴姓，名则，一名稷，武王弟。初年，母宣太后当权，贵族外戚专权跋扈。后改用范雎为相，罢逐贵族外戚，命司马错、白起等伐魏，攻取楚都郢，大败韩、魏，在长平大胜赵军，灭周，国势空前强盛，为秦统一奠定了基础。

②法先王：效法古代圣明君王的言行、制度。

③致：极。贵：认为高贵，重视。

④冻馁：指饥寒交迫。

⑤置锥之地：插锥尖的一点地方。形容极小的一块地方，也比喻赖以安身立命的极小之地。

⑥社稷之臣：身负国家重任的大臣。

⑦穷间：陋巷，穷人住的里巷。

⑧志意：意志，精神。

⑨竭蹶（jué）：指走路艰难。

⑩通达：通行到达。

【译文】

秦昭王问孙卿说："儒者对国家没有什么益处吧？"孙卿说："儒者效法先代贤明的君王，推崇礼义，谨慎地守着臣子之位而极其尊重他的君王。即使穷困饥寒交迫，一定不会使用歪门邪道来贪婪攫取。即使没有立足安身之地，却依然明白维持社稷的大义。职位居于人上，那就具备王公贵族的才干；职位在人下，那就是身负国家重任的大臣，是国君的珍宝。即使隐居在偏僻小巷简陋的小屋，人们没有不尊敬他的，可贵的道义确实依存在他们身上。在朝廷上做官那就让政治美善，在下位那就让风俗美好。儒者居于人下就是这样了。儒者居于人上那就作用巨大了：内在意志坚强，善用礼节修明朝廷，用法则、制度让官员端正，使忠实、诚信、仁爱、恩惠遍及百姓。所以离得近的歌颂喜欢他，离得远的艰难跋涉奔向他。整个天下就像一家，凡是能够到达的地方，没有不归服的。儒者居于人下的时候像那样，居于人上的时候是这个样子，怎么还能说他对国家没有益处呢？"昭王说："好啊！"

君子之所谓贤者①，非能遍能人之所能之谓也；君子之所谓知者，非能遍知人之所知之谓也；君子之所谓辨者，非能遍辨人之所辨之谓也；君子之所谓察者，非能遍察人之所察之谓也；有所止矣。相高下②，序五种③，君子不如农人；通财货，辨贵贱，君子不如贾人；设规矩④，便备用，君子不如工人。若夫论德而定次⑤，量能而授官⑥，使贤不肖皆得其位，能不能皆得其官，万物得宜，事变得应，言必当理⑦，事必当务⑧，然后君子之所长也。君子无爵而贵，无禄而富，不言而信，不怒而威，穷处而荣⑨，独居而乐，岂不至尊、至富、至重、至严哉？

【注释】

①君子之所谓贤者:本段节录自《儒效》。

②相:仔细看,观察。

③五种:即五谷。谷物的通称。

④规矩:圆规、直角尺,这里指工具。

⑤论德:依照品德的高下。次:职位,地位。

⑥量能而授官:衡量才能,授予相应官职。

⑦当理:合理。

⑧当务:指符合要求。

⑨穷处:处境穷困。

【译文】

君子所说的贤能,不是说能够普遍地做到人们所能做到的一切;君子所说的智慧,不是说能够普遍地知道人们所能知道的一切;君子所说的善辩,不是能够普遍地明辨人们所要辩解的一切;君子所说的明察,不是能够普遍地明察人们所要观察的一切;君子的能力是有止境的。观察田地地势高低,按季节有序地种植五谷,君子不如农民;流通钱财货物,分辨好坏贵贱,君子不如商人;制造圆规、直角器等各种工具,以便随时备用,君子不如工人。至于依照德行的高下确定位次,衡量才能授予官职,让贤能和不贤的都能得到合适的位置,有能力和没有能力的都能获得相应的官职,万物都能得到合理利用,事情的变化能够应付,言论一定要合理,事情一定要符合要求,这些就是君子所擅长的。君子没有爵位也尊贵,没有俸禄也富足,不用言语也能取信,不用发怒也威严,处境穷困而光荣,独居而快乐,难道不是最尊贵、最富足、最庄重、最严肃的都集中在学习中了吗?

请问为政^①? 曰:听政之大分^②:以善至者待之以礼,以不善至者待之以刑。两者分别,则贤不肖不杂,是非不乱。

贤不肖不杂则英杰至，是非不乱则国家治。若是，令行禁止③，王者之事毕矣。公平者，职之衡也④。中和者⑤，听之绳也⑥。其有法者以法行，其无法者以类举，听之尽也。偏党而无经⑦，听之辟也⑧。故有良法而乱者，有之矣；有君子而乱者，自古及今，未尝闻也。传曰："治生乎君子，而乱生乎小人。"此之谓也。

【注释】

①请问为政：本段节录自《王制》。王制即指古代圣王治理天下的规章制度，也就是王道之制。

②听政：坐朝处理政务，执政。大分：大要，要领。

③令行禁止：下命令就立即行动，下禁令就立即停止。形容法纪严明。

④职：职务，职责。衡：指辨别是非善恶的标准。

⑤中和：中正平和。杨倞注："中和谓宽猛得中也。"

⑥听：审察，决断，治理。绳：准绳，标准。

⑦偏党：指偏袒同党。无经：指没有法度或原则。

⑧辟：邪僻。辟通"僻"。

【译文】

请问如何治理国家？回答说：处理政务的要领是：怀着善意到来的就以礼相待，不怀善意到来的就用刑罚对待。这两类区分开了，那么贤能跟不贤就不混杂一起，是非就不混乱。贤能跟不贤不混杂在一起英豪俊杰就到来，是非不混乱国家就太平。像这样，有命令马上执行，有禁令马上制止，圣王的事业就完成了。公平不偏，是衡量官职的标准。中正平和，是处理政事的准绳。那些有法律规定的就依照法律执行，那些没有法律规定的就按类推的方法处理，这是处理政事的最好办法。偏袒同党而没有准则，那是处理政事的邪路。所以有好的法律却国家混乱的，这种情况曾经有过；有君子存在而国家混乱的，从古到今，却没有听说过。传书上说："国家太平从君子那里产生，国家混乱从小人那里产生。"说的就是这种情况。

马骇舆[①]，则君子不安舆；庶人骇政[②]，则君子不安位。马骇舆，则莫若静之[③]；庶人骇政，则莫若惠之[④]。选贤良、举笃敬、兴孝悌、收孤寡[⑤]，如是，则庶人安政，然后君子安位矣。《传》曰[⑥]："君者，舟也；庶人者，水也。水则载舟，水则覆舟。"此之谓也。故君人者欲安，则莫若平政爱民矣[⑦]；欲荣，则莫若隆礼敬士矣[⑧]；欲立功名，则莫若尚贤使能矣[⑨]。是君人者之大节也[⑩]。三节者当[⑪]，则其余莫不当矣；三节者不当，则其余虽曲当[⑫]，由将无益也。成侯、嗣公[⑬]，聚敛计数之君也[⑭]，未及取民也；郑子产[⑮]，取民者也，未及为政也。管仲[⑯]，为政者也，未及修礼也[⑰]。故修礼者王，为政者强，取民者安，聚敛者亡。故王者富民，霸者富士，仅存之国富大夫[⑱]，亡国富筐箧、实府库。筐箧已富，府库已实，而百姓贫，夫是之谓上溢而下漏。入不可以守，出不可以战，则倾覆灭亡可立而待也。故我聚之以亡，敌得之以强。聚敛者，召寇、肥敌、亡国、危身之道也[⑲]，故明君不蹈也[⑳]。

【注释】

①马骇舆：本段节录自《王制》。骇，马受惊。舆，车子。

②骇政：指民心不安于政命。杨倞注："骇政，不安上之政也。"

③静之：让它安静下来。

④惠之：给他们恩惠。

⑤贤良：有才德的人。孝悌：孝顺父母、敬爱兄长的人。孤寡：孤儿和寡妇。

⑥《传》曰：据刘向《新序·杂事》《后汉书》李贤注引《孔子家语》，均为孔子之言。

⑦平政：指修明政治。

⑧隆礼：尊崇礼法。

⑨尚贤：崇尚贤才。使能：任用有才能者。

⑩大节：指基本的法则、纲纪。

⑪三节：指上述安、荣、立功名。

⑫曲当：委曲得当，完全恰当。

⑬成侯：即卫成侯。名遬，卫声公子。立十六年，卫更衰弱，由公自行贬号为侯。立二十九年卒。嗣公：即卫嗣君。战国时卫国国君，成侯孙。成侯时，卫已贬号为侯。嗣君五年，卫国再贬号曰君，仅有濮阳一地。在位四十二年。

⑭聚敛：重税搜刮（民财）。计数：谋略权术。

⑮子产：春秋时郑大夫公孙侨的字。郑简公十二年为卿，历定公、献公、声公四朝，治郑多年，有政绩。郑声公五年卒，郑人悲之如亡亲戚。

⑯管仲：名夷吾，字仲，颍上人。齐桓公即位后，被任命为相，终使齐桓公成就霸业。

⑰修礼：施行礼教。

⑱仅存：勉强生存。大夫：古职官名。此指官员。

⑲寇：盗匪，群行劫掠者。肥敌：壮大敌人。

⑳蹈：踏，朝某方向走。

【译文】

　　驾车的马受惊了，君子就不能安稳地坐在车上；百姓被苛政惊吓，执政的君子就不能安坐在他们的职位上。驾车的马受惊，就没有什么比让马安静更好的了；百姓被苛政惊吓，那就没有什么比给他们恩惠更好的了。选拔贤良之人、推举忠敬之士、提倡孝悌之道、收留孤儿寡妇，像这样，那么百姓就会安于政事了，然后君子的职位也安定了。《传》言道："国君，是船；百姓，是水。水既能够承载船，也能够倾覆船。"说的就是这个道理呀。所以当国君的想要安定，就没有什么比得上修明政治爱护民众了；想要荣耀，那就没有什么比得上尊崇礼法、尊敬士人了；想要建立功名，那就没有什么比得上崇尚贤才任用能人了。这是国君的基本法则。这三条基本法则恰当了，那么剩下的就没有不恰当的了；这三条基本法则不恰当，那么剩下的即使都很恰当，也还是没有用处的。卫成侯、卫嗣君，是搜刮民财算计重税的君主，没有来得及取得民心；郑国的子产，得到了民心，还没有来得及处理政事。管仲，是善于理政的人，还没有来得及修明礼教。所以修明礼教的称王统治天下，善于理政的国家就强大，得到民心的国家就安定，搜刮民财的国家就灭亡。所以行王道的君主让民众富足，称霸的君主让士人富足，勉强生存的国家让大夫富足，要灭亡的国家让君主装金钱财宝的箱笼富足，让国家的仓库充实。君主的箱笼富足了，仓库装满了，而百姓还是贫困，这就叫做上面溢满而下面漏空。这样对内不能防守，对外不可以战斗，那么国家马上就要倾覆灭亡了。所以君主自己聚敛财货就会灭亡，敌人得到财货就强大。搜刮民众钱财，是招来盗寇、壮大敌人、灭亡国家、危害自身的路数，所以英明的君主绝不踏上这条道路。

　　足国之道①，节用裕民②，而善藏其余也。节用以礼③，裕民以政。彼裕民则民富，出实百倍④。上以法取焉，而下以礼节用之，余若丘山，夫君子奚患乎无余也⑤！故知节用裕民，则必有仁义圣良之名⑥，而且有富厚丘山之积矣⑦。不知节用裕民则民贫，出实不半⑧，上虽好取侵夺⑨，犹将寡获

也⑩。而或以无礼节用之,则必有贪利之名,而且有空虚穷
乏之实矣。

【注释】

①足国之道:本段节录自《富国》。足国之道即富国之术。节选部
　　分指出发展经济、使国家富强的具体做法和注意事项。

②裕民:使民众富裕。

③以礼:按照礼制。指不过度使用。

④出实:指产出的谷物。

⑤患:担忧。

⑥圣良:等于说圣明贤良。

⑦富厚:指雄厚的物质财富。

⑧不半:不到正常年份的一半。

⑨侵夺:借强势夺取。

⑩寡获:收获少。

【译文】

让国家富足的方法是,节省用度,让民众富裕,而且善于贮藏多余财
物。要按照礼制节约用度,要用政策来让民众富裕。施行让民众富裕的
政策民众就富足,产出百倍以上的粮食。君上按照税法收取赋税,下民
按照礼制节约用度,剩余的财物堆积得像山丘,那么君子哪里还会担忧
没有剩余呢!所以知道节省用度,让民众富裕,必定就有仁义圣贤的名
声,而且有堆积如山的雄厚财富了。不知道节省用度让民众宽裕民众就
贫困,产出的谷物不到正常年份的一半,君上即使强势夺取,还是将会收
获极少。而有时还不按礼制节省用度,那么必定有贪求利益的名声,而
且会有国库空虚百姓穷困的结果了。

礼者①,贵贱有等,长幼有差,贫富轻重皆有称者也②。

德必称位③，位必称禄，禄必称用。由士以上④，则必以礼乐节之；众庶百姓⑤，则必以法数制之⑥。轻田野之税⑦，平关市之征⑧，省商贾之数⑨，罕兴力役⑩，无夺农时，如是则国富矣。夫是谓以政裕民也。人之生不能无群⑪，群而无分则争⑫，争则乱，乱则穷矣。故无分者，人之大害也；有分者，天下之本利也⑬。古者，先王分割而等异之也⑭，故使或美或恶⑮，或厚或薄，或逸乐或劬劳⑯，非特以为淫夸之声⑰，将以明仁之文，通仁之顺也。故为雕琢刻镂、黼黻文章⑱，使之以辨贵贱而已，不求其观⑲；为钟鼓管磬、琴瑟竽笙⑳，使之以辨吉凶，合欢定和而已，不求其余；为宫室台榭㉑，使以避燥湿、辨轻重而已，不求其外。

【注释】

①礼者：本段节录自《富国》。

②轻重：尊卑。称：相当，相应。

③称位：与职位相称。

④士以上：指贵族阶层，包括大夫、诸侯以至天子。

⑤众庶：庶民，民众。

⑥法数：法度术数。

⑦轻：减轻。

⑧关市：原指位于交通要道的市集，专指边境互市市场。征：征收赋税。

⑨商贾：商人。

⑩力役：征用民力劳役。

⑪群：社群。

⑫无分：没有名分。指没有等级尊卑长幼等区别。

⑬本利：根本利益。

⑭等异：用等级来区别。

⑮恶：诛戮，惩罚。

⑯逸乐：闲适安乐。劬（qú）劳：劳累，劳苦。

⑰淫夸：骄侈过度，浮华绮丽。

⑱黼黻（fǔ fú）文章：古代礼服上所绣的色彩绚丽的花纹。泛指华
美鲜艳的色彩。

⑲观：观瞻，观赏。

⑳钟鼓：钟和鼓。古代礼乐器。管：一种像笛子的管乐器。磬：古代
的一种打击乐器，多用石或玉制成，状如曲尺。琴瑟：指琴与瑟两
种弦乐器。古代常合奏。竽：古代吹奏乐器，像笙，有三十六簧。
笙：管乐器名，一般用十三根长短不同的竹管制成，吹奏。

㉑台榭：台和榭。亦泛指楼台等建筑物。

【译文】

礼，是贵贱有等级，长幼有差别，贫富尊卑都有相应的规定。德行一
定跟职位相符，职位一定跟俸禄相符，俸禄一定跟能力相符。自士人以
上的贵族，那就一定用礼乐来节制；平民百姓，那就一定用法度来制约。
减轻农田的赋税，免除关市的征税，减少商人的数量，少征用民力劳役，
不侵夺农时，像这样那么国家就富强了。这就叫做依靠政事使民众富
裕。人活着不能没有社群，在一个社群中要是没有等级名分就会争斗，
争斗就会混乱，混乱就会造成贫困。所以没有名分等级，是人类的大祸
害；有名分等级，是天下的根本利益。古时候，先代圣王把群体用等级来
区分，所以让他们有的美好，有的丑恶，有的尊贵，有的卑贱，有的安逸快
乐，有的辛勤劳苦，不是故意制造骄侈浮华的名声，而是用来阐明仁德的
礼制，贯彻仁义的秩序。所以要精雕细刻各种器物，在衣服上绣色彩绚
丽的花纹，让他们能够区分贵贱罢了，不是追求美观；准备好钟鼓管磬、
琴瑟竽笙等乐器，让他们能够分辨吉凶、增加欢乐和谐罢了，不是为追求
多余享乐；建造宫殿楼台，让他们能够避免燥热潮湿、分辨贵贱罢了，而

不是追求建筑的宏伟华丽。

　　若夫重色而衣之①，重味而食之，重财物而制之，合天下而君之，非特以为淫泰也②，以为王天下，理万变、裁万物、养万民、兼制天下者③，为莫若仁人之善也夫！故其知虑足以治之④，其仁厚足以安之，其德音足以化之⑤，得之则治，失之则乱。百姓诚赖其智也，故相率而为之劳苦以务逸之⑥，以养其智也；诚美其厚也，故为之出死断亡以覆救之⑦，以养其厚也；诚美其德也，故为雕琢刻镂、黼黻文章以藩饰之⑧，以养其德也。故仁人在上，百姓贵之如帝，亲之如父母，为之出死断亡者，无他故焉，其所是焉诚美，其所得焉诚大，其所利焉诚多也。故曰：君子以德，小人以力也。百姓之力，待之而后功；百姓之群，待之而后和；百姓之财，待之而后聚；百姓之势，待之而后安；百姓之寿，待之而后长。父子不得不亲，兄弟不得不顺，男女不得不欢。少者以长⑨，老者以养。故曰：天地生之，圣人成之，此之谓也。

【注释】

①若夫重色而衣之：本段节录自《王制》。重色，指多种颜色。

②淫泰：淫侈骄恣。

③裁：安排，裁决。

④知虑：智慧和谋略。

⑤德音：等于说德言，指合乎仁德的言语、教令。

⑥相率：相继，一个接一个。

⑦出死断亡：指效死捐生。覆救：掩护救助。

⑧藩饰：装饰，修饰。

⑨以长：依靠他成长。

【译文】

至于穿上多种色彩的衣服，吃着多种美味的食物，聚集大量财物为其所用，使整个天下归君主统治，不仅仅是为了淫侈骄恣，是用来称王天下，处理各种变化、管理万物、供养万民、让天下人都得到恩惠，没有什么能比得上仁人更好的了！所以他的智慧和谋略足以用来治理天下，他的仁爱宽厚足以用来安抚民众，他的仁德教令足以用来教化民众，得到仁人天下就太平，失去仁人天下就混乱。百姓真诚地依靠他的智慧，所以争相为之劳苦而让他安逸，用来涵养他的智慧；百姓真诚地赞美他的仁厚，所以出生入死以掩护他，来涵养他的仁厚；百姓真诚地赞美他的德行，所以为他精雕各种器物、在衣服上绣上华美鲜丽的花纹来修饰他，以涵养他的德行。所以仁德的人在上位，百姓尊崇他就像天帝一样、亲近他如同父母一样，为他出生入死，没有别的缘故，是因为他们认可的政事确实好，他们获得的成就确实大，他给予民众的利益确实多。所以说：君子靠德行安抚百姓，小人靠力量事奉君主。百姓的力量，依靠君上的德化才有功效；百姓的群体，依靠君上的德化然后和谐；百姓的财物，依靠君上的德化然后聚集；百姓的处境，依靠君上的德化然后安定；百姓的寿命，依靠君上的德化然后绵长。父子得不到君上的德化就不亲爱，兄弟得不到君上的德化就不和顺，男女得不到君上的德化就不融洽。年少者依靠他成长，年老者依靠他供养。所以说：天地生养了百姓，圣人成就了他们，说的就是这个道理呀。

　　今之世不然①：厚刀布之敛以夺之财②，重田野之税以夺之食，苛关市之征以难其事③。权谋倾覆④，以靡弊之⑤，百姓晓然皆知其将大危亡也⑥。是以臣背其节，而不死其事者，无他故焉，人主自取之也。不教而诛⑦，则刑繁而邪不胜^⑧；教而不诛，则奸民不惩^⑨；诛而不赏，则勤励之民不劝^⑩；诛赏而不类，则下疑俗险而百姓不一^⑪。故先王明礼义以一之^⑫，致忠信以爱之^⑬，尚贤使能以次之^⑭，爵服赏庆以申重之^⑮，时其事^⑯，轻其任，以调齐之^⑰；兼覆之^⑱，养长之，如保赤子。若是，故奸邪不作，盗贼不起，而化善者劝勉矣。是何？则其道易，其塞固，其政令一，其防表明也^⑲。故曰：上一则下一矣，上二则下二矣。

【注释】

①今之世不然：本段节录自《王制》。

②刀布：都是古代的钱币。泛指钱财。敛：征收。

③苛：使……苛刻。

④倾覆：倾轧陷害。

⑤靡弊：毁坏，破坏。

⑥晓然：明白的样子。

⑦不教而诛：指事先不教化人，一犯错误就加以惩罚。

⑧邪不胜：不胜邪。

⑨奸民：乱法犯禁、不务正业的人。不惩，得不到惩罚。

⑩勤励：勤劳奋勉。劝：鼓励。

⑪俗险：指习惯于侥幸免罪、苟且求赏。

⑫明礼义：阐明礼法道义。

⑬致忠信：尽力于忠诚信实。

⑭次之：让他们有次序。

⑮爵服：爵位及其相应服饰。赏庆：奖赏。申重：再三鼓励，反复强调。

⑯时：按时令。

⑰调齐：调剂，适当的调整。

⑱兼覆：比喻恩泽广覆，无所遗漏。

⑲防表：禁令标准。

【译文】

如今的世道却不是这样：加重货币的征收来搜刮百姓的钱财，加重农田税收来抢夺百姓的粮食，苛求关卡集市的税收来阻碍这些贸易。还玩弄权术倾轧陷害，以破坏百姓和国家，百姓清楚地知道他们的暴乱将导致的危亡。因此臣子背叛了自己的节操，不会为了君主而死，没有别的缘故，是君主自己造成的。不进行教化就惩罚，那么刑罚繁多也战胜不了邪恶；只教化而没有惩罚，奸邪的刁民就得不到惩罚。只惩罚而不赏赐，那么勤劳奋勉的百姓就得不到鼓励；惩罚奖励如不合法制，那么下民会怀疑世俗险恶而百姓就不能统一。所以先代圣王阐明礼义来统一他们，坚守忠信来爱护他们，崇贤任能来安排他们，用爵位服饰奖赏来再三激励他们，让他们按时令从事劳作，减轻他们的负担，来进行适当地调整；将恩泽普及百姓，养育他们生长壮大，就像保护婴儿一样。像这样去做，所以奸邪不会发生，盗贼不会兴起，而且改恶从善的人得到了鼓励。这是为什么？是因为先王的治国之道简易可行，防止邪恶的方法牢固，他们的政令统一，禁令标准清楚明白。所以说：君上统一，那么臣下统一；君上三心二意，那么臣下也三心二意了。

国者①，天下之制利用也②。人主者，天下之利势也③。得道以持之，则大安也，大荣也；不得道以持之，则大危矣，大累矣。故用国者，义立而王④，信立而霸，权谋立而亡。三者明主之所谨择也⑤，仁人之所务白也⑥。汤以亳⑦，武王以镐⑧，皆百里之地也，天下为一，诸侯为臣，通达之属⑨，莫不从服，无他故焉，以济义矣⑩。是所谓义立而王也。齐桓、晋文、楚庄、吴阖庐、越勾践，是皆僻陋之国也⑪，威动天下，强殆中国^⑫，无他故焉，信也。是所谓信立而霸也。不务张其义，济其信^⑬，唯利之求，内则不惮诈其民而求小利焉^⑭，外则不惮诈其与而求大利焉^⑮，内不修正其所以有^⑯，然常欲人之有。如是，则臣下百姓莫不以诈心待其上矣。上诈其下，下诈其上，则是上下析也^⑰。如是，则敌国轻之，与国疑之，权谋日行，而国不免危亡。齐闵、薛公是也^⑱。是无他故焉，唯其不由礼义而由权谋也。三者，明主之所谨择也，而仁人之所务白也。善择者制人，不善择者人制之。

【注释】

①国者：本段节录自《王霸》。王霸是说怎样才能成为王者和霸者。

②制：今本《荀子》无。杨倞认为"当为衍文"。译文不翻译。利用：使事物或人发挥效能。或云等于说利器，是有效的工具。

③利势：最有利的权势。

④义立：用道义来建立。

⑤谨择：慎重选取。

⑥务白：务必明白。

⑦亳（bó）：商汤的都城。在今河南商丘。

⑧镐：镐京，周武王都邑名。故址在今陕西西安。

⑨通达：指车船通行到达。

⑩济：成功。

⑪齐桓：齐桓公，姜姓吕氏，名小白，春秋五霸之首。晋文：晋文公，名重耳，献公之子。初出奔在外十九年，后由秦穆公送回即位；选任贤能，整顿内政，树威诸侯，后成为春秋五霸之一。楚庄：即楚庄王，名侣，穆王之子。即位后整顿内政，增强军力。陈兵周郊，曾派人询问象征天子权力的九鼎之轻重，后成为春秋五霸之一。

吴阖闾（hé lú）：吴国君，名光。曾伐楚入郢，后为越王勾践所败，重伤而死。越勾践：春秋末期越国国君。被吴王夫差打败后，屈服求和，后卧薪尝胆，十年忍辱负重，终于灭亡吴国。鄙陋：指地处偏远，风俗粗野。

⑫殆：危险，威胁。中国：中原。

⑬济其信：成就自己的诚信。

⑭惮：害怕，畏惧。

⑮其与：自己的盟友。与，朋友，党与，同类者。

⑯修正：治理。

⑰析：分散，分离。

⑱齐闵：齐闵王，也作齐愍王，齐宣王子。一度与秦昭王并称东西帝。他称东帝，后取消帝号，后被燕将乐毅攻破，他出走到莒，不久被杀。薛公：即孟尝君田文，田婴之子。袭其父爵称薛公，号孟尝君。

【译文】

国家，是天下最有效的工具。君主，是天下最有利的权势者。按道义治理国家，那就大安定、大繁荣；不按道义治理国家，那就会招致大危险大忧患。所以效力国家的人，用道义来立国的称王，用诚信来立国的称霸，用权术阴谋来立国的必然灭亡。这三种情况是君主要慎重选择的，也是仁德的人务必要明白的。商汤凭借亳邑，周武王凭借镐京，都是方圆百里的地方，却统一了天下，臣服了诸侯，凡能到达的属地，就没有不服从的，这没有别的缘故，是遵循了道义而成功的。这就是所说的施行道义的称王。齐桓公、晋文公、楚庄王、吴王阖闾、越王勾践，这些都是偏僻落后的国家，但他们的威信震动天下，他们的强大危及中原，没有别的缘故，就是凭借了诚信。这就是所说的施行诚信而能称霸。不致力于弘扬道义，成就自己的诚信，只是追求利益，对内肆无忌惮地欺诈小民来追求小利，对外就肆无忌惮地欺诈盟国来追求巨大利益，国内不管理好已有的国土民众，却常常想拥有别的国家拥有的东西。像这样，那么臣子百姓没有谁不用欺诈之心来对待自己的君上了。君上欺诈臣下，臣下欺诈君上，这就会上下离散。像这样，敌对的国家就会轻视他，结盟的国家就会怀疑他，即使每天施行权术谋略，国家也不免于危险倾亡。齐闵王、薛公（孟尝君）就是这样的。这没有别的缘故，就是不遵循礼义而玩弄权术谋略。这三种情况，是英明的君主要谨慎选择，而有仁德的人务必要弄明白的。善于选择的就能制服别人，不善于选择的被别人所制服。

　　国君者①，天下之大器也，重任也，不可不善为择所而后措之②，措险则危；不可不善为择道然后道之③，涂薉则塞④，危塞则亡。故道王者之法，与王者之人为之⑤，则亦王矣；道霸者之法，与霸者之人为之，则亦霸矣；道亡国之法，与亡国之人为之，则亦亡矣。故国者，世以新者也，改玉改行也⑥。一朝之日也⑦，一日之人也⑧，然而有千岁之国，何也？曰：援夫千岁之信法以持之也⑨，安与夫千岁之信士为之也。人无百岁之寿，而有千岁之信士，何也？曰：以夫千岁之法自持者，是乃千岁之信士矣。故与积礼义之君子为之则王，与端诚信全之士为之则霸⑩，与权谋倾覆之人为之则亡⑪。三者，明主之所谨择也。

【注释】

①国君者：本段节录自《王霸》。君，底本正文有君字，眉批云："无君字。"镰仓本正文无，旁批引入。译文按无君字处理。大器：宝物，宝器。《庄子·让王》："故天下，大器也，而不以易生，此有道者之所以异乎俗者也。"成玄英疏："夫帝王之位，重大之器也，而不以此贵易夺其生，自非有道，孰能如是！"因以大器比喻国家、

帝位。

②措:治理,安排,安放。

③道之:引导他。

④秽:荒芜,杂草丛生。

⑤王者之人:用王道称王的人。

⑥改玉改行:原指更改佩玉,改变步伐,指君臣地位的变化。古代贵族地位不同,其佩玉也不同,在举行仪式时,不同等级的人行走时的步伐也不同。后称改变制度或改朝换代。

⑦一朝之日:这是说今日之事,明朝就已经不同。指容易变化。

⑧一日之人:这是说今日生活,不能确保明日。感慨寿命短促。

⑨援:援引,引用。

⑩端诚:正直真诚。

⑪倾覆:倾轧陷害。

【译文】

国家,是天下最重要的宝器,有重任在肩,不可以不好好地选择处所来安置它,放在险地那就危险;不可以不认真地选择道路来引导它,治国之道荒芜了就会堵塞,危险又堵塞国家就灭亡。所以实行王者的方法,是跟主张王道的人去做,那么也就会称王;实行霸者的方法,是跟主张称霸的人去做,那么也就会称霸了;实行亡国的方法,跟主张亡国政策的人去做,那么也就会亡国了。所以国家,是随着时代不断更新的,是要改朝换代的。岁月短暂得如同早上的太阳,人生短促得如同一天,但是还存有千年的国家,为什么呢? 回答说:这是援引千年的法度来维持国家,习惯与具有千年诚信的士人一起治理它。人没有一百年的寿命,却有千年诚信之士,这是为什么呢? 回答说:用千年的法度自我克制的人,这就是千年的诚信之士了。所以与积累礼义的君子一起做就称王,与正直真诚守信的人一起治国就称霸,与玩弄权术阴谋陷害别人的人一起治国那就灭亡。这三种情况,是英明君主所要谨慎选择的。

国危则无乐君①,国安则无忧民。乱则国危,治则国安。今君人者,急逐乐而缓治国,岂不过甚哉！譬之是由好声色而恬无耳目也,岂不哀哉！故百乐者,生于治国者也；忧患者,生于乱国者也。急逐乐而缓治国,非知乐者也。故明君者,必将先治其国,然后百乐得其中；暗君者,必将荒逐乐而忘治国②,故忧患不可胜校也③,必至于身死国亡,然后止也,岂不哀哉！将以为乐,乃得忧焉；将以为安,乃得危焉；将以为福,乃得死亡焉,岂不哀哉！呜呼！君人者,亦可以察若言矣④！故治国有道,人主有职。若夫论一相以兼率之⑤,使臣下百吏莫不宿道向方而务⑥,是夫人主之职也。若是,则名配尧禹。人主者,守至约而详⑦,事至逸而功,垂衣裳不下簟席之上⑧,而海内之人莫不愿得以为帝王。夫是之谓至约,乐莫大焉。

【注释】

①国危则无乐君:本段节录自《王霸》。

②荒:纵欲迷乱,逸乐过度。

③校:称量。

④若言:这些言语。

⑤相:古官名。百官之长,后通称宰相。

⑥向方:归向正道。

⑦至约:极简约。

⑧垂衣裳:后用以称颂帝王无为而治。簟（diàn）席:上等竹席。

【译文】

国家危险那就没有安乐的君主,国家安定那就没有忧愁的民众。混乱国家就危险，太平国家就安定。如今的君主，急于追逐享乐而疏于治理国家，难道还不过分吗！譬如这就像喜好声色却坦然安于没有耳朵眼睛一样，难道还不悲哀吗！所以各种快乐的事情，是产生在太平国家的；忧患的事情，是产生在混乱国家的。急于追逐享乐而疏于治理国家，不是懂得快乐的人。所以英明君主，一定要先治理国家，然后从其中得到各种快乐；昏昧君主，一定会纵欲荒淫、追逐享乐而忘记治理国家，所以忧患数都数不过来，必定导致身死国亡，然后才能停止，这难道还不悲哀吗！想要得到快乐，竟然是忧患；想要得到安定，竟然是危险；想要得到幸福，竟然是死亡，难道还不悲哀吗！哎呀！作为君主，也可以明察这些言语了。所以治理国家有方法，一国君主有职责。至于探讨选择任命一位良相来率领百官，让臣子百官没有谁不遵循正道沿着正确的方向来办事，这是君主的职责。像这样，名声就跟尧、禹相匹配。这样的君主，主管的极简约而周详，做起事来极安逸而有成效，垂衣拱手无为而治，而天下众人没有谁不希望让他作为自己的帝王。这就叫做极简约，快乐没有比这更大的了。

　　人主者①，以官人为能者也②；匹夫者，以自能为能者也。人主得使人为之，匹夫则无所移之。今以一人兼听天下，必自为之然后可，则劳苦耗萃莫甚焉③。如是，则虽臧获不肯与天子易势业④。以是悬天下、一四海⑤，役夫之道也。

【注释】

①人主者：本段节录自《王霸》。

②官人：择人任官。

③耗萃：疲竭憔悴。耗，损害。萃（cuì）：同"悴"。憔悴，枯槁。

④臧获：古代对奴婢的贱称。势业：等于说权位。

⑤悬：维系。

【译文】

君主，是把善于任用贤能看作有能力；普通人，是把自己能做事当作有能力。君主能够让别人去做，普通人就不能指挥他人做事。如今凭借一个人去处理全天下的事，还一定要亲自去做才行，那么就会没有比他更劳累憔悴的了。像这样，即使是奴婢也不肯跟天子交换权位了。用这些来维系天下、统一四海，是服役之人的做法啊。

《传》曰①："士大夫分职而听，诸侯之君分土而守，三公总方而议②，则天子拱己止矣③！"故人主欲得善射，射远中微，则莫若使羿、逢门矣④；欲得善驭，及速致远⑤，则莫若使王良、造父矣⑥；欲调一天下⑦，制秦、楚⑧，则莫若聪明君子矣。其用智甚简，其为事不劳而功名致大，甚易处而綦可乐矣。夫贵为天子，富有天下，名为圣王，兼制人，人莫得而制也，是人情之所同欲也。欲是之主并肩而存⑨，能建是之士不世绝⑩，千岁而不合⑪，何也？曰：人主不公，人臣不忠也。人主则外贤而偏举⑫，人臣则争职而妒贤，是其所以不合之故也。人主胡不广焉，无恤亲疏⑬，无偏贵贱，唯诚能之求？人臣轻职业让贤⑭，而安随其后矣。如是，则功一天下，名配禹、舜，物由有可乐，如是其美者乎！呜呼！君人者亦可以察若言矣！

【注释】

①《传》曰：本段节录自《王霸》。

②三公：古代最高的中央官职，周代以司马、司徒、司空为三公，或以太师、太傅、太保为三公。总方：总领方略。

③拱：垂拱，垂衣拱手。谓不亲理事务。

④羿：后羿，传说是中国夏代有穷国的君主，善于射箭。逄门：或作
　逄蒙，学射于羿，尽得羿之技法，嫉妒羿强于己，杀羿。

⑤及速：迅速追上。

⑥王良：春秋时善驭马者。造父：古之善御者。赵之先祖。因献八
　骏幸于周穆王。后赐造父以赵城，由此为赵氏。

⑦调一：协调，统一。

⑧制秦、楚：当时荀卿在齐国，秦和楚是当时两大强国，所以言制秦楚。

⑨并肩：肩膀挨着肩膀，形容密集，比比皆是。

⑩不世绝，世代不绝。

⑪不合：不能遇合。

⑫外：疏远，排斥。杨倞注："外贤，疏贤也。"偏举：指推举所偏爱
　者。杨倞注："偏举，偏党而举所爱也。"

⑬恤：顾念，体念。

⑭轻职业：看轻官职。

【译文】

《传》书说："士大夫各司其职听政，诸侯国的君主分封土地守卫，三
公总领方略议政，那么天子垂衣拱手不用处理政务就国家太平了。"所以
君主想要得到善于射箭的人，射得远还能射得准，那就没有谁能比得上
后羿、逄门了；想要得到善于驾车的人，迅速赶到远方，那就没有谁能比
得上王良、造父了；想要统一天下，制服秦、楚这样的强国，那就没有比得
上聪明君子的了。他运用的智慧很简单，处理事务不劳累而功名很大，
很容易相处而又极其乐观。贵为天子，富有天下，被人称为圣王，能控制
别人，别人没有谁能控制他，这是人们追求的共同欲望。想要得到这些
的君主比比皆是，能够建立这一切的士人世代不绝，但是他们一千年都
不能遇见，为什么呢？回答说：君主不公正，臣子不忠诚。君主排斥贤人
而推举自己偏爱的人，臣子争夺官职妒忌贤能，这就是不能遇见的缘故。
君主为什么不广招贤才，不要顾念是亲还是疏，不要偏向是贵还是贱，只

是寻求贤能呢？臣子看轻官职让位给贤才，而甘心追随在他们后面。像这样，那么功劳一统天下，名声跟禹、舜相配，事情还有比这更快乐、更美好吗？哎呀！当君主的也可以明察这些言论了！

治国者分已定①，则主相臣下百吏②，各谨其所闻，不务听其所不闻③；各谨其所见，不务视其所不见。则虽幽闲隐僻，百姓莫不敬分安制以化其上④，是治国之征也。主道治近不治远⑤，治明不治幽，治一不治二。主能治近则远者理，主能治明则幽者化，主能当一则百事正。夫兼听天下，日有余而治不足者如此也，是治之极也。既能治近，又务治远；既能治明，又务治幽；既能当一，又务正百，是过者也，过犹不及也。不能治近，又务治远；不能察明，又务见幽；不能当一，又务正百，是悖者也⑥。故明主好要而暗主好详。主好要则百事详，主好详则百事荒矣。

【注释】

①治国者分已定：本段节录自《王霸》。分，名分，位分。

②主相：等于说宰相。

③务：致力于，务求。

④敬分：重视名分。

⑤主道：君主治国之道。

⑥悖：昏惑，糊涂。

【译文】

治理国家的人，名分已经确定了，那么君主、宰相、臣子以及所有官吏，都要谨守自己听到的事情，不务求听不应该听到的，都要谨守各自看到的，不务求不应该看到的。那么即使是幽僻偏远的地方，百姓也没有谁不重视名分、遵守国家法度来顺从君主的,这是太平国家的征兆。贤明君主的治国之道是治理近处不治理远处,治理明处不治理暗处,治理主要大事不治理其他各种小事。君主能治理好近处的那么远处的自然能处理,君主能治理明处的那么暗处的事务自然得到教化,君主能治理主要事务其他各种小事都能正确治理。全面治理天下,每天还有余闲而事情不够治理,能够这样,是治理的最高水平。既能治理近处,又务求治理远处;既能治理明处,又务求治理暗处;既能恰当治理主要大事,又务求治理其他各种小事,这是做过了头,做过了头跟做不到一样不合适。不能治理近处,又务求治理远处;不能察觉明处,又务求看见暗处;不能恰当处理一件主要大事,又务求纠正其他各种小事,是糊涂人,所以英明的君主喜好简要而昏昧的君主喜欢周详。君主喜好简要各种事务就都周详,君主喜好周详各种事务就都荒废了。

国得百姓之力者富①,得百姓之死者强,得百姓之誉者荣。三得者具,而天下归之;三得者亡,而天下去之。汤、武兴天下同利,除天下同害,政令制度所以接百姓者,有非理如豪末必不加焉②。故百姓亲之如父母,为之死亡而不偷也③。乱世不然,使愚诏智④,不肖临贤;生民则致贫隘⑤,使民则甚劳苦;又望百姓为之死,不可得也。孔子曰:“审吾所以适人,人之所以来我也。”大国之主好见小利,又好以权谋倾覆之人断事⑥,社稷必危,是伤国者也。大国之主好诈,群臣亦从而成俗;群臣若是,则众庶亦不隆礼义⑦,而好贪利矣。君臣上下之俗,莫不若是,则地虽广,权必轻;人虽众,兵必弱;刑虽繁,令不下通,是之谓伤国。

【注释】

①国得百姓之力者富：本段节录自《王霸》。力，勤，尽力。

②非理：不合常理，违背情理。也指不讲道理。豪末：毫毛的末端。
　喻微细之物。豪，通"毫"。

③不偷：指不苟且偷生。

④诏：教导，告诫。

⑤生民：人民，养民。贫隘：贫穷困厄。

⑥倾覆：倾轧陷害。

⑦众庶：众民，百姓。隆：尊崇。

【译文】

　　国家能得到百姓效力的就富足，能得到百姓效死的就强大，能得到百姓赞誉的就繁盛。三者都具备，天下的人都归属他；三者都失去，天下的人都会离开他。商汤、周武王做符合天下共同利益的事，除去对天下人有害的事，政令制度是用来对待百姓的，如果有不合理的，即使小到像毫毛尖那样，也必定不施加。所以百姓亲近他们如同父母，为他们而死绝不苟且偷生。乱世就不是这样，让愚笨的人教导聪明的人，让不贤的人监视贤人；百姓的生活到了贫穷困厄的境地，役使民众非常劳苦；又指望百姓为他们效死，这是不可能的。孔子说："仔细审察自己对待别人的方式，就明白别人对待我的原因。"大国的君主喜好贪图小的利益，又喜好任用玩弄权谋倾轧陷害的人决断事务，国家一定危险，这是祸害国家的人。大国的君主喜好欺诈，臣子们也跟从成为习俗；臣子们都像这样，那么百姓也不尊崇礼义，而喜好贪图利益了。君臣上下形成习俗，无不如此，那么国家土地即使广阔，权势必定轻微；人口即使众多，军队必定衰弱；刑罚即使繁多，政令不能向下通达，这就叫做祸害国家。

　　有乱君①，无乱国②；有治人③，无治法④。羿之法非亡也⑤，而羿不世中；禹之法犹存，而夏不世王。故法不能独立,得其人则存,失其人则亡。法者,治之端也⑥;君子者,法之源也。故有君子,则法虽省⑦,足以遍矣;无君子,则法虽具,足以乱矣。故明主急得其人,而暗主急得其势。急得其人,则身逸而国治,功大而名美;急得其势,则身劳而国乱,功废而名辱。故君人者,劳于索之,而休于使之。械数者⑧,治之流也,非治之源也;君子者,治之源也。官人守数⑨,君子养源。故上好礼义,尚贤使能,而无贪利之心,则下亦将綦辞让⑩,致忠信,而谨于臣子矣。故赏不治⑪,政令不烦而俗美,百姓莫敢不顺上之法、象上之志,而劝上之事,而安乐之矣。

【注释】

①有乱君:本段节录自《君道》。君道就是为君之道。荀子提出"君者,民之源也",认为君主是百姓的源头,因此要为君者警戒"六患",广纳贤才得以治国。乱君,昏庸无道的君主,暴君。

②乱国:指原本就动乱不安的国家。

③治人:指治理国家的人才。

④治法:指治理国家的方法。

⑤羿:传说是夏代有穷国的君主,善于射箭。亦称后羿、夷羿。

⑥端:事物的一头,这里指末端。

⑦省:简易。

⑧械数:指统一的度量衡制度。

⑨官人:有官职的人。数:指械数。

⑩綦(qí)辞让:非常谦逊推让。綦,极,很。

⑪不治:不实施。

【译文】

有昏庸无道的君主，没有原本就动乱的国家；有治理国家的人才，没有不变的治国方法。后羿射箭的方法没有亡失，而后羿不能让世世代代的后人都能射中；夏禹的法令还存在，但是夏的后裔不能世世代代称王。所以法令不能独立存在，得到合适的人那就存在，失去合适的人那就消亡。法令，是治理国家的开端；君子，是法令的源头。所以只要有了君子，法令即使简易，也足够遍及百事；没有君子，那么法令即使完备，也足以搅乱国政。所以英明的君主急于获得人才，而昏庸的君主急于得到权势。急于得到人才，那么国君会自身安逸而国家太平，功业很大而名声美好；急于得到权势，那么国君会自身辛劳而国家混乱，功业荒废而名声受辱。所以当君主的，在寻求人才上辛劳，而在使用人才上安逸。统一的度量衡制度，是治国的末流，不是治国的源头；君子，是治国的源头。官员守住度量衡制度，君子培养治国源头。所以君上喜好礼义，尚贤任能，而没有贪求利益的心思，那么臣下也会极其重视谦逊礼让，讲究忠诚守信，而谨守臣子的职责了。所以不用实施奖赏，政令简明而风俗淳厚，百姓没有谁胆敢不遵守君上的法令、学习君上的意志，努力从事君上安排的事务，而安居乐业了。

君者①，民之源也。源清则流清，源浊则流浊。故有社稷而不能爱民，不能利民，而求民之亲爱己，不可得也。民不亲不爱，而求其为己用，为己死，不可得也。民不为己用，不为己死，而求兵之劲，城之固，不可得也。兵不劲，城不固，而求敌之不至，不可得也。敌至而求无危削②，不灭亡，不可得也。故人主欲强固安乐，则莫若反之民③；欲附下一民④，则莫若反之政；欲修政美国⑤，则莫若求其人。故君人者，爱民而安，好士而荣，两者无一焉而亡也。明分职⑥，序事业,拔材官能⑦,莫不治理,则公道达而私门塞矣⑧,公义明而私事息矣⑨。如是,则德厚者进而佞悦者止⑩,贪利者退而廉节者起⑪,兼听齐明而百事不留⑫。故天子不视而见,不听而聪,不虑而知,不动而功,块然独坐⑬,而天下从之,如四支之从心也⑭。

【注释】

①君者:本段节录自《君道》。

②危削:衰危。

③反:今作返。

④附下:让臣下归附。一民:统一民心。

⑤修政:修明政教。美国:使国家美好。

⑥分职:各司其职。

⑦拔材:选拔人才。官能:授予贤能的人以官职。

⑧公道:朝廷正道。私门:行私请托的门路。

⑨公义:公理。

⑩佞悦:指阿谀奉承。

⑪退:离开朝廷,不再任职。

⑫齐明:整齐而严明。

⑬块然:安然。

⑭四支:四肢。

【译文】

君主,是百姓的源头。源头清澈那么水流清澈,源头混浊那么水流混浊。所以君主拥有国家而不能爱护民众,不能让民众得利,却要求民众亲近自己、热爱自己,是不可能的。民众不亲近自己、热爱自己,而要求他们为自己所用,为自己效死,是不可能的。民众不为自己所用,不为自己效死,而追求兵力强大,城池坚固,是不可能的。兵力不强大,城池不坚固,而想让敌人不来,是不可能的。敌人入侵而想要没有危险,不被灭亡,是不可能的。所以君主想要军队强大城池坚固,人民安居乐业,那么就没有什么比得上爱护民众;想要让臣下归附统一民心,那么就没有什么比得上修明政事;想要修明政教让国家美好,那么就没有什么比得上寻求贤才。所以做君主的,爱护民众而安定,喜好贤士而荣耀,这两项缺一就会灭亡。明确各人的职守,按次序排列从事的事务,选拔人才任用贤能,就没有不能治理的,就会使朝廷正道通达而徇私请托的门路堵塞了,公义倡明而私下隐情止息了。像这样,那么德行优厚的得以提拔,而阿谀奉承的就此止步,贪图利益的离开朝廷而廉洁自律的得以进用,广泛听取意见,使政务整饬严明,而所有事务都不会滞留不办。所以天子不用亲自去看就能看见,不用亲自去听就能听清,不用自己思虑就能知道,不用自己行动就能成功,安然独坐,而全天下都跟从他,就像四肢跟随内心一样。

　　人主有六患①:使贤者为之,则与不肖者规之;使智者虑之,则与愚者论之②;使修士行之③,则与奸邪之人疑之④。虽欲成功,得乎哉?譬之是犹立直木而恐其影之枉也⑤,惑莫大焉!语曰:"公正之士,众人之痤也⑥;循道之人,奸邪之贼也⑦。"今使奸邪之人论其怨贼,而求其无偏⑧,得乎哉?譬之是犹立枉木而求其影之直也,乱莫大焉!故古之人为之不然。其取人有道,其用人有法。取人之道,参之以礼;用人之法,禁之以等。行义动静⑨,度之以礼⑩;智虑取舍,稽之以成⑪;日月积久,挍之以功⑫。故卑不得临尊⑬,轻不得悬重,愚不得谋智⑭,是以万举不过也⑮。

【注释】

①人主有六患:本段节录自《君道》。

②论:衡量,评定。

③修士:操行高洁之人。

④奸邪:奸佞邪恶。疑:疑忌,猜忌。

⑤枉:弯曲。与直相对。

⑥痤(cuó):痈疽之类的皮肤病患。

⑦贼:祸患。

⑧无偏:不偏颇。

⑨行义:道义。

⑩度:衡量。

⑪稽:考察,核实。

⑫挍:同"校"。核计,考察。

⑬临:挟制。

⑭谋智:图谋智者。

⑮万举:各种举动,任何行为。

【译文】

君主有六大忧患:让贤人去处理政事,却跟不贤的人一起限制他;让聪明人考虑政事,却跟愚笨的人一起评定他;让操行高洁的人去施行政令,却跟奸佞邪恶的人一起怀疑他。即使想成功,可能吗? 这就譬如竖立笔直的木头却害怕它的影子弯曲,没有比这更迷惑的了! 谚语说:"公正的士人,是众人的痈痤;遵循道义的人,是奸邪之人的忧患。"如今让奸邪之人来评定他怨恨的敌人,而要求他不偏颇,可能吗? 这就譬如立一根弯曲的木头却要求它的影子是笔直的,悖乱没有比这更大的了! 所以古代的人做事不是这样。他们选用人才有标准,使用人才有方法。选用人才的标准,是用礼义来参照;使用人才的方法,是用等级来约束。制定政策,宜进宜退,用礼义来衡量;考虑利害,根据成绩来考察;日积月累,用功业来考察。所以地位卑贱的不能挟制尊贵的,权势轻的不能统治权势重的,愚笨的不能图谋聪明的,因此各种行为就没有过错了。

人主欲得善射、射远中微者①,欲得善驭、及速致远者,悬贵爵重赏以招致之②。内不可阿子弟③,外不可隐远人,能致是者取之,是岂不必得之之道哉? 虽圣人不能易也。欲治国驭民④,调一上下,将内以固城⑤,外以拒难⑥,治则制人,人不能制也;乱则危辱⑦,灭亡可立而待也。而求卿相辅佐,则独不若是其公也。唯便嬖亲比己者之用也⑧,岂不过甚哉? 故有社稷者,莫不欲强,俄则弱矣⑨;莫不欲安,俄则危矣;莫不欲存,俄则亡矣。故明主有私人以金石珠玉⑩,无私人以官职事业,是何也? 曰:本不利于所私也。彼不能而主使之,则是主暗也;臣不能而诬能⑪,则是臣诈也。主暗于上,臣诈于下,灭亡无日,俱害之道也。夫文王非无贵戚也,非无子弟也,非无便嬖也,乃举太公而用之,兼制天下,立七十一国,姬姓独居五十三人,周之子孙,莫不为显诸侯,如是者,能爱人也。故举天下之大道,立天下之大功,然后隐其所怜所爱⑫。故曰:唯明主为能爱其所爱,暗主则必危其所爱,此之谓也。

【注释】

①人主欲得善射、射远中微者:本段节录自《君道》。射远中微者,能射中很远的细微目标的人,善射者。

②贵爵:高贵的爵位。

③阿:偏私,袒护。

④驭民：统率民众。

⑤固城：巩固城防。

⑥拒难：抵御患难。

⑦危辱：危险，屈辱。

⑧便嬖（pián bì）：这里指君主左右受宠幸的邪佞小臣。亲比：亲近，
　依附。

⑨俄：顷刻，片刻。

⑩私：偏爱，偏私。

⑪诬能：虚夸其才能。

⑫隐：偏私，偏爱。

【译文】

　　君主想要得到善于射箭、能射中很远的细微目标的人，想要得到善于驾车、能快速到达远方的人，高悬尊贵的爵位丰厚的奖赏来招引他们。对内不可以偏私子弟，对外不可以埋没关系远的人，能够达到这样标准的人就取用他，这难道不是一定能获得人才的方法吗？即使圣人也不能改变。想要治理国家统率民众，协调上下，将要对内巩固城防，对外抵御患难，国家太平就能制服别人，别人不能制服我们；国家混乱就会危险，屈辱灭亡马上到来。而想要求得公卿宰相的辅佐，就唯独不能像前面所说的那样公正了。只是任用亲附自己的奸臣，难道不是太过分了吗？所以拥有国家的君主，没有不想要强大的，可是顷刻之间就弱小了；没有不想要安定的，可是顷刻之间就危险了；没有不想要长存的，可是顷刻之间就灭亡了。所以英明的君主有用金石珠玉赠给偏爱之人的，没有以官职事业赠给偏爱之人的，这是为什么呢？回答是：赠以官职本来就不利于所偏爱的人。那些人没有能力而君主任用他们，这就是君主昏昧；臣子没有才能却虚夸有才能，这就是臣子欺诈。君主在上昏昧，臣子在下欺诈，灭亡就没几天了，这是一起祸害国家的路子啊。周文王不是没有显贵的亲族，不是没有自己的子弟，不是没有左右亲信，竟然推举姜太公而

任用他，制服整个天下，封立七十一个诸侯国，姬姓在其中占了五十三人，周王的子孙，没有谁不成为显贵的诸侯，像这样，才是真正能够爱人。所以实施天下大道，建立天下大功，然后去偏爱自己所怜爱的人。所以说：只有英明的君主能够真正爱护他所爱的人，昏昧的君主一定会危及他所爱的人，说的就是这个道理。

从命而利君谓之顺①，从命而不利君谓之谄；逆命而利君谓之忠，逆命而不利君谓之篡；不恤君之荣辱②，不恤国之臧否③，偷合苟容④，以持禄养交而已⑤，谓之国贼。君有过谋过事⑥，将危国家、殒社稷之惧也⑦；大臣、父兄有能进言于君，用则可，不用则去，谓之谏；有能进言于君，用则可，不用则死，谓之争⑧；有能比智同力，率群臣百吏，而相与强君矫君，以解国之大患，除国之大害，成于尊君安国，谓之辅；有能抗君之命，窃君之重，反君之事，以安国之危，除君之辱，谓之弼⑨。故谏、争、辅、弼之人，社稷之臣也⑩，国君之宝也，明君之所尊所厚也，而暗主惑君为己贼也⑪。故明君之所赏，暗君之所罚也；暗君之所赏，明君之所杀也。《传》曰："从道不从君。"正义之臣设，则朝廷不颇⑫；谏、争、辅、弼之人信，则君过不远；爪牙之士施⑬，则仇雠不作⑭；边境之臣处⑮，则界垂不丧。故明主好同，暗主好独；明主尚贤使能而飨其盛⑯，暗主妒贤畏能而灭其功。罚其忠，赏其贼，夫是之谓至暗。有大忠者，有次忠者，有下忠者，有国贼者。以德覆君而化之，大忠也；以德调君而补之，次忠也；以是谏非而怒之，下忠也；不恤君之荣辱，不恤国之臧否，偷合苟容，以持禄养交而已，国贼也。

【注释】

①从命而利君谓之顺：本段节录自《臣道》。臣道即为臣之道。本
　篇着重阐述为臣的道理与方法，并勉励为臣应当"从道不从君"。
②恤：顾念。
③臧否（pǐ）：善恶，得失。
④偷合苟容：指苟且迎合以取悦于人。
⑤持禄：保持禄位，犹言尸位素餐。养交：豢养其私交以成朋党。
⑥过谋：错误的谋划。
⑦殒：毁坏，败坏。
⑧争："诤"的本字。强谏，规劝。
⑨弼：指能纠正、辅佐天子的大臣。
⑩社稷之臣：身负国家重任的大臣。
⑪暗主：昏昧的君主。
⑫颇：偏颇。
⑬爪牙：勇敢，勇武。
⑭仇雠：仇敌，仇家。
⑮处：停留，驻守。
⑯飨：通"享"，享有，享受。盛：谓大业。

【译文】

　　听从命令而对君主有利叫做顺从，听从命令而对君主不利叫做谄
媚；违抗命令而对君主有利叫做忠贞，违抗命令而对君主不利叫做篡夺；
不顾念君主的荣辱，不顾念国家的安危，苟且迎合取容于世，以尸位素餐
豢养私党罢了，这就叫做危害国家的国贼。君主有错误的谋划、做错事
情，将要有危害国家、毁坏江山社稷的忧惧；他的大臣、家族有能够向国
君进言的人，君主用就留下，不用就离开，这就叫做谏；有能够向国君进

言的人，君主用就留下，不用就死，这就叫做诤；有能够集中智慧同心协力，率领群臣百官，一起说服君主矫正错误，来化解国家的大忧患，除去国家的大祸害，功至尊君安国的，这就叫做辅；有能够抗拒君主的命令，窃用国君的重权，违反国君的事务，来安定国家的危难，去除国君的屈辱，这就叫做弼。所以谏、诤、辅、弼的人，是与国家安危与共的重臣，是国君的珍宝，是英明君主要尊重厚待的，而昏昧迷惑的君主把他们看作自己的祸害。所以英明君主所赏赐的，是昏昧君主所惩罚的；昏昧君主所赏赐的，是英明君主所杀戮的。《传》书说："依从道义而不依从君主。"正义的臣子安排到合适的位置，那么朝廷就不会偏颇；谏、诤、辅、弼的臣子被信任，那么君主犯的过错就不会太离谱；勇敢的武臣施展才能，那么仇敌就不会兴风作乱；边境的臣子驻守，那么边界就不会丧失。所以英明的君主喜好与人共议，昏昧的君主喜好独裁；英明的君主尚贤任能而享有他们创下的功业，昏昧的君主嫉贤妒能而埋没他们的功劳。惩罚那些忠臣，奖赏那些国贼，这是最昏庸无道的。有大忠之臣，有次忠之臣，有下忠之臣，有国贼之臣。用德行庇护君主而感化他，是大忠；用德行匡救君主的缺点而补救他的过失，是次忠；用正确的意见劝谏过错而触怒君主，是下忠；不顾念国君的荣辱，不考虑国家的安危，苟且迎合取容于世，以尸位素餐来蓄养私党而已，这就是国贼。

　　人主之患①，不在乎不言，而在乎不诚。夫言用贤者，口也；却贤者②，行也。口行相反而欲贤者之至，不肖者之退，不亦难乎！夫曜蝉者务在明其火、振其树而已③。火不明，虽振其树无益也。今人主有能明其德，则天下归之，若蝉之归明火也。

【注释】

①人主之患：本段节录自《致士》。致士即招纳贤才。本部分说明
　　君主不能得到贤才的主要原因在于"未明其德"。

②却：拒绝。

③曜（yào）蝉：举火照明诱蝉。即夜晚以火照蝉，蝉见光后就投火
　　而来。喻明主求贤，天下归附。

【译文】

　　君主的祸患，不在于不说任用贤人，而在于不诚心任用贤人。说任
用贤人的，是口头上说说；拒绝贤人的，是行动。口头说的跟行动相反而
想要贤人来到，不贤的人退到一边，不也很难吗！举火照明捕蝉一定要火
光明亮、摇动树木罢了。火光不亮，即使摇动树木也没用。如今君主有能
力彰明自己的德行，那么天下都会归向他，就像蝉归向明亮的火光一样。

　　临武君与荀卿议兵于赵孝成王前①。王曰："请问兵
要②？"临武君曰："上得天时，下得地利，观敌之变动，后之
发，先之至，此用兵之要术也。"荀卿曰："不然。所闻古之
道，凡用兵战攻之本，在乎一民也。弓矢不调，则羿不能
以中微③；六马不和，则造父不能以致远④；士民不亲附，则
汤、武不能以必胜也。故善附民者，是乃善用兵者也。故
兵要在乎善附民而已。"临武君曰："不然。兵之所贵者势
利也⑤，所行者变诈也⑥。善用之者，莫知其所从出，孙吴用
之⑦，无敌于天下，岂必待附民乎？"荀卿曰："不然。臣之所
道，仁人之兵，王者之志也。君之所贵，权谋势利、攻夺变诈
也。仁人之兵，不可诈也；彼可诈者，怠慢者也。故以桀诈
桀，犹有幸焉；以桀诈尧，譬之若以卵投石，若以指挠沸⑧，

若赴水火⑨，入焉焦没耳！故仁人上下一心，三军同力；臣之于君，下之于上，若子之事父，弟之事兄，若手臂之扞头目而覆胸腹也⑩。诈而袭之，与先惊而后击之，一也。"临武君曰："善！"

【注释】

①临武君与荀卿议兵于赵孝成王前：本段节录自《议兵》。节录部分强调用兵的核心在于仁义，在得民心。临武君，或以为楚将，或以为赵将庞煖。赵孝成王，名丹，惠文王子，前266年即位。他在位期间，发生了触龙说赵太后、长平之战、魏公子无忌与楚春申君率兵救赵等事件。

②兵要：用兵的要领。

③羿：传说是夏代有穷国的君主，善于射箭。亦称后羿、夷羿。

④造父：古之善御者，赵之先祖。

⑤势利：谓形势有利。

⑥变诈：巧变诡诈。

⑦孙吴：春秋时孙武和战国时吴起的并称。皆古代兵家。

⑧以指挠沸：用手指去搅滚烫的水。比喻自不量力，必然失败。挠，搅和，搅动。

⑨赴水火：犹言赴汤蹈火。比喻冒险犯难。

⑩扞：保卫，保护。

【译文】

临武君和荀卿在赵孝成王面前议论用兵。赵孝成王说："请问用兵的要领是什么？"临武君说："对上要得到天时，对下要得到地利，观察敌人的行动变化，在敌人之后发兵，在敌人之先到达，这就是用兵的要领方法。"荀卿说："不是这样。我听到的古代用兵之道，大凡用兵作战的根本,在于统一民心。弓箭没有调整好,即使后羿也不能射中微小的目标;驾车的六匹马不和谐,就是造父也不能驾驶到远处;士民不亲附,那么商汤、周武王也不一定能取胜。所以善于让民众亲附的人,才是善于用兵的人。所以用兵的要领就在于善于让民众亲附罢了。"临武君说:"不是这样。用兵看重的是形势有利,奉行的是巧变诡诈。善于运用这些的人,神出鬼没没人知道他会从哪里出现,孙武、吴起运用这种谋略,天下无敌,难道一定要依靠民众的亲附吗?"荀卿说:"不是这样。我所称道的,是仁德之人的军队,体现统一天下的王者意志。您所看重的,是权谋形势、巧夺诡诈。仁德之人的军队,不可以欺诈;那些可以欺诈的,是松懈怠慢的军队。所以让夏桀欺诈像夏桀那样的人,还是可侥幸成功的;让夏桀欺诈唐尧那样的圣人,譬如用鸡蛋碰石头,譬如用手指搅动开水,如同奔赴水火,进入就烧焦淹没罢了! 所以仁德的人上下一心,三军将士同力;臣子对于君主,下级对于上级,就像儿子对待父亲,弟弟对待兄长一样,如同手臂保护脑袋和眼睛、掩护胸腹一样。用欺诈的方法偷袭他,跟先惊动对方然后再攻击,是一样的。"临武君说:"好!"

　　陈嚣问荀卿曰[①]:"先生议兵,常以仁义为本。仁者爱人,义者修理,然则又何以兵为[②]? 凡所为有兵者,为争夺也。"荀卿曰:"非汝所知也。彼仁者爱人,爱人,故恶人之害之也;义者修理,修理,故恶人之乱之也。彼兵者,所以禁暴除害也[③],非争夺也。故仁人之兵,所存者神[④],所过者化,若时雨之降[⑤],莫不悦喜。故近者亲其善,远方慕其德,兵不血刃[⑥],远迩来服[⑦],德盛于此,施及四极[⑧]。"

【注释】

　　①陈嚣问荀卿曰:本段节录自《议兵》。陈嚣,荀卿弟子。

②何以兵为：用兵做什么。

③禁暴：制止暴乱。

④存：停留，驻扎。神，指敬畏如神。

⑤时雨：应时的雨水。

⑥兵不血刃：兵器上没有沾上血，形容未经战斗就轻易取得了胜利。

⑦迩：近。

⑧施（yì）：延伸，延续。四极：四方极远之地。

【译文】

陈嚣问荀卿说："先生议论用兵，经常把仁义当作根本。仁就是要爱人，义就是要修明义理，既然如此，那又用兵做什么？大凡用兵的目的，就是为了争夺。"荀卿说："不是你想的那样。仁者爱人，爱人，所以憎恶有人伤害人；义，修明义理，修明义理，所以憎恨有人要搅乱义理。那些军队，是用来制止强暴去除祸害的，不是用来争夺的。所以仁爱之人的军队，所停留的地方人们敬畏如神，所经过的地方人们都被教化，如同应时的雨水降下，没有不喜悦的。所以近处的人亲近他们的善行，远处的人仰慕他们的美德，未经战斗就取得胜利，远近的人都来归服，德行由此昌盛，扩展到四面八方。"

天行有常①，不为尧存，不为桀亡。应之以治则吉，应之以乱则凶。强本而节用②，则天不能贫；养备而动时③，则天不能病；循道而不忒④，则天不能祸。故水旱不能使之饥，寒暑不能使之疾，妖不能使之凶。背道而妄行⑤，则天不能吉。故水旱未至而饥，寒暑未薄而疾⑥，妖未生而凶。受时与治世同⑦，而殃祸与治世异，不可以怨天，其道然也。故明于天人之分⑧，则可谓至人矣⑨。

【注释】

①天行有常：本段节录自《天论》。天论即论天，或者说论天之道。
　　"天行有常，不为尧存，不为桀亡。应之以治则吉，应之以乱则
　　凶。"可见治理国政必须符合天道才吉利，否则就会有天灾人祸。
　　天行，天道的运行。

②强本：指加强根本的农业生产。

③养备：供养充足。动时：劳作符合农时。

④不贰：没有变更，没有差错。

⑤妄行：胡作非为。

⑥薄：迫，迫近。

⑦受时：遇到的天时。

⑧天人之分：关于天人关系的一种观点，跟天人合一学说相对立。
　　强调天道与人道的分别，认为天是自然之道，既不以人的意志为
　　转移，也不能主宰人间的治乱吉凶。荀子首先提出这种理论。

⑨至人：指思想或道德修养最高的人。

【译文】

　　天道的运行是有常规的，不为唐尧而存在，不为夏桀而灭亡。用治
政来响应就吉利，用乱政来响应就凶险。加强根本的农业生产而节约用
度，那么天不能让他贫穷；供养充足而按农时劳作，那么天不能让他困
顿；遵循道义而没有差错，那么天不能降下灾祸。所以水旱灾害不能让
他饥饿，寒冷暑热不能让他生病，妖魔鬼怪不能让他遭难。背离道义而
胡乱行动，那么天不能让他吉利。所以水旱灾害没有来到就有饥荒，寒
冷暑热没有迫近就已经生病，妖魔鬼怪没有出现就有凶险。遇到的天时
跟太平盛世相同，而所受的灾殃祸患跟太平盛世不同，不可以埋怨天，是
人违背道义造成这种情况的。所以明白了天与人的分别，就可以称得上
最高的圣人了。

天不为人之恶寒辍冬^①，地不为人之恶辽远辍广，君子不为小人之匈匈辍行^②。天有常道^③，地有常数^④，君子有常体^⑤。君子道其常，小人计其功。星坠木鸣^⑥，国人皆恐。是天地之变，阴阳之化^⑦，物之罕至者也，怪之可也，而畏之非也。夫日月之有食，风雨之不时^⑧，怪异之傥见^⑨，是无世而不尝有之。上明而政平，则是虽并世起^⑩，无伤也；上暗而政险，则是虽无一至者，无益也。若夫天地之变，畏之非也，人妖则可畏也^⑪。政险失民，田薉稼恶^⑫，籴贵民饥^⑬，道路有死人，夫是之谓人妖也。政令不明，举措不时，本事不理^⑭，夫是之谓人妖也。礼义不修，外内无别^⑮，男女淫乱，父子相疑，上下乖离^⑯，寇难并至，夫是之谓人妖也。三者错，无安国矣。其说甚迩^⑰，其灾甚惨。传曰："万物之怪书不说，无用之辨，不急之察，弃而不治也。"若夫君臣之义，父子之亲，夫妇之别，则日切磋而不舍也^⑱。在天者莫明于日月，在人者莫明于礼义。故人之命在天，国之命在礼。君人者，隆礼、尊贤而王^⑲，重法、爱民而霸，好利、多诈而危，权谋、倾覆而亡矣。

【注释】

①天不为人之恶寒辍（chuò）冬：本段节录自《天论》。辍，停止，废止。

②匈匈：喧哗，纷扰混乱的样子。

③常道：不变的法则、规律。

④常数：不变的规律。

⑤常体：不变的德行。

⑥木鸣：社木（祭神的社树）发出鸣声。

⑦阴阳:古代思想家看到一切现象都有正反两方面,就用阴阳这一
　　概念来解释自然界两种既对立又互相消长的矛盾,并把阴阳交替
　　看作宇宙的根本规律。

⑧不时:不按时间,没有规律。

⑨傥:通"倘",倘使。

⑩并世:同时代。

⑪人妖:人事方面的反常现象、人为的灾祸。

⑫田薉(huì):田地荒芜。薉,引申为荒芜。

⑬籴(dí):买进谷米。跟"粜"相对。

⑭本事:指根本的农业。

⑮外内:指朝廷内外,外为百官,内为君主的亲信左右。

⑯乖离:背离。

⑰迩(ěr):近,浅近。

⑱切磋:本是器物加工的工艺名称。这里比喻道德学问方面互相研
　　讨勉励。

⑲隆礼:尊崇礼法。

【译文】

天不会因为人厌恶寒冷而取消冬天,地不会因为人厌恶遥远而不再广阔,君子不会为了小人的纷扰混乱而改变自己的德行。天有不变的法则,地有不变的规律,君子有不变的德行。君子遵循德行,小人计较功利。流星坠落,社木鸣叫,一国的人都会惊恐。这是天地变动,阴阳转化造成的,是罕见的现象,感到奇怪是可以的,而畏惧就没有道理了。日食、月食,无规律的风雨,偶尔出现的怪异反常现象,这些是那个时代都曾有过的事。君上清明政治平和,那么这些现象即使同时代发生,也没有伤害;君上昏昧而政治险恶,那么这些现象即使一个也没有发生,也没有好处。至于天地的变化,畏惧他是不对的,人为的灾祸才更可怕。政治险恶丧失民心,田地荒芜庄稼歉收,谷米昂贵民众饥饿,道路上有饿死

的人，这就叫做人为的灾祸。政令不明确，措施不遵循农时，根本的农业生产不被重视，这就叫做人为的灾祸。礼义不修，内外无别，男女淫乱，父子互相猜疑，君臣互相背离，故寇危难一起到来，这就叫做人为的灾祸。这三种灾祸交错到来，就没有安定的国家了。这些道理非常浅近，这些灾祸却非常惨烈。传书说："万物的怪异经书没有记载，没用的争辩，不是急需的考察，应予放弃而不必用心去管。"至于君臣礼义，父子之亲，夫妇之别这些伦常道理，那就应该天天研讨而不舍弃。在天上没有比日月更明亮的了，在人间没有比礼义更明亮的了。所以人的命运在如何遵循天道，国家的命运在是否遵循礼义。作为国君，崇尚礼义、尊崇贤士就能称王，重视法律、爱护民众就能称霸，贪求利益、多行欺诈就危险，玩弄权术、倾轧陷害那就会灭亡了。

主道明则下安①，主道幽则下危。故下安则贵上②，下危则贱上③。故上易知则下亲上矣，上难知则下畏上矣。下亲上则上安，下畏上则上危。故主道莫恶乎难知，莫危乎使下畏己。传曰："恶之者众，则危矣。"

【注释】

①主道明则下安：本段节录自《正论》。指出君主治国之道贤明，就能稳定民心。主道，君主治国之道。

②贵上：尊重君主。

③贱上：鄙视君主。

【译文】

君主治国之道贤明那么臣民就安定，君主治国之道不明那么臣民就危险。所以臣民安定就会尊重君主，臣民危险就会鄙视君主。所以君主的政令容易了解那么臣民就会亲近君主，君主的政令难以了解那么臣下就畏惧君主了。臣民亲近君主那么君主的地位就安定,臣民畏惧君主那么君主的地位就危险。所以君主治国之道没有比难以了解其政令更可恨的了,没有比让臣民畏惧自己更危险的了。传书说:"憎恶你的人多,那就危险了。"

入孝出悌①,人之小行也;上顺下笃②,人之中行也;从道不从君③,从义不从父,人之大行也。孝子所以不从命有三:从命则亲危④,不从命则亲安,孝子不从命,乃衷也⑤;从命则亲辱,不从命则亲荣,孝子不从命,乃义也⑥;从命则禽兽,不从命则修饰⑦,孝子不从命,乃敬也。故可以从而不从,是不子也⑧。未可以从而从,是不衷也。明于从不从之义,而能致恭敬、忠信、端悫⑨,以慎行之,则可谓大孝矣。传曰:"从道不从君,从义不从父。"此之谓也。

【注释】

①入孝出悌:本段节录自《子道》。子道即为子之道。本篇讲述如何行孝,指出"从道不从君,从义不从父",才是大孝。入孝,在家孝顺父母。出悌,在外敬爱兄长、年长者。

②笃:忠诚,厚道。

③从道:依从正道。

④亲:双亲,父母。

⑤衷:忠诚。

⑥义:道义。

⑦修饰:指修养品德,不违礼义。

⑧不子:不合人子之道。

⑨端悫(què):正直诚谨。

【译文】

在家孝顺父母,出外尊敬长者,这是做人的小品行;对上恭顺对下厚道,这是做人的中品行;依从正道而不依从君主,依从道义而不依从父亲,这是做人的大品行。孝子不遵从父母命令的原因有三种情况:遵从命令父母就会危险,不遵从命令父母就平安,这时孝子不遵从父母命令,是出于忠诚;遵从命令父母就会受辱,不遵从命令父母会荣耀,这时孝子不遵从命令,就是出于道义;遵从命令就行同禽兽,不遵从命令就是合乎礼义,这时孝子不遵从命令,就是出于恭敬。所以应该遵从而不去遵从,这是不合人子之道的。不应该遵从而去遵从,这是不忠诚。明白遵从与不遵从的道理,而能够做到恭敬、忠信、正直诚谨,以谨慎地实行它,就可以称得上大孝了。传书说:"遵从正道不遵从君主,遵从道义不遵从父亲。"说的就是这样的道理呀。

繁弱、钜黍[①],古之良弓也,然而不得排檠则不能自正[②]。干将、莫邪[③],古之良剑也,然而不加砥砺则不能利[④],不得人力则不能断。骅骝、𬴊耳[⑤],古之良马也,然而必前有衔辔之制[⑥],后有鞭策之威,加之以造父之驭[⑦],然后一日致千里也。夫人虽有性质美[⑧],而心辨智[⑨],必求贤师而事之,择贤友而友之。得贤师而事之,则所闻者尧、舜、禹、汤之道也;得良友而友之,则所见者忠信敬让之行也。身日进于仁义而不自知者,靡使然也[⑩]。今与不善人处,则所闻者欺诬、诈伪也[⑪],所见者污漫、淫邪、贪利之行也[⑫],身且加于刑戮而不自知者,靡使然也。传曰:"不知其子视其友,不知其君视其左右。"靡而已矣!

【注释】

①繁弱、钜黍：本段节录自《性恶》。性恶是说人性本恶。荀子提出"性恶论"，认为善是后天教育的结果。繁弱，古良弓名。钜黍，即距来，良弓名。

②排檠（qíng）：矫正弓弩的工具。

③干将、莫邪（yé）：宝剑名。相传春秋吴人干将与其妻莫邪善于铸剑，铸成雌雄二剑，一名干将，一名莫邪。后干将、莫邪遂用为宝剑名。

④砥砺：在磨石上磨砺。

⑤骅骝、骙耳（lù ěr）：良马名。杨倞注："皆周穆王八骏名。"

⑥衔辔：马嚼子和马缰绳。

⑦造父：古之善御者。

⑧性质：禀性，气质。

⑨辨智：明辨事理，有才智。

⑩靡：相顺从，潜移默化。使然：让他这样。

⑪欺诬：欺罔。诈伪：巧诈虚伪。

⑫污漫：污秽，卑污。

【译文】

繁弱、钜黍，是古代的良弓，但是没有矫正弓弩的排檠工具就不能自然矫正。干将、莫邪，是古代的宝剑，但是如果不经过磨砺就不能变得锋利，不依靠人力就不能斩断东西。骅骝、骙耳，是古代的好马，但是一定前面要有马嚼子和马缰绳的控制，后面要有鞭子的驱赶，加上造父的驾驭，然后才能一天到达千里之外。人即使具有美好的秉性，而且有明辨的才智，一定要寻求贤明的老师而随他学习，选择好朋友来跟他交友。得到贤明的老师而跟随他，那么所听到的就是唐尧、虞舜、夏禹、商汤的正道；得到品行端正的朋友来结交，那么所见到的就是忠信恭敬谦让的善行。这样，自己天天在仁义上进步而不自知，是潜移默化让他这样的。

如今与不善的人相处，所听到的是欺诈虚伪的话，所见到的是污秽、淫邪、贪利的恶行，自己将要蒙受刑戮了都不知道，是潜移默化让他这样的。传书说："不了解儿子看他的朋友，不了解君主看他的近臣侍从。"这就是潜移默化罢了！

桓公用其贼[1]，文公用其盗[2]，故明主任计不信怒[3]，暗主信怒不任计。计胜怒则强，怒胜计则亡。

【注释】

[1] 桓公用其贼：本段节录自《哀公》。哀公指鲁哀公。本篇以"鲁哀公问于孔子"开头，所以命名"哀公"。节录部分是说用人要不计较个人恩怨。桓公，用管仲、鲍叔牙、隰朋，尊王攘夷，成为春秋霸主之一。贼，这里指管仲。管仲初事齐公子纠，为阻止公子小白，在边境伏击，一箭射中小白带钩，小白装死得以逃脱。

[2] 文公：即晋文公，名重耳，献公之子。前636年即位，初出奔在外十九年，后由秦穆公送回即位，最终成为霸主。盗：这里指里凫须，即头须，为晋重耳守府库者。于重耳出亡时，窃库中宝器而逃。及文公立，凫须求见，请文公赦免其罪，言众知罪重如此而犹赦，可以安抚众心。文公从其计，晋国上下安定。

[3] 怒：愤怒，这里指感情用事。

【译文】

齐桓公重用要杀害他的人（管仲），晋文公重用盗贼（里凫须），所以英明的君主注重计谋不注重感情用事，昏昧的君主注重感情用事而不注重计谋。计谋战胜感情用事那就强大，感情用事战胜计谋那就会灭亡。

天子即位[1]，上卿进曰[2]："如之何忧长也？能除患则为福,不能则为贼③。"授天子一策④。中卿进曰:"配天而有下土者⑤,先事虑事,先患虑患。先事虑事谓之接⑥,接则事优成⑦;先患虑患谓之豫⑧,豫则祸不生。事至而后虑者谓后之,后之则事不举⑨;患至而后虑者谓之困,困则祸不可御。"授天子二策。下卿进曰:"敬戒无怠,庆者在堂,吊者在闾⑩。祸与福邻,莫知其门。务哉! 务哉! 万民望之。"授天子三策。口能言之,身能行之,国宝也;口不能言,身能行之,国器也⑪;口能言之,身不能行,国用也⑫;口言善,身行恶,国妖也⑬。治国者敬其宝,爱其器,任其用,除其妖。义与利者,人之所两有也。虽尧、舜不能去民之欲利,然而能使其欲利不克其好义也;虽桀、纣亦不能去民之好义,然而能使其好义不胜其欲利也。故义胜利者为治世,利克义者为乱世。上重义则义克利,上重利则利克义。故天子不言多少,诸侯不言利害,大夫不言得丧,士不通货财。从士以上,皆羞利而不与民争业,乐分施而耻积藏,然后民不困,则贫窭者有所窜其中矣⑭。仁义礼善之于人也,譬之若货财粟米之于家也⑮,多有之者富,少有之者贫,至无有者穷。

【注释】

①天子即位:本段节录自《大略》。大略即治国方略。本篇指出"义胜利者为治世,利克义者为乱世。上重义则义克利,上重利则利克义"的重要观点。

②上卿:周制,天子及诸侯皆有卿,分上中下三等,最尊贵者称为上卿。

③贼:祸患。

④策:写字的竹简。借指书简,簿册。

⑤配天：谓受天命为天子。下土：大地。

⑥接：捷，迅速，敏捷。

⑦优：充足，良好。

⑧豫：预先，事先准备。

⑨不举：不能办成。

⑩闾：里巷，里巷的大门。泛指门户。

⑪国器：比喻可以治国的人才。

⑫国用：指能为国所用。

⑬国妖：国家的妖孽。指危害国家的人，邪恶的人。

⑭贫窭（jù）：贫乏，贫穷。窜：容纳。

⑮粟米：泛指粮食。

【译文】

天子登上王位，上卿进言说："为什么忧患这样深长呢？能够除掉忧患就是福气，不能除掉就是祸患。"授予天子一道计策。中卿进言说："承受天命拥有土地成为天子的人，在事情发生之前就考虑这件事，在祸患出现之前就考虑这祸患。在事情发生之前就考虑这件事叫做迅捷，迅捷那么事情就能圆满完成；在祸患出现之前就考虑祸患叫做预见，有预见那么祸患就不会发生。事情到了眼前再考虑叫做落后于形势，落后于形势那么事情就不能办成；祸患到了眼前再考虑叫做困窘，困窘那么祸患就不可抵御。"授予天子第二道计策。下卿进言说："恭敬警惕不懈怠，庆贺的人还在正堂，吊丧的人已到了门口。祸患跟福气相邻，没有人知道其中的门道。努力啊！努力啊！万民都在期望着你。"授予天子第三道计策。嘴上能说治国之道，自身也能施行，是国家的至宝；嘴上不能言说，自身能够施行，是国家的大器；嘴上能言说，自身不能施行，是国家的工具；嘴上说的好，自身做的坏，是危害国家的妖孽。治理国家的人尊敬那些国宝，喜爱那些国器大才，任用那些国家工具，除去那些国家妖孽。道义与利益，是人们想同时具有的。即使唐尧、虞舜也不能去除民众想要求利的欲望,但是能够让民众想要求利的欲望不至于胜过他们喜好道义;即使夏桀、商纣也不能除去民众喜好道义,但是能让他们所喜好的道义不能战胜他们想要求得的利益。所以道义战胜了利益的是太平世道,利益战胜道义的是混乱世道。君上重视道义那么道义战胜利益,君上重视利益那么利益战胜道义。所以天子不说利与义的多少,诸侯不说有利有害,大夫不说利与义的得失,士不拿义与利交易。从士往上,都耻于求利益而不跟民众争夺产业,乐意施舍而耻于积存储藏,然后民众不会困窘,那么贫困的人也有容纳生存之地了。仁爱、道义、礼仪、美善对于人,就像财物粮食对于家庭一样,拥有很多的人就富足,拥有很少的人就贫困,到了什么也没有的人就是无路可走的窘迫。

圣王在上①,分义行乎下②,则士大夫无沉淫之行③,百吏官人无怠慢之事,众庶百姓无奸怪之俗④,无盗贼之罪⑤,莫敢犯上之禁。天下晓然皆知夫盗窃之不可以为富也,皆知夫贼害之不可以为寿也⑥,皆知夫犯上之禁不可以为安也。由其道,则人得其所好焉;不由其道,则必遇其所恶焉。是故刑罚甚省而威行如流也⑦。故刑当罪则威⑧,不当罪则侮;爵当贤则贵,不当贤则贱。古者刑不过罪,爵不逾德⑨。故杀其父而臣其子,杀其兄而臣其弟。刑罚不怒罪,爵赏不逾德。是以为善者劝,为不善者沮,威行如流,化易如神⑩。

【注释】

①圣王在上:本段节录自《君子》。君子是儒家推崇的理想人格典型。节录部分提出"尚贤使能、贵贱有等、亲疏有分、长幼有序"四方面。若能如此,那他就是一个道德完备之人。本篇开篇第一句是"天子无妻",所以有人认为篇题当为天子。

②分义:指遵守名分和道义。

③沉淫:原指水鸟浮游貌。这里比喻随波逐流,无原则、无立场的放
　肆行为。

④众庶:众民,百姓。奸怪:奸邪不正。

⑤盗贼:指抢劫偷窃的行为。

⑥贼害:残害。

⑦威行:指威力盛行。

⑧当罪:指罚当其罪。

⑨逾:越过,超过。

⑩化易:教化施行。

【译文】

　　圣明的君王在上,把名分和道义实施于下,那么士大夫就没有随波逐流的放肆行为,各级官吏没有怠慢职守的事情,普通百姓没有奸邪不正的风俗,没有抢劫偷窃的罪行,没有人敢违犯君上的禁令。天下有一个明白的道理,都知道抢劫偷窃不可能富裕,都知道残害他人不可能长寿,都知道违犯君上的禁令不可能安宁。遵循圣王之道,那么人人都能获得他所喜好的;不遵循圣王之道,那么必定会遇到他所厌恶的。因此刑罚非常减省而威力盛行如同水一样流布。所以刑罚跟罪行相当就有威力,不相当就会遭到轻侮;爵位跟德行才能相当那就受到尊重,不相当那就遭到鄙视。古时候刑罚不超过罪行,爵位不越过德行。所以杀掉他的父亲而让他的儿子称臣,杀掉他的兄长而让他的弟弟称臣。刑罚不超过罪行,赏赐爵位不超过德行。所以行善的人得到勉励,作恶的人受到阻止,威力盛行如流水一样,教化施行有如神明。

　　乱世不然①:刑罚怒罪,爵赏逾德,以族论罪②,以世举贤③。故一人有罪而三族皆夷④,德虽如舜,不免刑均⑤,是以族论罪也。先祖贤,子孙必显,行虽如桀,列从必尊⑥,此

以世举贤也。以族论罪，以世举贤，欲无乱，得乎？尊圣者王，贵贤者霸，敬贤者存，嫚贤者亡⑦，古今一也。故尚贤使能，等贵贱，分亲疏，序长幼，此先王之道也。故尚贤使能，则主尊下安；贵贱有等，则令行而不留；亲疏有分，则施行而不悖⑧；长幼有序，则事业捷成而有所休⑨。故仁者，仁此者也⑩；义者，分此者也；节者⑪，死生此者也；忠者，惇慎于此者也⑫。兼此而能之备矣。

【注释】

①乱世不然：本段节录自《君子》。

②论罪：定罪。

③世：世代相传的门第。

④三族：指父族、母族、妻族。夷：杀，灭。

⑤刑均：受到同样的刑罚。杨倞注："均，同也。谓同被其刑也。"

⑥列从：行列相从。指后继人。杨倞注："列从，谓行列相从。"

⑦嫚：亵渎，轻侮。

⑧施：指施恩。不悖：不相冲突，没有抵触。

⑨捷：接续。休：喜庆，美善，福禄。

⑩仁此：指喜爱以上各项。

⑪节者：尽心竭力，保全节操者。

⑫惇慎（dūn）：敦厚诚信。

【译文】

乱世却不是这样：刑罚超过罪行，爵位赏赐越过德行，按照宗族来定罪，根据世袭的门第来举用贤才。所以一人有罪而三族都要被杀，德行即使跟虞舜一样高尚，也不免受到同样的刑罚，这就是按照宗族来定罪。先祖贤德，子孙必定显达，行为即使跟夏桀一样，地位必定尊贵，这就是根据世袭的门第来举用贤才。按照宗族论罪，以世袭举贤，想要不混乱，可能吗？尊重圣明的人称王，重视贤才的人称霸，敬重贤才的人保国，轻侮贤才的人灭亡，从古到今是一样的。所以崇贤任能，贵贱有等级，亲疏有分别，长幼按次序，这是先代君王的治国之道。所以尊贤任能，就会使君主尊贵臣下平安；贵贱有等级，政令就会通行无碍；亲疏有分别，那么施行恩惠就会悖乱；长幼按次序，那么事业会迅速成功而可以获得吉庆和福禄。所以仁者，就是喜爱这些人；义者，就是辨别这些的人；节者，就是愿意为这些而死的人；忠者，就是对这些敦厚诚信的人。以上四项全能做到，就道德完备了。

卷三十九

吕氏春秋

【题解】

《吕氏春秋》是战国末年秦国丞相吕不韦组织门客集体编纂的杂家著作，又名《吕览》，基本上反映了主持人吕不韦的思想。此书分十二纪、八览、六论，共二十六卷，一百六十篇。先秦传世典籍多以篇行，后来由弟子或后人汇编成书，而《吕氏春秋》则是第一部有明确编纂目的以及分级目录的著作，这在文献学史与书籍编纂史上都有重大意义。书中尊崇儒、道，以名家、法家、墨家、农家、兵家、阴阳家思想学说为素材，熔诸子百家于一炉，形成了一套包括政治、经济、哲学、道德、军事等方面的理论体系。目的在于综合百家之长，为秦统一天下、治国理政提供理论依据。书中保存了大量的古史旧闻及天文、历数、音律等方面的知识与资料，具有重要的学术与文献价值。司马迁在《史记》里将《吕览》与《周易》《春秋》《离骚》等并列，表示了他对《吕氏春秋》的重视。

《吕氏春秋》的注本有清人毕沅的《吕氏春秋新校正》，近代以来，许维遹的《吕氏春秋集释》、陈奇猷的《吕氏春秋新校释》可以作为参考。

吕不韦（？—前235），姜姓，吕氏，名不韦，战国末年卫国濮阳（今河南安阳滑县）人。原为阳翟（今河南禹州）大商人，家累千金。后将秦国质子公子楚（原名异人）带回秦国，扶植其成为秦庄襄王后，被任为丞相，封文信侯，食邑十万户。带兵攻取周国、赵国、卫国土地，分别设立三川郡、太原郡、东郡，对秦王嬴政兼并六国做出重大贡献。秦庄襄王去世后，迎立太子嬴政即位，拜为相国，尊称"仲父"，权倾天下。后受嫪毐获罪牵连，他被免职，逐居封地河南。不久迁蜀，惧诛自杀。

　　《群书治要》从《吕氏春秋》一书中摘录了四十余段，包括剪裁原注（《隋书·经籍志》有"《吕氏春秋》二十六卷。秦相吕不韦撰，高诱注"，《群书治要》所录为高诱注），几近万字。魏徵等人摘录时"惟主治要，不事修辞"，如"先圣王之治天下也，必先公，公则天下平""天无私覆也，地无私载也"，认为只有公正无私才能治天下。而除了仁德，也提出"义兵之为天下良药也亦大矣"，这或许是唐太宗举义兵救治天下的初衷吧。

　　先圣王之治天下也^①，必先公，公则天下平。^{平，和。}尝观于上志^②，^{上志，古记。}有得天下者众矣，其得之必以公，其失之必以偏^③。^{偏私不正。}凡主之立也生于公^④。故《洪范》曰^⑤："无偏无党^⑥，王道荡荡^⑦。"^{荡荡，平易^⑧。}阴阳之和，不长一类^⑨；甘露时雨^⑩，不私一物；万民之主，不阿一人^⑪。桓公行公去私恶^⑫，用管子而为五伯长^⑬；行私阿所爱^⑭，用竖刁而虫出于户^⑮。^{五子争立，无主丧，六十日乃殡^⑯，至使虫流出户也。}人之少也愚，其长也智，故智而用私，不若愚而用公。^{用私以败，用公则齐^⑰。}

【注释】

①先圣王之治天下也：本段节录自《孟春纪·贵公》。圣王，古指德才超群达于至境之帝王。

②观：观览。这里指阅读。上志：指古代的典籍。

③偏：偏颇，不公正。

④立：登位，即位。

⑤《洪范》:《尚书·周书》中的一篇,是箕子答周武王的记录。篇中提出治理国家的九种根本方法,称为"洪范九畴"。洪范,即根本大法。

⑥无:通"毋",不要。党:偏私。

⑦王道:儒家提出的一种以仁义治天下的政治主张。荡荡:宽广无边的样子。

⑧平易:平坦宽广。

⑨长:使……生长。

⑩甘露:甜美的露水。时雨:应时的雨水。

⑪阿(ē):偏私,袒护。

⑫桓公行公去私恶:指的是齐桓公不计较管仲当时的射杀,而任用他为相一事。桓公,即齐桓公,姜姓,吕氏,名小白,春秋五霸之首。

⑬管子:即管仲,名夷吾,字仲,颍上(今安徽颍上)人。齐桓公即位后,任命管仲为相,终成霸业。五伯长:春秋五霸之长。这里指齐桓公。伯,通"霸",称霸。

⑭行私:怀着私心行事。

⑮竖刁:"刁"一作"刀""貂"。春秋时齐桓公宠臣。虫出于户:齐桓公死后,诸子争立而无人主葬,以致尸体停在床上六十天,尸虫爬出门外。

⑯殡:死者入殓后停柩待葬。

⑰齐(jì):通"济",成功。

【译文】

从前圣王治理天下,必定把公正放在首位。能做到公正无私那就天下平和。平,是和睦的意思。试考察古代典籍记载,上志是古书上的记录。得到天下的人非常多,他们能获得天下必定是因为公正,而失去天下必定是因为偏颇。(偏)是偏私不公正。大凡立君的本意,也是出于公正无私。所以《洪范》说:"不偏私不结党,仁义治国的王道是那样广阔无边。"荡荡,是平坦宽广的样子。阴阳二气的和谐变化,不只让某一类生物滋养生长;甘甜的露水和应季的雨水,不会偏爱某一种生物;千万民众的国君,不会偏袒某一个人。齐桓公行事公正摒弃自己的私仇,任用管仲而成为春秋五霸之首;后来行事偏私,袒护自己所喜爱的人,任用竖刁以致死后不能安葬,尸虫流出大门。五个儿子争夺王位,没有人主持丧礼,六十天才施行殡礼,以至于让尸虫爬出门外。人年少的时候愚笨,到年长的时候聪明,所以聪明而行事偏私,不如愚笨而行事公正。行事偏私导致失败,行事公正就会成功。

　　天无私覆也①,地无私载也,日月无私烛也②,四时无私为也③,行其德而万物得遂长焉④。遂,成。庖人调和而不敢食⑤,故可以为庖。若使庖人调和而食之,则不可以为庖矣。伯王之君亦然,诛暴而不私,以封天下之贤者⑥,故可以为伯王。若使王伯之君诛暴而私之,则亦不可以为王伯矣。诛暴有所私枉⑦,则不可以为王伯。

【注释】

①天无私覆也:本段节录自《孟春纪·去私》。

②烛:照明。

③四时:四季。为:行为。这里指四季交替。

④遂长:生长,成长。

⑤庖人:官名,职掌供膳。这里指厨师。调和:烹调,调味。

⑥封:分封,帝王以爵位、土地、名号等赐人。

⑦枉:邪曲,不正直。

【译文】

上天没有偏私地覆盖,大地没有偏私地承载,太阳和月亮没有偏私地照明,四季没有偏私地交替,它实施恩德而万物才能够得以生长。遂,是成就的意思。厨师调和五味而不敢私自食用,所以能够成为厨师。倘若让厨师烹调的时候私自食用,那就不能成为厨师了。称霸称王的君主也是这样。他们诛灭暴君而不独自占有,用来分封给天下的贤人,所以能够成就霸王之业。倘若让称王称霸的君主诛灭暴君却把他的土地占为己有,那么就不能够成就王霸之业了。诛灭暴君而有所偏私邪曲,那么就不能成就王霸之业。

　　水泉深则鱼鳖归之①,树木盛则飞鸟归之,庶草茂则禽兽归之②,人主贤则豪桀归之。故圣王不务归之者而务其所归③。务人使归之,末也;务其所行可归,本也。强令之笑不乐④,强令之哭不悲,皆无其中心也⑤。强令之为道也,可以成小而不可以成大。大寒既至,民暖是利⑥;大热在上⑦,民清是走⑧。故民无常处⑨,见利之聚,无利之去。欲为天子,民之所走,不可不察⑩。

【注释】

①水泉深则鱼鳖归之:本段节录自《仲春纪·功名》。归,趋,归附。

②庶:众,多。

③务:从事,致力于。

④强(qiǎng):强迫,勉强。

⑤中心:衷心。

⑥利:以……为利。

⑦大热在上:炎热当头,指暑天。

⑧民清是走:百姓会奔向清凉的地方。清,指清凉之处。走,奔向,趋向。

⑨常处：指固定不变的处所。

⑩察：详审。

【译文】

水泉深广，那么鱼鳖就会游向那里；树木茂盛，那么飞鸟就会飞向那里；野草繁茂，那么禽兽就会奔向那里；君主贤明，那么豪杰就会归附他。所以圣明的君王不致力于使人归向他，而致力于创造人们愿意归向他的条件。致力于让人们归向他，是末梢枝节；致力于创造让他们归向的条件，才是根本。强迫人笑，人们不会快乐；强迫人哭，人们不会悲伤；都不是发自内心的行为。强迫人施行大道，可以做成小事而不可以做成大事。酷寒到了，民众就追求温暖；酷热当头，民众就奔向清凉。所以民众没有固定不变的处所，见到利益就会聚集，没有利益就会离开。想要成为天子，民众奔走的原因，不可以不去详察。

　　凡论人①，通则观其所礼②，通，达。贵则观其所进③，富则观其所养④，听则观其所行，养则养贤也，行则行仁也。近则观其所好，习则观其所言，好则好义也，言则言道也。穷则观其所不受⑤，贱则观其所不为⑥。喜之以验其守⑦，守，情守也。乐之以验其僻⑧，僻，邪。怒之以验其节⑨，节，性。惧之以验其特⑩，特，独也，虽独不恐也。哀之以验其仁，仁人见可哀者，则不忍之也。苦之以验其志⑪。八观六验，此贤主之所以论人也。论人必以六戚四隐。六戚，六亲也；四隐，相匿扬长蔽短也。何谓六戚？父、母、兄、弟、妻、子。何谓四隐？交友、故旧、邑里、门廊⑫。内则用六戚四隐，外则以八观六验，人之情伪、贪鄙羡美⑬，无所失矣。言尽知之。此先圣王之所以知人也。

【注释】

①凡论人：本段节录自《季春纪·论人》。论，评定。

②通：通达，显达。礼：礼遇，厚待。

③进：举荐，推荐。

④养：奉养，赡养。

⑤穷：走投无路，处境困窘，贫苦。

⑥贱：地位低下，卑贱。

⑦守：操守，节操。

⑧僻：邪僻，不正。

⑨节：性情，脾气。

⑩特：单独，单单。

⑪志：意志。

⑫交友：朋友。故旧：旧友。邑里：乡里，这里指乡里的人民。门廊：
　　原指屋门前的廊子。这里指邻居。

⑬情伪：真诚与虚伪。贪鄙：贪婪卑鄙。羡美：崇德好善。

【译文】

　　凡是要评定一个人，如果他通达，那就观察他所礼遇的都是什么人，通，是通达的意思。如果他显贵，那就观察他所举荐的都是什么人，如果他富裕，那就观察他所奉养的都是什么人，听到他说话，就观察他的行为，养，那就是奉养贤人；行，就是施行仁义。亲近他就观察他的喜好，熟悉他就观察他的言论，好，那就是喜好道义；言，那就是言说大道。如果他困窘，那就观察他所不接受的是什么；地位卑下，那就观察他所不去做的是什么。用他喜欢的事来检验他的操守，守，是情感的保守。让他快乐来检验他有没有邪僻，僻，是邪僻。让他愤怒来检验他的性情，节，是本性。让他恐惧来检验他面对孤独会如何，特，是单独的意思，即使孤独也不恐惧。让他悲伤来检验他的仁爱，仁人见到可怜哀伤的人，那就不忍心不管他。让他痛苦来检验他的意志。这八项观察六项检验，就是贤明的君主评定一个人的方法。评定一个人必须要凭借六戚四隐。六戚，是六种亲属关系；四隐，是四种互相发扬长处、遮蔽短处的亲近关系。什么是六戚？父亲、母亲、哥哥、弟弟、妻子、儿女。什么是四隐？朋友、旧友、同乡、邻居。评定一个人，在内就用六戚四隐，在外就用八观六验，这样一个人的真诚还是虚伪、贪婪还是好善，就不会有所隐藏了。这是说全都了解。这就是先代圣明君王用以识别人的方法。

先王之教^①，莫荣于孝，莫显于忠^②。忠孝，人君、人亲之所甚欲也^③；显荣，人臣、人子之所甚愿也^④。然而人君、人亲不得所欲，人臣、人子不得所愿，此生于不知理义^⑤。不知理义，在君父则不仁不慈，在臣子则不忠不孝。不知理义生于不学。生，犹出也。是故古之圣王，未有不尊师也。尊师则不论贵贱贫富矣。

【注释】

①先王之教：本段节录自《孟夏纪·劝学》。

②显：显贵，显赫。

③人亲：人之双亲，指父母。

④愿：乐意，想要。

⑤理义：社会道德规范，行事准则。

【译文】

先代君王的教化，没有比尽孝更荣耀的，没有比尽忠更显赫的。忠诚与孝道，是君主、父母非常想要的；显赫与荣耀，是臣子、子女非常愿意的。但是君主、父母得不到自己想要的，臣子、子女也不能如愿，这都是由于不懂理义。不懂理义，身为君主、父亲就是不仁、不慈，身为臣子、子女就是不忠、不孝。不懂理义是由于不学习。生，就是产生。因此古代的圣明君王，没有不尊敬师长的。尊敬师长那就不会考虑他的贵贱、贫富了。

　　神农师悉诸[1]，黄帝师大桡[2]，悉，姓；诸，名也。大桡，作甲子者也。帝颛顼师伯夷父[3]，帝喾师伯招[4]，帝尧师子州支父[5]，帝舜师许由[6]，禹师大成挚[7]，汤师小臣[8]，小臣，谓伊尹。文王、武王师吕望、周公旦[9]，齐桓公师管夷吾[10]，晋文公师咎犯、随会[11]，秦穆公师百里奚、公孙枝[12]，楚庄王师孙叔敖、沈尹筮[13]，沈县大夫。吴王阖闾师伍子胥、文之仪[14]，文，氏；仪，名。越王勾践师范蠡、大夫种[15]。此十圣六贤者，未有不尊师者也。今尊不至于帝，智不至于圣，而欲无尊师，奚由至哉[16]？至于道也。此五帝之所以绝[17]，三代之所以灭[18]。言五帝、三代之后，不复重道尊师，故以绝灭也。

【注释】

①神农师悉诸：本段节录自《孟夏纪·尊师》。神农，传说中的太古帝王名。始教民为耒耜，务农业，故称神农氏。又传他曾尝百草，发现药材，教人治病。也称炎帝，谓以火德王。悉诸，亦称悉老。传说为神农之师。

②黄帝：传说中中原各族的共同祖先。少典之子，姓公孙，居轩辕之丘，故号轩辕氏。又居姬水，因改姓姬。国于有熊，亦称有熊氏。以土德王，土色黄，故曰黄帝。大桡（náo）：传说为黄帝史官。始作甲子，以干支相配以纪日、纪年。

③颛顼（zhuān xū）：号高阳氏，远古传说中的帝王，"五帝"之一。伯夷父（fǔ）：又称伯夷，传说中颛顼之师。父，古代对男子的敬称、美称。

④喾（kù）：传说中的古代帝王名，即五帝之一的高辛氏。伯招：又

作"柏招",传说中帝喾之师。

⑤尧:中国古代的皇帝陶唐氏之号。名放勋,史称唐尧。子州支父:
传说为尧时隐士,唐尧之师。

⑥舜:姚姓,有虞氏,名重华,史称虞舜。相传因四岳推举,尧命他摄
政。他巡行四方,除去鲧、共工、驩兜和三苗等四凶。尧去世后舜
继位,又咨询四岳,挑选贤人治理民事,并选拔治水有功的禹为继
承人。许由:传说中的隐士,相传尧让以天下,不受,隐居在颍水
之阳的箕山之下。

⑦禹:传说中国夏代的第一个君主,姒姓,名文命,鲧之子,他曾经治
过洪水。大成挚:"挚"一作"贽",传说为禹的老师。

⑧汤:商朝的开国之君,又称成汤、成唐、武汤、武王、天乙等,是著名
贤君。小臣:指伊尹,名伊,一名挚,商汤时大臣。尹是官名。

⑨文王:周文王姬昌,武王之父。武王:周武王姬发,灭商纣,是周朝
开国君主。吕望:姜姓,吕氏,名尚或望,后世称姜子牙、太公望
等。周公旦:姬姓,名旦,周文王之子,武王之弟,因封地在周(今
陕西岐山北),故称周公。

⑩齐桓公:姜姓,吕氏,名小白,任用管仲为相,以"尊王攘夷"成为
春秋五霸之首。管夷吾:即管仲,名夷吾,字仲,颍上(今安徽颍
上)人。齐桓公即位后,被任命为相,尊称"仲父"。

⑪晋文公:姬姓,晋氏,名重耳,晋献公之子。流亡在外十九年,后由
秦穆公送回即位,后来成为春秋五霸之一。咎犯:即狐偃,字子
犯,春秋时晋国重臣。随会:即士会,字季,春秋时晋国人。因食
采于随,后更受范,又称随会、范会,亦称随季、范季,死后称随武
子、范武子。

⑫秦穆公:"穆"一作"缪",名任好。春秋五霸之一。百里奚:姓百
里,名奚,一作"百里傒"。秦大夫,后与蹇叔、由余等共佐穆公以
建霸业。公孙枝:字子桑,春秋时秦国岐州人。秦大夫。

⑬楚庄王：芈姓，熊氏，名旅，或作侣、吕，春秋五霸之一。孙叔敖：芋
　　氏，名敖，字孙叔，期思（今河南淮滨东南）人。楚庄王时任令尹，
　　使楚日渐富强。沈尹筮：又名沈筮、沈尹巫，亦名沈尹竺、沈尹茎，
　　简称沈尹，因封于虞丘，子爵，号称虞丘子。

⑭阖闾：即阖庐，名光，春秋末吴国国君。伍子胥：名员。春秋时期
　　吴国大夫。文之仪：文氏，名之仪。《墨子》作"文义"。

⑮勾践：本名鸠浅，会稽（今浙江绍兴）人，即位后在檇李大败吴师。
　　是春秋时期最后一位霸主。范蠡：字少伯，楚（今河南南阳）人。
　　春秋末政治家。大夫种：即文种，字少禽，一作"子禽"。春秋时
　　楚国郢（今湖北江陵北）人。

⑯奚：怎么，如何。

⑰五帝：传说中的上古五位帝王，有多种说法。一般指黄帝、颛顼、
　　帝喾、唐尧、虞舜。

⑱三代：指夏、商、周三个朝代。

【译文】

　　神农师从悉诸，黄帝师从大桡，悉，是姓氏；诸，是名字。大桡，是创造甲子
的人。古帝颛顼师从伯夷父，帝喾师从伯招，帝尧师从子州支父，帝舜师
从许由，禹师从大成挚，汤师从小臣伊尹，小臣，说的是伊尹。周文王、周武
王师从吕望、周公旦，齐桓公师从管夷吾，晋文公师从咎犯、随会，秦穆公
师从百里奚、公孙枝，楚庄王师从孙叔敖、沈尹筮，是沈县大夫。吴王阖闾
师从伍子胥、文之仪，文，是姓氏；仪，是名字。越王勾践师从范蠡、大夫种。
这十位圣人、六位贤人，没有不尊敬师长的。如今地位达不到帝王的尊
贵，智慧达不到圣贤的境界，却想要不尊敬师长，怎么能获得尊贵、达到
圣明的境地呢？到达大道。这就是五帝之所以断绝，夏、商、周三代之所
以灭亡的原因。这是说五帝、三代之后，君主不再重视道义、尊重师长，所以王道
也就不复存在了。

音乐之所由来远矣^①！天下太平，万民安宁，皆化其上^②，化，犹随也^③。乐乃可成。故唯得道之人其可与言乐乎！言，说。亡国戮民^④，非无乐也，其乐不乐。不和于雅^⑤，故不乐也。溺者非不笑也^⑥，溺人必笑，虽笑不欢。罪人非不歌也，当死者虽歌不乐也^⑦。狂者非不舞也^⑧，虽舞不能中节^⑨。乱世之乐，有似于此。君臣失位^⑩，父子失处^⑪，夫妇失宜^⑫，民人呻吟^⑬，其以为乐，若之何哉^⑭？以民人呻吟叹戚不可为乐也^⑮，故曰"若之何"也。

【注释】

①音乐之所由来远矣：本段节录自《仲夏纪·大乐》。音乐，古代音、乐有别。据《礼记·乐记》记载，人化之声叫做音；配合多种乐器，加上装饰舞蹈，使人快乐叫做乐。

②化：受感化，受感染。

③随：依从。

④戮民：指受压迫、残害的人。

⑤雅：即雅乐，古代帝王祭祀天地、祖先及朝贺、宴享时所用的舞乐。周代用为宗庙之乐的六舞，儒家认为其音乐中正和平，歌词典雅纯正，奉之为雅乐的典范。

⑥溺者非不笑也：《左传·哀公二十年》中有"溺人必笑"句，大概是当时的谚语。

⑦当死者：判处死罪的囚犯。

⑧狂者：躁动发狂的人。

⑨中节：合乎节奏。

⑩失位：没有处于自己应处的位次。这里指君臣所做的事，都不是其本位该做的事情。

⑪失处：失去各自的本分。这里指父不行其道，子也不行其道。处，相处之道。

⑫失宜：不得当。

⑬呻吟：因忧劳苦痛而嗟叹。

⑭若之何：怎么办。

⑮戚：忧虑，哀伤。

【译文】

音乐的由来很久远了！天下太平，万民安宁，一切都归化于正道，化，就是依从。音乐才可以制作完成。所以只有得道的人，大概才可以与他谈论音乐吧！言，是说的意思。被灭亡的国家、受压迫残害的民众，不是没有音乐，是他们的音乐不表达快乐。跟雅乐不和谐，所以不快乐。落水遭淹的人不是不笑，淹水的人必定会笑，即使笑也不快乐。将要被处死的人不是不唱歌，判处死刑的人即使唱歌也不快乐。躁动发狂的人不是不手舞足蹈，即使舞蹈也不能符合节拍。混乱时世的音乐，跟这些相似。君臣地位颠倒，父子本分沦丧，夫妇关系失当，民众痛苦嗟叹，在这样的情况下制作音乐，又会怎么样呢？用民众的痛苦嗟叹悲戚是不可以制作音乐的，所以说"会怎么样"。

乱世之乐①，为木革之声则若雷②，为金石之声则若霆③，为丝竹歌舞之声则若噪④。噪，叫。以此骇心气、动耳目、摇荡生则可矣⑤，生，性。以此为乐则不乐。不乐，不和。故乐愈侈而民愈郁、侈，淫也；郁，怨也。国愈乱、主愈卑⑥，则亦失乐之情矣。凡古圣王之所为贵乐者，为其乐也。夏桀、殷纣作为侈乐⑦，大鼓、钟、磬、管、箫之音，以巨为美，巨，大。俶诡殊瑰⑧，耳所未尝闻，目所未尝见，俶，始也。始作诡异瑰奇之乐，故耳未尝闻，目未尝见。务以相过，不用度量⑨。不用乐之法制。侈则侈矣，失乐之情。失乐之情，其乐不乐。非正乐也,故曰"不乐"。**乐不乐者,其民必怨,其生必伤**^⑩。怨,悲也。伤,病也。**此生乎不知乐之情而以侈为务故也**^⑪。

【注释】

①乱世之乐:本段节录自《仲夏纪·侈乐》。

②木革:八音之二。八音,我国古代对乐器的统称,通常为金、石、丝、竹、匏(páo)、土、革、木八种不同质材所制。木,指柷、敔一类乐器。革,指鼓等革类乐器。

③金:指钲、钟一类打击乐器。石:石磬。霆:迅雷,霹雳。

④丝:指弦乐器。竹:指箫笛一类竹制乐器。噪:叫,喧闹。

⑤骇:惊扰,让人心中惊慌。摇荡:撼动,摇动。生:"性"的本字,性情。

⑥侈:过多,放纵。郁:怨恨。

⑦夏桀:夏朝末代君王。名履癸,暴虐荒淫。汤起兵伐桀,败之于鸣条,流死于南巢。殷纣:即商纣,商朝末代君主,相传是暴君。侈乐:指声音洪大、乐调诡异的音乐。

⑧俶(chù):开始。殊瑰:奇伟瑰丽。

⑨度量:指雅乐的规格、标准。

⑩生:生命。

⑪务:紧要的事情。

【译文】

动乱时代的音乐,演奏木制、革制乐器的声音就像打雷,演奏金属制、石制乐器那就像霹雳,演奏丝竹乐器的声音、歌舞的声音就像喧哗吵闹。噪,是喊叫。用这些声音惊扰人的精神、震动人的耳目、撼动人的性情是可以的了,生,是性的本字。但如果把这些声音作为音乐,那就不能让人快乐。不乐,是不和谐。所以音乐越是奢侈放纵而民众就越郁郁不乐、侈,是过多;郁,是怨恨。国家就越混乱、君主越卑下,那么也就失去音乐本来的意义了。大凡古代圣明的君王之所以重视音乐,是因为它能让人快乐。夏桀、殷纣制作的声音宏大、音调诡异的音乐,调大鼓、钟、磬、管、箫的音量,把声音宏大当成美好,巨,是大。开始追求奇异瑰丽,人们的耳朵不曾听过,眼睛不曾见过,侈,是开始。开始制作诡异瑰丽的音乐,所以耳朵不曾听过,眼睛不曾见过。致力于互相超越,不采用雅乐的标准。不使用音乐的规矩方法。这些音乐放纵是放纵了,但却失去了音乐的真谛。失去了音乐的真谛,那样的音乐不能使人快乐。不是雅正的音乐,所以说"不能让人快乐"。音乐不能使人快乐,那些民众必然怨恨,生命必然受到伤害。怨,是悲伤。伤,是病害。产生这种后果是由于不懂得音乐的真谛,而把放纵当做紧要事情的缘故。

　　耳之情欲声①,心不乐,五音在前弗听②。目之情欲色,心弗乐,五色在前弗视③。鼻之情欲香,心弗乐,芬香在前弗臭④。口之情欲味,心弗乐,五味在前弗食⑤。欲之者,耳目鼻口也;乐之者,不乐者,心也。心必和平然后乐,心乐然后耳目鼻口有以欲之。故乐之务在于和心⑥,和心在于行适⑦。适,中适也。夫乐有适,心亦有适。人之情欲寿而恶夭⑧,欲安而恶危,欲荣而恶辱,欲逸而恶劳。四欲得,四恶除,则心适矣。四欲之得也,在于胜理⑨。胜理以治身,则生全矣,生全则寿长矣。胜理以治国,则法立矣,法立则天下服。服于理也。故适心之务在胜理。凡音乐,通乎政而风乎俗者也⑩,风,犹化也。俗定而乐化之矣。故有道之世,观其音而知其俗矣,观其俗而知其政矣,观其政而知其主矣。故先王必托于音乐以论其教⑪,论,明。故先王之制礼乐也⑫,非特以欢耳目、极口腹之欲也⑬,特,止也。将以教民平好恶、行理义也⑭。平,正也。行,犹通。

【注释】

①耳之情欲声：本段节录自《仲夏纪·和乐》。情，本性。

②五音：指我国古代五声音阶中的宫、商、角、徵、羽五个音级。这里泛指各种声音。

③五色：青、赤、白、黑、黄五种颜色。古代以此五者为正色。这里泛指各种颜色。

④芬香：芳香。臭（xiù）：闻，后作"嗅"。

⑤五味：指酸、甜、苦、辣、咸五种味道。这里泛指各种滋味。

⑥和：使……和谐。

⑦行适：行为适中、合适。

⑧寿：长寿。夭：短命。

⑨胜理：依循事物的规律。胜，任用，施行。

⑩风：教化，感化。

⑪论：分析判断说明事物的道理。

⑫故先王之制礼乐也：镰仓本、元和活字本为"故先王之制礼"，天明本为"故先王之制乐也"，今本《吕氏春秋》为"故先王之制礼乐"。译文按"礼乐"处理。

⑬极：穷尽，完全占有或享受。

⑭平：端正。行：通晓。理义：指社会道德规范，行事准则。

【译文】

　　耳朵的本能想听声音，要是心情不愉悦，各种声音在耳边也不听。眼睛的本能想看颜色，要是心情不愉悦，各种颜色放在眼前也不看。鼻子的本能想闻香味，要是心情不愉悦，芳香在面前也不闻。嘴巴的本能想要品尝味道，要是心情不愉悦，美味放在嘴边也不吃。有各种欲望的，是耳朵、眼睛、鼻子、嘴巴；决定愉悦、不愉悦的是心情。心境必须平和然后才能愉悦，心情愉悦了然后耳朵、眼睛、鼻子、嘴巴才会有欲望。所以愉悦的关键在于心境平和，心境平和的关键在于行为适中。适，是适中。

快乐有适中问题，心情也有适中问题。人的本性想要长寿而厌恶短命，想要平安而厌恶危险，想要荣耀而厌恶耻辱，想要安逸而厌恶辛劳。以上四种欲望得到满足，四种厌恶得以去除，那么心情就适中了。四种欲望的获得，在于遵循事物的情理。遵循事物的情理来修养自身，那么天性就保全了，天性保全那么就能长寿。遵循事物的情理来治理国家，那么法律就建立了，法律建立那么天下就会服从。人们服从的是符合情义的法度。所以让心情适中的关键就在于遵循事物情理。凡是音乐，与政治相通而教化风俗的，风，是教化。习俗的确定就是音乐教化的结果。所以在政治清明的时代，观察它的音乐就知道它的风俗了，观察它的风俗就知道它的政治了，观察它的政治就知道它的君主了。所以先代的君王必须依托音乐宣扬自己的教化。论，是阐明。所以先代君王制定礼乐的目的，不仅仅是让耳目欢愉，尽力满足口腹的欲望，特，是只，仅仅。而是教导民众端正好恶、通晓理义啊。平，是端正。行，是说通晓。

黄钟之月①，土事毋作②，慎毋发盖，以固天闭地③。十一月也。大吕之月④，数将几终⑤，十二月也。几，近也。终，尽也。岁且更起⑥，而农民毋有所使⑦。使，役。大蔟之月⑧，阳气始至，正月。草木繁动⑨，动，生。令农发土⑩，毋或失时。发土而耕。夹钟之月⑪，宽裕和平，行德去刑⑫，夹钟，二月。毋或作事⑬，以害群生⑭。事，兵戎事。姑洗之月⑮，达通道路，沟渎修利⑯。三月也。时雨将降，故修利沟渎。中吕之月⑰，毋聚大众，巡劝农事，四月也。大众，谓军旅兴功筑宜。草木方长，毋携民心⑱。民当务农，长育谷木；徭役聚则心携离，逆上命也。

【注释】

①黄钟之月：本段节录自《季夏纪·音律》。黄钟之月，即夏历十一

月。古代为了预测节气，将苇膜烧成灰，放在律管内，到了某一节气，相应律管内的灰就会自行飞出。古人律历相配，十二律与十二月相适应，谓之律应。黄钟律和冬至相应，时在十一月。黄钟，乐律十二律中的第一律。十二律分别为黄钟、大吕、大蔟、夹钟、姑洗、中吕、蕤宾、林钟、夷则、南吕、无射、应钟。阴阳各六，阳为律，阴为吕。六律即黄钟、大蔟、姑洗、蕤宾、夷则、无射；六吕即林钟、中吕、夹钟、大吕、应钟、南吕。

②土事：动土的事情，指建筑工程之类。

③固：禁锢，闭塞。

④大吕之月：即夏历十二月。

⑤几终：将近结束。

⑥更起：另外开始。

⑦使：役使，使唤。

⑧大蔟（tài cù）之月：即夏历正月。

⑨繁动：萌动生长。

⑩发土：破土耕作。

⑪夹钟之月：即夏历二月。

⑫行德：施行德政。

⑬事：战事。

⑭群生：指百姓。

⑮姑洗之月：即夏历三月。

⑯沟渎（dú）：沟渠。修利：谓因地势之利而修治。

⑰中吕之月：即夏历四月。

⑱携：离开，分离。

【译文】

　　乐律黄钟对应的十一月，动土的事情不要兴作，千万不要打开储藏的盖子，以便使天地闭塞禁锢。是十一月。乐律大吕对应的十二月，一年之数将近结束,是十二月。几,是接近。终,是尽头。新的一年即将重新开始,而农民不要去服劳役。使,是役使。乐律大蔟对应的正月,阳气开始生发,是正月。草木萌动生长,动,是生长。让农民破土春耕,不要错过农时。发土是破土耕作。乐律夹钟对应的二月,要宽裕和平,施行德政,除去刑罚,夹钟,是二月。不可兴师动众,来伤害百姓。事,是指战争之事。乐律姑洗对应的三月,要使道路通畅,凭借地势修好沟渠。是三月。应季的雨水将要落下,所以要凭借地势修好沟渠。乐律中吕对应的四月,不要征集广大民众,要巡视勉励农业生产活动,是四月。征集大众,指的是为了军旅及土木工程建设等。草木正在生长,不要离散民心。百姓应当致力于农业,培育谷物,如果徭役太多,百姓便会心志离散,违逆君主的命令。

蕤宾之月^①,阳气在上,安壮养孩^②,五月也。壮,盛也。孩,少。**本朝不静^③,草木早槁^④**。静,安也。朝政不宁,故草木变动堕落,早枯槁也。**林钟之月^⑤,草木盛满,阴气将刑^⑥**,六月也。立秋则行戮,故曰阴气将始杀也。**毋发大事,以将阳气^⑦**。发,起也。将,犹养。**夷则之月^⑧,修法饰刑^⑨,选士厉兵^⑩**,七月也。饰,正也。**诘诛不义^⑪,以怀远方^⑫**。怀,柔。**南吕之月^⑬**,八月。**趣农收聚^⑭,毋敢懈怠。无射之月^⑮,疾断有罪,当法勿赦^⑯**。九月也。有罪,当断杀勿赦。**应钟之月^⑰,阴阳不通^⑱,闭而为冬**。十月也。阳伏在下,阴闭于上,故不通。**修辨丧纪^⑲,审民所终^⑳**。审,慎也。终,卒也。修别丧服,亲疏轻重,服制之纪也。

【注释】

①蕤宾之月:本段节录自《季夏纪·音律》。蕤宾之月,即夏历五月。

②安:养,奉养。

③本朝:朝廷。古以朝廷为国之本,故称。不静:同"不靖",指作乱

之事。

④槁（gǎo）：草木干枯。

⑤林钟之月：即夏历六月。

⑥阴气：寒气，肃杀之气。刑：行刑，杀戮。

⑦将：养。

⑧夷则之月：即夏历七月。

⑨修法：修明法度。饬刑：整饬刑罚。一说修缮监狱、刑具。饬，通
　　"饬"，整治。

⑩厉：磨砺。

⑪诘（jié）诛：问罪并惩罚。

⑫怀：安抚，怀柔。

⑬南吕之月：即夏历八月。

⑭趣（cù）：通"促"，催促，督促。

⑮无射（yì）之月：即夏历九月。

⑯当法：依法判决、判罪。

⑰应钟之月：即夏历十月。

⑱阴阳不通：古人认为孟冬之月，天气上腾，地气下降，天地不通，所
　　以说阴阳不通。

⑲丧纪：丧事的法度。

⑳审：审慎。

【译文】

　　乐律蕤宾对应的五月，阳气在上，应安抚壮年、养育少年，是五月。
壮，是强盛。孩，是年少。朝政混乱，草木会早日干枯。静，是平安。朝政不安
宁，所以草木变化零落，干枯得早。乐律林钟对应的六月，草木茂盛，肃杀寒
冷的阴气将要刑杀万物。是六月。立秋要开始施行杀戮，所以说阴气将要刑杀
万物。不要举行大事，以保养阳气。发，是发起。将，是养的意思。乐律夷则
对应的七月，应修明法度、整饬刑罚，选拔士卒、磨砺兵器，是七月。饬，是

整饬端正。问罪并惩罚不义之人，以安抚远方的部族。怀，是怀柔安抚。乐律南吕对应的八月，是八月。督促农民聚集收获，不可懈怠。乐律无射对应的九月，要迅速判决罪犯，依法判决绝不赦免。是九月。有罪的人，应惩处的不要赦免。乐律应钟对应的十月，阴阳二气不通，天地闭塞而进入冬季。是十月。阳气潜伏在下，阴气闭塞在上，所以不通达。修治辨别丧事的法度，审慎处理百姓用以送终的一切事宜。审，是审慎。终，是死亡。修治辨别丧服，根据亲疏贵贱等级决定服制的规格。

　　周文王立国八年①，寝疾五日②，而地动东西南北③，不出周郊④。百吏皆请曰⑤："臣闻地之动也，为人主也。今王寝疾，'请移之⑥。'"文王曰："若何其移之也？"对曰："兴事动众以增国城⑦，其可以移之乎！"文王曰："天之见妖⑧，以罚有罪也。我必有罪，故天以此罚我也。今兴事动众以增国城，是重吾罪也⑨，不可。重，犹益也。移咎征于他人⑩，是益吾咎。昌也请改行重善以移之，其可以免乎！"于是谨其礼秩皮革以交诸侯⑪，饰其辞令币帛以礼豪士⑫。无几何，疾乃止⑬。止，除。立国五十一年而终。

【注释】

①周文王立国八年：本段节录自《季夏纪·制乐》。

②寝疾：卧病。

③地动：指地震。

④周郊：古地区名。指周朝京师洛邑（今河南洛阳）之郊。

⑤百吏：指公卿以下众官。

⑥移：转移，移除。

⑦兴事：指兴建土木之事。动众：劳动众人。国城：指国都的城郭。

⑧见：今作"现"，显现。妖：古时称一切反常的东西或现象。

⑨重：加重。

⑩咎征：过失的报应，灾祸应验。

⑪谨：谨慎地从事。礼秩：指礼仪等第和爵禄品级。皮革：带毛的兽皮和去毛的兽皮。

⑫辞令：应酬对答的话。币帛：缯帛。币帛和皮革都是古代用于祭祀、进贡、馈赠的礼物。豪士：豪放任侠之士。

⑬止：中止，除去。这里指病愈。

【译文】

周文王即位第八年，卧病五天，而大地震动东西南北，没有超出周国国都百里的郊区。公卿以下众官吏都请求说："我们听说大地震动，是君主的缘故。如今君王您卧病，（群臣都恐惧，说：）'请转移灾祸。'"文王说："要怎么样转移呢？"臣子回答说："劳动民众兴建土木，增扩国都的城郭，大概可以转移了吧！"文王说："上天显现这异常现象，是要惩罚有罪的人。我一定有罪，所以上天借此惩罚我。如今劳动民众兴建土木增扩国都的城郭，这是加重我的罪过，不行。重，等于说增益。把灾祸的应验转移给别人，是增加我的过失。我愿意改变过去的行为，增加善行来转移灾祸，大概可以免除吧！"于是谨慎地对待礼仪、爵禄品级以及皮革礼品来结交诸侯，整饬辞令以及缯帛礼物来礼贤下士。没过多久，文王的病就好了。止，是除去。即位五十一年而死。

宋景公之时①，荧惑在心②。公惧，召子韦而问之③，曰："荧惑在心，何也？"子韦，宋之太史④。子韦曰："荧惑者，天罚也；心者，宋分野也⑤。祸当君⑥。虽然，可移于宰相。"公曰："宰相所与治国家也，而移死焉，不祥。"曰："可移于民。"公曰："民死，寡人将谁为君乎？"曰："可移于岁。"公

曰："岁饥，民必饿死。为人君而杀其民以自活，其谁以我为
君乎？是寡人之命固尽已⑦，子无复言矣。"子韦再拜曰⑧：
"臣敢贺君⑨，天之处高而听卑⑩。君有至德之言三⑪，天必
三赏君命，今昔荧惑必徙三舍⑫，君延年二十一岁。"是昔
也，荧惑果徙三舍。

【注释】

①宋景公之时：本段节录自《季夏纪·制乐》。宋景公，名栾，一名
　　头曼（wàn）、兜栾，元公子。春秋时宋国国君。

②荧惑：指火星。因隐现不定，令人迷惑，故名。心：心宿，二十八宿
　　之一，苍龙七宿的第五宿，有星三颗。其主星亦称商星、鹑火、大
　　火、大辰。

③子韦：宋国天文学家，擅长占星。

④太史：官名。西周、春秋时太史掌记载史事、编写史书、起草文书，
　　兼管国家典籍和天文历法等。

⑤分（fèn）野：与星次相对应的地域。古以十二星次的位置划分地
　　面上州、国的位置与之相对应。就天文说，称作分星；就地面说，
　　称作分野。如心宿跟宋国相对应，就天文说，心宿是宋国的分星，
　　就地上说，宋国是心宿的分野，古人常以天上的变异来比附周国
　　的吉凶，"荧惑在心"被认为是天降罚给宋国。

⑥当：对应。

⑦已：语气词，用于句尾表示确定。

⑧再拜：拜了又拜，表示恭敬。古代的一种礼节。

⑨敢：谦辞，表示冒昧请求的意思。

⑩听卑：体察底下世间的情况。

⑪至德：最高的道德，盛德。

⑫徙：这里是后退的意思。舍：星宿运行所到之处。

【译文】

宋景公在位的时候，火星出现在心宿的位置。景公惧怕，召见子韦，问他道："火星出现在心宿，是什么征兆呢？"子韦，是宋国的太史。子韦说："火星代表上天的惩罚，心宿，是宋国的分野。灾祸当降临在君主您的身上。虽然如此，灾祸可以转移给宰相。"景公说："宰相是跟我一起治理国家的人，却要把死亡转移给他，不吉祥。"子韦说："可以转移给民众。"景公说："民众死了，我给谁当君主呢？"子韦说："可以转移给农业收成。"景公说："收成不好造成饥荒，民众必定饿死。作为君主却杀死自己的百姓来让自己活下去，那还有谁把我当做君主呢？这是说我的寿命本来已经到头，你别再说了。"子韦两次下拜说："我冒昧地祝贺您，上天居于高处却体察世间的情况。您有最符合盛德的三句话，上天必定会三次赏赐给您寿命，今天晚上火星必定会后退三舍，您可以延长寿命二十一年。"这天晚上，火星果然后退了三舍。

兵之所自来者上矣①。自，从也。上，久也。家无怒笞②，则竖子婴儿之有过也立见③；国无刑罚，则百姓之相侵也立见；天下无诛伐，则诸侯之相暴也立见④。故怒笞不可偃于家⑤，刑罚不可偃于国，诛伐不可偃于天下，有巧有拙而已矣。巧者以治，拙者以乱。故古之圣王，有义兵而无偃兵⑥。夫有以食死者，欲禁天下之食，悖矣⑦；有以乘舟死者，欲禁天下之船，悖矣；有以用兵丧其国者，欲偃天下之兵，悖矣。兵之不可偃也，譬之若水火然，水以疗渴，火以熟食⑧，不可乏也；兵以除乱，亦不可偃。善用之则为福，不能用之则为祸。能者养之取福，不能者败之以取祸也。善用药者亦然，得良药则活人，得恶药则杀人⑨。义兵之为天下良药也亦大矣。义兵除天下之凶残，解百姓之倒悬^⑩，故方之于良药。故兵诚义以诛暴君而振苦民^⑪，民之悦之也，若孝子之见慈亲也，若饥者之见美食也。民之号呼而走之^⑫，走，归。若强弩之射于深溪也。

【注释】

①兵之所自来者上矣：本段节录自《孟秋纪·荡兵》。兵，战争，军事。上，久远。

②怒：斥责。笞（chī）：用竹板、鞭杖抽打。

③竖子：童仆。婴儿：泛指幼童。

④暴：欺凌，凌辱。

⑤偃（yǎn）：停止，停息。

⑥偃兵：休兵，停战。

⑦悖：荒谬。

⑧熟食：烧熟食物。

⑨恶药：不对症的药，有碍病情的药。

⑩倒悬：指把人倒挂起来，用来比喻处境极其困苦或危急。

⑪振：通"赈"，救济。

⑫号呼：大声叫唤。走：奔向，趋向。

【译文】

战争的由来是久远的了。自，是自从。上，是久远。家里如果没有家长的愤怒鞭笞，那么童仆小孩犯错的事就会立刻出现；国家如果没有刑罚，那么百姓互相侵夺的事就会立刻出现；天下如果没有征伐，那么诸侯互相侵犯的事就会立刻出现。所以家中的愤怒鞭笞不可以停止，国中的刑罚不可以停止，天下的征伐不可以停止，只不过在使用上有的高明、有的笨拙罢了。高明的战争可以让国家太平，笨拙的战争会导致国家混乱。所以古代圣明的君王，有为正义而战的战争，而没有休兵不战的战争。有因为吃东西而噎死的，因此要禁止天下的一切食物，那就荒谬了；有因为乘船而淹死的，因此要禁止天下的一切船只，那就荒谬了；有因为用兵而亡国的，因此要停止天下的一切战争，那就荒谬了。战争的不可停止，譬如水火一样，水可以治疗渴，火可以烧熟食物，因此不可以缺少；战争用来消除混乱，所以也不可以停止。运用得当那就可以造福于人，用得不得当那就会给人们带来灾祸。有能力的运用战争而取得福气，没有能力的废弃战争而导致灾祸。善于用药的人也是这样，用良药就能救人的命，用毒药就会把人杀死。正义的战争作为治理天下的良药，作用也很大了。正义的战争除去天下的凶残之人，解救百姓于困苦之中，所以把它比喻成良药。所以战争确实符合正义，用来诛杀暴君而赈济痛苦的民众，那么民众对它的喜悦，就像孝顺的子女见到慈爱的父母一样，就像饥饿的人见到美食一样。民众大声呼喊着奔向正义的军队，走，是归往。就像强劲的弩箭射向深谷一样迅捷。

义兵至①，邻国之民归之若流水，诛国之民望之若父母②。行地滋远③，得民滋众，兵不接刃④，而民服若化。若，顺。

【注释】

①义兵至：本段节录自《孟秋纪·怀宠》。

②诛国：被讨伐的国家。

③滋：副词。表示程度，相当于"愈益""更加"。

④接刃：兵刃相接触，谓交战。

【译文】

正义的军队到来，邻国的民众像流水一样奔向它，被讨伐国家的民众盼望它就像盼望父母一样。行进的地方越远，获得的民众就越多，士兵还没有交战，而民众就迅速归服了。若，是顺从。

义也者①，万事之纪也②，君臣上下亲疏之所由起也③，治乱安危之所在也。勿求于他，必反人情④。人情欲生而恶死，欲荣而恶辱。死生荣辱之道壹⑤，则三军之士可使一心矣⑥。

【注释】

①义也者：本段节录自《仲秋纪·论威》。义，指符合正义或道德规范。

②纪：纲纪，法度。

③亲疏：指关系或感情上距离的远近。

④人情：人之通常的心情事理。指世间约定俗成的事理标准。

⑤道：道理。壹：同"一"，统一。

⑥三军：对军队的通称。

【译文】

正义，是万事的纲纪准则，君臣上下关系的亲疏就是从这里开始，是国家太平与动乱、安全与危险的关键。义不要向他人寻求，这样做必定违背人情。人的本性一般都是想要生存而厌恶死亡，想要荣耀而厌恶耻辱。死亡生存、荣耀耻辱的原则统一于义，那么就可以使三军将士的思想一致了。

衣人以其寒①，食人以其饥。饥寒，人之大害也。救之，大义也。人之困穷多如饥寒，故贤主必怜人之困也②，必哀人之穷也。如此，则名号显矣，国土得矣③。得国土也。人主其胡可以无务行德爱人乎④？行德爱人，则民亲其上；民亲其上，则皆乐为其君死矣。

【注释】

①衣人以其寒：本段节录自《仲秋纪·爱士（一作慎穷）》。

②困：困窘，窘迫。

③国土:今本《吕氏春秋》作"国士"。译文仍按《群书治要》原文
　处理。

④行德:实行德政。

【译文】

　　给人衣服穿是因为他寒冷,给人食物吃是因为他饥饿。挨饿受冻,是人的大灾。救他,是正义的行为。人的艰难窘迫大多像挨饿受冻这样,所以贤明的君主必然怜悯陷入困境的人,必然同情走投无路的人。做到这一步,那么君主的名声就显赫了,国土就得到了。获得国土。君主怎么可以不致力于施行德政、爱护百姓呢? 施行德政、爱护百姓,那么百姓就爱戴他们的君主;百姓如果爱戴他们的君主,那就都乐意为他去死了。

　　赵简子有两白骡而甚爱之^①。阳城胥渠_{阳城,姓;胥渠,名也。}广门之宦^②,_{广门,邑名也。宦,小臣也。}夜款门而谒曰^③:_{款,叩也。}"主君之臣胥渠有疾^④,医教之曰:'得白骡之肝病则止,不得则死。'"谒者通^⑤。简子曰:"夫杀畜以活人,不亦仁乎?"于是召庖人杀白骡^⑥,取肝以与之。无几何,赵兴兵而攻翟^⑦,广门之宦左七百人,右七百人,皆先登而获甲首^⑧。_{获衣甲者之首也。}人主其胡可以不好士也?

【注释】

①赵简子有两白骡而甚爱之:本段节录自《仲秋纪·爱士(一作慎
　穷)》。赵简子,即赵鞅,又称赵孟。春秋末年晋卿。

②阳城胥渠:赵简子的家臣,复姓阳城,名胥渠。广门之宦:主管赵
　简子封邑广门的官员。宦,官,官职。

③款门:敲门。谒:请求进见。

④主君：对卿大夫的称呼。

⑤谒者：始置于春秋、战国时，掌宾赞受事，即为天子传达。通：通报。

⑥庖人：官名，职掌供膳。

⑦翟（dí）：通"狄"，我国古代北部的一个民族。

⑧甲首：甲士的首级。

【译文】

赵简子有两匹白骡，特别喜爱它们。阳城胥渠阳城，是姓氏；胥渠，是名字。是广门邑的小吏，一天夜里敲门请求进见说："主君的臣子我胥渠病了，广门，是邑名。宦，是小臣。款，是叩。医生告诉我说：'得到白骡的肝脏，病就能痊愈，得不到的话就会死。'"负责通报的人进去通报给赵简子。简子说："杀死牲畜来救活人，不也是仁爱吗？"于是召见厨师杀死白骡，取出肝脏来给阳城胥渠。没过多久，赵简子起兵进攻狄人，广门邑的小吏左队七百人，右队七百人，都争先冲进敌阵，并斩获敌人的首级。获得穿戴盔甲士兵的首级。君主怎么可以不喜好贤士呢？

孝子之重其亲①，慈亲之爱其子也，痛于肌骨②，性也。所重所爱，死而弃之沟壑，人之情不忍为，故有葬死之义。葬者，藏也，慈亲孝子之所慎也③。慎，重。慎之者，以生人之心虑也。虑，计。以生人之心为死者虑④，莫如无动⑤，莫如无发⑥。无发无动，莫如无有可利。无有可利，此之谓重闭⑦。人不发掘，不见动摇，谓之重闭。葬，不可不藏也，葬浅则狐狸掘之⑧，深则及于水泉⑨。故凡葬必于高陵之上⑩，以避狐狸之患，水泉之湿。此则善矣，而忘奸邪盗贼寇乱之难⑪，岂不惑哉？厚葬，人利之，必有此难，故谓之惑也。慈亲孝子备之者，得葬之情矣。

【注释】

①孝子之重其亲：本段节录自《孟冬纪·节丧》。

②痛于肌骨：疼痛深入肌肉骨髓，这里形容父母爱子情重之深。肌骨，犹胸臆，常指内心深处。

③慎：谨慎，慎重。

④生人：活人。

⑤动：惊动，扰动。

⑥发：发掘。

⑦重闭：特指墓葬节俭不被发掘。重在葬而得安，故称。

⑧狐狸：兽名。狐与狸本为两种动物，后合指狐。

⑨水泉：特指地下水。

⑩高陵：高丘，山丘。

⑪寇乱：外患与内乱。

【译文】

　　孝子尊重自己的父母，慈爱的父母疼爱自己的子女，尊重疼爱之情深入肌骨，这是天性。所尊重的、所疼爱的人，死后却把他丢弃到山沟，是人之常情所不忍心做的，所以便有了给死者安葬的道义。葬，就是藏，是慈亲孝子要慎重对待的事。慎，是慎重。慎重处理这些，是用活人的心思来考虑。虑，是合计。用活人的心思为死人考虑，没有比不使死者受到扰动更重要了，没有比不让坟墓被发掘更重要的了。不发掘不扰动，没有比让坟墓无利可图更重要了。无利可图，这就叫做重闭。别人不发掘，坟墓不被动摇，叫做重闭。埋葬死者不可以不使其隐藏，埋葬浅了那么狐狸就会扒掘，深了就会与地下泉水相接。所以凡是埋葬必须在高丘之上，来躲避狐狸的危害和地下水的浸渍。这就算是完善了，而忘掉了恶人、盗贼、匪乱的祸害，难道不是糊涂吗？厚葬，对他人有利，必定会有盗掘的祸难，所以叫做糊涂。慈亲孝子埋葬死者能够把这些因素都考虑到了，就获得埋葬的本义了。

今世俗大乱^①，人主愈侈，非葬之心也，非为死者虑也，生者以相矜也^②。侈靡者以为荣^③，俭节者以为辱，不以便死为故^④，故，事。而徒以生者之诽誉为务^⑤，此非慈亲孝子之心也。父虽死，孝子之重之不怠^⑥；重，尊也。怠，懈也。子虽死，慈亲之爱之不懈。夫葬所爱重，而以生者之所甚欲，其以安之，若之何哉？ 厚葬必发掘，故曰"其以安之也，若之何"，言不安。

【注释】

①今世俗大乱：本段节录自《孟冬纪·节丧》。

②相矜：互相夸耀。

③侈靡：奢侈浪费。

④便：利。故：意外的事情，泛指事情。

⑤诽誉：毁谤和赞誉。

⑥怠：懈怠。

【译文】

如今社会风气大乱，君主安葬越来越奢侈，他们不是为死者考虑，而是活着的人以此来互相夸耀。奢侈浪费的人认为是荣耀，节俭的人认为是耻辱，不把有利于死者当做一回事，故，是事情。而只把活人的诽谤赞誉当成重要的事，这不是慈亲孝子的心理。父亲即使死去，孝子的尊重不懈怠；重，是尊重。怠，是懈怠。子女即使死去，慈亲的疼爱不懈怠。安葬所疼爱、所尊重的人，却用活人最想要的东西陪葬，用这些来让死者安宁，其结果会怎么样呢？ 厚葬必然遭到发掘，所以说"用这些来让死者安宁，其结果会怎么样"，是说这样不能让死者安息。

世之为丘垄也^①，其高大若山，其树之若林，其设阙庭为宫室若都邑^②，以此观世示富^③，则可矣；以此为死者，则不可。夫死者，其视万岁犹一瞚也^④。人之寿，久不过百，中寿不过六十。以百与六十为无穷者虑，其情必不相当矣^⑤。以无穷为死者虑，则得之矣。

【注释】

①世之为丘垄也：本段节录自《孟冬纪·安死》。丘垄，坟墓。

②阙：古代神庙、坟墓前砌立的石雕。这里指墓阙。庭：堂阶前的空地。都邑：城市。

③观世：指向世人显示。

④瞚（shùn）：同"瞬"，目动，眨眼。这里指时间过得很快，瞬间。

⑤相当：适合，合宜。

【译文】

世人建造坟墓，高大如山，上面栽种的树木茂密如林，修建的墓阙庭院、宫殿房屋就像都邑一样，若是用这些来向世人显示富裕，那是可以的；而用这些来安葬死者，却是不行的。对于死者来说，他看一万年就像一瞬间。人的寿命，长的不过一百岁，一般的不过六十岁。用一百年或六十年来为拥有无限期限的死者考虑，那实际情况必定是不合适了；用无限久远的需要为死者考虑，那么就掌握埋葬的本义了。

今有人于此^①，为石铭置之垄上曰："此其中珠玉玩好、财物宝器甚多^②，不可不掘，掘之必大富。"人必相与笑之，以为大惑^③。惑，悖^④。世之厚葬也，有似于此。

【注释】

①今有人于此：本段节录自《孟冬纪·安死》。

②玩好：供玩赏的奇珍异宝。

③大惑：十分迷惑，极糊涂。

④悖：昏乱，惑乱。

【译文】

如今如果有人在此，制作一块刻字的石碑立在坟墓上说："这里面珍珠宝玉、供玩赏的奇珍异宝、财物宝贝很多，不可以不发掘，发掘了一定大富。"人们一定一起嘲笑他，认为他太糊涂。惑，是昏乱。世上的厚葬，与此相似。

　　自古及今^①，未有不亡之国也。无不亡之国者，是无不掘之墓也。以耳目所闻见，齐、荆、燕尝亡矣^②，宋、中山已亡矣^③，赵、魏、韩皆失其故国矣^④。自此以上者^⑤，亡国不可胜数。上，犹前也。是故古大墓无不掘者也，而世皆争为之，岂不悲哉？

【注释】

①自古及今：本段节录自《孟冬纪·安死》。

②齐、荆、燕尝亡矣：齐曾亡于燕乐毅，燕曾亡于齐宣王，荆曾亡于吴。

③宋、中山已亡矣：赵灭中山，齐灭宋。

④赵、魏、韩皆失其故国矣：至于韩亡于秦始皇十七年（前230），赵亡于秦始皇十九年（前228），魏亡于秦始皇二十二年（前225），皆在本书之后，毕沅据《续志》校谓"赵韩魏皆失其故国矣"，较合史实。

⑤上：犹"前"，时间或次序在前。

【译文】

从古到今，没有不灭亡的国家。没有不灭亡的国家，也就是没有不被发掘的坟墓。就拿人们耳闻目睹的来说，齐国、楚国、燕国都曾经灭亡过，宋国、中山国已经灭亡了，赵国、魏国、韩国都失去他们的故国了。从此再往前，灭亡的国家数都数不过来。上，等于说前。因此古代的大墓没有不被挖掘的，而如今世人却都争着建造大墓，难道不可悲吗？

尧葬于穀林①，通树之②；通林以为树也。舜葬于纪市③，不变其肆④；市肆如故，言不烦民。禹葬于会稽⑤，不变人徒⑥。变，动也。言无所兴造，不扰民也。是故先王以俭节葬死也⑦，非爱其费⑧，非恶其劳，以为死者也。为，犹便也。先王之所恶，唯死者之辱也。发则必辱，俭则不发，故先王之葬必俭也。谓爱人者众，知爱人者寡。谓凡爱死人者众，多厚葬之也，知所以爱之者寡，能俭葬者少也。故宋未亡而东冢掘⑨，文公冢也⑩。齐未亡而庄公冢掘⑪。以葬厚，冢见发。国安宁而犹若此，又况百世之后而国已亡乎？故孝子忠臣，亲父佼友⑫，不可不察也。夫爱之而反害之，安之而反危之，其此之谓乎？

【注释】

①尧葬于穀林：本段节录自《孟冬纪·安死》。穀林，亦作"穀陵"。在今山东菏泽东北。

②通树：指尧帝的墓地全部是树。通，全部，普遍。树，种上树木。

③纪市：地名。传说舜帝葬于江南九嶷（在今湖南宁远南），疑纪市即在九嶷山下。

④肆：集市上的作坊、店铺。

⑤会稽：山名，即今浙江绍兴东南的秦望山。相传夏禹大会诸侯于此计功，故名。

⑥变：动。这里是烦扰的意思。人徒：庶民，民众。

⑦俭节：节约，节省。

⑧爱：吝惜。

⑨东冢：宋文公墓，在城东。冢，隆起的坟墓。

⑩宋文公：名鲍革，昭公弟，春秋时宋国国君。

⑪庄公：即齐庄公，名购。春秋时齐国国君。

⑫佼：通"姣"，美好。

【译文】

　　唐尧葬在穀林，坟墓上全都种上树；遍地树林作为墓地。虞舜葬在纪市，集市上的店铺、作坊没有任何变动；市场店铺跟以前一样，这是说不扰民。夏禹葬在会稽，没有扰动百姓。变，是变动。这是说没有兴建土木、建造坟墓，所以没有烦扰百姓。因此先代的圣王是用节俭来安葬死者，不是吝惜安葬的费用，不是厌烦安葬的劳苦，是完全为死者考虑。为，是说便利。先代圣王所厌恶的，只是死者受辱。如果坟墓被挖掘，死者必定受辱，如果节俭，坟墓就不会被盗掘，所以先代圣王安葬死者，一定要做到节俭。说爱人的人很多，真正懂得爱人的人却很少。是说一般爱死者的人很多，多数会厚葬，真正懂得爱人的很少，所以能节俭安葬的人少。所以宋国还没有灭亡而宋文公的墓冢就被挖掘，是宋文公的墓冢。齐国还没有灭亡而齐庄公的墓冢就被挖掘。因为厚葬，所以墓冢被挖掘。国家安宁的时候尚且如此，又何况百世之后国家已经灭亡了呢？所以孝子、忠臣、慈父、挚友，不可以不明察。所谓爱他反而害了他，想让他安息反而让他陷入危险之中，大概说的就是厚葬这一类事吧？

　　至忠逆于耳①，倒于心②，倒，亦逆也。非贤主其孰能听之？听，受。故贤主之所说③，不肖主之所诛也④。贤主悦忠言，不肖主反之。今有树于此，而欲其美也，人时灌之⑤，则恶之，恶其灌之者也。而日伐其根，则必无活树矣。夫恶闻忠言，自伐之精者也^⑥。精，犹甚，甚于自伐其根也。

【注释】

①至忠逆于耳：本段节录自《仲冬纪·至忠》。至忠，指忠言。至，极点，到极点。

②倒：逆，违逆。

③说：同"悦"，高兴，喜悦。

④不肖：不贤。诛：惩罚。

⑤时：按时。

⑥精：这里是尤甚的意思。

【译文】

至忠之言不顺耳，逆人心，倒，也是违逆。如果不是贤明的君主，谁能听进去？听，是接受。所以贤明君主所喜欢的，正是不肖的君主所诛杀的。贤明君主喜欢忠言，昏庸的君主恰恰相反。如今有棵树在这里，想要让它枝繁叶茂，人们按时浇灌，树却厌恶了，是厌恶浇灌树木的人。而天天任人砍伐树根，那么这棵树必定活不了。厌恶听到忠言，正是自我毁伤中最严重的行为。精，是说甚，比自己砍伐树根还要严重。

贤主必自知士^①，故士尽力竭智，直言交争^②，而不辞其患，士为知己者死^③，故尽力竭智，何患之辞也？豫让、公孙弘是已^④。当是时也，智伯、孟尝君知之矣^⑤。智伯知豫让，故为之报仇；孟尝君知公孙弘，故为之不受折于秦也。世之人主，得地百里则喜，四境皆贺，得士则不喜，不知相贺，不通乎轻重也^⑥。汤、武，千乘也^⑦，而士皆归之；桀、纣，天子也，而士皆去之。孔、墨，布衣之士也^⑧，万乘之主、千乘之君不能与之争士也。士不归之而归孔、墨，故曰"不能与之争士"。自此观

之,尊贵富大,不足以来士矣^⑨,来,犹致也。必自知之然后
可。可者,可至。

【注释】

①贤主必自知士:本段节录自《季冬纪·不侵》。知士,即赏识、任
　　用贤能之士。知,知遇。

②交争:交相谏诤。争,通"诤",进谏,直言劝告。

③士为知己者死:士人甘愿为赏识自己、栽培自己的人献身。

④豫让:春秋战国间晋卿智瑶家臣,后赵、韩、魏共灭智氏。公孙弘:
　　战国时齐国孟尝君门客。

⑤智伯:即荀瑶,春秋末晋国正卿。孟尝君:即田文,战国时齐国大臣。

⑥不通:不明白,不了解。

⑦千乘:拥有一千辆兵车。战国时期诸侯国,小者称千乘,大者称万乘。

⑧布衣:借指平民。

⑨来:招致,招之使来。

【译文】

　　贤明的君主一定要亲自了解士人,所以士人竭尽心力,直言相谏,而
不避其祸,士人甘愿为赏识自己、栽培自己的人献身,所以能竭尽心力,哪里会躲
避祸患呢? 豫让、公孙弘就是这样的贤士。在当时,智伯、孟尝君可以称
得上是了解他们了。智伯知遇豫让,所以豫让为他报仇;孟尝君知遇公孙弘,所
以公孙弘让他不受辱于秦。世上的君主,得到百里土地就满心欢喜,四境之
内都来祝贺,得到贤士而无动于衷,四境之内不知道庆贺,这是不知道轻
重啊。商汤、周武王,起初只是拥有一千辆兵车的诸侯,而士人都归附他
们;夏桀、商纣王,是天子,然而士人却都离开了他们。孔子、墨子,是穿
粗布衣的庶人,但是拥有一万辆、一千辆兵车的君主,无法与他们争夺士
人。士人不归附他们而归附孔子、墨子,所以说"无法与他们争夺士人"。由此看
来,地位尊贵财富巨大,不足以招徕士人,来,是说让他到来。君主必须亲

自了解士，然后才可以。可，是可以到来。

豫让之友谓豫让曰①："子尝事范氏、中行氏②，诸侯尽灭之，而子不为报，至于智氏，而子必为之报，何故？"豫让曰："范氏、中行氏，我寒而不我衣，我饥而不我食，而时使我与千人共其养，是众人畜我也③。夫众人畜我者，我亦众人事之。至于智氏则不然，出则乘我以车，入则足我以养，众人广朝而必加礼于吾所④，是国士畜我也⑤。夫国士畜我者，我亦国士事之。"豫让，国士也，而犹以人于己也，于，犹厚也。又况于中人乎⑥？

【注释】

①豫让之友谓豫让曰：本段节录自《季冬纪·不侵》。

②范氏：即春秋时晋国的贵族士氏，因士会受范地为食邑，故称范氏。这里指范吉射。中行（háng）氏：即春秋时晋国贵族荀氏，因荀林父为中行主将，后以中行为氏。这里指中行寅。中行，春秋时晋国军制之名。晋置上中下三军，后又增置中行、右行、左行。

③畜：畜养，养活。

④朝：朝会。

⑤国士：一国中才能最优秀的人物。

⑥中人：中等的人，常人。

【译文】

豫让的朋友对豫让说："您曾经事奉过范氏、中行氏，诸侯把他们全灭掉了，而您不曾为他们报仇，而到了智氏被灭，您一定要为他报仇，这是什么缘故？"豫让说："范氏、中行氏，我受冻的时候不给我衣服穿，我饥饿的时候不给我食物吃，而时常让我跟上千普通门客一起接受相同的衣食，这是像养活众人一样来养活我。凡像对待众人一样来对待我的，我也像众人一样来事奉他。至于智伯就不是这样，出门供给我车坐，在家供给我充足的衣食，众人朝见时一定会给我更加优厚的待遇，这是用国士的待遇来对待我。凡是用国士的待遇来对待我的，我也用国士的态度来事奉他。"豫让是国士，尚且还念念不忘别人对待自己的态度，于，是说厚。又何况平常人呢？

　　孟尝君为从①，关东日从②。公孙弘谓孟尝君曰："不若使人西观秦，意者秦王帝王之主也③，君恐不得为臣，何暇从以难之④？ 言不能成从以难秦。意者秦王不肖主也，君从以难之未晚也。"孟尝君曰："善。愿因请公往矣。"公孙弘见昭王⑤，昭王曰："薛之地小大几何⑥？"公孙弘对曰："百里。"昭王笑而曰："寡人之国，地数千里，犹未敢以有难也！ 今孟尝君之地方百里，而欲以难寡人，犹可乎？"公孙弘对曰："孟尝君好士，大王不好士也。"昭王曰："孟尝君之好人何如？"对曰："义不臣乎天子，不友乎诸侯⑦，得意暂为人君，不得意不肯为人臣，如此者三人；能治可为管、商之师，管，管仲。商，商鞅。能致其主霸王⑧，如此者五人；万乘之严主辱其使者⑨，退而自刭，必以其血污其衣，与如臣者七人。"昭王笑而谢焉⑩。

【注释】

①孟尝君为从（zòng）：本段节录自《季冬纪·不侵》。从，同"纵"，合纵。战国时秦在西方，六国在东方，土地南北相连，六国联合抗秦称为合纵。

②关东：指函谷关、潼关以东地区。

③意者：抑或，表示选择。秦王：即秦昭王。

④何暇：哪里有闲暇。难（nàn）：抵抗，与……为敌。

⑤昭王：即秦昭王，名稷，武王弟，战国时秦国国君。

⑥薛：齐邑，是孟尝君的封邑。

⑦友：结交，以……为友。

⑧霸王：成就王霸之业。

⑨严：尊，这里是威重的意思。

⑩谢：认错，道歉。

【译文】

　　孟尝君合纵抗秦，关东六国联合叫做纵。公孙弘对孟尝君说："不如派人到西边观察一下秦国的情况，如果秦王是能够成就帝王之业的君主，您恐怕连臣子都不能做，哪里还有闲暇来与秦国为敌呢？这是说不能合纵来抵抗秦国。抑或秦王是不肖的君主，您再合纵也为时不晚。"孟尝君说："好啊。那就请您去一趟。"公孙弘拜见秦昭王，昭王说："薛邑的地方大小是多少啊？"公孙弘回答说："一百里。"昭王笑着说："我的国家，土地几千里，尚且不敢凭借它跟人作对呢！如今孟尝君的土地方圆一百里，却想跟我作对，这能行吗？"公孙弘回答说："孟尝君喜好士人，大王您不喜好士人。"昭王说："孟尝君喜好的人是怎么样的呢？"公孙弘回答说："信守节义不臣服于天子，不与诸侯交友，如果得志，做人君毫不惭愧，不得志的时候也不肯为人臣子，像这样的士，孟尝君那里有三人；擅长治国，可以做管仲、商鞅的老师，管，是管仲。商，是商鞅。能够让自己的君主称霸称王，像这样的有五人；当万乘大国的君主侮辱自己国家的使者，就后退一步自杀，但一定要用自己的鲜血玷污别人的衣袍，有像我这样的七个人。"昭王笑着给公孙弘道歉。

　　世之听者①，多有所尤②。多有所尤，则听必悖矣③。尤，过。人有亡铁者④,意其邻之子⑤,视其色、言语、动作、态度无为而不窃铁⑥。窃,盗。掘其谷得其铁。谷,坑。他日复见其邻之子,动作、态度,无似窃铁者。其邻之子非变也,己则变之。变之者无他,有所尤也。

【注释】

①世之听者:本段节录自《有始览·去尤》。

②尤:过失,偏颇。

③悖:荒谬。

④亡:丢失,丧失。铁(fǔ):通"斧",斧头。

⑤意:怀疑。

⑥色:脸色,表情。

【译文】

世上凭借听闻下结论的人,多数会有偏颇。多数会有偏颇,那么凭听闻得到的结论必定荒谬。尤,是过错。有一个人丢了斧子,怀疑是邻居家的儿子偷的,观察他的脸色、语言、动作、态度,做什么都没有不像偷窃斧子的。窃,是盗窃。后来挖坑的时候找到了斧子。谷,是坑穴。过些天又见到邻居家的儿子,看他的动作、神态,都不像偷斧子的人。他邻居的儿子没有变化,那是他自己改变了。变化的原因没有别的,是自己的判断有差错。

邾之故法①,为甲裳以帛②。以帛缀甲③。公息忌谓邾君曰④:"不若以组⑤。"邾君曰:"将何所得组?"公息忌对曰:"上用之,则民为之矣。"邾君曰:"善。"下令,令官为甲必以组。公息忌因令其家皆为组。人有伤之者曰⑥:"公息忌之所以欲用组者,其家多为组也。"伤,败。邾君不悦,于是乎止无以组。以，用。邾君有所尤也，为甲以组而便，公息忌虽多为组，何伤⑦？以组不便，公息忌虽无为组，亦何益？为组与不为组，不足以累公息忌之说⑧。累，犹辱也。

【注释】

①邾（zhū）之故法：本段节录自《有始览·去尤》。邾，古国名，故城在今山东邹县。故法，先王的法度礼仪。

②甲裳：皮革制的战袍。腰以上谓之甲衣，腰以下谓之甲裳。

③以帛缀甲：用丝帛来连缀战衣。缀，缝合，连缀。

④公息忌：邾国人，一作"公息忘"。

⑤组：用丝编织的绳带。

⑥伤：中伤。这里指诋毁。

⑦何伤：何妨，何害。意谓没有妨害。

⑧累：这里是损害的意思。

【译文】

邾国的旧法，制作甲裳用帛来连缀。用帛连缀甲裳。公息忌对邾国国君说："不如用丝绳。"邾国国君说："要从哪里得到丝绳呢？"公息忌回答说："君主使用它，那么民众就会生产它。"邾国国君说："好。"于是颁布命令，命令官府制作甲裳必须用丝绳连缀。公息忌于是让自己的家人都制作丝绳。有诋毁他的人说："公息忌之所以建议用丝绳，是因为他家制作了很多丝绳。"伤，是败坏。邾国国君不高兴，于是下令制作铠甲不要使用丝绳连缀。以，是使用。邾国国君是有过失的，制作甲裳使用丝绳如果有好处，公息忌即使大量制作丝绳，又有什么妨碍呢？使用丝绳如果没有好处，公息忌即使不做丝绳，又有什么好处呢？做不做丝绳，都不足以影响公息忌的建议。累，是说损害。

凡听言不可不察^①，察者，详也。不察则善不善不分。善不善不分，乱莫大焉。

【注释】

①凡听言不可不察：本段节录自《有始览·听言》。

【译文】

凡是听取言论不可以不详细审察，察，是要审慎观察。如果不能详细审察，那么善跟不善就不能分辨了。善与不善不分，祸乱没有比这更大的了。

昔禹一沐而三捉发^①，一食而三起，以礼有道之士^②，通乎己之不足^③。欲以闻所不闻，知所不知故也。通乎己之不足，则不与物争矣。情欲之物不争。愉易平静以待之^④，使夫自以之^⑤；以，用。因然而然之^⑥，使夫自言之。亡国之主反此，自贤而少人^⑦。少人，则说者持容而不极^⑧，极，至。听者自多而不得^⑨。自多，自贤。

【注释】

①昔禹一沐而三捉发：本段节录自《有始览·谨听》。一沐而三捉发，与下文"一食而三起"都是指为延揽人才而操心忙碌。沐，洗发。捉，握。

②礼：礼遇，以礼相待。有道之士：明白事理的人。

③通：通晓，懂得。

④愉易平静：平和安静。愉易，平和。

⑤自以：自由运用。自，自由。以，任用，运用。

⑥因然而然之：顺其自然。

⑦自贤：认为自己贤明。少：轻视。

⑧说者：进谏的人。持容：指欲保持官位而取悦于人主。极：尽。

⑨自多：自认为有才德。多，贤，好。得：收获，得益。

【译文】

从前夏禹洗一次头要多次握住头发，吃一顿饭要多次站起身来，来礼遇有道之士，弄懂自己不懂的东西。是想要听闻以前没有听闻的，了解以前所不了解的东西的缘故。弄懂了自己不懂的东西，那么就能不跟外物相争了。不去争利欲功名之类的。用平和安静的态度对待有道之士，让他们各得其所；以，是运用。一切都顺其自然，让他们自己尽情议论。亡国君主则与此相反，认为自己贤明而轻视别人。轻视别人，那么游说的人便会为了取悦于君主而不敢尽情言说了，极，是至。听言的人便会认为自己贤明而一无所得。自多，是自认为贤明。

三王之佐①，皆能以公及其私矣。俗主之佐②，其欲名实也与三王之佐同③，其名无不辱者，其实无不危者，无功故也。皆患其身之不贵于国也④，而不患其主之不贵于天下也；皆患其家之不富也，而不患其国之不大也。此所以欲荣而愈辱、欲安而愈危。故荣富非自至，缘功伐也⑤。今功伐甚薄⑥，而所望厚，诬也⑦；以薄获厚为诬。无功伐而求荣富，诈也。以虚取之为诈。诈诬之道⑧，君子不由⑨。由，用。

【注释】

①三王之佐：本段节录自《有始览·务本》。三王，指夏、商、周三代之君，说法不一。

②俗主：平庸的君主。

③名实：名誉与事功。

④患：担忧。

⑤功伐：功劳，功勋。

⑥薄：微薄，少。

⑦诬：虚妄不实。

⑧诈诬：欺诈诬妄。

⑨由：采用。

【译文】

　　三王的辅佐大臣，都能够凭借有功于公家，从而获得私利。平庸君王的辅佐大臣，他们想要的名声与地位跟三王的辅佐大臣相同，但他们的名声没有不蒙受耻辱的，他们的地位没有不陷入险境的，这是由于他们没有为公家立功的缘故。他们都担忧自身不能在国中显贵，而不担忧他们的君主不能在天下显贵；都担忧他们的家庭不能富裕，而不担忧他们的国家不能强大。这就是他们希望荣耀反而更加耻辱，希望安稳反而更加危险的原因。所以荣耀富贵不会自己到来，而是靠功劳得来。如今功劳非常微薄，而却希望得到优厚的回报，是虚妄之言；用很小的功劳获取优厚的赏赐是虚妄。没有功劳而寻求荣华富贵，是诈取。用虚无来求取荣华富贵是诈取。欺诈诬妄的方法，君子是不会采用的。由，是采用。

　　凡为天下、治国家①，必务其本也。务本莫贵于孝。人主孝则名章荣②，天下誉③；誉，乐。人臣孝则事君忠，处官廉，临难死④；士民孝则耕芸疾⑤，守战固⑥，不疲北⑦。夫执一术而百喜至，百邪去，天下从者，其唯孝乎！故论人必以所亲而后及所疏，必以所重而后及所轻。曾子曰："先王之所以治天下者五：贵贵，贵德，贵老，敬长，慈幼。此五者，先王之所以定天下也⑧。"定，安。所为贵贵⑨，为其近于君也；所为贵德，为其近于圣也；所为贵老，为其近于亲也；所为敬长，为其近于兄也；所为慈幼，为其近于弟也。

【注释】

①凡为天下、治国家：本段节录自《孝行览·孝行》。

②章：同"彰"，卓著。

③誉：通"豫"，欢乐。

④临难死：身当危难而不顾生命。

⑤耕芸：即耕耘，翻土除草。亦泛指耕种。疾：尽力。

⑥固：坚定，坚决。

⑦疲：疲乏，困倦。北：战败，逃跑。

⑧"先王之所以治天下者五"几句：见于《礼记·祭义》。喜，他本为"善"字。定，使……安定。

⑨所为：他本作"所谓"。译文仍按《群书治要》原文处理。

【译文】

凡是统治天下、治理国家，必先致力于根本。致力于根本，没有比孝道更重要的。君主做到孝，那么就会名声显赫，天下欢乐；誉，是快乐。臣子做到孝，那么事奉君主就会忠贞，居官就会廉洁，面临危难甘愿一死；民众做到孝，那么耕种就会尽力，防守作战就会意志坚定，不会疲困败逃。掌握一种原则而让所有好事到来，所有坏事都能去除，天下都顺从的，大概只有孝道了！所以评论一个人，必须先看他对亲近之人的态度，然后再推及他对疏远之人的态度，必须先依据他对关系重要之人的态度再推及他对关系不重要之人的态度。曾子说："先代圣王用来治理天下的方法有五项：尊重地位尊贵的人，尊重有道德的人，尊重老人，敬重长者，爱护幼小。这五项，是先代圣王用来安定天下的方法。"定，是安定。为什么要尊重地位尊贵的人，是因为他们与君王接近；为什么尊重有道德的人，是因为他们与圣贤接近；为什么尊重老人，是因为他们与父母接近；为什么敬重长者，是因为他们与兄长接近；为什么爱护幼小，是因为他们与弟弟接近。

　　昔晋文公将与楚人战于城濮①,召咎犯而问曰②:"楚众我寡,奈何而可?"咎犯对曰:"臣闻繁礼之君③,不足于文④;繁战之君,不足于诈。足,犹厌也。君亦诈之而已。"文公以咎犯言告雍季⑤,雍季曰:"竭泽而渔⑥,岂不获得? 而明年无鱼。焚薮而田⑦,岂不获得? 而明年无兽。言尽其类。诈伪之为道,虽今偷可⑧,后将无复,不可复行。非长术也⑨。"文公用咎犯之言而败楚人于城濮。反而为赏,雍季在上。左右谏曰:"城濮之功,咎犯之谋也。君用其言而后其身,或者不可乎?"公曰:"雍季之言,百世之利也;咎犯之言,一时之务也。务,犹事也。焉有以一时之务先百世之利者乎?"孔子闻之曰:"临难用诈,足以却敌⑩;返而尊贤,足以报德⑪。文公虽不终始焉⑫,足以霸矣。"

【注释】

①昔晋文公将与楚人战于城濮:本段节录自《孝行览·义赏》。城濮,春秋卫邑。在今山东鄄城西南临濮集,一说在今河南开封陈留附近。

②咎犯:即狐偃,字子犯,晋文公重耳之舅,又称舅犯。

③繁礼:烦琐的礼节。

④不足于文:不满足于礼节仪制。足,满足,满意。文,指礼乐仪制。

⑤雍季:春秋时晋国大臣。

⑥竭泽而渔:戽(hù)干池水捕鱼。后多比喻只图眼前利益,不做长远打算。

⑦薮：湖泽。特指有浅水和茂草的沼泽地带。田：同"畋"，打猎。

⑧偷：苟且。

⑨长术：长远的办法。

⑩却：退，使退却。

⑪报德：对受到的恩德予以报答。

⑫终始：善始善终，有始有终。

【译文】

　　从前晋文公将要跟楚国人在城濮交战，召见咎犯问他说："楚军人多，我军少，怎么做才能取胜？"咎犯回答说："我听说礼节烦琐的君主，不满足于礼节的盛大；作战频繁的君主，不满足于诡诈之术。足，是说满足。您也用诈术对付楚国就行了。"文公把咎犯的话告诉了雍季，雍季说："弄干池水捕鱼，怎能不获得鱼？但是第二年就没有鱼了。焚烧沼泽地去打猎，怎能不获得猎物？但是第二年就没有野兽了。这是说竭尽这类物种了。把伪诈之术当做作战方法，即使现在能苟且使用，以后就不能再用了，不可以再实行。不是长久之计。"晋文公采纳咎犯的建议，在城濮打败了楚军。回来以后进行赏赐，雍季居首位。左右近臣劝谏说："城濮之战的胜利，是采用咎犯的计谋。君王您采纳他的建议却把他排在后面，或许不可以吧？"文公说："雍季的话，对百代有利；咎犯的话，只适用于一时。务，是事务。哪有把只适用于一时的事务放在百世利益前面的道理呢？"孔子听到后说："遇到危难使用诈术，足以退敌；回来以后尊重贤人，足以报答恩德。晋文公虽说不是善始善终，却足以成就霸业了。"

　　贤主愈大愈惧①，愈强愈恐。愈，益。凡大者②，小邻国也；强者，胜其敌也。大者，侵削邻国使小。胜其敌则多怨，小邻国则多患。多怨，国虽强大，恶得不惧？恶得不恐？恶，安。故贤主于安思危③，安不忘危。于达思穷④，显不忘约⑤。于得思丧。丧,亡也。有得必有失,故思之也。

【注释】

①贤主愈大愈惧:本段节录自《慎大览·慎大》。慎大,谨慎地对待强大。

②大者:(土地)广大的国家。大,广大。

③于安思危:指处于安宁的环境中,要想到可能出现的危难。思,考虑。

④于达思穷:处在显达就考虑到困窘。达,通达,通畅。穷,走投无路,处境困窘。

⑤显不忘约:显贵时不忘困窘。约,窘迫。

【译文】

　　贤明的君主,国土越大越惧怕,国势越强盛越恐慌。愈,是更加。凡是国土广大的,都是侵削邻国的结果;国势强盛,是战胜敌国的结果。强大的国家侵削邻国使其领土变小。战胜敌国,就会招致很大的怨恨;侵削邻国,就会增加很多祸患。怨恨增多,国家即使强大,哪里能够不惧怕?哪里能够不恐慌?恶,是哪里。所以贤明的君主处于安宁的环境中,要想到可能出现的危难,平安而不忘危险。在通达显赫的时候要想到无路可走的困窘,显达而不忘穷困。在有所得的时候要想到有所失。丧,是亡失。有得就一定有失,所以要考虑到。

　　惠盎见宋康王①,康王曰:"寡人之所悦者,勇有力也,不悦为仁义者。客将何以教寡人?"惠盎对曰:"臣有道于此,有道于此,勇有力也。使人虽勇,刺之不入;虽有力,击之弗中。夫刺之不入,击之不中,此犹辱也。臣有道于此,使人虽有勇弗敢刺,虽有力弗敢击。夫弗敢,非无其志也。臣有道于此,使人本无其志。本无有击刺之志也。夫无其志,未有爱利之心也。臣有道于此,使天下丈夫女子莫不欢然皆欲爱利之,此其贤于勇有力也。言以仁义之德,使民皆欲爱利之,故贤于勇有力也。大王独无意耶?"宋王曰:"此寡人之所欲得也。"曰:"孔、墨是也。言当为孔丘、墨翟之德,则得所欲也。孔丘、墨翟,无地为君,以德见尊也。无官为长,以道见敬②。天下丈夫女子,莫不延颈举踵而愿安利之③。愿其尊高而利己也。今大王万乘之主也④,诚有其志,孔、墨之志。则四境之内,皆得其利矣,其贤于孔、墨也远矣。"得贤名过于孔、墨。

【注释】

①惠盎见宋康王:本段节录自《慎大览·顺说》。惠盎,战国时期宋国(今河南商丘)人。宋康王,名偃,战国时宋国国君。

②道:道术,方法。

③延颈举踵:伸长脖子,跷起脚跟。形容盼望十分殷切。踵,脚后跟。

④万乘:一万辆兵车的大国。亦泛指国家。

【译文】

惠盎拜见宋康王,康王说:"我所喜欢的是勇武有力的人,不喜欢行仁义的人。客人将有何见教呢?"惠盎回答说:"我有这样一种道术,有这样的道术,能让人勇武有力。使人虽然勇武,却刺不进您的身体;虽然有力,却击不中您。虽然刺不进您的身体,击不中您,但您还是受到侮辱了。我还有这样一种道术,让人即使勇武,也不敢刺您,即使有力,也不敢攻击您。虽然不敢,但并不是没有刺杀攻击您的想法。我还有一种道术,让人根本就没有刺杀攻击您的想法。本来就没有刺杀攻击您的想法。没有刺杀攻击您的想法,但是也没有爱您使您有利的想法。我还有这样一种道术,让天下的男人女人都愉快地爱您使您有利,这还是胜过勇武有力的。这是说用仁义的美德,让民众都想要爱您使您有力,所以胜过勇武有力。大王难道无意于这样的道术吗?"宋王说:"这是我想要得到的。"惠盎回答说:"孔丘、墨翟就是这样的。这是说应当具有孔丘、墨翟的德行,那么就能得到想要的。孔丘、墨翟虽然没有领土,却能像君主一样得到尊荣,靠德行被尊敬。没有官职却能像官长一样得到敬重,靠道义被敬重。天下的男人女人都十分殷切地盼望他们,希望他们平安顺利。希望他们得到尊贵高尚的地位而有利于自己。如今大王是万乘之国的君主,假如有这个志向,孔丘、墨翟的志向。那么四方边境之内,都能获得您的利益了,您的贤德名声远远超过孔丘、墨翟了。"获得的贤名胜过孔丘、墨翟。

武王使人候殷^①,反报曰^②:"殷乱矣。"武王曰:"其乱焉至?"对曰:"谗慝胜忠良^③。"武王曰:"尚未也。"又往,反报曰:"贤者出走矣。"武王曰:"尚未也。"又往,反报曰:"其乱甚矣,百姓不敢诽怨矣^④。"武王遽告太公^⑤,太公曰:"其乱至矣,不可以驾矣^⑥。"驾,加也。

【注释】

①武王使人候殷:本段节录自《慎大览·贵因》。候,窥伺,侦察。

②反报:返回报告情况。反,同"返",返回。

③谗慝(tè):邪恶,此指邪恶奸佞之人。慝,通"慝",邪恶,邪念。
良:贤良,此指贤良之人。

④诽:责备。

⑤遽(jù):迅速,急速。太公:即太公望吕尚,也称姜太公。

⑥驾:通"加",增多。

【译文】

周武王派人刺探殷商的动静,那人回来禀报说:"殷商大概要出现混乱了。"武王说:"混乱达到什么程度?"那人回答说:"邪恶奸佞的人胜过忠诚贤良的人。"武王说:"还没有大乱。"又前往刺探,回来禀报说:"贤德的人出逃了。"武王说:"还没有大乱。"又前去刺探,回来禀报说:"殷商乱得更厉害了,百姓不敢责备怨恨了。"武王急忙把情况告诉姜太公,太公说:"殷商的混乱达到极点了,已经无以复加了。"驾,是增加。

　　凡国之亡也①,有道者必先去,古今一也②。君子见机而作③,不待终日,故必先去。

【注释】

①凡国之亡也:本段节录自《先识览·先识》。

②一:相同,一样。

③见机而作:看到适当的时机就立即行动。终日:良久。

【译文】

　　凡是国家濒临灭亡之时,有道之人必然事先离去,古今都是一样的。君子见到合适的时机就立即行动,不会等待很久,所以一定先离开。

　　天下虽有有道之士①,固犹少。千里而有一士,比肩也②;累世而有一圣人③,继踵也④。士与圣人之所自来,若此其难也,而治必待之,治奚由至乎⑤?虽幸而有,未必知也。不知,则与无同。不知其贤而用之,故不治;不治,则与无贤同。此治世之所以短而乱世之所以长也。短,少也。长,多也。故亡国相望⑥。言不绝也。贤主知其若此也,故日慎一日,以终其世。譬之若登山者,处已高矣,左右视,尚魏魏焉⑦,山在其上矣。圣者之所与处,有似于此。身已贤矣,行已高矣⑧,左右视,尚尽贤于己也⑨。故周公曰:"与我齐者⑩,吾不与处，无益我者也。"齐，等也。等则不能胜己，故曰"无益我者也"。以为贤者必与贤于己者处⑪。贤者之得可与处也，礼之。诸众齐民不待知而使⑫，不待礼而令。令，亦使也。若夫有道之士，必礼必知⑬，然后其智能可尽也⑭。可尽得而用也。

【注释】

①天下虽有有道之士：本段节录自《先识览·观世》。

②比肩：一个连接一个，形容众多。

③累世：历代，接连几代。

④继踵：接踵，前后相接。继，前后相续，接连不断。踵，脚后跟。

⑤奚：何。由：从。

⑥相望：互相看见。形容接连不断，极言其多。

⑦魏魏：高大的样子。魏，同"巍"，高大的样子。焉：词尾。

⑧行：品行。

⑨贤：胜过，超过。

⑩齐：相同，等同。

⑪贤于己者处：与胜过自己的人相处。

⑫诸众齐民：大众平民。诸，众。齐民，平民。

⑬知：知道，赏识。

⑭尽：用尽，全都得到。

【译文】

天下即使有有道之士，本来就很少。如果方圆一千里有一位士人，就可以称得上是肩并肩了；如果几代出一位圣人，就可以称得上是脚挨脚了。贤才跟圣人的出现，竟如此困难，而国家安定一定得依靠他们，像这样，太平盛世又怎么到来呢？即使侥幸有了圣贤，君主也未必知道。不知道，那就跟没有一样。不了解他的贤能而任用他们，所以国家就不安定；国家不安定，那就跟没有贤人一样。这就是太平世道之所以少、混乱世道之所以多的原因，短，是少。长，是多。所以被灭亡的国家接连不断。这是说不断绝。贤明的君主知道这种情况，所以一天比一天谨慎，以保自己终生平安。譬如登山的人，已经站在高处了，向左右看，还是有高大的山在他的上面。圣贤之人跟人相处，与此类似。自己已经很贤明了，品行已经很高尚了，向左右看，还都是比自己强的人。所以周公说："跟我一样的人，我不跟他相处，因为他是对我没有益处的人。"齐，是等同。等同就不能超过自己，所以说"是对我没有益处的人"。认为贤人必须和比自己强的人相处。与贤人相处是可以办到的，那就是他以礼相待。那些平民百姓，无须了解就可以役使他们，不用以礼相待就可以命令他们。令，也是驱使。至于有道之士，一定要以礼相待，一定要了解他们，然后他才能把他的才智能力都发挥出来。可以全部得到并发挥其才能及作用。

　　凡人主必审分①，然后治可以至②。分，谓仁义、礼律、杀生、与夺之分。至，至于治也。凡为善难③，任善易④。奚以知之？今与骥俱走⑤，则人不胜骥矣；居于车上而任骥，则骥不胜人矣。人主好人官，好为臣之官事。则是与骥俱走也，必多所不及矣。言力不赡也⑥。夫人主亦有车，无去其车，则众善皆尽力竭能矣。人主之车，所以乘物也。不知乘物⑦，而自怙恃⑧，奋其智能，多其教诏⑨，而好自以，诏，亦教也。以，用。则百官惽扰⑩，惽，动。扰，乱。少长相越⑪，万邪并起，权威分移，政在家门。此亡国之风。风，化。王良之所以使马者⑫，约审握其辔⑬，而四马莫敢不尽力。有道之主，其所以使群臣者，亦有辔。正名审分⑭，是治之辔也。故案其实⑮，审其名，以求其情；听其言，察其类⑯，毋使放悖⑰。放，纷也。悖，乱也。尧、舜之民不独义⑱，禹、汤之臣不独忠，得其数也⑲；

御之得其术也。桀、纣之民不独鄙^⑳，幽、厉之臣不独僻^㉑，失其理也。今有人于此，求牛则名马，求马则名牛，所求必不得矣。失其名，故不得。而因用威怒^㉒，有司必诽怨矣^㉓，牛马必扰乱矣。百官，众有司也；万物，群牛马也。不正其名，不分其职，而数用刑罚，乱莫大焉。

【注释】

①凡人主必审分（fèn）：本段节录自《审分览·审分》。审分，审定察知名分、职分。分，名分，职分。

②治：社会安定，太平。礼律：指礼法与刑律。杀生：主宰生死。

③为善：行善。

④任善：任用行善之人。

⑤骥：千里马。

⑥赡（shàn）：充足。

⑦乘物：驾驭事物。借用物力。乘，利用，凭借。

⑧怙恃（hù shì）：依仗，凭借。

⑨教诏：教诲，教训。

⑩恫（dòng）：改变原来的位置或状态。

⑪少长相越：长幼失序。

⑫王良：春秋时之善驭马者。

⑬审：审察，指审核观察马匹。辔（pèi）：驾驭马或其他牲口用的缰绳。

⑭正名审分：辨正名称，审定职分。正名，辨正名称、名分，使名实相符。

⑮案：通"按"，考察，审查。

⑯类：种类，类别。

⑰放悖：杂乱，昏乱。

⑱尧、舜之民不独义：尧、舜的臣民不全都仁义。

⑲得其数：驾驭得法。数，术。

⑳鄙：鄙陋，轻贱。

㉑幽、厉：周幽王、周厉王，是周朝的两个昏君。僻：邪僻。

㉒威怒：震怒，盛怒。

㉓有司：主管官吏，古代设官分职，各有专司，故称。诽（fěi）怨：责
备怨恨。诽，从旁指责过失。

【译文】

　　凡是君主，一定要明察君臣的职分，然后国家的安定才可以实现。
君臣的职分，是指推行仁义、制定礼法、主宰生死、奖惩分明。至，就是通过这些实
现大治。凡是亲自行善就很困难，任用他人行善就容易。从哪里知道的
呢？如今跟千里马一起奔跑，那么人不能胜过千里马了；坐在车上驾驭
千里马，那么千里马不能胜过人了。君主喜好处理官员的事务，喜好做臣
子职分内的事情。那就是跟千里马一起奔跑，必然远远赶不上了。这是说
力量不足。君主也有自己的车子，不要离开自己的车子，那么众多行善的
人都能尽心竭力了。君主的车子，是用来载物的。不知道载物的道理，
而只知道依靠自己，奋力施展自己的才智，下达很多的教令，而喜好自行
其是，诏，也是教诲。以，是用。那么众官员被惊动扰乱，恫，惊动。扰，扰乱。
就会长幼失序互相逾越，各种邪恶一起出现，权威分散下移，政权出在官员
的私家之门。这是亡国的风气。风，是风气。王良驾驭马匹的方法，就是明
察驾马的要领，握住缰绳，驾车的四匹马没有敢不尽力的。有道的明君，
驾驭群臣的方法，也有"缰绳"。辨正名称，明察职分，这是治理的"缰
绳"。所以依照实际审查名称，来寻求真情实况；听他们的言论，考察他
们的行为，不要让他们散漫而造成混乱。放，是放纵。悖，是混乱。尧、舜的
民众并不全都仁义，禹、汤的臣子并不全都忠诚，是因为他们掌握了驾驭
臣民的方法；驾驭他们有合适的方法。桀、纣的民众并不全都鄙陋，周幽王、
周厉王的臣子并不全都邪僻，是因为他们不懂得驾驭臣子的道理。如今
有人在这里，寻找的是牛却召唤马，寻找的是马却召唤牛，所寻找的必定

得不到。<small>弄错事物的名称,所以得不到。</small>却因此而震怒,主管官员必然会责备怨恨,牛马定会被扰乱。朝廷的各个官员,就是众多的主管专司;天下万物,就是成群的牛马。不辨正他们的名称,不区别他们的职分,而频繁使用刑罚,混乱没有比这更大的了。

昊天无形①,而万物以成;<small>天无所制作物形,而物自成也。</small>大圣无事,而千官尽能。<small>官得其人,其人任其职,故尽能也。</small>此之谓不教之教,无言之诏。故有以知君之狂②,以其言之当③;<small>君狂言,臣下不敢谏止,而喜轻言,自以其言为当,是以知其言之当。</small>有以知君之惑④,以其言之得⑤。<small>狂言而得,所以知其惑也。</small>君也者,以无当为当、以无得为得者也。当得不在于君,而在臣。<small>待臣匡之。</small>今之为车者⑥,数官然后成⑦。<small>轮舆辕轴,各自有材,故曰"数官然后成"也。</small>夫国岂特为车哉?众智众能之所持也⑧,不可以一物一方安也⑨。<small>方,道也。</small>思虑自伤也⑩,<small>思虑,劳精神也。</small>智差自亡也⑪,<small>用智过差,极其情欲,以自消亡。</small>奋能自殃也。<small>奋,强。</small>凡奸邪险诐之人也必有因⑫。何因?因主之为。<small>因,犹随也。</small>人主好以己为⑬,<small>己所好,情欲则为也。</small>则守职者舍职而阿主之为⑭,有过则主无以责之,则人主日侵而人臣日得⑮。<small>得其阿主之心。</small>是宜动者静,宜静者动;尊之为卑,卑之为尊,从此生矣。此国之所以衰,而敌之所以攻也。

【注释】

①昊天无形:本段节录自《审分览·君守》。昊天,苍天。昊,元气博大的样子。

②有以：有道理，有规律。狂：狂妄，轻狂。

③当：合适，恰当。

④惑：糊涂，令人不解。

⑤得：合适，恰当。

⑥为车：制造车辆。为，制作。

⑦数官然后成：古代制造车辆，轮、舆、辕、轴等分别由不同部门去做，所以说"数官然后成"。官，官署。

⑧智：有才智的人。能：有才能的人。

⑨方：方法。

⑩思虑自伤：思索劳神就会伤害自己。思虑，思索考虑。

⑪智差自亡：巧慧奸邪就会自取灭亡。智差，智巧。差，巧诈。

⑫险诐（bì）：阴险邪僻。因：追随，附和，依从。

⑬好以己为：喜欢自己亲自做事。

⑭阿：曲从，迎合。

⑮侵：侵夺，这里是受损害。

【译文】

广漠的上天没有形貌，而万物依靠它得以生成；天没有制作万物的形貌，而万物因上天而自我生成。最圣明的帝王没有做事，而官员们却可以竭尽所能。各个官职都有合适的人选，群臣能胜任其职，所以各自竭尽所能。这就叫做不进行教化的教导，不用言语的诏告。所以有方法知道君主的狂妄，因为他自以为言语恰当；君主出言狂妄，臣下不敢劝谏制止，而君主喜欢轻率出言，还自认为言语得当，因此知道他认为自己言语恰当。有办法知道君主的昏惑，是因为他认为自己言语得体。君主出狂言而自认为得体，所以知道他的昏惑。君主，是以不求恰当为恰当、以不求得体为得体的人。恰当与得体不在于君主，而在于臣子。需要臣子匡正他。如今制造车辆的，要经历几个工官才能制成。车轮、车箱、车辕、车轴，各自有各自的材料，所以说"要经历几个工官才能制成"。治理国家哪里像制造车辆一样简单呢？是要依靠众多有才智、有能力的人所维护的，不可以凭借一件事物、一种方法来让它安定下来。方，是道术。思虑会伤害自己的精神，思虑，操劳心神。智巧是会自取灭亡的，过分使用计谋，极度满足自己的欲望，就会自我消亡。逞能就会给自己带来祸殃。奋，强行。凡是奸邪阴险邪僻的人必然有所追随依附。追随依附什么？追随依附君主的行为。因，是追随。君主喜好自己亲自做事，符合自己所喜好和欲望之事，那就去做。那么原本忠于职守的官员就舍弃职责来迎合君主所做的事，即使臣子有过错，君主也没有办法责备他，那么君主的权力一天天被侵蚀，而臣子一天天获得利益。获得的利益来自迎合君主的心理。于是本该忙于政事的却静止闲暇，本应静守君位的却忙忙碌碌；尊贵的变为卑贱的，卑贱的变为尊贵的，这些现象由此产生了。这就是国家之所以衰乱、敌人之所以进攻的原因啊。

　　凡官者①，以治为任②，以乱为罪。今乱而无责，则乱愈长矣。人主以好为示能，以能示众。以好唱自奋③；奋，强。人臣以不争持位④，以听从取容⑤。是君代有司为有司也，大臣匡君，进思尽忠，退思补过。此以听从取容，无有正君者，君当自正耳。是为代有司为有司。是臣得后随以进其业也⑥。后随，随后也。其业，不争取容之业也。君臣不定。君不君，臣不臣，故不定也。

【注释】

①凡官者：本段节录自《审分览·任数》。

②任：胜任。

③唱：同"倡"，倡导。奋：矜夸。

④争（zhèng）：通"诤"，进谏，直言劝告。

⑤取容：讨好别人以求自己安身。

⑥进其业：指做"持位""取容"之事。

【译文】

凡是任用官吏,把治理得好看做胜任,把治理混乱看做有罪。如今治理混乱却不加惩处,那么混乱就更加厉害了。君主以喜好炫耀来显示自己的能力,向众人显示自己的能力。以好做先导来自夸;奋,是强有力。臣子靠不谏诤来保持官位,以曲意听从来讨好安身。这是君主代替主管官员做官员的工作,大臣要匡正君主,上朝进见就想着竭尽忠诚,退朝回家就想着补救过失。而这里以曲意听从来讨好安身,没有匡正君主的臣子,君主只能自我端正罢了。这就是君主代替官员去做官员的工作。这是臣子追随在君主后面,就能轻松谋求自己的功名利禄。后随,是紧随君主之后。其业,是靠不谏诤、只迎合取悦君主就能为官之事。这就叫君臣的职分不明确。君主不守君主之道,臣子不守为臣之道,所以职分不明确。

　　人主自智而愚人^①,自巧而拙人,若此,则愚拙者请矣^②,君自谓智而巧,故愚拙者从之请也。巧智者诏矣^③。诏多则请者愈多矣,请者愈多,且无不请也。主虽巧智,未无不知也。未能尽无所不知也。以未无不知,应无不请,其道固穷^④。固,必。穷而不知其穷,其患又将反以自多^⑤,是之谓重重塞塞之主^⑥,无存国矣。故有道之主,因而不为^⑦,因循旧法,不改为也。责而不诏^⑧,责臣成功,不妄有所教诏。不伐之言^⑨,不夺之事,督名审实^⑩,官使自司,以不知为道,以奈何为实^⑪。以不知为道,道尚因循长养,不违戾自然之性,故以不可奈何为实也。绝江者托于船^⑫,致远者托于骥^⑬,霸王者托于贤。伊尹、吕尚、管夷吾、百里奚^⑭,此霸王之船骥也。释父兄与子弟^⑮,非疏之也;任庖人、钓者与仇人、仆虏,非阿之也^⑯。用持社稷、立功名之道,不得不然也。庖人则伊尹,钓者即吕尚,仇人则管夷吾，仆虏即百里奚也。非阿私近之也，用其以持社稷立功名之道也，故曰"不得不然"。

【注释】

①人主自智而愚人：本段节录自《审分览·知度》。

②请：请示。指凡事都向君主请示。

③诏：告诉，启示。

④穷：无路可走，困窘。

⑤患：危害，妨害。自多：自高自大。

⑥重重塞塞：谓严重蔽塞自己。

⑦因而不为：因循旧法而不改变。因，因循，沿袭。

⑧责：要求。

⑨伐：当为"代"之误（依王念孙说）。

⑩督名：监督名分。审实：审核事实。

⑪奈何：如何，怎么样。

⑫绝：横渡。托：凭借。

⑬致：通"至"，到达。

⑭伊尹：商初大臣。名伊，尹是官名。原为家奴、厨师（所以后文称为庖人），随有莘氏女陪嫁至商。后被汤委以国政，助汤攻灭夏桀。

⑮释：放下。

⑯阿：偏私。

【译文】

君主认为自己聪明却认为别人愚蠢，认为自己灵巧却认为别人笨拙，像这样，那些被认为愚蠢笨拙的臣子就来请示了，君主自认为聪明灵巧，所以被认为愚蠢笨拙的臣子就来向他请示。自认为灵巧聪明的君主就要一一指教他们。指教越多请示的人就越多，请示的人越多，便会事无巨细地都来请示。君主即使聪明灵巧，也不能无所不知。不能做到所有事都知道。

用不能无所不知,应对无所不请,他的道术必然就会困窘。固,是必然。困窘而不知道自己困窘,又会犯自高自大的错误,这就叫做受到双重阻塞,那就不能保住国家。所以有道术的君主,沿袭旧的法令而没有新的作为,因循旧的法律,不改变做法。要求臣子有成效而不发布指示,要求臣子成功,不随便给予指使。不代替臣子发表言论,不抢夺臣子的事务,监督名分审察事实,官府之事让臣子自己掌管,把大智若愚当做治理之道,把询问臣子怎么做当做治国法宝。把大智若愚当作大道,大道崇尚因循长养,不违背自然天性,所以把不干预臣子职事当做法宝。横渡长江的人依靠舟船,到达远方的人依靠千里马,称霸称王的人依靠贤人。伊尹、吕尚、管夷吾、百里奚,这些人就是称霸称王的人的舟船和千里马。不任用父兄子弟,不是疏远他们;任用厨师、钓鱼的人与仇人、奴仆,不是偏爱他们。这是用来保住国家、建立功名的方法,君王不得不这样做。庖人就是伊尹,钓鱼的人就是吕尚,仇人就是管夷吾,仆役就是百里奚。不是偏爱亲近他们,任用他们是保住国家、建立功名的方法,所以说"不得不这样做"。

三代之道无二①,以信为管②。管,准法也。宋人有取道者③,其马不进,到而投之溪水④。到,杀也。投,弃。又后取道,其马不进,又到而投之溪水。如此者三。虽造父之所以威马⑤,不过此矣。不得造父之道而徒得其威,无益于御。人主之不肖者⑥,有似于此。不得其道而徒多其威,威愈多,民愈不用。民不为之用也。亡国之主,多以威使其民矣。故威不可无有,而不足专恃。譬之若盐之于味,凡盐之用,有所托也,不适则败所托而不可食⑦。威亦然矣。恶乎托? 托于爱利。爱则利民。爱利之心息而徒疾行威⑧,身必咎矣⑨。

【注释】

①三代之道无二：本段节录自《离俗览·用民》。三代，夏、商、周三
　个朝代。

②管：枢要，准则。

③宋：周代诸侯国名。取道：上路，赶路。

④刭：杀。

⑤造父：古之善于驾马的人。威马：震慑马匹。威，威慑，使其畏惧
　而服从。

⑥不肖：不贤，不成材。

⑦败：败坏，毁坏。

⑧爱利：爱民利民，爱护、加惠于他人。

⑨身必咎：自身必定遭受灾祸。咎，凶，灾祸。

【译文】

　　夏、商、周三代的治国之道没有别的，就是把诚信当作准则。管，是
标准法则。宋国有个赶路的人，他的马不肯前进，他便将马杀死并扔进溪
水。刭，是杀。投，是扔掉。后来又赶路，他的马不肯前进，又杀了马并将它
扔进溪水。像这样反复了三次。即使是造父威慑马的方法，也不过这样
了。那个宋国人没有学到造父驾驭马的方法，却仅仅学到他的威严，这
对驾驭马没有什么益处。君主中那些不贤明的，跟这个相似。学不到治
国的方法而仅仅多了些威严，威严越多，民众越不为他所用。民众不为他
所用。亡国的君主，大多是凭着威严来役使他的民众。所以威严不可以
没有，也不足以专门依仗。譬如食盐对于味道一样，凡是使用食盐，一定
要有凭借的东西，用量不适度，就会毁坏了所凭借的东西，那么食物就
不能吃了。威严也是这样。凭借什么？凭借爱民利民。爱民就对民有利。
爱民利民的心消失了，却只是厉行威严，自身必定发生灾祸。

古之君民者①，仁义以治之，爱利以安之②，忠信以导

之③,务除其灾,致其福。故民之于上也,若玺之于涂④,此五帝、三王之所以无敌也。

【注释】

①古之君民者:本段节录自《离俗览·适威》。君,主宰,统治。

②安:使平静,使安定。

③导:引导。

④玺之于涂:印信打在封泥上。玺,印。涂,特指"封泥",古代公私简牍的封闭处捆以绳,在绳结处以胶泥加封,上盖印章,作为信验,以防泄密,失窃。

【译文】

古代统治民众的君王,用仁义来治理,爱民利民来使他们安定,用忠实诚信来引导他们,致力于为民除害,让他们幸福。所以百姓对于君主来说,就像把印章打在封泥上一样毫无偏离,这就是五帝、三王之所以无敌的原因。

东野稷以御见庄公①,庄公以为造父不过也。颜阖曰②:"其马将放③。"少顷,东野稷之马放而至。庄公召颜阖而问之曰:"子何以知其放也?"对曰:"夫进退中绳④,左右旋中规⑤,造父之御,无以过焉,犹求其马⑥,臣是以知其放也。"故乱国之使其民,不论人之性⑦,不反人之情⑧,烦为教而过不识⑨,过,责也。识,知也。重为任而罪不胜⑩。不能胜其所任者而罚。民进则欲其赏,退则畏其罪。知其能力之不足也,则以伪继矣。知则上又从而罪之。罪其伪也。是以罪召罪也⑪。召,致。故礼烦则不庄,业众则无功,令苛则不听,禁多则不行。桀、纣之禁,不可胜数,故民不用而身为戮^⑫。

【注释】

①东野稷以御见(xiàn)庄公:本段节录自《离俗览·适威》。东野
　稷,姓东野,名稷。战国时人,以善御称于时。见,展现,显示。庄
　公,即鲁庄公,名同。

②颜阖:战国时鲁国人,隐者,守道不仕。

③放:应作"败",是累坏的意思。

④绳:墨绳,木工取直的工具。

⑤规:木工取圆的工具。

⑥求:要求,责求。

⑦论:考察。

⑧反:类推。

⑨烦:频繁。过:责备。不识:不知道。

⑩罪:惩罚,治罪。

⑪召:招致,导致。

⑫不用:不效命。用,效命。为戮:被杀。

【译文】

　　东野稷给鲁庄公表演驾驭之术,庄公认为造父也不能超过他。颜阖
说:"他的马将要累坏。"过了一会儿,东野稷的马累坏回来。庄公召见
颜阖问他说:"您怎么知道他的马要累坏呢?"颜阖回答说:"他驾驭进退
都符合规则,左右旋转合乎规矩,造父的驾驭之术也无法超过他,可他还
在对马有进一步的苛求,我因此知道他的马会累坏。"所以混乱的国家役
使自己的百姓,不按照人的本性,不类推人之常情,频繁地颁布教令而惩
罚不知道的人,过,是责罚。识,是知道。加重百姓承担的责任而惩罚不能
胜任的人。不能胜任的人就会受到惩罚。百姓前进就想要获得奖赏,离去就
害怕受到处罚。知道自己的能力不够,就弄虚作假来应付。君王知道是

虚假的然后又加罪于他。处罚他弄虚作假。这就成了因畏罪而招致罪罚。召，是招致。所以说礼仪过于烦琐就会失去庄重，负责的事务多了那就没有功绩，政令太过苛刻百姓就不听从，禁令过多就无法得到落实。夏桀、商纣时期的禁令，多得数也数不过来，所以百姓不再为他们效命，而他们自己反而被杀。

凡使贤不肖异^①。使不肖以赏罚^②，不肖者喜生恶死，则可使也矣。使贤以义。唯义所在，死生一也^③。故贤主之使其下也，必以义，必审赏罚^④，然后贤不肖尽为用也。

【注释】

①凡使贤不肖异：本段节录自《恃君览·知分》。使，役使，使唤。

②赏罚：奖赏惩罚。

③死生一：死亡生存都一样，指不在乎死亡。

④审：慎重。

【译文】

凡是任用贤人跟不贤的人是不同的。任用不贤之人要用奖赏和惩罚，不贤的人贪生怕死，那就可以用这些来任用他。任用贤人要用道义。为了道义，生死对于他们来说没有什么区别。所以贤明的君主任用臣下，必须要用道义，必定慎重地推究奖赏和惩罚，然后贤人跟不贤的人都能为君主所用。

凡人筋骨欲其固也^①，心志欲其和也^②，精气欲其行也^③。若此，则病无所居而恶无由生矣^④。病之留，恶之生，精气郁也^⑤。郁，滞不通。故水郁则为污^⑥，水浅不流曰污。树郁则为蠹^⑦，蠹，蝎^⑧。草郁则为蒉^⑨，蒉，秽^⑩。国亦有郁：主德不通，民欲不达，此国之郁也。国之郁处久，则百恶并起而万灾丛生矣⑪。丛,聚。故圣人贵豪士与忠臣也,为其敢直言而决郁塞也⑫。

【注释】

①凡人筋骨欲其固也:本段节录自《恃君览·达郁》。筋骨,韧带及骨骼,也引申为身体。

②心志:心性,性情。

③精气:人的精神元气。

④恶:疾病,恶疾。

⑤郁:阻滞,闭塞。

⑥污:小水坑。

⑦蠹:树木的蛀虫。

⑧蝎(hé):蚀木的蛀虫。

⑨菑(zī):茂密的草丛。

⑩秽:荒芜,杂草丛生。

⑪丛生:同时发生。

⑫郁塞:滞塞,不舒畅。

【译文】

普通人的身体应该让它筋骨强壮,心性应该让它和平,精神元气应该让它通畅。要是这样,病痛就无处滞留,恶疾也没法产生了。病痛的滞留,恶疾的产生,是精神元气郁积不通。郁,是积滞不通。所以水郁积那就成为小水坑,水浅不流动叫污。树木郁积那就生蠹虫,蠹,是蚀木的蛀虫。草郁积那就成为茂密的荒草丛。菑,是杂草丛生。国家也有郁积:君主的德行不通达,民众的愿望不能实现,这是国家的郁积。国家郁积时间长了,众多邪恶就会一起产生,而更多的灾害就会同时发生。丛,是聚集。所以圣贤的君主尊重豪杰跟忠臣,因为他们敢于直言劝谏排除郁积壅塞。

赵简子曰①："厥也爱我②，铎也不我爱也③。厥，简子家臣也；铎，尹铎，亦家臣。厥之谏我也，必于无人之所；铎之谏我也，喜质我于人中④，质，正。必使我丑。"尹铎对曰："厥也爱君之丑，爱，惜。而不爱君之过也；铎也爱君之过，而不爱君之丑也。不质君于人中，恐君之不变也⑤。"变，改。此简子之贤也。人主贤则人臣之言刻⑥。刻，尽。

【注释】

①赵简子曰：本段节录自《恃君览·达郁》。赵简子，即赵鞅，春秋末晋国正卿。

②厥：赵厥，赵简子的家臣。

③铎：尹铎，赵简子家臣。

④质：质询，纠正。

⑤变：改变。

⑥刻：言无不尽。

【译文】

赵简子说："赵厥爱护我，尹铎不爱护我。赵厥，是赵简子的家臣；铎，是尹铎，也是其家臣。赵厥劝谏我的时候，一定是在没有人的地方；尹铎劝谏我的时候，喜欢当着众人的面纠正我，质，指正。一定让我出丑。"尹铎回答说："赵厥舍不得让您出丑，爱，吝惜。而不是顾惜您的过错；我顾惜您有过错，而不是顾惜您出丑。如果不当着众人的面纠正君主您，恐怕您不能改正啊。"变，是改变。这就是赵简子的贤明之处。君主贤明那么臣子的谏言就会言无不尽。刻，是说尽。

人主执民之命①。执民之命，重任也，不得以快志②。

【注释】

①人主执民之命:本段节录自《恃君览·行论》。执民之命,掌管百
　姓的命运。执,掌管。

②快志:指恣意行事。

【译文】

君主掌握着百姓的命运。掌握着百姓的命运,是重大的责任,不
能随心所欲地行事。

亡国之主必骄①,必自智,必轻物②。自谓有过人智,故轻
物。物,人也。骄则简士③,简,贱。自智则专独④,不容忠良。
轻物则无备。《传》曰:"无备而官办者,犹拾沈⑤。"无备召祸,专
独位危,简士雍塞⑥。士不尽规,故雍塞无闻知。欲无雍塞必
礼士,欲位无危必得众,欲无召祸必完备。三者,人君之大
经也⑦。经,道。

【注释】

①亡国之主必骄:本段节录自《恃君览·骄恣》。

②物:外界的人或事物。此处指他人。

③简:怠慢。

④专独:专断独行。

⑤无备而官办者,犹拾沈:见于《左传·哀公三年》。没有准备而想
　把事情办好,这是不可能的。办,治理。拾沈,拾取汁水。比喻事
　情不可能办到。

⑥雍塞:阻塞。雍,通"壅"。

⑦经:道,常道。

【译文】

亡国的君主必然骄傲自满,必然认为自己聪明,必然轻视他人。自

认为有超过别人的智慧,所以轻视他人。物,是他人。**骄傲自满就会简慢士人,**简,是看不起。**自以为聪明就会独断专行,遇事不与忠诚贤良的臣下商议。轻视他人那么就没有准备。**《左传》说:"没有准备而想把事情办好,就像捡拾汤水一样办不到。"没有准备就会招致灾祸,独断专行君位就危险,简慢士人就会阻塞视听。士人不尽力规劝,君主就阻塞视听没有办法知道。想要没有阻塞必须礼贤下士,想要君位不危险就必须得到众人辅佐,想要没有灾祸就必须准备齐全。这三条,是君主治理国家的最大原则。经,是道。

赵简子沈栾徼于河^①,曰:"吾尝好声色矣^②,而栾徼致之^③;吾尝好宫室台榭矣^③,而栾徼为之;吾尝好良马善御矣,而栾徼来之。今吾好士六年矣,而栾徼未尝进一人,是长吾过而绌吾善也^④。"所得者皆过也,所不进乃善,故曰"长吾过而绌吾善也"。故若简子能以理督责于其臣矣^⑤。以理督责于其臣,则人主可与为善,而不可与为非;可与为直,而不可与为枉^⑥。此三代之盛教也^⑦。

【注释】

①赵简子沈(chén)栾徼于河:本段节录自《恃君览·骄恣》。沈,沉没,投入河中。栾徼,即鸾徼,春秋时晋国人,赵简子臣。

②声色:淫声与女色。

③台榭:泛指楼台等建筑物。

④绌(chù):短缺,减损。

⑤督责:督察责罚。

⑥枉:不正直,邪曲。

⑦盛教:美好的教化。

【译文】

赵简子下令把栾徼沉入黄河,说:"我曾经喜好音乐美色,栾徼就把他们送来;我曾经喜好宫殿楼台,栾徼就给我建造;我曾经喜好骏马跟善于驾车的人,栾徼就给我找来。如今我喜好贤士六年了,而栾徼不曾举荐过一个人,这是助长我的过失而减损我的美善。"栾徼所让我得到的都是过错,所不进献的却是美善,所以说"是助长我的过失而减损我的美善"。所以像赵简子这样的人,是能够依照原则督察责罚臣子了。依照原则督察责罚臣子,那么君主可以跟他一起行善,而不可以跟他一起为非作歹;可以跟他一起做正直的事,不可以跟他一起做邪曲的事。这是夏、商、周三代的美好教化。

吴起行①,魏武侯自送之②,曰:"先生将何以治西河③?"对曰:"以忠以信,以勇以敢。"武侯曰:"安忠?"曰:"忠君。"尽忠于君。"安信?"曰:"信民。"施信于民。"安勇?"曰:"勇去不肖。"勇于去不肖也。"安敢?"曰:"敢用贤。"用贤无疑。武侯曰:"四者足矣。"

【注释】

①吴起行:本段应为佚文。吴起,战国时军事家。
②魏武侯:姬姓,魏氏,名击,魏文侯之子,战国初期魏国国君。
③西河:战国时魏地。

【译文】

吴起启程上路,魏武侯亲自送他,说:"先生将用什么来治理西河?"吴起回答说:"用忠、信、勇、敢。"武侯说:"忠于什么?"说:"忠于国君。"对君主尽忠。"如何信?"说:"取信于百姓。"对民众实施信任。"勇于什么?"说:"勇于去除不贤。"勇于去除不贤之人。"敢于什么?"说:"敢于任用贤人。"任用贤人而没有猜疑。武侯说："有这四条足够了。"

使人大迷惑者^①，必物之相似者也。玉人之所患^②，患石之似玉者；贤主之所患，患人博闻辩言而似通者^③。通，达。亡国之主似智，亡国之臣似忠，似之物，此愚者之所大惑，而圣人之所加虑也。思则知之。

【注释】

①使人大迷惑者：本段节录自《慎行论·疑似》。迷惑，辨不清是非，摸不着头脑。

②玉人：雕琢玉器的工人。

③博闻：多闻，见闻广博。辩言：巧伪之言，美丽动听而奸诈虚伪的言辞。

【译文】

让人极大地辨不清是非，必定是相似的事物。雕琢玉器的工人所担忧的，就是像玉的石头；贤明君主所担忧的，就是那些见闻广博、巧言善辩像是通达事理的人。通，是通达。亡国的君主看似聪明，亡国的臣子看似忠诚。相似的事物，是愚昧的人深感疑惑、圣人也要用心思索的。思索那就能知道。

贤主所贵莫如士^①。所以贵士，直言也。言直则枉者见矣^②。人主之患，欲闻枉而恶直言，是障其原而欲其水也^③。水奚自至？自，从。是贱其所欲而贵其所恶也^④，所欲奚自来？所欲，欲闻己枉；所恶，恶闻直言也，直言何从来至？

【注释】

①贤主所贵莫如士：本段节录自《贵直论·贵直》。贵，重视，认为崇高。

②枉：邪曲。见（xiàn）：显现，显露。

③障：阻隔，遮挡。原：源头。

④贱：以……为贱，轻视。

【译文】

　　贤明的君主所重视的莫过于士人。之所人重视士人，是因为他们直言敢谏。言谈正直，那么邪曲就会显露出来。君主的弊病，在于想闻知邪曲而厌恶正直之言，这是阻塞水源却想要得到水。水从何而来？自，是从。这是轻视他所想要的，而重视他所厌恶的，那么想要得到的从哪里来？想要的，是想要听不正直的话；所厌恶的，是厌恶听到正直之言，那么正直的劝谏从何而来？

　　能意见齐宣王①，宣王曰："寡人闻子好直，有之乎？"能，姓也；意，名也。对曰："意恶能直？意闻好直之士，家不处乱国，身不见污君②。今身得见王，而家宅乎齐，意恶能直？"宅，居也。恶，安也。若能意者，使谨乎论主之侧，亦必不阿主③。阿，曲。不阿主，主之所得岂少哉？此贤主之所求，而不肖主之所恶也。

【注释】

①能意见齐宣王：本段节录自《贵直论·贵直》。能意，姓能（或作熊），名意，战国时齐国人。齐宣王，田氏，名辟疆，威王子。

②污君：无道之君。

③阿（ē）：曲从，迎合。

【译文】

　　能意拜见齐宣王，宣王说："我听说您喜好正直，有这回事吗？"能，是姓氏；意，是名字。能意回答说："我哪里能够做到正直呢？我听说喜好正直的士人，家不住在政治混乱的国家，自身不见无道昏君。如今我能见到君王您，而且家住在齐国，我哪里能够做到正直？"宅，是居住。恶，是哪里。像能意这样的人，让他谨慎地在君主身边发表议论，也一定不会曲从君主。阿，曲从。不曲从君主，君主所获得的教益难道还会少吗？这是贤明君主所追求的，而不贤的君主所厌恶的。

　　荆文王得茹黄之狗、宛路之矰①，矰，弋射短矢也。以田于云梦②，田，猎也。云梦，楚泽也。三月不反③。得丹之姬④，淫⑤，期年不听朝⑥。淫，惑。保申曰⑦："先王卜以臣为保⑧，吉。保，大保，官；申，名。今王之罪当笞⑨。"王曰："愿请变更而无笞⑩。"保申曰："臣承先王之令⑪，不敢废也。王不受笞，是废先王之令也。臣宁抵罪于王⑫，毋抵罪于先王。"王曰："诺。"引席王伏⑬，保申束细荆五十⑭，跪而加之于背⑮，如此者再，谓"王起矣"。王曰："有笞之名，一也。"遂致之。遂痛致之。保申曰："臣闻君子耻之，小人痛之。耻之不变，痛之何益？"保申起，出请死。文王曰："此不穀之过也⑯，保申何罪？"王乃变，更召保申，杀茹黄之狗，折宛路之矰，放丹之姬⑰，务治荆国。兼国三十九。令荆国广大至于此者，保申之力也，极言之功也⑱。

【注释】

　　①荆文王得茹黄之狗、宛路之矰（zēng）：本段节录自《贵直论·直

　　谏》。荆文王,即楚文王,名赀。春秋时楚国国君。茹黄,古良犬
　　名。亦泛指良犬。宛路,美竹名,此竹细长而直,可制箭杆。矰,
　　古代系有丝绳系的短箭。

②田:田猎,围猎。云梦:古楚地薮泽。

③反:同"返",返回。

④丹:即丹阳,是西周、春秋初楚国都城,在今湖北秭归东南。姬:美女。

⑤淫:惑乱,迷惑。

⑥期(jī)年:一整年。听朝:临朝听政。

⑦保申:名叫申的太保。

⑧卜:占卜,烧灼龟甲,根据烧后的裂纹预测吉凶。

⑨当:判处。笞:用竹板、荆条抽打。

⑩变更:改变,变动。

⑪承:承受,承接。

⑫抵罪:因犯罪而受到相应的处罚。

⑬引:拉。

⑭荆:用荆条做的刑杖。

⑮加:施加,施用。

⑯不穀:古代王侯自称的谦辞。

⑰放:驱逐,流放。

⑱极言:指直言规劝。

【译文】

　　荆文王获得茹黄良犬、宛路竹子制作的短箭,矰,是射鸟用的短箭。在
云梦泽田猎,田,是田猎。云梦,是楚地的大沼泽。三个月不返回。得到丹地
的美女,被其迷惑,一整年不临朝听政。淫,是迷惑。太保申说:"先代君
王通过占卜任命我担任太保,卦象吉利。保,是太保,官名,申,是名字。如今
君王的罪过应当判处笞刑。"文王说:"请您换一种刑罚,不要笞刑。"太
保申说:"我敬受先王的命令,不敢废除。君王您不接受笞刑,这是废除

先王的命令。我宁肯因犯罪受到君王您的惩罚，也不敢因犯罪受到先王的惩罚。"文王说："好。"太保拉过席子让荆王俯身趴下，太保申将五十根细荆条捆绑在一起，自己跪着把刑杖施加在文王的背上，像这样反复了两次，说"君王起来了"。文王说："同样是有了受笞刑的名声，还是真的鞭笞吧。"于是就痛打了。于是痛快地施行鞭刑。太保申说："我听说对于君子，要让他心里感到羞耻，对于小人，要让他感到痛苦。如果感到羞耻而不改变，痛苦又有什么用？"太保申起身，出去请求文王处死自己。文王说："这是我的过错，太保申有什么罪过？"文王于是痛改前非，重新召见太保申，杀死茹黄良犬，折断宛路竹箭，放逐丹地美女，致力于治理楚国。后来兼并了三十九个国家。让楚国疆土扩大到如此程度，是太保申的力量，这也是直言劝谏的功效啊。

　　齐宣王好射①，悦人之谓己能用强弓②。示有力也。其尝所用不过三石③，以示左右。左右皆试引之，中开而止，开，开弓弦至半而止。皆曰："此不下九石，非王，其孰能用是？"宣王终身自以为用九石，岂不悲哉？伤其自诬而不知实。非直士其孰不阿主？故乱国之主，患在乎用三石为九石。力不足而自以为有余也。其功德，其治理，皆亦如之。

【注释】

①齐宣王好射：本段节录自《贵直论·壅塞》。

②强弓：强劲有力的弓弩。

③石（dàn）：重量单位，一百二十斤为一石。按，古制三十斤为钧，四钧为石。

【译文】

齐宣王喜欢射箭，喜欢别人说他能用强弓。以此来显示自己有力量。

他用过的弓不超过三石，拿给左右臣子看。左右臣子都试着拉弓，拉到一半就停下来了，开，是拉开弓弦到了一半就停下来。都说："这弓的弓力不低于九石，除了君王您，还有谁能用这么强的弓？"宣王一辈子都以为自己能拉开用九石弓，难道不悲哀吗？感叹他自己被欺骗而不知道实情。不是正直的士人，有谁不迎合君主？所以给国家造成祸乱的君主，他们的弊病就在于把三石当成九石。力量不够却自己认为有剩余。其他的像功德、治理国家，都跟这种情况一样。

欲知平直①，则必准绳②；欲知方圆，则必规矩③。人主欲自知，则必直士④。唯直士能正言。故天子立辅弼⑤，设师保⑥，所以举过也⑦，举，犹正也。务在自知。尧有欲谏之鼓⑧，舜有诽谤之木⑨，汤有司过之士⑩，武有戒慎之鼗⑪，欲戒者摇其鼗鼓也。犹恐不能自知。今贤非尧、舜、汤、武也，而有掩蔽之道⑫，奚由自知哉？荆成、齐庄不自知而杀⑬，吴王、智伯不自知而亡⑭。故败莫大于不自知。范氏之亡也⑮，范氏，晋卿。百姓有得其钟者，欲负而走，则钟大不可负，以椎毁之⑯，钟况然有音⑰，恐人之闻之而夺己也，遽掩其耳⑱。恶人之闻之，可也；恶己自闻之，悖矣⑲。为人主而恶闻其过，亦由此⑳。此自掩其耳之类也。

【注释】

①欲知平直：本段节录自《不苟论·自知》。

②准绳：测定物体平直的器具。引申为标准，规则。准，测定平面的水准器。绳，用以量直的墨线。

③规矩：校正方圆的器具。引申为法度，准则。

④直士：正直、耿直之士。

⑤辅弼：辅佐。

⑥师保：古时任辅弼帝王和教导王室子弟的官，有师有保，统称师保。

⑦举过：举正过失。

⑧欲谏之鼓：尧于宫门外设立供进谏者敲击的鼓。

⑨诽谤之木：舜时有在交通要道竖立专供百姓书写政治缺失的木牌。

⑩司过之士：掌管纠察群臣过失的官吏。

⑪戒慎之鼗（táo）：为了让君主警惕、谨慎所摇的小鼓。鼗，长柄的摇鼓。

⑫掩蔽：蒙蔽，隐瞒。

⑬荆成：即楚成王。齐庄：即齐庄公。

⑭吴王：即夫差，春秋末期吴国国君阖闾之子。智伯：即智襄子，又称智瑶。

⑮范氏：范吉射，士鞅之子，晋六卿之一。

⑯椎（chuí）：槌子。

⑰况然：哐哐的响声。

⑱遽：马上。

⑲悖：荒谬，糊涂。

⑳由：通"犹"，如同。

【译文】

想要了解平直程度，那就必须使用水准墨绳；想要了解方圆的程度，那就必须使用圆规矩尺。君主要想了解自己，就必须任用正直之士。只有正直之士能够直言。所以天子设立辅佐，设置师保，就是用来举正过失的，举，是说举正。致力于了解自身。唐尧有在朝廷设立供进谏者敲击的鼓，虞舜有在交通要道竖立让人写谏言的木牌，商汤有掌管纠察群臣过失的官吏，周武王有让君主警惕谨慎所摇的小鼓，想要告诫君主谨慎行事的人就摇动小鼓。尽管如此，他们仍怕不能了解自己。如今的君主，没有唐尧、虞舜、商汤、周武王那样贤明，却采取蒙蔽隐瞒的办法，还靠什么了解自己的过失呢？楚成王、齐庄公因不了解自己的过失而被杀，吴王夫差、智伯因不了解自己的过失而灭亡。所以没有什么比不了解自己的过失更大的了。范氏灭亡的时候，范氏，是晋卿。有个百姓得到他的一口钟，想要背着跑，但是钟大而背不动，便用槌子击毁钟，钟喤喤作响，他怕别人听见来抢夺钟，马上捂住自己的耳朵。怕别人听见，是可以的；不愿让自己听见，这就糊涂了。身为君主却不愿听到自己的过失，也跟这一样。这是自己捂住耳朵一类的事情。

　　荆有善相人者^①，所言无遗策^②。遗，失。庄王见而问焉^③，对曰："臣非能相人也，能视人之友也^④。布衣也^⑤，其友皆孝悌^⑥，纯谨畏令^⑦，如此者，家必日益，身必日安，此所谓吉人也^⑧。事君也，其友皆诚信，有行好善，如此者，事君日益，官职日进，此所谓吉臣也^⑨。人主也，朝臣多贤，左右多忠，主有失，敢交争正谏^⑩，交，俱。如此者，国日安，主日尊，天下日服，此所谓吉主也^⑪。臣非能相人也，能观人之友也。"庄王善之，于是疾收士^⑫，日夜不懈，遂霸天下。

【注释】

①荆有善相人者：本段节录自《不苟论·贵当》。荆，楚国。相人，观察人的形貌以占测其吉凶祸福。

②遗策：失策，失算。

③庄王：楚庄王，春秋五霸之一，楚国国君，芈姓，名旅。

④视：看到，观察。

⑤布衣：粗布衣服，代指平民。

⑥孝悌：孝顺父母，敬爱兄长。悌，顺从兄长。

⑦纯谨：纯正谨慎。

⑧吉人：善良的人。

⑨吉臣：贤良之臣。

⑩争：通“诤”，诤谏，规劝。正谏：直言规劝。

⑪吉主：贤明之君。

⑫疾：大力。收士：招贤纳士。收，聚集。

【译文】

　　楚国有善于相人的人，所说的没有失算的。遗，是失。楚庄王召见他，向他询问这件事，他回答说：“我不是能够相人，是能观察这个人的朋友。观察平民，他的朋友都孝顺父母、敬爱兄长，纯正谨慎、敬畏法令，像这样的人，他的家必然日益富足，他自身必然日益安康，这就是所说的善良的人。观察臣子，他的朋友都诚恳守信，有品行而喜欢行善，像这样的臣子，事奉君主必然日益长进，官职必然日益升迁，这就是所说的贤良之臣。观察君主，朝中的臣子多是贤才，身边的侍臣多是忠良之人，君主有过失，众人都敢于争相进谏，交，是全都。像这样的君主，国家会日益安定，君主会日益尊贵，天下会日益归服，这就是所说的贤明之君。我不是能够相人，是能够观察这个人的朋友。”楚庄王认为他说得好，于是大力收罗贤士，日夜坚持不懈，于是称霸天下。

　　先王用非其有①，如己有之，通乎君道者也②。为宫室必任巧匠③，奚故？奚，何。曰：匠不巧则宫室不善也。夫国，重物也，其不善也，岂特宫室哉？特，犹直也。巧匠为宫室，为圆必以规，为方必以矩，为平直必以准绳。功已就④，就，成。不知规矩准绳，而赏巧匠；宫室已成，不知巧匠，而皆曰：“此某君某王之宫室也。”人主之不通乎主道者则不然，自为之则不能，任贤者恶之，与不肖者议之，此功名之所以伤，伤，败。国家之所以危。危，亡。汤、武一日而尽有夏、商

之民,尽有夏、商之地,尽有夏、商之财。以其民安而天下莫
敢危之,以其地封而天下莫不悦,以其财赏而天下皆竞劝⑤。
劝,进。通乎用非其有也。

【注释】

①先王用非其有:本段节录自《似顺论•分职》。非其有,不是自身
　拥有的事物。

②君道:为君之道。

③巧匠:技艺精巧的工匠。

④就:成功,完成。

⑤竞劝:争相劝勉效力。劝,效力。

【译文】

　　先代君王使用那些不是自己拥有的东西,就像自己拥有一样,这
是通晓为君之道的。建造宫殿必须任用技艺精巧的工匠,这是什么缘
故? 奚,是什么。回答说:工匠不精巧,宫殿就建不好。国家,是极重要的
东西,如果治理不好,所带来的危害岂止是宫殿建造不好那样呢? 特,只
是。技艺精巧的工匠建造宫殿,画圆必须用圆规,画方必须用矩尺,使平
面笔直必须用水准墨绳。事情完成以后,就,是完成。不知道圆规、矩尺、
水准、墨绳,只是赏赐技艺精巧的工匠;宫殿已经落成,不知道技艺精巧
的工匠,而都在说:“这是某某君主、某某帝王的宫殿。”君主中不通晓为
君之道的则不是这样,自己去做而做不成,任用贤人又厌恶他们,跟不贤
的人议论他们,这就是功名之所以毁败,伤,是败坏。国家之所以危亡的
原因。危,是危亡。商汤、周武王在短时间内就全部占有了夏朝、商朝的
民众,完全占有了夏朝、商朝的土地,完全占有了夏朝、商朝的财物。凭
借他们的百姓安定自身,天下人没有谁敢危害他们;把那些土地分封给诸
侯,天下人没有谁不高兴;把那些财物赏赐给臣下,天下人都争相效力。
劝,是上进。这是因为他们通晓了如何使用不是自己所拥有东西的道理啊。

卫灵公天寒凿池^①，宛春谏曰^②："天寒起役^③，恐伤民。"
伤，病。公曰："天寒乎哉？"宛春曰："公衣狐裘^④，坐熊席^⑤，
是以不寒。今民衣弊不补^⑥，履决不组^⑦。君则不寒，民则寒
矣。"公曰："善。"令罢役。左右以谏曰："公凿池^⑦，不知天
之寒也，而春也知之。以春之知也，而令罢之，福将归于春
也，而怨将归于君。"公曰："不然。夫春也，鲁国之匹夫也，
而我举之^⑧，举，用。夫民未有见焉，未见其德。今将令人以此
见之。且春也有善，如寡人有春之善，非寡人之善欤？"灵
公之论宛春也^⑨，可谓知君道矣。

【注释】

①卫灵公天寒凿池：本段节录自《似顺论·分职》。卫灵公，姬姓，
　名元，春秋卫国国君。

②宛春：鲁人，卫灵公大夫。

③起役：动工，开工。役，劳役，这里指土木工程。

④狐裘：用狐皮制的外衣。

⑤熊席：熊皮座席。

⑥弊：通"敝"，破旧，破损。

⑦决：通"缺"，破裂。组：编织，织补。

⑧举：举用，任用。

⑨论：评论。

【译文】

卫灵公让百姓在天气寒冷时开凿池塘，宛春劝谏说："天气寒冷时
动工，恐怕伤害百姓。"伤，是弊病、祸害。灵公说："天气寒冷吗？"宛春说：
"君主您穿着狐皮大衣，坐着熊皮座席，因此不冷。如今平民衣服破了不
能缝补，鞋子破了不能织补。您是不冷，百姓可就冷了。"灵公说："好。"

于是下令停止劳役。左右近侍劝谏说："您开凿池塘，是因为不知道天冷，而宛春他是知道的。因为宛春知道而下令停止工程，福气将要归于宛春，怨气将要归于国君您。"灵公说："不是这样。宛春只是鲁国的平民，而我举用了他，举，是举用。百姓对他没什么了解，没有看见他的德行。如今要让百姓通过这件事了解他。况且宛春有了善行，就如同我有了善行，宛春的善行不就是我的善行吗？"灵公评论宛春的话，可以算是懂得为君之道了。

卷四十

韩子

【题解】

《韩子》,战国韩非著,《汉书·艺文志》"诸子略·法家"类著作著录"《韩子》五十五篇",大概是汉代刘向整理内府图书时编集而成的。至宋,因尊唐代韩愈为"韩子",遂将《韩子》改称为《韩非子》。

韩非接受荀子人性恶的观点,同时又吸取了商鞅、申不害、慎到等人的学说,构建了以任法、用术、重势为核心的政治思想体系,成为先秦法家思想的集大成者。韩非的思想体系主要包括法、术、势三个方面。他主张以法治国,即制定和执行严格的法律来规范人们的行为,维护社会秩序。同时,他也强调君主应该掌握权术,即运用各种手段来驾驭臣子和民众,确保国家的稳定和安全。此外,韩非还认为君主应该拥有绝对的权威和势力,以便能够有效地推行自己的政策和法令。秦始皇充分发挥了他的思想,建立了中央集权的君主专制统治。韩非的文章在先秦诸子散文中极具特色,风格严刻峻峭,周密细致,其锋芒如剑,形式上具有极强的逻辑性,几乎无可抵挡。

韩非(约前280—前233),战国末期韩国人。《史记》记载,韩非"为人口吃,不能道说,而善著书"。他与李斯同为儒家大师荀卿的学生,而李斯"自以为不如"。韩非目睹韩国日衰,曾多次上书韩王,希望变法图强,但未被采用。于是写下《孤愤》《五蠹》《内外储说》《说林》《说难》

等十余万言,全面、系统地阐述他的法治思想。《史记》云:"秦王见《孤愤》《五蠹》之书,曰:'嗟乎,寡人得见此人与之游,死不恨矣!'"于是李斯献策而韩非使秦。韩非到秦国后,遭到李斯的嫉妒,秦始皇十四年(前233),他与秦王宠臣姚贾勾结,谗害韩非,逼其自杀于狱中。

目前通行的注本是清人王先慎的《韩非子集解》。今人陈奇猷的《韩非子集释》《韩非子新校注》、梁启雄的《韩子浅解》,史料详备,可供参考。

魏徵等人编撰《群书治要》时,并不赞同法家学说,而是主张将道德仁义作为治国之本,认为法只是辅助手段。因此在节录法家著作时,只是选取其中对治国有益的部分文字,这从其所节录的《韩子》段落即可看出。

十过①

十过:一曰行小忠,则大忠之贼也②。二曰顾小利,则大利之残也。三曰行僻自用③,无礼诸侯,则亡身之至也。四曰不务听治④,而好五音⑤,则穷身之事也⑥。五曰贪愎喜利⑦,则灭国杀身之本也。六曰耽于女乐⑧,不顾国政,则亡国之祸也。七曰离内远游⑨,忽于谏士⑩,则危身之道也。八曰过而不听于忠臣,而独行其意⑪,则灭高名⑫,为人笑之始也。九曰内不量力,外恃诸侯⑬,则削国之患也⑭。十曰国小无礼,不用谏臣⑮,则绝世之势也。

【注释】

①十过:是说君主治国时会犯的十种过失。本篇劝谏国君不可犯"行小忠""顾小利""好五音"等十种过失。《群书治要》仅录篇首一段,是此篇之纲。

②贼：害，祸患。

③行僻：行为邪僻。僻，邪僻，偏离正道。自用：自行其是，不接受别人的意见。

④听治：处理国政。

⑤五音：指五声音阶中的宫、商、角、徵、羽五个音级。这里泛指音乐。

⑥穷身：使自己困窘。

⑦贪愎（bì）：贪婪乖戾。愎，乖戾，固执。

⑧耽：沉溺。女乐：歌舞伎。

⑨内：特指帝王所居之处，朝廷内或宫禁内。

⑩谏士：谏诤之士。谏，谏诤，规劝。

⑪独行：独断专行，按自己的主张去做。

⑫高名：盛名，名声大。

⑬恃：依靠，凭借。

⑭削国：削弱国家。

⑮谏臣：直言规劝之臣。

【译文】

　　十种过失：第一种是奉行个人之间的小忠，那就是大忠的祸患。第二种是贪图眼前的小利，那就是对大利的危害。第三种是行为邪僻自行其是，对诸侯无礼，那就会让自身灭亡。第四种是不致力于处理国政，而沉溺于靡靡之音，那就是让自己走向末路的事情。第五种是贪婪乖戾而又追逐利益，那就是国家灭亡、自身被杀的祸根。第六种是沉溺于歌舞女优，不顾及国家政事，那就是亡国的灾祸。第七种是离开宫禁出游远方，忽视谏诤的士人，那就是危害自身的做法。第八种是犯了错误却不听忠臣的劝告，只按自己的主意去做，那就会磨灭盛名，成为被人耻笑的开始。第九种是对内不衡量自己的力量，对外依仗诸侯，那就是国家被削弱的祸患。第十种是国家弱小没有礼仪，不任用直言劝谏的臣子，那就是断绝后代的趋势。

说难①

昔者，弥子瑕有宠于卫君②。卫国之法，窃驾君车者罪刖③。弥子母病，人间有夜告弥子，弥子矫驾君车以归④。君曰："孝哉！为母故犯刖罪。"异日，与君游于果园，食桃而甘，不尽，以其半啖君⑤。君曰："爱我哉！忘其口而啖寡人⑥。"及弥子色衰爱弛⑦，得罪于君⑧，君曰："是故尝矫驾吾车，又尝啖我以余桃。"故弥子之行未移于初也⑨，而前所以见贤⑩，后获罪者，人主爱憎之变也。故有爱于主，则智当而加亲⑪；有憎于主，则智不当而加疏。

【注释】

①说（shuì）难：是讲游说之难，并且指出游说成功之术。《史记》中录《说难》全篇，并说："然韩非知说之难，为《说难》书甚具，终死于秦，不能自脱……余独悲韩子为《说难》而不能自脱耳。"《群书治要》仅录此篇末的一个引例，旨在启迪为君者和为臣者。

②弥子瑕：春秋时卫国人，灵公时大夫。卫君：指卫灵公（？—前493），姬姓，名元，春秋时期卫国国君。

③窃：私下里，私自。刖（yuè）：指古代断足或斩脚趾的酷刑。

④矫：诈称，假托。

⑤啖（dàn）：吃，使……吃。

⑥忘：放弃。

⑦色衰爱弛：姿色衰老宠爱减弱。弛，减弱。

⑧得罪：获罪。

⑨移：转移，改变。

⑩见贤：指被称美。

⑪当：相当，得当。加：更加。

【译文】

　　从前，弥子瑕得宠于卫灵公。卫国的法令，偷驾君主车子的人就要被处以砍掉双脚的刑罚。弥子瑕的母亲病了，家人偷偷地连夜告知弥子瑕，弥子瑕假托君命，驾着卫君的车子回了家。卫灵公知道此事后赞叹说："孝顺啊！为了母亲的缘故，甘冒砍去双脚之刑。"另一天，弥子瑕和卫灵公在果园游玩，觉得桃子很甘甜，没有吃完，就把吃了一半的桃子给卫灵公吃。卫灵公说："真是爱我啊！放弃美味而给我吃。"等到弥子瑕容颜衰老失去宠幸，得罪了卫灵公，卫灵公说："他曾经假传君命驾过我的车，又曾把吃剩的桃子给我吃。"本来弥子瑕的行为与当初没有两样，之所以从前被赞叹，后来却获罪，是君主的爱憎发生了变化。所以受君主宠信的时候，智谋会被认为得当而与君主更加亲近；被君主憎恶的时候，其智谋就会被认为不得当而与君主的关系更加疏远。

解老①

　　工人数变业则失其功②，作者数摇徙则亡其功③。一人之作，日亡半日，十日则亡五人之功；万人之作，日亡半日，十日则亡五万人之功。然则数变业，其民弥众④，其亏弥大矣。凡法令更，则利害易。利害易，则民务变⑤。民务变，谓之变业。故以理观之，事大众而数摇之⑥，则少成功；藏大器而数徙之⑦，则多败伤；烹小鲜而数挠之⑧，则贼其宰⑨；治大国而数变法，则民苦之。是以有道之君，贵虚静而重变法⑩。故曰："治大国者若烹小鲜。"

【注释】

①解老:就是解释《老子》。本篇为老子传注之祖。《群书治要》仅录此篇关于不可轻易变更法令一段,指出"治大国者若烹小鲜",为政者不能轻易改变法令。

②工人:工匠、手工业者。数(shuò):屡次,频频。功:指技艺精湛。

③摇徙:动摇迁徙。

④弥:表程度加深,更加。

⑤民务:民众承担的事务。

⑥事:役使。

⑦大器:重大的宝物、宝器。

⑧小鲜:小鱼。桡(náo):搅和,搅动。

⑨宰:宰夫,厨师。

⑩贵:重视,崇敬。虚静:清虚恬静。重:慎重从事。

【译文】

工匠屡次改变职业那就会失去精湛的技艺,劳作的人屡次动摇迁徙那就会丧失自己的事业成果。一个人劳作,每天去掉半天时间,十天就少五个人的成果;一万个人的工作,每天去掉半天时间,十天就能少了五万人的功效。这样看来屡次改变职业,这样的人越多,亏损就越大。凡是法令变更,那么利害情况就会改变。利益损害改变,那么民众承担的事务就会随着改变。民众承担的事务改变,叫改变职业。所以以理观之,使用役夫士卒而屡次动摇政令,那么就会减少他们的功效;储藏重大的宝器而屡次迁徙,那么就会多有毁坏损伤;烹煮小鱼而屡次搅动,那就会伤害厨师的技艺;治理大国而屡次变更法令,那么百姓就会痛苦。因此有道明君崇敬清虚恬静而谨慎变更法令。所以说:"治理大国就像烹煮小鱼。"

说林上①

乐羊为魏将②，攻中山③。其子在中山，中山之君烹其子而遗之④，乐羊尽一杯。文侯谓堵师赞曰⑤："乐羊以我故，食其子之肉！"答曰："其子而食之，且谁不食？"乐羊罢中山，文侯赏其功而疑其心。孟孙猎得麑⑥，使秦西巴持之以归⑦，其母随而呼，秦西巴以不忍而与之。孟孙大怒逐之。居三月，复召为其子傅。其御曰："曩将罪之⑧，今使傅子，何也？"孟孙曰："夫不忍麑，又且忍吾子乎？"故曰："巧诈不如拙诚⑨。"乐羊以有功见疑⑩，秦西巴以有罪益信。

【注释】

①说林：是韩非为游说著述所准备的资料汇编，内容多为历史故事。由于资料众多，所以分为上下两部分。《史记·老子韩非列传》索隐曰：《说林》者，广说诸事，其多若林，故曰'说林'也。"《群书治要》只录其中一则，说明"巧诈不如拙诚"。

②乐羊：又作"乐阳"。战国初魏国将领。后来的名将乐毅即其后代。魏：战国七雄之一。

③中山：古国名，春秋末年北方少数民族白狄所建，在今河北正定东北，后为赵所灭。

④烹：古代一种酷刑，用鼎来煮杀人。遗（wèi）：留给，送给。

⑤文侯：即魏文侯，战国时魏国国君，名斯，尝从子夏受经艺，先后任贤臣名将，使魏日益富强，为战国初期强国。堵师赞：姓堵师，名赞，生平不详。

⑥孟孙：指鲁国的卿孟孙氏。麑（ní）：幼鹿。

⑦秦西巴：姓秦西，名巴，生平不详。

⑧曩（nǎng）：从前，过去。

⑨拙诚：虽然愚钝但却真诚。

⑩见疑：受到猜疑。

【译文】

乐羊担任魏国将领，进攻中山国。他的儿子在中山国，中山国国君把乐羊的儿子用鼎煮杀了送给他肉汁，乐羊吃完了一杯。文侯对堵师赞说："乐羊因为我的缘故，吃下了自己儿子的肉汁！"堵师赞回答说："他连自己的儿子都吃得下，还有谁不能吃？"乐羊结束中山之战回来，文侯奖赏他的功绩却猜疑他的用心。孟孙氏打猎获得一只幼鹿，让秦西巴带上它回去，幼鹿的母亲跟随着哀叫，秦西巴觉得不忍心，于是便把幼鹿送回母鹿身边。孟孙大怒，把他撵走。过了三个月，重新召回秦西巴任命他做自己儿子的师傅。孟孙氏的车夫问："从前要惩罚他的罪过，如今让他辅佐教导您的儿子，这是为什么？"孟孙氏说："他对幼鹿都不忍心，何况对我的儿子呢？"所以说："巧妙的欺诈不如笨拙的真诚。"乐羊因为有功而被猜疑，秦西巴因为有罪而更受信任。

观行①

古之人目短于自见，故以镜观面；智短于自知，故以道正。目失镜则无以正须眉，身失道则无以知迷惑②。西门豹之性急③，故佩韦以缓己④；董阏于之心缓⑤，故佩弦以自急⑥。故以有余补不足、以长续短，之谓明主。

【注释】

①观行：即用法术来观察人的行为。本篇节录两节，首节言以道正己，末节言因可势，求易道。

②无以知迷惑：指无法辨清是非。

③西门豹：姓西门，名豹，魏文侯时任邺（今河北临漳西南）令。

④佩韦：韦，指熟牛皮。因其性柔韧，性情急躁的人佩带在身上，用以自戒。

⑤董阏于（？—前496）：一作董安于，春秋时晋人，赵简子家臣。

⑥佩弦：佩带弓弦。弓弦常紧绷，故性缓者佩以自警。后因以"韦弦"比喻外界的启迪和教益。用以警戒、规劝。

【译文】

　　古人的眼睛不能看见自己，所以要用镜子来观察面孔；智力无法做到自知，所以用道法来端正自己。眼睛如果失去了镜子，就没有办法修整胡须和眉毛；人如果失去了道法，那就没有办法判断是非。西门豹性子急，所以佩带柔韧的熟牛皮提醒自己从容客观；董阏于心性缓慢，所以佩带绷紧的弓弦鞭策自己明快敏捷。所以用多余来补充不足、用长处来接续短处，这就称得上英明的君主。

　　天下有信数三①：一曰智有所不能立，二曰力有所不能举，三曰强有所不能胜。故虽有尧之智而无众人之助，大功不立；有乌获之劲而不得人助②，不能自举；有贲、育之强而无术法③，不得长生。故势有不可得，事有不可成。故乌获轻千钧而重其身④，非其身重于千钧也，势不便也。离娄易百步而难眉睫⑤，非百步近而眉睫远也，道不可也。故明主不穷乌获，以其不能自举；不困离娄，以其不能自见。因可势，求易道，故用力寡而功名立。

【注释】

　　①信数：必然的道理。

②乌获：战国时秦之力士。

③贲：孟贲，古代著名勇士。育：夏育，古代著名勇士。常与孟贲合
　　称贲育。术法：方法。

④轻：看不起，轻视。钧：古代重量单位，三十斤为一钧。重：看重，
　　重视。

⑤离娄：或作离朱、离珠，传说中远古时人。相传目力极强，能于百
　　步之外，望见秋毫之末。眉睫：眉毛和睫毛。形容切近眼前。

【译文】

　　天下有三种必然的道理：第一是智慧再高也有不能办成的事情，第
二是力量再大也有举不起来的东西，第三是实力再强也有战胜不了的对
手。所以即使有唐尧的智慧而没有众人的帮助，大功也无法建立；即使
有乌获的劲力而得不到别人的帮助，也举不起自己；即使有孟贲、夏育的
勇猛而没有正确的方法，也不能够常胜不败。所以形势总有不具备的，
事情总有不能成功的。所以乌获轻视千钧而重视自己的身体，不是他的
身体比千钧还重，而是形势不适宜。离娄看百步之外的东西很容易，而
难以看到自己的眉毛和睫毛，不是百步近而眉毛睫毛远，是自然法则不
许可。所以英明的君主不因为乌获不能举起自己，而让他困窘；不因为
离娄不能看见自己，而让他窘迫。凭借可以成功的形势，寻求容易执行
的方法，所以用力少而功成名就。

用人①

　　释法术而心治②，尧不能正一国；去规矩而妄意③，奚仲
不能成一轮④。使中主守法术⑤，拙匠执规矩，则万不失也。
君人者，能去贤巧之所不能，而守中拙之所万不失，则人力
尽而功名立。

【注释】

①用人：本篇旨在说明君主用人之术，因篇首有"用人"二字，取来用作篇名。《群书治要》节录其第二节并有节略，主旨为说明不要凭主观意愿做事。

②释：放开，放弃。法术：法与术的合称。韩非认为商鞅言法，申不害言术，两人所言皆有所偏，因而主张两者兼用。后因以法术指法家之学。心治：指不用法度，而凭主观意愿治理政事。

③妄意：臆测。

④奚仲：夏之车正，传说姓任，黄帝之后，为车的创造者，春秋薛之始祖。

⑤中主：中等才德的君主。

【译文】

放弃法术而凭主观想法治理国家，即使是唐尧也不能匡正一个国家；舍弃规矩而臆测，即使是奚仲也不能制成一个车轮。让中等才德的君主谨守法术，笨拙的工匠掌握规矩和尺度，那么就可以做到万无一失。做君主的，能够放弃贤人巧匠所不能做到的，谨守中等才能的君主和笨拙的匠人万无一失的方法，那么就能使人人竭尽全力而功成名就。

功名①

明君之所以立功成名者四：一曰天时②，二曰人心，三曰伎能③，四曰势位④。非天时，虽十尧不能冬生一穗。逆人心，虽贲、育不能尽人力。故得天时，则不务而自生；得人心，则不趣而自劝⑤；因伎能，则不急而自疾；得势位，则不进而成名。若水之流，若船之浮，守自然之道⑥，行毋穷之令⑦，故曰明主。

【注释】

①功名：本篇指出要成就功名，必须具备天时、人心、伎能、势位四个条件。

②天时：指客观的自然条件。

③伎能：技能，掌握和运用专门技术的能力。

④势位：权势地位。

⑤趣（cù）：催促，督促。自劝：自我劝勉。

⑥自然之道：自然而然，按事物内部规律发展变化。

⑦毋穷：畅行无阻。毋，无，没有。穷，止。

【译文】

英明君主立功成名的条件有四项：一是天时，二是人心，三是技能，四是势位。不顺应天时，即使十个唐尧也不能让庄稼在冬天长出一个穗子。背逆人心，即使孟贲、夏育这样的勇士也不能让大家竭尽人力。所以获得天时，那么不用努力庄稼也会自行生长；获得人心，那么不用催促百姓也会自我劝勉；凭借技能，那么不用着急也会很快成功；获得权势地位，不用进取就成就功名。像水自然流动，像船漂浮在水面，恪守自然规律，施行畅通无阻的法令，所以叫英明的君主。

大体①

古之全大体者，望天地，观江海，因山谷②，日月照，四时行，云布风动③，不以智累心，不以心累己④。寄治乱于法术，托是非于赏罚，属轻重于权衡⑤。不逆天理⑥，不伤情性⑦；不吹毛而求小疵⑧，不洒垢而察难知⑨。守成理⑩，因自然。荣辱之责，在乎己，而不在乎人。上不天，则下不遍覆；心不地，则物不毕载。太山不立好恶⑪，故能成其高；江海不择小助⑫,故能成其富。故大人寄形于天地而万物备⑬,措心于山海而国家富⑭。上无忿怒之志⑮,下无伏怨之患⑯。故长利积,大功立。名成于前,德垂于后,治之至也。

【注释】

①大体:是整体和根本的意思。本篇讲述如何师法天地自然,从而达到天下大治。《群书治要》节录此篇第一、三两节且有节略。

②因:顺应。

③布:分布,布列。

④心:应据别本作"私"。

⑤属(zhǔ):托付。权衡:原指秤锤和秤杆,这里指法制。

⑥天理:自然的法则。

⑦情性:本性。

⑧吹毛而求小疵:吹开皮上的毛,寻找里面的毛病。比喻刻意挑剔过失或缺点。疵,小病,引申为过失,缺点。

⑨洒(xǐ):同"洗"。

⑩成理:固定的规律。

⑪太山:即泰山,在山东省中部。古称东岳,为五岳之一。

⑫小助:指为江海增加水量的细流。

⑬大人:这里指君主。寄形:寄托形体。

⑭措:安放。

⑮忿怒:愤怒。

⑯伏怨:潜藏的怨恨。

【译文】

古代顾全大体的人,远望天地,观察江海,顺应山谷溪流,日月照耀,四时变化,云彩布列,风向变化,不因为智慧烦扰心境,不因为私利拖累自己。把太平与动乱寄付于法术,把是非对错寄托于奖惩,把轻重得失寄托于权衡。不背逆自然法则，不损伤人的本性；不吹开皮上的毛刻意寻找里面的小毛病，不洗刷污垢来观察难以知晓的隐秘。坚守不变的道理，顺应客观自然。荣耀耻辱的责任在于自己，而不在于别人。上面倘若不能像天那样辽阔，那么下面就不能普遍覆盖；心胸倘若不能像大地那样宽广，那么就不能托载万物。泰山不设立喜好厌恶的标准，所以能成就它的高大；江海不挑拣细小的水流，所以能成就它的博富。所以君主像天地那样生活于世间而使万物齐备，心胸像山海那样而使国家富足。君上没有愤怒的志意，臣下没有潜藏怨恨的祸患。所以积累长远的利益，建立巨大的功业。名望在生前树立，德行流传后世，这就是国家大治的最高境界。

外储说左上^①

文公反国^②，至河，令："笾豆捐之^③，席蓐捐之^④，手足胼胝、面目梨黑者后之^⑤。"咎犯闻之而夜哭^⑥。文公曰："咎氏不欲寡人之反国耶？"对曰："笾豆，所以食也，而君捐之；席蓐，所以卧也，而君弃之；手足胼胝、面目梨黑，劳有功者也，而君后之。今臣与在后中，不胜其哀，故哭也。且臣为君行诈伪以反国者众矣^⑦，臣尚自恶也，而况于君乎！"再拜而辞^⑧。文公止之，乃解左骖而盟于河^⑨。

【注释】

①外储说左上：储说是储备以待人主之用，因篇幅较多，故分内外篇，内篇分为上下，外篇分为左右。《群书治要》节选的内容，是为了突显信义重要，说明为君不可忘故、不可失信以及父母不可失信于子的道理。

②文公:指晋文公重耳。

③笾(biān)豆:古代祭祀及宴会时常用的两种食器兼礼器,竹制为
　　笾,盛果品;木制为豆,盛肉食。捐:放弃,舍弃。

④席蓐(rù):即席与褥。泛指铺垫之具。

⑤胼胝(pián zhī):手掌或脚底因长期劳动摩擦而生的茧子。梨黑:
　　即黧黑,指脸色黑。

⑥咎犯:即狐偃,字子犯。是晋文公的舅舅,所以叫舅犯,又称咎犯。

⑦诈伪:弄虚作假,伪装假冒。

⑧再拜:拜了又拜,表示恭敬。古代的一种礼节。

⑨左骖(cān):古代驾车三马中左边的马。后用四马,亦指四马中
　　左边的马。盟:古代诸侯在神前誓约、结盟。

【译文】

晋文公返回晋国,来到黄河边,命令说:"笾豆都扔掉,席子草垫子扔掉,手脚尽是老茧、脸色发黑的排到后面去。"咎犯听到这个消息在夜间哭泣。文公说:"舅父你不想让我返回晋国吗?"咎犯回答说:"笾豆,是用来吃饭的,而君王您扔了;席子褥子,是用来躺卧的,而君王您扔了;手脚长满老茧、脸色发黑的人都是劳苦有功的,而君王您却让他们排到后面去。如今我跟他们一样在后面,心中有说不完的哀伤,所以哭泣。况且我为了国君您返回晋国,做的弄虚作假的事情很多,我尚且都厌恶自己,何况国君您呢!"两次下拜告辞。文公制止住他,于是解开左边的骖马向黄河盟誓,表示永不相弃。

　　魏文侯与虞人期猎①。明日会疾风②,左右止文侯,不听,曰:"可以疾风之故而失信?吾不为也。"遂自驱车往,犯风而罢虞人③。

【注释】

①魏文侯：战国时魏国国君，名斯。虞人：古掌山泽苑囿之官。

②会：适逢，恰巧遇上。

③犯风：冒着大风。

【译文】

魏文侯跟掌管山泽苑囿的官员约定日期打猎。第二天，正好碰上刮大风，魏文侯身边的近侍劝他不要去，文侯不听，说："可以因为大风猛烈就失去诚信吗？这样的事我是不做的。"于是亲自赶车前往，冒着大风告诉掌管山泽苑囿的官员停止打猎。

　　曾子妻之市①，其子随而泣。其母曰："汝还，顾反为汝杀彘②。"妻道市来③，曾子欲捕彘杀之，其妻止之曰："特与婴儿戏也。"曾子曰："婴儿者非有知也，待父母而学之者也。今子欺之，是教子欺也。母欺子，子而不信其母，非所以成教也。"遂杀彘。

【注释】

①曾子：曾参，孔子的学生。

②顾：与"返"同义。反，同"返"，返回。彘（zhì）：猪。

③道：今本《韩非子》作"适"。适，到……去。

【译文】

曾子的妻子前往集市，她的儿子跟在后面哭。母亲说："你回去，回头我到家给你杀猪。"妻子从集市上回来，曾子想要抓猪杀掉，他的妻子制止他说："刚才只是跟小孩开玩笑罢了。"曾子说："小孩是无知的，是要等着向父母学习，听从父母的教育。如今你欺骗他，这是教导儿子去欺骗啊。母亲欺骗儿子，儿子就不再信任母亲了，这不是用来教育孩子的方法。"于是就动手杀了那头猪。

外储说左下^①

文王伐崇^②，至黄凤墟而袜系解^③，左右顾无可令结系^④，文王自结之。太公曰^⑤："君何为自结系？"文王曰："吾闻：上，君之所与处者，尽其师也；中，君之所与处者，尽其友也；下，君之所与处者，尽其使也^⑥。今寡人虽不肖^⑦，所与处者，皆先君之人也，故无可令结之者也。"

【注释】

①外储说左下：《群书治要》节录了"文王伐崇""解狐贵公"两则故事以说明君臣关系。

②文王：周文王姬昌。崇：商王朝属国，在今陕西西安沣水西。崇侯虎时，为周文王所灭。一说崇国居于崇伯鲧的旧都，在今河南嵩县北。

③黄凤墟：地名，一作凤黄墟。袜系：束袜带。

④结：打结。系：拴，系结。

⑤太公：即太公望吕尚，本名吕尚，姜姓，字子牙，被尊称为太公望，后人多称其为姜子牙、姜太公。

⑥使：使唤，驱使。

⑦不肖：不贤。自谦之称。

【译文】

周文王征伐崇国，到黄凤墟，绑袜子的带子开了，向左右看没有能替他系上带子的人，文王自己系上了。姜太公说："您为什么自己系带子呢？"文王说："我听说：上等的人，君主与他相处时，把他们当自己的老师;中等的人,君主跟他相处时,把他们当朋友;下等的人,君主跟他相处时,把他们当可以使唤的人。如今我即使不贤,跟我相处的,都是先父的旧臣,所以没有一个人是可以让他绑上带子的人。"

解狐与邢伯柳为怨①,赵简主问于解狐曰②:"孰可为上党守③?"对曰:"邢伯柳可。"简主曰:"非子之仇乎?"对曰:"臣闻忠臣之举贤也,不避仇雠④;其废不肖也,不阿亲近⑤。"简主曰:"善。"遂以为守。邢伯柳闻之,乃见解狐谢,解狐曰:"举子,公也;怨子,私也。往矣,怨子如异日⑥。"

【注释】

①解狐:春秋时晋国人。晋悼公三年,中军尉祁奚请告老,悼公问谁可接替,祁奚荐其仇人解狐。悼公聘请解狐,狐适去世。邢伯柳:据说曾为解狐的家臣,是解狐的仇人。怨:怨仇,仇人。

②赵简主:即赵简子,嬴姓,赵氏,名鞅。春秋后期晋国卿大夫六卿之一。因当时家臣称卿大夫为主,所以又称赵简主。

③上党:郡名。战国赵置,因上党地区而得名。《释名》:"党,所也。在山上其所最高,故曰上也。"地入秦后,合为一郡。守:官名,也称太守,是郡的最高长官。

④仇雠(chóu):仇敌。

⑤阿:曲从,迎合。

⑥异日:往日,从前。

【译文】

解狐跟邢伯柳是怨仇,赵简子问解狐说:"谁能够担任上党郡太守?"解狐回答说:"邢伯柳可以。"简子说:"那不是你的仇人吗?"回答说:"我听说忠臣举荐贤才,不避开仇人;他罢免不贤的人,不偏袒亲近之人。"

简子说："好。"于是就任命邢伯柳为太守。邢伯柳听说后，就去见解狐向他表示感谢，解狐说："举荐你，是公事；怨恨你，是私事。你走吧，我还是跟以前一样怨恨你。"

难势①

夫良马固车，使臧获御之②，则为人笑；王良御之③，而日取千里。车马非异也，或至乎千里，或为人笑，则巧拙相去远矣④。今以国为车，以势为马，以号令为辔衔⑤，以刑罚为鞭策⑥，尧舜御之则天下治，桀纣御之则天下乱，则贤不肖相去远矣。夫欲追远致速，不知任王良；欲进利除害，不知任贤能。此则不知类之患也⑦。夫尧舜，亦民之王良也。

【注释】

①难势：《群书治要》节录此段，是说明用人需各尽其能。

②臧获：古代对奴婢的贱称。

③王良：春秋时之善驭马者。

④相去：相距，相差。

⑤辔衔：御马的缰绳和嚼子。

⑥鞭策：马鞭子。鞭从革，皮鞭；策从竹，竹鞭。

⑦知类：懂得事物间类比的关系，依类推理。

【译文】

如果有良马坚车，让奴仆去赶车，那就会被人笑话；让王良去驾车，每天能行驶一千里。车马没有不同，有的能到达一千里，有的被人笑话，那是技艺精巧跟笨拙相差得太远了。如今把国家当车，把权势当马，把号令当驾驭马的缰绳和嚼子，把刑罚当赶马的鞭子，让尧、舜驾驶就会天下大治,让桀、纣驾驶就会天下大乱,这就是贤与不贤相差得太遥远了。想要赶上飞驰的马到达远方,却不知道任用王良;想要兴利除害,却不知道任用贤能之人。这是不懂得事物之间类比的祸患。尧舜,也是治理百姓的王良啊。

六反①

明主之治国也,适其时事②,以致财物;论其税赋③,以均贫富;厚其爵禄,以尽贤能;重其刑罚,以禁奸邪。使民以力得富,以事致贵,以过受罪④,以功置赏⑤,而不望慈惠之赐⑥,此帝王之政也。

【注释】

①六反:此篇节录部分说明英明君主如何实现帝王之治。

②时事:指合于天时人事而应做的事。

③税赋:田赋。

④受罪:受到指责,承受罪责。

⑤置:设立,设置。置,今本作"致"。

⑥慈惠:任慈恩惠。惠,指施予恩惠。

【译文】

英明的君主治理国家,适时应事,用来获得财物;评定田赋多少,用来平均贫富;增加爵禄,让贤能之人尽心竭力;加重刑罚,来禁止奸诈邪恶的人。让百姓能凭借自己的力量获得财富,凭借自己的作为获得尊贵,因为犯错而承受罪责,因为立功而得到奖赏,而不奢望仁慈恩惠的赏赐,这就是帝王的执政之道。

奸劫弒臣①

凡奸臣者，皆欲顺人主之心，以取信幸之势者也②。是以主有所善③，臣从而誉之；主有所憎，臣因而毁之④。凡人之大体⑤，取舍同则相是也，取舍异则相非也。今人臣之所誉者，人主之所是也，此之谓同取；人臣之所毁者，人主之所非也，此之谓同舍。夫取舍合同，而相与逆者，未尝闻也。此人臣之所取信幸之道也，夫奸臣得乘信幸之势以毁誉进退群臣者也。人主非有术数以御之，非有参验以审之，必将以囊之合已，信今之言，此幸臣之所以得欺主成私者也⑥。故主必蔽于上，臣必重于下矣，此之谓擅主之臣。

【注释】

①奸劫弒臣：奸邪之臣、劫主之臣和弒主之臣的略称。《群书治要》节录的部分，说明为君者要能够克己修德，不受蒙蔽，才能避免被奸臣利用。

②信幸：信任宠爱。

③善：喜欢。

④毁：诽谤。

⑤大体：大致的情况，大概的局面。

⑥幸臣：得到君主宠信的臣子。

【译文】

凡是奸臣，都是想要顺从君主的心意，来取得信任宠爱地位的人。因此君主有喜欢的东西，臣子就跟着赞誉它；君主有憎恶的东西，臣子就跟着诋毁他。凡是人的大致情况，取舍跟自己选择相同的就互相肯定，跟自己不同的就互相反对。如今臣子所赞誉的，是君主所肯定的，这叫做共同取用；臣子所毁谤的，是君主所否定的，这就叫共同舍弃。取舍相同而互相对立的，不曾听说过。这是臣子取得信任宠幸的方法，也是奸臣能够凭借着宠信的形势来毁谤或称赞而提拔或黜退群臣。君主如果没有权术来驾驭他们，没有参验的办法来审察他们，必然会因为从前奸臣跟自己意见相合，而相信他如今的言辞，这就是君主宠幸的臣子能够欺骗君主、成就私利的原因。所以君主必然在上位被蒙蔽，臣子必然会在下面手握重权，这就叫专擅君主大权的臣子。

国有擅主之臣，则群下不得尽智力以陈其忠，百官之吏不得奉令以致其力矣①。何以明之？夫安利者就之②，危害者去之，此人之情也。人主者，非目若离娄乃为明也③，非耳若师旷乃为聪也④。不任其数，而待目以为明，所见者少矣，非不蔽之术也⑤；不因其势，而待耳以为听，所闻者寡矣，非不欺之道也。明主者，使天下不得不为己视，使天下不得不为己听。故身在深宫之中，明烛四海之内⑥，而天下弗能蔽，弗能欺也。

【注释】

①百官之吏：指各级官员及其吏员。百官，古指公卿以下的众官，后泛指各级官吏。力：今本《韩非子》作"功"。

②安利：安全与利益。就：靠近，趋向。

③离娄：传说中视力特别强的人。

④师旷：春秋晋国乐师，善于辨音。

⑤不蔽之术：不受蒙蔽的方法。术，方法，手段。

⑥明烛：引申为明察。烛，照亮，照见。

【译文】

　　国家有专擅君主大权的臣子，那么群臣就不能竭尽智力来展示自己的忠诚，各级官吏也不能奉命做事各尽其力了。如何知道是这样呢？安全有利的事情就靠近，危险有害的事情就远离，这是人之常情。作为君主，不是眼睛像离娄那样才叫眼明，不是耳朵像师旷那样才叫耳聪。不运用权术，而依靠眼睛看到才以为看清了，看到的就很少了，这不是不受蒙蔽的方法；不借助有利的形势，而等亲耳听见才算是清楚，听到的就很少了，这不是不受欺骗的方法。英明的君主，让天下不能不为自己去看东西，让天下不能不为自己去听情况。所以身在深宫之中，明察四海之内，而天下人没有能蒙蔽他的，没有能欺骗他的。

三略

【题解】

《三略》，也叫《黄石公三略》，相传为汉初黄石公所著，后又将其传授给张良。《史记·留侯世家》有传授《太公兵法》的记载。但《汉书·艺文志·兵家》中，并无《三略》一书著录。《魏书》中也有此书的相关记载，提及刘昞曾注《黄石公三略》，并流行于世。《隋书·经籍志》始著录《黄石公三略》三卷，题下邳神人撰，成氏注。还记载说，梁又有《黄石公记》三卷，《黄石公略注》三卷。书中黄石公自称："圣人体天，贤者法地，智者师古。是故《三略》为衰世作。"因此可以判断《三略》的成书时间大约在东汉末年至魏、晋时期。

《三略》一书共3800余字，是一部专论战略的兵书，尤其侧重阐述政略。书中大量引用古代兵书《军谶》《军势》中的内容来表达自己的思想。《上略》多引《军谶》语，主要通过对"设礼常，别奸雄，著成败"的分析，强调"道"是战争胜负的关键，提倡以柔克刚、以弱胜强。《中略》多引《军势》语，主张根据敌我双方条件灵活制定战略，并强调战争中情报的重要性。《下略》主要探讨治军之道，着重选拔优秀将领和军队的纪律、训练。《三略》杂采儒家、法家、墨家、道家，甚至谶纬之说，是一部融合诸子思想、专论战略的兵书，其谋略价值和军事哲理至今仍具有启发意义。自北宋神宗元丰年间起，《三略》被列为武学必读书《武经七书》

之一，从此取得了兵学经典的地位。南宋晁公武称此书："论用兵机权之妙、严明之决……军可以死易生，国可以存易亡。"

　　黄石公，秦汉时期下邳（今江苏邳州）人，或云齐国（今山东淄博）人。别称圯上老人、下邳神人，被道士列入道教神谱。早年为躲避战乱，隐居于下邳。三次试探张良，授予《太公兵法》，辅佐汉高祖刘邦夺得天下。除《黄石公三略》外，后世流传的著作还有《素书》。

　　魏徵等人根据治国需要，从政治军事关系以及选贤用人出发，辑录《三略》一千余字，作为后来进谏太宗的理论依据。摘录内容均有注文，或即刘昫所注。

　　夫主将之法①，务在于揽英雄之心②，揽，结也。赏禄有功③，通志于众④。凡为人主，患在于骄志，盈不通下，故诫也。故与众同好，靡不成；与众同恶，靡不倾。治国安家，得人者也；人谓贤人也，伊尹赴而汤隆⑤，甯戚到而齐兴⑥。亡国破家，失人者也。微子去而殷灭⑦，伍员奔而楚亡⑧。是以明君贤臣，屈己而申人⑨。

【注释】

①夫主将之法：本段及以下几段均节录自《上略》。本段节录部分指出人心向背，是国家兴衰的根本。

②揽：延揽，结纳。

③赏禄：赏赐禄位。

④通志：表达意趣志向。

⑤伊尹：一说名挚，夏末商初人，商汤大臣。

⑥甯戚：春秋时齐国大臣。

⑦微子：名启，商纣王庶兄。封于微（今山东梁山西北），故称微子。

⑧伍员：字子胥。春秋时吴国大夫。

⑨屈己：委屈自己。申：指施展。

【译文】

统率将领的方法，关键在于结交天下英雄之心，揽，是结交。赏赐禄位给有功的人，对广大将士表达自己的志向。凡是作为君主，最大的忧患就在于心志骄傲，自己财富丰足而不赏赐群下，所以应该加以警戒。所以跟将士有共同喜好的，就没有不成功的；将士有共同厌恶的，就没有打不败的敌人。国家太平、家庭安定，是因为得到贤人；人指的是贤人，伊尹前往而使商汤兴隆，甯戚到来而使齐国兴旺。国家灭亡、家庭破败，是因为失去贤人。微子离开而殷朝被灭，伍员出奔而楚国灭亡。因此英明的君主和贤能的臣子，即使委屈自己也要让贤人的才华得以施用，心志得到舒展。

夫用兵之要[①]，在于崇礼而重禄[②]。礼崇则智士至，禄重则义士轻其死[③]。故禄贤不爱财，赏功不逾时，则下力并而敌国削矣。用人之道，尊之以爵，赡之以财[④]，则士自来；《易》曰：何以聚人[⑤]？曰：财。接之以礼[⑥]，厉之以辞，崇接士之礼，厉士以见危授命之辞[⑦]。则士死之。

【注释】

①夫用兵之要：本段强调用兵要崇礼而重禄。要，要点，纲要。

②崇礼：尊敬而以礼相待。重禄：厚俸，高薪。

③轻其死：以死事为轻，不怕死。

④赡：使……富足。

⑤何以聚人：见《周易·系辞下》。

⑥接之：接待他。

⑦见危授命：指在危难关头，勇于献身。

【译文】

用兵的关键，在于君主可以尊重人才并以礼相待，而且给予优厚的俸禄。尊重人才并以礼相待,那么有智慧的士人就会来到,俸禄优厚那么侠义之士就拼死效力。所以给贤人的俸禄不吝惜财物,奖赏有功之人及时兑现,那么全军上下同心协力,而敌国势力就会被削弱了。用人的方法,是要用爵位让他尊贵,用财物让他富足,那么士人自愿前来;《周易》说:用什么来聚集人才?回答说:财物。用礼接待他,用大义的言辞激励他,以隆重的礼仪接待士人,用临危授命的言辞来激励将士。那么士人将会以死报效。

夫将师者^①,必与士卒同滋味而共安危,敌乃可加。养士如此,乃可加兵于敌也^②。昔者,良将之用兵也,人有馈一箪醪者^③,使投诸河,与士卒逆流而饮之。夫一箪之醪,不能味一河之水,而三军之士思为致死者,以滋味之及己也。

【注释】

①夫将师者:本段是讲为将之道,要与士卒同甘苦,爱护士卒。师,今本作"帅"。

②加兵:指发动战争,以武力进攻。加,施加,进攻。

③馈:赠送。箪(dān):古代盛饭用的圆形竹器。醪(láo):酒的总称。

【译文】

身为将帅,一定要与士兵一起同甘苦,共安危,才能对敌人进攻作战。这样供养将士,才可以向敌人发动武力进攻。从前,有位优秀的将领用兵,有人送他一箪酒,他让人把酒倒在河里,与士兵迎着水流饮用。一箪酒虽然不能让一条河的河水都有酒的味道,但全军将士为此而愿意拼死作战,是因为自己也分到了将军手中的那箪酒。

军井未达^①,将不言渴;达,彻也。军幕未办^②,将不言倦;冬不服裘^③,夏不操扇,与众同也。是谓礼将。是谓达礼之将。与之安，与之危，故其众可合而不可离，<small>将与士同祸福，共安危，众如一体，而不可离也。</small>可用而不可疲。<small>不疲者，以主恩养素积④，策谋和同也⑤。</small>故曰：畜恩不倦，以一取万。<small>夫恩以接下，则士归之。养一人，可以致万人。燕养郭隗以致乐毅是也⑥。</small>良将之统军也，恕己而治人，推惠施恩，士力日新，<small>推此之乐惠，而施恩于人，皆忠恕之道。将士用力，故日益新。</small>战如风发⑦，攻如河决。故其众可望而不可当，可下而不可胜⑧。以身先人，故兵为天下雄。赏罚明，则将威行；官人得，则士卒服；所任贤，则敌国振⑨。<small>所得贤，则敌国畏威而振怖也。</small>贤者所适，其前无敌。故士可下而不可骄⑩。

【注释】

①军井未达：本段为引用《军谶》之言。达，通畅，挖通，洞穿。

②军幕：行军宿营的帐幕。

③裘：用毛皮制成的御寒衣服。

④恩养：爱护养育。

⑤和同：此指同心。

⑥燕：周代诸侯国，姬姓，战国时为七雄之一，后为秦所灭。郭隗：战国时燕昭王谋士。乐毅：战国时燕国名将，中山国灵寿（今河北灵寿）人。

⑦风发：比喻迅疾。

⑧下：投降。

⑨振：通"震"，震惊，震动。

⑩下：谦让，谦恭。

【译文】

军中水井没有挖通之前，将领不能说渴；<small>达，是挖通。</small>军营的帐幕没有搭好之前，将领不能说疲倦；冬天不穿皮衣，夏天不拿扇子，跟士兵相同。这就叫重视礼仪的将领。这就叫通达礼仪的将领。与士兵们共安危，所以士兵才能齐心协力而不背离，将领跟士兵祸福与共，共安危，众人如同一个整体，彼此便不可分离。这样一来士兵们便可以为其所用而不会疲倦。不疲倦，是因为主将平素爱护下属，制定谋略也都与士兵们同心。所以说：积蓄恩德而不倦怠，就能以一人之力获得一万人的效力。用恩德对待下属，那么士卒归服他。厚养一个人，可以招致一万人。燕国厚养郭隗以招来乐毅就是这样。优秀的将领统率军队，用施展自己的仁爱之心来统治别人，推行仁爱而施加恩德，将士的力量一天天增强，推行这样的乐行惠利，而对人施加恩德，都是忠恕的道理。将士用尽全力，所以一天比一天强大。作战如同风一样迅速，进攻像黄河决口一样势不可挡。所以面对他的士兵，敌人可以远望而不可阻挡，敌人只能投降却不能战胜。让自己领先士卒，所以军队能成为天下雄师。赏罚分明，那么将领的威严就会树立起来；选拔将领得当，那么士兵就会服从；任命的人贤明，那么敌国就会为之震怖。得到贤人，那么敌国畏惧威势而震怖。贤人所归附的国家，一定是所向无敌的，所以对待士人要谦恭而不能傲慢。

将者①，国之命。将能制胜②，国家安定。将拒谏，则英雄散；策不从，则谋士叛；善恶同，则功臣倦；将专己③，则下归咎；将自臧④，则下少功；臧，善也。将受谗，则下有离心；将贪财，则奸不禁；上贪则下盗也。将内顾⑤，则士卒慕。内顾，思妻妾也。将有一，则众不服；自拒谏以下，将犯此一条，则众不服，以其违主道。有二，则军无式；式，法也。有三，则军乖背⑥；有四，则祸及国。众乖散，则国亡。故曰祸及国也。军无财，则士不来；军无赏，则士不往。香饵之下，必有悬鱼⑦；重赏之下，必有勇夫。故礼者，士之所归；赏者，士之所死。招其所归,示其所死,则所求者至。求贤,材士至;求战,则致死。故曰所求者至。故礼而后悔者,则士不止;赏而后悔者,则士不使。礼赏不倦,则士争死矣。

【注释】

①将者:本段也为引用《军谶》之言。

②制胜:制服对方以取胜。

③专己:固执己见,独断专行。

④自臧:自夸,自夸其功。臧,善,好。

⑤内顾:指对家事、国事或其他内部事务的顾念。

⑥乖背:违背。

⑦悬鱼:上钩的鱼。

【译文】

将领,是国家的命脉。将领能够克敌制胜,国家才能安定。将领如果拒绝臣下的劝谏,那么英雄就会离散;将领若不采纳谋士的计策,那么谋士将会背叛;将领如果善恶不分,那么功臣会心生厌倦;将领如果独断专行,臣下就会将过失归咎于他;将领如果自夸有功,那么下级就不会积极立功;臧,善的意思。将领如果听信谗言,那么臣下就会有离散之心;将领如果贪图钱财,那么奸邪之事就不能禁止;在上的贪婪,那么在下的就会盗窃。将领一心顾念妻妾,那么士兵也会思念家人。内顾,是说思念妻妾。将领如有上述一项,那么士兵便会不服从;从拒绝规劝往下,将领如果犯了其中一项,那么士兵便会不服从他,因为违背了为帅之道。有了两项,那么军队就没有军法;式,是法纪。有了三项,那么军队就会人心涣散;有了四项,那么灾祸就会累及国家。士兵背离散去,国家就灭亡了。所以说灾祸累及国家。军队没有财力,士兵就不来投效;军队没有奖赏,士兵就不来投奔。香甜的鱼饵之下,必然有上钩的鱼;重赏之下,必然有勇敢的人。所以礼遇,是能使士兵愿意归附的原因;重赏,是能让士兵拼死效力的原因。用礼遇招来他们,用赏赐奖励他们拼死效力,那么所寻求的人就会来到。寻求贤人,有才之士来到;寻求能战之人,那就有誓死之士到来。所以说所寻求的人来到。所以开始礼遇而后来后悔的,那么士兵就不会留下来;奖赏而后悔的,那么士兵就不服从命令。礼遇奖赏始终如一,那么士兵就会争着拼死报效了。

    奸雄相称①,郭蔽主明②;毁誉并兴③,壅塞主听④;各阿所私,令主失忠。故主察异言⑤,乃睹其萌;主聘儒贤,奸雄乃遁⑥;主任旧齿⑦,万事乃理;主聘岩穴⑧,士乃得实。故傅说陟而殷道兴⑨,四皓至而汉祚长⑩,得治之实也。

【注释】

①奸雄相称:本段也为引用《军谶》之言。奸雄,本指淆乱是非的辩士,后多以"奸雄"指弄权欺世、窃取高位的人。相称,互相称许。

②郭蔽:遮蔽,遮盖。明:视力。

③毁誉:毁谤和称赞。

④壅塞:阻塞。

⑤异言:指不同或反对的意见。

⑥遁:逃亡,逃跑。

⑦旧齿:老臣,旧臣。

⑧岩穴:指隐居未仕之人。

⑨傅说:商朝武丁时相。陟(zhì):升。

⑩四皓:指秦末隐居在商山的东园公、甪里先生、绮里季、夏黄公。四人须眉皆白,故称"商山四皓"。汉祚(zuò):指汉朝的皇位和国统。

【译文】

奸雄互相称许,就会遮蔽君主的眼睛;毁谤和称赞一起兴起,就会阻塞君主的耳朵;各自袒护自己的亲信,就会使君主失去忠臣。所以君主明察不同的意见,才能看见祸乱的萌芽;君主聘请贤能的儒士,奸雄才会遁逃;君主任用老臣,各种事情才能得到治理;君主访求隐士,才能得到真正的治国之才。所以傅说得到升迁,殷朝国运才会兴盛;四皓出山辅佐,汉朝的国统才会绵长,这是得到治理的实效。

《军势》曰^①:"出军行师,将不得专^②,进退由内御之,则功难成。"凡师出专制,不禀命于内^③。禀命则无威,无威则士不用命,士不用命则功不成。

【注释】

①《军势》曰:本段节录自《中略》。说明将帅在外,要能自己决定
　进退,即:"将在外,君命有所不受。"《军势》,古兵书名。

②专:专断,擅自行事。

③禀命:奉行命令,接受命令。

【译文】

《军势》上说:"出兵打仗,将领不能自行决断,如果进退都由朝廷指挥,那么战功就难以成就。"凡军队出发就要由将帅亲自掌握,不能事事都听命于朝廷。凡事等朝廷的命令而行,就没有威信;将帅没有威信,士兵就不听从命令;士兵不听从命令,那么作战就不能取胜。

夫能扶天下之危者^①,则据天下之安;能持天下之危,故天下乐安之。能除天下之忧者,则享天下之乐;天下愿奉而安乐之。能救天下之祸者,则得天下之福。除天下祸,故天下乐福之。故泽及人民^②,则贤归之;恩泽洽^③,人民和,则贤者至。泽及昆虫,则圣归之。万物得其所,则圣人至也。贤人所归,则其

国强；圣人所归，则六合同^④。 贤者之政，降人以礼；礼服道化，揖让恭谨^⑤，故曰降人以礼者也。 圣人之政，降人以心。 心服教令，故降人以心也。 礼降可以图始，礼服道化者，可与谋始也。 心降可以保终。 心服道化，天下和亲，故可保终也。 降礼以礼，降心以心。

【注释】

①夫能扶天下之危者：本段及以下几段均节录自《下略》，强调君主要泽及人民，吸引贤才，依道而行，方能国安。去一利万，政局就不会发生混乱。

②泽：恩泽，恩惠。

③洽：周遍，普遍。

④六合：指天地上下和东西南北四方，泛指天下或宇宙。

⑤揖让：指礼乐文德。

【译文】

能够扶天下于危亡的人，就能拥有天下的安宁；能够治理天下的危难，所以天下都愿他安宁。能够消除天下忧患的人，就能享有天下的快乐；天下愿意奉养他而让他安乐。能够拯救天下于灾祸之中的人，就能获得天下的福气。消除天下的灾祸，所以天下都乐意福佑他。所以恩泽遍及民众，那么贤人归附；恩泽普遍，人民和谐，那么贤人便会来到。恩泽遍及昆虫万物，那么圣人归附。万物都得到适宜的安置，那么圣人便会来到。成为贤人的归宿，那么这个国家就会强盛；成为圣人的归宿，那么天下就会实现大同。贤人为政，用礼来让人服从；用礼来进行道德教化，礼乐文德恭敬谨慎，所以说用礼来让人服从。圣人为政，用真心来让人敬服。内心服从教化命令，所以是用真心来让人敬服。用礼来让人服从可以建立美好的开始，顺从礼仪而进行道德风化，可以与其谋划开始。而使内心服从可以从始至终保持不变。内心服从道德风化,天下和睦亲近,所以可以保全至终。以礼服人是凭借礼仪,得人心者依靠的是诚心。

释近而谋远者,劳而无功;释远而谋近者,逸而有终^①。逸政多忠臣,劳政多怨民。故曰:务广地者荒^②,不修德政而务广地,荒之道。务广德者强也。 务崇节俭,广其德教,强之道也。荒国者无善政,广德者其下正。 君德广于上,则兆庶正于下也^③。废一善则众善衰,赏一恶则众恶多。善者得其祐,恶者受其诛^④,则国安而众善到矣。一令逆者,则百令失;君令一逆,民不从,故百令皆废也。一恶施者,则百恶结。 一恶得施,则百恶结而相从也。故令施于顺民^⑤,恶加于凶人^⑥,教令施于顺化之民,刑恶加于凶逆之人。则令行而不怨,群下附亲矣^⑦。教令当,刑法值^⑧,百姓悦之,亲附之也。

【注释】

①逸:闲适,安乐。有终:始终一贯。

②务:追求。荒:荒废,弃置。

③兆庶:古称天子之民,后泛指百姓。

④诛:惩罚。

⑤顺民:指听天由命、安守本分的人。

⑥凶人:凶顽之人。

⑦附亲:亲近依附。

⑧值:合宜,恰当。

【译文】

放弃近处而谋求远方,劳累却没有功绩;放弃远方而谋求近处,安逸而有始有终。国家施行安逸之政,就会多出忠臣;国家施行劳民之政,就会多出怨民。所以说:致力于扩张国家土地的必然荒废道义,不修行德政而追求扩张土地,是荒废之道。致力于广施德教的必然强大。推崇节俭,广施道德教化,是强大之道。荒废治国者没有良好的政治,广施德教者民众就会坚守正道。君主居于上位广施恩德,那么在下位的百姓就会守持正道。废黜一个善人那么众善就会衰败,奖赏一个恶人那么众恶就会增多。善人得到福佑,恶人受到责罚,那么国家平安而众善就会来到。一道政令违逆人心,那么百道政令就会失去作用;君主一道政令违逆人心,民众不服从,所以百道政令无法施行。一恶施行,那么百恶聚结。一恶能够施行,那么百恶聚结互相跟从。所以政令施加给听天由命、安守本分的人,恶令施加给凶顽之人,教化政令施加给顺服教化的民众,刑罚罪恶施加给凶恶背逆的人。那么政令推行而百姓没有怨恨,民众也都会归附了。教令合适,刑法得当,百姓就会喜悦,从而归附他。

　　有清白之志者①,不可以爵禄得;四皓是也。有守节之志者,不可以威刑胁②。晏婴、季子是也③。故明君求臣,必视其所以为人者而致焉。视其为人所执之志而求之也。致清白之士,修其礼;四皓亢志④,不屈于革命之主⑤;太子修礼卑辞⑥,而降其节焉。致守节之士,修其道,不可以非道屈也。而后士可致,而名可保。保,犹全也。

【注释】

①清白:品行纯洁,没有污点。

②威刑:严厉的刑法。

③季子:即季札,又称公子札。吴王寿梦少子,诸樊弟。

④亢志:坚持高尚的志气。

⑤革命:指实施变革以应天命。古代认为王者受命于天,改朝换代

是天命变更,因称革命。

⑥卑辞:言辞谦恭。

【译文】

　　有纯洁高尚志向的人,不可以用爵位、俸禄求得;四皓是这样的人。有坚守节操志向的人,不可以用严厉的刑法来胁迫。晏婴、季札是这样的人。所以英明的君主访求贤臣,必须看他为人处事的原则方法而求取。看他做人处事所秉持的志向而访求。得到品行纯洁的士人,要施行礼教;四皓坚持高尚的志节,不屈服于改朝换代的君主;因为太子讲究礼教,言辞谦恭,所以才让他们出山。得到坚守节操的士人,要施行道义,不可以不符合道义的事情使之屈服。然后贤士可以得到,而名声也可以保全。保,与全同。

　　圣王之用兵也,非好乐之,将以诛暴讨乱①。夫以义而诛不义,若决江河而溉荧火②,临不测而挤欲坠③,其克之必也。所以必优游恬惔者何④? 重伤人物⑤,兵者凶器,战者危事,相杀伤之道,故不果为也。是天道也。天道乐生也。夫人之有道者,若鱼之有水。得水而生,失水而死。人失道而亡,得道而存也。故君人者,畏惧而不敢失道⑥。

【注释】

　　①诛暴:诛灭凶暴。讨乱:讨伐叛乱。

　　②荧火:指萤火虫之光。比喻微弱的灯光或亮光。荧火,同"萤火"。

　　③不测:喻指深渊或江海。

　　④优游:悠闲自得。恬惔(dàn):心情淡泊,不追名逐利。惔,通"憺",恬静,淡泊。

　　⑤重:以……为重,重视,看重。

　　⑥失道:失去道义,违背准则。

【译文】

圣明的君主用兵，不是他自己喜好用兵，而是要用来诛灭凶暴、讨伐叛乱。用正义来诛灭不义，就像决开江河来浇灭萤火虫之光，就像在深渊边缘推挤将要坠落之物，取胜是必然的。圣王为什么要保持悠闲自得、心情淡泊呢？要重视人和财物使其不受损伤，兵器是凶器，战争是危险的事情，是互相杀伤的方法，所以不能随意而为。这是天道。天道是乐于让万物生存的。顺天道之人，就像鱼有了水。得到水就能生存，失去水就死亡。人失去道义就死亡，得到道义就生存。所以统治人民的君主，要时刻保持警戒之心而不敢违背大道。

贤圣内则邪臣外，舜举皋陶，汤举伊尹，不仁者远矣。随会在朝[1]，则奸邪外奔是。邪臣内则贤圣毙。恶来任而比干死[2]，无忌用而伍奢戮[3]，故曰"毙"。内外失宜，祸乱传世。苟失内外之宜，为子孙之祸，故曰"传世"也。伤贤者，殃及三世；蔽贤者，身受其害；进贤者，德流子孙；昔鲍叔进管仲，以身下之，子孙世禄于齐，有封邑者十余世，常为名大夫。故曰德流子孙也。妒贤者，名不全。昔庞涓妒孙膑[4]，身死于白木，故曰名不全也。故君子急于求贤而美名章矣[5]。

【注释】

①随会：即士会，春秋时晋国正卿。

②恶来：嬴姓，商纣王宠信的大臣，以勇力而闻名。比干：纣王的叔父。

③无忌：即费无忌，一名无极，春秋时楚国大夫。伍奢：春秋时楚国人，伍子胥之父。

④庞涓：战国时魏国将领，曾与孙膑同学兵法于鬼谷子。孙膑：战国时齐国军事家，孙武之后。

⑤章：表彰，显扬。

【译文】

贤圣在内受到君主的重用，那么奸臣就会被疏远，舜举用皋陶，商汤举用伊尹，不仁之人都远离。随会在朝廷辅政，则奸臣都向外逃走了。**奸臣受到重用，那么贤圣就会被害死。** 恶来被任用而比干被残杀，费无忌当权而伍奢被杀，所以说"毙"。**内外之职失宜，就会祸传后世。** 因内外失宜，一定会祸及子孙，所以说"传世"。**伤害贤圣，祸患会殃及三世；埋没贤才，就会身受其害；举荐贤才，就会德惠子孙** 过去鲍叔牙举荐管仲，自己甘愿屈居于管仲之下，从自己以后，子孙世代在齐为官，有封地的有十余世，其中常出名大夫。所以说德惠子孙。**嫉妒贤人，名声难以保全。** 昔时庞涓妒忌孙膑，最终被杀于白木之下，所以说，声名难以保全。**所以君子积极地举荐贤能，那他的美名就会显扬。**

利一害百，民去城郭①；利一害万，国乃思散。去一利百，民乃慕泽；慕思君之恩泽也②。去一利万，政乃不乱。刑以止刑，杀以止杀，政得其所，乱无由生也。

【注释】

①城郭：内城外城，借指全城。

②慕思：向往，仰慕思念。

【译文】

使一人获利而使百人遭害，百姓便会离开城邑；使一人获利而万人受害，全国百姓都会人心离散。除去一人而有利于百人，百姓就思念其恩泽；仰慕思念君主的恩德。除去一人而有利于万人，政治就不会发生动乱。用刑罚制止刑罚，用杀戮制止杀戮，政令得到合适的运用，祸乱就无从而起。

新语

陆贾

【题解】

　　《新语》是西汉时期陆贾所著的政论文集。全书二卷共计十二个章节，通过阐述自古以来国家兴亡的史实，论证当朝应奉行的治国之道，为新的大一统王朝规划立国之道。主张"行仁义，法先圣"，强调礼法结合，并指出人主必须无为而治。这些观点为西汉前期的统治思想奠定基础。内容层次丰富，涉及人性论、政治论、王道观、天道观等理论成分，观点明确，逻辑严密，形成一个完整的理论体系。陆贾在《新语·道基》篇中，将华夏文明发展分为四个时期（先圣、中圣、后圣、后圣之后）加以论述，具有一定的意义。据《四库提要》："《汉书》陆贾本传称著《新语》十二篇。《汉书·艺文志》儒家陆贾二十七篇，盖兼他所论述计之。《隋志》则作《新语》二卷。此本卷数与《隋志》合，篇数与本传合，似为旧本。"

　　陆贾（约前240—前170），汉初楚国人，是汉代第一位力倡儒学的思想家。他早年追随刘邦，是刘邦身边颇为著名的文臣，号称"有口辩士"。陆贾在汉初的政治舞台上扮演了重要角色，常常出使诸侯各国，以他的智慧和辩才为国家争取利益。曾两次出使南越，说服赵佗臣服汉朝，对安定汉初局势做出极大的贡献。在刘邦面前，他常常引用《诗经》

《尚书》等儒家经典,以此来劝谏刘邦重视仁义,施行德政。吕后时,说服陈平、周勃等同力诛吕。陆贾虽然在世时位不过太中大夫,也未被封侯,但在《史记》《汉书》中,却是与萧何、韩信、叔孙通、张苍等人并列于建立汉家制度的元勋之中。

　　《群书治要》从《新语》中摘录十七段,而其中"以仁义为巢……以圣贤为杖",也是李唐君臣执政的基本要素。

　　夫居高者自处不可以不安①,履危者任杖不可以不固②。自处不安则坠,任杖不固则仆。是以圣人居高处上,则以仁义为巢;乘危履倾③,则以圣贤为杖。故高而不坠,危而不仆。昔者尧以仁义为巢④,舜以稷、契为杖⑤,故高而益安,动而益固。处宴安之台⑥,承克让之涂⑦,德配天地⑧,光被八极⑨,功垂于无穷,名传于不朽,盖自处得其巢,任杖得其人也。秦以刑罚为巢,故有覆巢破卵之患;以李斯、赵高为杖⑩,故有顿仆跌伤之祸⑪。何者? 所任者非也。故杖圣者帝,杖贤者王,杖仁者霸,杖智者强,杖谗者灭,杖贼者亡。《诗》云:"谗人罔极,交乱四国⑫。"众邪合心,以倾一君,国危民失,不亦宜乎!

【注释】

①夫居高者自处不可以不安:本段节录自《辅政》,说明为君者要以道德仁义和贤才辅助才能治理好天下。自处,犹自居,自持。

②履危:蹈践高危之处。

③乘危:登上或踏上危险之地,犹言冒险。履倾:身处险境。

④巢:居住地,栖息之所。

⑤稷：后稷，周之先祖，虞舜命为农官，教民耕稼。契（xiè）：传说中
商族的始祖，母简狄。佐禹治水有功，被舜任为司徒，掌管教化，
封于商，姓子。稷和契都是唐虞时代的贤臣。

⑥宴安：指逸乐。

⑦克让：能够谦让。涂：道路。

⑧德配天地：指道德可与天地匹配。极言道德之高尚盛大。

⑨光被：遍及。八极：八方极远的地方。

⑩李斯：秦朝大臣。楚上蔡（今河南上蔡）人。赵高：战国末年赵国
人，秦朝宦官。杖：凭恃，依靠。

⑪顿仆：跌倒。

⑫谗人罔极，交乱四国：见《诗经·小雅·青蝇》。罔极，指行为不
轨，有"无行"之意。一说"无止"。交乱，搅乱。

【译文】

身居高位的人，自居不可以不安定；身处险境的人，所持手杖不可
以不牢固。自持不安定的就会坠落，拿的手杖不牢固就会跌倒。因此圣
人身居高位，就要把仁义作为安身之所；登上高危之地身处险境，就要把
圣贤作为依靠的对象。所以圣人在高位却不会坠落，身临险境而不会跌
倒。从前唐尧把仁义作为安身之所，虞舜把后稷、契作为依靠的手杖，所
以虽在高位而更加安稳，虽处动荡而更加牢固。处在安闲太平的高台，
继承能够禅让的道路，德行能与天地相匹配，遍及八方，功绩流传于无
穷，名声传扬永不磨灭，都是因为他们以仁义作为安身之所，以贤才为手
杖的缘故。秦朝把刑罚作为安身之巢，所以有巢倾卵破的灾祸；把李斯、
赵高作为依靠的手杖，所以有跌倒受伤的祸患。为什么呢？是因为所任
用的人不合适。所以以圣者为手杖的就能称帝，以贤者为手杖的可以称
王，以仁者为手杖的可以称霸，以智士为手杖的可以变强，以谗人为手杖
的会走向覆灭，以逆乱之人为手杖的会灭亡。《诗经》中有："谗人的危害
没有止境，搅乱四方诸侯。"众多奸邪齐心倾覆一国君主，国家陷于危难，

百姓逃散,不也是理所应当的事情吗!

道莫大于无为^①,行莫大于谨敬^②。何以言之?昔舜治天下也,弹五弦之琴^③,歌《南风》之诗^④,寂若无治国之意^⑤,漠若无忧天下之心^⑥,然而天下大治。故无为者,乃有为者也。秦始皇设刑法,为车裂之诛^⑦,筑长城以备胡、越^⑧;蒙恬讨乱于外^⑨,李斯治法于内。事愈烦,下愈乱;法愈众,奸愈纵。秦非不欲治也,然失之者,举措太众,刑罚太极故也。

【注释】

①道莫大于无为:本段及以下几段均节录自《无为》。无为,指顺应自然,不求有所作为。要达到无为之治,需以道德仁义为本,君主以德化民,才能达到移风易俗的效果,从而实现无为之治。

②谨敬:谨慎诚敬。

③五弦之琴:即五弦琴,古乐器名。据说用宫、商、角、徵、羽五个正音,同五弦相配。

④《南风》:古诗名。相传为舜所作。

⑤寂:安详宁静,心志淡泊。

⑥漠:淡泊,清静无为。

⑦车裂:古代酷刑之一。将被杀者的头及四肢分别拴在五辆车上,以五马驾车,同时向不同方向分驰,撕裂肢体。俗称五马分尸。

⑧长城:始建于春秋、战国时代。秦始皇完成统一后,为了防御北方匈奴的南侵,将秦、赵、燕三国的长城予以修缮,连贯为一。胡:古代对北部和西部民族的泛称。越:古代对南部或东南部民族的统称。

⑨蒙恬：秦将。秦始皇时领兵三十万北逐匈奴，修筑万里长城。

【译文】

道没有比无为更大的，行为没有比谨慎诚敬更得当的。为什么这么说呢？从前虞舜治理天下的时候，弹奏五弦琴，歌唱《南风》诗，安详宁静得如同没有治理国家的意思，清静淡泊如同没有担忧天下之心，但是天下大治。所以无为，就是有为。秦始皇设置刑法，用车裂酷刑进行杀戮，修筑长城来防备北方的胡人、南方的越人；蒙恬在朝廷外征讨乱贼，李斯在朝廷内整治刑法。事情越繁杂，下面越混乱；法令越繁多，奸邪越放纵。秦朝并不是不想治理好国家，但是治理失败的原因，正是举措太多、刑罚太过于严酷。

君子尚宽舒以褒其身①，行身中和以致疏远②；民畏其威而从其化，怀其德而归其境，美其治而不敢违其政。民不罚而畏，不赏而劝，渐渍于道德而被中和之所致也③。

【注释】

①宽舒：宽厚平和。褒：高大，广大。

②中和：中正平和。

③渐渍：浸润。引申为渍染，感化。渍，指因接触而受影响。被：蒙受。致：导致。

【译文】

君子崇尚宽厚平和来使自身高大，立身处世中正平和，可以招徕远方之人；民众畏惧他的威严而服从他的教化，感怀他的恩德而归附他的地域，赞美他的治理而不敢违背他的政令。民众不用刑罚而心存敬畏，不用奖赏会得到勉励，是感化于他的道德，被他的中正平和影响所导致的。

夫法令所以诛暴也，故曾、闵之孝①，夷、齐之廉②，此宁

群书治要

畏法教而为之者哉？故尧、舜之民，可比屋而封③；桀、纣之民，可比屋而诛。何者？化使其然也。故近河之地湿而近山之木长者，以类相及也。高山出云，丘阜生气④，四渎东流⑤，百川无西行者，小象大而少从多也⑥。

【注释】

①曾、闵之孝：曾参、闵子骞，都是著名的孝子。

②夷、齐之廉：伯夷、叔齐，都是品行高洁之士。

③比屋而封：谓上古之世教化遍及四海，家家都有德行，值得受到表彰。比屋，所居屋舍相邻，家家户户。封，封赏。

④丘阜（fù）：山丘，土山。

⑤四渎：长江、黄河、淮河、济水的合称。

⑥象：效法，仿效。

【译文】

法令是用来诛灭凶暴的，所以曾参、闵子骞的孝顺，伯夷、叔齐的正直廉洁，这难道是畏惧法令教化而形成的吗？所以唐尧、虞舜的百姓，家家有德行，都能得到封赏；夏桀、商纣的百姓，却因无德而家家都被诛杀。为什么呢？这是教化不同的必然结果。所以靠近河流的土地潮湿而靠近山丘的树木高大，是因为同类相互影响的作用。高山出现云彩，丘陵产生雾气，长江、黄河、淮河、济水四水向东奔流，所有江河没有向西流的，这就是万物中小的要仿效大的而少数要跟从多数的缘故啊。

夫南面之君①，乃百姓之所取法则者也，举措动作不可以失法度。故上之化下，由风之靡草也②。王者尚武于朝，则农夫缮甲兵于田③。故君子之御下也，民奢应之以俭，骄淫者统之以理④。未有上仁而下贼⑤，让行而争路者也。故孔子曰："移风易俗⑥。"岂家令人视之哉？亦取之于身而已矣。

【注释】

①南面：面向南。古代以坐北朝南为尊位，帝王、诸侯或卿大夫见群
　臣僚属，皆向南而坐，故用以指居帝王、诸侯、卿大夫之位。

②由：通"犹"，好像，如同。靡：倒下。

③缮：修补，整治。甲兵：铠甲和兵器。泛指武备。

④骄淫：骄纵放荡。

⑤贼：残暴，狠毒。

⑥移风易俗：转移风气，改变习俗。

【译文】

面南称尊的君王，是百姓用来效法的对象，他的举动行为不能失去
行为的准则。所以君上教化下民，就如同风吹草伏一样。君王在朝廷上
崇尚武力，那么农夫就会在田野修整武备。所以君主统治下民，民风奢
侈就提倡节俭，民众骄纵放荡，就用伦理道德来教化。没有居于上位的
仁义而居于下位的暴虐的，没有居于上位的让行而居于下位的争路的。
所以孔子说："转移风气，改变习俗。"难道是逐户逐人地检查吗？其实
不过是君主以身作则罢了。

众口毁誉①，浮石沉木；群邪所抑，以直为曲，以白为
黑。曲直之异形，白黑之殊色，天下之易见也。然而目缪心
惑者，众邪误之。

【注释】

①众口毁誉：本段及以下两段节录自《辨惑》。本段说明如果众口
　毁誉，就会让人无法认识事情的真实状况，所以为君者必须明察。
　众口，众人的言论，舆论。

【译文】

众人一齐毁谤或赞誉,能够让石头浮起、木头下沉;群邪一起来抑制,能把直的说成弯曲的,把白的说成黑的。曲跟直形状相异,黑跟白颜色不同,这是天下人都一目了然的。但是眼睛错乱而心里糊涂,是因为被众多奸邪所迷惑的缘故。

秦二世之时①,赵高驾鹿而从行。王曰:"丞相何为驾鹿?"高曰:"马也。"于是乃问群臣,群臣半言马,半言鹿。当此时,秦王不敢信其直目②,而从邪臣之言。鹿与马之异形,乃众人之所知也,然不能别其是非,况于暗昧之事乎③?

【注释】

①秦二世:姓嬴名胡亥,秦始皇少子。

②直目:亲眼看到的。

③暗昧:隐秘,不公开。

【译文】

秦二世时,赵高驾鹿随他出行。二世问:"丞相为什么驾着鹿?"赵高回答说:"是马。"于是秦二世就问群臣,群臣有一半说是马,有一半说是鹿。在这个时候,秦王不敢相信自己亲眼看见的,而顺从奸邪臣子的话。鹿跟马形体相差悬殊,本是众人都知道的,但是却不能辨别是非对错,更何况对于那些本来就晦暗不明的事情呢?

人有与曾子同姓名者杀人①,有人告曾子母曰:"参乃杀人。"母方织,如故。有顷②,人复告之。若是者三,曾子母投杼逾垣而去③。夫流言之并至,众人之所是非,虽贤智不敢自毕④,况凡人乎?

【注释】

①曾子:即曾参,字子舆,孔子学生,在孔门中以孝著称。

②顷:顷刻,短时间。

③杼(zhù):织机的梭子。逾:越过,经过。垣(yuán):墙。

④毕:也作"安",为是。

【译文】

有一个跟曾子同名同姓的人杀了人,有人告诉曾子的母亲说:"曾参竟然杀了人。"曾子母亲正在织布,没有停下。不一会儿,又有人告诉她同样的话。像这样重复了三次,曾子的母亲扔下织机的梭子翻墙逃走了。由此可见流言一并来到,众人一齐评论是非,即使是贤德明智之士也难以自安,更何况是普通人呢?

　　质美者①,以通为贵;才良者,以显为大。梗梓豫章②,天下之名木也。生深山之中,溪谷之旁,立则为众木之珍,仆则为世用。因江河之道③,而达于京师;因斧斤之功④,得舒其文色⑤。上则备帝王御物,下则赐公卿⑥,庶贱不得以备器械⑦。及其戾于山陵之阻⑧,隔于九派之间⑨,仆于块礌之津⑩,顿于窈窕之溪⑪,广者无舟车之道⑫,狭者无徒步之蹊⑬,知者所不见,见者所不知。当斯之时,尚不如道傍之枯杨,生于大都之广地⑭,近于大匠之名工⑮,材器制断,规矩度量,坚者补朽,短者接长,大者治樽⑯,小者治觞⑰。彼则枯槁而远弃,此则为宗庙之瑚琏者⑱,通与不通也。人亦犹此。

【注释】

①质美者:本段节录自《资质》,说明资质会体现出不同的价值,君主要善于发掘人才的资质。质,资质,禀性。

②楩（pián）梓：黄楩树和梓树，两种大木。楩，古书上说的一种树，也叫黄楩木。《玉篇·木部》："楩，楩木，似豫章。"梓，紫葳科，落叶乔木，可供建筑及家具、乐器等用。豫章：亦作"豫樟"，枕木与樟木的并称。

③因：凭借。

④斧斤：泛指各种斧子。功：工作，功效。

⑤舒：伸展，展开。文：纹理，花纹。

⑥公卿：三公和九卿的简称，这里泛指高官。

⑦庶贱：平民百姓。不：活字本、天明本均作"而"，今据镰仓本正文。备：提供或装备。器械：工具。亦泛指用具。

⑧戾：至，到达。

⑨九派：长江在湖北、江西一带分为很多支流，因而用九派称这一带的长江，这里指众多水域。

⑩块礧（lěi）：即块垒，泛指堆积之物。

⑪顿：停留，停顿。窈窕：深幽、奥秘的样子。

⑫舟车之道：能通行车船的道路。

⑬蹊（xī）：小路。亦泛指道路。

⑭大都：泛称都邑之大者。

⑮大匠：技艺高超的木工。

⑯樽（zūn）：古代盛酒的器具。

⑰觞（shāng）：盛酒的酒杯，亦泛指酒器。

⑱宗庙：古代帝王、诸侯祭祀祖宗的庙宇。瑚琏（hú liǎn）：瑚、琏皆宗庙礼器。用以比喻治国安邦之才。

【译文】

　　资质美好的事物，要靠流通才能显示其可贵；材质优良的事物，要靠显扬才能方能被人熟知。楩木、梓木、枕木、樟木，都是天下的名木。生长在深山之中，山谷溪流的两旁，长在那里就是树中珍品，倒下就被世人所用。顺着江河水路，到达京城；凭借斧子等工具的加工，能够显露出纹理色泽。上等的木材成为帝王的御用之物，下等的赏赐公卿等高官，平民百姓不能用来做各种工具。等到名木不幸被困于山陵险要之地，被阻隔在众多水域之间，倒在岩石累累的山崖，倒在深幽山谷，宽阔处没有通行车船的道路，狭窄的地方没有步行的小路，知道它们价值的看不见它们，看见它们的不知道它们的价值。这个时候，这些名木还不如路旁的枯杨树，生长在大都邑的宽广之地，挨着技艺高超的著名木匠，按照木材器物的要求截断制作，用圆规和直角尺来量度，用好的木头来修补腐朽的地方，把短的接长，大的制作酒樽，小的制作酒杯。那些名木枯槁后被远远地抛弃，这些杨木则成为宗庙祭祀的礼器，这就是流通与不流通的区别。人也是这样啊！

　　夫穷泽之民①，据犁接耜之士②，或怀不羁之能③，有禹、皋陶之美，然身不容于世，无绍介通之者也④。公卿之子弟，贵戚之党友，虽无过人之能，然身在尊重之处，辅之者强而饰之众也。

【注释】
　　①穷泽：僻远的水乡。
　　②据犁接耜（sì）：代指农业耕作。耜，耒下铲土的部件，初以木制，后以金属制。
　　③不羁之能：指才行高远，不可拘限。不羁，不受限制、拘束。
　　④绍介：介绍。古代宾主之间传话的人称介。古礼，宾至，须介传话，介不止一人，相继传辞，故称绍介。引申为引进。
【译文】
　　生活在穷乡僻壤的民众，手持犁耜耕作的人，他们之中或许便有才行高远之士，拥有夏禹、皋陶的美德，但自身不被世人接纳，是因为没有介绍并让他通达于世的人。王公大臣的子弟,皇亲国戚的朋党,即使没有过人的才能,然而能身处显要位,是因为辅佐他的人强大,为其美言的人众多。

　　夫欲富国强威①,辟地服远者②,必得之于民;欲建功兴誉③,垂名烈④,流荣华者,必取之于身。故据千乘之众,持百姓之命,苞山泽之饶⑤,主士众之力,而功不存乎身,名不显于世者,统理之非也。

【注释】

①夫欲富国强威:本段节录自《至德》,说明要富国强威,君主必须怀德,否则国家就会危乱。

②服远:使远方顺服。

③兴誉:振兴声誉。

④名烈:名声业绩。

⑤苞:通"包",包裹,怀抱。

【译文】

　　凡是想要让国家富足、君威强大,开辟土地让远方顺服的,必须得到民众的拥戴;想要建立功业、振兴声誉,名声业绩流传后世,荣耀显贵世代相传的,必须要靠自己才能实现。所以统率有千乘战车的军队,掌握着百姓的命运,拥有山岭水泽的富饶,掌控着众士兵的力量,而功劳不承载于身,名声不显耀于世的,都是治理不善导致的啊。

　　天地之性,万物之类,怀德者众归之,恃刑者民畏之。归之则充其侧,畏之则去其城。故设刑者不厌轻,为德者不厌重①;行罚不患薄,布赏不患厚,所以亲近而致远也。

【注释】

①厌：满足。

【译文】

天地的本性，万物的规律，怀有德行的人百姓便归附他，依仗刑罚的百姓畏惧他。归附他就会聚集在他周围，畏惧他便就远离他的地域。所以制定刑律要把最轻微的处罚都要考虑在内，修养德行要做最重大的好事；施行惩罚时不应过分追求刑罚的严厉，给予赏赐时不担忧优厚，这是亲抚近邻、招徕远方之人的方法。

夫刑重者则心烦，事众者则身劳。心烦者则刑罚纵横而无所立①，身劳者则百端回邪而无所就②。是以君子之为治也，混然无事，寂然无声，官府若无人，亭落若无吏③。邮无夜行之卒④，乡无夜召之征，犬不夜吠，鸡不夜鸣，耆老甘味于堂⑤，丁男耕芸于野⑥，在朝忠于君，在家孝于亲。于是虽不言而信诚，不怒而威行，岂待坚甲利兵、深牢刻令、朝夕切切而后行哉⑦？

【注释】

①纵横：交错的样子。

②百端：多种多样，百般。亦谓想尽或用尽一切办法。回邪：邪曲，邪僻。

③亭落：驿亭村落。

④邮：古代传递文书供应食宿、车马的驿站。

⑤耆老：老年人。甘味：享用美味。

⑥丁男：指已到服役年龄的男子。芸：通"耘"，除草。

⑦坚甲利兵：形容精锐的部队。牢：今本《新语》作"刑"。切切：急

切的样子。

【译文】

刑罚太重就会使人心绪烦乱，事情太多就会让人身体劳累。心绪烦乱，那么刑罚条文繁杂而无法确立；身体劳累，那么用尽一切办法来驱除邪僻也难以有所成就。因此君子处理政事，浑然无事，寂静无声，官府就像没有人办公一样，村落安宁好像没有官吏一样。驿站没有夜里忙于送公文的驿卒，乡里没有连夜征召徭役，狗夜里不叫，鸡夜里不鸣，老人在正堂享用美味，成年男子在田地里耕地除草，在朝廷上忠于君主，在家中孝顺父母。于是即使不说话也诚实守信，不发怒也有威信行于天下，哪里还要等待率领精锐部队、执行严酷苛刻的政令，从早到晚急切地逼迫才能得到呢？

　　昔者，晋厉、齐庄、楚灵、宋襄，乘大国之权①，杖众民之威，军师横出②，凌铄诸侯③，外骄敌国，内刻百姓④。邻国之仇结于外，群臣之怨积于内，而欲建金石之统，继不绝之世，岂不难哉？故宋襄死于泓之战⑤，三君杀于臣之手。皆轻师尚威，以致于斯。故《春秋》重而书之⑥，嗟叹而伤之。三君强其威而失其国，急其刑而自贼，斯乃去事之戒，来事之师也。

【注释】

①晋厉：即晋厉公，姬姓，名寿曼。春秋时晋国国君。齐庄：即齐庄公，姜姓，名光。春秋时齐国国君。楚灵：即楚灵王，芈姓，名围。宋襄：即宋襄公，子姓，名兹甫。春秋时宋国国君。四人皆战国时好战之君。

②横出：犹滥施，滥加。

③凌铄：欺凌，欺压。

④刻：刻薄，苛刻。

⑤泓：水名，在今河南柘城西北。

⑥《春秋》：即《春秋经》，是中国古代儒家典籍"六经"之一，相传由
　　孔子修订而成，是我国现存最早的编年体史书。《春秋》由于语言
　　简练，暗含褒贬，故称为春秋笔法、微言大义。

【译文】

从前，晋厉公、齐庄公、楚灵王、宋襄公，凭借大国的权势，依靠着百姓雄威，军队没有节制地出战，欺压诸侯，对外傲慢地对待敌国，对内刻薄地对待百姓。在外与邻国结仇，在内与群臣积怨，却想要建立坚如金石的统治，使后代继承，永不断绝，这难道不困难吗？所以宋襄公死于泓水之战，其余三位君主被杀于臣子之手。他们都是轻易动兵、崇尚威力，才导致这样的结果。所以《春秋》才重点书写这些事件，嗟叹伤悼这些事。三位君主想增强君威却失去了国家，刑法峻急而使自己受伤，这就是用前人的往事作为鉴戒，让后人行事以此为戒。

鲁庄公一年之中以三时兴筑作之役①，规虞山林草泽之利②，与民争田渔薪采之饶③。刻桷丹楹④，眩曜靡丽⑤，收民十二之税，不足以供邪曲之欲，缯不足好⑥，以快妇人之目。财尽于骄淫，力疲于不急；上困于用⑦，下饥于食。于是为齐、卫、陈、宋所伐。贤臣出⑧，邪臣乱，子般杀⑨，鲁国危也。故为威不强还自亡，立法不明还自伤，庄公之谓也。

【注释】

①鲁庄公：姬姓，名同。春秋时鲁国国君。三时：指春、夏、秋三季农
　　作之时。筑作：谓兴修建造。

②虞：古代掌管山林川泽之官。

③田渔：打猎和捕鱼。薪采：打柴。

④刻桷（jué）：有绘饰的方椽。丹楹：朱漆的楹柱。

⑤眩曜（yào）：光彩夺目。曜，眼花，目眩。靡丽：精美华丽。

⑥足：今本《新语》作"用之"，可参。好：玩好，供玩赏的奇珍异宝。

⑦用：指财用。

⑧出：脱离，离开。

⑨子般（？—前662）：春秋时鲁庄公庶子。

【译文】

鲁庄公在一年之中，用春夏秋三季农忙时节兴起修造建筑的劳役，规定由虞掌管山林湖泽的利税，与百姓争夺耕田打猎捕鱼砍柴的丰裕收获。雕刻彩饰的房梁殿柱，华丽精美光彩夺目，向百姓征收百分之二十的赋税，还是不足以满足不正当的欲望，修缮供玩赏的奇珍异宝，来让妃子高兴。国家的资财在骄纵放荡上用尽，民力消耗在不急切的事情上；君上财用受困，百姓衣食窘迫。于是被齐国、卫国、陈国、宋国讨伐。贤臣离开，奸臣作乱，子般被杀，鲁国陷入危亡。所以想树立威望而国家还没有强盛自己就走向灭亡，制定法律不明确反而使自己受到伤害，说的就是鲁庄公啊。

　　治以道德为上①，行以仁义为本。故尊于位而无德者绌②，富于财而无义者刑；贱而好道者尊，贫而有义者荣。夫酒池可以运舟，糟丘可以远望，岂贫于财哉？统四海之权，主九州之众，岂弱于武力哉？然功不能自存，而威不能自守，非贫弱也，乃道德不存乎身，仁义不加于下也。故察于利而惛于道者③，众之所谋也；果于力而寡于义者，兵之所图也。君子笃于义而薄于利，敏于行而慎于言，所广功德也。故曰："不义而富且贵，于我如浮云④。"夫怀璧玉，要环佩⑤，服名宝,藏珍怪,玉斗酌酒⑥,金罍刻镂⑦,所以夸小人之目者也;高台百仞⑧,金城文画⑨,所以疲百姓之力者也。故圣人卑宫室而高道德,恶衣服而勤仁义,不损其行以好其容,不亏其德以饰其身。国不兴不事之功,家不藏不用之器,所以稀力役而省贡献也⑩。璧玉珠玑不御于上⑪,则玩好之物弃于下;雕琢刻画之类不纳于君,则淫伎曲巧绝于下⑫。夫释农桑之事,入山海,采珠玑,捕豹翠⑬,消筋力,散布帛,以极耳目之好,快淫侈之心⑭,岂不谬哉!

【注释】

①治以道德为上:本段节录自《本行》。本行是治国之行的根本。
　　即以道德仁义为本,重视农桑本业,这些都是治国的根本之道。

②绌(chù):通"黜",废黜,贬退。

③惛(hūn):不明白,糊涂。

④不义而富且贵,于我如浮云:见《论语·述而》。

⑤要:今作"腰"。环佩:古人所系的佩玉。后多指女子所佩玉饰品。

⑥玉斗:玉制的酒器。斗,古代酒器名。

⑦金罍(léi):饰金的大型酒器。

⑧仞:古代长度单位,八尺为一仞,一说七尺。

⑨金城:坚固的城。文画:雕饰彩画。

⑩力役:征用民力。贡献:进奉,进贡。

⑪珠玑:珠宝,珠玉。

⑫淫伎:无益的技艺。指制造奢华物品的技艺。曲巧:犹奇巧。

⑬翠:翠鸟。

⑭淫侈:奢侈,极度浪费。

【译文】

治国把道德作为上策，行事把仁义作为根本。所以地位尊贵却没有德行的人被罢黜，钱财富足却不讲道义的人要用刑法惩治；出身卑贱而讲求道德的人要使他尊贵，家庭贫困而拥有道义的人要使他荣耀。装酒的池塘可以行船，酒糟堆成的山丘可以望远，难道在钱财上还贫困吗？统领四海的大权，主宰天下的士兵，难道在武力上还软弱吗？但是论功绩不能保全自己，论威势不能保全国家，不是贫困软弱，而是不用道德要求自己，不能以仁义对待百姓。所以那些明察利益却在道义上糊涂的人，必然成为众人图谋的对象；敢于使用武力却缺少仁义的人，必然成为战争谋取的对象。君子笃行仁义而淡泊名利，做事敏捷而言语谨慎，传出去的都是功德美名。所以说："用不道义的手段获得的富贵，像天上的浮云一样。"怀揣着上等美玉，腰间悬挂着各种玉佩，使用名贵的宝物，收藏珍贵奇异之物，用玉制的酒器喝酒，金饰的酒樽雕刻花样，用来在小人物面前夸耀；修筑百仞的高台，雕饰彩绘的宫墙，都是用来耗尽百姓劳力的事。所以圣人轻视宫殿而高扬道德，穿着粗陋的衣服而勤勉于仁义，不做有损品行来让容貌变得美好的事，不做有损道德来装饰自身的事。国家不兴办没有必要的功业，家里不收藏没有用处的器具，之所以这样做是为了减省百姓的劳役，减少百姓的赋税。璧玉珠宝不被君主喜爱和使用，那么赏玩之物品就会被百姓抛弃；雕刻之类的物品不被君主接纳，那么奇巧无益的技艺就不再流传。放弃农耕蚕桑，进入高山大海，采收珍珠美玉，猎捕豹子翠鸟，消散筋骨体力，散尽麻布绸帛，只为极力满足耳目的喜好，快慰奢侈浪费之心，岂不是太荒谬了吗！

君明于德①，可以及于远；臣笃于义，可以至于大。何以言之？昔汤以七十里之封，升帝王之位；周公自立三公之官，比德于五帝、三王，斯乃口出善言、身行善道之所致也。故安危之效，吉凶之符，壹出于身；存亡之道，成败之事，一起于善行。尧、舜不易日月而兴,桀、纣不易星辰而亡,天道不改,而人道易也。

【注释】

①君明于德:本段及以下几段均节录自《明诫》。节录部分指出君明于德,臣笃于义,才能行善政。

【译文】

君主彰明德行,威望可以传到远方;臣子笃行仁义,可以建立大的功业。为什么这样说呢?从前商汤凭借七十里的封地,上升到帝王之位;周公自己设立三公的官位,德行可比于五帝三王,这都是口说美善之言,身行美善之道所得到的。所以安危的效验,吉凶的征兆,完全出于自身;存亡之道,成败之事,完全起于善行。唐尧虞舜没有改换日月而兴盛,夏桀、商纣没有改换星辰而灭亡,天道没有改变,而是人道变化了啊。

夫持天地之政,操四海之纲,屈申不可以失法,动作不可以离度①。谬误出口,则乱及万里之外,何况刑无罪于狱,而诛无辜于市哉?故世衰道失,非天之所为也,乃君国者有以取之。恶政生恶气②,恶气生灾异。螟虫之类③,随气而生;虹蜺之属④,因政而见。治道失于下,则天文变于上;恶政流于民,则螟虫生于野。

【注释】

①离度:背离法度。

②恶气:指心中的怨恨、不满等。

③螟(míng)虫:泛指食禾的害虫。螟,螟蛾的幼虫,危害农作物。

④虹蜺(ní):雨后或日出、日没之际天空中所现的七色圆弧。古人

　　认为是二气不正之交，象征淫奔、作乱。

【译文】

　　君主主持天地的政事，把握四海的纲纪，进退不可以失去法则，举动不可以背离法度。谬误之言出于口，那祸乱会殃及万里以外的人，何况判决无罪的人入狱，在市场上诛杀无罪的人呢？所以世道衰乱道义丧失，不是上天所为，而是治理国家的人行为不善导致的。腐败的政治产生恶气，恶气会导致灾异现象的发生。啃食农作物的害虫之类，伴随恶气产生；虹霓之类的天象，也因恶政而显现出来。治理之道失去天下之心，那么天象就会在上方有所变化；恶政流布到民间，那么啃食庄稼的害虫就产生在田野。

　　夫善道存乎心，无远而不至也；恶行着乎己，无近而不去也。周公躬行礼义①，郊祀后稷②，越裳奉贡而至③，麟凤白雉草泽而应④。殷纣无道，微子弃骨肉而亡。行善者则百姓悦，行恶者则子孙怨。是以明者可以致远，否者以失近。

【注释】

①躬行：亲自实行。

②郊祀：古代于郊外祭祀天地，南郊祭天，北郊祭地。郊谓大祀，祀为群祀。

③越裳：古南海国名。

④麟凤：麒麟和凤凰，都是祥瑞之兆。白雉：白色羽毛的野鸡。古时以为瑞鸟。

【译文】

　　君王如果将善道存于心中，无论多远的地方也能归服；君王如果将恶行显现于身，无论离他多近的人都会离他而去。周公施行礼义，在郊外祭祀先祖后稷，越裳奉献朝贡而来，麒麟凤凰白雉等祥瑞在草原中应命而现。殷纣无道,兄长微子抛弃骨肉至亲而逃亡。行善的人,百姓喜欢他;作恶的人,连子孙都会怨恨。因此了解此道的人可以招徕远方的部族,否则就会失去亲近之人。

　　夫长于变者①,不可穷以诈;通于道者,不可惊以怪;审于辞者,不可惑以言;达于义者,不可动以利。是以君子博思而广听,进退顺法,动作合度②。闻见欲众而采择欲谨,学问欲博而行己欲敦③。见邪而知其直,见华而知其实④。目不淫于炫耀之色⑤,耳不乱于阿谀之辞。虽利之以齐、鲁之富而志不移,谈之以王乔、赤松之寿而行不易⑥。然后能壹其道而定其操,致其事而立其功也。凡人则不然,目放于富贵之荣,耳乱于不死之道,故多弃其所长而求其所短,不得其所无而失其所有。是以吴王夫差知艾陵之可以取胜⑦,而不知檇李之可以破亡也⑧。

【注释】

①夫长于变者:本段及下一段均节录自《思务》。思务,即所思务必以道德仁义为根本。

②合度:合乎尺度、法度,适宜。

③行己:指立身行事。

④华:花朵。

⑤淫:沉溺,沉湎。

⑥王乔:传说中的仙人,汉叶县令。后弃官在邢台隆尧的宣务山修炼道术,得道后骑白鹤升天。赤松:即赤松子,传说中远古时人,为神农时雨师。《列仙传》:"赤松子者,神农时雨师也。服水玉,以教神农,能入火自烧。往往至昆仑山上,常止西王母石室中,随

风雨上下。炎帝少女追之，亦得仙俱去。高辛时，复为雨师。今之雨师本是焉。"

⑦艾陵：古地名，春秋齐地，今山东莱芜东北。这里指艾陵之战，是前484年，吴国在艾陵地区打败齐国军队的一次著名战役。

⑧檇（zuì）李：一作"醉李""就李"，春秋吴越地。在今浙江嘉兴西南。这里指檇李之战，前496吴王阖闾起兵伐越。勾践率兵抵御，大败吴军，阖闾身受重伤而死。

【译文】

那些擅长变通的人，不可以用欺诈的方法让他困窘；通晓道义的人，不可以用怪异之事来恐吓他；审慎推究文辞的人，不可以用言论来迷惑他；通晓道义的人，不可以用利益让他动摇。因此君子要善于思考，广泛地听取意见，进退遵循法度，行为合乎规矩。见闻要广泛而采择要谨慎，学问要广博而立身行事要敦厚。见到邪曲就能知道什么是正直，见到花朵就能推知它的果实。眼目不沉溺于炫耀色彩，耳朵不迷乱于阿谀奉承的言辞。即使以齐鲁两国的财富来引诱他，也不会动摇他的志向；用王乔、赤松子的长寿吸引他，也不会改变他的行为。然后才能专精他的道义而不改变他的道德操守，致力于一项事业而能建立功业。普通人就不是这样，眼睛放在富贵的荣耀上，耳朵迷乱于长生不死之方术上，所以多数会放弃自己擅长的而追求自己短缺的，得不到自己所没有的而失去了自己所拥有的。因此吴王夫差知道艾陵之战可以取胜，却不知道檇李之战会被勾践灭亡。

故事或见可利而丧万机，取壹福而致百祸。圣人因变而立功，由异而致太平。尧、舜承蚩尤之失^①，而思钦明之道^②。君子见恶于外，则知变于内矣。今之为君者则不然，治不以五帝之术，则曰今之世不可以道治也；为臣者不师稷、契，则曰今之民不可以仁义正也；为子者不执曾、闵之质③，朝夕不休，而曰家人不和也；学者不操回、赐之精④，昼夜不懈，而曰世所不行也。自人君至于庶人，未有不法圣道而师贤者也。《易》曰："丰其屋，蔀其家，窥其户，阒其无人⑤。"无人者，非无人也，言无圣贤以治之也。故仁者在位而仁人来，义者在朝而义士至。是以墨子之门多勇士⑥，仲尼之门多道德，文王之朝多贤良，秦王之庭多不详⑦。故善者必有所主而至，恶者必有所因而来。夫善恶不空作，祸福不滥生，唯心之所向，志之所行而已矣。

【注释】

①蚩尤：传说中远古东方九黎部族首领。相传与黄帝战于涿鹿，失败被杀。

②钦明：敬肃明察。

③曾：曾参。闵：闵子骞。都以孝著名。

④回：颜回，春秋时期鲁国人。赐：端木赐，字子贡。二人都是孔子的著名弟子。

⑤"丰其屋"几句：出自《周易·丰卦·上六爻辞》。蔀（bù），覆盖于棚架上以遮蔽阳光的草席，这里指用席覆盖。阒（qù）其无人，空空荡荡没有一人。阒其，寂静冷落的样子。

⑥墨子：名翟，春秋战国之际墨家的创始人。相传原为宋国人，后长期住在鲁国，收徒讲学，主张兼爱、非攻。

⑦详：通"祥"，善。

【译文】

所以事情有时见到一点利益却丧失万般机会，得到一种福分却导致百种祸端。圣人凭借变革而建立功业，因与前人做法不同而得到太平。

唐尧、虞舜在总结蚩尤的过失之后，思考采用敬肃明察之道。君子看见外在的恶，就知道内在要发生改变。如今作为君主的却不是这样，不采用五帝治政之法，却说如今的世道不可以用道义来治理；身为臣子不师从后稷、契，却说如今的民众不可以用仁义来匡正；做儿子的不效法曾参、闵子骞的孝道，从早到晚不停侍奉长辈，却说家人不和睦；读书人不执守颜回、端木赐的精神，昼夜学习不松懈，而说圣贤之学在这个世道行不通。从君主到平民，没有不效法孔子圣人之道而师从贤人的。《周易》说："扩建他的屋子，用席子覆盖他的家，窥探他的门户，寂静冷落得没有人影。"没有人，不是真的没有人，是说没有圣贤来治理国家。所以仁者在朝当政，就会感召仁者来到；义士在朝廷执政，就会感召义士来到。因此墨子的门派多有勇士，孔子的门派多讲道德，周文王的朝中有很多贤良之臣，秦王的朝廷多不善之人。所以善人的到来必有其原因，恶人的到来也必有其缘由。善恶不会平白无故地兴起，祸福不会随意产生，只是心之所向、志之所行的结果罢了。

贾子

【题解】

《贾子》，又称《新书》，是西汉贾谊所撰的政论文集，《汉书·艺文志》将其列入儒家，隋唐志皆作十卷。今存十卷五十八篇，其中《问孝》《礼容语上》两篇皆有目无文，实为五十六篇。《新书》集中反映了贾谊的政治经济思想，内容多为有关治国安邦及民生大计的政论文章。开篇即为《过秦论》，总结了秦朝灭亡的历史教训，提出了一系列政治主张；《宗首》《藩强》《权重》等篇章，阐述了加强中央集权的思想；《大政》《修政》等篇章，则提出了利民安民的民本思想。贾谊的政论散文逻辑严密，感情充沛，气势非凡，代表了汉初政论散文的最高成就。鲁迅先生曾评论说，贾谊文章"为西汉鸿文，沾溉后人，其泽甚远"。

贾谊（前200—前168），河南洛阳人。少有才名，十八岁时即以善文为郡人所称。文帝时任博士，后迁太中大夫。因受大臣周勃、灌婴排挤，被贬为长沙王太傅。后被召回长安，为梁怀王太傅。怀王坠马死，"谊自伤为傅无状，常哭泣"，悒郁以终，仅三十三岁。贾谊的政治思想不仅在当时社会政治取向中产生重要影响，而且在后世各朝代也发挥着重要作用。汉武帝的很多政策正是源于贾谊的思想。

《新书》目前通行版本有《四部丛刊》本、《诸子集成》本、卢文弨《抱经堂丛书》本等。最新注本有王洲明、徐超《贾谊集校注》，阎振益、钟夏

《新书校注》等，可供参考。

《群书治要》从《新书》中节录了十三段，贾谊在分析国君、官吏与民众的关系时说，"君明而吏贤矣，吏贤而民治矣""君能为善，则吏必能为善矣；吏能为善，则民必能为善矣。故民之不善，吏之罪也；吏之不善，君之过也"，这些话语用魏徵劝谏的言辞就是"用善人则国治，用恶人则国乱"。

梁尝有疑狱①，群臣半以为当罪，半以为无罪。梁王曰："陶之朱叟以布衣而富侔国②，是必有奇智③。"乃召朱公而问之。朱公曰："臣鄙民也，不知当狱④。虽然，臣之家有二白璧，其色相如也，其径相如也，其泽相如也，然其价一者千金，一者五百金。"王曰："径与色泽皆相如也，一者千金，一者五百金，何也？"朱公曰："侧而视之，其一者厚倍之，是以千金。"梁王曰："善！"故狱疑则从去，赏疑则从与，梁国大悦。"墙薄亟坏⑤，缯薄亟裂⑥，器薄亟毁，酒薄亟酸⑦。夫薄而可以旷日持久者⑧，殆未有也。故有国畜民施政教者，臣窃以为厚之而可耳。"

【注释】

①梁尝有疑狱：本段节录自《连语》，以陶朱公断案的故事，来劝导为君者不要刻薄，而要宽厚。梁，战国七雄之一，即魏。魏惠王于前362年徙都大梁，故称梁。疑狱，疑难案件。

②朱叟：即范蠡。春秋末楚国宛人，字少伯，越国大夫。帮助越王勾践灭吴后，改名换姓逃到齐国陶地（今山东定陶），后经商成巨富，卒于陶。侔（móu）：相等，等同。

③奇智：不同寻常的智慧。

④当狱：指审判案件。

⑤亟：副词。表示时间，相当于"急""赶快"。《新书》今本此句前有"以臣谊窃观之"六字。

⑥缯（zēng）：古代对丝织品的总称。

⑦酒薄：酒稀薄味淡。

⑧旷日持久：耗费时日，拖延很久。

【译文】

梁国曾经有一件疑难案件，臣子们一半认为应当判罪，一半认为不应当判罪。梁王说："陶朱公以平民的身份而富可敌国，必定有不同寻常的智慧。"于是召见朱公向他询问。朱公说："我是一个郊野的平民，不懂得判案。虽然如此，我家有两块白玉璧，颜色相同，直径相同，润泽相同，但是一个价值一千金，一个价值五百金。"梁王说："直径跟颜色、润泽都相同，一个一千金，一个五百金，这是为什么呢？"朱公说："侧过来看，其中一个比另一个厚一倍，因此价值千金。"梁王说："好！"因此梁王判案，凡是案件证据不足的都判处释放，行赏有疑的仍然给予奖赏，梁国上下大为悦服。"墙薄了很快就会倒塌，丝绸薄了很快就会撕裂，器皿薄了很快就会毁坏，酒味淡了很快就会变酸。刻薄却可以旷日持久的，恐怕是没有的啊。所以拥有江山、统治人民、实施政教的人，我个人认为只要仁厚就可以了。"

　　楚惠王食寒菹而得蛭①，因遂吞之，腹有疾而不能食。令尹入问曰②："王安得此疾也？"王曰："我食寒菹而得蛭，念谴之而不行其罪③，是法废而威不立也；谴而行其诛，则脆尝、监食者法皆当死④，心又不忍也。故吾恐蛭之见也，因遂吞之。"令尹避席再拜而贺曰⑤："臣闻'天道无亲，唯德是辅'⑥。王有仁德，天之所奉也，病不为伤。"是昔也，惠王之后而蛭出，心腹之积皆愈。

【注释】

①楚惠王食寒菹（zū）而得蛭（zhì）：本段及以下几段节录自《问教》。今本《贾子新书》作《春秋连语》。节录部分主要讲了楚惠王、邹穆公、宋康王三位君主的故事，说明为君者要以德为本。楚惠王，春秋战国之际楚国国君，熊氏，名章。寒菹，泛指腌渍的菜蔬。蛭，蚂蟥，环节动物。

②令尹：春秋战国时楚国执政官名，相当于宰相。

③念：思考，考虑。谴：责备。

④脍尝：今本《新书》作"庖宰"。庖宰，厨工。

⑤避席：离开座位说话，以示尊敬。再拜：拜了又拜，表示恭敬。古代的一种礼节。

⑥天道无亲，唯德是辅：见《尚书·蔡仲之命》："皇天无亲，惟德是辅。"天道无亲，指天道公正，无偏无私。亲，私亲，偏私。

【译文】

楚惠王吃腌菜时发现了蚂蟥，于是就吞了下去，因此肚子疼不能吃饭。令尹进来问道："大王怎么得的这个病？"惠王说："我吃腌菜发现了蚂蟥，想到如果只是责备厨师而不加以处罚，这是废除法令而威严不能树立；责备后实施处罚，那么厨师和监督的官员依法都该判处死刑，又于心不忍。所以我怕蚂蟥被发现，于是就吞了它。"令尹离开座位两次下拜祝贺道："我听说'天道没有私亲，只辅助有德行的人'。大王您有仁德，是上天赐予的，疾病不会有什么伤害。"这天晚上，惠王排泄时排出了蚂蟥，心腹积滞的疾患全都好了。

邹穆公食不众味①，衣不杂采②，自刻以广民，亲贤以定国，亲民犹子，臣下顺从，若手之投心也。故以邹之细，鲁、卫不敢轻,齐、楚不能胁。穆公死,邹之百姓若失慈父,四境之邻于邹者,士民向方而道哭,琴瑟无音③,期年而后始复。故爱出者爱反,福往者福来。

【注释】

①邹穆公:春秋时邹国国君。邹,古国名,春秋时叫邾国,又称邾娄国。战国时,鲁穆公将其改称为邹国。

②杂采:指各色丝织品。

③琴瑟:指琴与瑟两种弦乐器,声调和谐,古代常合奏。

【译文】

邹穆公很节俭,吃饭没有众多菜肴,穿衣没有各色丝绸,自我约束让百姓富裕,亲近贤人来安定国家,爱民如子,臣下顺从,就像手听从心指挥一样。所以凭借邹这样的小国,鲁国、卫国等国家不敢轻视,齐国、楚国这样的大国不能威胁。穆公死后,邹国的百姓就像失去了慈祥的父亲,四方与邹国相邻的国家,士人百姓朝着邹国君主的方向在道路上哭泣,琴瑟不发出声音,一年后才开始恢复。这是施予爱的得到爱的回报,予人幸福的自己也得到幸福。

宋康王之时①,有雀生鹯于城之陬②,使史占之,曰:"小而生大,必霸天下。"康王大喜。于是灭滕③,伐诸侯,取淮北之地④。乃愈自信,欲霸之亟成⑤,射天笞地⑥,斩社稷而焚之⑦,骂国老之谏者,为无头之冠以示有勇,国人大骇。齐王闻而伐之,民散城不守,王乃逃而死。故见祥而为不可,祥必为祸!

【注释】

①宋康王：名偃，春秋时期宋国末代国君。

②鹯（zhān）：鹞类猛禽。羽色青黄，以斑鸠、鸽子、燕雀为食。陬（zōu）：隅，角落。

③滕：周代诸侯国名，在今山东滕州西南。

④淮北之地：泛指淮河以北地区。

⑤亟成：迅速成功。

⑥射天：史传某些暴君常用革囊盛血，悬而仰射，以示威武，与天争衡。

⑦社稷：社稷坛，古代帝王、诸侯祭祀土神和谷神的场所。社，土神。稷，谷神。

【译文】

宋康王的时候，有只雀鸟在城墙的角落生了只鹯鸟，宋康王派史官占卜，说："小雀生了大鸟，您必定称霸天下。"康王大喜。于是灭掉了滕国，征伐诸侯，夺取淮北之地。于是更加自信，想要迅速称霸成功，用箭射天，用鞭子抽打大地，拆掉土神和谷神庙并放火焚烧，责骂那些劝谏的国家重臣，制作了一只没有头的冠冕来表示勇敢，国人大为惊骇。齐王听说后便前来讨伐他，百姓四处逃散而城池失守，宋康王逃亡中被杀。所以看见吉祥的征兆去做不可以做的事，吉兆必定会成为灾祸！

怀王问于贾君曰①："人之谓知道者为先生②，何也？"对曰："此博号也③。大者在人主，中者在卿大夫④，下者在布衣之士。乃其正名，非为先生也，为先醒也。彼世主未学道理⑤，则嘿然惛于得失⑥，不知治乱存亡之所以然，忙忙犹醉也⑦。而贤主者学问不倦，好道不厌，慧然先达于道理矣⑧。故未治也，知所以治；未乱也，知所以乱；未安也，知所以安；未危也，知所以危。故昭然先寤乎所以存亡矣⑨，故曰先醒，

譬犹俱醉而独先发也。故世主有先醒者，有后醒者，有不
醒者。

【注释】

①怀王问于贾君曰：本段及以下几段均节录自《先醒》。先醒就是
　先觉悟。《群书治要》节录了楚庄王、宋昭公、虢君三位君主的故
　事，来说明居安思危、事后反省、不知悔悟三种态度的后果，发人
　深省。怀王，梁怀王，汉文帝子刘揖，又名刘胜，封于梁。

②知道：指通晓天地之道，深明人世之理。先生：称呼老师。

③博号：泛称。

④卿大夫：西周、春秋时国王及诸侯所分封的臣属，地位次于诸侯。

⑤世主：国君。

⑥嘿（mò）然：沉默无言的样子。嘿，用同"默"，闭口不说话。惛
　（hūn）：不明白，糊涂。

⑦忙忙：同"茫茫"。

⑧慧然：醒悟的样子。

⑨昭然：显著、明显的样子。寤：醒悟，觉醒。

【译文】

梁怀王问贾谊说："人们称通晓天地人世道理的人为先生，为什么
呢？"贾谊回答说："这是泛称。大可以称呼君主，中可以称呼卿大夫，下
可以称呼平民之士。至于确切的名称，不是称先生，而是称先醒。那些
君主不学大道，就糊里糊涂，不明白得失，不知道治乱存在的根源，神志
不清就像喝醉了一样。而贤明的君主学习不知疲倦，喜好真理没有满
足，很快醒悟就能先通达道理了。所以没有太平时，知道怎样才能太平；
没有混乱时，知道混乱的原因；没有安定时，知道使之安定的方法；没有
危险时，知道危险会出现在哪里。所以能清清楚楚地知道存亡的原因，
所以叫先醒，譬如喝酒大家都喝醉了而独自先醒悟过来。所以国君有先

醒悟的,有后醒悟的,有最终也不醒悟的。

"昔楚庄王与晋人战,大克,归过申侯之邑①,申侯进饭,日中而王不食,申侯请罪。王喟然叹曰:'非子之罪也,吾闻之曰:"其君贤君也,而又有师者,王;其君中君也,而有师者,霸;其君下君也,而群臣又莫若者,亡。"今我下君也,而群臣又莫若也。吾闻之:"世不绝贤。"天下有贤,而我独不得,若吾生者,何以食为?'故庄王战服大国,义从诸侯,思得贤佐,日中忘饭,可谓明君矣。此之谓先寤所以存亡,此先醒者也。

【注释】

①申侯之邑:申国领主的都邑。申国,原指西周初年受封的姜姓诸侯国,为申伯国。别称为西申。

【译文】

"从前楚庄王跟晋国人作战,大胜,归来时经过申侯的都邑,申侯献上饭食,到了中午庄王还不吃,申侯请罪。庄王长叹说:'不是你的罪过呀,我听说:"如果君主是贤德的君主,还有老师辅佐,就可以称王;君主是中等君主,还有老师辅佐,就可以称霸;君主是下等君主,他的臣子又都赶不上他,这样就会灭亡。"如今我就是下等君主,而臣子们又都赶不上我。我听说:"世上的贤人不会断绝。"天下有贤人,而偏偏我得不到,像我这样活着,还吃什么饭呢?'所以庄王战胜降服大国,用道义让诸侯跟从,盼望得到贤明的辅臣,到了中午忘记吃饭,可以称得上是位明君了。这就叫先明白存亡的原因,这是先醒悟的人。

"昔宋昭公出亡至乎境①,喟然叹曰:'呜呼!吾知所以亡失矣。被服而立②，侍御者数百人，无不曰"吾君圣者"，内外不闻吾过，吾是以至此。吾困宜矣。'于是革心易行③，昼学道而昔讲之，二年而美闻。宋人迎而复之，卒为贤君，谥为昭公。既亡矣，而乃寤所以存亡，此后醒者也。

【注释】

①宋昭公：战国时宋国国君。名德，一作"特"。

②被服：感化，蒙受。

③革心易行：指改正错误思想，改变错误行为。

【译文】

"从前宋昭公出逃到边境，长叹说：'哎呀！我知道自己逃亡的原因了。我承蒙被立为君主，服侍我的有好几百人，没有谁不说"我们君主是圣人"，在宫禁内外听不见我的过失，我因此到了今天这种地步。我的困窘是应该的了。'于是改变思想和行为，白天学习治国之道，晚上研究讨论，过了两年，美名传遍宋国。宋国人迎回他恢复君位，最终成为贤明的君主，谥号称为昭公。像这样已经逃亡了，竟然还能醒悟怎么生存，这就是后醒悟的人。

"昔者虢君骄恣自伐①，谄谀亲贵，谏臣诛逐，政治蹐乱②，国人不服。晋师伐之，虢君出走，至于泽中曰：'吾渴而欲饮。'其御乃进清酒③。曰：'吾饥而欲食。'御进腶脯粱糗④。虢君喜曰：'何给也？'御曰：'储之久矣！'曰：'何故储之？'对曰：'为君出亡而道饥渴也。'君曰：'子知寡人之亡也？'对曰：'知之。'曰：'知之，何不以谏？'对曰：'君好谄谀而恶至言，臣愿谏，恐先亡！'虢君作色而怒。御谢曰：

'臣之言过也。'君曰：'吾所以亡者，诚何也？'其御曰：'君不知也，君之所亡者，以大贤也。'虢君曰：'贤，人之所以存也，乃亡，何也？'对曰：'天下之君皆不肖，疾君之独贤也，故亡。'虢君喜笑曰：'嗟！贤故若是苦耶？'遂徒行而逃于山中。饥倦，枕御膝而卧。御以块自代而去。君遂饿死，为禽兽食。此已亡矣，犹不寤所以存亡，此不醒者也。"

【注释】

①虢（guó）：虢国，周朝时期的诸侯国，前后有五个虢国，因位置不同，用东西南北加以区别。此为北虢国，都夏阳（今在河南三门峡及山西平陆一带）。

②蹖（chuǎn）乱：乖错杂乱。蹖，乖背，错乱。

③清酒：古代祭祀用的清洁的酒。

④腶（duàn）脯：即腶修，加姜桂捶打而成的干肉。粱糗（qiǔ）：干粮。糗，干米粉。

【译文】

"从前虢国君主骄傲放纵而且自负，阿谀奉承的人受到亲近提拔，忠心劝谏的臣子被诛杀驱逐，政治一片杂乱，国中人全都不服。晋国军队来讨伐，虢君出逃，到了大泽中说：'我口渴了想喝水。'他的车夫就进奉清酒。又说：'我饿了想吃饭。'车夫又进奉干肉脯和干粮。虢君高兴地说：'怎么供给这样的好东西？'车夫说：'储备了很长时间。'问：'为什么储备？'回答说：'因为君王出逃在路上会又饥又渴。'虢君说：'你知道我要逃亡吗？'回答说：'知道。'说：'知道，为什么不劝谏？'回答说：'君王您喜好阿谀奉承而厌恶真实的话，我想劝谏，恐怕会先死！'虢君变了脸色很生气。车夫道歉说：'我的话错了。'虢君说：'我出逃的原因，到底是为什么？'他的车夫说：'君主您不知道啊，您之所以逃亡，是因为您太贤明。'虢君说：'贤明，是别人生存的原因，我竟然逃亡，为什么？'回答说：'天下的君主都不贤明，妒忌君王您单单贤明，所以才逃亡。'虢君很高兴地说：'哎！贤明原来这样苦吗？'于是徒步逃进山里。又饿又疲倦，就枕着车夫的膝盖躺下睡了。车夫用土块代替自己，逃跑了，虢君于是饿死，被禽兽吃掉。这是已经灭亡了，还不觉悟为什么灭亡的，这是不醒悟的人。"

　　梁大夫有宋就者①，为边县令，与楚邻界。梁之边亭与楚之边亭皆种瓜②。梁之边亭劬力而数灌其瓜③，瓜美。楚人窳而希灌其瓜④，瓜恶。楚令怒其亭瓜之恶也，楚亭恶梁亭之贤己，因往夜窃搔梁亭之瓜⑤，皆有死焦者矣。宋就令人往窃为楚亭夜善灌其瓜，其瓜日以美。楚亭怪而察之，则乃梁亭也。楚王闻之，悦梁之阴让也，乃谢以重币而请交于梁王。故梁、楚之骓⑥，由宋就始。语曰："转败而为功，因祸而为福。"《老子》曰："报怨以德⑦。"此之谓也。

【注释】

①梁大夫有宋就者：本段及下一段均节录自《退让》。节录宋就以德报怨和楚王夸耀章华之台两则，一是说明以德报怨，自能得福；二是说明治理国家要崇尚节俭。

②边亭：供行人停留食宿的处所。古制，十里一亭。在边境上做警戒守候之用。

③劬（qú）力：勤劳尽力。数（shuò）：屡次，多次。

④窳（yǔ）：懒惰。希：罕见，少。

⑤搔：抓挠，指破坏。

⑥骓（huān）：通"欢"，欢心，欢乐。

⑦抱怨以德：见《老子》六十三章。

【译文】

魏国大夫有个叫宋就的，担任边境上的县令，与楚国边界相邻。魏国的边亭跟楚国的边亭都种瓜。魏国边亭勤劳尽力多次浇灌瓜地，瓜长得很好。楚国边亭懒惰而很少浇灌，瓜长得不好。楚国县令因自己边亭的瓜长得不好而生气，楚国边亭厌恶魏国边亭的瓜比自己这边长得好，于是趁夜前往破坏魏国边亭的瓜，使得有些瓜都枯死了。宋就暗地里让人浇灌楚国边亭的瓜，于是瓜长得一天比一天好。楚国边亭很奇怪便去观察，发现竟然是魏国边亭在帮他们。楚王听说后，为魏国暗中谦让而高兴，于是就重金感谢并请求跟魏王结交。所以魏国、楚国的交好，就是从宋就开始的。古语说："失败转变为成功，凭借灾祸变成福分。"《老子》说："用德行来回报怨恨。"说的就是这样啊。

翟王使者之楚①，王欲夸之，故飨客于章华之台②，上者三休乃至其上。楚王曰："翟国亦有此台乎？"使者对曰："不。翟，窭国也③，恶见此台！翟王之自为室也，堂高三尺，苢茸弗剪④，采椽不刮⑤，然且翟王犹以为作之者大苦，居之者大逸。翟国恶见此台也！"楚王愧焉。

【注释】

①翟：春秋时小国，在今河南汝南一带。

②章华之台：即章华台，楚灵王所筑，据说台高基广，富丽堂皇。在今湖北监利西北。

③窭（jù）：穷。

④苢（fù）：一种草。《康熙字典》引《集韵》云："同苦。"《说文》："苦，艸也。"茸（qì）：原指用茅草覆盖房子，后泛指修理房屋。

⑤采椽：栎木或柞木椽子。

【译文】

翟国国君派使者到楚国去，楚王在使者面前自我夸耀。所以在章华台设宴招待使者，登台的人休息了三次才登上去。楚王问："翟国也有这样的台吗？"使者回答说："没有。翟国，是个贫穷的国家，哪里能见到这样的高台呢！翟王自己建造的房屋，厅堂只有三尺高，草屋顶都没有修剪整齐，柞木椽子不刮皮，就这样翟王还认为建造者太辛苦，居住者太安逸。翟国哪能见过这样的高台啊！"楚王听了之后觉得很惭愧。

王者官人有六等①：一曰师，二曰友，三曰大臣，四曰左右，五曰侍御，六曰厮役②。智足以为原泉，行足以为表仪，问焉则应，求焉则得，入人之家足以重人之家，入人之国足以重人之国者，谓之师。智足以为砻厉③，行足以为辅助，明于进贤，敢于退不肖，内相匡正，外相扬美，谓之友。智足以谋国事，行足以为民率，仁足以合上下之驩，国有法则退而守之，君有难则能死之，职之所守，君不以阿私托者，大臣也。修身正行，不作于乡曲④；道路谈说，不作于朝廷；执戟居前⑤，能举君之失过，不难以死持之者，左右也。不贪于财，不淫于色，事君不敢有二心，君有失过，虽不能正谏，以死持之，愁悴有忧色，不劝听从者，侍御也。柔色伛偻⑥，唯谀之行，唯言之听，以睚眦之间事君者⑦，厮役也。故与师为国者，帝；与友为国者，王；与大臣为国者，霸；与左右为国者，强；与侍御为国者，若存若亡；与厮役为国者，亡可立而待。

【注释】

①王者官人有六等：本段节录自《官人》。所谓官人，即选取人才给以适当官职。节录部分说明应该如何选才委官，并指出任用不同的人会导致不同的结果。六等，徐复观说："此六等，不是爵位的等级，而是随才能品格而来的所能尽的责任上的等级。"

②厮役：仆役，杂役。

③砻（lóng）厉：磨砺。

④怍（zuò）：惭愧，羞惭。乡曲：家乡，故乡。

⑤执戟：宫廷侍卫官。因值勤时手执戟，故名。

⑥柔色：指和颜悦色。伛偻（yǔ lóu）：俯身恭敬的样子。

⑦睚眦（yá zì）：瞪目怒视。这里指脸色。睚，瞪，张开。眦，眼角。

【译文】

作为君王授人官职有六等：第一叫老师，第二叫朋友，第三叫大臣，第四叫左右，第五叫侍御，第六叫厮役。智慧足够作为统治思想的源泉，行为足够作为天下的表率，有问必答，有求必应，进入封邑足够让封邑主人的分量变得重要，进入诸侯之国足够让这国家的地位提升，这样的人，称为老师。智慧足够用来互相磨砺，行为足够用来辅助君王，明白如何举荐贤能，敢于屏退不贤之人，对内能够主持正义，对外能够显扬美德，这样的人，称为朋友。智慧足够用来谋划国事，行为足够成为民众的表率，仁德足够会使上下关系融洽，国家有法令就不谋荣禄、恪守正道，君王危难时能为君王而死，恪尽职守，君王也不能以私情请托，这样的人，称为大臣。修养自身，端正行为，不愧对家乡；言谈议论，不愧对朝廷；侍卫于君王身边，能够举出君王的过失，即使要用一死进谏也不为难，这样的人，称为左右。不贪钱财，不爱美色，侍奉君王不敢有二心，君王有过失，虽然不能正面劝谏，以死坚持，但却能劳苦而有忧愁之色，不勉力听从君命者，这样的人，称为侍御。和颜悦色，卑躬屈膝，只有阿谀奉承的行为，只会听从君王的言语，看君王的脸色行事，这样的人，称为厮役。

所以跟老师一起治国的,能称帝;跟朋友一起治国的,能称王;跟大臣一起治国的,能称霸;跟左右一起治国的,能使国家强大;跟侍御一起治国的,或存或亡;跟厮役一起治国的,国家的灭亡指日可待。

闻之①:于政民无不为本也②。国以为本,君以为本,吏以为本。故国以民为安危,君以民为威侮③,吏以民为贵贱。此之谓民无不为本也。民无不为命也,国以为命,君以为命,吏以为命。故国以民为存亡,君以民为盲明④,吏以民为贤不肖。此之谓民无不为命也。民无不为功也,故国以为功,君以为功,吏以为功。故国以民为兴坏,君以民为强弱,吏以民为能否。此之谓民无不为功也。故夫民者,至贱而不可简也⑤,至愚而不可欺也。故自古而至于今,与民为仇者,有迟有速,而民必胜之矣。道也者,福之本也;祥也者,福之荣也。无道者,必祸之本;不祥者,必失福之荣矣。故行而不缘道者,其言也必不顾义矣。故纣自谓天王也,而桀自谓天子也,已灭之后,民以骂也。以此观之,则位不足以为尊,而号不足以为荣矣。故君子之贵也,士民贵之,故谓之贵。故君子之富也,士民乐之,故谓之富。故君子之贵也,与民以福,故士民贵之。故君子之富也,与民以财,故士民乐之。

【注释】

①闻之:本段及以下几段均节录自《大政上》。大政,最大的政事,即国家政务。节录部分说明国家的政治应以民为本,而治乱之根本在于君主。

②本：国家的根本。

③威：尊严，威严。指表现出的使人敬畏的气势、态度。侮：轻慢，轻贱。

④盲明：盲目与明智。盲，糊涂，昏昧。明，明智，英明。

⑤简：怠慢，轻慢。

【译文】

我听说：治理国政，没有不把人民当根本的。国家把人民当根本，君主把人民当根本，官吏把人民当根本。所以国家依靠人民决定是安全还是危险，君主依靠人民决定是受敬畏还是受欺侮，官吏凭借人民决定是尊贵还是卑贱。这就是说，人民没有不是根本的。没有不把人民当命脉的，国家把人民当命脉，君王把人民当命脉，官吏把人民当命脉。国家因为依靠人民决定生存还是灭亡，君主依靠人民决定盲目还是明智，官吏依靠人民决定是贤能还是无能。这就叫人民没有不作为命脉的。没有不以人民成就功业的，所以国家依靠人民建立功业，君王依靠人民建立功业，官吏依靠人民建立功业。所以国家把人民看成盛衰的关键，君王把人民看成强大弱小的关键，官吏把人民看成自己有没有能力的关键。这就叫人民没有不成就功业的。所以人民，即使最卑贱的也不可以怠慢他们，即使最愚蠢的也不可以欺侮他们。所以从古代至今，那些与人民为敌的，或慢或快，人民一定会战胜他们。道义，是福气的根本；吉祥，是福气的荣耀。没有道义的，必定是灾祸的根本；不吉祥的，必定失去福气的荣耀了。所以行为不遵循道义的，他的言语必然不顾及仁义。所以商纣自称天王，夏桀自称天子，待到灭亡之后，人民痛骂他们。由此看来，地位不足以维持尊贵，称号不足以维持荣耀。所以君子的尊贵，人民认为他尊贵，才能算尊贵。所以君子的富足，人民感到快乐，才能算富足。所以君子的尊贵，能给人民带来幸福，所以人民以他为尊贵。所以君子的富裕，能给人民带来财富，所以人民感到快乐。

君能为善，则吏必能为善矣；吏能为善，则民必能为善矣。故民之不善，吏之罪也；吏之不善，君之过也。呜呼！戒之戒之！故夫士民者，率之以道，然后士民道也；率之以义，然后士民义也；率之以忠，然后士民忠也；率之以信，然后士民信也。故为人君者，出其令也，其如声；士民学之，其如响①；曲折而从君，其如影。

【注释】

①响：回声。

【译文】

君主能够行善，那么官吏就必然能行善了；官吏能行善，人民就必然能行善了。所以人民的不善，是官吏的罪过；官吏的不善，是君主的罪过。啊！再警戒再警惕！所以那些士民，君主用大道来作为表率，然后士民就走正道；用仁义来作为表率，然后士民就有仁义；用忠诚来作为表率，然后士民就有忠诚；用诚信来作为表率，然后士民就有诚信。所以作为君主，发出号令，如同发出声音；士民学习他，如同回声相应；俯身跟从君主，那就像影子追随形体一样。

渚泽有枯水①，而国无枯士矣②。故有不能求士之君，而无不可得之士。故有不能治民之吏，而无不可治之人。故君明而吏贤矣，吏贤而民治矣。故见其民而知其君矣。故君功见于选士，吏功见于治民。王者有易政而无易国，有易吏而无易民。故因是国也而为安，因是民也而为治。是以汤以桀之乱民为治，武王以纣之北卒为强③。

【注释】

①渚（zhǔ）泽：洲中积水的洼地。渚，积聚的水。枯水：指长期无

雨,会出现的最低水位甚至干涸的现象。

②枯士:指穷困潦倒之士。

③北:败,败逃。

【译文】

沙洲中的积水会干涸,而国家没有穷困潦倒的士人了。所以只有不能寻得贤士的君主,而没有不能得到的贤士。所以有不能管理好人民的官吏,而没有不能管理的人民。所以君主明智那么官吏就贤明,官吏贤明那么人民就好管理了。所以见到这个国家的人民就知道他们的君主怎么样了。所以君主的功绩显现在选拔人才上,官吏的功绩显现在治理人民上。君王有变换治理的政策而不能变换国家,可以更换官吏而不能更换人民。所以只能根据这个国家治理而达到安定,凭借这些人民来达到治平。因此商汤凭借夏桀的乱民实现治理,周武王依靠商纣的败兵变得强盛。

周武王问鬻子曰①:"寡人愿守而必存,攻而必得,战而必胜,则吾为此奈何?"鬻子对曰:"攻守战胜同道,而和与严其备也。故曰:和可以守,而严可以守,严不若和之固也;和可以攻,而严可以攻,严不若和之得也;和可以战,而严可以战,严不若和之胜也。则唯由和而可也。故诸侯发政施令②,政平于人者,谓之文政矣③;诸侯接士④,而使吏礼恭于人者⑤,谓之文礼矣⑥;诸侯听狱断治⑦,刑仁于人者⑧,谓之文诛矣。故三文行于政,立于治,陈于行⑨,其由此守而不存,攻而不得,战而不胜者,自古而至于今,未之尝闻也。今也,君王欲守而必存,攻而必得,战而必胜,则唯由此为可也。"武王曰:"受命矣。"

【注释】

①周武王问鬻（yù）子曰：本段及下段均节录自《修政语下》，分别通过周武王、周成王和鬻子的两段对话来说明为政之道。鬻子，即鬻熊，传说中周代的思想家，曾担任周师。

②发政施令：发布政令，施行政治措施。

③文政：文治之政。

④接：接待，交际。

⑤恭：宽和谦恭。

⑥文礼：指行礼如仪，不失其度。

⑦听狱：听理讼狱。断治：判决处治。

⑧刑仁：行刑有仁德。

⑨陈：同"阵"，布阵。行：行列。

【译文】

周武王问鬻子说："我希望防守一定能守住，进攻一定能夺取，战斗一定能取胜，那么我为此应该怎样做？"鬻子回答说："进攻、防守、取胜的条件相同，而平和与严厉都可以作为装备。所以说，采用平和的方式可以防守，而采用严厉的方式也可以防守，但严厉的方式不如平和的方式牢固；采用平和的方式可以进攻，而采用严厉的方式也可以进攻，采用严厉的方式不如采用平和的方式获得的成效大；采用平和的方式可以战斗，而采用严厉的方式也可以战斗，采用严厉的方式不如采用平和的方式获得胜利的效果好。那么只有平和才最合适。所以诸侯发布政令施行措施，治政平和安定民众的，叫文明之政；诸侯接待士人任用官吏，按礼仪宽和谦恭对人，叫文明之礼；诸侯听理狱讼，判决处置，对人行刑有仁德，叫文明之诛。所以这三种文德在政事上施行，在治理中确立，在军队的行列里有所展示，那么由此防守却不能守住，进攻却不能夺取，战斗却不能取胜的，从古至今不曾听说过。如今，君主想要防守一定能守住，进攻一定能夺取，战斗一定能取胜，那么只能按照这样做才行。"周武王说："受教了。"

　　周成王曰①："寡人闻之，圣在上位，使民富且寿云。若夫富则可为也，寿则不在天乎？"鬻子对曰："圣人在上位，则天下无军兵之事，民不私相杀，则民免于一死，而得一生矣。君积于道，而吏积于德，而民积于用力②，故妇人为其所衣，丈夫为其所食，则民无冻饿，则民免于二死，而得二生矣。君积于仁，而吏积于爱，而民积于财③，刑罚废矣，而民无夭竭之诛④，则民免于三死，而得三生矣。使民有时，而用之有节，则民无厉疾⑤，则民免于四死，而得四生矣。兴贤良以禁邪恶，贤人必用，不肖人不作，则民得其命矣。故夫富且寿者，圣王之功也。"王曰："受命矣。"

【注释】

①周成王：名诵。其父武王死时，年幼，由叔父周公旦摄政，平定武庚与管叔、蔡叔等叛乱。后年长亲政，营建洛邑，继续分封，疆域进一步扩大，政局安定。

②用力：施展才能。

③财：财物。天明本眉批云："'财'作'顺'。"顺，和顺。译文仍按《群书治要》正文处理。

④夭：短命，早死。竭：亡，失去。天明本眉批云："'夭竭'作'大过'。"大过，重大的过失、错误。译文仍按《群书治要》正文处理。

⑤厉疾：灾疫。厉，疫病，即传染病。

【译文】

　　周成王说："我听说，圣王在最高的位置上，使人民富裕而且长寿。如果说富裕还是可以做到的，而寿命难道不是由上天决定吗？"鬻子回答说："圣王在君位,那么天下就没有军队动兵的事情,人民也不会因为私事相互杀害,那就使民众免于一次死亡,而获得一次生存的机会。君王集中精力做合道之事,官吏集中精力做有德之事,百姓集中精力做施展才能之事,所以妇女从事纺织,男子从事耕种,那么百姓就不会挨饿受冻,那就使百姓免于第二次死亡,而获得第二次生存的机会了。君王集中精力做仁义之事,官吏集中精力做关爱之事,百姓集中精力积累财富,刑罚就废弃了,而百姓没有受到刑罚而早早死亡的,那么就使百姓免去第三次死亡,而获得第三次生存的机会了。使用民力不在农忙季节,而且使用财力有节制,所以百姓就没有灾害疫病,那么就使百姓免于第四次死亡,而获得第四次生存的机会了。启用贤良之人而禁止邪恶的人,所以贤人必定任用,不贤的人不能兴盛,那么百姓就能保全自己的生命。所以人民富裕而且长寿,都是圣王的功绩啊。"周成王说:"受教了。"

殷汤放桀^①,武王杀纣,此天下之所同闻也。为人臣而放其君,为人下而杀其上,天下之至逆也,而所以长有天下者,以其为天下开利除害^②,以义继之也^③,故声名称于天下,而传于后世。以其后世之隐其恶而扬其德美,立其功烈而传于久远^④,故天下皆称圣帝至治,其道之也当矣。

【注释】

①殷汤放桀:本段节录自《立后义》,内容是商汤放桀、武王杀纣,是为至逆,但是长有天下,是因为为天下除害。君王要实施仁义道德,否则就会自取灭亡。

②开利除害:兴利除弊。指兴办对天下人都有利的事,清除对天下人都有害的事。

③继:接济,增益。

④功烈：功业。烈，业绩。

【译文】

商汤放逐夏桀，周武王杀死商纣王，这是天下人都知道的事。作为臣子却流放他的君主，作为臣下却杀害他的君主，是天下最为叛逆的事情，而他们因此长久地拥有天下，是因为他们为天下兴利除害，用正义来继承统治的行为，因而名声被天下人称颂并流传后代。因此后人隐藏他们的罪过而宣扬他们的美德，表彰他们的功业并千秋万代流传，所以天下都称颂他们是圣明帝王，治理得最为太平，他们的治国之道是恰当的了。